Fachwissen Textileinzelhandel

3. Auflage

Herausgegeben von Roland Kilgus und Helmut Lungershausen
in Zusammenarbeit mit dem Bundesverband des Deutschen Textileinzelhandels (BTE)

VERLAG EUROPA-LEHRMITTEL · Nourney, Vollmer GmbH & Co.
Düsselberger Straße 23 · 42781 Haan-Gruiten

Europa-Nr. 76413

Autorinnen und Autoren

Teil A:	Joachim Beck	Oberstudienrat	Bietigheim-Bissingen
	Reinhard Löbbert	Dr., Studiendirektor	Essen
	Helmut Lungershausen	Dipl.-Hdl., Dr., Oberstudiendirektor	Hannover
Teil B:	Hannelore Eberle	Oberstudienrätin	Ravensburg
	Hermann Hermeling	Dipl.-Ing. (FH), Oberstudiendirektor	Frankfurt
	Marianne Hornberger	Diplom-Modellistin, Fachlehrerin	München
	Dieter Menzer	Dipl.-Ing. (FH), Studienrat	Wiesloch
	Werner Ring	Dipl.-Ing. (FH), Oberstudienrat	Metzingen

Lektorat und Leitung der Arbeitskreise

Teil A: Dr. Helmut Lungershausen, Oberstudiendirektor, Hannover
Teil B: Roland Kilgus, Oberstudiendirektor i. R., Neckartenzlingen

Abbildungen:
Bundesverband des Deutschen Textileinzelhandels, Autoren und Quellen lt. Verzeichnis S. 368

Repro- und Makroaufnahmen:
Hans Mengel, Eningen

Modezeichnungen:
Studio Salo-Döllel, Aufkirchen bei Erding

Bildbearbeitung:
Teil A: IMO-Großdruckerei, Wuppertal
Teil B: Zeichenbüro des Verlags Europa-Lehrmittel, Leinfelden-Echterdingen

Das vorliegende Buch wurde auf der **Grundlage der neuen amtlichen Rechtschreibregeln** erstellt.

3. Auflage 2002
Druck 5 4 3 2 1
Alle Drucke derselben Auflage sind parallel einsetzbar, da sie bis auf die Behebung von Druckfehlern untereinander unverändert sind.

ISBN 3-8085-7643-X

© 2002 by Verlag Europa-Lehrmittel, Nourney, Vollmer GmbH & Co., 42781 Haan-Gruiten
http://www.europa-lehrmittel.de
Satz: Satz+Layout Werkstatt Kluth GmbH, 50374 Erftstadt
Druck: Media-Print Informationstechnologie, 33100 Paderborn

Vorwort zur 3. Auflage

„Fachwissen Textileinzelhandel" ist eine Kombination von betriebswirtschaftlichen Grundlagen, Hinweisen für den Warenverkauf, Ausführungen zur Warenwirtschaft und einer grundlegenden Warenkunde für Sortimente des Textileinzelhandels. Dabei konnte auf erfolgreiche Werke aus dem Verlag Europa-Lehrmittel[1] und die Fachdokumentationen des Bundesverbandes Textileinzelhandel (BTE)[2] zurückgegriffen werden.

In Zusammenarbeit mit dem BTE wurde ein Fachbuch geschaffen, das den Erfordernissen der betrieblichen Praxis gerecht wird und als Grundlage für die Aus- und Weiterbildung der Mitarbeiterinnen und Mitarbeiter im Textileinzelhandel dient. Ausbildende und Auszubildende, aber auch Angestellte und Führungskräfte finden alle wesentlichen Aspekte des Fachwissens in einem Band.

Kennzeichen dieses Buches ist das prägnante und kompakte Layout, eine wichtige Voraussetzung dafür, dass der umfangreiche Stoff in nur einem Band zusammengefasst werden konnte. Jede Seite ist in sich abgeschlossen. Besonderer Wert wurde auf eine klare Gliederung und eine verständliche Sprache gelegt. Die vielen mehrfarbigen Bilder setzen Textinhalte visuell um und erleichtern das Verständnis schwieriger Sachverhalte. Ein ausführliches Stichwortverzeichnis erleichtert das gezielte Auffinden von Themen und Inhalten.

Das Buch setzt sich aus zwei Teilen zusammen: dem betriebswirtschaftlich-verkaufskundlichen Teil A und dem warenkundlichen Teil B. Beide Teile beziehen sich konkret auf den Textileinzelhandel. Bei allen behandelten Themen wurden aktuelle Erkenntnisse und Erfahrungen berücksichtigt.

An dieser Stelle wird den auf Seite 368 aufgeführten Verbänden und Unternehmen für die Unterstützung bei der Klärung von Fragen und die Überlassung von Bildmaterial gedankt. Allen, die durch Hinweise und Material zu diesem Buch beigetragen haben, sei ebenfalls gedankt.

Die 3. Auflage wurde komplett überarbeitet. Berücksichtigt wurden

- das veränderte Wettbewerbsrecht,
- Neuerungen in der Warenwirtschaft,
- die Umstellung auf Euro (1 € = 1,95583 DM),
- die neuen Einheitsbedingungen der Textilwirtschaft,
- die Neufassung des Schuldrechts beim Verbrauchsgüterkauf.

Aufgrund technischer Neuentwicklungen und vieler Anregungen wurde auch der warenkundliche Teil B gründlich überarbeitet, erweitert und teilweise neu gegliedert. Weitere Handelsbezeichnungen wurden aufgenommen.

Für Anregungen, die zu einer Vervollständigung und Verbesserung des Buches beitragen können, sind der Verlag und die Herausgeber jederzeit aufgeschlossen und dankbar.

Hannover und Neckartenzlingen, Januar 2002   Die Herausgeber

---

[1] Waren verkaufen Schritt für Schritt, 6. Auflage, Haan 2001 (Europa-Nr. 98018)
Fachwissen Bekleidung, 6. Auflage, Haan 2001 (Europa-Nr. 62013)

[2] BTE-Fachdokumentationen,
Verlag und Vertrieb: Institut des Deutschen Textileinzelhandels GmbH, Köln

Inhaltsverzeichnis

Der Textileinzelhandel
als Vermittler zwischen Produktion und Konsum

Produktion

Fasern	Garne	Textile Flächen
Veredelung	Heimtextilien	Bekleidung

Einzelhandel

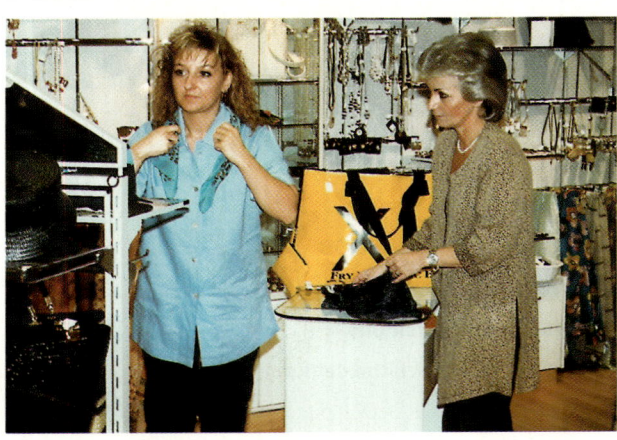

Einkauf und Disposition	Warenwirtschaft und Information	Personal und Ausbildung
Handels- und Wettbewerbsrecht	Markt- und Kundenorientierung	Kundenberatung und Verkauf

Konsum

Modeorientierung	Qualitäts- und Materialorientierung	Pflegeorientierung
Serviceorientierung	Umwelt- und Gesundheitsorientierung	Preisorientierung

Teil A

Kaufmännischer Teil

Inhaltsübersicht: Teil A (Kaufmännischer Teil)

Stellung und Bedeutung des Einzelhandels

Alle Betriebe einer Volkswirtschaft lassen sich einem der drei Wirtschaftsbereiche zuordnen:

- Urproduktion (primärer Bereich), z. B. Land- und Forstwirtschaft, Bergbau.
- Be- und Verarbeitung (sekundärer Bereich), z. B. Grundstoff-, Investitionsgüter-, Konsumgüterindustrie, Produktionshandwerk.
- Handel und sonstige Dienstleistungen (tertiärer Bereich), z. B. **Handelsbetriebe** (**Einzelhandel**, Groß- und Außenhandel), Banken, Versicherungen, Verkehrsbetriebe, Reparaturhandwerk, freie Berufe, Schulen, Krankenhäuser, öffentliche Verwaltung.

Die folgende Darstellung zeigt

- den Anteil der Erwerbstätigen in den drei Wirtschaftsbereichen an der Gesamtzahl der Erwerbstätigen in der Bundesrepublik Deutschland im Jahre 1999 (36,4 Millionen);
- den Beitrag der Wirtschaftsbereiche zur Wirtschaftsleistung im Inland (Bruttoinlandsprodukt BIP) 1999 von 3.877 Mrd. DM:

Land- und Forstwirtschaft, Fischerei
2,8 % der Erwerbstätigen
1,2 % des BIP

Be- und Verarbeitung
33,4 % der Erwerbstätigen
30,3 % des BIP

Handel und sonstige Dienstleistungen
63,8 % der Erwerbstätigen
68,5 % des BIP

Quelle: Statistisches Jahrbuch 2000; eigene Berechnungen

Unternehmen, Beschäftigte und Nettoumsätze im Textileinzelhandel

Knapp 8 % aller Beschäftigten arbeiten im Einzelhandel, davon etwa ein Drittel in Teilzeitarbeitsverhältnissen. Der Textilfachhandel wiederum ist ein wichtiger Teil des gesamten Einzelhandels: Er stellt mit 51.000 Unternehmen – z. T. mit mehreren Betriebsstätten – rund ein Achtel der Unternehmen; die fast 363.100 Beschäftigten tätigen rund ein Neuntel der Umsätze des Einzelhandels.

Struktur des stationären Facheinzelhandels mit Textilien und Bekleidung 1998

Einzelhandel mit überwiegend	Anzahl Unternehmen	Anzahl Beschäftigte	Netto-umsatz in Mrd. DM	Roh-ertrag in %
Bekleidung o.a.S.	12.294	160.200	27,7	41,8
Herrenbekleidung	2.673	23.200	4,5	44,4
Damenbekleidung	14.195	124.700	19,9	44,2
Kinderbekleidung	1.995	7.300	0,9	35,6
Kürschnerwaren	324	1.100	0,1	54,7
Bekleidung gesamt	**31.481**	**316.500**	**53,1**	**42,8**
Haustextilien	2.232	13.600	1,9	45,4
Heimtextilien	3.609	23.400	3,3	47,3
Meterw./Handarbeiten	2.805	9.600	0,8	48,0
Textilien	**8.646**	**46.600**	**6,0**	**–**
Facheinzelhandel mit Textilien und Bekleidung	**40.127**	**363.100**	**59,1**	**–**

Nicht zu übersehen ist, dass die Umsätze im Textil-Einzelhandel in den letzten Jahren stagnieren oder sogar deutlich zurückgehen, wobei die Entwicklung in den einzelnen Branchen sehr unterschiedlich verläuft.

Unternehmen und Umsätze im Textileinzelhandel 1994 bis 1999

Einzelhandel mit überwiegend	Unternehmen 1999	Nettoumsatz in Mio. DM 1994	Nettoumsatz in Mio. DM 1999	%-Verän-derung
Bekleidung o.a.S.	21.571	38.656,4	34.540,4	– 10,7
Herrenbekleidung	2.463	4.375,0	3.558,0	– 18,7
Damenbekleidung	10.067	14.481,9	10.060.0	– 30,5
Kinderbekl./Säuglingsausst.	2.453	1.188,1	1.163,4	– 2,1
Kürschnerwaren	549	436,4	319,2	– 26,6
Bekleidung gesamt	**37.103**	**59.137,8**	**49.641,0**	**– 16,1**
Aussteuer, Bettwaren	3.646	2.019,3	2.371,7	+ 17,5
Teppichen/Gardinen	4.615	5.213,6	4.061,9	– 23,2
Wohntextilien gesamt	**8.261**	**7.232,9**	**6.433,6**	**– 10,1**
Meterwaren, Handarbeiten, Schneiderbedarf, Kurzwaren	3.781	1.614,0	1.349,4	– 17,4
Gesamt	**49.145**	**67.984,7**	**57.424,0**	**– 15,5**

Quelle: BTE-Statistik-Report Textil-Einzelhandel 2000; BTE-Jahrbuch des Textileinzelhandels 2001; eigene Berechnungen.

1.2 Handelsfunktionen

Beim Absatz von Waren erfüllt der Handel Aufgaben, die als Handelsfunktionen bezeichnet werden:

Funktion	Erläuterung	Beispiele
1. Räumliche Überbrückung	Waren werden nicht nur dort produziert, wo sie gebraucht werden. Die Beschaffung und den Transport der Waren übernehmen Handels- und spezielle Dienstleistungsunternehmen.	*Beschaffung von Bekleidung aus Hongkong, Mailand, Paris.*
2. Zeitliche Überbrückung	Die Produktion oder Lieferung vieler Waren erfolgt saisonabhängig. Andere Waren werden über das ganze Jahr hinweg produziert, aber saisonabhängig verwendet oder verbraucht. Der Handel überbrückt die Zeit durch Lagerung.	*Herbst-/Winterware wird im Spätsommer geliefert. Beschaffung von Faschingsstoffen oder Weihnachtsdecken.*
3. Mengenausgleich	Viele Waren werden in großen Mengen hergestellt (Massenproduktion). Die Hersteller verkaufen ihre Waren in großen Mengen an den Handel, der Einzelhandel gibt Kleinmengen an die Verbraucher ab.	*Verkauf von Stoffen als Meterware.*
4. Sortimentsfunktion	Viele Hersteller haben sich bei der Produktion auf wenige Waren spezialisiert. Der Handel muss bei verschiedenen Herstellern einkaufen und daraus ein bedarfsgerechtes Angebot (**sein** Sortiment) zusammenstellen.	*Entwicklung eines Sortiments „Heimtextilien für den gehobenen Bedarf".*
5. Qualitätsfunktion	Bei der Zusammenstellung von Sortimenten prüft der Handel, ob die Waren seinen Ansprüchen genügen. Mit diesen Überprüfungen können unabhängige Testinstitute oder die eigene Qualitätssicherung beauftragt werden.	*Wareneingangskontrollen und Stichproben; Testen von Stoffen z. B. durch Scheuerprobe.*
6. Beratungs- und Werbefunktion	Häufig haben die Kunden nur geringe Warenkenntnisse. Der Handel vermittelt den Kunden diese Kenntnisse (Beratung) und macht sie auf die Artikel bestimmter Hersteller bzw. auf bestimmte Marken aufmerksam (Werbung).	*Beratungsgespräch bei der Anprobe im Fachgeschäft; Pflegetips zur richtigen Behandlung von Wolltextilien.*
7. Servicefunktion	Mit vielen Waren werden auch Kundendienstleistungen verkauft: Reparatur- und Änderungsdienst, Zustellen, Reinigen, Zusammenstellen von Waren zur Auswahl.	*Auswahlsendung mit drei Kostümen für die berufstätige Kundin; Auslegen von Teppichen in der Kundenwohnung.*
8. Kreditfunktion	In einigen Fällen muss der Kunde die Ware nicht sofort bezahlen. Der Handel räumt ihm einen Kredit ein (Finanzierung). Entweder zahlt der Kunde den gesamten Betrag später (Zahlungsziel) oder er zahlt in Teilbeträgen (Ratenzahlung).	*Zahlung mit Kundenkarte; Ratenzahlung.*
9. Kommunikationsfunktion	Der Handel stillt – über Werbung und Beratung hinaus – das Kommunikations- und Unterhaltungsbedürfnis seiner Kunden und eines Teils der Öffentlichkeit. Außerdem vermittelt der Handel zwischen Herstellern und Kunden.	*Modenschau, Kundenzeitschrift, Direktwerbung zu Saisonbeginn; Erlebniskauf, Sonderveranstaltungen in Läden oder in Einkaufzentren.*

Wenn der Handel seine Funktionen erfüllt, leistet er ganz wesentlich mehr als Ware lediglich zu verteilen: Er erbringt **Handelsleistungen**. Erst durch diese Handelsleistungen wird ein textiles „Erzeugnis" zur „Handelsware" und damit für die Konsumenten verfügbar.

1.3.1 Arbeitsteilung in der Absatzkette

Arbeitsteilung zwischen Hersteller und Handel

Das Verhältnis von Handel und Industrie ist durch organisatorische Veränderungen gekennzeichnet. Während der Handel beispielsweise durch seine **Eigenmarkenpolitik** grundlegende Funktionen der Hersteller übernimmt, ist es die Industrie, die in vielen Fällen **Preisauszeichnungs-, Verkaufsförderungs-** und **Warensicherungsfunktionen** bis hin zu Sortimentsauswahl und Flächenbestückung ausübt oder versucht, den Verbraucher durch eigene Verkaufsstellen direkt anzusprechen.

Der direkte Absatz erlaubt dem Hersteller einen engen Kontakt zum Konsumenten und gibt ihm gute Kontrolle und großen Einfluss auf die Bedingungen, unter denen die Ware ihren Weg zum Konsumenten nimmt. Die Einschaltung des Handels dagegen ist für den Hersteller dann von Vorteil, wenn er nicht die nötigen Mittel zum Aufbau einer eigenen Absatzorganisation hat, wenn er am Markt eine eher schwache Position hat, wenn es zweckmäßig ist, die Ware in das vollständige Sortiment eines Handelsbetriebes einzugliedern und wenn er die Leistungen des Handels für den Absatz seiner Waren nutzen will. In jedem Fall entscheidet die Art der Arbeitsteilung zwischen Hersteller und Handel über Macht und Einfluss auf den Absatzwegen.

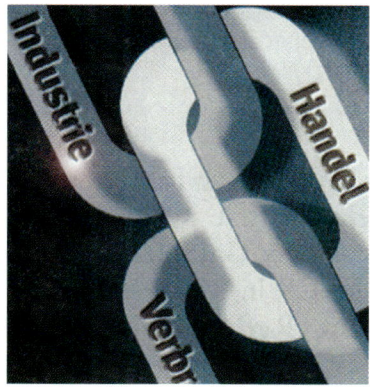

1: **Handel als Glied der Absatzkette**

Der Handel als Filter

Wenn ein Hersteller – etwa durch seine **Markenartikel** – eine so starke Marktstellung hat, dass sich die Verbraucher um seine Produkte förmlich reißen, muss der Handel die von diesem Hersteller vorverkaufte Ware in sein Sortiment aufnehmen – ob er dies will oder nicht. Andererseits: auf Märkten mit reichlichem Warenangebot kann der Handel ein verhältnismäßig eigenständiges Marketing (vgl. Kap. 3.1) betreiben. Gegenüber den Erzeugnissen des Herstellers gewinnt er eine mehrfache **Filterfunktion,** denn er bestimmt,

- ob das Erzeugnis überhaupt im Einzelhandel erhältlich ist;

- ob das Erzeugnis in imageträchtigen Betriebsformen und Betrieben geführt wird;

- wie sich das Produkt dem Verbraucher am Point-of-Sale präsentiert;

- welche Qualität die Verkaufsberatung hat;

- welche Qualität der Kundendienst (auch nach dem Verkauf) hat.

So kann der Handel als *gate keeper* (Torwächter) die Absatzwege kontrollieren und z. B. darüber entscheiden, welche Qualität die im Sortiment geführten Waren haben sollen oder welche Waren und Verpackungen durch weniger umweltbelastende ersetzt werden sollen. Vor allem aber beurteilt der Textileinzelhandel – stellvertretend für die Konsumenten – das modische Angebot der Bekleidungshersteller.

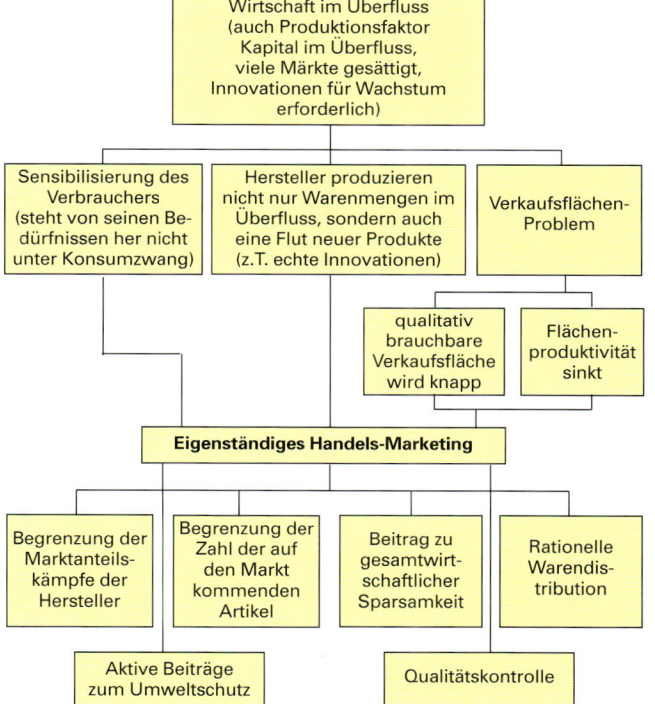

Nach: Oehme, W., Handelsmarketing, 3. Aufl., München 2001, S. 49

2: **Eigenständiges Handelsmarketing**

Die Stellung des Textileinzelhandels im Modeprozess[1]

Das Modeangebot einer Saison nimmt seinen Ursprung in der Farbfindung, die etwa zwei Jahre vor der betreffenden Saison durch ein internationales Gremium durchgeführt wird. Anschließend fallen die Entscheidungen über die Garne und über das Dessin der Stoffe. Auf den Stoffmessen suchen die Bekleidungshersteller ihre Stoffe aus und fertigen aus diesen Musterkollektionen an, die sie auf Modemessen dem Handel vorstellen. Dieser entscheidet mit seinen Orders darüber, welche Teile von den Bekleidungsherstellern ohne Änderung produziert, welche modifiziert hergestellt und welche aus dem Programm genommen werden. Aufgrund der Handelsbestellungen fertigt die Industrie die Ware und liefert sie schließlich an den Handel aus. Die letzte Stufe des Modeprozesses bilden die Konsumenten. Nur wenn diese die Akzeptanz des Modeangebotes signalisieren, kann von einer neuen Mode gesprochen werden.

---

[1] Nach: Stichwort Mode-Marketing, Bekleidungs-Marketing, in: Vahlens Großes Marketing-Lexikon, München 1994, S. 785

Absatzwege von Textilien und Bekleidung in der Bundesrepublik Deutschland

Der **Inlandsabsatz** von etwa 3.300 Unternehmen der Textil- und Bekleidungsindustrie (über 20 Beschäftigte) sowie **Importe** versorgen den deutschen Markt mit Textilien im Marktwert von 60 Mrd. € (zu Einzelhandelspreisen). Diese Warenmenge gelangt über den Direktabsatz der Hersteller, über die Zwischendistributionsstufe oder über Eigenimporte zum Einzelhandel.

Der Einzelhandel mit Textilien vollzieht sich mit etwa 60 % des Marktvolumens im Textilfacheinzelhandel (*Bekleidungsfachgeschäfte, Bekleidungshäuser, Filialisten, Fachmärkte, Ketten, Franchising, spezialisierte Versender*) und mit etwa 40 % des Marktvolumens im Einzelhandel mit nicht-textilem Schwerpunkt (*Sortimentsversender, Kauf- und Warenhäuser, branchenfremde Einzelhändler wie z. B. Lebensmittel-Discounter*).

Absatzwege von Textilien und Bekleidung in der Bundesrepublik Deutschland

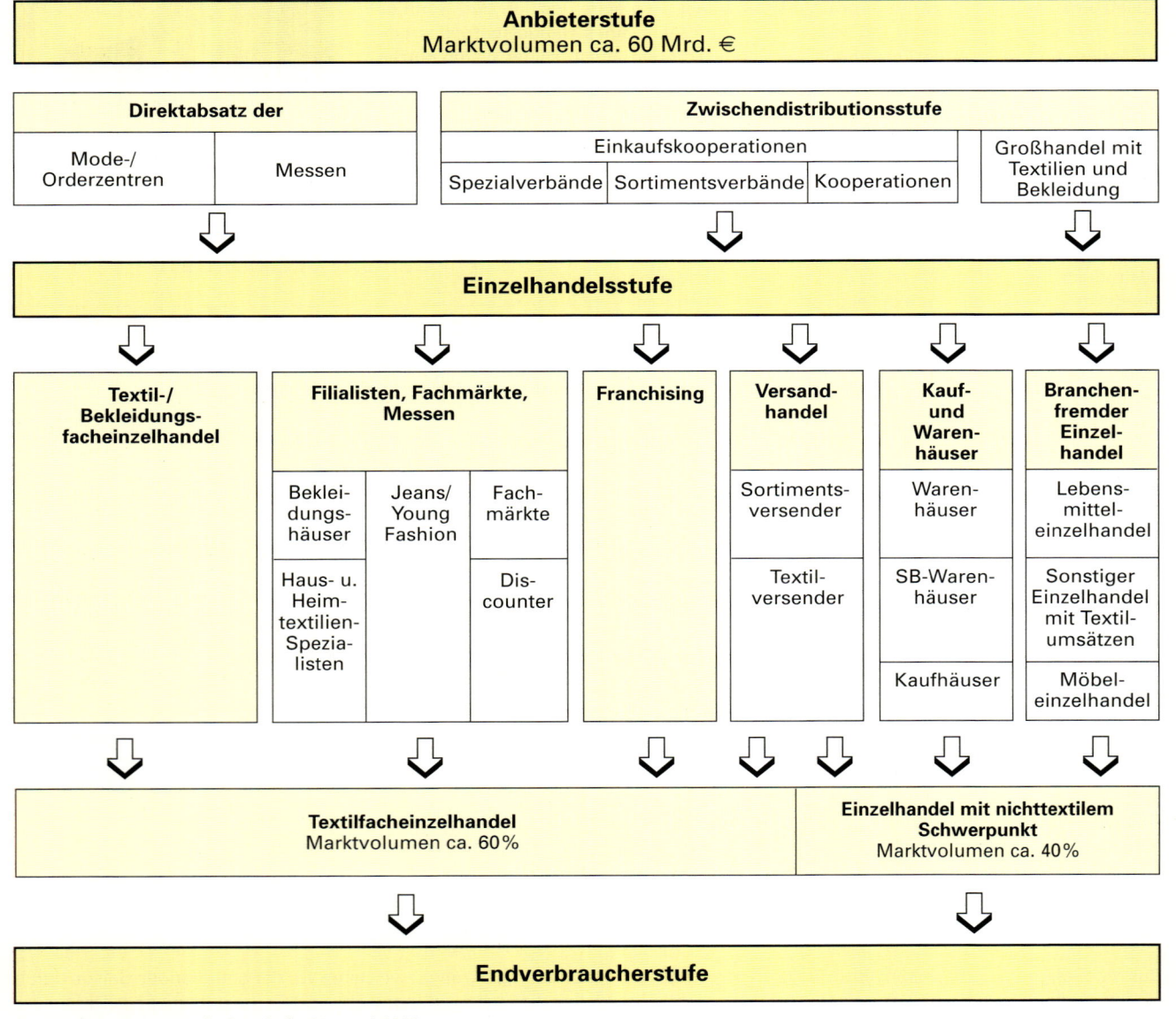

Quelle: Poster der *textilwirtschaft* 1995 und 2000

Private Verbrauchsaufwendungen für Bekleidung/Schuhe

Die deutschen Konsumenten wenden durchschnittlich etwa 4,7 % ihrer privaten Verbrauchsausgaben für Bekleidung auf, wobei beträchtliche Unterschiede zwischen den alten und den neuen Bundesländern bestehen: Die privaten Verbrauchsaufwendungen für Bekleidung (ohne Schuhe) betrugen 1998 102 € in den alten und 81 € in den neuen Bundesländern (jeweils pro Haushalt und Monat).

1.4 Bundesverband des Deutschen Textileinzelhandels (BTE)

Der Bundesverband des Deutschen Textileinzelhandels e. V. (BTE) nimmt als **Bundesfachverband** die Interessen von über 35.000 Mitgliedsfirmen des Textileinzelhandels wahr, die ihm über Landesverbände und Landesfachgemeinschaften angehören. Der BTE organisiert seine Arbeit in Fachabteilungen, z. B. „Damenoberbekleidung", „Meterwaren", „Schirme" oder „Teppiche, Möbelstoffe und Gardinen", sowie in Ausschüssen und Arbeitskreisen, z. B. für Berufsbildung. Wer als Textileinzelhändler Mitglied im örtlichen Einzelhandelsverband ist, der ist automatisch und ohne zusätzlichen Mitgliedsbeitrag indirekt auch Mitglied im BTE. Die Mitgliedsfirmen repräsentieren etwa 80 % des Marktvolumens an Textilien und Bekleidung von ca 60 Mrd. €.

Der BTE vertritt den Textileinzelhandel gegenüber vor- und nachgelagerten sowie konkurrierenden Wirtschaftszweigen u. a. mit den Zielen:

- Verteidigung der Wirtschaftsordnung und -struktur
- Partnerschaft mit der Industrie
- Gleichbehandlung aller Abnehmer bei Vorliegen gleicher Voraussetzungen
- Erleichterung und Förderung horizontaler und vertikaler Kooperation.

Der BTE leistet branchenbezogene Basisarbeit, hilft bei der Lösung fachlicher Probleme und vermittelt Fachinformationen aller Art, fördert die berufliche Bildung, klärt Grundsatzfragen mit der Industrie, ist Gesprächspartner des Gesetzgebers und schult Inhaber, Führungskräfte und Mitarbeiter des Textileinzelhandels.

Der Umweltgedanke gewinnt auch in der Textil- und Bekleidungsbranche an Bedeutung, nicht zuletzt über eine rege Berichterstattung in den allgemeinen Medien. Zur Wahrung der Interessen der Mitgliedsfirmen schaltet sich der BTE in die Diskussion entsprechender Gesetzesentwürfe bzw. Verordnungen ein und vertritt die Forderungen des Textileinzelhandels gegenüber den Vorstufen.

Der BTE fördert die Anwendung neuer Technologien in der Textil- und Bekleidungsbranche, z. B. des elektronischen Geschäftsverkehrs oder neuer Zahlungssysteme (wie Electronic Cash oder Chipkarte).

In besonderem Maße engagiert sich der BTE für inhabergeführte Unternehmen des Textileinzelhandels. Letztlich zielen alle Maßnahmen des BTE darauf ab, die Selbstständigkeit der Mitgliedsfirmen zu fördern und zu erhalten.

Die wichtigsten Leistungen des BTE

- Vertretung der Interessen des deutschen Textileinzelhandels gegenüber
  - Gesetzgebung und Verwaltung,
  - Industrie, Großhandel, Messen, Modezentren
  - Verbraucherverbänden und anderen Interessengruppen
- Bekämpfung unlauterer Wettbewerbs- und Vertriebsmethoden
- Mitgliedschaft in den Ausschüssen aller Textil-Fachmessen
- Anhörung bei Normungsfragen, Pflege- und sonstige Textilkennzeichnung; textilfachliche Auskünfte
- Betrieb des BTE-Clearing-Centers im Rahmen des elektronischen Datenaustausches (EDI) zwischen Handel und Industrie
- Beobachtung der Einhaltung der Einheitskonditionen
- Öffentlichkeitsarbeit und Publikationen:
  - BTE-Marketing-Berater (monatlich)
  - BTE-Mitteilungen in der „Textil-Wirtschaft" (wöchentlich)
  - Rundschreiben und Schnellinfos
  - BTE-Taschenbuch (jährlich)
  - BTE-Fachdokumentationen
  - BTE-Pressedienst, Pressegespräche, Pressekonferenzen

- Aus- und Weiterbildungsprogramme
- Mitträger des Bildungsinstituts des Deutschen Textileinzelhandels B.I.D.T. und der Lehranstalt des Deutschen Textileinzelhandels LDT in Nagold (siehe Kap. 7.4)
- Betriebsberatung, Formularprogramm
- Betreuung von Erfa-Gruppen
- BTE-Adressenservice
- Auskünfte in wettbewerbsrechtlichen Grundsatzfragen
- (Mit-)Herausgabe von Profashional Pass: Ausweise für Facheinkäufer.

Nach: „Der BTE stellt sich vor – Ziele, Aufgaben, Leistungen –" und „Taschenbuch des Textileinzelhandels"

Weitere Unterstützung, z. B. in Fragen des Arbeits- und Tarifrechts, des Wirtschafts- und Steuerrechts, der Finanzierungs- und Kreditberatung, der Standortberatung und der Werbung vor Ort erhalten die Mitglieder auf örtlicher Ebene durch die regionalen oder lokalen Einzelhandelsverbände.

1.5.1 Verkaufsformen

Der Verkauf kann sich je nach Warenart, Betriebsform und Kundenansprüchen in verschiedenen Verkaufsformen (Bedienungsformen) vollziehen. Dabei unterscheiden sich die Rollen des Verkaufspersonals: einerseits Berater und Problemlöser oder gar Animateur der Kunden, andererseits nur Aushändiger von Ware oder Kassierer des Kaufpreises. Wenn auch der Grundsatz gelten mag: „So wenig Bedienung wie nötig, so viel Selbstbedienung wie möglich", so darf doch nicht übersehen werden, dass der Facheinzelhandel von bestimmten Kundengruppen gerade wegen seiner Beratungsleistungen bevorzugt wird.

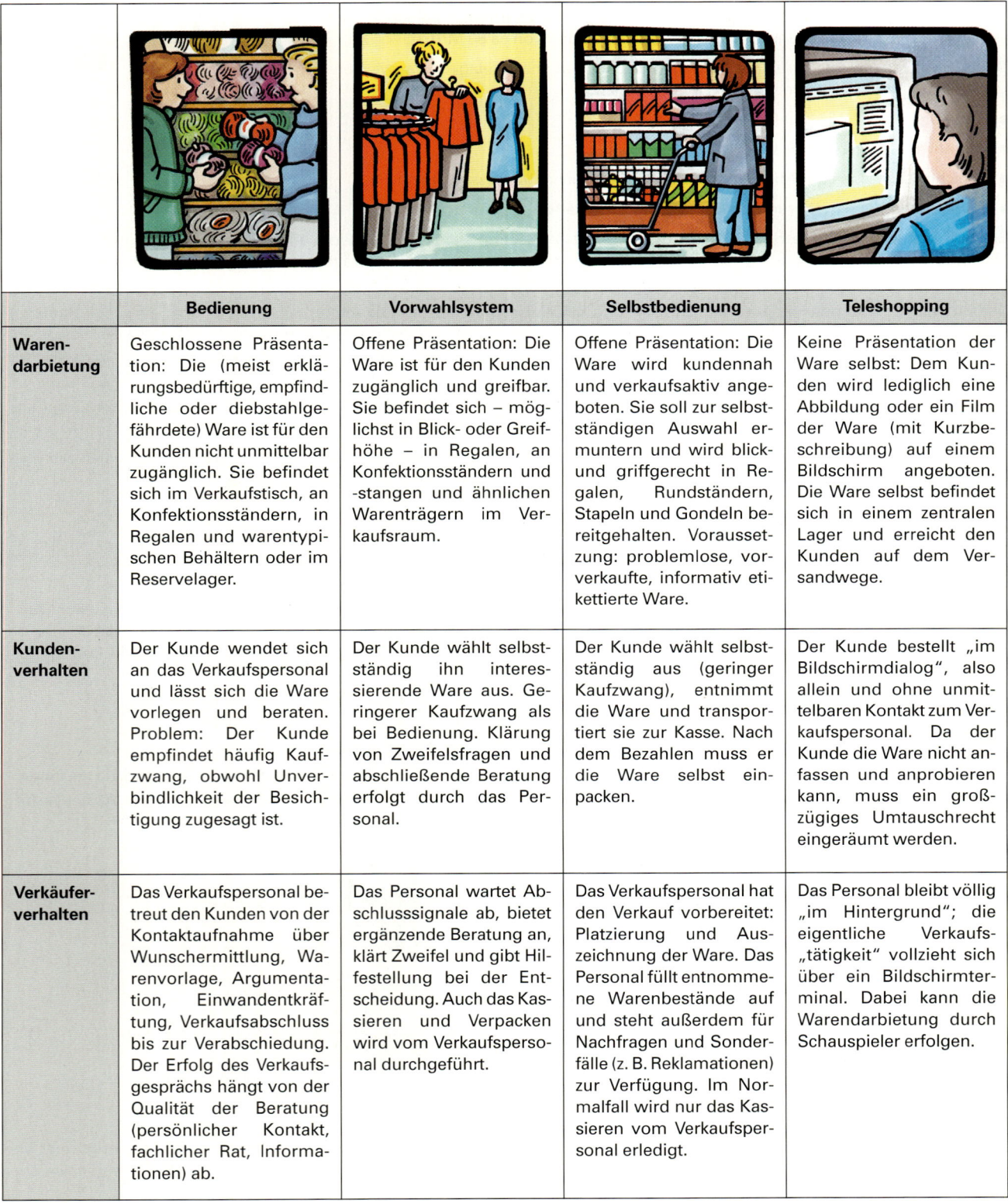

	Bedienung	**Vorwahlsystem**	**Selbstbedienung**	**Teleshopping**
Warendarbietung	Geschlossene Präsentation: Die (meist erklärungsbedürftige, empfindliche oder diebstahlgefährdete) Ware ist für den Kunden nicht unmittelbar zugänglich. Sie befindet sich im Verkaufstisch, an Konfektionsständern, in Regalen und warentypischen Behältern oder im Reservelager.	Offene Präsentation: Die Ware ist für den Kunden zugänglich und greifbar. Sie befindet sich – möglichst in Blick- oder Greifhöhe – in Regalen, an Konfektionsständern und -stangen und ähnlichen Warenträgern im Verkaufsraum.	Offene Präsentation: Die Ware wird kundennah und verkaufsaktiv angeboten. Sie soll zur selbstständigen Auswahl ermuntern und wird blick- und griffgerecht in Regalen, Rundständern, Stapeln und Gondeln bereitgehalten. Voraussetzung: problemlose, vorverkaufte, informativ etikettierte Ware.	Keine Präsentation der Ware selbst: Dem Kunden wird lediglich eine Abbildung oder ein Film der Ware (mit Kurzbeschreibung) auf einem Bildschirm angeboten. Die Ware selbst befindet sich in einem zentralen Lager und erreicht den Kunden auf dem Versandwege.
Kundenverhalten	Der Kunde wendet sich an das Verkaufspersonal und lässt sich die Ware vorlegen und beraten. Problem: Der Kunde empfindet häufig Kaufzwang, obwohl Unverbindlichkeit der Besichtigung zugesagt ist.	Der Kunde wählt selbstständig ihn interessierende Ware aus. Geringerer Kaufzwang als bei Bedienung. Klärung von Zweifelsfragen und abschließende Beratung erfolgt durch das Personal.	Der Kunde wählt selbstständig aus (geringer Kaufzwang), entnimmt die Ware und transportiert sie zur Kasse. Nach dem Bezahlen muss er die Ware selbst einpacken.	Der Kunde bestellt „im Bildschirmdialog", also allein und ohne unmittelbaren Kontakt zum Verkaufspersonal. Da der Kunde die Ware nicht anfassen und anprobieren kann, muss ein großzügiges Umtauschrecht eingeräumt werden.
Verkäuferverhalten	Das Verkaufspersonal betreut den Kunden von der Kontaktaufnahme über Wunschermittlung, Warenvorlage, Argumentation, Einwandentkräftung, Verkaufsabschluss bis zur Verabschiedung. Der Erfolg des Verkaufsgesprächs hängt von der Qualität der Beratung (persönlicher Kontakt, fachlicher Rat, Informationen) ab.	Das Personal wartet Abschlusssignale ab, bietet ergänzende Beratung an, klärt Zweifel und gibt Hilfestellung bei der Entscheidung. Auch das Kassieren und Verpacken wird vom Verkaufspersonal durchgeführt.	Das Verkaufspersonal hat den Verkauf vorbereitet: Platzierung und Auszeichnung der Ware. Das Personal füllt entnommene Warenbestände auf und steht außerdem für Nachfragen und Sonderfälle (z. B. Reklamationen) zur Verfügung. Im Normalfall wird nur das Kassieren vom Verkaufspersonal erledigt.	Das Personal bleibt völlig „im Hintergrund"; die eigentliche Verkaufs„tätigkeit" vollzieht sich über ein Bildschirmterminal. Dabei kann die Warendarbietung durch Schauspieler erfolgen.

1.5.2 Betriebsformen

> **Wichtige Betriebsformen des Textileinzelhandels**

Die Betriebsformen des **Einzelhandels** unterteilt man in drei Hauptgruppen:

- den Ladenhandel (z. B. Fachgeschäft, Kaufhaus, Warenhaus, Boutique);

- den Versandhandel (z. B. allgemeines Versandhaus, Spezialversandhaus, E-Commerce);

- den ambulanten (nicht ortsgebundenen) Handel (Ladenfahrzeug, Marktstand, fliegender Händler).

Textilien werden über den **Facheinzelhandel** und über Spezialversender, ferner über die unterschiedlichsten Betriebe des Einzelhandels mit nichttextilem Schwerpunkt (von Warenhäusern und allgemeinen Versandgeschäften bis zu Lebensmittel-Discountern, Sonderpostenmärkten, Fabrikläden, Großhändlern, Markthändlern) sowie über Handwerksbetriebe abgesetzt.

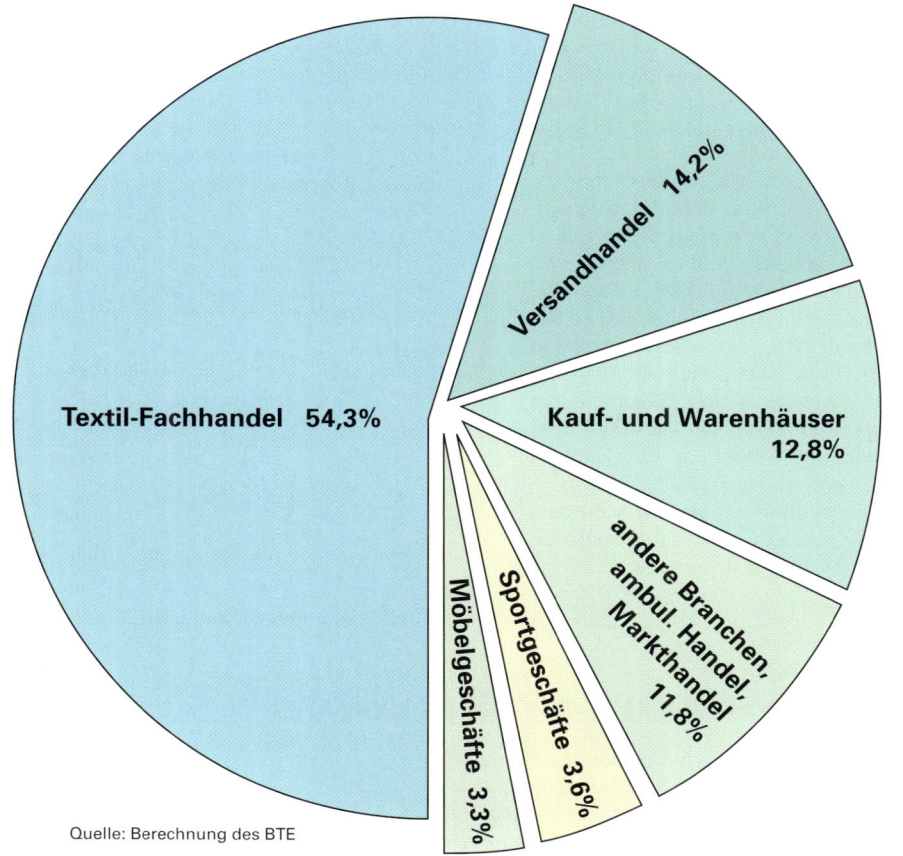

Textil-Fachhandel 54,3%
Versandhandel 14,2%
Kauf- und Warenhäuser 12,8%
andere Branchen, ambul. Handel, Markthandel 11,8%
Sportgeschäfte 3,6%
Möbelgeschäfte 3,3%

Quelle: Berechnung des BTE

Wichtige Betriebsformen mit textilem Schwerpunkt	Größe	Verkaufsform
Fachgeschäft *(Herrenausstatter Sartorius)*: Wenige zusammenhängende Warengruppen, Vielfalt der Ausführungen, Qualitäten und Preislagen (schmales, aber tiefes Sortiment)	klein bis mittel	Vorwahl, Bedienung
Spezialgeschäft *(Die Krawattentruhe)*: Wie Fachgeschäft, aber besonders tiefes Teilsortiment für hohe Auswahlansprüche	klein bis mittel	Bedienung
Boutique *(Lauras Boutique)*: Modisches, extravagantes Sortiment, auffällige Aufmachung des Geschäfts	klein	Bedienung, Vorwahl
Textil-Kaufhaus *(C & A, Strauss)*: Fachgeschäft größeren Ausmaßes; nur wenige zusammenhängende Warengruppen, davon mindestens eine in tiefer Gliederung	groß	Vorwahl, Selbstbedienung
Warenhaus *(Karstadt)*: Vielseitiges Sortiment verschiedener Warengruppen aus zahlreichen Branchen. Lage im Zentrum. Häufig Filialbetrieb	groß	Selbstbedienung, Vorwahl, (z. B. bei Oberbekleidung); Bedienung (z. B. bei Schmuck)
Filialgeschäfte *(C & A, H+M, Oberpaur, Peek & Cloppenburg, Wöhrl)* sind Unternehmen mit mindestens fünf Verkaufsstellen unter einheitlicher Leitung	mittel bis groß	Selbstbedienung, Bedienung, Vorwahl
Versandhandel *(Versandhaus Quelle)*: Angebot der Waren durch Katalog, CD-ROM, Prospekt, Anzeige oder Vertreter oder im Internet; Zustellung auf dem Versandwege	mittel bis groß	Bedienung oder Vorwahl nur in den offenen Verkaufsstellen der Versandhäuser ("stationär")
Ambulanter Handel: Stand auf Wochenmärkten	klein	Bedienung, an Verkaufsständen z. T. Vorwahl

1.5.3 Entwicklung der Betriebsformen

Neuere Entwicklung der Betriebsformen im Einzelhandel

Der harte Wettbewerb im Einzelhandel hat in den letzten Jahrzehnten in den meisten Sortimenten zu deutlichen Veränderungen geführt, die sich in der Zukunft noch fortsetzen werden. Der klein- und mittelbetriebliche Fachhandel verliert ständig an Marktanteilen, Versandhandel und Warenhäuser stagnieren. Dagegen wachsen die Anteile der Filialbetriebe, Verbrauchermärkte, SB-Warenhäuser und vor allem der Fachmärkte (z. B. für Drogeriewaren, Textilien, Hobby- und Heimwerkerbedarf, Unterhaltungselektronik, Elektroartikel und Schreibwaren).

Dabei zeigen alle Beobachtungen, dass sowohl die preisaggressiven Betriebsformen wie auch die auf Qualität, Prestige und Luxus ausgerichteten, oft hochspezialisierten Betriebsformen erfolgreicher sind als die Betriebsformen, die weder eindeutig wert- und qualitätsorientiert noch eindeutig preisaktiv sind. Geschäfte, die es verstehen, ihre Kunden über Spezialisierung, Angebots- und Service-Kompetenz und über Lifestyle-Konzepte dauerhaft an sich zu binden, haben bessere Zukunftsaussichten als unprofilierte Anbieter.

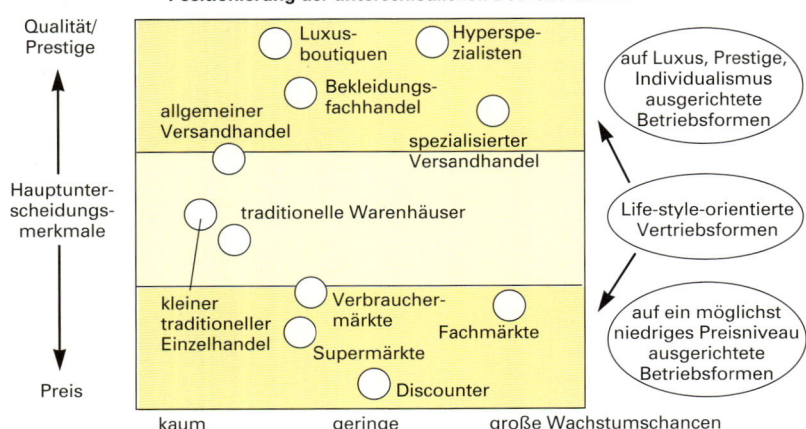

1: Betriebsformen der Zukunft

Die Betriebsgrößenstruktur des Textileinzelhandels

Welches Stehvermögen die verschiedenen Betriebsformen im Wettbewerb haben, hängt wesentlich auch von der Unternehmensgröße ab. Den Großbetrieben des Einzelhandels gelingt es, ihre Marktanteile deutlich zu steigern. Ähnlich erfolgreich sind die in Genossenschaften oder freiwilligen Ketten organisierten Betriebe.

Großbetriebe und organisierte Betriebe wachsen zu Lasten der nichtorganisierten Betriebe. Zehntausende von ihnen, oft kleine Familienbetriebe, mussten schließen, weil sie dem Konkurrenzdruck nicht mehr standhalten konnten oder weil die Inhaber keinen Nachfolger finden konnten. Diese allgemeine Entwicklung lässt sich auch beim Textileinzelhandel beobachten. So hat die Zahl der Kleinstbetriebe (unter 100.000 DM Umsatz) allein in den zwei Jahren von 1988 bis 1990 um ein Siebtel abgenommen, während die Zahl z. B. der Betriebe mit 5 bis 10 Mio. DM Umsatz um fast ein Viertel stieg.

Die knapp 22.000 Kleinst- und Kleinbetriebe (unter 500.000 DM Umsatz) repräsentieren rund 64% aller Betriebe, aber nur 8,7% des Umsatzes.

Beachtlich sind die Zuwachsraten in Unternehmen, die Textilien nur gelegentlich oder als Randsortiment anbieten; insbesondere ALDI, Tchibo, Tengelmann, Edeka und Rewe.

Abb. 2: BTE Statistik-Report Textil-Einzelhandel 2000, S. 107

Abb. 3: TextilWirtschaft Nr. 46 vom 16.11.2000

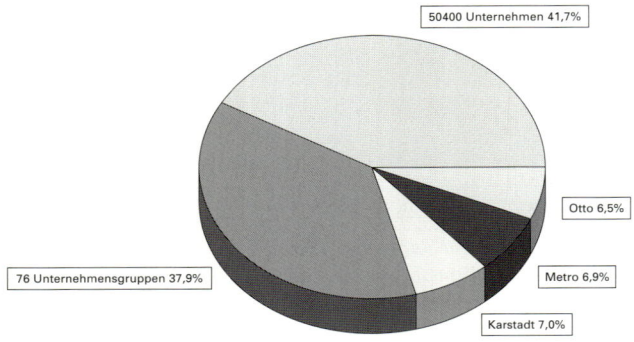

2: Konzentrierter Textileinzelhandel 1998 – Unternehmungen und Umsatzanteile

Rang	Unternehmensgruppe, Sitz	Filialen	Textilumsatz 1999	in Mill. DM 1998
1.	KarstadtQuelle AG, Essen	7.334	12.745	–
2.	Otto, Hamburg	74	7.850	7.550
3.	C&A, Düsseldorf	192	5.665	6.106
4.	Metro AG, Düsseldorf	1.258	4.584*	8.029*
5.	Peek & Cloppenburg, Düsseldorf	79	2.686	2.664
6.	Hennes + Mauritz, Hamburg	167	2.350	1.900
7.	Divaco, Frankfurt	257	2.307*	–
8.	Aldi, Mülheim/Essen	3.400	1.820*	1.580*
9.	Klingel, Pforzheim	5	1.500	1.450
10.	SinnLeffers, Hagen	43	1.487	–
11.	Tchibo, Hamburg	940	1.215	1.200
12.	Takko, Telgte	509	1.115	–
* geschätzt				

3: Die größten Textilanbieter in Deutschland 1998 und 1999

Gründe für unterschiedliche Rechtsformen

Theo Wormland GmbH & Co KG

Boecker oHG

"42 PLUS" · DAMENMODEN GMBH

Die Wollmaus GmbH

La Petite – Kindermoden GmbH

Peek & Cloppenburg KG

Walter A. Müller e.K., Heimtextilien

Je nach der rechtlichen Verfassung der einzelnen Unternehmung unterscheiden wir **Einzelunternehmungen** und verschiedene Formen von **Gesellschaftsunternehmungen**. Die Wahl der Unternehmungsform hängt u. a. von der Betriebsgröße, vom Kapitalbedarf, von der Haftung und von steuerlichen Gesichtspunkten ab. Besonders zu beachten ist, wie **Kapitalaufbringung** und **Geschäftsführung** sowie Rechte und Pflichten der Kapitalgeber im Innen- und im Außenverhältnis geregelt sind.

Die Einzelunternehmung

Die Einzelunternehmung ist die häufigste Rechtsform im Einzelhandel. Der Eigentümer ist der alleinige Unternehmer; er allein bringt das Eigenkapital auf, trifft die unternehmerischen Entscheidungen, trägt das Risiko, haftet gegenüber den Gläubigern mit seinem gesamten (auch privaten) Vermögen; ihm allein fließt der Gewinn zu. Kapitalaufbringung und Geschäftsführung sind in einer Hand; der Unternehmer ist weitgehend Herr im eigenen Haus – bzw. Frau im eigenen Haus, wenn es sich um eine der vielen Unternehmerinnen des Textileinzelhandels handelt.

Die Gesellschaftsunternehmungen

Personengesellschaften

Der Wunsch, das Eigenkapital zu erhöhen, die eigene Arbeitskraft oder die eigenen Fachkenntnisse zu ergänzen oder Arbeit, Verantwortung und Risiko auf mehr Schultern zu verteilen, oft auch persönliche Gründe wie Alter oder Krankheit können dazu führen, dass der Einzelunternehmer einen (oder mehrere) Gesellschafter aufnimmt.

Wenn beide Gesellschafter persönlich im Unternehmen mitarbeiten und gegenüber den Gläubigern mit ihrem gesamten Vermögen (als Vollhafter) haften, handelt es sich um eine offene **Handelsgesellschaft (OHG)**. Bei ihr liegen Kapitalaufbringung und Geschäftsführung in den Händen der Gesellschafter; im Außenverhältnis erscheinen beide auch dann als gleichberechtigte Vertreter der Unternehmung, wenn sie im Innenverhältnis die Geschäftsführungsbefugnisse unterschiedlich geregelt haben (z. B. Gesellschafter A: Einkauf; B: Verkauf).

Wenn dagegen ein Gesellschafter nicht mit seinem gesamten Vermögen, sondern nur mit einer bestimmten Einlage haftet und zur Mitarbeit weder berechtigt noch verpflichtet ist, handelt es sich um den Teilhafter (Kommanditisten) einer **Kommanditgesellschaft (KG)**. Hier ist der enge Zusammenhang von Kapitalaufbringung (durch Voll- und Teilhafter) und Geschäftsführung (nur durch Vollhafter) gelöst.

Die **stille Gesellschaft** ist eine Mischform von Personengesellschaft und Einzelunternehmung. Hier beteiligt sich ein unternehmungsfremder lediglich mit Kapital, ohne an der Geschäftsführung teilzunehmen. Die Tatsache, dass es einen stillen Gesellschafter gibt, wird im **Außenverhältnis**, z. B. durch die Firmierung, nicht erkennbar, weil der stille Gesellschafter normalerweise nicht in Erscheinung treten will. Im **Innenverhältnis** handelt es sich jedoch um eine Gesellschaft (aus Einzelunternehmer und stillem Gesellschafter). Kapitalaufbringung und Geschäftsführung sind getrennt. Eine Verpflichtung zur Haftung besteht für den Kapitalgeber nur bis zur Höhe seiner Einlage.

Kapitalgesellschaften

Während Personengesellschaften aus **natürlichen Personen** (also Menschen aus Fleisch und Blut) bestehen, handelt es sich bei Kapitalgesellschaften um Rechtskonstruktionen, die als **juristische Personen** gelten. Sie haben als juristische Person eigenes Vermögen, müssen aber, damit sie nach innen und außen hin handeln können, von Leitungsorganen (z. B. einem Vorstand) geführt und vertreten werden. Die Gesellschafter beteiligen sich mit Einlagen am Gesellschaftskapital. Kapitalaufbringung und Geschäftsführung sind also deutlich getrennt. Im Haftungsfalle haftet die Gesellschaft mit ihrem gesamten Reinvermögen (Vermögen nach Abzug der Schulden). Die Gesellschafter dagegen müssen nicht persönlich für Verbindlichkeiten der Kapitalgesellschaft eintreten und riskieren lediglich ihren Kapitaleinsatz.

AG und GmbH

Das Kapital der **Aktiengesellschaft (AG)** wird durch Verkauf von Anteilsscheinen (Aktien) von häufig sehr zahlreichen Anteilseignern (Aktionären) aufgebracht. Der Vorstand (Manager) führt die Geschäfte und vertritt die Gesellschaft nach außen, der Aufsichtsrat überwacht den Vorstand. Die Aktionäre können auf der jährlichen Hauptversammlung ihr Stimmrecht ausüben. Vom erwirtschafteten Gewinn erhalten die Aktionäre einen Anteil (Dividende) entsprechend ihrem Anteil am Grundkapital der AG. Die Rechtsform der Aktiengesellschaft eignet sich in besonderer Weise für Großbetriebe; so werden z. B. die großen Warenhauskonzerne als Aktiengesellschaften geführt.

Die **Gesellschaft mit beschränkter Haftung (GmbH)** ähnelt in vielem der AG, eignet sich aber besser für kleinere und mittlere Unternehmungen. Kapitalaufbringung und Geschäftsführung sind nicht in allen Fällen getrennt, denn der Geschäftsführer kann einer der (oder sogar der einzige) Anteilseigner sein. Das Stammkapital der GmbH wird in (oft nur wenige) Stammeinlagen aufgeteilt. Während bei der AG die Grundidee darin liegt, große Kapitalmengen auch in Kleinbeträgen aufbringen zu können, geht es bei der GmbH häufig um die Möglichkeit, die Haftung auf das Gesellschaftsvermögen zu beschränken und die GmbH-Gesellschafter weitgehend von der Haftung mit ihrem privaten Vermögen zu befreien.

Mischformen

Gerade im Einzelhandel gibt es Mischformen zwischen Personen- und Kapitalgesellschaften. So ist die **GmbH & Co KG** eine Kommanditgesellschaft, deren Vollhafter eine GmbH ist. Diese haftet voll, d. h. mit dem gesamten GmbH-Vermögen; das private Vermögen der GmbH-Gesellschafter haftet nicht. Sinngemäß gilt dies auch für die **AG & Co KG** und für solche OHG, bei denen ein oder mehrere Vollhafter Kapitalgesellschaften sind. Diese Rechtsformen treten auch im Einzelhandel auf, weil trotz Vorliegens einer Kommanditgesellschaft (bzw. OHG) die Haftung auf das Vermögen der Gesellschaften beschränkt werden kann.

Rechtsformen des Textil- und Bekleidungsfacheinzelhandels in Deutschland im Jahre 1998 (lt. Umsatzsteuerstatistik)

Rechtsform	Unternehmen		Nettoumsatz	
	Anzahl	%	in Mio. DM	%
Einzelunternehmen	40.449	79,3	17.545	29,0
OHG	3.436	6,7	2.801	4,6
KG	1.763	3,4	22.069	36,4
AG	14	0,03	2.699	4,5
GmbH	5.275	10,3	15.047	24,9
Übrige	77	0,15	340	0,6
Gesamt	51.014	100	60.501	100

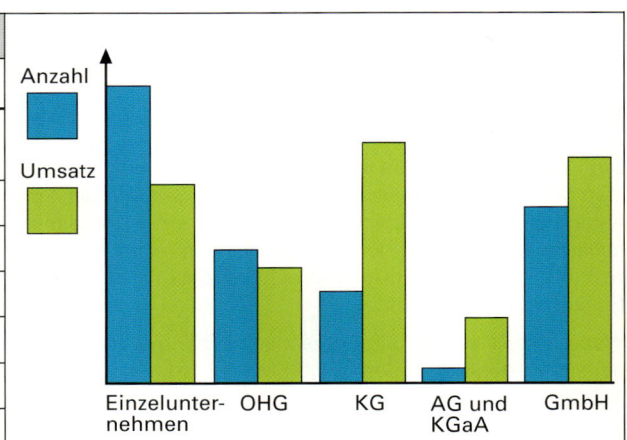

Die Gesellschaft des bürgerlichen Rechts

Bei der Gesellschaft des bürgerlichen Rechts (GbR, auch BGB-Gesellschaft) handelt es sich um die vertragliche Vereinigung von Personen – Nichtkaufleuten oder Kaufleuten –, die sich verpflichten, die Erreichung eines gemeinsamen Zieles in der vertraglich bestimmten Weise zu fördern. Die GbR hat keine Firma und keine Kaufmannseigenschaft und wird auch nicht in das Handelsregister eingetragen. Die Rechtsverhältnisse regelt das BGB, nicht das HGB. Im Textileinzelhandel sind kleinere Geschäfte mitunter BGB-Gesellschaften, bei denen (zwei oder mehr) Personen aus ihrem Privatvermögen Beiträge zum gemeinschaftlichen Geschäftsbetrieb aufbringen.

Häufig ist den Beteiligten gar nicht klar, dass sie eine GbR gegründet haben, etwa wenn zwei Freundinnen eine Boutique betreiben oder Eheleute gemeinsam ein Geschäft eröffnen. Vorteile sind eine einfache Gründung, freie Vertragsgestaltung und hohe Kreditwürdigkeit. Auch ist ein Mindestkapital nicht vorgeschrieben, aber: die Gesellschafter haften (wie bei der OHG) **unbeschränkt** (d. h. sowohl mit dem Geschäfts- wie mit dem Privatvermögen), **unmittelbar** (d. h. die Gläubiger können jeden einzelnen Gesellschafter voll in Anspruch nehmen) und **solidarisch** (d. h. jeder Gesellschafter haftet für die Schulden der Gesellschaft).

1.5.4 Rechtsformen (3)

▶ Übersicht über wichtige Rechtsformen

Merkmale	Einzelunternehmung	OHG	KG
Gründer	1 Person	mindestens 2 Personen	
Form der Gründung und Beginn der Unternehmung	Unternehmung entsteht durch erstes Rechtsgeschäft des Unternehmers.	Formfrei, meist schriftlich. Unternehmung entsteht durch erstes Rechtsgeschäft, spätestens durch Handelsregister-Eintragung.	
Handelsregister	Abt. A		
Beteiligung am Kapital	Das Eigenkapital bringt der Unternehmer alleine auf.	Art und Höhe der Einlagen nach Gesellschaftervertrag. Mindesthöhe nicht vorgeschrieben. Wert der Einlagen auf getrennten Kapitalkonten der Gesellschafter. Gewinnentnahmen während des Geschäftsjahres werden verzinst (keine Entnahmen durch Teilhafter; konstanter Kapitalanteil des Kommanditisten).	
Haftung	Der Unternehmer haftet mit seinem gesamten Geschäfts- und Privatvermögen für Schulden der Unternehmung.	Es haften die OHG mit dem Gesellschaftsvermögen und alle Gesellschafter. Diese haften persönlich und unbeschränkt (d. h. mit ihrem Anteil am Gesellschaftsvermögen und dem gesamten Privatvermögen) und gesamtschuldnerisch (d. h. jeder der Gesellschafter haftet für die Gesamtschulden der Gesellschaft). Im Innenverhältnis besteht ein Ausgleichsanspruch.	Vollhafter: wie OHG; Teilhafter: Haftung ist auf die Höhe der Einlage begrenzt.
Beteiligung am Gewinn	Er verfügt allein über den Gewinn der Unternehmung.	Falls vertraglich nicht anders geregelt, gilt: Jeder Gesellschafter hat Anspruch auf 4% seines Kapitalanteils; der Restgewinn wird nach Köpfen verteilt.	Falls vertraglich nicht anders geregelt, gilt: Jeder Gesellschafter hat Anspruch auf 4% seines Kapitalanteils; der Restgewinn wird in angemessenem Verhältnis verteilt.
Beteiligung am Verlust	Er trägt allein den Verlust der Unternehmung.	Falls vertraglich nicht anders geregelt, gilt: Der Verlust wird nach Köpfen verteilt und vom Kapitalanteil abgezogen.	
Geschäftsführung (Innenverhältnis)	Unternehmer allein	Jeder Gesellschafter ist zur Geschäftsführung verpflichtet.	Nur Vollhafter sind zur Geschäftsführung berechtigt und verpflichtet.
Vertretung (Außenverhältnis)	Unternehmer allein	Falls vertraglich nicht anders geregelt, ist jeder Gesellschafter allein zur Vertretung befugt.	Nur Vollhafter sind zur Vertretung berechtigt und verpflichtet.
Überwachendes Organ	—		
Beschließendes Organ	—		
Kündigung eines Gesellschafters	—	Auf den Schluss des Geschäftsjahres; Kündigungsfrist 6 Monate.	
Auflösungsgrund	Tod des Unternehmers, Konkurs, Verkauf, Änderung der Rechtsform, freiwillige Liquidation.	Zeitablauf, Beschluss der Gesellschafter, Eröffnung des Konkursverfahrens über Vermögen der Gesellschaft; Gerichtsbeschluss.	
Auflösungserlös	Erhält Unternehmer allein.	Verteilung im Verhältnis der Kapitalanlage.	

1.5.4 Rechtsformen (4)

> **Übersicht über wichtige Rechtsformen**

Merkmale	AG	GmbH
Gründer	mindestens 1 Person	
Form der Gründung und Beginn der Unternehmung	Notariell beurkundete Satzung, Übernahme der Aktien durch die Gründer, Bestellung von Aufsichtsrat, Vorstand und Gründungsprüfer. Gesellschaft entsteht erst durch Eintragung in HR.	Notariell beurkundete Satzung, Übernahme von Geschäftsanteilen durch die Gründer, Bestellung von Geschäftsführer, evtl. AR, Gründungsprüfer. Gesellschaft entsteht erst durch Eintragung.
Handelsregister	Abt. B	
Beteiligung am Kapital	Die Gesellschafter (Aktionäre) sind mit Einlagen auf das in Anteilscheine (Aktien) zerlegte Grundkapital der Gesellschaft (mind. 50.000 €) beteiligt.	Die Gesellschafter sind mit Geschäftsanteilen (mind. 100 €) am Stammkapital (mind. 25.000 €) beteiligt.
Haftung	Für Schulden der Gesellschaft haftet das Gesellschaftsvermögen der AG. Der einzelne Aktionär haftet nicht persönlich, trägt aber das Risiko einer teilweisen oder völligen Entwertung seiner Aktie.	Für Schulden der Gesellschaft haftet das Gesellschaftsvermögen der GmbH. Für die Gesellschafter kann eine beschränkte oder unbeschränkte Nachschusspflicht vereinbart werden.
Beteiligung am Gewinn	Der Jahresüberschuss wird teils in gesetzliche oder satzungsmäßige Rücklagen eingestellt, teils in Form von Gewinnanteilen (Dividenden) an die Aktionäre ausgeschüttet.	Der Jahresüberschuss wird verwendet: zur Zahlung von Tantiemen der Geschäftsführer und evtl. des Aufsichtsrats; zur satzungsgemäßen Bildung von Rücklagen; zur Verteilung im Verhältnis der Geschäftsanteile.
Beteiligung am Verlust	Keine Verlustbeteiligung der Aktionäre, aber: Risiko einer teilweisen oder völligen Entwertung der Kapitalanteile.	Risiko einer teilweisen oder völligen Entwertung der Geschäftsanteile; evtl. beschränkte oder unbeschränkte Nachschusspflicht der Gesellschafter.
Geschäftsführung (Innenverhältnis)	Durch den Vorstand (eine oder mehrere Personen, vom Aufsichtsrat bestellt).	Durch Geschäftsführer (oft Gesellschafter).
Vertretung (Außenverhältnis)	Durch den Vorstand.	Durch Geschäftsführer.
Überwachendes Organ	Aufsichtsrat (mindestens drei Personen, von der Hauptversammlung bestellt).	Aufsichtsrat (bei mehr als 500 Beschäftigten).
Beschließendes Organ	Hauptversammlung (Aktionäre der Gesellschaft).	Gesellschafterversammlung.
Kündigung eines Gesellschafters	Keine Kündigung, aber: Veräußerung der Aktien (meist über Börse) möglich.	Keine Kündigung, aber: Verkauf des Geschäftsanteils möglich.
Auflösungsgrund	Zeitablauf, Erreichen des Geschäftszwecks, Beschluss der Hauptversammlung (mind. 75 % der Stimmen), Eröffnung/Ablehnung des Konkursverfahrens, Gerichtsbeschluss.	Zeitablauf, Erreichen des Geschäftszwecks, Beschluss der Gesellschafter, Eröffnung/Ablehnung des Konkursverfahrens, Gerichtsbeschluss.
Auflösungserlös	Verteilung entsprechend der Beteiligung am Grundkapital.	Verteilung nach Geschäftsanteilen.

1.5.5 Firma, Handelsregister

Einzelhandelsunternehmungen werden von Kaufleuten im Sinne des Handelsgesetzbuches geführt (lediglich Kleinbetriebe, die nicht als Personen- oder Kapitalgesellschaft betrieben werden, sind keine Kaufleute).

Die Firma ist der Name eines Kaufmanns, unter dem er seine Handelsgeschäfte betreibt, die Unterschrift abgibt, klagt und verklagt werden kann. Die Firma muss Kennzeichnungswirkung entfalten, Unterscheidungskraft besitzen, Gesellschaftsverhältnisse ersichtlich machen und damit Haftungsverhältnisse offenlegen; sie besteht aus einem nahezu frei wählbaren Firmenkern und aus einem Rechtsformzusatz. Je nach Rechtsform bestehen folgende Möglichkeiten[1]:

Rechtsform	Firma	Beispiele
Einzelunternehmung	Personen-, Sach-, Fantasie- oder gemischte Firma mit Rechtsformzusatz „eingetragener Kaufmann", „eingetragene Kauffrau", „e.K.", „e. Kfm." oder „e. Kffr.".	*Walter Müller eingetragener Kaufmann* *Retro-Moden e.K.* *Müllers Heimtextilien e.K.* *Erna Zwack, Inh. Walter Müller, e. Kffr.* *Walter Müller, vorm. Erna Zwack, e. Kfm.*
Offene Handelsgesellschaft	wie vor, Rechtsformzusatz „offene Handelsgesellschaft", „oHG" oder „OHG"	*Samt und Seide Krefeld oHG* *Müller & Zander oHG* *Müllers Textilwelt oHG*
Kommanditgesellschaft	wie vor, Rechtsformzusatz „Kommanditgesellschaft" oder „KG"	*Müller Kommanditgesellschaft* *Müller & Sohn KG* *Karo Steppbetten KG*
Gesellschaft mit beschränkter Haftung	wie vor, Rechtsformzusatz „Gesellschaft mit beschränkter Haftung" oder „GmbH"	*„42 plus"-Damenmoden-GmbH* *Woll-Lust Müller GmbH* *Gesellschaft zur Verbesserung des Schlafkomforts mbH*
Aktiengesellschaft	wie vor, Rechtsformzusatz „Aktiengesellschaft" oder „AG"	*Karstadt AG* *Textilland AG*
Eingetragene Genossenschaft [2]	wie vor, Rechtsformzusatz „eG"	*Volksbank Kirchhellen eG*
BGB-Gesellschaft (GbR)	keine Firma, keine HR-Eintragung	—

[1] Die vor dem 1. Juli 1998 zulässigen und im Handelsregister eingetragenen Firmen dürfen bis zum März 2003 weitergeführt werden.

[2] Eintragung im Genossenschaftsregister.

Die Firma ist mit weiteren Angaben zur Eintragung in das Handelsregister anzumelden. Das Handelsregister ist das amtliche und öffentliche Verzeichnis der Kaufleute eines oder mehrerer Amtsgerichtsbezirke. Es wird als Abteilung A für Einzelunternehmungen und Personengesellschaften, als Abteilung B für Kapitalgesellschaften geführt.

> ## Der Standort des Textileinzelhandels

1: Nachbarschaft, Subzentrum, City als Standorte

Die Wahl des Standortes ist für den Textileinzelhandel von außerordentlicher Bedeutung,

– weil nur wenige Wirtschaftsbereiche so **standortabhängig** sind wie der Ladenhandel,

– weil eine einmal getroffene „falsche" Standortentscheidung sich nur schwer korrigieren lässt und

– weil mit dem Standort Einzugsgebiet, Kundenkreis, Umsatz und Kosten und damit der Gewinn bestimmt werden.

Die meisten Textilien gehören nicht zu den Gütern des **täglichen Bedarfs**, sondern werden **periodisch** (Frühjahrs-, Herbstmode) oder **aperiodisch** (Heimtextilien, Brautmoden) nachgefragt. Die Kunden sind daher bereit, einigen Beschaffungsaufwand (Entfernung, Zeit, Sorgfalt bei der Auswahl) zu treiben und erwarten oft auch ein angenehmes Einkaufserlebnis. Deshalb werden Textilien weniger in wohnungsnahen Nachbarschaftsgeschäften angeboten, sondern in den Innenstädten, in Stadt- und Vorortzentren sowie in Einkaufszentren (häufig „auf der grünen Wiese").

2: Fußgängerzone und Einkaufszentrum als Standorte

Standortfaktoren

Für die Standortwahl sind neben den eigenen Zielen (z. B. Steigerung oder Erhaltung des Marktanteils, Verdrängung von Wettbewerbern, Erreichen der Marktführerschaft, um langfristig Rentabilität und Gewinn zu erreichen) u. a. folgende Standortfaktoren bedeutsam:

- Größe, Betriebstyp des geplanten Geschäfts
- Sortiment, Preislage des geplanten Geschäfts
- Merkmale des Grundstücks am geplanten Standort
- Zentralität (Anziehungskraft) des Standorts
- Einzugsgebiet, Bevölkerung, Berufstätigkeit, Kaufkraft
- Marktanteile, Konkurrenzsituation
- Nachbarschaft zu ergänzenden bzw. konkurrierenden Betrieben und zu „Kundenmagneten"

- Werbegemeinschaft, Parkgemeinschaft
- Verkehrserschließung, Haltestellen
- Verkehrsberuhigte Bereiche, Fußgängerzonen
- Passantenströme, Laufrichtung, Laufseite
- Parkplätze, Parkkontrolle, Parkgebühren
- Ziele von Raumordnung und Landesplanung
- Flächennutzungs- und Bebauungsplan der Gemeinde
- Erschließungsbeiträge, steuerliche Vorschriften

Häufung branchengleicher und branchenungleicher Standorte

Ein wichtiger Standortfaktor ist das Vorhandensein weiterer Geschäfte in unmittelbarer Nähe des eigenen Standortes. Eine solche Häufung von Standorten führt zur Einsparung von Kosten und/oder zu höheren Erträgen:

- **Urbanisationseffekte** entstehen, wenn in der Nachbarschaft auch Geschäfte anderer Branchen (z. B. mit Waren, die das eigene Sortiment ergänzen) und weitere private und öffentliche Dienstleistungen ihren Standort haben.

- **Lokalisationseffekte** entstehen, wenn sich am Standort auch Geschäfte derselben oder ähnlicher Branchen befinden („Konkurrenz belebt das Geschäft").

Ein anschauliches Beispiel dafür zeigt die folgende Kartierung des Straßenzuges „Limbecker Straße" in der Essener Innenstadt. Hier konzentrieren sich neben dem Textilfacheinzelhandel weitere Ladengeschäfte mit textilem Angebot (Lokalisationseffekt). Diese weisen, zusammen mit zahlreichen Textilanbietern an anderen Standorten der Innenstadt, eine Verkaufsfläche von etwa 70 000 m² auf (zum Vergleich: die gesamte Verkaufsfläche der Läden aller Branchen im Einkaufszentrum „Centro Oberhausen" beträgt ebenfalls 70 000 m²). Eine zweckmäßige Ergänzung erfährt die Standortgemeinschaft der Textilanbieter in der „Limbecker Straße" durch zahlreiche Schuh- und Lederwarengeschäfte, durch Ladengeschäfte anderer Branchen und durch sonstige Dienstleistungsbetriebe (Cafés und Gaststätten; Banken, Rechtsanwälte; Post, Einzelhandelsverband, IHK) in unmittelbarer Nachbarschaft (Urbanisationseffekt).

Ladengeschäfte im Straßenzug „Limbecker Straße", Essen

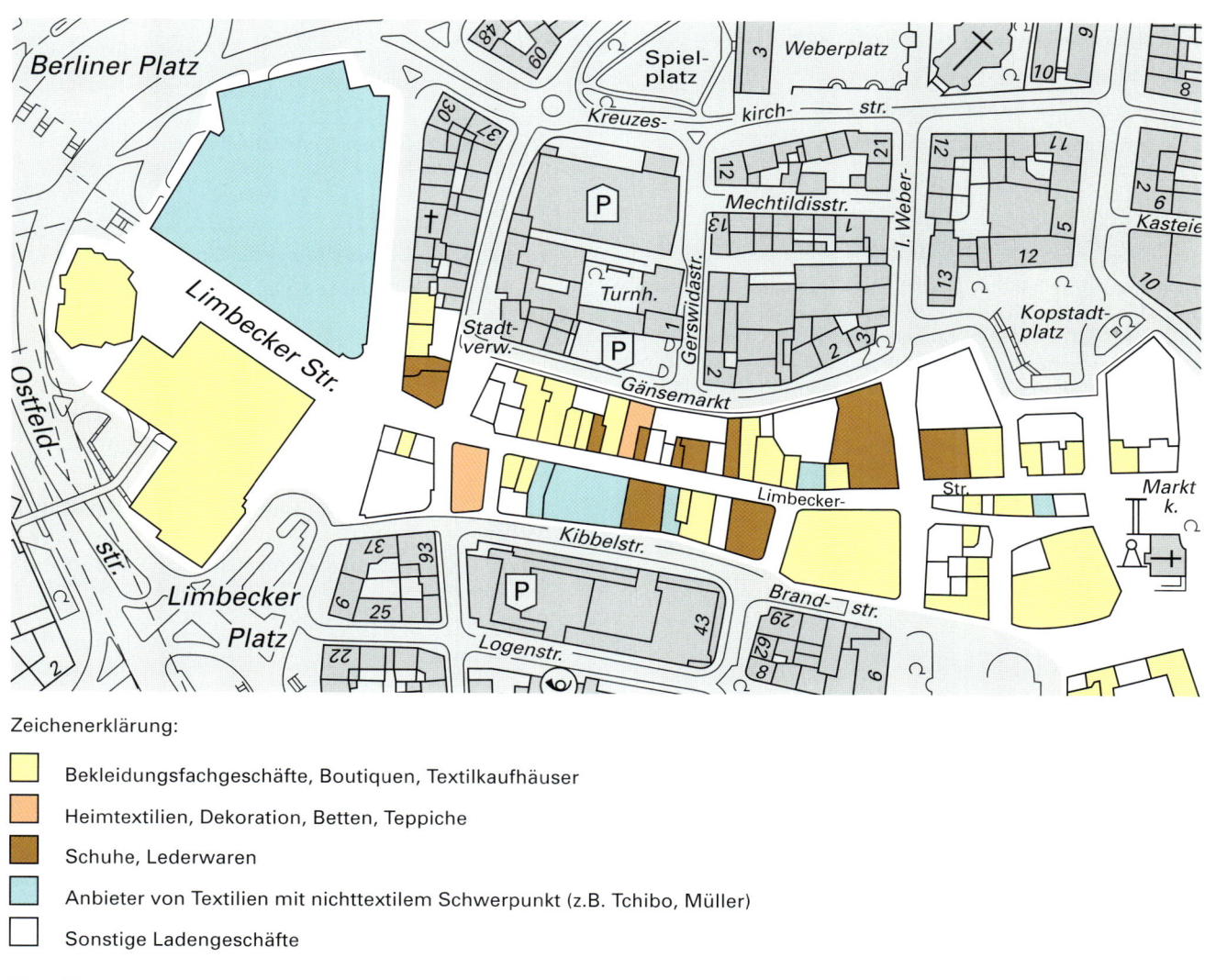

Zeichenerklärung:

- ▢ Bekleidungsfachgeschäfte, Boutiquen, Textilkaufhäuser
- ▢ Heimtextilien, Dekoration, Betten, Teppiche
- ▢ Schuhe, Lederwaren
- ▢ Anbieter von Textilien mit nichttextilem Schwerpunkt (z.B. Tchibo, Müller)
- ▢ Sonstige Ladengeschäfte

Entwurf: Schülerinnen und Schüler einer Einzelhandels-Unterstufe des Robert-Schuman-Berufskollegs, Essen

Standort und Einzugsgebiet

Welche Umsätze mit den Kunden des Einzugsgebietes erzielt werden können, hängt auch vom Standort eines Textilgeschäfts ab. Die Erreichbarkeit zu Fuß nimmt immer mehr an Bedeutung ab, umso wichtiger ist die Erreichbarkeit mit dem privaten Pkw – auch abhängig von den Parkmöglichkeiten – und mit dem öffentlichen Nahverkehr.

Die meisten Kunden kalkulieren mehr oder weniger bewusst Nutzen und Aufwand eines Einkaufs und wägen ab

- zwischen den erwarteten Einkaufsvorteilen sowie dem Einkaufsvergnügen einerseits und

- zwischen dem dafür notwendigen Einkaufsaufwand (Zeit, Kraft, Geld) andererseits.

Sie schätzen kurze Entfernungen umso mehr,

- je geringer ihre Mobilität ist,

- je knapper Zeit und Geld sind,

- je dringender sie einen Bedarf empfinden,

- je häufiger sie eine Ware einkaufen,

- je gleichartiger die Angebote sind und

- je geringer die Einkaufsbeträge sind.

1: Das Einzugsgebiet des CentrO Oberhausen

Leisure Shopping in integrierten Einkaufszentren

Viele Textileinzelhändler sind Pächter in einem Einkaufszentrum. Sie finanzieren über ihre Pacht eine Reihe von Maßnahmen, die das Center-Management durchführt, um das Einkaufen attraktiv zu gestalten. Dadurch sollen die Verweildauer der Kunden im Zentrum verlängert und das Einzugsgebiet ausgedehnt werden.

Zu diesem Zweck bündeln moderne Einkaufszentren Einrichtungen, die dem Einkaufen, dem Sport, der Unterhaltung und der Gastronomie dienen (integrierte Zentren), und machen damit das Einkaufen zu einer Art von Freizeitgestaltung (leisure shopping). So bieten sie ihren Besuchern Attraktionen, die weit über das hinausgehen, was im Rahmen des Kundendienstes herkömmlicher Geschäfte üblich und möglich ist.

Besonderheiten eines integrierten Einkaufszentrums

Freizeitpark mit Gartenanlagen, Spazierwegen, Picknickflächen

Sportmöglichkeiten und Aktivspiele, Showteam

Freilichtbühne und Unterhaltungsfläche

Marina mit Bootsanlegern

Mehrzweckhalle für Sport, Musik, Unterhaltung

Multiplex-Kino

Business-Park mit Büros, Gewerbe- und Ausstellungsflächen

Schnellrestaurants, Themenrestaurants, Cafés, Bars, Kneipen

Hotels mit Tagungsräumen

Lage **in** der Stadt

Veränderung der Standortbedingungen

Häufig können Veränderungen der Standortbedingungen zu Standortauf- und -abwertungen (Standortdynamik) führen, die die Qualität des Betriebsstandortes nachhaltig verändern: *Vor dem Geschäft wird ein Halteverbot eingerichtet, die Einkaufstraße wird zur Fußgängerzone umgebaut, vor dem Geschäft hält neuerdings ein Linienbus, ein leistungsfähiger Mitbewerber eröffnet eine Filiale in unmittelbarer Nachbarschaft, vor den Toren der Stadt ist ein Einkaufszentrum entstanden.* In vielen Fällen sind Maßnahmen zur Anpassung an die geänderten Bedingungen sinnvoll oder sogar zwingend erforderlich, die in extremen Fällen bis zum Standortwechsel führen können.

Vom Verkäufermarkt zum Käufermarkt

Die Zeiten sind vorbei, als es genügte, Waren einzukaufen, um diese anschließend problemlos zu verteilen. Heute muss jeder Händler gezielt Maßnahmen ergreifen, um den Absatz seiner Waren zu verbessern (= Marketing). Ein Grund liegt darin, dass auf gesättigten Märkten ein Überangebot den Handel zwingt, sich am Verbraucher und seinen Wünschen zu orientieren. Marketing beginnt daher schon beim Wareneinkauf. Dieser war dann erfolgreich, wenn Sortimentsgestaltung und Kundenwünsche weitgehend übereinstimmen.

Das „magische Viereck" des Einkaufs

Warenart

Durch die starke Modeabhängigkeit bei Textilien muss diesem Kriterium besondere Bedeutung beigemessen werden. Machart, Schnitt, Farbe, Material und besonders die Preislage sind zu berücksichtigen. Falsche Entscheidungen führen zu erheblichen Ertragseinbrüchen. Dann müssen schon häufig frühzeitig Preisabschriften vorgenommen werden.

Beschaffungszeitraum

Es gilt der Grundsatz: Die Ware muss dann zur Verfügung stehen, wenn der Kunde sie kaufen möchte. Besonders beim Saisongeschäft muss dies beachtet werden. So wollen zum Beispiel die modebewussten Kunden schon vor dem Winterschlussverkauf die aktuelle Frühjahrsware im Angebot sehen.

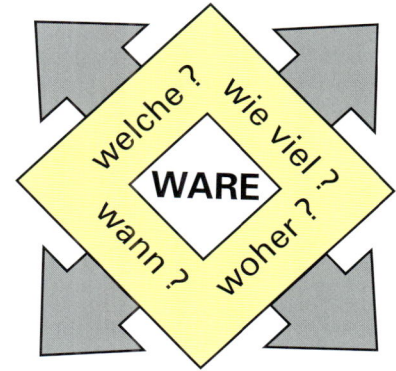

Bedarfsmenge

Was bei Mittel- und Großbetrieben schon längst eine Selbstverständlichkeit ist, kann auch im kleineren Unternehmen vorgenommen werden, nämlich eine detaillierte Umsatzplanung. An dieser orientiert sich dann die Einkaufsmenge. Dabei kommt es zu einem schwer lösbaren „Optimierungsproblem". Es sollte „so viel wie nötig und so wenig wie möglich" eingekauft werden.

Bezugsquellen

Wo der Händler seine Waren bezieht, hängt vom jeweiligen Sortiment und der Größe des Betriebes ab. Für viele kleinere Betriebe stellt das Angebot eines Vertreters die wichtigste Bezugsquelle dar. Neben der Bestellung auf Messen spielt der Warenbezug über eine Einkaufsorganisation eine wichtige Rolle.

Ein Händler wird sicher versuchen alle Punkte des „magischen Vierecks" bei seinem Einkauf in Einklang zu bringen. Aber in der Praxis wird dies nicht immer zu verwirklichen sein, weil es sich hier zum Teil um widersprüchliche Forderungen handelt, die nur schwer unter einen Hut zu bringen sind.

Wichtig ist es, Grundregeln zu beachten, um schwer wiegende Fehler zu vermeiden, die sich auf eine ganze Verkaufsperiode auswirken können. Die folgenden Regeln sollen eine Hilfe dazu sein.

Regeln für den Wareneinkauf

- Erfahrungen aus dem Verkauf berücksichtigen.

- Trends und neue Kundenwünsche beachten.

- Einkaufsunterlagen auf dem neuesten Stand halten.

- Regelmäßig die Lieferantenkonditionen überprüfen.

- Auf wenige Lieferanten beschränken, das stärkt die Verhandlungsposition.

- Genaue Planung der Einkaufsmengen vornehmen.

- Mindermengenzuschläge und Frachtkosten zum Verhandlungsgegenstand machen.

- Auf Auftragsrückstände achten und bei Bestellungen die Lagerbestände berücksichtigen.

- Wann immer möglich, auf Nachordermöglichkeit bestehen.

- Vertragsabschlüsse nach den Einheitsbedingungen der Textilwirtschaft abschließen.

Um im Einkauf Rechtssicherheit zu gewährleisten, legen die meisten Unternehmen der Textilwirtschaft beim Abschluss von Kaufverträgen die Einheitsbedingungen der Textilwirtschaft zugrunde.

Einheitsbedingungen der Textilwirtschaft

Fassung: 01.01.2002 | Die Einheitsbedingungen gelten ausschließlich zwischen Kaufleuten

§ 1 Erfüllungsort, Lieferung und Abnahme

1. Erfüllungsort für alle Leistungen aus dem Lieferungsvertrag ist der Ort der Handelsniederlassung des Verkäufers.

2. Die Lieferung der Ware erfolgt ab inländischem Werk. Diese Versandkosten trägt der Käufer. Der Käufer kann den Frachtführer bestimmen. Die Ware ist unversichert zu versenden. Ein Lieferavis kann vereinbart werden.

3. Bei Lieferung ab auswärtigem Lager kann ein pauschalierter Lagerzuschlag in Rechnung gestellt werden.

4. Verpackungskosten für Spezialverpackungen werden vom Käufer getragen.

5. Sortierte und bei Kombinationen verkaufsgerechte Teilsendungen müssen zeitnah erfolgen und sind vorher anzukündigen. Unsortierte sind nur mit Zustimmung des Käufers statthaft.

6. Wenn infolge des Verschuldens des Käufers die Abnahme nicht rechtzeitig erfolgt, so steht dem Verkäufer nach seiner Wahl das Recht zu, nach Setzung einer Nachfrist von 12 Tagen entweder eine Rückstandsrechnung auszustellen oder vom Vertrage zurückzutreten oder Schadenersatz zu verlangen.

§ 2 Gerichtsstand

Gerichtsstand (auch für Wechsel- und Scheckklagen) ist nach Wahl des Klägers der Ort der Handelsniederlassung einer der Parteien oder der Sitz der für den Lieferanten zuständigen Fach- oder Kartellorganisation (Köln). Das zuerst angerufene Gericht ist zuständig.

§ 3 Vertragsinhalt

1. Die Lieferung der Ware erfolgt zu bestimmten Terminen (Werktag oder eine bestimmte Kalenderwoche). Alle Verkäufe werden nur zu bestimmten Mengen, Artikeln, Qualitäten und festen Preisen abgeschlossen. Hieran sind beide Parteien gebunden. Kommissionsgeschäfte werden nicht getätigt.

2. Blockaufträge sind zulässig und müssen bei Vertragsabschluss befristet werden. Die Abnahmefrist darf höchstens 12 Monate betragen.

§ 4 Unterbrechung der Lieferung

1. Bei höherer Gewalt, Arbeitskampfmaßnahmen und sonstigen unverschuldeten Betriebsstörungen, die länger als eine Woche gedauert haben oder voraussichtlich dauern, wird die Lieferungsfrist bzw. Abnahmefrist ohne weiteres um die Dauer der Behinderung, längstens jedoch um 5 Wochen zuzüglich Nachlieferungsfrist verlängert. Die Verlängerung tritt nur ein, wenn der anderen Partei unverzüglich Kenntnis von dem Grund der Behinderung gegeben wird, sobald zu übersehen ist, dass die vorgenannte Frist nicht eingehalten werden kann.

2. Ist die Lieferung bzw. Annahme nicht rechtzeitig erfolgt, so kann die andere Vertragspartei vom Vertrag zurücktreten. Sie muss dies jedoch mindestens zwei Wochen vor Ausübung des Rücktrittsrechts schriftlich ankündigen.

3. Wurde der anderen Vertragspartei auf Anfrage nicht unverzüglich mitgeteilt, dass nicht rechtzeitig geliefert bzw. abgenommen werde und hat die Behinderung länger als 5 Wochen gedauert, kann die andere Vertragspartei sofort vom Vertrag zurücktreten.

4. Schadenersatzansprüche sind ausgeschlossen, wenn die jeweilige Vertragspartei ihren Obliegenheiten gemäß Ziff. 1–3 genügt hat.

§ 5 Nachlieferungsfrist

1. Nach Ablauf der Lieferfrist wird ohne Erklärung eine Nachlieferungsfrist von 12 Tagen in Lauf gesetzt. Nach Ablauf der Nachlieferungsfrist gilt der Rücktritt vom Vertrag unter Ausschluss von Schadenersatzansprüchen als erfolgt.

Der Rücktritt vom Vertrag nach Ziff. 1 Satz 2 tritt nicht ein, wenn der Käufer während der Nachlieferungsfrist dem Verkäufer erklärt, dass er auf Erfüllung des Vertrages besteht. Der Verkäufer wird jedoch von der Lieferverpflichtung frei, wenn der Käufer sich auf Anfrage des Verkäufers innerhalb der Nachlieferungsfrist nicht dazu äußert, ob er auf Vertragserfüllung besteht.

2. Fixgeschäfte werden nicht getätigt. Vereinbaren die Parteien im Einzelfall ausdrücklich, dass die Ware für eine bestimmte Aktion vorgesehen ist, kann jedoch ein fester Liefertermin ohne Nachfrist vereinbart werden. Bei Überschreiten dieses Liefertermins kann der Käufer den Ersatz besonderer Aufwendungen für die georderte Ware verlangen, höchstens jedoch in Höhe des Einkaufspreises der georderten Ware. Weitergehende Ansprüche sind ausgeschlossen. Der Käufer kann wegen der Mangelhaftigkeit der Aktionsware nur den Kaufpreis mindern oder vom Vertrag zurücktreten.

3. Will der Käufer Schadenersatz statt der Leistung beanspruchen, so muss er dem Verkäufer eine 4-Wochen-Frist setzen, mit der Androhung, dass er nach Ablauf der Frist die Erfüllung ablehne. Die Frist wird von dem Tag an gerechnet, an dem die Mitteilung des Käufers durch Einschreiben abgeht. Diese Bestimmung gilt im Falle der Ziff. 1 Satz 2 anstelle des dort aufgeführten Rücktritts nur, wenn diese Fristsetzung des Käufers dem Verkäufer innerhalb der Nachlieferungsfrist zugegangen ist.

4. Für versandfertige Lagerware und NOS-Ware – „Never-out-of-Stock" – beträgt die Nachlieferungsfrist 5 Werktage. Bei Nichtlieferung ist der Käufer unverzüglich zu informieren. Im Übrigen gelten die Bestimmungen der Ziff. 1 und 3.

5. Vor Ablauf der Nachlieferungsfrist sind Ansprüche des Käufers wegen verspäteter Lieferung ausgeschlossen.

§ 6 Mängelrüge

1. Mängelrügen sind spätestens innerhalb von 12 Tagen nach Empfang der Ware an den Verkäufer abzusenden.

2. Nach Zuschnitt oder sonst begonnener Verarbeitung der gelieferten Ware ist jede Beanstandung offener Mängel ausgeschlossen.

3. Geringe, technisch nicht vermeidbare Abweichungen der Qualität, Farbe, Breite, des Gewichts, der Ausrüstung oder des Dessins dürfen nicht beanstandet werden. Dies gilt auch für handelsübliche Abweichungen, es sei denn, dass der Verkäufer eine mustergetreue Lieferung schriftlich erklärt hat.

4. Bei berechtigten Mängelrügen hat der Verkäufer das Recht auf Nachbesserung oder Lieferung mangelfreier Ersatzware innerhalb von 12 Tagen nach Rückempfang der Ware. In diesem Fall trägt der Verkäufer die Frachtkosten. Ist die Nacherfüllung fehlgeschlagen, hat der

Käufer nur das Recht den Kaufpreis zu mindern oder vom Vertrag zurückzutreten.

5. Nach Ablauf der in Ziff. 4 genannten Frist kann der Käufer nur den Kaufpreis mindern oder vom Vertrag zurücktreten.

6. Versteckte Mängel hat der Käufer unverzüglich nach deren Entdeckung gegenüber dem Verkäufer zu rügen. Der Käufer kann aufgrund des rechtzeitig gerügten Mangels nur den Kaufpreis mindern oder vom Vertrag zurücktreten.

§ 7 Zahlung

1. Die Rechnung wird zum Tage der Lieferung bzw. der Bereitstellung der Ware ausgestellt. Ein Hinausschieben der Fälligkeit (Valutierung) ist grundsätzlich ausgeschlossen.

2. Rechnungen sind zahlbar:

   1. innerhalb von 10 Tagen nach Rechnungsstellung und Warenversand mit 4% Eilskonto;

   2. ab 11. bis 30. Tag nach Rechnungsstellung und Warenversand mit 2,25% Skonto;

   3. ab 31. bis 60. Tag nach Rechnungsstellung und Warenversand netto.

   Ab dem 61. Tag tritt Verzug gemäß § 286 II Nr. 1 BGB ein.

3. Werden anstelle von barem Geld, Scheck oder Überweisung vom Verkäufer Wechsel angenommen, so wird bei der Hereinnahme der Wechsel nach dem Nettoziel vom 61. Tage ab Rechnungsstellung und Warenversand ein Zuschlag von 1% der Wechselsumme berechnet.

4. Statt der vorstehenden Regelung kann wie folgt reguliert werden, sofern sich der Käufer hieran mindestens 12 Monate bindet:

	zu begleichen mit
Rechnungen ab	4% Skonto am
1. – 10. eines M.	15. des gleichen M.
11. – 20. eines M.	25. des gleichen M.
21. – ultimo eines M.	5. des nächsten M.

	zu begleichen mit
Rechnungen ab	2,25% Skonto am
1. – 10. eines M.	5. des nächsten M.
11. – 20. eines M.	15. des nächsten M.
21. – ultimo eines M.	25. des nächsten M.

Rechnungen ab	zu begleichen mit netto am
1. – 10. eines M.	5. des übernächsten M.
11. – 20. eines M.	15. des übernächsten M.
21. – ultimo eines M.	25. des übernächsten M.

Für diese Regulierungsart gelten die Ziff. 1–3 entsprechend.

5. Abänderungen der Regulierungsweise sind 3 Monate vorher anzukündigen.

6. Vorzinsen werden in keinem Fall gewährt.

7. Zahlungen werden stets zur Begleichung der ältesten fälligen Schuldposten zuzüglich der darauf aufgelaufenen Verzugszinsen verwendet.

8. Maßgeblich für den Tag der Abfertigung der Zahlung ist in jedem Fall der Postabgangsstempel. Bei Banküberweisung gilt der Vortag der Gutschrift der Bank des Verkäufers als Tag der Abfertigung der Zahlung.

§ 8 Zahlung nach Fälligkeit

1. Bei Zahlungen nach Fälligkeit werden Zinsen von 8% über dem jeweiligen Basiszinssatz der Deutschen Bundesbank berechnet.

2. Vor vollständiger Zahlung fälliger Rechnungsbeträge einschließlich Zinsen ist der Verkäufer zu keiner weiteren Lieferung aus irgendeinem laufenden Vertrag verpflichtet. Die Geltendmachung eines Verzugsschadens bleibt vorbehalten.

3. Bei Zahlungsverzug des Käufers oder bei drohender Zahlungsunfähigkeit oder sonstiger wesentlicher Verschlechterung der Vermögensverhältnisse des Käufers kann der Verkäufer nach Setzung einer Nachfrist von 12 Tagen für noch ausstehende Lieferungen aus irgendeinem laufenden Vertrag unter Fortfall des Zahlungszieles bare Zahlung vor Ablieferung verlangen oder vom Vertrag zurücktreten oder Schadenersatz geltend machen.

§ 9 Zahlungsweise

1. Die Aufrechnung mit und die Zurückbehaltung von fälligen Rechnungsbeträgen ist nur bei unbestrittenen oder rechtskräftig festgestellten Forderungen zulässig. Dies gilt auch im Falle der Zahlungseinstellung des Verkäufers. Sonstige Abzüge (z.B. Porto) sind unzulässig.

2. Wechsel, soweit sie in Zahlung genommen werden, werden nur gegen Erstattung der Spesen angenommen. Wechsel und Akzepte mit einer Laufzeit von mehr als drei Monaten werden nicht angenommen.

§ 10 Eigentumsvorbehalt

1. Die Ware bleibt bis zur vollständigen Bezahlung sämtlicher Forderungen aus Warenlieferungen aus der gesamten Geschäftsverbindung, einschließlich Nebenforderungen, Schadenersatzansprüchen und Einlösungen von Schecks und Wechseln, Eigentum des Verkäufers. Der Eigentumsvorbehalt bleibt auch dann bestehen, wenn einzelne Forderungen des Verkäufers in eine laufende Rechnung aufgenommen werden und der Saldo gezogen und anerkannt wird.

2. Wird die Vorbehaltsware vom Käufer zu einer neuen beweglichen Sache verbunden, vermischt oder verarbeitet, so erfolgt dies für den Verkäufer, ohne dass dieser hieraus verpflichtet wird. Durch die Verbindung, Vermischung oder Verarbeitung erwirbt der Käufer nicht das Eigentum gem. §§ 947 ff. BGB an der neuen Sache. Bei Verbindung, Vermischung oder Verarbeitung mit nicht dem Verkäufer gehörenden Sachen erwirbt der Verkäufer Miteigentum an der neuen Sache nach dem Verhältnis des Fakturenwertes seiner Vorbehaltsware zum Gesamtwert.

3. Sofern in die Geschäftsabwicklung zwischen Verkäufer und Käufer eine zentralregulierende Stelle eingeschaltet ist, die das Delkredere übernimmt, überträgt der Verkäufer das Eigentum bei Versendung der Ware an die zentralregulierende Stelle mit der aufschiebenden Bedingung der Zahlung des Kaufpreises durch den Zentralregulierer. Der Käufer wird erst mit Zahlung durch den Zentralregulierer frei.

4. Der Käufer ist zur Weiterveräußerung oder zur Weiterverarbeitung nur unter der Berücksichtigung der nachfolgenden Bedingungen berechtigt.

5. Der Käufer darf die Vorbehaltsware nur im ordnungsgemäßen Geschäftsbetrieb veräußern oder verarbeiten und sofern sich seine Vermögensverhältnisse nicht nachhaltig verschlechtern.

6a. Der Käufer tritt hiermit die Forderung mit allen Nebenrechten aus dem Weiterverkauf der Vorbehaltsware – einschließlich etwaiger Saldoforderungen – an den Verkäufer ab.

6b. Wurde die Ware verbunden, vermischt oder verarbeitet und hat der Verkäufer hieran in Höhe seines Fakturenwertes Miteigentum erlangt, steht ihm die Kaufpreisforderung anteilig zum Wert seiner Rechte an der Ware zu.

6c. Hat der Käufer die Forderung im Rahmen des echten Factorings verkauft, tritt der Käufer die an ihre Stelle tretende Forderung gegen den Factor an den Verkäufer ab und leitet seinen Verkaufserlös anteilig zum Wert der Rechte des Verkäufers an der Ware an den Verkäufer weiter. Der Käufer ist verpflichtet, dem Factor die Abtretung offenzulegen, wenn er mit der Begleichung einer Rechnung mehr als 10 Tage überfällig ist oder wenn sich seine Vermögensverhältnisse wesentlich verschlechtern. Der Verkäufer nimmt diese Abtretung an.

7.   Der Käufer ist ermächtigt, solange er seinen Zahlungsverpflichtungen nachkommt, die abgetretenen Forderungen einzuziehen. Die Einziehungsermächtigung erlischt bei Zahlungsverzug des Käufers oder bei wesentlicher Verschlechterung der Vermögensverhältnisse des Käufers. In diesem Falle wird der Verkäufer hiermit vom Käufer bevollmächtigt, die Abnehmer von der Abtretung zu unterrichten und die Forderungen selbst einzuziehen.

Für die Geltendmachung der abgetretenen Forderungen muss der Käufer die notwendigen Auskünfte erteilen und die Überprüfung dieser Auskünfte gestatten. Insbesondere hat er dem Verkäufer auf Verlangen eine genaue Aufstellung der ihm zustehenden Forderungen mit Namen und Anschrift der Abnehmer, Höhe der einzelnen Forderungen, Rechnungsdatum usw. auszuhändigen.

8.   Übersteigt der Wert der für den Verkäufer bestehenden Sicherheit dessen sämtliche Forderungen um mehr als 10%, so ist der Verkäufer auf Verlangen des Käufers insoweit zur Freigabe von Sicherheiten nach seiner Wahl verpflichtet.

9.   Verpfändung oder Sicherungsübereignung der Vorbehaltsware bzw. der abgetretenen Forderungen sind unzulässig. Von Pfändungen ist der Verkäufer unter Angabe des Pfändungsgläubigers sofort zu unterrichten.

10. Nimmt der Verkäufer in Ausübung seines Eigentumsvorbehaltsrechts den Liefergegenstand zurück, so liegt nur dann ein Rücktritt vom Vertrag vor, wenn der Verkäufer dies ausdrücklich erklärt. Der Verkäufer kann sich aus der zurückgenommenen Vorbehaltsware durch freihändigen Verkauf befriedigen.

11. Der Käufer verwahrt die Vorbehaltsware für den Verkäufer unentgeltlich. Er hat sie gegen die üblichen Gefahren wie z.B. Feuer, Diebstahl und Wasser im gebräuchlichen Umfang zu versichern. Der Käufer tritt hiermit seine Entschädigungsansprüche, die ihm aus Schäden der obengenannten Art gegen Versicherungsgesellschaften oder sonstige Ersatzverpflichtete zustehen, an den Verkäufer in Höhe des Fakturenwertes der Ware ab. Der Verkäufer nimmt die Abtretung an.

12. Sämtliche Forderungen sowie Rechte aus dem Eigentumsvorbehalt an allen in diesen Bedingungen festgelegten Sonderformen bleiben bis zur vollständigen Freistellung aus Eventualverbindlichkeiten (Scheck-Wechsel), die der Verkäufer im Interesse des Käufers eingegangen ist, bestehen. Dem Käufer ist es im Falle des Satzes 1 grundsätzlich gestattet, Factoring für seine Außenstände zu betreiben. Er hat jedoch vor Eingehen von Eventualverbindlichkeiten den Verkäufer darüber zu informieren.

§ 11 Anwendbares Recht

Es gilt das Recht der Bundesrepublik Deutschland. Das Übereinkommen der Vereinten Nationen über Verträge über den internationalen Warenkauf vom 11.04.1980 wird ausgeschlossen.

Quelle:
Taschenbuch des Textileinzelhandels, herausgegeben vom BTE; jährlich neue Ausgabe.
www.bte.de

Der Wareneinkauf sollte nach reiflichen Überlegungen erfolgen. Schon die alte Kaufmannsweisheit „im Einkauf liegt der Segen" zeigt, dass der Warenbeschaffung eine Schlüsselrolle im betrieblichen Leistungsprozess zukommt. Eine gründliche Planung des Einkaufs ist unerlässlich, damit kostenbelastende Fehlkäufe vermieden werden. Dabei schaffen verlässliche Informationen eine solide Planungsgrundlage. Solche Informationen stammen aus vielen Bereichen des Unternehmens.

Informationen für die Planung des Wareneinkaufs

Informationen aus dem eigenen Betrieb

- Auswertung des bisherigen Wareneinkaufs
- Bestellvorgaben aus der Limitplanung
- Meldungen des Verkaufs über „Fehlverkäufe"
- Angaben zu Altwarenbeständen
- Auswertung von Lieferanten- und Artikelkarteien
- Auswertung über Verkäufe vergangener Perioden (*Größen- und Preislagenstatistik*)

Informationsquellen außerhalb des Betriebes

- Fachliteratur (*Textilwirtschaft, BTE-Marketing-Berater*)
- Besuch von Messen, Ausstellungen und Einkaufstagen der Einkaufsverbände
- Publikumszeitschriften (*Frauenzeitschriften*)
- Kataloge, Preislisten, Prospekte
- Vertreter und Reisende
- Branchendienste, Internet
- Lieferanten (EDI)

Die Analyse dieser Informationen hilft, die Einkaufsplanung für die nächste Periode vorzunehmen. Dadurch können die folgenden Fragen geklärt werden:

- Welche Umsätze wurden in den Vorperioden erzielt?
- Was bringt die neue Mode, wie entwickeln sich die Trends?
- Welche und wie viel Aktionen sind im Verkauf geplant?
- Welche wirtschaftliche Gesamtentwicklung wird erwartet?

Informationen durch ein Warenwirtschaftssystem

Ein **Warenwirtschaftssystem** dient der Gewinnung von Informationen zur Steuerung und Kontrolle des Warenflusses im gesamten Unternehmen. Im Bereich des Wareneinkaufs stellen die heute meist computergestützten Systeme dem Einkäufer und Disponenten schnell und aktuell Informationen zur Warenbeschaffung zur Verfügung.

Ein Warenwirtschaftssystem gibt Entscheidungshilfen bei der **Sortimentsgestaltung** und bei der **Mengendisposition**. Außerdem werden alle routinemäßigen Vorgänge bei der Beschaffung wesentlich erleichtert.

Das System liefert z. B. Daten über **Lagerbestände,** die bei Bestellungen zu berücksichtigen sind. Durch Auswertung der Warenverkäufe können Informationen über Umsätze oder Schnell- und Langsamdreher (*Renner-Penner-Listen*) wertvolle Entscheidungshilfen für die Disposition sein.

Für Standardartikel kann durch den Einsatz der EDV das **Bestellwesen** stark vereinfacht werden. Ausgehend von einem Meldebestand und einer vorgegebenen Mindestbestellmenge erstellt das System Bestellvorschläge. Diese Vorschläge können vom Disponenten akzeptiert oder geändert werden, aber es kann auch eine automatische Bestellung beim entsprechenden Lieferanten ausgelöst werden. Letzteres wird im Textileinzelhandel speziell in der Form des **NOS-Systems** (Never out of Stock = „darf nicht ausgehen") bei Standardartikeln (Basics) immer häufiger praktiziert.

Informationen durch Verkaufsgespräche

Trotz aller Analysen, Statistiken und computergestützten Informationen ist die direkte Information durch den Kunden unerlässlich. Das Verkaufspersonal sollte immer wieder daran erinnert werden, dass durch eine gesprächsfördernde Fragetechnik und verständiges Zuhören wichtige Erkenntnisse über das eigene Warenangebot erhalten werden.

Damit diese Informationen aber auch zu einer Hilfe für den Einkauf werden, empfiehlt es sich, regelmäßig Gespräche zwischen den Abteilungen Einkauf und Verkauf zu führen. In größeren Unternehmen sind diese in Form abteilungsübergreifender Ausschüsse fest eingerichtet.

2.1.1 Sortimentsaufbau

Begriff

Alle Waren und Dienstleistungen eines Handelsbetriebes bilden sein **Sortiment**. Umfang und Gestaltung des Warenangebotes ergeben sich in erster Linie im Hinblick auf die Erwartungen und das Nachfrageverhalten der Kunden. Daran muss sich auch der Wareneinkauf orientieren.

Sortimentsgliederung

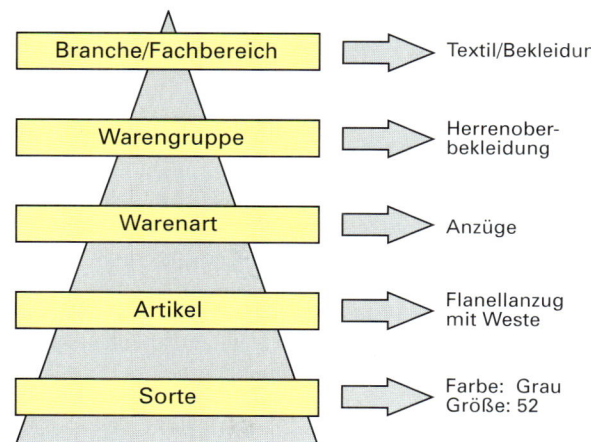

1: Sortimentsaufbau

Der Aufbau eines Sortiments ergibt sich einerseits durch die Sortimentsgliederung in Warengruppen, Artikel, Warenarten und Sorten.

Andererseits erfolgt eine weitere Differenzierung durch die Anzahl der verschiedenen Warengruppen, Artikel und Sorten, die zunimmt, je weiter nach unten gegliedert wird (Sortimentspyramide).

Das Schaubild zeigt, wie eine bestimmte Sorte im Sortimentsaufbau verankert ist.

Die Sorte stellt die unterste Ebene der Sortimentspyramide dar und ist damit die kleinste Einheit innerhalb des Sortiments.

Mit ihr kommt der Kunde unmittelbar in Kontakt.

Sortimentsdimensionen

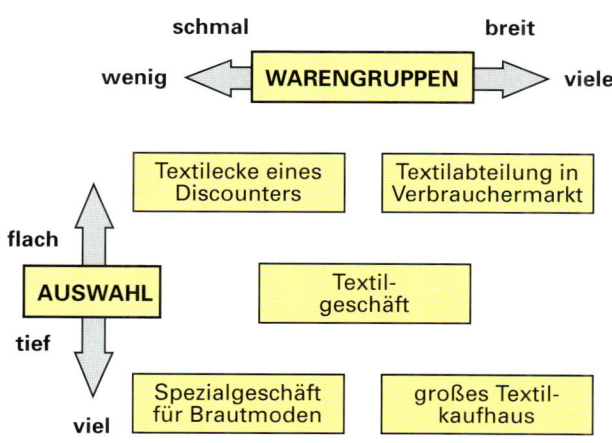

2: Breite und Tiefe eines Sortiments

Betritt ein Kunde ein Einzelhandelsgeschäft, wird er es häufig nach dem ersten Eindruck beurteilen, den das Sortiment auf ihn gemacht hat.

Sein Bild vom Warenangebot wird beim Kunden in besonderem Maß von der Zahl der verschiedenen Artikel und Sorten geprägt.

Die **Breite eines Sortiments** wird durch das Angebot an unterschiedlichen Kaufmöglichkeiten gekennzeichnet (= Zahl der verschiedenen Warengruppen).

Das Angebot an alternativen Kaufmöglichkeiten gibt die **Tiefe eines Sortiments** an und bestimmt damit die Auswahl innerhalb einer Warengruppe, einer Warenart oder eines Artikels (= Zahl der Artikel und Sorten).

Sortimentsstrukturen

Betrachtet man das Sortiment eines Textileinzelhandelsunternehmens *(Fachgeschäft für Damenoberbekleidung)* unter dem Gesichtspunkt der Umsatzanteile, so wird der Hauptumsatz mit dem **Kernsortiment** *(Oberbekleidung)* erzielt, während das **Randsortiment** *(Hüte, Schals, Modeschmuck)* zur Ergänzung und Abrundung dient. Die gängigen, alltäglichen Artikel finden sich im **Standardsortiment** *(Kleider, Blusen, Röcke)*, die branchenüblich kalkuliert angeboten werden. Dies gilt nicht für die Produkte des **Luxussortiments** *(Designermode)*. Diese betont modischen und exklusiven Markenartikel profilieren das Image des Unternehmens und sprechen spezielle Kundengruppen *(z. B. modischer Avantgarde-Typ)* an. Solche Artikel werden sehr hoch kalkuliert, da bei diesem Kundenkreis der Preis meist eine untergeordnete Rolle spielt und die Verkaufsrisiken sehr hoch sind.

Eine umfassende Besonderheit ist noch das **Vollsortiment**. In diesem Fall bietet der Händler alle Warengruppen seiner Branche oder seines Geschäftszweiges an. Typische Vollsortimenter sind Unternehmen wie C&A und der Versandhandel.

2.2.2 Sortimentsstrategien

Sortiment und Genre (Qualitäts- und Preisniveau)

Exklusivstrategie (Trading up im Warenbereich)

Die aggressive Preispolitik der Branchenriesen sowie die Zunahme von Textilfachmärkten und Textilabteilungen in Verbrauchermärkten zwingen insbesondere den mittelständischen Fachhandel zu Sortimentsänderungen. Dies geschieht häufig durch eine **Sortimentsaufwertung** (= „Trading up"). Dabei wird entweder das ganze Sortiment durch Artikel eines höheren Qualitäts- und Preisniveaus ersetzt, oder die Aufnahme besonders hochwertiger Artikel soll das Unternehmen von Massenanbietern unterscheiden. In diesen Fällen werden häufig Markenartikel renommierter Hersteller mit einem hohen Imagewert in das Sortiment aufgenommen.

Discountstrategie (Trading down im Warenbereich)

Umgekehrt bedeutet „Trading down" die **Herabstufung des Sortiments** auf ein niedrigeres Preis- bzw. Qualitätsniveau. Diese Sortimentsänderung findet sich häufig bei Unternehmen des mittleren und hohen Genres. Sie gliedern – ähnlich den Möbelhäusern und deren Mitnahmemärkten – ihrem Standardsortiment eine Art „Textildiscount-Abteilung" an, die häufig von den anderen Verkaufsräumen getrennt ist *(im Untergeschoss)*. Der Sinn solcher Maßnahmen ist es, eine besonders preisbewusste Käuferschicht anzusprechen, die bisher nicht zu den Stammkunden zählte.

Sortiment und Kunde

Beim Wareneinkauf muss der Einzelhändler stets seine Zielgruppe vor Augen haben. Er darf nicht einkaufen, was ihm gefällt, sondern was auf die Kundenansprüche zugeschnitten ist. Gerade Anfänger in der Textilbranche kaufen häufig nach ihren persönlichen Geschmacksvorstellungen ein und wundern sich, wenn sie auf den Waren „sitzen bleiben". Auch kann ein kleines oder mittleres Unternehmen nicht alle Kundenwünsche erfüllen. Daher muss die Sortimentsgestaltung genau überlegt werden und es müssen Schwerpunkte gesetzt werden.

Grundsätze zur Sortimentsgestaltung:	Beispiele:
● genaue Ermittlung und Abgrenzung der Kundenzielgruppe	*Senioren mit gehobenen Ansprüchen und gehobenem Einkommen*
● Zusammenstellung des Sortiments für diesen Kundenkreis	*Markenqualität in höherer Preislage, sowohl zeitlos und konservativ als auch gemäßigt modisch und im Trend*
● entsprechende Warenpräsentation für die Kunden	*individuelle Beratung, helle Räume mit viel Licht und altersgerecht eingerichtet (Sitzgelegenheiten)*
● Information der Kunden über das Sortiment	*Modenschau im Seniorentreff*
● Angebot von Serviceleistungen	*Änderungen, Zustellungen, evtl. Anprobe zu Hause*

Sortiment und Mitbewerber

In unserem Wirtschaftssystem spielt der Wettbewerb eine zentrale Rolle. Eine sorgfältige und regelmäßige Beobachtung der Mitbewerber erleichtert die richtige Sortimentsgestaltung. Um richtige Entscheidungen zu treffen, ist es hilfreich, das eigene Unternehmen in seinen Stärken und Schwächen mit entsprechenden Mitbewerbern zu vergleichen. Dies wird auch durch die Mitgliedschaft in einer so genannten Erfagruppe (Erfa = Erfahrungsaustausch) erleichtert. Dabei handelt es sich um Unternehmen, die nicht im direkten Wettbewerb zueinander stehen, aber von der Größe, dem Umsatz und dem Sortiment ähnlich strukturiert sind.

Gegenüber den Mitbewerbern sollte ein klar unterscheidbares und profiliertes Sortiment angeboten werden. Dazu sind umfassende Informationen über die Mitbewerber von großer Bedeutung. Zu diesen Informationen gehören Kenntnisse über Umsatz, Marktanteil, Leistungsangebot, Bezugsquellen, Werbeverhalten und auch die Schaufensterdekoration.

Unter **Sortimentsgestaltung** werden alle Maßnahmen verstanden, deren Ziel es ist, das Warenangebot an das sich stets wandelnde Nachfrageverhalten der Kunden anzupassen. In enger Abstimmung mit dem Verkauf nimmt der Einkauf die entsprechenden Sortimentsänderungen vor. Nicht nur geändertes Nachfrageverhalten, auch Modetrends, gesamtwirtschaftliche Entwicklungen sowie Preisentwicklungen auf der Beschaffungsseite führen zu dauernden Veränderungen in der Sortimentsstruktur.

> **Gestaltungsmöglichkeiten** (Beispiel: Fachgeschäft für Damenoberbekleidung)

Aktualisierung

Das Sortiment wird an aktuelle Trends angepasst (Mode, Umweltbewusstsein).

Produkte, die zu veralten drohen, werden durch neue ersetzt. Diese Aktualisierung nehmen sowohl die Hersteller vor, indem sie die Produkteigenschaften verändern, als auch der Handel durch Austausch seiner Artikel.

Beispiele für Sortimentsaktualisierung: Anpassung an Mode- und Geschmackswandel, sowie zunehmende Bedeutung ökologisch verträglicher Materialien.

– *Aufnahme der Frühjahrskollektion.*
– *Aufnahme von Schurwollartikeln aus kontrolliert biologischer Tierhaltung und mechanisch ausgerüstet.*

Ergänzung

Durch eine Vertiefung des Sortiments soll vor allem die Stammkundschaft an den Betrieb gebunden werden.

Bereits im Sortiment vorhandene Warengruppen werden um neue Ausführungen ergänzt.

– *Das Textilfachgeschäft führt in der Warengruppe Kostüme neben den Standardgrößen zusätzlich Übergrößen.*

Die Ergänzung ist dann besonders sinnvoll, wenn durch eine Spezialisierung auf wenige Produktgruppen eine bestimmte Zielgruppe an das Unternehmen gebunden werden kann.

Bereinigung

Ganze Warengruppen oder einzelne Artikel werden aus dem Sortiment genommen.

Wenn Artikel über einen längeren Zeitraum nicht verkauft werden, muss über eine Bereinigung nachgedacht werden.

– *Festliche Abendgarderoben werden wegen zu geringer Nachfrage aus dem Sortiment genommen.*

Sortimentsbereinigungen sind besonders im Fachhandel genau zu überlegen, wenn der Kunde von einem solchen Geschäft ein Vollsortiment erwartet. Aus Kostenvorteilen könnten sich so schnell Umsatzeinbußen ergeben. Ehe man ganze Warengruppen aufgibt, sollte zuerst die Tiefe in der entsprechenden Warengruppe verringert werden.

Erweiterung (Diversifikation)

Durch eine Verbreiterung des Sortiments soll die Wettbewerbssituation des Unternehmens gestärkt werden.

Es werden Waren, die bisher nicht geführt wurden, in das Sortiment aufgenommen. Dies geschieht, weil sich der Händler gute Absatzchancen erhofft oder wenn die Kunden diese Artikel verlangen.

Arten der Diversifikation

● Horizontale Diversifikation: Andere Artikel derselben Wirtschaftsstufe werden in das Sortiment aufgenommen.
  – *Das Textilfachgeschäft bietet zusätzlich Damenschuhe an.*

● Vertikale Diversifikation: Neue Artikel einer vor- oder nachgelagerten Wirtschaftsstufe werden angeboten.
  – *Das Textilfachgeschäft nimmt Wolle und Stoffe in das Sortiment auf.*

● Laterale Diversifikation: Die neuen Artikel stehen in keinem unmittelbaren Zusammenhang mit den bisherigen.
  – *Das Textilfachgeschäft führt zusätzlich Geschenkartikel.*

Arten der Beschaffungswege

Eine besonders wichtige Entscheidung ist für den Einzelhändler die Wahl und Anzahl seiner Lieferanten. Grundsätzlich bieten sich dabei für den Einzelhandel die folgenden **Beschaffungswege** an:

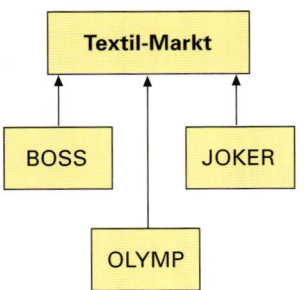

Einkauf beim Hersteller

Er ist dann zu empfehlen, wenn große Mengen geordert werden sollen. Lange Lieferzeiten sind keine Seltenheit, was aber im Saisonbereich durch die Vororder keine große Rolle spielt.

Im Bereich Textil/Bekleidung bestellen auch kleinere Unternehmen direkt bei inländischen Herstellern, da auf der Produzentenseite viele Klein- und Mittelbetriebe anzutreffen sind. Häufig bestehen seit vielen Jahren enge Beziehungen zu diesen Lieferanten, die bei größeren Abnahmemengen auf Sonderwünsche flexibel reagieren können (Profilierung des Unternehmens durch Exklusivanfertigungen).

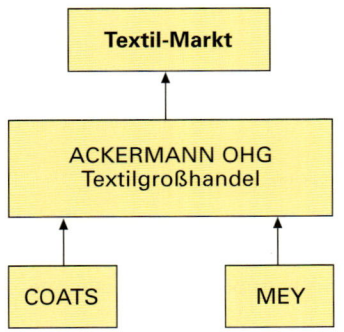

Einkauf beim Großhandel

Er ist das Bindeglied zwischen Produzenten und Einzelhandel. Bei manchen Warengruppen, wie z. B. Kurzwaren, ist es kleinen Fachhändlern nur möglich, über den Großhandel zu bestellen.

Der Händler findet hier bereits ein für seinen Bedarf passend zugeschnittenes Warenangebot (**Vorsortimentierung**). Durch die größere Marktkenntnis weiß der Großhandel oft besser, welche Artikel gefragt sind und welche nicht (**Sortimentsberatung**). Er gewährt längere Zahlungsziele als die Industrie und übernimmt eine ausgeprägte Lagerhaltung (**Risikoübernahme**). Durch diese Lagerhaltung ist auch eine schnelle Ausführung der Bestellungen möglich, z. B. durch den Kauf auf Abruf (**hohe Lieferbereitschaft**).

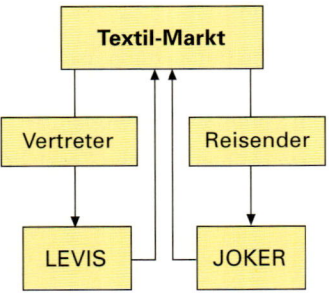

Einkauf bei Handelsvertretern oder Reisenden

Während der Reisende als Angestellter seines Unternehmens den Händler aufsucht, ist der **Handelsvertreter** als selbstständiger Kaufmann für eine oder mehrere Firmen tätig. An beiden schätzt der Einzelhändler ihre gute **Marktkenntnis** sowie ihre **Beratungsleistung**.

Ein besonderer Vorteil dieser Art einzukaufen ist die direkte Warenpräsentation durch Musterstücke. Für Kleinbetriebe, bei denen die Eigentümer nahezu unabkömmlich sind, ist dieser „Einkauf zu Hause" von großer Bedeutung.

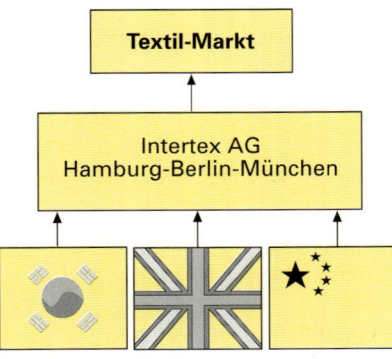

Einkauf bei Importeuren

Viele Textilien werden aus dem Ausland importiert. Allerdings kommt für den kleinen und mittleren Einzelhändler ein Direktimport häufig nicht in Frage. Die damit verbundenen Risiken und Kosten sind zu groß.

Es fehlt sowohl an der notwendigen Marktkenntnis, als auch an Informationen über die im Ausland üblichen Handelsbräuche.

Hier bieten **Importeure** ihr spezielles „Know-how" an. Sie treten häufig auch als Spezialgroßhändler auf, die vorwiegend im Ausland Textilprodukte herstellen lassen und dann im Inland als Eigenmarken anbieten.

2.3.1 Beschaffungswege (2)

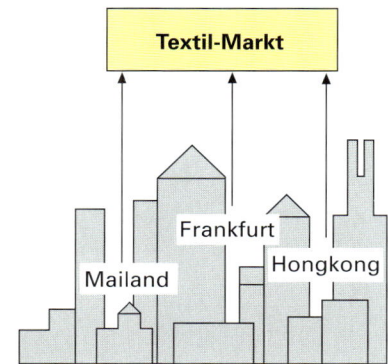

Einkauf auf Messen

Messen bieten ein umfassendes Angebot einer oder mehrerer Branchen. Im Allgemeinen finden sie in regelmäßigem Turnus am gleichen Ort statt. Im Textilhandel hat der Einkauf auf Messen eine überragende Bedeutung, da hier die Modetrends der kommenden Saison vorgestellt werden und die Messen als Konjunkturbarometer angesehen werden. Wichtige überregionale und internationale Messen für Textil und Bekleidung in Deutschland sind:

- CPD (Collections-Premieren) in Düsseldorf
- Internationale Herren-Mode-Woche in Köln

- ISPO in München
- Kind und Jugend in Köln
- Modemesse in Leipzig
- Heimtextil in Frankfurt

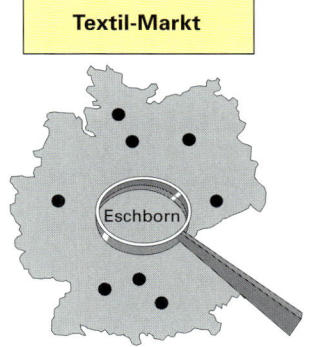

Einkauf in Modezentren

Hauptsächlich in den Ballungsgebieten haben sich so genannte Modezentren etabliert.

Ein solches „Haus der Mode" ist nach dem „shop in the shop"-System gestaltet. Die Hersteller sind bei diesen Zentren häufig durch Handelsagenturen vertreten, und die Einzelhändler ordern hier mehrmals im Jahr ihre Ware. Die Modezentren erlauben es so dem Händler, an einem Ort viele seiner Einkäufe vorzunehmen. In diesen „Häusern der Mode" befinden sich aber auch Fabrikauslieferungsläger und Textil-Großhandelsunternehmen, bei denen der Händler das ganze Jahr über Waren beziehen kann.

In Deutschland gibt es zurzeit zehn Modezentren, die in der Interessengemeinschaft Modezentren e.V. zusammengeschlossen sind.

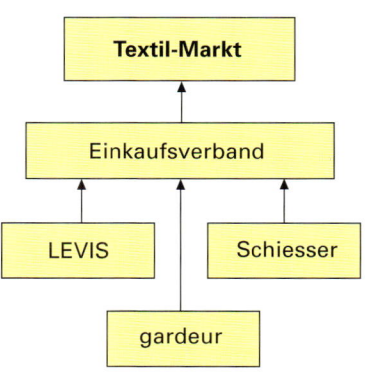

Einkauf über Einkaufsverbände

Der mittelständische Textilhandel befindet sich in einer schwierigen Situation. Die Verkaufsflächen nehmen zu und durch Konzentration entstehen immer mehr Handelsgiganten. Gleichzeitig wächst aber die Nachfrage nach Textilien gegenüber anderen Gebrauchsgütern nur unterdurchschnittlich. Um in dieser Situation besser überleben zu können, bieten Einkaufsverbände ihre Dienstleistungen an. Die angeschlossenen Unternehmen bleiben rechtlich unabhängig und je nach Kooperationsgrad wirtschaftlich weitgehend selbstständig.

Das Hauptziel einer Kooperation im Einkaufsbereich ist es, durch gemeinschaftlichen Einkauf Preisvorteile zu erzielen. Die an der Kooperation beteiligten Unternehmen schließen sich zu einem Einkaufsverband in unterschiedlichen Rechtsformen zusammen. Zu den bedeutenden Einkaufsverbänden im Textilbereich zählen: KATAG AG (Bielefeld), KMT Rheintextil (Köln), WHG (Hagen), Sütegro (Nürnberg), Südbund (Backnang) und UNITEX (Neu-Ulm).

Über den Einkaufsverband werden die Bedarfsmengen der einzelnen Mitglieder zusammengefasst. Dadurch tritt der Verband als marktstarker Nachfrager bei der Industrie und anderen Großunternehmen des Handels auf. So können Beschaffungsnachteile kleiner Unternehmen ausgeglichen werden, z. B. durch Direktimporte des Verbandes für seine Mitglieder.

Leistungen eines Verbandes beim Wareneinkauf:

- Weltweiter Zentraleinkauf durch hochqualifiziertes und spezialisiertes Personal.
- Durch Großeinkauf werden Preisvorteile für die Mitglieder erzielt; besonders günstig sind Eigenmarken.
- Angebot eines textilen Vollsortiments, wobei der Verband teilweise eine Lagerhaltung übernimmt.
- Hilfe beim Aufbau der Kollektionen gemäß der Sortimentsausprägung der Anschlusshäuser.

- Bei Saisonartikeln Vororder und die Möglichkeit kurzfristiger Warenversorgung während der Saison.
- Warenbestellung vor Ort bei Verbandsmusterungen.
- Gezielte Beratung bei den Musterungen durch auf Warengruppen spezialisierte Mitarbeiter.
- Kurzfristiger Warenbezug von Standardartikeln über regionale Lager.

> **Beschaffungsmarktforschung**

Jeder Einzelhändler wird bestrebt sein, beim Einkauf Fehldispositionen zu vermeiden. Ein Hilfsmittel dazu ist die Beschaffungsmarktforschung; sie liefert umfangreiche Informationen.

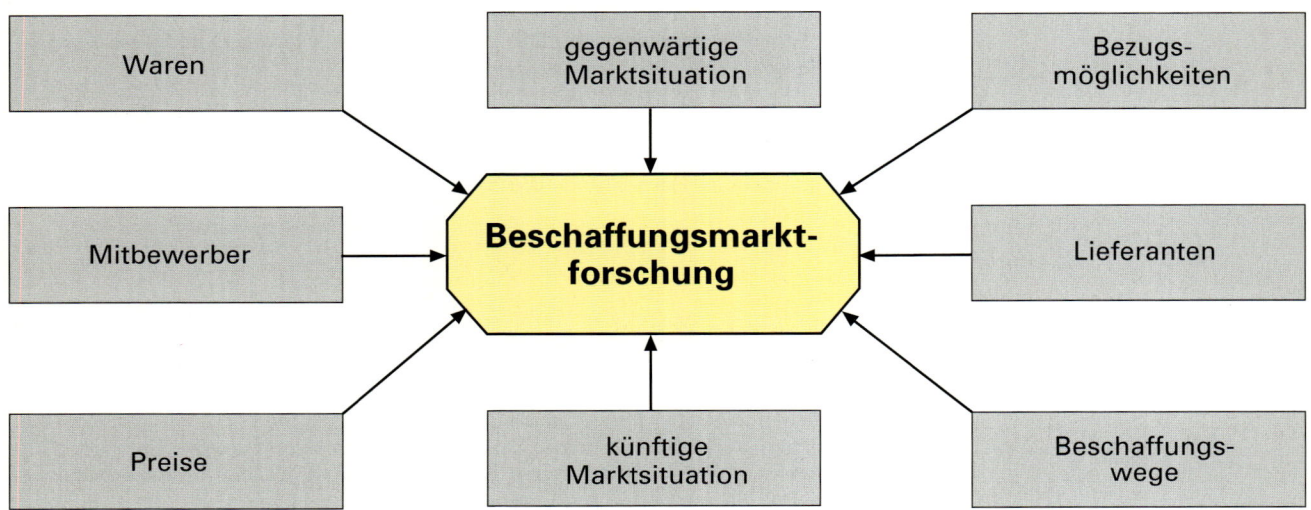

1: Information für den Einkauf durch Beschaffungsmarktforschung

> **Durchführung der Beschaffungsmarktforschung**

1.   zuerst
**Informationen
sammeln**

Dazu gehören zum Beispiel:

- Berichte der Vertreter
- Auswertung eigener Kennzahlen
- Firmennachrichten der Mitbewerber
- Verbandsmitteilungen
- amtliche Mitteilungen
- Fachzeitschriften
- Berichte aus den Erfagruppen

2.   darauf
**Informationen
auswerten und
speichern**

Wichtig ist, dass die gesammelten Informationen stets aktuell und jederzeit verfügbar sind.

Eine nach Stichworten aufgebaute Kartei oder eine elektronische Datenbank mit komfortablen Suchfunktionen sind dazu
eine gute Voraussetzung.

3.   anschließend
**Informationen
darstellen**

Wer schnell Informationen benötigt, legt Wert auf eine ein-
prägsame und anschauliche Darstellung.

Tabellen und Grafiken sind dazu besonders geeignet.
Diagramme zeigen Veränderungen und Entwicklungen.

Für den Handel wichtige und sehr aktuelle Informationen
werden vom Institut für Handelsforschung der Universität
Köln veröffentlicht.

Die aus der Beschaffungsmarktforschung gewonnenen Erkenntnisse helfen, die leistungsfähigsten und/oder preislich günstigsten
Lieferanten zu ermitteln. Ein sorgfältiges und regelmäßiges Beobachten des Beschaffungsmarktes hilft entscheidend mit, das Sortiment optimal zu gestalten. Dies bedeutet, dass eine umfassende Information über die Beschaffungsmöglichkeiten hilfreich ist,
das Sortiment so zu gestalten, dass die eigene „Linie" gegenüber den Mitbewerbern deutlich wird.

Außerbetriebliche Informationen

Bei der Fülle der Informationen, die den Einzelhändler erreichen, ist es unbedingt notwendig, gezielt auszuwählen. Medien und Institutionen liefern eine Fülle von Informationen, die auch für den Wareneinkauf große Bedeutung haben können. Da es aber häufig an der notwendigen Zeit zur Auswertung fehlt, landet manches im Papierkorb. Um dies zu vermeiden, kann eine einfache **Dateiverwaltung** eines **Personalcomputers** wertvolle Hilfe bieten. Voraussetzung dazu ist, dass beispielsweise Fachzeitschriften systematisch archiviert werden, sodass schnell auf die betreffende Ausgabe zugegriffen werden kann. Die gewünschten Informationen lassen sich durch Eingabe bestimmter Stich- oder Schlüsselworte über die Dateiverwaltung ermitteln.

Beispiel für Eingabemaske:
(SW = Stichwort)

TITEL:	TextilWirtschaft	NR.: 4	JAHR: 02
von Seite: 11			*bis Seite:* 15
SW 1: Import		*SW 2:* Einkauf	
SW 3: China		*SW 4:* Hemden	
INFO:	Artikel über Einkaufsmöglichkeiten von Herrenoberhemden in der Volksrepublik China. Im Artikel werden Adressen von Importeuren genannt.		

Wenn sich der Händler zum Beispiel nach Einkaufsmöglichkeiten in China für Hemden interessiert, gibt er die Stichworte *CHINA* und *HEMDEN* ein, und es könnte folgende Liste erscheinen:

TITEL	Nr.	Jahr	von S.	bis S.
BTE-Marketingberater	4	01	11	15
Einzelhandelsberater	11	00	556	558
TextilWirtschaft	34	00	123	128
TextilWirtschaft	48	00	67	69

Diese Unterlagen können eine Entscheidungshilfe bei der Wahl eines möglichen Lieferanten sein.

Innerbetriebliche Informationen

Besteht bereits eine Geschäftsbeziehung zu den Lieferanten, kann auf hauseigenes Informationsmaterial zurückgegriffen werden. Dazu dienen die eigenen „**Bezugsquellenkarteien**", die sowohl in Karteiform oder im Rahmen des computergestützten Warenwirtschaftssystems als Dateien geführt werden können.

Lieferantenkartei

Sie enthält alle Lieferanten, von denen bereits Ware bezogen wurde. Je nach Umfang der Kartei können Angaben über die Waren, die Preise sowie die Liefer- und Zahlungsbedingungen vermerkt werden:

Lieferant:	**Sport-Fashion GmbH** Postfach 1200 74321 Bietigheim		**Ansprechpartner:** Frau Wagner, Tel.: 0 71 42/23 44, App. 88	
Artikelnummer	Bezeichnung	Angebot vom	Bestellung am	Bemerkungen:
12 990	Jogginganzug	02-04-25	02-04-28	pünktliche Lieferungen
12 885	Trainingsanzug	02-07-15	02-07-17	Mindermengenzuschläge
14 555	Bikini „Hawaii"	02-09-22	###	bis zu Warenwert 1.500 €
...	...	...	...	es gelten die Einheitsbedingungen

Artikel-/Warenkartei

Sie enthält die Artikel des Sortiments und gibt die bisherigen Lieferanten dazu an. Kurze Bemerkungen erleichtern die Lieferantenauswahl.

Artikel:			**Jogginganzug (Damen)**				
Lieferant:	Lieferantenschlüssel	Artikel-Nr.	Angebot Datum	Ablage	Bestellung	Bemerkungen:
Sport-Fashion	14789	12990	02-04-25	SW-3-12	02-04-28	gute Qualität
Impex-GmbH	22345	89998	02-04-25	SW-5-11	02-04-28	sehr günstig
Textil Mai	14321	55667	02-09-04	SW-2-02	###	Lieferzeit sehr lang
...	...	...	...	...	...	...

2.3.3 Bestellzeitplanung

Eine der zentralen Aufgaben des Einkaufs ist es, die benötigten Waren termingerecht zu disponieren. Die Ware muss spätestens dann verfügbar sein, wenn die letzten Artikel verkauft wurden. Bei Saisonware liegen die Bestelltermine ohnehin fest, da diese Waren meist auf Messen und Einkaufstagen der Verbände bestellt werden. Bei Artikeln, die häufig nachbestellt werden, sollten immer auch eventuelle Lagerbestände berücksichtigt werden.

Warenbestandsarten

Sicherheitsbestand (Mindestbestand)

Dieser Bestand **sichert** auch bei Liefer- und Transportschwierigkeiten oder unerwartetem hohen Absatz die **Verkaufsbereitschaft**. Er darf grundsätzlich nicht unterschritten und nur in Notfällen angegriffen werden. Seine Höhe richtet sich nach der Bedeutung des Artikels im Sortiment und seinen Lieferbedingungen.

Höchstbestand

Es ist der Bestand, auf dessen Höhe jeweils aufgefüllt wird. Mit seiner Hilfe sollen **überhöhte Lagervorräte vermieden werden**. Er wird sowohl nach der vorhandenen Lagerkapazität als auch als Ergebnis einer optimierten Einkaufspolitik (= optimale Bestellmenge) festgelegt.

Meldebestand

Dies ist der **Lagerbestand,** bei dem zur **Lagerergänzung nachbestellt** werden soll. Er muss so festgelegt werden, dass mit dem Lagervorrat die Beschaffungszeit überbrückt werden kann, ohne dass der Sicherheitsbestand angegriffen wird. Im Idealfall trifft die neue Lieferung dann ein, wenn der Sicherheitsbestand erreicht wird. Dies ist in der Praxis nur selten der Fall, ebenso wie ein konstanter Absatzverlauf. Die Formel zur Berechnung des Meldebestandes geht von einer Idealvorstellung aus und gilt für den Handel nur in eingeschränktem Maß. Als Durchschnittswert ist die Ermittlung eines Meldebestandes aber dennoch hilfreich, da so die Lieferbereitschaft durch rechtzeitige Bestellung verbessert werden kann.

Beispiel:		Rechenweg zur Ermittlung des Meldebestands (MB)
Sicherheitsbestand (SB)	*= 50 Stück*	*MB = SB + Ø Tagesabsatz x Lieferzeit*
durchschn. Tagesabsatz eines Artikels	*= 20 Stück*	*Beispiel:*
durchschnittliche Lieferzeit	*= 6 Tage*	*MB = 50 + 20 x 6 = 170 Stück*

Bestellverfahren

Bestellpunktverfahren

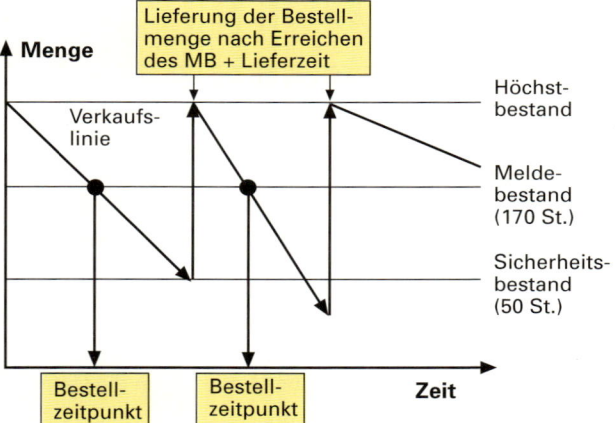

Bestellrhythmusverfahren

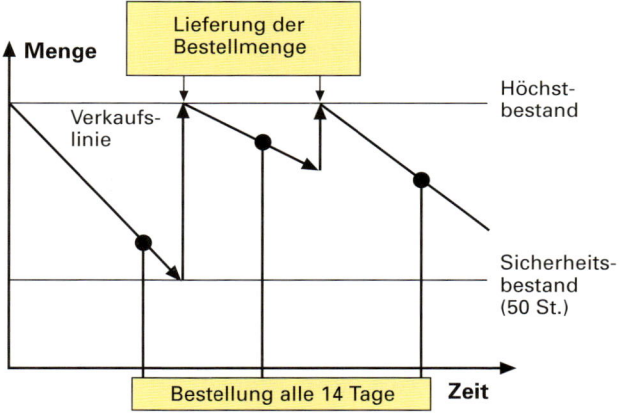

Bei diesem Verfahren wird beim Erreichen des **Meldebestandes** (Bestellpunkt) bestellt. Der Zeitpunkt der Bestellung ergibt sich aus dem Absatzverlauf. Die Termine sind variabel, die Bestellmenge ist gleich. Bei modischer Ware ist eine fortlaufende Nachbestellung oftmals nicht möglich und auch nicht sinnvoll. Bei Standardartikeln *(Nähfaden, Futterstoffe)* oder Waren, die auch in nicht modeabhängigen Ausführungen angeboten werden *(Herrensocken, Unterwäsche, Hemden)* kann durch eine rechtzeitige Nachbestellung eine hohe Verkaufsbereitschaft gesichert werden.

Die Bestellzeitpunkte sind bei diesem Verfahren an feste **Beschaffungsrhythmen** gebunden. Die Bestellmenge richtet sich nach der Differenz zum jeweiligen Höchstbestand, die sich durch den bisherigen Verkauf ergibt. Kennzeichnend für dieses Verfahren sind somit feste Bestelltermine und variable Bestellmengen. Ziel ist auch hier einen reibungslosen Verkauf zu sichern. Für den Textilhandel typisch ist der Besuch eines Reisenden oder Vertreters, der in festen Abständen seine Kunden besucht und Bestellungen entgegennimmt.

2.3.4 Bestellmengenplanung

Kosten des Wareneinkaufs und ihre Abhängigkeit von der Bestellmenge

Beschaffungspreis

Dies ist der Preis, den der Händler für die Ware und deren Bezug an den Lieferanten zu zahlen hat.

Bei der Mengenplanung sind preissenkende Komponenten wie Rabatte und auch preiserhöhende Faktoren wie Mindermengenzuschläge und Transportkosten zu beachten.

Bestellkosten

Dies sind alle Kosten, die die Vorbereitung, Durchführung und Kontrolle des Einkaufs verursachen. Sie sind von der jeweils bestellten Menge unabhängig, aber sie nehmen mit der Bestellhäufigkeit zu, da sie bei jeder Bestellung anfallen.

Lagerkosten

Zu ihnen gehören:

Kapitalbindungskosten in Form der kalkulatorischen Lagerzinsen. Kosten des Lagerrisikos *(Moderisiko, Diebstahl, Preisveränderungen)*. Lagerhaltungskosten *(Raum-, Personal-, Verwaltungskosten)*.

Bei der Mengenplanung des Einkaufs kann es zu einem Zielkonflikt kommen!

Auswirkung auf:	Einkauf von:	
	großen Mengen	kleinen Mengen
● Beschaffungspreise	günstig (Rabatte können erzielt werden)	ungünstig (häufig Mindermengenzuschläge)
● Bestellkosten	gering, degressiv	hoch
● Fehlmengenkosten	gering	hoch
● Verkaufsbereitschaft	hoch	gering (Lieferprobleme)
● Lagerkosten Lagerhaltung Lagerrisiko Kapitalbindung	hoch hoch hoch	gering gering gering

Um eine **wirtschaftliche Bestellmenge** zu planen, muss ein Ausgleich zwischen den Kostenvorteilen einer großen Bestellmenge und den Kostennachteilen einer erhöhten Lagerhaltung gefunden werden. Die Tabelle verdeutlicht diesen **Zielkonflikt**. Bei allem Kostendenken muss eine ausreichende Verkaufsbereitschaft gewährleistet sein. Ist dies nicht der Fall, können Fehlmengenkosten entstehen *(entgangener Gewinn, Mehrkosten bei einer Bestellung „außer der Reihe")*. Auch kann Stammkundschaft abwandern und eine Imageschädigung für das Unternehmen ist denkbar.

Planung der optimalen Bestellmenge

Beispiel:

Jahresbedarf an Strumpfhosen	1200 Packungen	
Stückpreis je Packung	10,00 €	
Bestellkosten pro Bestellung	35,00 €	
Lagerkosten je Packung	0,25 €	

Anzahl der Bestellungen pro Jahr	Bestellmenge	Lagerkosten	Bestellkosten	Gesamtkosten
1	1200	300,00	35,00	335,00
2	600	150,00	70,00	220,00
3	**400**	**100,00**	**105,00**	**205,00**
4	300	75,00	140,00	215,00
5	240	60,00	175,00	235,00

Definition:

Als **optimale Bestellmenge** wird die Menge bezeichnet, bei der die Summe aus Beschaffungskosten und Lagerkosten am geringsten ist.

Ergebnis:

Bei drei Bestellungen pro Jahr zu je 400 Packungen fallen die geringsten Kosten für den Wareneinkauf an.

Aus Gründen der Darstellung werden nur die Bestell- und Lagerkosten gegenübergestellt.

Schwierigkeiten bei der Ermittlung einer optimalen Bestellmenge in der Praxis:
- Die Lieferanten geben Mindestbestellmengen vor.
- Die Lieferung erfolgt in bestimmten Verpackungseinheiten.
- Die Ware ist nur beschränkt lagerfähig. Dies ist besonders bei Saisonware der Fall.
- Bei kleinen Unternehmen kann der Aufwand für eine moderne EDV höher als die Kosteneinsparung sein.
- Auf die Einbeziehung der Fehlmengenkosten wird verzichtet, weil sie sich nur schwer beziffern lassen.

Trotzdem sollte ein kostenbewusster Einzelhändler sich immer Gedanken darüber machen, ob er nicht durch ein anderes Bestellverhalten Kosten vermeiden kann.

Planung und Organisation des Einkaufs mit der ABC-Analyse

Bei der Planung und Durchführung des Wareneinkaufs kann man aus Zeitmangel nicht allen Artikeln die gleiche Aufmerksamkeit beimessen. Die Praxis zeigt, dass relativ wenige Artikel einen großen Anteil am wertmäßigen Beschaffungsvolumen haben und sehr viele Artikel, die mengenmäßig stark nachgefragt werden, einen ziemlich unbedeutenden Teil des Gesamteinkaufswertes ausmachen.

Vorgehensweise bei einer Analyse nach dem Einkaufswert

Die Schritte beziehen sich auf die Tabelle unten	Spalte
1.	Ermittlung des Jahreseinkaufswerts pro Artikel	5
2.	Sortierung der Artikel nach Höhe des Einkaufswerts	1 und 2
3.	Berechnung des prozentualen Anteils jedes Artikels bezogen auf den Gesamteinkaufswert.	6
4.	Kumulation der Prozentanteile	7
5.	Einteilung in die A-, B- und C- Kategorien nach Werten, wie sie die nebenstehende Grafik zeigt. Diese Einteilungskriterien entsprechen Erfahrungswerten aus der Praxis.	8

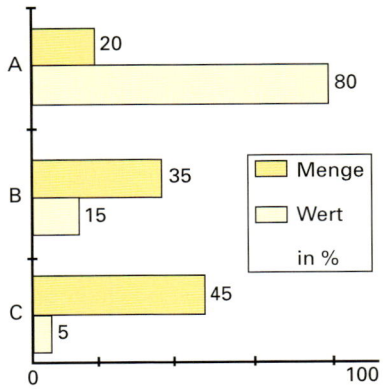

Beispiel für eine ABC-Analyse

Die Tabelle zeigt, wie die A-, B- und C-Artikel rechnerisch ermittelt werden.

1	2	3	4	5	6	7	8
Rang	Artikel-nummer	Bedarf	Preis/St. in €	Einkaufswert in €	Einkaufswert in Prozent	kumulierter Einkaufswert	Artikel-kategorie
1	7517	600	400,00	240 000,00	24	24	A
2	7518	2400	100,00	240 000,00	24	48	A
3	7519	2400	70,00	168 000,00	17	65	A
4	7755	4788	28,00	134 064,00	13	78	A
5	7745	7800	7,00	54 600,00	5	83	B
6	7766	6200	8,00	49 600,00	5	88	B
7	7777	4800	10,00	48 000,00	5	93	B
8	7892	7200	4,05	29 160,00	3	96	C
9	7893	12600	2,00	25 200,00	3	99	C
10	7894	11376	1,00	11 376,00	1	100	C

Bedeutung der ABC-Analyse

Durch eine klare Unterscheidung zwischen wert- und mengenmäßigem Anteil am Beschaffungsvolumen kann der Einkäufer sich ganz auf die Artikel konzentrieren, die für den Umsatz des Unternehmens von herausragender Bedeutung sind.

Eine artikelgenaue ABC-Analyse ist nur mit aufwendiger Datentechnik möglich. Werden nicht einzelne Artikel, sondern Warengruppen analysiert, ist die ABC-Analyse auch für kleinere Betriebe brauchbar.

Neben der Einkaufswertanalyse ist auch eine Lieferantenanalyse nach ähnlichem Verfahren möglich. Damit werden die für das Unternehmen wichtigsten Lieferanten ermittelt, und die Einkaufsaktivitäten können darauf abgestimmt werden.

2.3.6 Limitrechnung (1)

Limitrechnung als Hilfe für wirtschaftlichen Einkauf

Mit der **Limitrechnung** als **Planungs- und Steuerungsinstrument** versucht der Einzelhändler, seinen Einkauf wertmäßig zu begrenzen. Es sollen durch ihre Anwendung zu hohe Lagerbestände vermieden werden, denn durch diese entstehen hohe Lagerkosten.

Mögliche Risiken bei einem unkontrollierten Einkauf

Rentabilitätsrisiko

Je länger modische Ware lagert, desto mehr nimmt ihre Verkäuflichkeit ab. Dadurch kann es zu Ertragsminderungen kommen, weil Preisreduzierungen erforderlich werden.

Liquiditätsrisiko

Die überhöhten Lagerbestände blockieren den Kapitaleinsatz für neue Ware und verursachen zusätzliche Lagerkosten.

Imagerisiko

Bei zu hohen Beständen ist der Anteil schwer verkäuflicher Altware gerade im modischen Bereich besonders hoch. Dies kann zu Kundenverlusten führen.

Um diese Risiken zu minimieren, ist die Limitrechnung ein geeignetes Instrument. Durch sie sollen stichhaltige Unterlagen für den Wareneinkauf zur Verfügung stehen, damit nicht mit der leider noch immer anzutreffenden „π-mal-Daumen-Methode" nach Mutmaßungen, Gefühlen und Vorlieben eingekauft wird.

Verfahren der Limitrechnung

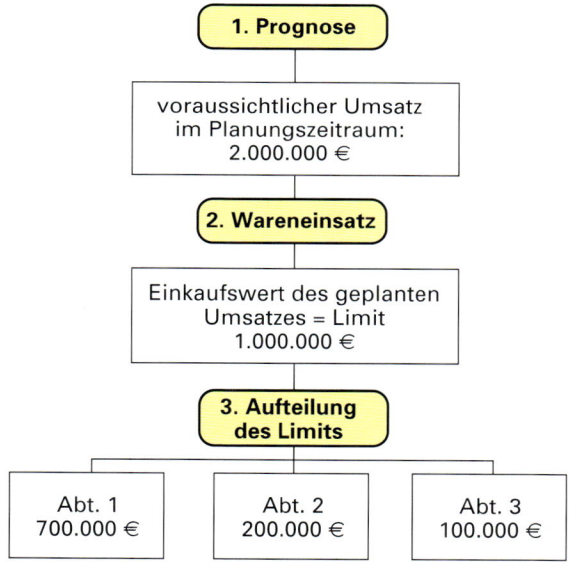

Für den Einkäufer setzt das **Limit** die **wertmäßige Grenze**, bis zu der er für einen Artikel oder eine Artikelgruppe in einem bestimmten Planungszeitraum einkaufen darf. Im Textilhandel erfolgt die Planung für zwei bis sechs Perioden pro Jahr.

Die Praxis kennt verschiedene Methoden der Limitrechnung. Das hier gezeigte Verfahren ist eine stark vereinfachte Darstellung des so genannten „Verteilungsverfahrens", das gut für den Textilhandel geeignet ist. Voraussetzung für die Anwendung dieses Verfahrens ist, dass für den Planungszeitraum Umsätze festgelegt werden. Sie bilden die Grundlage und den Ausgangspunkt für alle weiteren Berechnungen.

Eine Limitrechnung kann auch ohne Datenverarbeitung manuell durchgeführt werden. Als besonders zweckmäßig hat sich dabei das Planungsverfahren der BBE (= Betriebswirtschaftliche Beratungsstelle des Einzelhandels) in Köln erwiesen; mithilfe der Formulare aus der Gruppe 2000 kann die Limitrechnung ohne großen Aufwand durchgeführt werden.

Vorteile der Limitrechnung

- Es erfolgt eine Verringerung der Warenbestände; dadurch werden unnötige Lager- und Kapitalbindungskosten vermieden.

- Das Einkaufsrisiko wird bei einzelnen Artikeln begrenzt.

- Die Motivation bei den Einkäufern steigt, da sie innerhalb ihres Limits selbstständig entscheiden können.

- Wer Limitrechnung betreibt, denkt in erster Linie kostenbewusst und vermeidet es, die Lagerhaltung ausschließlich unter Umsatzgesichtspunkten zu sehen.

2.3.6 Limitrechnung (2)

> **Fünf Schritte zur Bestimmung des Einkaufslimits**

Ablauf der Limitplanung

1. Schritt: Umsatzplanung

Damit die Umsatzprognose für das Planjahr möglichst genau ist, sind folgende Aspekte zu berücksichtigen:

- Umsätze der vergangenen Perioden
- erwartete Wirtschaftslage
- Trends und Mode
- individuelle Umsatzerwartungen
- Entwicklung der Preislagen

2. Schritt: Kalkulationsplanung

Das Unternehmen kalkuliert mit einer Bruttogewinnspanne von 40 %. Vom geplanten Umsatz wird dieser Rohgewinn abgezogen, es ergibt sich so der Wareneinsatz, dass heißt der geplante Umsatz zu Einstandspreisen.

Hinweis:

Bei der Limitplanung spielt der Lagerumschlag eine wichtige Rolle. Er muss bekannt sein, damit der durchschnittliche Lagerbestand errechnet werden kann.

Rechenweg:

$$\text{durchschnittlicher Lagerbestand} = \frac{\text{Wareneinsatz}}{\text{Lagerumschlag}}$$

3. Schritt: Ermittlung von Lageranbau oder Lagerabbau

Der geplante durchschnittliche Lagerbestand wird mit dem aus der Inventur entnommenen durchschnittlichen Lagerbestand vom Anfang der Planungsperiode verglichen.

Folge: Der tatsächliche durchschnittliche Lagerbestand ist um 2.000 € höher als der geplante Lagerbestand.

Der Einkaufsbetrag muss daher um 2-mal 2.000 € = 4.000 € gekürzt werden. (Um das geplante Durchschnittslager zu erreichen, muss das Endlager um den gleichen Betrag davon abweichen wie das Anfangslager, also 2-mal 2.000 €.)

4. Schritt: Ermittlung des freien Limit

Vom Gesamtlimit wird eine Limitreserve einbehalten. Diese wird als Prozentsatz angegeben. Die Reserve dient dazu, bei unerwarteten Umsatzentwicklungen noch Ware zusätzlich einkaufen zu können.

5. Schritt: Verteilung auf den Saisonzeitraum

Das freie Limit wird nun auf die Saisonmonate verteilt. Dabei werden die Einkaufsbeträge so auf die einzelnen Monate verteilt, wie es den geplanten Umsatzerwartungen der Geschäftsleitung entspricht.

Beispiel für eine Limitrechnung:

Umsatzplanung der DOB-Abteilung eines Textilkaufhauses für Frühjahr/Sommer:	
Umsatz des Vorjahres	140.000 €
geplanter Umsatzzuwachs	20 %
geplanter Umsatz	168 000 €

Planumsatz zu Verkaufspreisen:	168.000 €
minus Kalkulationsabschlag von	40 %
= geplanter Wareneinsatz	100.800 €
geplanter Lagerumschlag	2
Ermittlung des ∅-Lagerbestandes:	
$\dfrac{100.800}{2} =$	50.400 €

durchschnittlicher Lagerbestand	50.400 €
Anfangsbestand laut Inventur	52.400 €
Unterschiedsbetrag	2.000 €
geplanter Wareneinsatz:	80.640 €
– Lagerabbau	4.000 €
= Gesamtlimit	76.640 €

Gesamtlimit	76.640 €
minus Limitreserve 25 %	19.160 €
= Freies Limit	57.480 €

Monate	Prozent	Betrag (€)
Februar	10	5.748
März	30	17.244
April	20	11.496
Mai	10	5.748
Juni	20	11.496
Juli	10	5.748

2.4.1 Arten der Einkaufsabwicklung

Die Vorgehensweise beim Wareneinkauf ist im Textileinzelhandel je nach Branche und Betriebsgröße sehr unterschiedlich. Der Zentraleinkäufer für Damenoberbekleidung eines Warenhauskonzerns wird anders vorgehen als die Inhaberin eines kleinen Ladens für Stoffe und Kurzwaren in einer Kleinstadt.

Es ist somit schwierig, allgemeine Vorschläge zur Einkaufsabwicklung für den gesamten Textileinzelhandel zu formulieren. Grundsätzlich gilt jedoch für die gesamte Branche, dass bei den stark modeabhängigen Artikeln – und sie machen den größten Teil des Sortiments aus – der „Augenschein" bei der Beschaffung eine besonders wichtige Rolle spielt.

Je nach Wahl der Beschaffungswege bieten sich folgende Formen der Einkaufsabwicklung an:

Ware zum Einkäufer	Einkäufer zur Ware	Einkauf „vom Schreibtisch" aus
Besuch eines Handelsvertreters oder Reisenden mit Katalogen und/oder Mustern. Vorteil: Der Bestellvorgang erspart Zeit und Arbeit; es ist eine auf den Betrieb zugeschnittene Beratung möglich. Die Belieferung erfolgt später. Nachteil: Bei Katalogangeboten kann die Ware nicht im Original gesehen werden. In seltenen Fällen ist der Warenbezug direkt über einen „Fahrverkäufer" möglich (Restposten, Stoffe, Accessoires).	Der Händler besucht Messen oder geht auf eine Einkaufsreise (Teppiche). Weitere Formen dieser Einkaufsabwicklung sind Musterungen der Einkaufsverbände (Einkaufstage), die oft in größeren Mitgliedshäusern des Verbandes für die Mitglieder durchgeführt werden sowie der Einkauf bei Repräsentanten der Hersteller in den Modezentren. Eine weitere Möglichkeit ist der Einkauf bei Großhändlern im Selbstbedienungssystem (Abholgroßhandel).	Wer neue Lieferanten sucht und zu ihnen Geschäftsbeziehungen aufnehmen will, muss sicher sein, dass die Leistungen dieser Lieferanten mit den eigenen Vorstellungen übereinstimmen. Hier bietet sich der „klassische" Weg der Beschaffung an: Nach einer Anfrage (bei der Adressenbeschaffung ist der BTE behilflich) bei infrage kommenden Lieferanten werden die eingehenden Angebote verglichen, man entscheidet sich für einen Anbieter und bestellt die ausgewählten Artikel.

> **Einkauf mithilfe des Internet (Online-Order)**

Zunehmend erfolgen Bezugsquellenermittlung und Warenbeschaffung über elektronische Systeme. Bei diesen **„B2B"** (Business to Business)-Geschäften zwischen Unternehmen steht dem Einzelhändler über die Benutzung „elektronischer Marktplätze" ein weltweites Angebot 365 Tage im Jahr und 24 Stunden am Tag zur Verfügung.

Über das Eingangsportal der Anbieter solcher Systeme hat der Benutzer Zugriff auf Angebot und Leistungen einer Vielzahl von Lieferanten. So sind Leistungs- und Preisvergleiche schnell und einfach vorzunehmen und der Einkaufsvorgang beschleunigt sich nicht nur, sondern wird auch kostengünstiger.

Neben der Kontaktvermittlung zu Anbietern erhält der Fachhändler außerdem branchenspezifische Informationen, die ihn bei der Sortimentsgestaltung unterstützen.

1: Startseite eines Internet-Ordercenters für den Fachhandel (www.fashionovation.net)

Die Anfrage

Anfragen dienen dazu, einen **Überblick** über das **Lieferprogramm** eines oder mehrerer Anbieter zu bekommen. Sie sind rechtlich unverbindlich, dass heißt sie verpflichten nicht zum Kauf.

Die Anfrage kommt auf zwei Arten vor:

Allgemeine Anfrage

Der Einzelhändler möchte sich einen allgemeinen Überblick über das Liefer- und Leistungsangebot des Anbieters machen.

Inhaltliche Gestaltung:

Grund der Anfrage:
- *z.B.: Sortimentserweiterung, Anzeige in Fachzeitschrift.*

Gewünschte Information:
- *z.B.: Bitte um Vertreterbesuch oder Zusendung eines Katalogs mit Preislisten.*

Bestimmte Anfrage

Der Einzelhändler möchte über bestimmte Artikel genaue Angaben.

Inhaltliche Gestaltung:
- Grund der Anfrage
- Angaben der benötigten Menge
- Frage nach Preisen, Zahlungsbedingungen, Lieferzeit und Lieferbedingungen

Das Angebot

Ein **Angebot** stellt einen **rechtlich bindenden Antrag** eines Verkäufers an einen Käufer dar, eine Ware zu bestimmten Bedingungen zu verkaufen.

Informationen eines aussagefähigen Angebots:

- Genaue Warenbeschreibung nach Art, Güte und Beschaffenheit
- Preis pro Einheit der Ware, Preisnachlässe
- Lieferbedingungen
  - Beförderungskosten
  - Verpackungskosten
  - Lieferzeit
- Zahlungsbedingungen
  - Zeitpunkt der Zahlung
  - Skonti
- Erfüllungsort und Gerichtsstand
- Dauer der Gültigkeit *(Bindung)*
- Freizeichnungsklauseln zur teilweisen oder weiteren Einschränkung der Verbindlichkeit.

  Beispiel: „solange Vorrat reicht"

Angebote sind an keine bestimmte Form gebunden. Schriftform ist empfehlenswert. Sie schafft Rechtssicherheit und vermeidet Unklarheiten.

Muster für Inhalt einer bestimmten Anfrage

Sporthaus Mai

Am Markt 1, 30419 Hannover

Textilfabrik Lang
Industriestraße 4

47807 Krefeld

Hannover, ...

Anfrage

Sehr geehrte Damen und Herren,

bitte unterbreiten Sie mir ein Angebot über

    Damen-Jogginganzüge
    Größen 36 – 44
    Farben: Uni und bunt gemustert
    Material: Baumwolle und Mischgewebe

Fügen Sie bitte auch Ihre Lieferungs- und Zahlungsbedingungen bei, und nennen Sie mir den frühestmöglichen Liefertermin.

Sollte mir Ihr Angebot zusagen, können Sie mit einer Bestellung von ca. 100 Anzügen rechnen.

Mit freundlichem Gruß

Sporthaus Mai

Muster für Inhalt eines Angebotes

Textilfabrik Lang, Industriestraße 4, 47807 Krefeld

Sporthaus Mai
Am Markt 1

30419 Hannover

Krefeld , ...

Angebot Damen-Jogginganzüge

Sehr geehrter Herr Mai,

ich danke für Ihre Anfrage und biete Ihnen verbindlich an:

    Artikelnr. 122344 Anzug „Steffi", 100 % Baumwolle
    mit Viskoseinnenfutter, 139,90 € / Stück.
    Artikelnr. 122345 Anzug „Franzi", 45 % Baumwolle,
    55% Polyester, Klettverschlüsse, 98,50 € / Stück.

Die Farben entnehmen Sie beiliegender Farbkarte. Ich liefere frei Haus einschließlich Verpackung. Die Lieferung erfolgt sofort. Es gelten die Einheitsbedingungen der Textilwirtschaft.

Mit freundlichem Gruß
Textilfabrik Lang
i.A.

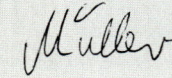

2.4.3 Bestandteile des Angebots

Aus dem Grundsatz der Vertragsfreiheit folgt, dass ein Verkäufer seine Konditionen frei gestalten kann, sofern er nicht gegen gesetzliche Regelungen verstößt. In der Textil- und Bekleidungsindustrie verkaufen vor allem die bedeutenden Hersteller nach den **„Einheitsbedingungen der Textilwirtschaft"** (siehe Kapitel 2.1.2). Dabei handelt es sich um ein Konditionenkartell, das beim Bundeskartellamt angemeldet ist. Die Kartellmitglieder verpflichten sich, nach diesen Konditionen zu verkaufen. In der Praxis wenden auch Nichtmitglieder diese einheitlichen Lieferbedingungen an. Die Bedingungen können vollständig im „Taschenbuch des Textileinzelhandels", welches der BTE jährlich herausgibt, nachgelesen werden. Sind keine allgemeinen Geschäftsbedingungen vereinbart, so gelten die vertraglichen Vereinbarungen im Rahmen des HGB und BGB.

Wichtige Bestandteile eines Angebots

Transportkosten

Beim Transport können die Kosten entweder vom Käufer („ab Werk") oder vom Verkäufer („frei Haus") übernommen werden. Auch eine Kostenteilung ist möglich.

Regelung in den Einheitsbedingungen: „Die Lieferung der Ware erfolgt ab Fabrik. Die Versandkosten trägt der Käufer."

Beim Transport mit privaten Zustelldiensten fallen in der Regel für den Käufer keine Kosten an. Der Versand erfolgt „frei Verwendungsstelle". Die Transportkosten übernimmt der Verkäufer, der mit dem Zustelldienst einen Speditionsvertrag abgeschlossen hat.

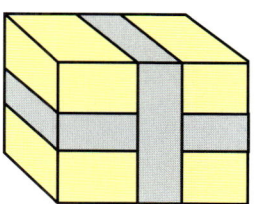

Verpackungskosten

Die so genannte „Verkaufspackung" – sie dient zur Umhüllung der Ware –, ist ab einem bestimmten Warenwert immer im Angebotspreis enthalten. Die Kosten der Versandpackung trägt nach dem Gesetz der Käufer.

Regelung in den Einheitsbedingungen: „Verpackung wird nur berechnet, so weit der Versand in Kisten erfolgt oder eine Spezialverpackung vom Käufer gewünscht wird."

Häufig sind die Verpackungskosten auch vom Warenwert des Einkaufs abhängig.

Ab einer bestimmten Höhe entfällt die Berechnung für die Verpackung.

Lieferzeit

Im modischen Bereich ist die Lieferzeit dann von besonderer Bedeutung, wenn Ware geordert wird, die zu einem bestimmten Termin oder Anlass vorhanden sein soll. Normalerweise wird bei Oberbekleidung die Musterung eine Saison vorher vorgenommen, sodass für die Lieferung genügend Zeit bleibt. Zu den handelsüblichen Klauseln zählen:

- „Lieferung sofort": Gesetzliche Regelung (Nachlieferungsfrist längstens 18 Tage nach Einheitsbedingungen)
- Fixkauf: Die Lieferung ist auf einen bestimmten Tag festgelegt
- Kauf auf Abruf: Der Händler kann Waren in Teilmengen oder im Ganzen abrufen.

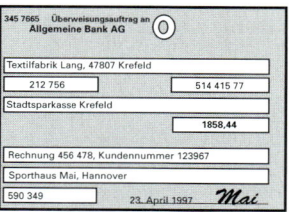

Zahlungsbedingungen

Valutierung und die Gewährung von Zahlungszielen sind im Einzelhandel üblich. Allerdings sollte möglichst immer Skonto in Anspruch genommen werden. Auch wenn durch die Ausnutzung des Skontos das Geschäftskonto mit Zinsen belastet wird, spart man mehr Geld, als bei Ausnutzung des gesamten Zahlungsziels. Nach den Einheitsbedingungen werden innerhalb 10 Tage vom Tag der Rechnungsstellung an 4% Skonto gewährt und vom 11. bis 30. Tag 2,25%. Danach gilt ein Zahlungsziel „rein netto" bis zum 60. Tag.

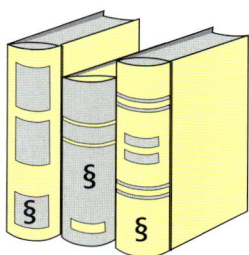

Eigentumsvorbehalt und Erfüllungsort

Meist wird die Ware unter Eigentumsvorbehalt geliefert. Dies bedeutet, dass sie bis zur vollständigen Bezahlung Eigentum des Verkäufers bleibt. Der Erfüllungsort ist wegen des so genannten „Gefahrenübergangs" von Bedeutung. Ab dem Erfüllungsort des Verkäufers geht das Transportrisiko auf den Käufer über, es sei denn, der Lieferant liefert mit einem firmeneigenen Fahrzeug. Kommt es zu gerichtlichen Auseinandersetzungen, dann kann für den Gerichtsstand der Erfüllungsort maßgebend sein.

2.4.4 Bestellung und Auftragsbestätigung

Bestellung

Mit einer Bestellung verpflichtet sich der Käufer, Ware zu festgelegten Bedingungen zu erwerben. Bei Nachlieferungen, die zur Ergänzung dienen, erfolgt die Bestellung oft ohne nochmalige Angebotseinholung.

Bei Bestellungen aufgrund eines Angebots wird ein gültiger Kaufvertrag abgeschlossen. Bestellungen sind an keine bestimmte Form gebunden. Viele Lieferanten und Großhändler bieten Bestellvordrucke oder Ordersätze an, um den Bestellvorgang zu beschleunigen oder zu vereinfachen. Auch bei der BBE Unternehmensberatung in Köln können solche Formulare bezogen werden.

Wenn sich die Bestellung auf ein vorliegendes Angebot bezieht, müssen nicht alle Angaben wiederholt werden. Es genügt dann:

- Bezug auf das Angebot
- genaue Warenbezeichnung
- Angabe der Menge
- Angabe des Preises pro Einheit

Auftragsbestätigung

Mit der Auftragsbestätigung, für die keine bestimmte Form vorgeschrieben ist, bestätigt der Lieferant dem Käufer, dass er die Bestellung angenommen hat.

Erteilung einer Auftragsbestätigung, wenn:

- längere Lieferzeiten zu erwarten sind
- eine telefonische Bestellung vorlag
- ohne vorheriges Angebot bestellt wurde
- das Angebot freibleibend war
- es sich um die Erstbestellung eines Neukunden handelt
- Unklarheiten in der Bestellung vorliegen

Inhalt einer Auftragsbestätigung

- Dank für die Bestellung
- Wiederholung der wichtigsten Bestandteile der Bestellung
- Mitteilung des voraussichtlichen Liefertermins
- Mitteilung über Rückstände und Nichtlieferung

Muster für Inhalt einer Bestellung

Sporthaus Mai

Am Markt 1, 30419 Hannover

Textilfabrik Lang
Industriestraße 4

47807 Krefeld

Hannover, …

Bestellung

Sehr geehrte Damen und Herren,

ich danke für Ihr Angebot vom … und bestelle

50 Stück Anzug „Steffi", Artikelnr. 122344
zu je 139,90 €
60 Stück Anzug „Franzi", Artikelnr. 122345
zu je 98,50 €

Mit freundlichen Grüßen

Sporthaus Mai

Muster für Inhalt einer Auftragsbestätigung

Textilfabrik Lang, Industriestraße 4, 47807 Krefeld

Sporthaus Mai
Am Markt 1

30419 Hannover

Krefeld, …

Auftragsbestätigung

Sehr geehrter Herr Mai,

wir danken für Ihren Auftrag und liefern 50 Jogginganzüge „Steffi" noch diese Woche aus. Leider wird es bei den Anzügen „Franzi" eine Lieferverzögerung von 14 Tagen geben. Sie werden umgehend über den neuen Liefertermin informiert. Die Lieferung erfolgt zu den bekannten Lieferungs- und Zahlungsbedingungen mit DPD frei Haus.

Mit freundlichen Grüßen

Textilfabrik Lang
i.A.

Bedeutung der Kalkulation

Durch Beschaffung, Lagerung, Verkauf und Verwaltung der Waren entstehen Kosten, die der Händler über den Preis der Ware zu decken versucht. Der Unterschied zwischen Umsatz (Verkaufspreis) und Wareneinsatz (Einstandspreis) stellt den unternehmerischen **Rohertrag** dar, der benötigt wird, um alle **Handlungskosten** zu decken und einen **Gewinn** zu erzielen. Im Textileinzelhandel beträgt die **Gesamtkostenbelastung** einschließlich Unternehmerlohn etwa 35 % bis 40 % vom Umsatz.

Die Kalkulation spielt auch eine wichtige Rolle bei der Gestaltung der **Preispolitik** eines Unternehmens. Im Falle bestehender Marktpreise dient die Kalkulation zur Überprüfung, ob diese Preise akzeptiert werden können und welche Preisuntergrenzen noch vertretbar sind.

Von besonderer Bedeutung sind optisch günstige Preise *(nicht kalkulierte 20,15 €, sondern 19,95 € als Verkaufspreis)*, die Beachtung von Preisschwellen *(Krawatten bis 50,00 €)* und Aktionen mit preisgünstigem Warenangebot. Letztere sind besonders dann wichtig, wenn das Unternehmen Preiswürdigkeit demonstrieren will. Das bedeutet aber in der Praxis, dass das gesamte Sortiment nicht einheitlich kalkuliert werden darf. Aktionen und Sonderangebote sollten zur Absatzförderung erheblich niedriger kalkuliert werden. Wenn dies nicht den Gesamtgewinn schmälern soll, dann müssen andere Sortimentsteile höher kalkuliert werden. Die niedriger kalkulierten Artikel signalisieren Preiswürdigkeit und erhöhen so auch die Kundenfrequenz, was sich auf die gesamte Nachfrage positiv auswirken kann. Der Anteil der vom Einzelhändler selbst kalkulierten Waren nimmt kontinuierlich ab, da mittlerweile in vielen Geschäften Markenwaren mit unverbindlich empfohlenen Verkaufspreisen dominieren und damit eine feste Kalkulationsvorgabe durch den Hersteller vorliegt.

Ziele der Kalkulation

Gewinnorientierung

Der Einzelhändler versucht so zu kalkulieren, dass der erzielte Gewinn so groß ist, dass neben einem angemessenen Unternehmereinkommen genügend Mittel für Investitionen zur Verfügung stehen.

Kostendeckung

Der Einzelhändler kalkuliert Teile des Sortiments so, dass mindestens immer die Kosten verdient werden. Der Betrieb kann dann auch noch existieren, wenn der Unternehmer in diesem Sortimentsteil keinen Gewinn erzielt.

Marktorientierung

Der Händler rechnet zeitweise oder bei bestimmten Warengruppen mit einer niedrigeren Kalkulation, um zusätzliche Marktanteile zu gewinnen, sich als preiswerter Anbieter zu profilieren oder sich an empfohlene Verkaufspreise zu halten.

Die Zusammensetzung des Verkaufspreises

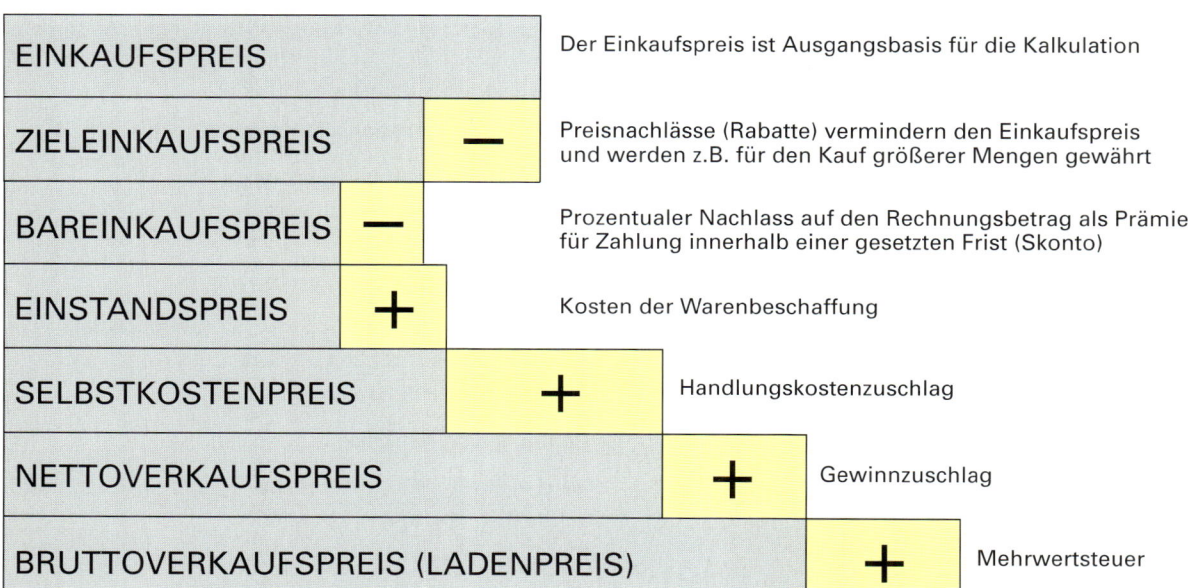

EINKAUFSPREIS	Der Einkaufspreis ist Ausgangsbasis für die Kalkulation
ZIELEINKAUFSPREIS −	Preisnachlässe (Rabatte) vermindern den Einkaufspreis und werden z.B. für den Kauf größerer Mengen gewährt
BAREINKAUFSPREIS −	Prozentualer Nachlass auf den Rechnungsbetrag als Prämie für Zahlung innerhalb einer gesetzten Frist (Skonto)
EINSTANDSPREIS +	Kosten der Warenbeschaffung
SELBSTKOSTENPREIS +	Handlungskostenzuschlag
NETTOVERKAUFSPREIS +	Gewinnzuschlag
BRUTTOVERKAUFSPREIS (LADENPREIS) +	Mehrwertsteuer

Im Handel wird das „Brutto-Netto-Verfahren" angewendet. Alle Verkaufswerte werden einschl. Mehrwertsteuer und alle Einkaufswerte ohne die Mehrwertsteuer ausgewiesen.

Der bei der Kalkulation des Verkaufspreises häufig zur Anwendung kommende **Kalkulationszuschlag** fasst die Handlungskosten, den erstrebten Gewinn und die Mehrwertsteuer zu einem einheitlichen Aufschlagsatz zusammen.

> ### Kalkulationsplanung

Kalkulieren ist mehr als das bloße „Auspreisen" eines Artikels. Die an den Erfordernissen einer rentablen Unternehmensführung orientierte Kalkulation muss Antworten auf folgende Fragen geben:

1. Welche Kosten werden voraussichtlich entstehen?

2. Welcher Preis muss erzielt werden, um mindestens den Wareneinsatz, die Handlungskosten und einen angemessenen Gewinn zu erzielen?

Daher sollte eine detaillierte Umsatz-, Kosten- und Gewinnplanung vorgenommen werden. Dazu sind beim BBE-Verlag in Köln die notwendigen Formulare erhältlich. Es ist weiter zu beachten, dass die Kalkulation zeitlich vor dem Warenverkauf erfolgt, während der Rohertrag erst danach anfällt. Somit ergeben sich zwei Arten der Kalkulation:

Eingangskalkulation (= kalkulierte Spanne)   und   **erreichte Kalkulation** (= erzielte Spanne)

Eingangskalkulation und erreichte Kalkulation unterscheiden sich häufig. Der Grund sind Kalkulationsverluste, die sich einmal wertmäßig ergeben *(Preisreduzierungen bei Altware, Nachlässe wegen Verschmutzen oder Beschädigung)*; oder mengenmäßige Ursachen haben *(Inventurdifferenzen durch Diebstahl)*.

Eingangskalkulation

Der **Kalkulationsaufschlag** in Prozent

Er ergibt sich aus der Summe von Handlungskosten, angestrebtem Gewinn, an Kunden gewährten Preisnachlässen sowie der Mehrwertsteuer. Der Kalkulationsaufschlag wird auf den Einstandspreis aufgeschlagen und ergibt den Verkaufspreis einschließlich Mehrwertsteuer. Dies ist das im Textilhandel übliche Verfahren.

Beispiel:

Einstandspreis   =   100 €
Kalkulationsaufschlag   =   125 %

Es ergibt sich somit ein Verkaufspreis von 225 €.

Durch die Verwendung des Kalkulationszuschlages lässt sich die Kalkulation erheblich vereinfachen. Die dazu notwendigen Werte werden durch die Umsatz-, Kosten- und Gewinnplanung ermittelt.

Rechenweg für **Kalkulationszuschlag** in %

$$\frac{(\text{geplanter Umsatz} - \text{geplanter Wareneinsatz}) \times 100}{\text{geplanter Wareneinsatz}}$$

Der so ermittelte Zuschlagssatz stellt den durchschnittlichen Kalkulationszuschlag für Warengruppen dar. Die Zusammenfassung der preiserhöhenden Zuschläge zu einem einheitlichen Aufschlagssatz hat den Vorteil, dass für Artikel und Warengruppen mit ähnlicher Kostenstruktur eine vereinfachte Kalkulation ermöglicht wird.

Ob der so ermittelte Verkaufspreis tatsächlich am Markt durchgesetzt werden kann, ist allerdings ungewiss. Daher sollte die Eingangskalkulation ständig überprüft und gegebenenfalls korrigiert werden. Dies geschieht z. B. mit der KER (Kurzfristige Erfolgsrechnung), die monatlich erstellt wird und dabei Eingangskalkulation und erreichte Kalkulation gegenüberstellt.

Der **Kalkulationsabschlag** in Prozent

Der Druck des Marktes – insbesondere die jeweilige Konkurrenzsituation am Standort – zwingen den Händler häufig, sich an bestimmte Verkaufspreise zu halten und diese nicht zu überschreiten. Also möchte der Händler feststellen, ob der Marktpreis ausreicht, um den Wareneinsatz sowie die Handlungskosten, die Preisnachlässe und den Gewinn abzudecken. Dazu dient der Kalkulationsabschlag, der die Differenz zwischen Verkaufspreis (einschl. Mehrwertsteuer) und Einstandspreis darstellt.

Der durch den Abschlag ermittelte Einstandspreis soll beim Wareneinkauf erzielt werden und ist somit eine der Planungsgrundlagen für die Einkaufsverhandlungen. Außerdem dient der Abschlag zur Rentabilitätskontrolle und ist bei Betriebsvergleichen von Bedeutung.

Rechenweg für **Kalkulationsabschlag** in %

$$\frac{(\text{Verkaufspreis} - \text{Einstandspreis}) \times 100}{\text{Verkaufspreis}}$$

Beispiel: $\dfrac{(225 - 100) \times 100}{225} = 55,56\,\%$

Da Aufschlag und Abschlag das Gleiche beinhalten, aber auf verschiedener Basis errechnet werden, lassen sie sich gegenseitig umrechnen.

Umrechnung von Aufschlag in Abschlag

$$\frac{\text{Aufschlag in \% } \times 100}{\text{Aufschlag in \% } + 100} = \frac{125 \times 100}{125 + 100} = 55,56\,\%$$

Umrechnung von Abschlag in Aufschlag

$$\frac{\text{Abschlag in \% } \times 100}{100 - \text{Abschlag in \%}} = \frac{55,56 \times 100}{100 - 55,56} = 125\,\%$$

Zieht man vom Abschlag den Mehrwertsteueranteil ab, erhält man die **Handelsspanne**.

2.5 Kalkulation (3)

Erreichte Kalkulation

Die erreichte oder erzielte Kalkulation – man spricht auch von **Nachkalkulation** – unterscheidet sich von der Eingangskalkulation dadurch, dass sie zeitlich nach dem Verkauf der Waren erfolgt. Dabei werden die tatsächlich erzielten Verkaufspreise mit den geplanten Verkaufspreisen verglichen.

Häufig müssen beim Verkauf Preisreduzierungen vorgenommen werden:

- Es handelt sich um modische Saisonwaren
- Es liegen preismindernde Mängel vor

- Es werden Rabatte an Kunden gewährt
- Es handelt sich um Altwarenbestände

Diese **Kalkulationsverluste** müssen bereits bei der Kalkulationsplanung berücksichtigt werden.

Dennoch ist es unter Umständen unerlässlich über die geplanten Kalkulationsverluste hinaus Reduzierungen vorzunehmen *(Wettbewerbsdruck)*. Dabei sollte sich aber der Händler fragen, in welchem Umfang er Preisreduzierungen vornehmen soll. Denn wenn es das Ziel ist, trotz der Preisreduzierungen den geplanten Gewinn zu erreichen, ist dies nur durch erhebliche Umsatzsteigerung möglich. Daher sollte genau überlegt werden, inwieweit Nachlässe als ein Mittel der Absatzförderung betriebswirtschaftlich vertretbar sind oder ob andere absatzpolitische Instrumente vorzuziehen sind.

$$\text{Formel zur Berechnung der erreichten Kalkulation:} \quad \frac{(\text{Umsatz} - \text{Wareneinsatz}) \times 100}{\text{Umsatz}}$$

Differenzierte Kalkulation (= Mischkalkulation)

Der Wettbewerb ermöglicht es dem Einzelhändler, verschiedene Artikel unterschiedlich zu kalkulieren. Neben einer knappen Kalkulation ist auch eine Kalkulation mit überdurchschnittlichen Spannen möglich. Um die betriebsnotwendige Kalkulation (Deckung von Kosten und Gewinn) zu erreichen, müssen für niedriger kalkulierte Artikel andere zum Ausgleich höher kalkuliert werden.

Warenart	Preisgestaltung des Händlers
1. Ware, die von vielen Händlern angeboten wird und deren Preis daher den Kunden bekannt ist.	Er passt sich an die Preisgestaltung der Mitbewerber an. Bei diesen Artikeln bestimmt der Markt den Preis.
2. Aktionsware, die besonders günstig eingekauft wurde.	Hier gibt es zwei Möglichkeiten: ● niedrige Kalkulation aus Werbezwecken oder ● höhere Kalkulation, um einen Kalkulationsausgleich zu erzielen.
3. Modische und hochmodische Artikel.	Sie verlangen eine höhere Kalkulation, weil mit hohen Preisabschriften zu rechnen ist, wenn die Ware nicht während der Saison verkauft wurde. Für manche Kunden signalisiert ein hoher Preis auch bestimmte Wertvorstellungen wie Qualität und Exklusivität.
4. Artikel, die der Händler am Ort exklusiv anbietet.	Hier ist eine höhere Kalkulation zum Ausgleich anderer Artikel möglich, da z. B. aufgrund eines Platzschutzes die Konkurrenzsituation fehlt. Das gleiche gilt beim Verkauf von Eigenwaren der Einkaufsverbände und „No-name"-Artikeln. Auch hier fehlt für den Kunden eine direkte Vergleichsmöglichkeit.

Methoden der differenzierten Kalkulation

1. Kurzfristige Kontrolle der Eingangskalkulation

Diese Methode basiert darauf, dass die Wareneingänge so kalkuliert werden, dass voraussichtlich die betriebsnotwendige Kalkulation erreicht wird. Es muss aber sichergestellt sein, dass monatlich kontrolliert wird, damit bei Abweichungen zur geplanten Kalkulation Korrekturen vorgenommen werden können. Die Differenzierung erfolgt dadurch, dass einzelne Abteilungen, Warengruppen oder Artikel geringer und andere höher kalkuliert werden, als bei der betriebsnotwendigen Kalkulation. Dies ist dann wichtig, wenn Teile des Wareneingangs für Aktionen besonders niedrig kalkuliert werden sollen. Der Durchschnitt der ermittelten Eingangskalkulation wird mit der geplanten Kalkulation verglichen.

Die Tabelle zeigt ein vereinfachtes Beispiel zur kurzfristigen Kontrolle der **Eingangskalkulation**. Die Tabellengestaltung lehnt sich an die Formularvordrucke der BBE in Köln an. Die Auswertungen der elektronischen Warenwirtschaftssysteme zeigen einen ähnlichen Aufbau.

Monat	Wareneingang		Eingangskalkulation (Abschlag in %)
	Einkaufswert	Verkaufswert	
Inventurvortrag	48 000	100 000	52,00
Januar	30 000	62 540	52,03
aufgelaufen	78 000	162 540	52,01
Februar	36 000	72 200	50,14
aufgelaufen	114 000	234 740	51,44

Geplanter Kalkulationsabschlag: 52% Abteilung: HAKA – Warengruppe: Hosen

Das Beispiel zeigt, dass im Januar die geplante Kalkulation erreicht wurde. Nicht so günstig ist die Entwicklung im Februar. In den folgenden Monaten muss die Kalkulation in dieser Warengruppe angehoben werden, um die geplante Eingangskalkulation von 52% zu erreichen.

2. Differenzierung mit gewichteten Messziffern

Bei dieser Kalkulationsmethode wird der Umsatzanteil der Abteilungen oder Warengruppen am Gesamtumsatz berücksichtigt (= gewichtet). Die sich dabei ergebende Messziffer errechnet sich aus der Multiplikation von Umsatzanteil und geplanter Kalkulation.

Beispiel (stark vereinfacht):

In einem Unternehmen mit bisher drei Abteilungen soll für die neue Abteilung „Exquisit" die Kalkulation ermittelt werden. Der Umsatzanteil dieser neuen Abteilung wird auf 20% geplant. Der geplante Kalkulationsabschlag für das Gesamtunternehmen beläuft sich auf 52%. Die Messziffer errechnet sich aus der Differenz der Gesamtmessziffer des Unternehmens und den Abteilungsmessziffern. Wird diese Zahl durch den Umsatzanteil geteilt, erhält man den notwendigen Abschlag, um die geplanten 52% Eingangskalkulation zu erreichen. Die Abschläge werden für die Ermittlung der Verkaufspreise in Aufschläge umgerechnet.

Abteilung	Umsatz-anteil	geplanter Abschlag in %	Mess-ziffer	Auf-schlag in %
Junge Mode	20	35	700	53,8
DOB	35	55	1925	122,2
HAKA	25	55	1375	122,2
Exquisit	**20**	**60**	**1200**	**150**
	100 Gesamt-umsatz	52 geplante Kalku-lation	5200 Mess-ziffer gesamt	

Folge:

Um die geplante Kalkulation zu erreichen, müssen die Artikel der Warengruppe „Exquisit" mit 150% Aufschlag kalkuliert werden.

3. Differenzierung mit Ausgleichsträger und Ausgleichsnehmer (Kalkulatorischer Ausgleich)

Voraussetzung für die Anwendung dieses Verfahrens ist es, die jeweiligen Umsatzanteile der niedriger und höher zu kalkulierenden Waren zu kennen. Wenn dies bekannt ist, kann mithilfe einer Formel bestimmt werden, welcher Zuschlag für die höher zu kalkulierenden Artikel (= Ausgleichsträger) anzusetzen ist, um z.B. sehr niedrig gehaltene Sonderangebotskalkulationen (= Ausgleichsnehmer) auszugleichen.

Beispiel:

geplanter Kalkulationsaufschlag	gKZ	120%
Kalkulationsaufschlag für den Ausgleichsnehmer	A_{AN}	30%
Umsatzanteil des Ausgleichs-nehmers	U_{AN}	10%
Umsatzanteil des Ausgleichs-trägers	U_{AT}	90%
Kalkulationsaufschlag für Ausgleichsträger	KZ_{AT}	130%

Rechenweg zur Ermittlung des Kalkulationszuschlags für den Ausgleichsträger:

$$KZ_{AT} = \frac{(gKZ \times 100) - (A_{AN} \times U_{AN})}{U_{AT}}$$

Berechnung:

$$KZ_{AT} = \frac{(120 \times 100) - (30 \times 10)}{90} = 130\%$$

Folge:

90% des Umsatzes müssen mit 130% kalkuliert werden, damit trotz der Sonderaktion mit nur 30% Aufschlag der geplante Zuschlag von 120% des gesamten Umsatzes erreicht wird.

2.6.1 Warentransport

Nach dem Grundsatz „Warenschulden sind Holschulden" müsste der Händler die bestellten Artikel beim Lieferanten selbst abholen. In den meisten Fällen wird die Ware aber dem Händler zugestellt. Da die Beförderungskosten der Frachtführer sehr unterschiedlich ausfallen können, sollte man versuchen, bei der Auftragserteilung einen kostengünstigen Transporteur zu bestimmen.

Transportmöglichkeiten

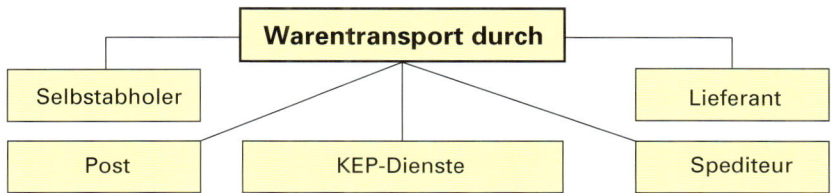

Selbstabholung

Wenn der Händler Ware selbst vom Lieferanten abholt, dann meist bei Modezentren, Kauf beim Großhändler im Selbstbedienungssystem oder bei räumlicher Nähe des Herstellers.

Lieferant

Im Textileinzelhandel wird selten von den Lieferanten mit firmeneigenen Fahrzeugen ausgeliefert. Es kommt allerdings dann vor, wenn Regionalmärkte – z. B. der Großraum Stuttgart – versorgt werden, oder es sich um Textilien handelt, die als Standardware kontinuierlich geliefert werden, wie beispielsweise Berufskleidung. Hersteller liefern solche Ware nach festen Tourenplänen an die Käufer.

Spediteur

Spediteure bieten den Vorteil, dass sie sich in vielen Fällen auf die zu befördernden Waren spezialisiert haben und so eine sichere und zuverlässige Warenzustellung garantieren. Im Textileinzelhandel wird meist dann eine Spedition eingeschaltet, wenn Ware hängend transportiert werden muss. Darauf haben sich mehrere Unternehmen spezialisiert, wie zum Beispiel die DKS (Deutsche-Kleider-Spedition) und die DTL (Deutsche-Textil-Logistik).

Deutsche Post AG

Der Postdienst bietet sich für Sendungen bis zum Höchstgewicht von 31,5 kg an.

Für den Textilhandel kommen folgende Versandformen in Betracht:

Formen	Beförderungt mit:	Höchstgewicht	Haftung
Warensendung	Briefpost	500 g	keine
Päckchen	Paketpost	2 000 g	keine
Paket Postgut	Paketpost	20 kg 31,5 kg	bis 511,29 € bei Verlust oder Beschädigung

Neben diesen Versandformen bietet die Post ebenfalls einen Kleiderhängeversand an.

KEP-Dienste (Kurier-, Express- und Paketdienste)

Diese Transportunternehmen befördern in erster Linie Kleingut. In der Regel wird eine Zustellung innerhalb 24 Stunden in Deutschland garantiert. Wird der Empfänger nicht angetroffen, wird ein zweites und drittes Mal die Zustellung versucht.

Kurierdienste	→	Wertsendungen und sehr eilige Sendungen von geringem Gewicht *(DHL, IC-Kurierdienst der Deutschen Bahn AG).*
Expressdienste	→	Schneller Gütertransport in einem eigenen Netz *(Euro-Express, FED-Ex, Trans-O-Flex).*
Paketdienste	→	Transport von Paketen je nach Anbieter bis 70 kg in eigenem Netz *(DPD, UPS, German Parcel).*

Der Warendurchlauf beginnt im Betrieb mit der Warenannahme. Dies ist die erste Station, an der die angelieferte Ware angenommen, ausgepackt und vor allem kontrolliert wird. Es ist auch der Ort, an dem die Warendaten in das Warenwirtschaftssystem (WWS) eingegeben werden.

Vorgehensweise bei der Warenannahme

Erste Kontrolle
(in Anwesenheit des Zustellers)

1. Stimmt die Anschrift (Sendung für uns)?
2. Stimmt die auf den Begleitpapieren angegebene Stückzahl?
3. Weist die Verpackung Schäden auf?

Bei **Beanstandungen**: Mängel vom Überbringer bestätigen lassen oder Annahme unter Vorbehalt. Unter Umständen ist eine Annahmeverweigerung angebracht.

Zweite Kontrolle
("unverzüglich" nach Anlieferung)

Sie besteht in der Überprüfung der Begleitpapiere mit dem Inhalt der Sendung. Dabei wird geprüft:

1. Wurde die bestellte Ware geliefert?
2. Wurde die richtige Anzahl geliefert?
3. Sind Qualität und Beschaffenheit in Ordnung?

Bei **Mängeln** Weiterleitung an den Einkauf, um rechtzeitig rügen zu können, sonst Wareneingangserfassung im Warenwirtschaftssystem.

Dritte Kontrolle
(Abgleich der Begleitpapiere)

Hier wird die Rechnung mit dem Lieferschein, der Bestellung und der Auftragsbestätigung verglichen.

Dabei wird die Rechnung auf sachliche und rechnerische Richtigkeit überprüft.

Bei **Unstimmigkeiten** Rücksprache mit dem Lieferanten und unter Umständen Mängelrüge.

Preisauszeichnung und Ware ins Reservelager oder in den Verkauf.

Ehe die Ware in den Verkauf kommt, kann nochmals eine letzte Kontrolle durchgeführt werden. Es könnte zum Beispiel ein falscher Preis am Artikel angegeben sein, oder die Ware wurde während der Lagerung beschädigt oder angeschmutzt.

Probleme bei der Warenannahme

Der Wareneingang sollte mit besonderer Sorgfalt durchgeführt werden, denn Fehler bei der Erfassung im WWS können zu erheblichen Problemen *(falsche Bestände, falsche Preise)* führen.

Dies ist auch unter dem Gesichtspunkt einer Vorbeugung gegen Inventurdifferenzen von Bedeutung.

Eine vollständige Prüfung aller eingegangenen Waren ist in der Praxis oft unmöglich. So fehlt es einmal an der notwendigen Zeit, und zum anderen werden viele Waren für die Lagerung verpackt geliefert. Es genügt, eine Stichprobenkontrolle durchzuführen. Werden Mängel erst nach Ablauf der in den Vertragsbedingungen der Lieferanten festgelegten Reklamationsfristen entdeckt, verhalten sich gute Lieferanten kulant.

2.6.3 Auszeichnung der Waren

Bevor die Ware in den Verkauf kommt oder gelagert wird, erfolgt die **Preisauszeichnung**. Grundlage ist die Preisauszeichnungsverordnung. Die Preisauszeichnung muss dem betreffenden Artikel unverwechselbar zugeordnet werden können.

Alle im Verkaufsraum angebotenen Waren müssen ausgezeichnet sein. Dabei ist es nicht notwendig, dass jeder Artikel einzeln ausgezeichnet ist. Es genügt auch die Preisangabe an einer Regalschiene oder das Aushängen bzw. Auslegen von Preisverzeichnissen.

Bestandteile der Warenauszeichnung

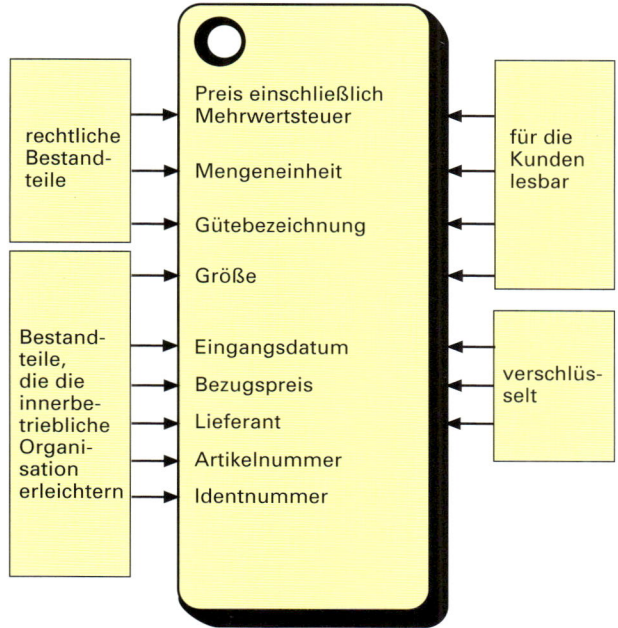

1: Preisetikett

Funktion der Warenauszeichnung

Im Textilhandel gilt der Preis meist pro Stück oder Paar. Es entfällt daher die Mengenangabe. Eine Ausnahme bildet Meterware.

Bei **„Gütebezeichnung"** wird eine erste Wahl angenommen. Ist dies nicht der Fall, muss eine entsprechende Kennzeichnung vorgenommen werden. Die Größenangabe ist wichtig bei der Vorwahl durch den Kunden und erleichtert das Einsortieren.

Die Angabe des Eingangsdatums gibt Hinweise auf die Lagerdauer und eventuelle Preisabschriften.

Die Angabe von **Lieferanten** und die **Artikelnummer** erleichtern Nachbestellungen und sind eine Hilfe bei Reklamationen. **Identnummern** identifizieren den Einzelartikel und werden bei computergestützten Warenwirtschaftssystemen verwendet.

Um wichtige Daten für die Betriebsführung zu erhalten, werden die Daten des Etiketts, die nicht der notwendigen Kundeninformation dienen, verschlüsselt. Dies dient dem Schutz dieser Daten vor unberechtigten Einblicken durch Mitbewerber oder Kunden. Die Höhe von Verkaufsprämien wird z. B. verschlüsselt angegeben.

Grundsätze der Preisauszeichnung

- Ware schnell und korrekt auszeichnen, am besten immer von denselben Mitarbeitern.
- Die Auszeichnung möglichst an einer für Betriebsfremde nicht zugänglichen Stelle vornehmen.
- Die Preisauszeichnung ständig überprüfen und Fehler sofort berichtigen.
- Eine Lieferung immer ganz auszeichnen, damit auch im Lager nur ausgezeichnete Ware liegt.

Etikettenarten

Einfachetikett	Es wird nur für die Preisauszeichnung verwendet.
Mehrfachetikett	Es besteht aus mehreren Teilen. Ein Teil erhält der Kunde, andere Teile verbleiben im Betrieb, hauptsächlich für statistische Zwecke.
Haftetikett	Es wird meist mit einer Auszeichnungsmaschine (METO) erstellt und eignet sich für verpackte Artikel, wie zum Beispiel Hemden oder Unterwäsche.
Hängeetikett	Es wird mit einem Befestigungsgerät in die Ware „geschossen". Das Etikett ist durch die Kunststoffschlaufe fest mit der Ware verbunden und nur schwer zu entfernen.

Die Beschriftung der Etiketten kann handschriftlich, mit Handauszeichnungsgeräten oder speziellen Etikettendruckern erfolgen. Bei der Verwendung eines elektronischen Warenwirtschaftssystems erfolgt die Preisauszeichnung in maschinenlesbarer Form. BTE und Bundesverband der Bekleidungsindustrie haben eine gemeinsame Vereinbarung zur Vereinheitlichung von Etiketten in der Deutschen Bekleidungswirtschaft getroffen. Durch diese Standardisierung wird des zunehmenden elektronischen Datenaustausches (EDI) zwischen Herstellern und Händlern Rechnung getragen. Grundlage ist der EAN-Standard.

Lagerarten im Textileinzelhandel

1: **Verkaufsraum als Lager**

2: **Reservelager**

Verkaufslager

In kleinen und mittleren Textilunternehmen wird der größte Teil der Warenbestände im Verkaufsraum angeboten. Die Gestaltung des Verkaufsraumes und die Präsentation der Ware sind in hohem Maß mitentscheidend über den Verkaufserfolg (siehe Kapitel 3.2.2 „Ladengestaltung").

Zentrale Lager mit vielen hundert oder tausend Quadratmetern findet man meist nur bei Großunternehmen.

Reservelager

Der Textilfachhandel kommt nicht ganz ohne zusätzliche Lagerräume aus. An diesen Lagerplätzen werden aus verschiedenen Anlässen Waren gelagert:

● Es fehlt Verkaufsfläche, daher wird zugunsten der Sortimentsbreite die Sortimentstiefe im Verkaufsraum eingeschränkt.

● Bei Sonderbestellungen und Reklamationsware.

● Artikel, die saisonbedingt nicht nachgefragt werden, wie zum Beispiel Weihnachtsdecken.

● Standardartikel, die nachbestellt werden können. Dazu zählen unter anderem Kurzwaren, Berufskleidung, Sockenwolle, Futterstoffe. Da hier modische Gesichtspunkte keine wesentliche Rolle spielen, ist es sinnvoll, bei günstigen Angeboten zu kaufen und die Ware bis zum Bedarf zu lagern.

● Aktionsware, die bis zum Verkaufszeitpunkt gelagert wird. Dazu zählt besonders die Beschaffung der Schlussverkaufswaren.

● Modische Saisonware, bei der die Hersteller Preisvorteile anbieten, wenn sie sehr früh bezogen wird.

● Durchführung von Aufgaben, die den Verkauf stören (Auspacken, Prüfen, Auszeichnen).

Lagerorganisation

Neben Selbstverständlichkeiten, wie Sauberkeit, Beachtung der Unfallverhütungsvorschriften und Beachtung artgemäßer Lagerung sollte ein besonderes Augenmerk auf eine effiziente Lagerorganisation gelegt werden. Dazu gehört ein Lagerplan, damit neuen Mitarbeitern und Aushilfskräften die Arbeit erleichtert wird. Um benötigte Ware schnell zu finden, empfiehlt sich ein Lagerplatzsystem mit festen Lagerplätzen.

Zur Sicherstellung eines reibungslosen Arbeitsablaufs im Lager sollte beachtet werden:

● Umlagern und Umpacken vermeiden

● Artikel mit hohem Lagerumschlag („Renner") schnell erreichbar lagern

● Warenpflege regelmäßig durchführen

● Entsorgung der nicht benötigten Verpackungen problemlos sicherstellen

Lagerkontrolle

Da der Kapitaleinsatz aufgrund der gewünschten Verkaufsbereitschaft im Textilhandel sehr hoch ist, ist eine sorgfältige und regelmäßige Lagerkontrolle notwendig. Dazu sollte eine einfache Lagerbuchhaltung geführt werden. Aufzeichnungen über Warenzugänge und -abgänge sowie der fortgeschriebene Lagerbestand lassen jederzeit Kontrollen zu. Soll-Ist-Vergleiche ermöglichen so eine wirksame Überwachung der Bestände, um Inventurdifferenzen frühzeitig vermeiden zu helfen.

> ### Waren verkaufen auf dem Markt

Unter einem Markt versteht man ganz allgemein **jedes Zusammentreffen** von **Angebot** und **Nachfrage** und nicht allein Verkaufsveranstaltungen an einem bestimmten Ort („Punktmärkte" wie Wochenmarkt, Musterung, Börse). Einerseits führt der weltweite Handel zu einer nur schwer überschaubaren Vielfalt der Märkte. Andererseits kommt es für ein einzelnes Unternehmen gar nicht auf „den Weltmarkt" an, sondern auf den für dieses Geschäft bedeutsamen **Teilmarkt**. Jedes Unternehmen bestimmt durch Art und Umfang seiner Geschäftstätigkeit „seinen" Teilmarkt selbst:

Der Teilmarkt eines Textilfachgeschäftes in einer Gemeinde umfasst die Bewohner dieses Ortes, die den Weg in die 18 km entfernte Kreisstadt nicht antreten können oder wollen. Ein großer Teil der Kundschaft ist persönlich bekannt.	*Der Teilmarkt eines Textilkaufhauses in einer Mittelstadt erfasst die Bewohner dieser Stadt und ihrer unmittelbaren Umgebung. Etwa die Hälfte der Kundinnen und Kunden sind Stammkundschaft.*	*Der Teilmarkt eines Fachgeschäftes für Brautmoden in einem Oberzentrum erstreckt sich auf die Heiratswilligen einer ganzen Region. Stammkundschaft bedeutet hier: Manche Familien kaufen schon in der dritten Generation.*	*Der Teilmarkt eines Versandhauses für Naturtextilien umfasst die an konsequent natürlicher Kleidung interessierte Kundschaft in der gesamten Bundesrepublik und darüber hinaus. Die Distanz zum Kunden muss durch genaue warenkundliche Text- und Bildinformationen im Katalog und durch persönliche Ansprache überbrückt werden.*

Fast alle Märkte für Konsumgüter haben sich durch massenhafte Produktion von Gütern einerseits und durch weitgehende Sättigung vieler Bedürfnisse andererseits von **Verkäufer- zu Käufermärkten** gewandelt.

> ### Käufermarkt

Kennzeichen des Käufermarkts

- reichhaltiges Warenangebot, knapper Regalplatz
- Ware wird vom Handel „angeboten" und „beworben"
- Kunden haben zu wenig Geld, um das reichliche Warenangebot auszuschöpfen
- Mangel an Kunden: Angebotsüberhang
- Kunden wählen zwischen zahlreichen Anbietern und vielen Angeboten
- Notwendigkeit der Bedarfsweckung
- Wohlstandsmarkt, Überflussgesellschaft
- Absatzorientierung des Handels
- Kunden stellen hohe Ansprüche an sämtliche Leistungen des Handels
- Werbung und Einsatz weiterer Absatzinstrumente notwendig, da „Marktwiderstände" zu überwinden sind.

Die Betriebe des Textileinzelhandels befinden sich gegenüber ihren Kunden als Anbieter auf einem Käufermarkt. Hauptproblem des Textileinzelhandels ist also das Absatzproblem. Deshalb bemüht sich der Handel, auf Kaufmotive und Ansprüche der Kunden einzugehen und im Rahmen des Absatzmarketings das Bündel seiner Handelsleistungen zu entfalten.

Auch auf der Beschaffungsseite bewegt sich der Textileinzelhandel auf einem Käufermarkt. Hier allerdings ist der Handel als Nachfrager häufig in einer stärkeren Position als die Anbieter. Dies gilt besonders für die Großunternehmen wie *C&A* oder die Versandhäuser, aber auch für Klein- und Mittelbetriebe, wenn es ihnen gelingt, durch geschicktes Beschaffungsmarketing (z. B. Kooperation in Einkaufsverbänden wie Katag/abz) die Nachfrage zu bündeln.

3.1.2 Marketing-Mix

Handelsmarketing

Ein Handelsbetrieb ist weder ein Herstellungs- noch ein reiner Dienstleistungsbetrieb, denn er erbringt Dienstleistungen „an der Ware" (Kap. 1.2). Gegenstand des Handelsmarketing ist daher die Handelsleistung, die ein Handelsbetrieb bei der Erfüllung der Handelsfunktionen „produziert". Dabei werden aus textilen Erzeugnissen Textilwaren.

1: Produkt + Handelsleistung = Ware

Marketing heißt: eine Unternehmung in allen ihren Funktionen vom Absatzmarkt her führen. Unternehmen auf Käufermärkten müssen Marketing betreiben, denn ihre Absatzmärkte sind die Engpässe für jede weitere Entwicklung. Wenn es gelingen soll, vorhandene Märkte zu verteidigen oder zu erweitern oder neue Märkte zu erschließen, müssen diese Engpässe durch den Einsatz absatzpolitischer Instrumente (Sortiments-, Preis-, Konditionen-, Kommunikationspolitik) überwunden werden. Diese Instrumente können nicht einzeln und unabhängig voneinander verwendet werden. Die jeweils besondere Art und Weise, in der ein Handelsbetrieb diese Instrumente zur Erfüllung der Absatzziele einsetzt (kombiniert), ist sein **Marketing-Mix**.

Dabei lassen sich unterscheiden:

- ein **„strategisches" Marketing-Mix:** es ist unternehmungsorientiert, langfristig angelegt, kann nicht fortlaufend geändert werden und bezieht sich auf Standort, Sortimentsstruktur, Preislagen und Profil *(Fassade, Verkaufsraum)*;

- ein **„taktisches" Marketing-Mix:** es ist warenorientiert, unterliegt kurzfristigen Entscheidungen und bezieht sich auf Ware, Preis, Platzierung im Verkaufsraum und wiederum Profil, nun aber hinsichtlich *Werbung, Präsentation und Mitarbeitern*.

> **Die sechs P im Handelsmarketing**
>
> **P**rogramm (Sortiment)
> **P**räsentation
> **P**ersonal
> **P**romotion (Werbung)
> **P**latz (Standort)
> **P**reis

Marktuntersuchung

Wer marktorientiert anbieten will, muss „seinen" Markt gut kennen. Es müssen daher Untersuchungen des Marktes angestellt werden durch Beschaffung von Informationen über

- Kunden (Ansprüche und Kaufkraft): **Bedarfsforschung;**

- Mitbewerber: **Konkurrenzforschung;**

- Erfolg der eigenen Absatzinstrumente: **Absatzforschung.**

Je nachdem, wie systematisch und mit welchem Aufwand man dabei vorgeht, lassen sich unterscheiden:

- **Markterkundung** (eher unsystematisch, aber typisch für kleinere und mittlere Betriebe des Textileinzelhandels);

- **Marktforschung** (wissenschaftlich systematische Analyse und Beobachtung der Märkte, wegen des hohen Aufwands nur für Großbetriebe vertretbar).

Betriebe, denen eine eigene Marktforschung als zu aufwendig erscheint, können Marktforschungsergebnisse bei Marktforschungsunternehmen *(Nielsen, GFK Nürnberg)*, aber auch bei Verbänden *(BTE)* oder den BBE-Unternehmungsberatungen kaufen.

Je nachdem, ob Zeitpunkte untersucht oder Zeiträume betrachtet werden, unterscheidet man:

- **Marktbeobachtung:** fortlaufende Untersuchung über die Marktentwicklung; zeitraumbezogen;

- **Marktanalyse:** Untersuchung der Marktverhältnisse an einem Stichtag; zeitpunktbezogen.

Auf der Grundlage dieser Untersuchungen lassen sich

- **Marktprognosen** als Voraussagen der künftigen Marktentwicklung (Trends)

anstellen.

Die für Zwecke der Marktforschung benötigten Daten können eigens für die beabsichtigte Untersuchung erhoben werden (Primärforschung). Wegen der hohen Kosten dieses Verfahrens greift man jedoch häufig auf bereits vorliegende Informationen zurück (Sekundärforschung), wobei die folgenden Informationsquellen in Frage kommen:

Außerbetriebliche Informationsquellen:

- *Statistische Jahrbücher*

- *Berichte staatlicher Stellen*

- *Berichte von Auskunfteien*

- *Fachzeitschriften, Wirtschaftszeitungen*

- *Konkurrenzgänge*

Innerbetriebliche Informationsquellen:

- *Gespräche mit Kunden und Mitarbeitern*

- *Kassen-, Umsatz-, Absatzstatistik*

- *Kurzfristige Erfolgsrechnung (KER)*

- *Auswertungen des Warenwirtschaftssystems*

3.1.3 Sortimentspolitik

> **Entscheidungen über Waren und Dienstleistungen**

Die Gesamtheit der Waren **und** Dienstleistungen, die ein Handelsunternehmen auswählt, zusammenstellt und der Kundschaft anbietet, ist sein Sortiment. Unter Sortimentspolitik sind die Entscheidungen zu verstehen, die zur Verwirklichung eines Sortiments führen. Früher, in Zeiten der Güterknappheit, beeinflussten die dringliche Nachfrage der Verbraucher und die begrenzten Liefermöglichkeiten das Sortiment. Viele Hersteller sahen im Handel lediglich einen „Absatzkanal" für ihre Produkte, und so bestimmte auch nach dem Wechsel von Verkäufer- zu Käufermärkten zunächst noch das Produkt-Marketing der Hersteller das Sortiment. Inzwischen sind die Handelsbetriebe in der Lage, eine eigenständige Sortimentspolitik zu betreiben.

Das **Sortiments-Marketing** der Handelsbetriebe gewinnt aus folgenden Gründen an Bedeutung:

- die Moden werden beliebiger und kurzlebiger,

- die begrenzten Verkaufsflächen und Regalräume der Geschäfte werden mit Waren überflutet,

- artikelgenaue Warenwirtschaftssysteme lassen eine Aussage darüber zu, welche Teile des Sortiments welche Beiträge zur Deckung der Handlungskosten und schließlich zum Gewinn geleistet haben,

- es kommt immer weniger allein auf die Ware und immer mehr auf die mit ihr verbundenen Handelsleistungen an.

Für die Betriebe des Textileinzelhandels ist die Sortimentspolitik der zentrale Bereich ihrer Aktivitäten. Neben den in Kap. 2.2 beschriebenen Entscheidungen über Sortimentsaufbau, -strategie und -gestaltung sind folgende Alternativen zur Gestaltung des Sortiments denkbar:

Entscheidungen über ...	Gestaltungsalternativen
Beschaffung der Ware	Beschaffung vom Hersteller, über Handelsmittler; eigene Fertigung
Verfügbarkeit der Ware	beim Hersteller/bei Vorstufen auf Lager, oder Produktion nach Bestellung
Profilierung über Ware/Sortiment	Markenware, Handels-/Eigenmarken, markenlose Waren/no names
Marketing-Aufwand	Neuheiten, expansive Artikel, Artikel des Grundbedarfs
Lebenszyklus der Waren	Test-, Trend-, Normal-, Nachverwertungs- und Auslaufsortimente
Zeitraum des Angebots	Dauersortiment, Saisonsortiment, Sonderposten
Preislagen/Preisklassen	hohe, mittlere, niedrige Preislagen
Verkaufsformen	Bedienung, Vorwahl, Selbstbedienung, Online-Dienst, TV ...
Zielgruppen	Angebote nach Verbrauchermerkmalen *(Senioren, Übergrößen, Sportler ...)*
Betriebswirtschaftliche Funktion	Artikel mit Frequenz-, Ertrags-, Ergänzungsfunktion

Zweckmäßige Kombinationen und Alternativen auszuwählen und als Sortimentspolitik in seine gesamte Marketing-Konzeption einzufügen, ist Aufgabe jedes einzelnen Handelsunternehmens. Allerdings bedeutet Sortimentspolitik mehr als lediglich Waren zu beschaffen und anzubieten, weil Waren vom Handel immer (wenn auch in unterschiedlichem Umfang) mit Handelsfunktionen (Kap. 1.2) verknüpft angeboten werden:

„Natürlich führen Handelsunternehmen Ware und bieten sie ihren Kunden an. Aber das ist in der heutigen Wettbewerbssituation nicht der wichtigere Teil ihres Angebots. Ware wird auch von den Wettbewerbern angeboten. Bei Markenartikeln ist es sogar die gleiche, unverwechselbare Ware; mit ihr spielt sich auf den Verkaufsflächen des Handels der Wettbewerb der Industrie ab. Das ist die erste Ebene des Wettbewerbs. Entscheidend für den Handel ist heute aber, **wie** die Ware angeboten wird, d. h. wie und in welchem Umfang Handelsleistung erbracht wird. Das ist die zweite Ebene des Wettbewerbs, auf der die Handelsunternehmen Profil gewinnen können.

Dass der Handel sich so stark an Waren orientiert und die Bedeutung der Handelsleistung so wenig erkennt, hängt sicher damit zusammen, dass die Ware gegenständlich, die **Handelsleistung** jedoch **abstrakt** ist. Ware kann man sehen und greifen, Handelsleistung ist unsichtbar und nicht anfassbar. Und doch ist sie der Mittelpunkt des Handels-Marketing, nicht die Waren."

Nach: Oehme, Wolfgang, Handels-Marketing, 3. Auflage, München 2001, S. 205f. (neuer Rechtschreibung angepasst).

3.1.4 Preis- und Konditionenpolitik

Preispolitik

Alle Maßnahmen zur Gestaltung der Preise nennt man Preispolitik. Im Textileinzelhandel gibt es grundsätzlich keine gesetzlichen Vorschriften darüber, zu welchen Preisen ein Einzelhändler seine Waren anbietet (Ausnahme: Preisbindung für Verlagserzeugnisse, wie *Burda-Schnitt*). Er scheint in seiner Preisgestaltung frei zu sein und könnte sogar zu Preisen anbieten, die die Kosten nicht decken. Andererseits genügt ein Blick in die Tageszeitung, um aus den Anzeigen und Beilagen der Mitbewerber zu erkennen, dass sich nicht beliebig hohe Preise am Markt durchsetzen lassen (Kap. 2.5). Bei der Preispolitik spielen folgende Gesichtspunkte eine Rolle:

- Jede Ware wird einer bestimmten (oberen, mittleren, unteren) **Preisklasse** zugewiesen, die vor allem durch das Anspruchsniveau der Zielgruppe bestimmt wird.
- Innerhalb der Preisklasse wird die Höhe des Verkaufspreises festgelegt, wobei die Marktverhältnisse, vor allem bestehende Marktpreise, zu beachten sind.
- Aus psychologischen Gründen werden **Preisschwellen** nicht überschritten *(19,80 €, 199,00 €)*.
- Die Höhe des Preises hängt schließlich vom Einstandspreis und den weiteren Kosten ab.

Wichtige preispolitische Entscheidungen	Argument
Verluste ausgleichen durch Mischkalkulation	Für einen „niedrig kalkulierten" Artikel wird der Ausgleich bei einem „hoch" kalkulierten Artikel gesucht: *Zum Ausgleich herabgesetzter Preise bei Sonderangeboten, Schlussverkäufen, Sonderveranstaltungen, starkem Konkurrenzdruck werden die Preise bei anderen Waren, anderen Kundengruppen, zu anderen Zeiten oder Anlässen entsprechend erhöht.*
Günstige Preisoptik wahren	Um psychologisch wichtige Preisschwellen zu unterschreiten, die bei runden Beträgen liegen, werden die Preise optisch niedrig angesetzt: *statt kalkulierter 206,50 € werden 199,00 € oder 209,00 € gefordert.*
Preise differenzieren	Um einen höheren Gesamtgewinn zu erzielen, werden Waren gleicher Art und Güte an verschiedenen Orten und/oder zu verschiedenen Zeitpunkten zu unterschiedlichen Preisen angeboten: *Unterschiedliche Preise in verschiedenen Filialen, Herabzeichnen der Preise im Saisonverlauf.*
Exklusive Preisstrategien verfolgen	Um auf Käuferschichten mit hohen Ansprüchen einzugehen, werden ausschließlich Waren des gehobenen Preisniveaus angeboten. Auf eine Preisargumentation wird bewusst verzichtet.

„Preise kalkulieren" bedeutet je nach den Spielräumen, die die Marktverhältnisse gewähren:

- entweder die Preise – in gewissen Grenzen unabhängig von den Mitbewerbern – dadurch bestimmen, dass ein für angemessen erachteter Gewinn als prozentualer Zuschlag auf die Selbstkosten aufgeschlagen wird (**Vorwärtskalkulation**);
- oder nachprüfen, ob es sich angesichts der am Markt erzielbaren Preise einerseits, des Wareneinsatzes und der Handlungskosten andererseits lohnt (bzw. gelohnt hat), einen bestimmten Artikel anzubieten (**Differenz- bzw. Nachkalkulation**).

Konditionenpolitik

Die Konditionen umfassen alle Verkaufsbedingungen, zu denen ein Einzelhandelsbetrieb Waren und Leistungen an seine Kunden verkauft. Mit der Gestaltung der Verkaufsbedingungen kann der Einzelhändler den Kunden zusätzliche Kaufanreize bieten:

Verkaufsbedingung	Möglicher Inhalt
Lieferung	Übernahme der Kosten der Warenzustellung und Verpackung; Liefertermin auf Wunsch *(Brautkleid verbleibt bis zur Hochzeit im Laden).*
Zahlung	Barzahlung oder Einräumung eines Zahlungsziels; Zahlungsmittel (Bargeld, Scheckkarte, Kreditkarte, Scheck); Barzahlungsnachlass. Die Vereinbarung eines Aufschlags bei Zahlung mit Kreditkarte ist dem Kunden gegenüber zulässig, stellt aber eine Verletzung der mit der Kreditkartenorganisation geschlossenen Verträge dar.
Finanzierung	Kreditierung des Auftrags; Vermittlung eines Kredits; Verleih (= Finanzierungsersatz)
Kulanz	Rückgabe- und Umtauschrecht, Garantieleistungen (Gewährleistung über die gesetzlich vorgesehene Frist hinaus).

3.1.5 Kundendienstpolitik

Unter Kundendienst versteht man diejenigen Dienstleistungen eines Handelsbetriebs, die **freiwillig** und **zusätzlich** zum Verkauf der Ware erbracht werden. Sie dienen meist der Bequemlichkeit des Verbrauchers und werden, da sie hohe Kosten verursachen, mitunter dem Kunden in Rechnung gestellt. Der Einzelhändler gewährt Serviceleistungen, um Preiskampf und Preisvergleich auszuweichen und Kunden auf Dauer zu binden. Kundendienstleistungen eignen sich gut für eine wirkungsvolle Argumentation im Verkaufsgespräch.

Kundendienstleistung	*Beispiele*
Kundendienst vor und beim Kauf	*Für den Kunden bequeme und attraktive Ladenöffnungszeiten Parkplätze, Parkhäuser, Spielecken, Kindergärten, Wickelräume, Restaurant, Cafeteria, Rolltreppen, Fahrstühle, Zentralkasse, Gepäckaufbewahrung, Fachgerechte Beratung, Extraanfertigung, Zustellung von Auswahlsendungen; Zurücklegen von Ware, Telefon-, Fax-, Online-Bestell-Service „rund um die Uhr".*
Kundendienst nach dem Kauf	*Änderungsdienst Reinigungs- und Reparaturdienst, Warenzustellung, Umtausch- und Kulanzregelungen, Verpacken „als Geschenk", Geschenkversand.*
Zahlungserleichterungen	*Einkauf mit ec-Scheck, ec-Scheckkarte, Kreditkarte, Kundenkarten, Kundenkredit, Teilzahlungskredit (Ratenkauf).*
Interaktive Pflege der Beziehungen zum Kunden	*Begrüßen des Kunden mit Namen, Gratiskaffee, -drink, Gratulation zum Geburtstag, Kundenclub, Firmenzeitung, Auskunfts-Telefon (mit Übernahme der Gebühren).*

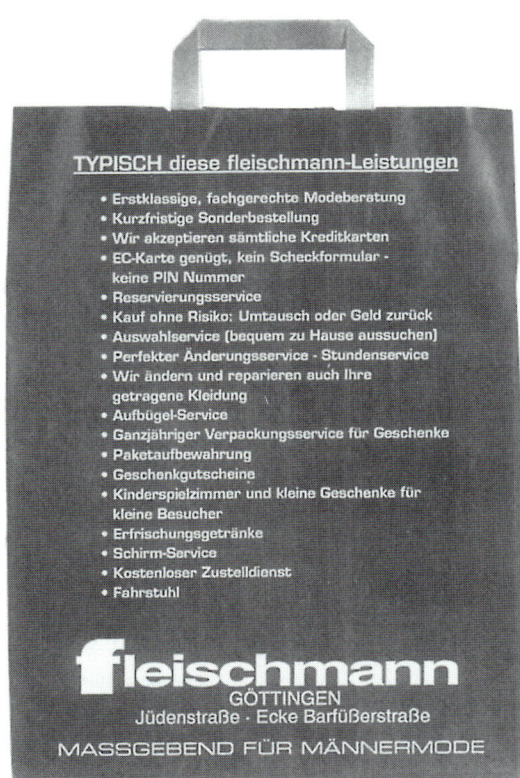

1: Kundendienst-Angebot auf Tragetasche

Die Kommunikationspolitik entscheidet über Maßnahmen, die die Öffentlichkeit, insbesondere die Zielgruppe und die Beschäftigten mit Informationen über den Handelsbetrieb, seine Leistungen und die von ihm angebotenen Waren versorgen. Die wichtigsten Betätigungsfelder sind das Erscheinungsbild der Unternehmung nach innen und außen, die Kommunikation mit der Öffentlichkeit und mit den Kunden sowie die Werbung.

Corporate Design und Corporate Identity

In einer mit Nachrichten und Bildern übersättigten Öffentlichkeit müssen Unternehmungen große Anstrengungen unternehmen, um sich Aufmerksamkeit zu erkämpfen. Das gilt schon für das einzelne Geschäft am Platz und umso mehr für Filialgeschäfte, deren Zugehörigkeit und Zusammengehörigkeit für die Öffentlichkeit schwer wahrnehmbar sind. Dabei geht es darum, eine „visuelle Identität" zu schaffen, eine einheitliche Linie, die von der Öffentlichkeit sofort (wieder-)erkannt wird: durch Namen und Zeichen (Logo) des Unternehmens, Geschäftspapiere, Prospekte, Symbole, Formulare, Visitenkarten, Gebäude, Fahrzeuge, Kleiderordnung u. a. Diese Maßnahmen werden als **Corporate Design** bezeichnet.

Werbe-Rückantwort

Geburtstags-Service
Postfach 920107

90266 Nürnberg

Zu diesem von außen wahrnehmbaren Corporate Design können weitere Elemente hinzutreten:

● **Corporate Image:** Maßnahmen zur Förderung des „öffentlichen Rufs" der Unternehmung,
 z. B. durch Sport-, Kultur- und Umweltsponsoring, Qualitätskompetenz (Gütezeichen und positive Warentests);

● **Corporate Behavior:** Maßnahmen zur Entwicklung von Kooperation, Offenheit und Fairness der Mitarbeiter (Untergebene, Kollegen und Vorgesetzte) untereinander und gegenüber den Kunden,
 z. B. durch Teamentwicklung (nach innen) und Serviceorientierung (nach außen).

So entwickelt sich eine Unternehmenskultur, die als **Corporate Identity** bezeichnet wird. Bei deren Gestaltung und Entwicklung müssen u. a. folgende Fragen[1] beantwortet werden:

● Wie sehen wir aus?	● Wodurch ist unser Kommunikationsstil gekennzeichnet?
● Wie sollte man uns sehen?	● Welche Formen, Farben und Materialien passen zu uns?
● Was sind unsere Zeichen und Symbole?	● Worin besteht unsere gestaltete Einmaligkeit?

[1] Quelle: Tietz, Bruno, Der Handelsbetrieb, 2. Aufl., München 1993, S. 465

3.1.6 Kommunikationspolitik (2)

Kommunikation mit der Öffentlichkeit (Public Relations)

Maßnahmen der Öffentlichkeitsarbeit können sein:

- Pressemitteilungen, Pressekonferenzen
- PR-Anzeigen und -Zeitschriften, Kundenclubs
- Stiftungen, Spenden, Sponsoring
- Betriebsbesichtigungen
- Kontakte zu Schulen, Vereinen, Parteien, karitativen Organisationen, Behörden, Kammern.

Damit macht der Handel auf seine Leistungen und seine Leistungsfähigkeit aufmerksam um ein gutes Image zu gewinnen.

1: Titelblatt „Hess-Philosophie"

Kommunikation mit den Kunden

Das wichtigste Kommunikationsmittel des Handels bei Kontakten zu Kunden sind seine Mitarbeiter. Sie haben großen Einfluss darauf, ob aus Passanten Gelegenheitskunden und aus Gelegenheitskunden Stammkunden werden. Wichtigste Anforderungen an die Mitarbeiter sind:

- Fachwissen   • Kontaktfähigkeit   • Erscheinung

Dies gilt ganz besonders im Textileinzelhandel, wo die Mitarbeiter die Kunden über Verwendung, Materialeigenschaften, sachgemäße Behandlung und Pflege, aber auch Mode und Geschmack beraten müssen. Deshalb sind sorgfältige Ausbildung und motivierende Führung besonders wichtig.

Kontakte zum Kunden können auch nach dem Kauf hergestellt und unterhalten werden, sofern Name und weitere wichtige Daten des Kunden bekannt sind. Von zunehmender Bedeutung ist dabei der Einsatz von **Kundenkarten.**

Mit Kundenkarte bezahlen zu können, berührt aus Sicht der Kunden die Frage des Kundendienstes (Bequemlichkeit, Erleichterung auch ungeplanter Einkäufe) und die Zahlungsbedingungen. Aus Sicht des Handelsbetriebes dagegen sind sie ein wichtiges Instrument für die Kommunikation mit dem Kunden (etwa im Rahmen der Direktwerbung).

Welche Möglichkeiten sich für die Kommunikation zwischen Kunden und Unternehmen und welche Vorteile für die Beteiligten sich aus dem Einsatz von Kundenkarten ergeben, zeigt die nebenstehende Darstellung.

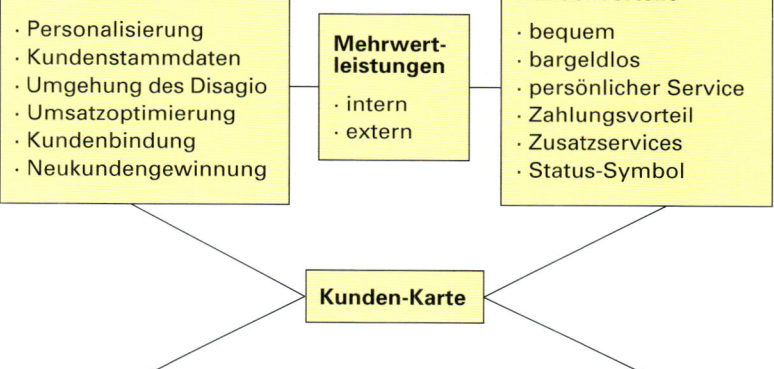

Quelle: Pro... Zeitschrift für integriertes Marketing Nr. 6/94

Kommunikation durch Werbung

Durch Werbung (Kap. 3.1.7) versucht der Handel, seine Waren und Leistungen bekannt und attraktiv zu machen und deren Absatz zu steigern. Zu unterscheiden sind dabei die **Herstellerwerbung,** bei der der Hersteller seine Erzeugnisse bewirbt, von der Werbung des Handels, die in erster Linie **Sortimentswerbung** ist. Diese Sortimentswerbung wirbt für die Gesamtheit der Waren **und** Dienstleistungen, die ein Handelsunternehmen ausgewählt und zusammengestellt hat und der Kundschaft anbietet. Wenn ein Handelsbetrieb für die Leistungsfähigkeit des Unternehmens als Ganzes wirbt, handelt es sich um **Firmenwerbung.**

3.1.7 Werbung (1)

Werbeziele

Mit Werbemaßnahmen können im Textileinzelhandel unterschiedliche Ziele verfolgt werden:

- **Einführungswerbung:** Vorstellung einer neuartigen oder modischen Ware
- **Erhaltungswerbung:** Erhaltung des Marktanteils
- **Expansionswerbung:** Ausweitung des bisherigen Absatzes
- **Aktionswerbung:** rascher Absatz bestimmter Waren
- **Erinnerungswerbung:** Belebung des Absatzes.

1: Werbung in Printmedien

Werbemittel und Werbeträger

Werbemittel sind die Gestaltungsformen, mit denen sich eine Werbemaßnahme an die Umworbenen richtet; Werbeträger ist das Kommunikationsmittel, das die Werbebotschaft überträgt. Die Werbemaßnahmen werden nach der Art und Weise unterschieden, wie sie die Umworbenen erreichen:

- Werbung in **Printmedien** (gedruckten Medien): *Anzeigen in Zeitungen, Anzeigenblättern, Telefonbüchern; Postwurfsendungen, Prospekte, Kataloge*
- **Außenwerbung:** *Werbung in der Öffentlichkeit mit Leuchtreklame, Busbeschriftung, Bandenwerbung im Stadion, Citylightposter*
- **Direktwerbung:** *an bestimmte Personen adressierte Werbung*
- **POS-Werbung** (Werbung am Ort des Verkaufs): *Vorführungen, Durchsagen, Schaufenster*
- **FFF-Werbung:** *Werbesendungen in Funk, Film, Fernsehen und den neuen elektronischen Medien (Online-Dienste, Kataloge auf CD-ROM; Angebote, Werbung, Gewinnspiele auf der eigenen Homepage)*

2: POS-Werbung

Elemente der Werbung

Alle Werbemaßnahmen setzen sich aus wenigen **Elementen** zusammen, die von der Art der Vermittlung und der Aufnahme abhängen. Diese Elemente sind bei

- Werbung in Printmedien: Schrift *(Text, Schrifttypen, Schriftgröße)*, Bild *(Fotos, Zeichnungen, Symbole)* und Farbe
- FFF-Werbung (audiovisuelle Medien): Bild, Farbe, Ton *(Sprache, Musik, Geräusche, Lautstärke, Klang)*, Handlung *(Story, Aktion)*.

3: Außenwerbung

Professionelle Helfer bei der Werbung

Bei der Gestaltung der Werbemaßnahmen muss darauf geachtet werden, dass die eingesetzten Elemente zueinander passen, um die gewünschte Wirkung zu erzielen: Die Werbung muss „stimmen", die Ware „ins richtige Licht" gerückt werden. Werbespots und farbig bebilderte Anzeigen werden deshalb von Profis gestaltet, die über entsprechende Kenntnisse und Erfahrungen verfügen.

Für alle Werbeprobleme gibt es Spezialisten: Grafiker entwerfen Embleme und Logos, Studios produzieren Werbespots, Fotoagenturen liefern Bildmaterial, und Schaltagenturen sorgen dafür, dass die Werbemaßnahmen rechtzeitig in den Medien geschaltet und nach Plan erscheinen oder gesendet werden.

Mittlere und große Unternehmen arbeiten mit **Werbeagenturen** zusammen oder haben sogar eine eigene Werbeabteilung. Die Vorgaben für eine Werbemaßnahme werden in einer Kurzdarstellung (Briefing) zusammengefasst. Darauf entwickeln die Profis in Werbeagentur oder Werbeabteilung eine Strategie und ein Konzept.

Kleinere Einzelhandelsbetriebe gestalten ihre Werbung meistens selbst oder beziehen fertige Prospekte z. B. ihres Einkaufsverbandes und lassen ihre Anschrift eindrucken; sie entwerfen selbstständig Anzeigen für die Tageszeitung und beteiligen sich an den Aktionen der örtlichen **Werbegemeinschaft.**

4: Direktwerbung

3.1.7 Werbung (2)

Die verschiedenen Werbemaßnahmen lassen sich danach unterscheiden, wer die Werbung veranstaltet (Werbetreibender) und was durch diese Werbung erreicht werden soll (Werbezweck):

Werbe-Ebenen		
Werbetreibende	**Werbezweck**	***Beispiel***
Hersteller	Werbung für die Produkte und Dienstleistungen dieses Herstellers	*Schiesser „Spirit of Nature"*
Mehrere Hersteller des gleichen Materials/der gleichen Ware	Gemeinschaftswerbung für ein bestimmtes Material/eine Warenart	*Sportswear aus Sympatex*
Gütegemeinschaft	Werbung für ein bestimmtes Gütezeichen	*Das Wollsiegel – mit allen Wassern gewaschen: Reine Schurwolle*
Messegesellschaft	Werbung für Verkaufsveranstaltung	*Die Mode unserer Träume – Prêt-à-porter Paris*
Werbegemeinschaft verschiedener Händler	Sammelwerbung für die City, ein (Stadtteil-)Zentrum oder eine Einkaufsstraße	*Die Fußgängerzone in der Königstraße – Ihr Einkaufsparadies*
Anbieter komplementärer Waren	Verbundwerbung	*Schaufensterwerbung zugleich für Bademoden und Reiseführer*
Einzelnes Geschäft	Sortiments- und Firmenwerbung	*Betten Heller – Schlafkultur…*

Für den Textileinzelhandel ist die letzte Ebene von besonderer Bedeutung. Zwar sind auch die anderen Ebenen bei Beratung und Verkauf einzubeziehen, aber entscheidend für die Profilierung des Unternehmens ist die von ihm selbst gestaltete Werbung. Weil diese Werbung das Ziel hat, auf ein bestimmtes Geschäft und sein Sortiment aufmerksam zu machen, es von der Konkurrenz abzuheben, zufriedene Kunden zu erhalten und neue, ebenso zufriedene Kunden zu gewinnen, müssen die Erwartungen der Kunden auch erfüllt werden.

Werbung ist ein Versprechen, das eingelöst werden muss:

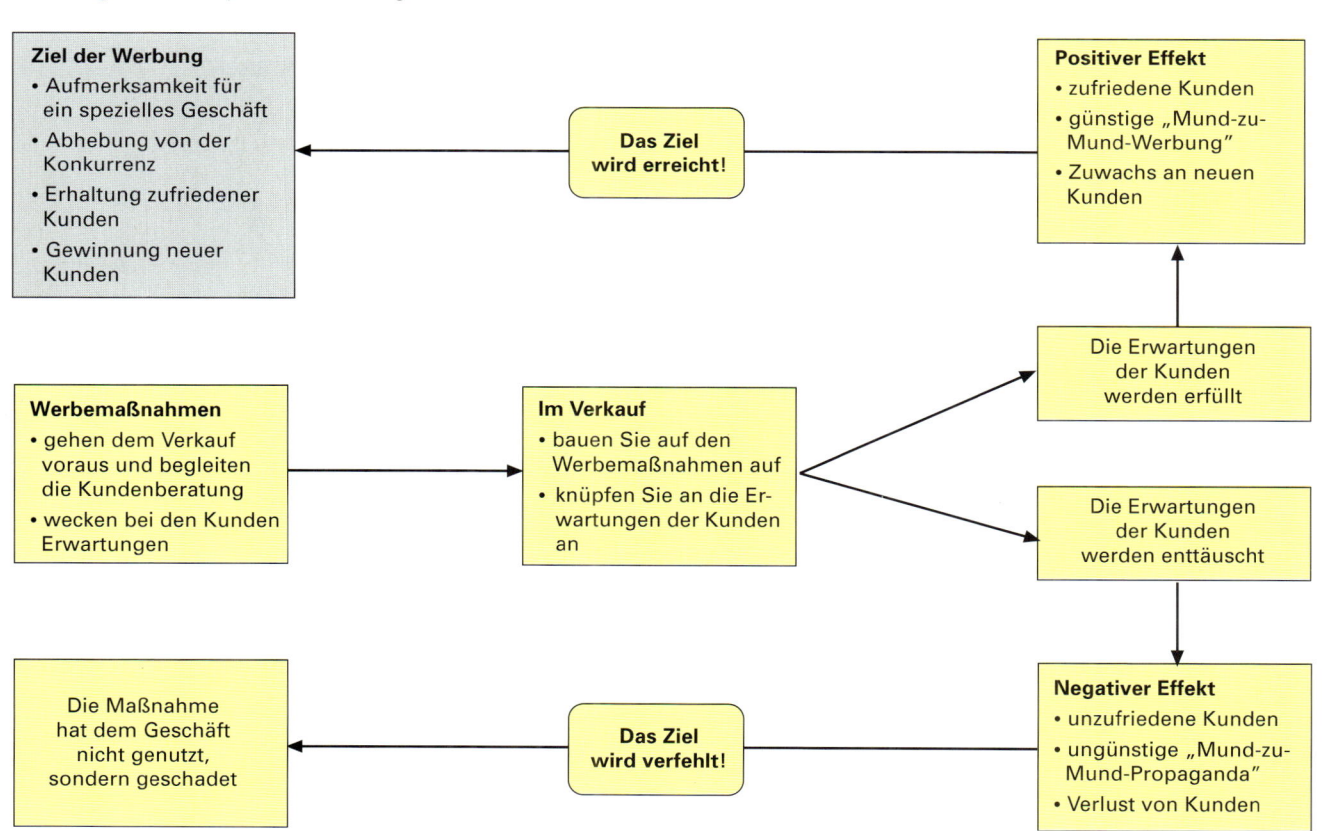

Werbeplan

Gute Werbung ist ihr Geld wert. Allerdings muss Werbung systematisch geplant und vorbereitet werden:

- Planung des Werbeetats: *Werbeausgaben im Verhältnis zum Umsatz als Vergleichs- und Planziffern, verfügbare und tatsächlich verbrauchte Etatmittel;*

- Planung und Kontrolle der Werbemittel: *Verteilung des insgesamt verfügbaren Werbeetats auf die Werbemittel;*

- Planung der Werbemaßnahme(n): der eigentliche **Werbeplan,** der die Werbe- und Umsatzziele in Zahlen fasst und Entscheidungen über folgende Fragen trifft:

Entscheidungen über ...	Beispiele
Werbeziel: Was soll mit der Werbung erreicht werden?	*Umsatzzuwachs (bezogen auf geplanten oder Vorjahresumsatz bzw. auf andere Sortimentsteile); Steigerung des Bekanntheitsgrades oder der Kundenzahl.*
Werbeetat: Wie viel Geld kann eingesetzt werden?	*2% vom Umsatz; einmalig 30.000 €; antizyklisch (wachsender Werbeetat bei schrumpfendem Umsatz).*
Werbeobjekt: Wofür soll geworben werden?	*Produktwerbung (für Levis-Jeans), Sortimentswerbung (für die neue Herbstkollektion), Firmenwerbung ("Hertzebrock – das Haus der Sportmoden").*
Zielgruppe: Wer soll umworben werden?	*Besucher der Ausstellung "Mode und Heim"; Stammkunden lt. Stammkundendatei; Leser der Stadtteilzeitung und Hörer des Lokalradios.*
Streugebiet: Wo soll geworben werden?	*Nachbarschaft, Stadtteil, Stadt, Region; Bundesgebiet.*
Streuzeit: Wann und **wie lange** soll geworben werden?	*Einmalig (Anzeige zu Beginn des WSV); mehrmals (Anzeigenserie zur Vorweihnachtszeit, 20-Sek.-Spots zu Saisonbeginn im regionalen Werbefernsehen).*
Streuweg: Wie (mit welchen Werbemitteln/-trägern) soll geworben werden?	*Anzeigen in der Zeitung; Bandenwerbung im Sportstadion; Direktwerbung mit Werbebriefen bei Stammkunden; 15-Sek.-Spots im Lokalradio; Schaufensterwerbung mit Themenfenstern; Firmenschriftzug an der Fassade.*

Werbeplan und Media-Strategie können kalendermäßig veranschaulicht werden:

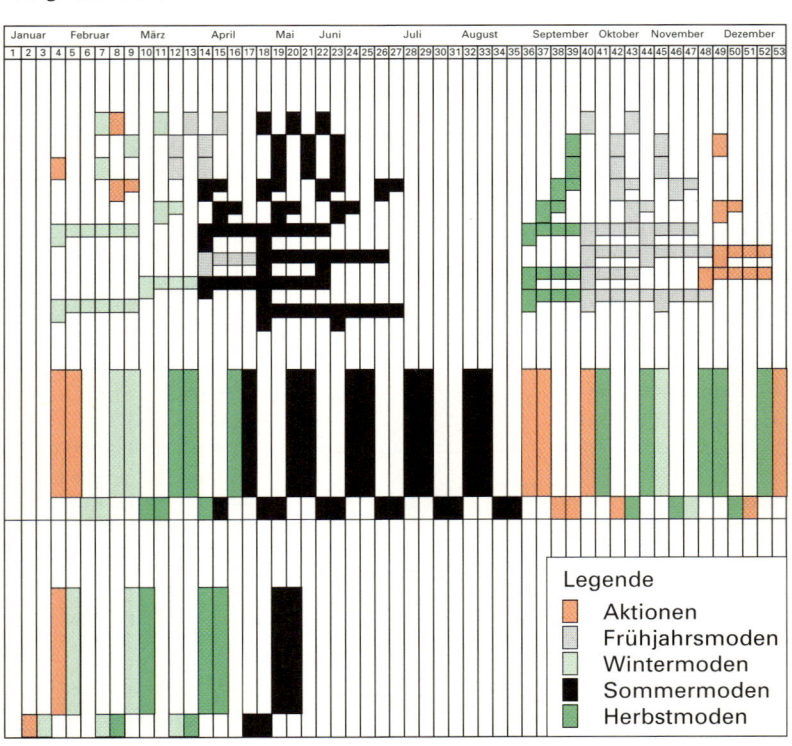

Medium	Brutto Reichw. in Mio.	Publikumsstruktur		Format/Dauer
		M	F	
1. Presse				1/1 Seite 4-farbig mit Anschn.
Bunte	6,80	47	53	
Funk-Uhr	3,57	43	57	"
Hör Zu	14,87	48	52	"
Brigitte	5,39	28	72	"
Für Sie	4,00	30	70	"
Burda-Moden	3,60	22	78	"
Ich u. m. Familie	1,32	32	68	"
Eltern	4,60	42	58	"
Das Beste	4,63	51	49	"
2. Werbefunk				30 Sec.
Bayern 3	1,39	46	54	"
Hessen 3	1,49	40	60	"
MDR 3	1,65	47	54	"
DeutschlandRadio	1,54	39	62	"
Südwest 3	2,16	37	63	"
West 3	2,54	43	57	"
ORB 3	0,47	47	53	"
Nord 3	5,08	48	53	"
3. Werbefernsehen				20 Sec. Col.
ARD	1,94	44	56	"
SAT 1	2,07	46	54	"
PRO 7	1,18	47	53	"
VOX	0.16	42	58	"
RTL	1,84	46	54	"
DSF	1,65	45	55	"
n-tv	0.49	40	60	"
ZDF	8,41	45	55	"

Legende

- Aktionen
- Frühjahrsmoden
- Wintermoden
- Sommermoden
- Herbstmoden

Nach: Kaufmännische Betriebslehre Hauptausgabe, 23. Auflage, Europa-Verlag Haan-Gruiten, S. 250

Bei der Festlegung einer Werbestrategie sind die folgenden Gesichtspunkte zu berücksichtigen, die über die Wirtschaftlichkeit der geplanten Maßnahme mitentscheiden.

Brutto-Reichweite

Die Brutto-Reichweite gibt an, wie viele Adressaten (Leser/Hörer/Zuschauer) von einem Werbeträger bei einer Belegung (Einschaltung) erreicht werden. Dabei bleibt unberücksichtigt, dass es bei Einsatz mehrerer Medien zu Überschneidungen durch Mehrfachkontakte kommen kann.

Publikumsstruktur

Prozentualer Anteil der Männer/Frauen an der Gesamtzahl der Leser/Hörer/Zuschauer.

Preis pro 1000 Kontakte

Gibt den Preis für 1000 (mögliche) Werbekontakte an; Berechnung:

$$\frac{\text{Netto-Einzelkosten} \cdot 1000}{\text{Bruttoreichweite}}$$

Netto-Gesamtkosten

Berechnung:

Netto-Einzelkosten · Anzahl der Einschaltungen

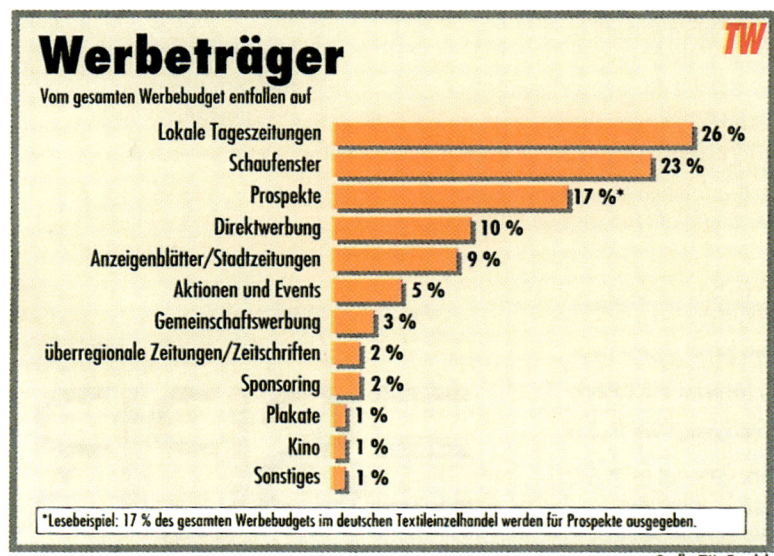

Werbeträger

Vom gesamten Werbebudget entfallen auf

Lokale Tageszeitungen	26 %
Schaufenster	23 %
Prospekte	17 %*
Direktwerbung	10 %
Anzeigenblätter/Stadtzeitungen	9 %
Aktionen und Events	5 %
Gemeinschaftswerbung	3 %
überregionale Zeitungen/Zeitschriften	2 %
Sponsoring	2 %
Plakate	1 %
Kino	1 %
Sonstiges	1 %

*Lesebeispiel: 17 % des gesamten Werbebudgets im deutschen Textileinzelhandel werden für Prospekte ausgegeben.

Quelle: TW - Testclub

Werbeerfolgskontrolle

Werbung ist teuer und soll wirksam sein. Daher ist es erforderlich, den Erfolg zusätzlicher Werbemaßnahmen durch Berechnung der Wirtschaftlichkeit zu kontrollieren:

$$\text{Wirtschaftlichkeit der Maßnahme} = \frac{\text{Umsatzzuwachs}}{\text{zusätzl. Werbekosten}}$$

Welche Einzelmaßnahme welchen Umsatzerfolg gebracht hat, lässt sich allerdings auch mithilfe dieser Formel kaum feststellen,

- weil meist mehrere Werbemittel zugleich eingesetzt werden *(Außen- und Schaufensterwerbung werden nicht eingestellt, nur weil gerade eine Direktwerbe-Aktion läuft)*;

- weil meist nicht nur Werbung eingesetzt wird, sondern auch andere Mittel der Kommunikationspolitik und darüber hinaus weitere Marketing-Instrumente;

- wenn sich das wirtschaftliche Umfeld verändert *(weil Mitbewerber auf erfolgreiche Werbemaßnahmen mit eigenen Marketing-Anstrengungen reagieren oder weil sich die konjunkturelle Situation bessert)*.

Immerhin lässt sich der Werbeerfolg schätzen, wozu folgende Anhaltspunkte dienen können:

● Kundenfrequenzvergleich	*Die Anzahl der Kunden je Tag, Woche ... bei laufender Werbung wird mit der Anzahl der Kunden in einem entsprechenden Zeitraum ohne diese Werbemaßnahme verglichen;*
● Befragung von Käufern	*„Wie haben Sie von unserem Sonderangebot erfahren?"*
● Gebietsverkaufstest	*Werbung auf einem Testmarkt; auf einem Kontrollmarkt wird im gleichen Zeitraum nicht geworben;*
● Auswertungen des Warenwirtschaftssystems	*Kundenfrequenz durchschnittliche Kaufbeträge, Auswirkung der Werbemaßnahme auch auf andere – z. B. verbundene – Waren (Kassenbonanalyse);*
● Einkäufe unter Hinweis auf das Werbemittel	*Bestellkarte mit Angabe des Printmediums, dem diese Karte entnommen wurde.*

Werbegrundsätze

Für Gestaltung und Inhalt von Werbemaßnahmen gelten von der Werbewirtschaft anerkannte Grundsätze:

- **Wahrheit:** Die Werbung soll auf unzutreffende Behauptungen, Beleidigungen und Unterstellungen verzichten.

- **Klarheit:** Aus der Werbung soll klar und eindeutig hervorgehen, wer für was wirbt. Dadurch soll das Ziel der Werbemaßnahme für die Umworbenen durchschaubar sein.

- **Originalität:** Die Werbung soll vom eigenen Stil des werbetreibenden Unternehmens geprägt sein. Sie soll weder langweilig gestaltet sein noch einfach von Vorbildern übernommen werden.

- **Stetigkeit:** Einmalige Werbemaßnahmen haben erfahrungsgemäß nur geringen Erfolg. Deshalb sollen gleiche Werbemaßnahmen über einen längeren Zeitraum hinweg eingesetzt werden.

- **Wirtschaftlichkeit:** Die Kosten der Werbemaßnahmen sollen in einer vernünftigen Beziehung zum möglichen Erfolg stehen.

Neben diesen Werbegrundsätzen gibt es gesetzliche Vorschriften (Kap. 5.3), die unbedingt zu beachten sind. Es handelt sich dabei um die Regelungen des Gesetzes gegen den unlauteren Wettbewerb (UWG) und des Warenzeichengesetzes (WzG).

Manipulation oder Information durch Werbung?

Wer Werbung treibt, will sich Wettbewerbsvorteile verschaffen. Werbung ist ein Mittel, mit dem Hersteller und Händler versuchen, ihre Produkte bzw. Sortimente **unterscheidbar** zu machen und ihnen ein eigenes Profil oder Image zu geben. Sie stellen dabei die jeweilige Marke oder ihr Geschäft mit seinen Waren und Leistungen als etwas Besonderes, Unverwechselbares heraus. Schließlich sollen die Verbraucher dazu veranlasst werden, Waren dieser Marke oder aus diesem Sortiment zu kaufen. Waren, die die Verbraucher als ungeeignet oder unnütz empfinden, werden sie trotz Werbung nicht auf Dauer konsumieren.

Werbung beinhaltet neben der Information meist auch Manipulation. Viele Konsumenten wissen um den Einfluss der Werbung und stehen ihr daher kritisch gegenüber.

 pro

- Werbung ist für eine Marktwirtschaft unerläßlich. Ihre Informationen ermöglichen es dem Verbraucher erst, konkurrierende Angebote nach Qualität und Preis zu beurteilen.

  Solch ein Vergleich ist notwendig, um Unternehmen zu guten Leistungen zu veranlassen.

- In einer dynamischen Wirtschaft werden im Interesse der Verbraucher Produkte ständig verbessert und neu entwickelt. Werbung informiert über diese Entwicklung und trägt damit zu einer größeren Befriedigung der Verbraucherwünsche bei.

- Werbung kann die Produkte verbilligen; denn sie fördert die Nachfrage. Nachfrage erhöht die Produktion. Höhere Produktion senkt die Preise, weil rationeller und dadurch billiger produziert werden kann. Damit diese Rechnung aber stimmt, müßte durch Kostensenkung erzielter Gewinn dem Endverbraucher durch Preissenkung zugute kommen.

- Werbung ist ein entscheidender Faktor des wirtschaftlichen Wachstums, das den Wohlstand breiter Massen der Bevölkerung erst ermöglicht. Wirtschaftliches Wachstum ist für die Zukunft wichtig, um Arbeitsplätze zu erhalten und neue zu schaffen.

 contra

- Werbung trägt nicht dazu bei, die Markttransparenz zu erhöhen. Sie stellt nicht in erster Linie darauf ab, Informationen über objektive Produkteigenschaften zu geben. Vielmehr stellt sie einen Zusatznutzen in den Mittelpunkt, der für einen Preis- und Qualitätsvergleich unerheblich ist. Werbung ist eher ein Instrument der Verschleierung als der Information.

- Werbung trägt dazu bei, daß für viele die Versorgung mit materiellen Gütern zum vorrangigen Lebensziel geworden ist.

  Das kann jedoch zu einer Verarmung der sozialen Beziehungen und zu Unzufriedenheit führen.

- Für Werbung wird viel Geld bereitgestellt. Werbeexperten haben die Möglichkeit, die neuesten Erkenntnisse der Verhaltenswissenschaften konsequent anzuwenden. Die Wirkung von Werbetechniken ist deshalb vielfach größer als die anderer Sozialtechniken.

  Es wäre sinnvoll, das Geld in andere Bereiche, z. B. soziale Dienste oder Bildung, zu leiten.

- Werbung führt dazu, daß immer mehr Produkte mit geringerem Gebrauchswert abgesetzt werden. Diese Produktionssteigerung hat jedoch zu einer Umweltbelastung geführt, die das Leben aller gefährdet.

Quelle: AID Verbraucher-Dienst „Werbung", Ausgabe 1988

Kontrolle der Werbung

Weil es um Umsatz, Marktanteile und Gewinn geht, wird Werbung manchmal so eingesetzt, dass die Grenzen der Fairness und des guten Geschmacks überschritten werden. Um dem Missbrauch der Werbung vorzubeugen, sind von der Werbewirtschaft Richtlinien aufgestellt worden, denen sich die Branche freiwillig unterwirft. Der Deutsche Werberat sieht Beschränkungen z. B. für folgende Werbung vor:

- mit und vor Kindern
- mit unfallriskanten Bildmotiven
- mit Darstellungen, die Frauen herabwürdigen.

Jeder, der diese Grundsätze verletzt sieht, kann sich mit Beschwerden an den Deutschen Werberat (Villichgasse 17, 53177 Bonn) wenden.

3.1.8 Direktwerbung

Begriff der Direktwerbung

Mit **Direktwerbung** oder **Direktmarketing** werden alle Maßnahmen der Marketing-Kommunikation bezeichnet, die sich auf direktem Wege – also ohne Einschaltung von Massenkommunikationsmitteln – an die Zielgruppe wenden. Dazu gehören die Zusendung von Prospekten in der Form von Wurfsendungen (ohne Adressen) und die persönlich adressierten Werbebotschaften, die in der Fachsprache **„Mailings"** genannt werden.

Direktmarketing kann auch mit Hilfe aller Formen der modernen Kommunikationen betrieben werden, z. B. über Telefon, Fax oder Datennetze. Die modernen Formen der elektronischen Kommunikation sind noch nicht so weit verbreitet, dass sie für die Direktwerbung durch den Textileinzelhandel sinnvoll nutzbar sind.

Bedeutung der Direktwerbung im Textileinzelhandel

Direktwerbung hat mehrere Vorteile gegenüber anderen Formen der Werbung, denn sie

• **lokalisiert:**	• **spezialisiert:**	• **individualisiert:**
Nur ein festgelegter örtlicher oder regionaler Bereich wird erreicht.	Die Zielgruppe wird ausgewählt und ganz präzise angesprochen.	Es wird ein persönlicher Kontakt zu jedem einzelnen Kunden geschaffen.

Für Fachgeschäfte des Textileinzelhandels werden diese Vorteile besonders wirksam, wenn Direktwerbung in der Form von persönlichen Anschreiben (Mailings) betrieben wird. Das setzt allerdings voraus, dass eine **Kundenkartei** existiert. Kundenkarteien werden zum Stammkunden-Marketing eingesetzt, neue Daten können systematisch bei jedem Verkauf erhoben oder durch besondere Aktionen gesammelt werden.

Kundenkarteien lassen sich durch den Personalcomputer verwalten, fast alle Warenwirtschaftssysteme verfügen über ein Kundenmodul. Auf diese Weise können Zielgruppen ganz genau umrissen werden:

Eine Kundendatei wird z. B. untersucht nach Käufern anspruchsvoller Herrenbekleidung, die in den letzten drei Monaten nicht eingekauft haben. Es werden 283 Kunden ermittelt, worauf die Kosten der Aktion genau erfasst werden können (Material, Arbeitszeit, Porto).

Für die ermittelten Kunden wird ein Serienbrief erstellt und ausgedruckt, der wie der nebenstehende aussehen kann.

Nach praktischen Erfahrungen ist die Direktwerbung ein sehr wirksames Verfahren. Berichtet wird von Umsatzsteigerungen zwischen 20 und 140 Prozent als direkte Folge von Mailings.

Overbeck Ihr Herrenausstatter am Hauptmarkt
Inhaber Hans Overbeck
Hauptmarkt 2 · 37154 Northeim · 05551-89890

Herrn   21. Jan. …
Dr. Werner Förster
Grenzweg 14

37188 Moringen

Frühjahrs-Herrenmode

Sehr geehrter Herr Dr. Förster,
eine Kollektion wunderbar leichter Anzüge und Kombinationen ist bei uns eingetroffen. Wir laden Sie als unseren Stammkunden ein, Ihre persönliche Auswahl zu treffen. Unser neues britisches Hemdenprogramm bietet die ideale Ergänzung und wird auch Ihren Anklang finden.
Sollten Sie persönlich verhindert sein, stellen wir Ihnen auch gerne eine Auswahlsendung zusammen.
Wir freuen uns, Sie bald wieder als Kunden begrüßen zu können.

Mit freundlichen Grüßen
Ihr

Hans Overbeck

Anlage: Information „Crown Shirts"

Einschränkung der Direktwerbung

Direktwerbung in der Form von **Telefonmarketing** ist im privaten Bereich nicht zulässig. Das gilt auch für Fax- und E-Mail-Sendungen. Mit einer entsprechenden Rechtsprechung soll die Privatsphäre der Konsumenten geschützt werden. Einzelhändler dürfen also Kunden nicht anrufen, um ihnen Angebote zu unterbreiten oder sie in das Geschäft einzuladen.

3.1.9 Verkaufsförderung

Verkaufsförderung – Anreiz zum schnellen Kauf

Verkaufsförderung findet am POS – also im und am Geschäft – statt und gibt den Kunden Anreize zum schnellen Kauf einer Ware und/oder Dienstleistung:

Die Verkaufsförderungsmaßnahmen sollen

- Aufmerksamkeit wecken und Informationen liefern,
- den Verbraucher an die Ware heranführen,
- ein Entgegenkommen, Anreize oder andere Beiträge bieten, die der Verbraucher schätzt,
- eine besondere Aufforderung beinhalten, die Kaufentscheidung jetzt und hier zu treffen.

Durch Verkaufsförderungsmaßnahmen sollen stärkere und schnellere Kaufreaktionen ausgelöst werden, um bestimmte Warenangebote besonders herauszustellen und Absatzflauten zu überwinden:

- Käufer sollen zum Kauf größerer Mengen veranlasst,
- aus bisherigen Nichtverwendern Verwender gemacht und
- Kunden zum Umsteigen auf die angebotenen Marken veranlasst werden (Markenwechsel).

Die Wirkung der Verkaufsförderung ist von eher kurzer Dauer, verbessert sich aber beachtlich, wenn sie mit Werbemaßnahmen kombiniert wird.

Verkaufsförderungsmaßnahmen liefern immer auch Informationen und beziehen sich häufig auch auf die Verkaufsbedingungen, sodass eine exakte Abgrenzung von Kundendienst-, Konditionen- und Kommunikationspolitik – insbesondere Werbung – nicht möglich ist. Die meisten Maßnahmen zur Verkaufsförderung, die sich an Konsumenten richten, werden von den Herstellern organisiert, finanziell getragen und – in Abstimmung mit dem Handel und von ihm unterstützt – durchgeführt. Dennoch können auch Handelsbetriebe selbst Verkaufsförderungsmaßnahmen planen und durchführen *(ein Sommerfest aus Anlass des 25-jährigen Firmenjubiläums mit einem fernsehbekannten Unterhalter, Autogrammstunde, Musik, Getränkeausschank, kostenlosem Bedrucken von T-Shirts, Modenschau für Freizeit-, Sport- und Bademoden ...).*

Maßnahmen zur Verkaufsförderung

Mögliche Verkaufsförderungsmaßnahmen sind:

- Modenschauen, Sonderausstellungen *(z. B. für Pelze)*
- Einsatz von Propagandisten *(Vorführung der Eigenschaften wind- und wasserdurchlässiger, atmungsaktiver Sportbekleidung)*
- Sonderstände, Verkaufsgondeln, Regalstopper, Zweitplatzierungen *(vorzugsweise bei SB-Verkauf)*
- Gewinnspiele, Preisausschreiben, Malwettbewerbe, Aktionen mit Prominenten
- Sonderposten, Verbundangebote *(Oberhemd mit Krawatte und Einstecktuch zum Sonderpreis)*
- Sonderverkäufe zu Sonderpreisen
- Rabattrückvergütungen *(evtl. in Verbindung mit der Kundenkarte)*
- Zugaben *(z. B. Accessoires, Sekt)*
- Inzahlungnahme gebrauchter Ware
- Lautsprecherdurchsagen, Ladenfunk, Shop-TV
- Hintergrundmusik

Unbedingt zu beachten sind zahlreiche Vorschriften des Wettbewerbsrechts (Kap. 5.3) und des Urheberrechts *(z. B. bei Hintergrundmusik).*

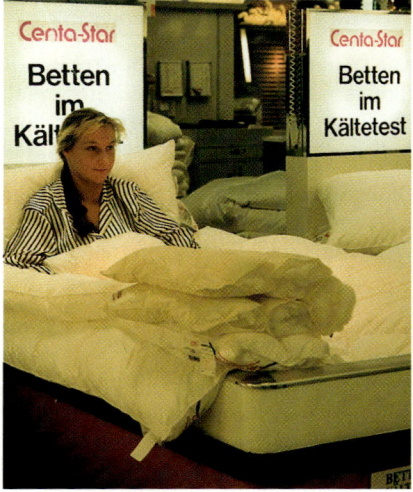

1: **Verkaufsförderung im Schaufenster**

2: **Verbundangebot**

3: **Shop-TV**

3.2.1 Funktion und Grundsätze

Funktion der Warenpräsentation

Warenpräsentation ist die Gesamtheit aller Maßnahmen der Platzierung, Auslage, Anordnung, Dekoration und Darbietung von Waren in ihrer Gesamtheit. Eine gelungene Warenpräsentation weckt die Aufmerksamkeit der Kunden, spricht besonders ihre Augen an und gibt vorentscheidende **Kaufimpulse.** Wenn sich die Kunden bereits durch die Ware angesprochen fühlen, ist ein Verkaufsgespräch leichter zu führen.

Im Bereich des Textileinzelhandels hat die Bedeutung der Warenpräsentation ständig zugenommen. Je mehr sich die Aufgabe der Bekleidung von der Schutzfunktion zur modischen Selbstverwirklichung verschoben hat, desto wichtiger wird eine gelungene Präsentation, die den Kunden Anregungen für ihr eigenes Äußeres bietet. Das entsprechende gilt für den Bereich der Heimtextilien. Bei der Warenpräsentation wird heute ein erheblicher Aufwand betrieben. Aufwendige Präsentationen werden mit Begriffen wie **„Inszenierung von Warenlandschaften"** oder „Vorstellung von **Warenwelten"** umschrieben. Ein enstprechendes Konzept wird als **„Visual Merchandising"** bezeichnet.

Grundsätze der Warenpräsentation

1. Präsentation im passenden Umfeld

Die Gestaltung und Ausstattung der **Geschäftsräume**, **Warenträger** und **Displays** müssen untereinander und zum Sortiment passen, sodass eine harmonische Gesamtwirkung entsteht, die zur gewünschten Einkaufsatmosphäre beitragen kann. Bei der Gesamtwirkung müssen Farben, Formen, Materialien und Licht berücksichtigt werden.

1: Umfeld

2. Präsentation am richtigen Ort

Zwar gibt es für den Textileinzelhandel keine festen **Platzierungsregeln** wie für den Supermarkt, aber auch hier sollten Erfahrungswerte berücksichtigt werden, so gehören diebstahlgefährdete Artikel nicht in Eingangsnähe, und Impulsartikel müssen an der Kasse zu finden sein. Für hochwertige Einzelstücke, wie z. B. bei Brautmoden, sollte ein separater Bereich geschaffen werden.

2: Platzierung

3. Zielgerichtete Anordnung der Ware

Soll die Ware exklusiv und wertvoll erscheinen, muss sie möglichst einzeln auf **Figuren, Präsentern** oder anderen Warenträgern präsentiert werden. Markenware sollte übersichtlich und sortiert nach Größen angeboten werden. Wühltische und eng gehängte Waren erzeugen bei den Kunden den Eindruck von preisgünstiger Massenware.

3: Besondere Präsentation

4. Verstärkung der Warenimpulse

Farbliche Impulse können durch eine entsprechende Sortierung und durch Beleuchtung gesteigert werden. Eine offene Präsentation fordert zum Befühlen und Anprobieren der Artikel heraus. Displays und Hinweisschilder können die Aufmerksamkeit auf bestimmte Artikel lenken.

4: Farbliche Warenimpulse

5. Präsentation mit Blickfang

Der Blickfang ist ein möglichst origineller „Aufhänger", der Interesse weckt und die Aufmerksamkeit der Zielgruppe auf das Geschäft und sein Sortiment lenkt. Solche Aufhänger sind oft auf die Saison oder auf bestimmte Anlässe bezogen.

5: Blickfang

▶ Die Bedeutung der Ladengestaltung für die Warenpräsentation

Im Ladeneinzelhandel spielt die Gestaltung der **Geschäftsräume** eine wichtige Rolle. Das äußere und innere Erscheinungsbild des Geschäfts muss auf die Ansprüche der Kunden bezogen sein und zu Art und Niveau des angebotenen Sortiments passen. Zwischen Kunden, Sortiment und dem Umfeld, in dem sie sich begegnen, bestehen nämlich enge Wechselwirkungen.

Welch große Bedeutung die **Ladengestaltung** hat, wird daran deutlich, dass es Einzelhandelsbetriebe gibt, die von den Kunden in erster Linie wegen ihrer originellen und interessanten Gestaltung aufgesucht werden. Aber auch in allen anderen Betrieben des Textileinzelhandels hat die Gestaltung des Ladens wesentlichen Einfluss auf die Kunden und ihr Kaufverhalten. Kaum ein Einzelhändler verzichtet deshalb bei der Ladengestaltung auf den Rat von erfahrenen Architekten und Ladenbauunternehmen.

Im Rahmen eines stimmigen Erscheinungsbildes des Einzelhandelsunternehmens ist es notwendig, die Gestaltung der Geschäftsräume insgesamt zu planen und nach kompletten Lösungen zu suchen.

Firmenemblem, Formen, Farben und verwendete Materialien sollen aufeinander abgestimmt sein, möglichst einheitlich zum Einsatz kommen und mit dem übrigen Erscheinungsbild des Unternehmens (z. B. Briefkopf, Anzeigen, Tragetaschen) übereinstimmen. Das stimmige Gesamtbild eines Unternehmens wird als **„Corporate design"** [3.1.6 (1)] bezeichnet. Die Ladengestaltung ist dabei das „Aushängeschild" des Textileinzelhandels.

1: Ladenfassade

2: Jeansladen
    Zielgruppe: Jugendliche

3: Laden für klassische Herrenkonfektion
    Zielgruppe: Geschäftsleute

4: Laden für preiswerte Textilien
    Zielgruppe: Hausfrauen

Die wesentlichen Punkte einer kompletten Ladengestaltung sind in der Übersicht zusammengestellt.

Eingangsbereich	Schaufenster und Schaukästen	Firmenschild; Leuchtwerbung
Bodenbelag	Wegweiser, Kundenleitsystem	Gänge, Treppen
Deckengestaltung, Beleuchtung	Raumaufteilung, Platzierung der Warenträger	Gestaltung der Warenträger
Wandgestaltung, Wandschmuck	Dekorations- und Aktionsflächen	Platzierung von Kassen und Packtisch
Kontroll- und Warensicherungssysteme	Beschallung, andere Medien	Verkaufslager, Lagerzugang

3.2.3 Präsentationshilfen

Präsentationshilfen im Textileinzelhandel

Präsentationshilfen sind Gegenstände, mit deren Hilfe Waren wirkungsvoll vorgestellt werden können. Je nach Art der beabsichtigten Wirkung können Präsentationshilfen zur Unterstützung der Warendarbietung eingesetzt werden. Früher wurden Präsentationshilfen häufig selbst erstellt, heute gibt es kommerzielle Anbieter mit vielfältigen Programmen. Das Angebot ist so umfangreich, dass solche Hilfen für jede Stilrichtung und fast für jeden denkbaren Zweck bezogen werden können.

Präsentationshilfen im Textileinzelhandel sind:

Figuren – Präsenter – Displays – Dekorationsgegenstände

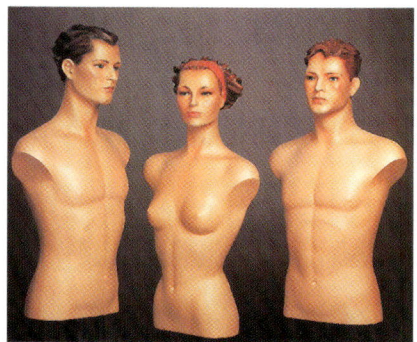

Auf **Figuren** können Bekleidungsgegenstände lebensnah präsentiert werden. Die Spanne reicht von lebensecht gestalteten Figuren, für deren Aussehen Models kopiert wurden, bis hin zu abstrakt-stilisierten Figuren, bei denen die Proportionen bewusst verzerrt sein können (z. B. überlange Beine).

Präsenter für Bekleidung beziehen häufig Bügel oder nachgeformte Körperteile (Hand, Büste) ein. Präsenter können aber auch in sehr fantasievollen Formen und aus allen möglichen Materialien hergestellt sein. So gibt es Hightech-Präsenter, die sprechen und sich bewegen können, um die Aufmerksamkeit auf sich zu ziehen.

Die meisten **Displays** werden zur Unterstützung des Absatzes von Markenware eingesetzt. Sie werden von den Herstellern mit der Ware geliefert.

Für Aktionen und Sonderangebote können auch vorgefertigte Displays eingesetzt werden, die entsprechend beschriftet werden.

Bei den **Dekorationsgegenständen** sind der Fantasie keine Grenzen gesetzt. Es gibt Gegenstände für alle möglichen Themen und Anlässe. Auch die ausgefallensten Ideen lassen sich mit ihrer Hilfe umsetzen.

3.2.4 Schaufensterdekoration

Schaufenster, Schaukästen und **Auslagen** vor dem Geschäft haben die Funktion, Passanten auf das Sortiment aufmerksam zu machen und deren Interesse zu wecken. Sie geben auf den ersten Blick einen Eindruck von Anspruch und Niveau des Geschäfts. Den Kunden werden so modische Neuheiten oder aktuelle Sonderangebote in das Bewusstsein gerückt. Auf diese Weise sollen insbesondere auch Personen angesprochen werden, die bisher nicht zur Kundschaft zählen.

Schaufenster und entsprechende Dekorationen haben in vielen Branchen an Bedeutung verloren, im Textileinzelhandel spielen sie jedoch nach wie vor eine sehr wichtige Rolle. Die Bedeutung von Schaufenstern ist umso höher, je mehr Menschen das Ladenlokal passieren (Passantendichte). In den Innenstädten, in Fußgängerzonen, in Einkaufszentren, in Passagen und Galerien erwarten die Passanten optische Anregungen: Auslagen zur Information, Dekorationen zur Anregung und modische Neuheiten zur Inspiration müssen von außen sichtbar sein.

Gestaltung

Zur Gestaltung der **Dekoration** in den Schaufenstern und Schaukästen können viele Anlässe dienen:

- Jahreszeiten
- Feste (Weihnachten, Fasching/Karneval, Konfirmation/Kommunion, Sommerbälle, Herbstfeste u. Ä.)
- Aktuelle regionale Ereignisse (Sport, Musik, Theater, Kongresse, Messen usw.)

Die Dekoration darf jedoch nicht zum „Sammelsurium" werden, in dem alles gezeigt wird, was zum Thema passt. Am erfolgreichsten sind Dekorationen, die ein Argument in den Vordergrund stellen und damit eine gezielte Botschaft vermitteln.

aktuell

Trend- und modebezogene Dekoration

Modebezogene Dekorationen rücken die Aktualität des Angebots in den Vordergrund. Der Kundschaft wird damit signalisiert: „Wir sind aktuell und kommen Ihrem Trendbewusstsein entgegen. Bei uns finden Sie die Mode von heute und morgen. Wir sind Experten für Mode."

Modebezogene Dekorationen sind besonders geeignet für:

Saisonware, Haute Couture, avantgardistische Mode, Young fashion, Action wear und Neuheiten.

kompetent

Funktions- und materialbezogene Dekoration

Funktionsbezogene Dekorationen informieren über Besonderheiten und Vorteile bestimmter textiler Waren. Sie signalisieren Sachverstand und Fachkenntnis: „Wir sind Experten für Ihre Bedürfnisse. Für alle Probleme bieten wir eine Lösung. Wir sind Experten für Bekleidung und Heimtextilien."

Funktionsbezogene Dekorationen sind besonders geeignet für:

Brautmoden, Gesellschaftskleidung, Arbeitsbekleidung, Wanderbekleidung, Wäsche, Heimtextilien u. Ä.

preiswert

Preisbezogene Dekoration

Preisbezogene Dekorationen versprechen Kostenvorteile durch ein günstiges Preis-Leistungs-Verhältnis. Sie richten sich an besonders sparsame oder preisbewusste Kunden und an „Schnäppchenjäger": „Wir helfen Ihnen sparen. So günstig können Sie nur hier/heute einkaufen. Versäumen Sie nicht diese Gelegenheit!"

Preisbezogene Dekorationen sind besonders geeignet für:

Sonderangebote, Ausverkäufe, Tiefpreissortimente, Discountware, Reste und „Schnäppchen".

3.2.5 Erlebnis- und Aktionszonen

Bedeutung von Erlebnis- und Aktionszonen

Überall, wo Einkaufen zum Vergnügen werden soll, wo es um einen unterhaltsamen Einkaufsbummel geht und wo Menschen beim Kauf sehen und gesehen werden wollen, betreibt der Einzelhandel **„Event-Marketing"** (Ereignis-Marketing).

Für die Veranstaltung von Ereignissen werden **Erlebnis- und Aktionszonen** vorgesehen. Diese findet man besonders in Fachgeschäften, Waren- und Kaufhäusern, Einkaufszentren und Galeriegeschäften. Erlebnis- und Aktionszonen werden in Zusammenhang mit der Warenpräsentation und Werbung geplant und nach einem Einsatzplan vorbereitet.

Es gibt spezielle Event-Agenturen, die Ideen und professionellen Service liefern.

Kundinnen und Kunden sollen durch besondere **Attraktionen** in Erlebnis- und Aktionszonen zu folgenden Verhaltensweisen bewegt werden:

- stehen bleiben und schauen,
- Interesse zeigen und näher treten,
- aktiv werden oder mitmachen,
- Freude haben und Unterhaltung genießen,
- etwas über das Sortiment oder die Ware erfahren,
- die Einkaufsstätte in positiver Erinnerung behalten.

Auf diese Weise sollen Erlebnis- und Aktionszonen zur Kundentreue oder -werbung und zur Umsatzstabilisierung oder -steigerung beitragen.

Beispiele für Erlebnis- und Aktionszonen

Im Textileinzelhandel werden viele Erlebnis- und Aktionszonen mit dem Einsatz des Sortiments geplant. Die wichtigste Aktionsform ist dabei die Modenschau in vielen Variationen:

- Eine Kindermodenschau, bei der Kundenkinder als Akteure auftreten, zieht nicht nur das Interesse der betroffenen Eltern auf sich, sondern lässt sich auch über Schule und Kindergarten kostengünstig bekannt machen.

- Eine Präsentation von Faschings- oder Karnevalskostümen durch Kundinnen und Kunden kann als Wettbewerb mit Preisverleihung gestaltet werden. Das sorgt für Stimmung im Geschäft und für ein gutes Echo in der örtlichen Presse.

- Jugendliche oder Berufsschulklassen können aus Abfall- und Verpackungsmaterialien „Recycling-Mode" produzieren und vorführen. Für die besten Ideen gibt es Spenden an „Greenpeace", „BUND" oder den „World Wildlife Found".

- Eine Anprobieraktion wird zum Fototermin. Kundinnen dürfen das neue Dior-Modell anprobieren, Kunden dürfen sich auf die alte Harley Davidson schwingen und alle erhalten kostenlos ein Sofortbild. Der Fototermin und das Geschäft werden für immer unvergesslich bleiben.

Bei vielen anderen Erlebnis- und Aktionszonen lässt sich der Bezug zum Sortiment herstellen:

- Bei Malwettbewerben können Kinder und Jugendliche ihre Lieblingskleidung entwerfen oder malen. Als Preise werden Einkaufsgutscheine vergeben.

- Tombolas oder Verlosungsaktionen lassen sich auf vielfältige Weise gestalten: mit Glücksrad, Lostrommel (der Erlös dient einem guten Zweck!), durch Hinweise im Schaufenster oder als eine Schatzsuche im Geschäft.

- Bekannte Persönlichkeiten aus Sport und Showbusiness können während einer Autogrammstunde eine bestimmte Kleidung vorstellen oder tragen. Zumindest sorgt eine auffällige Beschriftung dafür, dass der Name des Geschäfts auf allen Fotos auftaucht.

- Ungewöhnliche und attraktive Dekorationen bringen die Fantasie von Kunden in Aktion und können eine positive Stimmung für das Geschäft und die Ware schaffen: Urlaubskleidung im Dschungel (mit entsprechenden Geräuschen), Hochzeit im Schnee (mit Hochzeitsmarsch und Schneewalzer), Gesellschaftskleidung im Fastfood-Restaurant (mit Hotdog-Ausgabe an Kundinnen und Kunden), Bungee-Springen vom Geschäftshaus.

3.2.6 Modenschauen

Die Modenschau als Höhepunkt der Warenpräsentation

Im Textileinzelhandel ist die **Modenschau** ein bedeutender Höhepunkt, um aktuelle Sortimentsbereiche zu präsentieren und die Leistungen eines Hauses besonders herauszustellen. Bei der Modenschau wird ein hoher Aufwand für eine kleine Zielgruppe betrieben. Aber die Wirkung kann nachhaltig sein, besonders wenn sie durch Pressearbeit und PR-Maßnahmen verstärkt wird.

Bei einer Modenschau stehen die Zusammenstellung der Modelle, die gezeigt werden sollen, und die Auswahl der Personen, die die Modelle zeigen sollen **(Models)**, im Vordergrund. Der Gesamteindruck von Modellen und Models ist ein ganz wesentlicher Aspekt für das Gelingen einer Modenschau. Daneben sind weitere wichtige Punkte zu berücksichtigen, wenn die Modenschau zu einem Erfolg werden soll.

Planungsraster

Thema

Jede Modenschau sollte unter einem öffentlichkeitswirksamen Thema stehen, um Aufmerksamkeit zu erzeugen und Interesse zu wecken. Besonders gut kommen Themen an, die die Fantasie beflügeln. Beispiel: Die Reisemode des nächsten Sommers wird unter dem Thema „In 80 Minuten um die Welt" präsentiert.

Einladung

Es hat sich bewährt, den Gästen der Modenschau das Gefühl zu vermitteln, sie gehörten einem exklusiven Kreis an. Dazu passt eine persönliche Einladung (mit Antwortkarte). Da die Teilnahme an der Modenschau eine Ehre ist, dürfen Modenschauen nicht zu Veranstaltungen werden, bei denen um Gäste geworben wird.

Öffentlichkeitsarbeit

Das Ereignis „Modenschau" muss rechtzeitig bekannt gemacht werden. Ein Gespräch mit der örtlichen Presse und die Vorlage von ein paar Fotos können zur wirkungsvollen Unterstützung durch Artikel führen. Zur Modenschau selbst muss die Presse auf reservierten Plätzen eingeladen werden. Die Presseberichte können durch Anzeigen ergänzt werden.

Dramaturgie

Ganz entscheidend ist die Planung der Reihenfolge, in der die Modelle gezeigt werden sollen. Zunächst müssen die Gäste durch weniger spektakuläre Modelle auf die Höhepunkte vorbereitet werden. Die Highlights werden dann zum Ende hin gezeigt. Als Abschluss bietet sich ein besonderer Effekt an, z. B. eine Runde aller Models mit Blumensträußchen, die verteilt werden.

Bewirtung

Bei einer Bewirtung der Gäste besteht die Gefahr, dass sie von den gezeigten Modellen abgelenkt werden. Andererseits wird eine Bewirtung meistens sehr geschätzt. Bewirtung und Schau lassen sich organisatorisch trennen, wenn vor dem Beginn ein Glas Saft oder Sekt gereicht wird, und wenn eine Kaffeepause die Modenschau unterbricht.

Zusammenarbeit

Die hohen Kosten einer Modenschau lassen sich durch Kooperationspartner aufteilen. Bei einer Modenschau werden auch Schuhe, Frisuren, Schmuck und Körperpflege vorgestellt. Durch eine Beteiligung ausgewählter Unternehmen an der Promotion werden Kosten und Werbewirkung auf die Partner verteilt.

Moderation

Einen sehr wichtigen Einfluss auf den Erfolg der Modenschau haben Moderatorin oder Moderator. Sie müssen Fachkenntnis, Charme und ein Eingehen auf das Publikum miteinander verbinden. Prominente Moderatoren ziehen häufig viele Gäste an, sind aber kostspielig und nicht immer fachlich kundig.

Erinnerungshilfen

Die Eindrücke einer Modenschau sind vielfältig und rauschen schnell vorüber. Damit die Gäste bleibende Eindrücke behalten, sollte ihr Gedächtnis unterstützt werden. Ein Programm oder eine Übersicht mit Abbildungen und Hinweisen zu den gezeigten Modellen kann als wirkungsvolle Erinnerungshilfe dienen.

Ort

Der Veranstaltungsort einer Modenschau hängt von dem Thema und der Zielgruppe ab. Neben den eigenen Räumen können Modenschauen in Stadthallen, Hotels, Einkaufszentren, Passagen, Galerien, Fußgängerzonen, Altenheimen, Sporthallen und an vielen anderen Plätzen veranstaltet werden.

3.3.1 Erwartungen und Ansprüche

Allgemeine Anforderungen an das Verkaufspersonal

Auszug aus dem Berufsbild:

Die Arbeit der Kauffrau und des Kaufmanns im Einzelhandel ist sehr stark auf die Waren bezogen, die in der jeweiligen Branche verkauft werden. Das können Lebensmittel, Textilien, Foto- oder Sportartikel sein, um nur beispielhaft einige zu nennen.

Neben Tätigkeiten im Verkaufsraum, wie Kundenberatung oder Auffüllen von Waren, zählen zu den Aufgaben auch die Tätigkeiten im Einkauf einschließlich der Marktbeobachtung und Sortimentsgestaltung, in der Warenannahme, im Lager, in der Qualitätsprüfung, in der Buchhaltung, in der Inventur, in der Werbung und Verkaufsförderung, in der Verkaufsplanung, in der Standortplanung und Ladengestaltung – also

alle Aufgaben, die für eine optimale und wirtschaftliche Organisation des Warenabsatzes erforderlich sind und großen Einfluss auf den wirtschaftlichen Erfolg eines Betriebes haben können.

Im Einzelhandel drehen sich alle diese Aufgaben letztlich darum, jederzeit das richtige und ausreichende Warenangebot bereitzustellen. Dafür müssen viele Probleme gelöst und unterschiedliche Aufgaben bearbeitet werden, die in mittleren und größeren Betrieben arbeitsteilig organisiert sind und von denen die Verbraucher oft nicht viel bemerken.

(Nach: Blätter zur Berufskunde 1-VIII 101a, 1988, Kaufmann im Einzelhandel/Kauffrau im Einzelhandel)

Persönliche Erscheinung

angemessene Bekleidung
Körperpflege
freundliches Auftreten

Soziale Fähigkeiten

Kontaktbereitschaft
Sprache und Körpersprache
Empathie

Warenkunde

Sortimentsübersicht
Warenkenntnisse
Präsentationswissen

Verkaufstechnik

Kundenkenntnis
Verkaufspsychologie
Verkaufsargumentation

Anforderungen der Arbeitgeber

Bei einer Untersuchung des Instituts für Arbeitsmarkt- und Berufsforschung wurden betriebliche Experten nach den **Ansprüchen** an die Arbeitskräfte befragt. Mehr als die Hälfte der Einzelhändler ist zwar mit der Menge an Bewerbern um Ausbildungs- und Arbeitsplätze zufrieden, nicht aber mit ihrer Qualität. Arbeitgeber im Einzelhandel legen bei Personal im Verkauf besonderen Wert auf folgende Fähigkeiten:

1. Befähigung zum Umgang mit Menschen

2. Einfühlungsvermögen in andere Menschen

3. Gepflegtes Äußeres

4. Bereitschaft und Fähigkeit zur Teamarbeit

5. Verhandlungsgeschick

6. Sprachliches Ausdrucksvermögen

Die Fähigkeiten unter den Punkten 2 und 3 werden bei Bewerbern am häufigsten vermisst.

Anforderungen der Kunden

Kunden geht es bei den **Erwartungen** an das Verkaufspersonal um zwei Bereiche. Sie wollen fachlich richtig beraten und menschlich angenehm behandelt werden:

Zu den Erwartungen an die **fachliche Beratung** gehören

- sachliche und vertrauenswürdige Informationen,
- Lösung des Einkaufsproblems und Hilfe bei der Entscheidung, sodass Fehlkäufe vermieden werden.

Zu den Erwartungen an die **menschliche Beziehung** gehören

- professionelles Verhalten, aber keine Routine,
- Glaubwürdigkeit,
- keine Einschränkung des Freiraums und kein Verkaufsdruck.

Kommunikationsfunktion des Handels

Kommunikation im Verkauf dreht sich nicht ausschließlich um die angebotene Ware. In jedem **Verkaufsgespräch** muss auch das Unterhaltungs- und Mitteilungsbedürfnis der Kundin oder des Kunden berücksichtigt werden. Früher wurden auf den Märkten und in den Tante-Emma-Läden neben Waren immer auch Informationen und Meinungen ausgetauscht. Der Handel hatte neben der Versorgung mit Waren eine wichtige **Kommunikationsfunktion**.

Durch die modernen Lebens- und Umgangsformen sind die Möglichkeiten zur persönlichen Kommunikation eingeschränkt. Kleinfamilien, Individualverkehr, Massenmedien und Selbstbedienung im Handel tragen dazu bei, dass die Menschen weniger persönlich miteinander umgehen. Gerade dort, wo es noch zum Verkaufsgespräch kommt, gewinnt die Kommunikationsfunktion wieder an Bedeutung.

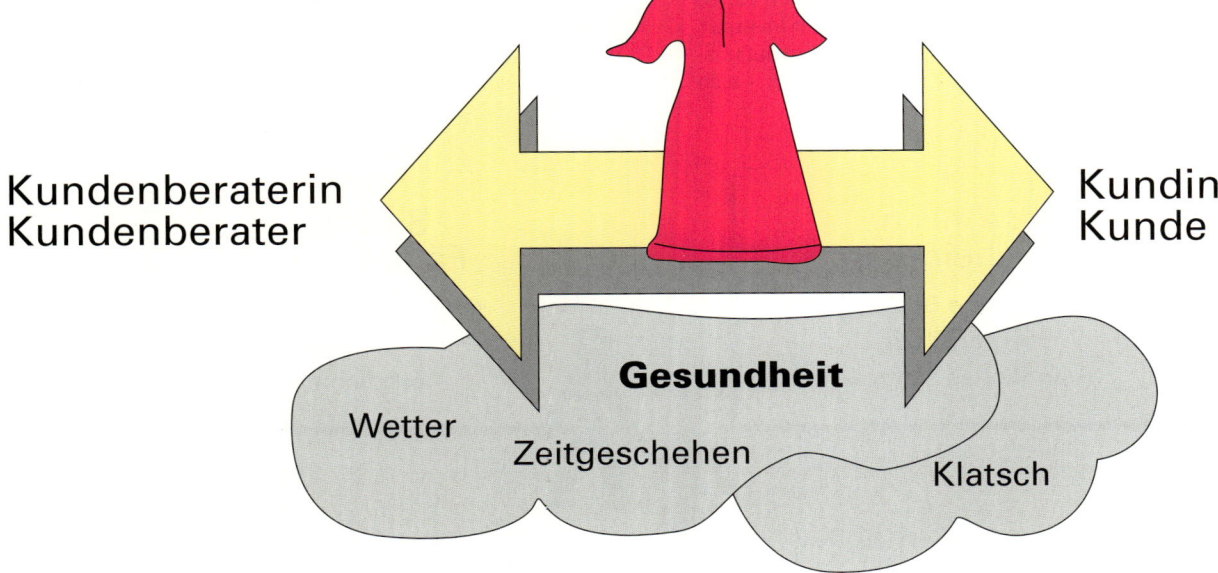

Kommunikationsverhalten im Verkauf

Viele Unternehmen im Textileinzelhandel kommen dem Kommunikationsbedürfnis ihrer Kunden entgegen und bieten ihnen Anlässe für Gespräche und Unterhaltung. Aufwendige Dekorationen, originelle Warenpräsentationen und besondere Aktionen sollen die Aufmerksamkeit auf sich ziehen und zum Anknüpfungspunkt für Gespräche werden.

Kunden honorieren Gesprächsangebote und persönliche Zuwendung durch das Verkaufspersonal durch Kaufabschlüsse und höhere Umsätze. Allerdings gibt es immer wieder Kundinnen oder Kunden, deren Kommunikationsbedarf schier unbeschränkt erscheint. In diesen Fällen muss die Zeit für allgemeine Gespräche begrenzt werden. Lange Gesprächszeiten gehen für andere Arbeiten und die Beratung weiterer Kunden verloren. Deshalb gelten folgende Leitsätze:

Allgemeine Gespräche mit Kunden sind notwendig und wichtig, um auf die Bedürfnisse nach Austausch und Gesprächen einzugehen. Diese Gespräche sollten aber zielgerichtet geführt werden, d. h. sie sollen auf das Einkaufsproblem hinführen und in einen Lösungsvorschlag (Warenangebot) einmünden.

Im Textileinzelhandel bieten die Themen „Stilkunde", „Farb- und Größenberatung", „Gesundheit" und „Pflege" viele Anlässe für eine kunden- und sortimentsbezogene Argumentation.

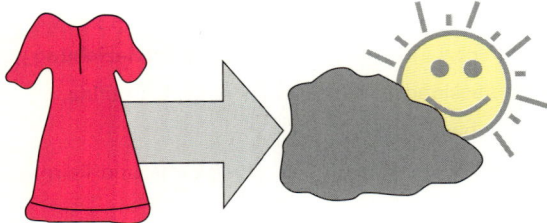

Falsch: Von der Ware zum Allgemeinen

Richtig: Vom Allgemeinen zur Ware

3.3.3 Körpersprache

Die Bedeutung der Körpersprache

Wirkungsvolle **Gesten** und eine lebendige **Mimik** spielen eine wichtige Rolle bei der menschlichen Kommunikation. Das gilt für fast alle Kontaktsituationen, aber im Verkauf wird die Bedeutung der **Körpersprache** häufig geringgeschätzt. Das ist ein Fehler, denn auch im Kontakt mit den Kunden erfüllt Körpersprache wichtige Funktionen. Körpersprache kann für sich allein wirken, z.B. wenn man einer Kundin anerkennend zulächelt, während sie einen Mantel anprobiert. Körpersprache kann aber auch das gesprochene Wort wirkungsvoll unterstützen, z.B. wenn man eine wichtige Aussage mit einer entsprechenden Geste unterstreicht.

Da die Körpersprache überwiegend vom Unterbewusstsein gesteuert wird, ist es leichter, Körpersprache zu deuten, als sie zielgerichtet einzusetzen. Körpersprache kann sich grundsätzlich in dem Gegensatzpaar „offen – verschlossen" ausdrücken.

Offene Körperhaltung

Eine offene Körperhaltung signalisiert Aufgeschlossenheit und Kontaktbereitschaft. Das Gesicht ist freundlich, der Blickkontakt zum Gegenüber wird gesucht. Die Körperhaltung ist locker, die Arme sind leicht angewinkelt, und die Hände sind offen.

Verschlossene Körperhaltung

Eine verschlossene Körperhaltung signalisiert Abwehr und Distanz. Das Gesicht ist kritisch-reserviert oder mürrisch bis misstrauisch. Der Körper drückt die Abwehr durch hochgezogene Schultern oder durch den Blick über die „kalte" Schulter aus. Häufig sind die Arme verschränkt und die Hände zu Fäusten geballt.

1: Offene Körperhaltung

2: Verschlossene Körperhaltung

Körpersprache im Verkauf

Die „Sprache" des Körpers wird im Verkauf auf zweifache Weise genutzt: Die eigene Körpersprache ist ein Mittel, das für das Verkaufsziel eingesetzt wird. Die Körpersprache der Kunden ist ein Hilfsmittel, das dem Verkaufspersonal über die Gefühle und Einstellungen Aufschluss geben kann.

Im Verkauf sollte die Körpersprache der Kundinnen und Kunden aufmerksam beobachtet werden. Das gilt besonders, wenn diese auf Ware reagieren. Aus dem Blick einer Kundin in den Spiegel lässt sich eine Menge ablesen. Demonstriert die Kundin eine offene Körperhaltung und signalisiert das Mienenspiel Zustimmung, so ist sie dieser Ware gegenüber positiv eingestellt. Daraus lässt sich das weitere Vorgehen ableiten: Unterstützung des Kaufentschlusses, Bestätigung der Entscheidung. Auch im umgekehrten Fall lassen sich Schlüsse ziehen: Signalisiert die Körpersprache der Kundin Ablehnung, so ist das Ausweichen auf ein anderes Angebot notwendig.

Darüber hinaus sollte die eigene Körpersprache aktiv im Verkauf eingesetzt werden. Der erste Eindruck ist gerade bei der Körpersprache der wichtigste. Ein freundliches Willkommen wird den Kunden in der Kontaktphase durch eine offene Körperhaltung, einen freundlichen Gesichtsausdruck und direkten Blickkontakt signalisiert. Bei der Warenvorlage sollte Körpersprache zurückhaltend eingesetzt werden, denn betonte Gesten lenken von der Ware ab. In der Verkaufsargumentation ist der Blickkontakt wichtig, denn er kann die Glaubwürdigkeit unterstützen und Vertrauen schaffen. Ähnliches gilt bei Einwänden von Kunden. Eine positive **Zuwendung** zeigt dem Kunden, dass er ernst genommen wird. Beim Umgang mit Ware zeigen die Gesten des Personals, wie das eigene Angebot eingeschätzt wird. Einen guten Eindruck hinterlässt der sorgfältige Umgang mit Ware, der den Kunden Wertbewusstsein vor Augen führt. Die Kaufentscheidung kann durch anerkennende Blicke und freundliche Zuwendung gefördert werden. Die freundliche Zuwendung sollte übrigens so lange anhalten, bis die Kunden das Geschäft verlassen haben, denn der letzte Eindruck ist nachhaltig und kann das Wiederkommen entscheidend beeinflussen.

3.3.4 Psychologie

> **Empathie**

Der wichtigste Begriff in der **Verkaufspsychologie** lautet „**Empathie**". Empathie bedeutet **Einfühlungsvermögen,** also die Fähigkeit, sich in die Psyche anderer Menschen zu versetzen. Für den Verkauf heißt das: Wie kann man sich in das Denken und Fühlen der Kundinnen und Kunden hineinversetzen? Wie kann man nachfühlen, was sie empfinden und wie sie behandelt werden wollen?

Je besser das gelingt, umso erfolgreicher wird man verkaufen.

> **Grundmuster praktischer Psychologie im Verkauf**

Jeder Mensch ist ein Individuum. Natürlich sind auch alle Kunden verschieden, sie denken und handeln unterschiedlich. Dennoch gibt es für bestimmte Lebenssituationen (z. B. Einkauf) psychologische Grundmuster, die fast für alle Menschen gelten und dem Verkaufspersonal ein einfühlsames Verhalten erleichtern.

Die Kundinnen und Kunden möchten	Die Fachkraft im Verkauf vermittelt	Das geschieht durch
Beachtung finden	Aufmerksamkeit Zuwendung	rechtzeitige und freundliche Begrüßung persönliche Ansprache, offene Körperhaltung, aktives Zuhören
unterhalten und beschäftigt werden	Motivation Interesse	unverzügliche Warenvorlage, Probier- und Testangebote Anregungen für den Gebrauch und die Verwendung
akzeptiert und ernst genommen werden	Würdigung der Person Eingehen auf Problem	Eingehen auf Gesprächsangebote, Berücksichtigung der individuellen Ansprüche Verständnis für Probleme, Einstellung der Verkaufsargumente auf das Kundenproblem
Unterstützung und Entscheidungshilfe erhalten	Argumentationshilfe Entscheidungshilfe	Rationalisierung des Kaufs, faires Abwägen der Vor- und Nachteile Einengung des Angebots, Vorschlag von Alternativen
positive Rückmeldung erfahren	Bestätigung Verstärkung	Bekräftigung des Kaufs, Kompliment für die Entscheidung Anregungen für den Gebrauch und die Pflege

3.3.5 Verkaufstechnik

Definition

Verkaufstechnik ist die Umsetzung von Erkenntnissen über Kommunikation und Verkaufspsychologie in Regeln und Hinweise für den Verkauf. Sie sollen dazu beitragen, den Verkaufsvorgang auf die Wünsche und Ansprüche der Kunden zu beziehen, eine positive Beziehung zwischen Kunden und Verkaufspersonal aufzubauen und Verkaufsgespräche zum erfolgreichen Abschluss zu führen.

Die wichtigsten Regeln der Verkaufstechnik beziehen sich auf die folgenden Schritte:

1: Eröffnung des Verkaufsgesprächs

2: Wunschermittlung und Bedarfs-
feststellung

3: Warenvorlage

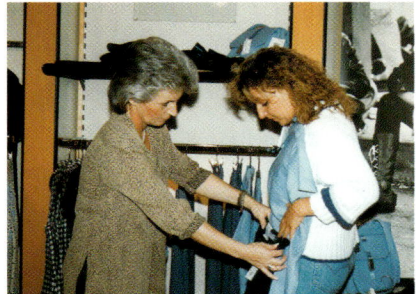

4: Verkaufsargumentation

5: Einwandbehandlung

6: Preisnennung

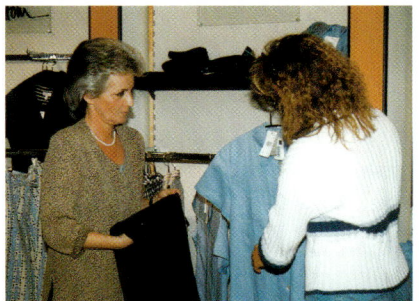

7: Unterstützung der Kaufentscheidung

8: Unterbreitung von Ergänzungsangeboten und Inkasso

9: Bestärkung der Kaufentscheidung
und Verabschiedung

Aneignung der Verkaufstechnik

Die Technik des Verkaufens lässt sich nicht allein theoretisch erlernen, sondern sie muss auch praktisch umgesetzt werden. Verkaufstechnik wird deshalb zweckmäßigerweise im **Verkaufstraining** eingeübt. Für das Verkaufstraining wird eine Aufgabe gestellt, anschließend wird die entsprechende Situation der Kundenberatung im Rollenspiel simuliert. Die Übung wird mit Video aufgezeichnet, anschließend sehen sich alle das Ergebnis an. Es wird diskutiert, ausgewertet, verbessert und erneut durchgeführt. Verkaufstechnik kann man auch durch die Beobachtung erfolgreicher Kolleginnen und Kollegen lernen, wenn es gelingt, deren Strategien in das eigene Handeln einzubauen.

Verkaufstechnische Hinweise sind im 4. Kapitel dieses Buches enthalten. Außerdem gibt es Bücher, die sich speziell mit Verkaufstechnik auseinander setzen und Trainingsaufgaben enthalten.[1]

[1] Waren verkaufen Schritt für Schritt (Verlag Europa-Lehrmittel, Nr. 98018)

3.3.6 Warenkunde

▶ Warenkenntnisse als fachliche Grundlagen des Verkaufs

Neben den Fähigkeiten zur Kommunikation und Kenntnissen der Verkaufspsychologie sowie der Verkaufstechnik werden gute **Warenkenntnisse** für Beratung und Verkauf benötigt. Textil-Warenkunde ist die fachliche Grundlage des Verkaufspersonals im Textileinzelhandel. Das gilt besonders für Fachgeschäfte, Textil-Kaufhäuser, Boutiquen und andere Betriebsformen, die sich auf textile Sortimente spezialisiert haben. Hier erwarten die Kundinnen und Kunden fachlichen Rat und sachkundige Hilfe. Die **Warenkunde** für den Ausbildungsberuf Kaufmann/Kauffrau im Einzelhandel ist für den Fachbereich „Textil, Bekleidung" in den „Grundlegenden Besonderheiten der Fachbereiche" (Anlage 2 zur Ausbildungsordnung), Nr. 17, beschrieben.

▶ Grundsätze für die Warenkunde

Grundlegende Warenkenntnisse sind für alle Sortimentsbereiche notwendig.

Für die Arbeit im Textileinzelhandel wird ein warenkundliches Grundwissen benötigt, das für alle Sortimentsbereiche von Bedeutung ist. Dazu gehören folgende Kenntnisse: Textile Fasern und Rohstoffe, Gewebegrundbindungen und Maschenbilder, Verwendungs- und Trageeigenschaften, Veredelungs- und Ausrüstungsverfahren, Stoffarten, Textilkennzeichnungsgesetz, Pflegevorschriften, Symbole und Zeichen, Lagerung und Verhütung von Warenschäden.

Je spezialisierter das Einsatzgebiet, desto detaillierter müssen die Warenkenntnisse sein.

Bei einem engen Sortiment oder Spezialisierung werden umfangreichere und gründlichere Kenntnisse vorausgesetzt. Von Spezialisten wird Besonderes erwartet. Das gilt auch für die Warenkunde.

Beispiel: Beim Kauf eines Brautkleides werden in einem Geschäft für Brautmoden höhere Ansprüche an die fachliche Beratung gestellt als in einem Kaufhaus.

Warenkenntnisse sollen auf die Anforderungen im Verkauf und Bedürfnisse der Kundschaft bezogen sein.

Warenwissen sollte gezielt angeeignet und zweckgerichtet angewendet werden. Für eine Tätigkeit im Textileinzelhandel werden Dispositionswissen (für Einkauf, Sortierung, Lagerung), Präsentationswissen (für die kundengerechte Darbietung der Ware) und Beratungswissen (für das Verkaufsgespräch mit Kundinnen und Kunden) benötigt.

Warenwissen muss ständig auf den aktuellen Stand gebracht werden.

Die Mode ist in ständigem Wandel begriffen. Immer wieder werden neue Fasern, Stoffe und Artikel auf den Markt gebracht. Damit das Fachwissen nicht veraltet und wertlos wird, ist eine andauernde Auffrischung der Warenkunde notwendig. Nur so kann man sich für seine berufliche Tätigkeit fit halten.

▶ Warenkundliche Informationsquelle

Da warenkundliches Wissen immer wieder neu auf den aktuellen Stand gebracht werden muss, sind alle Beschäftigten im Textileinzelhandel auf **Informationsquellen** angewiesen. Die wichtigsten Grundlagen für eine selbstständige Weiterbildung sind hier im Überblick aufgeführt.

Warenkundliche Fachbücher und Fachlexika	Zeitschriften
Der warenkundliche Teil (B) dieses Buches vermittelt einen guten Überblick über die Textilwarenkunde. Fachbücher und Fachlexika eignen sich zum gezielten Nachschlagen, wenn man auf bestimmte Probleme oder Fachfragen stößt.	Die Zeitschriften mit der größten Verbreitung im Textileinzelhandel sind „TextilWirtschaft", „Textil-Mitteilungen" und „BTE-Marketing-Berater". Durch die interessanten Berichte in Zeitschriften kann man sich gut über die aktuelle Entwicklung auf dem Laufenden halten.
Informationen der Fachverbände	**Informationsmaterial der Hersteller**
Der Bundesverband des Deutschen Textileinzelhandels (BTE) informiert durch Fachdokumentationen, Aus- und Weiterbildungsprogramme und durch das Taschenbuch des Textileinzelhandels auch zu warenkundlichen Fragen, die den Einzelhandel betreffen.	Produzenten von Fasern und Hersteller von Markenware erstellen Informationsmaterial für das Verkaufspersonal im Einzelhandel, weil sie sich davon eine gute Werbewirkung versprechen. Das Material ist z.T. sehr anschaulich, z.B. in Form von Videokassetten oder mit Materialproben.

3.4.1 Bedeutung und Übersicht

Die Bedeutung der Kunden für den Textileinzelhandel

Kunden bringen Geld.
Kunden beanspruchen Service.
Kunden reklamieren Einkäufe.
Kunden machen Einwände geltend.
Kunden haben spezielle Wünsche.
Kunden sind wählerisch.
Kunden verlangen Bedienung.
Kunden stellen Ansprüche.
Kunden müssen gewonnen werden.

Im Einzelhandel dreht sich alles um die **Kunden,** denn die Kunden bringen das Geld, das die Existenz des Geschäfts sichert. Kunden stellen aber auch Ansprüche, die nicht immer leicht zu erfüllen sind.

Die Aufgabe des Personals im Einzelhandel besteht darin, Kunden zufrieden zu stellen: Nicht die Ware, sondern die Kunden sollen wiederkommen!

Beziehung zu den Kunden

Früher galt der Grundsatz „Der Kunde ist König!" Heute besteht eine mehr partnerschaftliche Vorstellung von der Beziehung zwischen Personal und Kunden. Personal und Kundschaft sollten sich wechselseitig freundlich begegnen und fair behandeln.

Natürlich gibt es immer wieder einzelne Kundinnen und Kunden, die sich nicht an diese Verhaltensregel halten. Für das Personal im Einzelhandel ist das aber kein Grund, ebenfalls unfreundlich oder ausfallend zu werden. Angestellte im Einzelhandel sind Profis im Verkauf und können auch dann freundlich reagieren, wenn einzelne Gesprächspartner keinen Anlass dazu geben.

Kundenarten im Textileinzelhandel

● nach Lebensabschnitten

Kinder	Junioren	Berufstätige	Senioren

● nach Einkaufsverhalten

Stammkunden	Orientierungskunden	Spontankunden	Gelegenheitskunden

● nach Einschätzung durch das Personal

pflegeleichte Kunden	hilfsbedürftige Kunden	problematische Kunden

● nach besonderen Eigenarten beim Einkauf

Modefreaks	Fachgeschäftsliebhaber	Pfennigfuchser
Modemuffel	Gesundheitsapostel	Qualitätsfanatiker
Umweltfans	Markenfetischisten	Schnäppchenjäger

Die Aufstellung macht deutlich: Kunden lassen sich nach vielen Gesichtspunkten einteilen. Das Personal im Verkauf muss sich auf die Eigenschaften und die Einkaufsgewohnheiten einstellen, um seine Kunden zufrieden zu stellen.

Der erste Schritt besteht in der genauen Beobachtung der Kunden. Dabei können typische Eigenschaften und Merkmale oder auch besondere Verhaltensweisen festgestellt werden. Erst dann wird es möglich, das eigene Verhalten auf bestimmte Arten von Kunden einzustellen und sich diesen gegenüber angemessen zu verhalten.

Unterscheidung der Kunden nach „Typen"

Jeder Mensch ist ein Individuum und unterscheidet sich von anderen. Trotzdem fasst man immer wieder Menschen mit ähnlichen Merkmalen zu Typen zusammen, weil das den Umgang mit einer großen Zahl von Menschen erleichtert. Das gilt auch für die Kundinnen und Kunden des Textileinzelhandels.

Früher wurden **Kundentypen** nach bestimmten Eigenschaften beschrieben, z. B. der sparsame Kunde, der misstrauische Kunde, der redefreudige Kunde. Diese einfache Einstufung reicht jedoch nicht aus, um das Einkaufsverhalten von Kunden zu erklären, gerade wenn es um modeorientierte Einkäufe geht.

Kundentypen sollen die Einstellung auf die **Zielgruppe** des Einzelhandelsunternehmens erleichtern. Wer sich mit seinem Angebot an die „breite Öffentlichkeit" wendet, darf sich nicht wundern, wenn er den Geschmack von kaum jemandem richtig trifft. Für alle kundenbezogenen Maßnahmen im Einzelhandel ist es deshalb notwendig und wichtig, die Zielgruppe möglichst genau zu umreißen und zu beschreiben.

Gesichtspunkte zur Bildung von Zielgruppen

Einzugsgebiet des Einzelhandelsunternehmens	Alter	Kaufkraft
Von Kunden vorwiegend benutzte Verkehrsmittel	Geschlecht	Modeorientierung
Typische oder besondere Einkaufsgewohnheiten	Soziale Stellung (z. B. nach Berufen)	Aktuelle Trends

Zielgruppenbeschreibung

Mit unserem Angebot an exklusiver Gesellschafts- und Freizeitkleidung für Herren sprechen wir vorwiegend Männer mittleren Alters (35 – 60 Jahre) an. Durch die renommierten Marken und das gehobene Preisniveau wenden wir uns an zahlungskräftige Kunden in höherer sozialer Stellung, z. B. Geschäftsleute, Angehörige freier Berufe, Akademiker. Die modische Orientierung ist als klassisch-elegant zu umschreiben. Modische Gags und Extravaganzen vertragen sich nicht mit den Ansprüchen unserer Kunden und dem Stil unseres Hauses.

Unsere Kunden kommen aus der ganzen Stadt und aus dem umliegenden Kreisgebiet. Einige Stammkunden fahren bis zu 80 km, um unser Haus zu erreichen. Die Kunden legen Wert auf Parkplätze, persönliche Beratung und umfassenden Service. Häufig werden sie von der Partnerin beim Einkauf begleitet und beraten. Ein Teil unserer Kunden ist geschäftlich so gebunden, dass keine Zeit für einen persönlichen Einkauf bleibt. In diesen Fällen arbeiten wir mit Auswahlsendungen, die wir auf Wunsch zusammenstellen und ins Haus liefern.

Die Stammkunden unseres Hauses sind persönlich bekannt und in der Kundenkartei mit den Konfektionsgrößen erfasst. Jeweils zum Geburtstag und zu Beginn der Saison schreiben wir unsere Stammkunden persönlich an.

Ziel-Gruppe

3.4.3 Kaufmotive bei Textilien

Die Frage, warum Menschen Textilien kaufen, ist scheinbar einfach zu beantworten: Menschen kaufen Textilien, um sich damit zu kleiden oder ihr Heim auszustatten. Aber mit dem Kauf von Textilien ist meistens mehr verbunden. Menschen haben das Bedürfnis, sich schön, schick oder individuell zu kleiden, mit ihrer Kleidung aufzufallen, besondere Qualität zu suchen und für ganz bestimmte Vorhaben die notwendige Kleidung auszuwählen oder besonders preiswert einzukaufen. Immer mehr Kundinnen und Kunden verbinden den Einkauf auch mit Ansprüchen an Unterhaltung und Erlebnis.

Die Frage nach den **Kaufmotiven** ist für den Textileinzelhandel wichtig. Die Antworten können helfen, die Kundinnen und Kunden zu verstehen, sich auf einen bestimmten Bedarf einzurichten und die entsprechenden Zielgruppen zufrieden zu stellen.

▶ Motive zum Kauf von Textilien

1: Elegante Kleidung

Menschen wollen mit der Kleidung ihren Lebensstil ausdrücken

Die meisten Menschen achten auf ihre Kleidung, weil sie Wert auf ein bestimmtes Äußeres legen. Sie wollen modisch-elegant, sportlich-locker oder betont individuell auf ihre Umgebung wirken. Manche wollen bewusst auffallen, andere suchen die Unauffälligkeit durch Anpassung.

2: Sportbekleidung

Menschen wollen sich situationsgerecht und gesund kleiden

Viele der heutigen Menschen bewegen sich in Extremen: Skifahren in den Alpen und Badeurlaub in der Karibik erfordern sehr unterschiedliche Bekleidung. Auch für jede der vielen Sportarten gibt es eine zweckmäßige Bekleidung, die auf die Bedürfnisse des menschlichen Organismus eingestellt ist.

3: Wohnzimmerausstattung

Menschen wollen sich eine schöne Umgebung schaffen

Mit Heimtextilien und Handarbeitsartikeln statten die Menschen ihre Wohnräume liebevoll und mit großem Aufwand aus. Sie verwirklichen dabei ihre persönlichen Vorstellungen. Eine Umgebung, die nach eigenen Vorstellungen gestaltet ist und in der man sich wohl fühlt, erhöht die Lebensqualität.

4: Sonderangebot

Menschen wollen beim Einkauf sparen

Kein Mensch hat unbegrenzte Mittel für Einkäufe zur Verfügung. Die einen müssen mehr sparen, die anderen weniger. Einige sparen bei Textilien mehr, einige bei anderen Einkäufen. Viele Kunden gehen deshalb gern auf Preisreduzierungen, Sonderangebote oder Dauertiefpreise ein.

5: Erlebnisgeschäft

Menschen wollen beim Einkauf unterhalten werden

Ein Einkaufsbummel wird immer öfter zu einem Freizeitvergnügen. Kundinnen und Kunden, die sich Zeit für Einkäufe nehmen, wollen beschäftigt und unterhalten werden. Sie erwarten vom Einzelhandel passend zur Ware auch Abwechslung, Spannung und anregende Unterhaltung.

> ### Kleidungs-Typen bei Männern

Typ 1:
Der Desinteressierte
(4 %):

Sein Motto: Ein Mann braucht nicht schön zu sein. Mode ist für ihn ein Fremdwort. Seine Kleidung lässt er sich am liebsten von der Partnerin besorgen. Stilpräferenzen hat er keine – Hauptsache, die Kleidung ist billig.

Typ 2:
Der Konventionelle
(14 %):

Ihm geht's nicht um Mode. Sondern nur um Kleidung. Und die muss für ihn schlicht, einfach und preisgünstig sein. Besorgt wird sie am häufigsten in den Kauf- und Warenhäusern.

Typ 3:
Der Korrekte
(24 %):

Er kauft nicht viel, achtet aber stark auf Qualität. Und gibt dafür bevorzugt in Fachgeschäften viel Geld aus. Ein gepflegtes Outfit ist für ihn eine Selbstverständlichkeit.

Typ 4:
Der Modebewusste
(19 %):

Der Traummann der Modebranche: Markenbewusst, modebewusst und aufstiegsorientiert. Er hat Spaß an der aktuellen Mode, beeindruckt seine Umgebung gerne mit seinem Outfit und lässt sich das Ganze auch einiges kosten.

Typ 5:
Der Legere
(18 %):

Er ist kommunikativ, vielseitig interessiert, aber in Sachen Mode wenig ambitioniert. Er zieht sich locker, lässig-leger an. Und besorgt sich seine Kleidung zu günstigen Preisen bevorzugt in Jeansläden, größeren Bekleidungshäusern oder im Fabrikverkauf.

Typ 6:
Der Geltungsbedürftige
(13 %):

Kleidung dient ihm vor allem zur Abgrenzung vom „Mainstream". Er kauft oft spontan, ist experimentierfreudig, ohne dabei aber einen eigenen Stil zu haben. Lediglich für In-Artikel wie Jeans oder Schuhe gibt er überdurchschnittlich viel aus, ansonsten schaut er auf den Preis.

Typ 7:
Der Individualist
(8 %):

Er weiss was er will. Und das muss sich von der aktuellen Mode abheben. Die Markenlandschaft kennt er gut. In Jeansläden, Sportfachgeschäften und Boutiquen findet er sein Angebot.

Die Kleidungs-Typen stammen aus der Spiegel-Studie Outfit 3. Die Ergebnisse dieser Studie sind repräsentativ für die Grundgesamtheit der insgesamt fast 51 Mio. Bundesbürger im Alter von 14 bis 64 Jahren. Zur Erstellung der Studie wurden 1994 ca. 8.500 Interviews durchgeführt.

> ### Lifestyle-Typen

Ein Konzept zur Beschreibung von **Kundentypen** ermittelt und beschreibt unterschiedliche **Lebensstile** – bezogen auf bestimmte Konsumbereiche. Auf diese Weise kommt man zu verschiedenen **Lifestyle-Typen.** Für jeden Typ lassen sich Aussagen über die **Konsumorientierung** und das Kaufverhalten machen. Allerdings ist die Einteilung der Typen nicht immer eindeutig nachvollziehbar. Allein für den Bereich der Mode gibt es mehrere Zusammenstellungen, die sich untereinander nicht ganz entsprechen. Deshalb ist es häufig schwierig, konkrete Personen einem Typ zuzuordnen. Das wird besonders deutlich, wenn man versucht, sich selbst einzustufen.

3.4.4 Lifestyle-Typen – Kleidungstypen (2)

Kleidungs-Typen bei Frauen

Typ 1:
Die Altmodische
(10 %):

Sie hat die 50 überschritten, widmet sich vorwiegend ihren häuslichen Tätigkeiten. Und Mode ist für sie kein Thema mehr. Gekauft wird nur noch, was wirklich nötig ist. Ihre schlichte, einfache und vor allem preisgünstige Kleidung kauft sie sich in den Großformen des Textilhandels.

Typ 2:
Die Konventionelle
(12 %):

Sie steht in der zweiten Lebenshälfte, Familie und materielle Absicherung stehen im Zentrum ihres Interesses, die Mode nur am Rande. Kleidung hat für sie vor allem gepflegt und ordentlich zu sein, und das zu einem günstigen Preis. Und den findet sie in den von ihr bevorzugten größeren Bekleidungs-, Kauf- und Warenhäusern.

Typ 3:
Die Anspruchsvolle
(17 %):

Sie zählt meist zu den mittleren und höheren Altersgruppen. Geld ist kein Thema. Sie ist die beste Kundin des Fachhandels. Qualitativ hochwertige Kleidung ist ihr sehr wichtig, Marken spielen dabei eine große Rolle. Dafür gibt sie auch viel Geld aus. Modisch präferiert sie eher klassische, damenhafte und elegante Stilrichtungen.

Typ 4:
Die Modebegeisterte
(16 %):

Zwischen 20 und 50 Jahren alt, mit gutem Einkommen und oft berufstätig, kauft sie gerne, häufig und für viel Geld Kleidung ein. Das Outfit ist ihr überaus wichtig. Modisch will sie up to date sein, sich damit vom „Mainstream" abheben. Sie kauft oft spontan und meist in kleineren Fachgeschäften.

Typ 5:
Die Lockere
(22 %):

Sie ist meist jünger, hat eine gute Ausbildung, ist aufgeschlossen für Neues und pflegt einen realitätsbezogenen Hedonismus. Modeshopping macht ihr Spaß, Kleidung ist ihr wichtig. Dabei hat sie eine Vorliebe für unkomplizierte und lässige Mode. Und die wird vorwiegend in kleineren, jungen Modeläden eingekauft.

Typ 6:
Die Geltungsbedürftige
(14 %):

Sie ist jünger, mit einfacher Ausbildung und muss bei ihren Ausgaben auf ihr nicht so prall gefülltes Portemonnaie achten. Mit ihrer Kleidung will sie sich von der breiten Masse abheben. Sie begeistert sich spontan für neue Trends, steht nur auf In-Marken und kauft sonst eher viel, aber billig in Kauf-/ Warenhäusern sowie im Versandhandel ein.

Typ 7:
Die Nonkonformistin
(9 %):

Sie ist ein junger Typ, der „reine Äußerlichkeiten", das „Durchschnittliche" oder „Massenhafte" geringschätzt. Sie trägt, was Spaß macht. Und mit den häufig in Second-Hand-Shops oder auf Flohmärkten entdeckten Modeartikeln stellt sie sich ihr eigenes, ganz individuelles Outfit zusammen. Viel Geld für Mode gibt sie nicht aus.

Die Kleidungs-Typen stammen aus der Spiegel-Studie Outfit 3. Die Ergebnisse dieser Studie sind repräsentativ für die Grundgesamtheit der insgesamt fast 51 Mio. Bundesbürger im Alter von 14 bis 64 Jahren. Zur Erstellung der Studie wurden 1994 ca. 8.500 Interviews durchgeführt.

Das Problem der Aktualität

Kleidungstypen verändern sich genauso wie der Lifestyle, durch den sie geprägt werden. Gewisse Typen halten sich zwar in dieser oder ähnlicher Form, aber neue Typen kommen hinzu, und einige verschwinden mit der Zeit. Deshalb sind die Aussagen über Kleidungs-Typen nur begrenzt gültig. Das gilt besonders hinsichtlich der Zeit. Zur Orientierung sollte man sich immer an den letzten und aktuellen Studien informieren.

Entwicklung der Kundenansprüche

Was erwarten Kunden bei ihren Einkäufen im Einzelhandel? Diese Frage untersuchen Markt- und Konsumforscher, um Herstellern und Handel Antworten geben zu können. Je genauer die Ansprüche der Kunden bekannt sind, desto besser kann sich der Handel darauf einstellen und erfolgreich verkaufen. Die Konsumforscher haben in den letzten Jahren eine Entwicklung festgestellt, von der sie sicher sind, dass sie sich in Zukunft fortsetzen wird. Es handelt sich um die **„Polarisierung"** der Konsumentenansprüche. Früher hatte die Mehrheit der Konsumenten ein mittleres Anspruchsniveau. Jetzt verschieben sich die Ansprüche von der Mitte zu den Extremen (Polen): Die Mitte nimmt ab und immer mehr Konsumenten stellen entweder hohe oder niedrige Ansprüche.

Versorgungskäufe	Erlebniskäufe
Einkaufen auf dem unteren Anspruchsniveau bedeutet Versorgung mit dem Notwendigsten, bei dem die Kunden auf den Preis schauen. Sie wollen einfach und ohne großen Aufwand Artikel für ihren Lebensunterhalt kaufen.	Einkaufen auf dem hohen Anspruchsniveau bedeutet, dass die Kunden sich etwas leisten wollen und Unterhaltung durch den Einkauf suchen. Sie verlangen hohe Qualität und Bestätigung durch Waren, mit denen sie ihren Lebensstil ausdrücken können.

Versorgungshandel	**Erlebnishandel**

Versorgungshandel	Erlebnishandel
● niedriges Preisniveau	● höheres Preisniveau
● Selbstbedienung	● Beratung, Bedienung, Unterhaltung
● kein Service	● vielfältige Serviceleistungen
● einfaches Ladenlokal	● anregende Einkaufsatmosphäre mit Aktionszonen
● Niedrigpreisartikel und viele Sonderangebote	● wechselnde Angebote mit Anregungscharakter

● hier einkaufen heißt:
   sich mit „Anziehsachen" versorgen.
	● hier einkaufen heißt auch:
	   Unterhaltung und Anregung beim Einkauf aktueller Mode erleben.

Versorgungskäufer und **Erlebniskäufer** sind nicht immer verschiedene Personen. Natürlich kann sich ein Mensch mit hohem Einkommen mehr Erlebniskäufe leisten als jemand, der sich sein Geld genau einteilen muss. Aber die meisten Menschen kaufen mal so und mal so:

Bekleidungsmuffel geben häufig viel Geld für ihr Hobby aus, und Modefans sparen in anderen Bereichen, z. B. beim Einkauf von Lebensmitteln oder bei Ausgaben für das Auto.

Da die meisten Menschen heute mal so und mal so einkaufen, spricht man vom **„gespaltenen Konsumenten"**.

Auf die Polarisierung der Kundenansprüche und auf den gespaltenen Konsumenten muss sich der Einzelhandel einstellen. Es ist klar, dass man sich nicht auf beide Ansprüche in einem Geschäft beziehen kann. Deshalb werden sich viele Geschäfte in einer der beiden Richtungen entwickeln und das Personal muss sich entsprechend darauf einstellen.

3.4.6 Ansprüche und Geschäfte

Kunden wählen Geschäfte des Einzelhandels nach unterschiedlichen Kriterien aus. Die Gesellschaft für Konsumforschung hat ermittelt, welche Gesichtspunkte bei der **Auswahl von Geschäften** von Bedeutung sind. Dazu wurden Kunden befragt, worauf sie beim Einkauf Wert legen.

Kriterien zur Wahl von Geschäften

Die befragten Haushalte legten beim Einkauf Wert auf	Lebensmittel	Bekleidung	elektr. Haushaltsgeräte	Möbel	Unterhaltungs-elektronik
fachliche Beratung	7	50	71	65	74
guten Kundendienst	4	7	74	40	68
ausreichende Parkmöglichkeiten	37	17	15	22	13
dauerhaft günstige Preise für das gesamte Sortiment	62	29	21	19	20
qualitativ hochwertige Produkte	47	52	52	49	52
freundliche, hilfsbereite Bedienung	19	41	20	25	21
häufige Sonderangebote	44	18	13	8	12
ein breites Sortiment, große Auswahl	43	39	26	33	26
Nähe des Geschäfts	38	14	8	7	7
einen Bestell- bzw. Zustelldienst	1	5	10	25	8
problemlose Selbstbedienung	37	15	4	3	4
persönliche Atmosphäre eines kleinen Fachgeschäfts	7	18	8	6	9
große Auswahl an bekannten Marken	16	23	27	14	24
große Auswahl an internationalen Marken	4	9	12	6	16
ansprechende Einrichtung	7	11	5	19	6

(Quelle: GfK Marktforschung nach einer Aufstellung in: Die Zeit Nr. 44 v. 27. Okt. 1995)

Aus den Zahlen ergibt sich, dass für die Kunden des Textileinzelhandels drei Gesichtspunkte besonders wichtig sind:

Fachliche Beratung — 2

Qualitativ hochwertige Ware — 1

freundliche und hilfsbereite Bedienung — 3

Worauf die Kunden des Textileinzelhandels am meisten Wert legen!

Für ein qualitativ hochwertiges Warenangebot ist in erster Linie die Sortimentspolitik des Hauses zuständig. Für die Punkte auf Platz 2 und 3 muss jedoch das Verkaufspersonal sorgen. Das Personal spielt eine wichtige Rolle, wenn es darum geht, Kunden zu gewinnen und zu erhalten.

Die Bedeutung des Verkaufsgesprächs

Verkaufsgespräche zu führen ist die wichtigste Aufgabe des Verkaufspersonals. Das Personal repräsentiert dabei das Einzelhandelsunternehmen, es unterstützt den Kontakt zur Ware und berät die Kunden, sodass es zu einem erfolgreichen Abschluss kommt. Der Erfolg der Verkaufsgespräche entscheidet damit wesentlich über den Erfolg des Einzelhandelsunternehmens. Der Begriff „Verkaufsgespräch" bezieht sich nicht nur auf den sprachlichen Aspekt des Kundenkontakts. Von großer Bedeutung sind auch weitere Elemente, die als „Körpersprache" bezeichnet werden: z.B. Auftreten und Äußeres, Mimik und Gestik der Verkäuferin oder des Verkäufers.

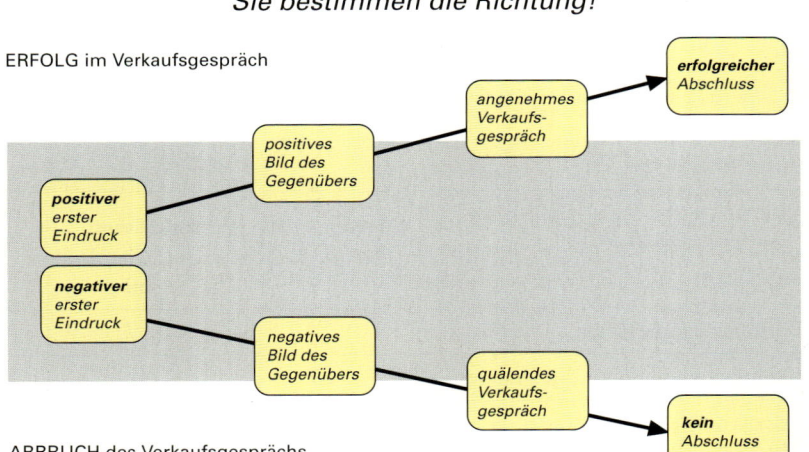

Sie bestimmen die Richtung!

ERFOLG im Verkaufsgespräch

- positiver erster Eindruck → positives Bild des Gegenübers → angenehmes Verkaufsgespräch → erfolgreicher Abschluss
- negativer erster Eindruck → negatives Bild des Gegenübers → quälendes Verkaufsgespräch → kein Abschluss

ABBRUCH des Verkaufsgesprächs

Die Eröffnung des Verkaufsgesprächs

Die **Eröffnung** des Verkaufsgesprächs entscheidet bereits wesentlich über dessen Erfolg.

Viele Kunden im Vorwahlsystem wollen sich zunächst erst in Ruhe umsehen („Schnupperkunden"). In diesem Fall soll den Kunden die Initiative für den Kontakt überlassen werden. Das Personal muss auf entsprechende Signale achten, mit denen Kunden zeigen, dass sie jetzt bedient werden möchten.

Bei Bedienungskäufen erwarten die meisten Kunden, dass der freundlichen Begrüßung eine gezielte Wunschermittlung und eine zügige Warenvorlage folgt.

Bei Selbstbedienung gibt es keine Bedienung durch das Personal, deshalb entfällt auch die Eröffnungsphase.

Die Eröffnungsphase im Vorwahlsystem

| **Zeit zum Umsehen lassen** | **auf Kundensignale achten** | **gezielte Hilfe anbieten** |

Die Eröffnungsphase bei Bedienung

| **Kundenbezogen Kontakt aufnehmen** | **?** **Wunsch gezielt ermitteln** | **Ware zügig vorlegen** |

4.1.2 Kontaktaufnahme

Bedeutung des ersten Kontakts

Beim ersten Kontakt mit einer Person wissen wir meistens sehr schnell, was wir von ihr zu halten haben. Die Psychologie erklärt diese Reaktion damit, dass Menschen ständig Sachverhalte und Personen einschätzen müssen und deshalb zu einfachen Hilfsmitteln – wie z. B. Vorurteilen – greifen. Damit wird der schwierige Prozess der Beurteilung erleichtert. Wir greifen einen wichtigen Aspekt heraus und beurteilen nach diesem Maßstab (Beispiel: *„Er kommt zu spät, also ist er ein unzuverlässiger Mensch!"*). Das Erstaunliche an diesem Vorgang ist, dass die einmal gefasste Meinung relativ stabil ist und nur schwer verändert werden kann. Diese Tatsache gilt natürlich auch für den Verkauf. Jeder, der ein Textilgeschäft zum ersten Mal betritt, weiß sehr schnell, ob er hier etwas kaufen möchte oder nicht. In Sekunden wird entschieden, ob jemand als Kunde gewonnen werden kann oder nicht. Natürlich spielen das **Erscheinungsbild** des Ladens und das Image des Unternehmens eine wichtige Rolle, aber auch das Personal trägt entscheidend zu dem ersten Eindruck bei.

Die Käufer von Textilien und Bekleidung lassen sich von ihren Erwartungen her in Gruppen unterscheiden:

Vorwahlkunden

Diese Kunden wollen sich zunächst ungestört umsehen, ohne angesprochen zu werden. Es handelt sich überwiegend um jüngere Kunden, sowie um Kunden mit einem mittleren bis niedrigen Anspruchsniveau. Etwa achtzig Prozent der Bevölkerung zählen zu dieser Gruppe.

Bedienungskunden

Diese Kunden stellen hohe Ansprüche an das Personal. Sie wollen beachtet und möglichst schnell bedient werden. Es handelt sich überwiegend um ältere Kunden, um Zahlungskräftige und um Kunden mit hohem Sozialstatus. Diese Gruppe ist deutlich kleiner.

Kontaktaufnahme

Bedienung

„Guten Tag!"
bzw. *„Grüß Gott!"*
und dann
„Was wünschen Sie, bitte?"
oder
„Wie kann ich Ihnen helfen?"

Vorwahl

allgemein:
„Haben Sie das Richtige gefunden?"
oder
„Ich helfe Ihnen gern!"
über die Ware:
„Das sind die Jeans aus dem Angebot!"
„Ziehen Sie die Jacke gern einmal an!"
„Dieses Stück gehört zu der bekannten Öko-Kollektion Green world!"

Selbstbedienung

nur im Ausnahmefall
– *wenn der Kunde offensichtlich Hilfe benötigt,*
– *wenn der Kunde Verdacht erregt (Diebstahlgefahr).*

Eines sollte bei der Kontaktaufnahme auf jeden Fall vermieden werden: inhaltsleere Standardfloskeln. Dazu gehört die Frage „Kann ich Ihnen helfen?" genauso wie die Frage „Sie suchen eine Krawatte?", wenn der Kunde sich bereits eine anhält. Ein persönliches Profil mit kundenbezogener Kreativität macht sich gerade bei anspruchsvollen Kunden bezahlt. Und in welcher Form auch immer Kontakt mit den Kunden aufgenommen wird: Ein freundliches Lächeln gehört dazu.

Wünsche werden durch W-Fragen konkret

In vielen Fällen ist die **Wunschermittlung** einfach: Wenn die Kundinnen und Kunden konkrete Vorstellungen oder **Einkaufswünsche** haben, werden sie diese auch äußern. Auf einen konkreten Kundenwunsch kann man am besten mit einer **„W-Frage"** reagieren. Eine W-Frage beinhaltet ein Fragewort und veranlasst die Kunden, etwas mehr über sich und ihren Wunsch zu sprechen.

Beispiele:

Kunde: Ich suche einen Anzug.
Verkäufer: Zu **welchen** Anlässen möchten Sie den Anzug tragen?

Kundin: Ich brauche eine schicke Bluse.
Verkäuferin: **Womit** wollen Sie die Bluse kombinieren?

Kundin: Ich möchte neue Bettwäsche.
Verkäuferin: **Worauf** legen Sie dabei Wert?

Kundin: Ich schaue mich nach Vorhangstoff um.
Verkäuferin: **Wie** ist der Raum ausgestattet, zu dem der Stoff passen soll?

Alle diese W-Fragen können Kunden nicht mit „Ja" oder „Nein" beantworten. Sie sind gezwungen, sich über ihre Vorstellungen zu äußern. Das gibt dem Verkaufspersonal wertvolle Hinweise über die Ansprüche und Vorstellungen, die mit dem Kundenwunsch verbunden sind. W-Fragen sind der Ausgangspunkt für die richtige und treffende Warenvorlage.

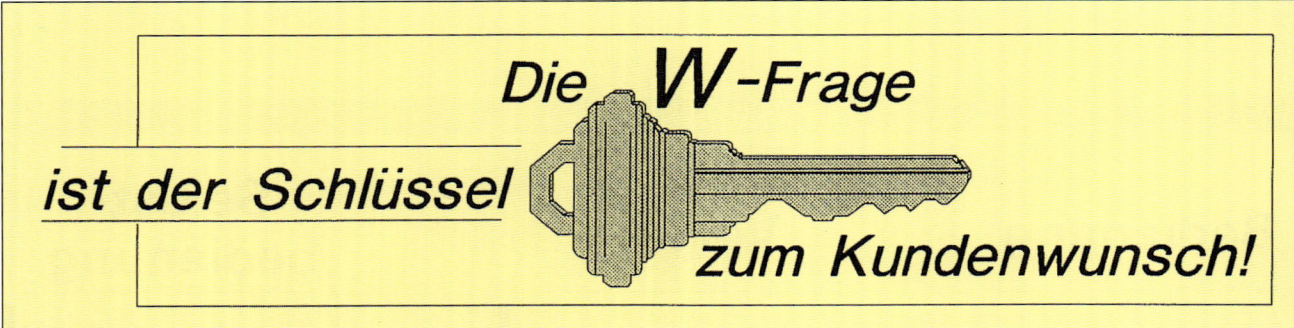

Die **W**-Frage ist der Schlüssel zum Kundenwunsch!

Kunden ohne konkreten Kaufwunsch (er)fordern Fantasie

In immer mehr Fällen kommen Kunden ohne konkreten Wunsch in Betriebe des Textileinzelhandels. Sie wollen unterhalten werden, Neues und Interessantes sehen, Anregungen suchen und Ideen für ihre persönliche Mode finden.

Bekleidung und Heimtextilien werden immer mehr dazu eingesetzt, sich auszudrücken, sich selbst zu verwirklichen, den persönlichen Lebensstil zu demonstrieren.

Kunden, die Anregungen für ihren Lebensstil suchen, kommen ohne konkreten Kaufwunsch. Sie erwarten vielmehr vom Einzelhandel entsprechende Vorschläge. Werbung oder Schaufensterauslagen haben sie in das Geschäft geführt. Die Warenpräsentation vermittelt einige Anregungen, aber vom Verkaufspersonal hängt es jetzt ab, ob diese Kunden sich angesprochen fühlen und Einkäufe tätigen.

In diesen Fällen können aus Verkäuferinnen und Verkäufern echte Kundenberater werden, die als Gesprächspartner zum Thema Mode ihren Kunden Ideen und Impulse vermitteln können. Natürlich muss man sich dabei recht genau in die Vorstellung der Kunden versetzen können.

Das erfordert Einfühlungsvermögen, Warenkenntnisse und Übersicht über aktuelle Entwicklungen und Trends. Aber dieser Aufwand macht sich bezahlt. Kunden, denen Anregungen gegeben und Ideen vermittelt werden, erweisen sich als dankbar und anhänglich. Sie werden häufig zu persönlichen Stammkunden und bieten erhebliches Umsatzpotenzial. Es lohnt sich also, Kreativität und Fantasie zu mobilisieren!

Ihre Ideen erschließen Umsatzreserven!

4.1.4 Warenvorlage

Regeln für die Warenvorlage

Die **Warenvorlage** schließt beim Bedienungskauf an die Wunschermittlung an. Für die Vorlage von Waren haben sich die vier folgenden Regeln bewährt. Sie sind nicht als Vorschrift, sondern als Hilfestellung zur Orientierung anzusehen

Reden ist Silber – Zeigen ist Gold!

Einkaufende Menschen suchen nach Gegenständen, die sie anschauen, anfassen und erfassen können. Deshalb sind sie mehr an der Ware selbst interessiert als an langen Erklärungen. Für die Warenvorlage heißt das: Hinweise und Vorreden vermeiden oder ganz kurz halten. Die Kunden möglichst schnell mit der Ware konfrontieren.

Aller guten Dinge sind drei!

Alle Menschen haben nur ein beschränktes Aufnahmevermögen. Das gilt besonders für Kunden, die sich nach Ware umsehen. Deshalb muss bei der Warenvorlage das Angebot überschaubar gehalten werden. Drei Artikel kann eine Kundin oder ein Kunde überblicken und einschätzen. Auch das Verkaufspersonal kann bei drei Artikeln die Übersicht behalten.

Die goldene Mitte ist eine gute Wahl!

Jeder Kunde hat eine bestimmte Erwartung hinsichtlich des Preisniveaus seiner Einkäufe. Dieser Erwartung muss in etwa entsprochen werden, um Enttäuschungen zu vermeiden. Deshalb ist es meistens richtig, bei einer mittleren Preislage zu beginnen. Diese Ausgangslage macht es möglich, je nach der Kundenreaktion auf Artikel in einer höheren oder niedrigeren Preislage auszuweichen.

Die Sinne der Kunden mehrfach ansprechen!

Die erste Regel fordert dazu auf, möglichst schnell die Augen der Kunden anzusprechen. Bei Textilien muss jedoch rasch der nächste Schritt erfolgen. Textilien fordern zum Fühlen und Anprobieren geradezu heraus. Deshalb sollten die Kunden ermuntert werden, intensiven Kontakt zur Ware aufzunehmen. Je mehr Sinne der Kunden angesprochen werden, umso eher kommen Kunden zu einer Kaufentscheidung.

Einmal gesehen ist besser als 10-mal gehört, einmal anprobiert ist besser als 100-mal gesehen!

4.2.1 Argumentation im Verkauf

Themenbereiche der Verkaufsargumentation

Bei der **Verkaufsargumentation** besteht das Problem herauszufinden, was für den Kunden an der Ware wichtig und interessant ist. Jede Ware bietet viele Anlässe für Gesprächsthemen. Bei Textilien sind es im Wesentlichen sechs Themenbereiche, die für Kunden unterschiedliche Bedeutung haben. Kein Kunde ist an allen Themen gleichermaßen stark interessiert.

Beispiel:

Modeorientierte Kunden sind in der Regel weniger an der Pflege und am Preis einer Ware interessiert, preisbewussten Kunden ist Mode und Umweltbewusstsein oftmals weniger wichtig.

1: **Ansatzpunkte für die Verkaufsargumentation**

Für die erfolgreiche Beratung im Verkauf ist es deshalb wichtig, zu wissen, wie der Kunde orientiert ist, um sich auf dessen Ansprüche konzentrieren zu können.

Regeln für die Verkaufsargumentation

Wie in jedem Gespräch gilt auch im Verkauf: Nicht nur, **was** gesagt wird, ist wichtig. Ebenso wichtig ist, **wie** es gesagt wird. Es ist deshalb die Aufgabe des Verkaufspersonals, den Kunden freundlich zu begegnen, sich in sie hineinzuversetzen, ihre Gefühle zu berücksichtigen und auf ihre Ansprüche einzugehen.

Dabei sollten folgende allgemeine Verhaltensregeln für eine erfolgreiche Verkaufsargumentation beachtet werden.

So werden Kunden bei der Verkaufsargumentation

 vertrieben   **gewonnen**

vertrieben	gewonnen
– Desinteresse und Distanz	+ Interesse am Kunden + freundliches Gesicht
– schöne lange Vorträge	+ kurze Ausführungen + Erläuterungen an der Ware
– Fachbegriffe und Fremdwörter	+ verständliche Begriffe + anschauliche Erklärungen
– Belehrungen und Besserwisserei	+ Informationsangebote + Hilfestellung

2: **Gegenüberstellung Verkaufsargumentation**

4.2.2 Verkaufsargument

Bestandteile des Verkaufsarguments

Nutzen ausdrücken

Ein treffendes **Verkaufsargument** soll Kunden zu der Entscheidung bewegen, eine Ware, für die sie sich interessieren, zu kaufen. Grundlage der Verkaufsargumentation sind immer Warenkenntnisse. Aber die Merkmale einer Ware allein sind noch keine Verkaufsargumente, weil sie meistens nicht den Nutzen für den Kunden deutlich werden lassen.

Beispiel (Warenmerkmal)

„Diese Unterwäsche besteht aus Dunova. Das ist eine Mischung aus Baumwolle und Polyester, die speziell für Unterwäsche entwickelt wurde".

Beispiel (Nutzen für den Kunden)

„Diese Unterwäsche besteht aus Dunova. Dieses Material hat die Eigenschaft, Feuchtigkeit aufzunehmen. Es wärmt gut und klebt beim Schwitzen nicht am Körper."

> **1. Anforderung**
>
> Verkaufsargumente sind Warenkenntnisse, die so übersetzt werden, dass der Nutzen für den Kunden deutlich wird.

Kundenbezogen formulieren

Die Wirkung von Verkaufsargumenten wird ganz wesentlich gesteigert, wenn die Kunden direkt angesprochen werden. Durch die direkte Ansprache mit „Sie" und „Ihr" oder „Ihre" schafft das Verkaufspersonal eine persönliche Nähe. Dem Kunden wird durch den „Sie-Stil" die Ware näher gebracht, weil das Verkaufsargument auf ihn persönlich bezogen wird.

Beispiel (ohne Sie-Stil)

„Diese Hose enthält einen Anteil Elastan. Auf diese Weise bekommt man mehr Bewegungsfreiheit."

Beispiel (mit Sie-Stil)

„Diese Hose ist mit Elastan verarbeitet. Sie gibt nach und engt Sie bei Ihren Bewegungen nicht ein."

> **2. Anforderung**
>
> Verkaufsargumente beziehen sich auf den Kunden und sind entsprechend im „Sie-Stil" formuliert.

Auf das Kundenproblem eingehen

Eine ähnliche Situation hat jeder schon erlebt. Eine Kundin sucht eine modische Jacke, aber die Verkäuferin langweilt sie mit Ausführungen über das Material und die Pflege. Über jede Ware lässt sich eine Menge sagen, aber Kunden interessieren sich nur für Argumente, die sich auf ihr Einkaufsproblem beziehen.

Beispiel (ohne Bezug zum Einkaufsproblem)

„Die Jacke ist ein Markenprodukt im Blouson-Stil. Sie besteht aus einem Baumwoll-Polyester-Gemisch und kann gewaschen werden. Sie haben die Wahl zwischen vier Dessins."

Beispiel (mit Bezug zum Einkaufsproblem)

„Für Ihre Reise ist die Jacke genau richtig. Sie ist bequem und luftig. Außerdem knittert sie nicht so schnell, wenn sie mal im Koffer mitreisen muss."

> **3. Anforderung:**
>
> Verkaufsargumente werden so ausgewählt, dass sie sich auf das Einkaufsproblem der Kunden beziehen.

Die Ware einbeziehen

Bei der Argumentation im Verkauf darf nie vergessen werden, dass es um Ware geht, also etwas, das die Kunden anfassen, fühlen und anprobieren können. Deshalb müssen Verkaufsargumente auch so eingesetzt werden, dass die Ware zu den Kunden „sprechen" kann.

Beispiel (ohne Anwendung der Ware)

„Der Schal ist durch den Mohairanteil sehr weich und flauschig."

Beispiel (mit Anwendung der Ware)

„Legen Sie doch den Schal einmal um und fühlen Sie, wie angenehm weich er ist."

> **4. Anforderung**
>
> Verkaufsargumente werden auf die Ware bezogen und den Kunden an der Ware verdeutlicht.

4.2.3 Modebezogene Argumentation

▶ Modeorientiertes Kundenprofil

Für die Kundinnen und Kunden ist der **Modeaspekt** am wichtigsten. Betont **Modeorientierte** schauen kaum auf den Preis, legen aber in der Regel Wert auf gute Qualität und einen angemessenen Service. Alle anderen Aspekte haben meistens nur untergeordnete Bedeutung.

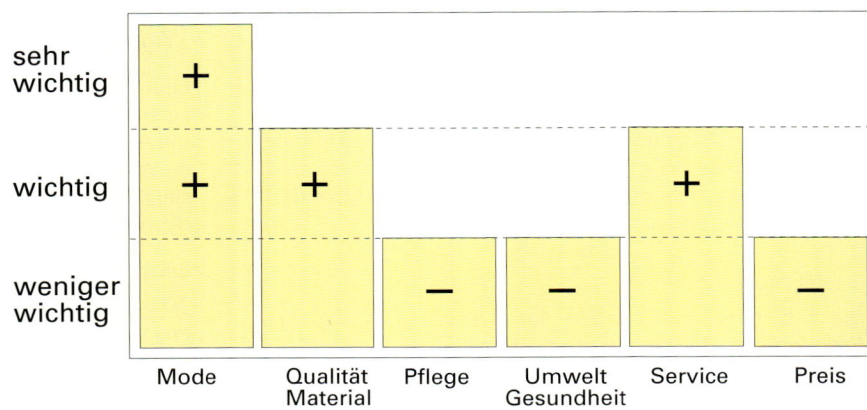

▶ Typische Kunden

1. **Haute-Couture-Interessierte,**

   die sich an den internationalen Modezentren und Modemachern (*Dior, Armani, Joop, Gucci* u. a.) orientieren. Diese Gruppe ist, gemessen an der tatsächlichen Nachfrage, sehr klein.

2. **Gut gestellte Wohlhabende,**

   für die es dazugehört, in Beruf und Freizeit modisch aktuell gekleidet zu sein, z. B. Geschäftsleute und leitende Angestellte der mittleren Altersgruppen.

3. **Männliche und weibliche Avantgardisten,**

   die im Bereich der Kleidung ihrer Zeit voraus sein wollen und stets Neues und Ungewöhnliches suchen. Sie kommen selten, aber in jeder Altersgruppe vor.

4. **Junge modeorientierte Leute,**

   die aufgeschlossen sind, die Entwicklung im Bereich „Action wear" und „Young fashion" verfolgen und neue Akzente sofort aufgreifen.

▶ Argumentationsmuster

Wer auf Mode Wert legt, ist daran interessiert, sich individuell, auffallend und mit persönlicher Note zu kleiden. Modeorientierte wollen chic, elegant oder total abgehoben erscheinen.	*„Darin entwickeln Sie einen ganz persönlichen Charme!"* *„… die Kombination ist einmalig und auffällig!"* *„Sehr gewagt – aber es steht Ihnen!"*
Modeorientierte sind mehr oder weniger eitel, und die Reaktion ihrer Umgebung ist ihnen wichtig. Das kann man auch Prestigestreben oder Geltungssucht nennen, aber diese Bezeichnungen hören die Betreffenden meist nicht gern.	*„Mit diesem ungewöhnlichen Kleid heben Sie sich deutlich von der Masse ab!"* *„So sehen Sie fantastisch aus: man wird sich nach Ihnen umdrehen!"* *„Hochmodisch und auffällig, aber es passt zu Ihnen!"*
Modeorientierte distanzieren sich häufig von Angeboten aus den unteren Preisklassen. Niedrige Preise verbinden sie mit Massengeschmack und fehlendem modischen Pfiff. Deshalb können Markennamen und hohe Preise als Argument eingesetzt werden.	*„Diese Kaschmirjacke von Kiton hat natürlich einen Preis, den sich nicht jeder leisten kann."* *„Diesen kostbaren Mantel hat Gigli nur 30-mal geschaffen. Die Nummer dieses individuellen Stücks finden Sie hier im Futter eingestickt!"*
Zur Begründung für modische und extrem modische Einkäufe gibt es seit Jahren den Standardsatz „Man gönnt sich ja sonst nichts!" Dieser Satz darf aber vom Verkaufspersonal nur in abgewandelter Form eingesetzt werden.	*„Für diesen besonderen Anlass sollten Sie sich etwas Extravagantes gönnen."* *„Es ist hochmodisch und hat natürlich einen hohen Preis, aber Sie zeigen damit Ihren ganz persönlichen Stil."*

4.2.4 Qualitäts- und materialbezogene Argumentation

Qualitäts- und materialorientiertes Kundenprofil

Die Kunden achten besonders auf die Verarbeitung und das Material, aus dem die Ware hergestellt wurde. Sie suchen die Kennzeichnung und fühlen sich als warenkundliche Experten. Die Orientierung an **Qualität** und **Material** kann in verschiedenen Gründen liegen, deshalb können auch Pflege sowie Gesundheits- und Umweltverträglichkeit von Bedeutung sein. Die anderen Aspekte spielen nur eine untergeordnete Rolle.

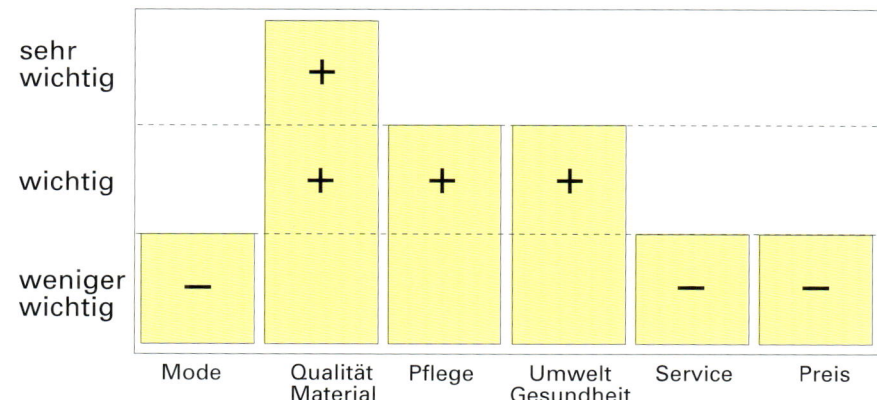

Typische Kunden

1. **Qualitätsfanatiker,**

   die bestimmte Ansprüche an die Verarbeitung stellen. Es handelt sich meistens um Kundinnen mit guten textiltechnischen Kenntnissen („Warum sind die Hosenbeine nicht doppelt gesäumt?").

2. **Materialfetischisten,**

   die sich für bestimmte Materialien bzw. Fasern begeistern und auf sie schwören. (Z. B.: „Von Kopf bis Fuß in Seide gekleidet" oder „Ich trage nur Maschenware!")

3. **Allergiker,**

   die bestimmte Fasern aus gesundheitlichen Gründen meiden müssen, deshalb an der Zusammensetzung interessiert sind und sich meist gut auskennen.

4. **Speziell Interessierte,**

   die Werbeargumente im Bereich der Freizeit- oder Sportbekleidung aufgreifen und an ganz bestimmten neuen Materialien interessiert sind, z. B. an wasserdichten Geweben aus Mikrofasern.

Argumentationsmuster

Qualitätsfanatiker lassen sich von sichtbaren Qualitätsmerkmalen und von Marken, mit denen sie gute Erfahrungen gemacht haben, beeinflussen.	*„Bitte schauen Sie einmal hier, wie robust diese Kinderhose gearbeitet ist: doppelte Nähte, doppelt gesäumt und die Knöpfe sind dauerhaft haltbar angebracht!"* *„Sie kennen sicher Hosen von Oshkosh. Sie sind bekannt für ihre gute Qualität!"*
Begeisterung für bestimmte Materialien oder Fasern ist durch Argumente kaum zu bremsen. Deshalb sind meistens nur Angebote wirkungsvoll, die auf diese Vorlieben eingehen.	*„Sie haben Recht, Seide ist ein sehr vielseitiges Material mit erstaunlichen Eigenschaften. Ich zeige Ihnen gern Unterwäsche (Blusen, Jacken usw.) aus Seide."*
Bei Allergikern und ähnlichen Kunden muss Verständnis für deren Probleme gezeigt werden. Diese Personen müssen sorgfältig und mit genauen warenkundlichen Angaben beraten werden.	*„Ich verstehe gut, dass Sie auf die Ausrüstungen mit Formaldehydgehalt allergisch reagieren. Aber ich bin mir sicher,*
Für die Beratung ist es wichtig, mit den neuesten Trends und Werbeargumenten vertraut zu sein	*„Sie meinen sicher die neuen Sportblousons aus den Mikrofasern mit dem Humpeffekt. Körperfeuchtigkeit geht raus, aber kein Regen rein, und das alles ohne schädliche Beschichtungen!"*

4.2.5 Pflegebezogene Argumentation

Pflegeorientiertes Kundenprofil

Für die Kundinnen und Kunden ist der Aspekt einer einfachen oder ganz bestimmten **Pflege** am wichtigsten. Weil die meisten gewisse Erfahrungen bei der Pflege gemacht und Vorlieben für bestimmte Fasern entwickelt haben, sind Material und Qualität für sie ebenfalls von Bedeutung. Alle anderen Aspekte haben meistens nur untergeordnete Bedeutung.

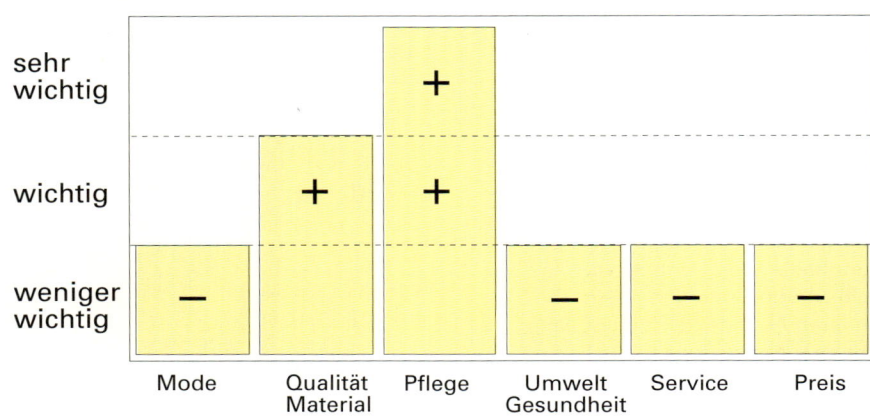

Typische Kunden

1. **Hausfrauen,**

   die ganz konkrete Vorstellungen und Verhaltensweisen bezüglich der Textilpflege entwickelt haben („Ich muss meine Bettwäsche kochen können!" oder „Ich kaufe nur trocknergeeignete Wäsche!").

2. **Mütter von kleinen Kindern,**

   die besonders in den „feuchten" Jahreszeiten stark verschmutzte Kinderkleidung häufig waschen müssen und daran interessiert sind, dass das schnell und problemlos funktioniert.

3. **Alleinstehende Berufstätige,**

   auch Singles genannt, die meistens wenig Zeit für Waschen und Putzen aufwenden wollen und daher an einer einfachen und problemlosen Textilpflege interessiert sind („Ich suche Hemden, die nicht gebügelt werden müssen!").

Argumentationsmuster

Wer ganz konkrete Vorstellungen hinsichtlich der Pflege hat, ist nur schwer von seiner Meinung abzubringen. Deshalb ist es sinnvoll, die Vorstellungen aufzugreifen und so weit wie möglich auf die Wünsche einzugehen.	*„Diese Bettwäsche aus Baumwolle können Sie unbesorgt im Waschgang mit hoher Temperatur waschen. Dann haben Sie den von Ihnen gewünschten Hygiene-Effekt!"* *„Wenn Sie Ihre Wäsche im Trockner behandeln, dann empfehle ich Ihnen unser Wäschesortiment, das genau dafür geschaffen wurde. Bei Wäsche mit dieser Auszeichnung haben Sie die Gewähr, dass die Stücke nicht eingehen oder verfilzen!"*
Mütter, die Kinderkleidung für 2- bis 6-jährige Kinder kaufen, leiden oft darunter, dass diese kurz nach dem Anziehen schon wieder beschmutzt wurde. Sie sind deshalb für Verkaufsargumente offen, die die Pflege erleichtern oder vereinfachen.	*„Ich kann mir gut vorstellen, wie schnell Ihre beiden Buben bei diesem Wetter ihre Sachen eingeschmutzt haben. Aber diese Anoraks können Sie unbesorgt in der Maschine waschen und trocknen. Sie sind dann ganz schnell wieder einsatzbereit!"* *„Zum Schutz der neuen Hosen empfehle ich Ihnen bei diesem Schmuddelwetter diese Überhosen aus gummiertem Gewebe. Die können Sie ganz einfach in warmem Wasser abwaschen."*
Wer wenig Zeit und Mühe für die Wäschepflege aufbringen will, ist meistens offen für praktische Vorschläge, die eine Erleichterung versprechen. Hier sollte man sich nicht scheuen, Vorschläge zu unterbreiten.	*„Wenn Sie Ihre Hosen nie mehr bügeln wollen, kann ich Ihnen eine Lösung anbieten: Hosen mit PermaCur-Behandlung werden einfach gewaschen und mit der Hand glatt gestrichen!"* *„Die imprägnierte Jacke nimmt Schmutz nicht so schnell an. Sie müssen sie nicht so schnell reinigen!"*

Ausführliche Hinweise zur Textilpflege einschließlich der Pflegesymbole im warenkundlichen Teil B, Kapitel 1.5

4.2.6 Umwelt- und gesundheitsbezogene Argumentation

Umwelt- und gesundheitsorientiertes Kundenprofil

Umwelt- und gesundheitsbezogene Kunden sind in erster Linie daran interessiert, wie sich Textilien bei Herstellung, Gebrauch, Pflege und Entsorgung auf die **Umwelt** und die **Gesundheit** auswirken. Daher ist für sie auch die Qualität, das Material und die Pflege von Bedeutung.

Mode, Service und Preis spielen eine eher untergeordnete Rolle.

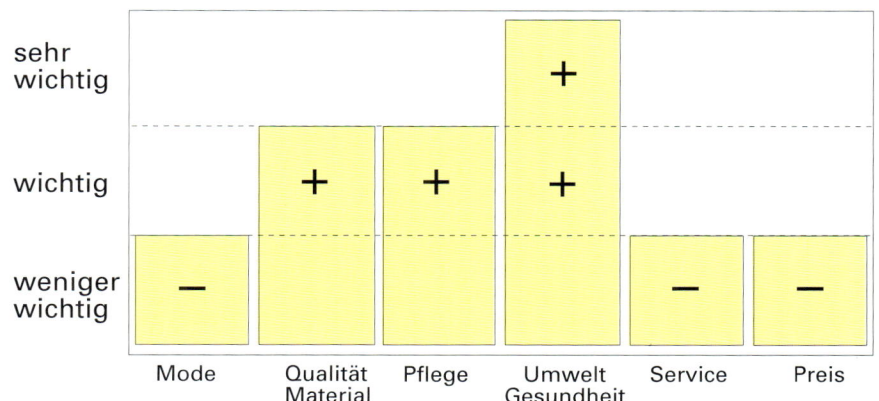

Typische Kunden

1. **Umweltorientierte,**

   die auch abfällig als Ökofreaks oder Müslis bezeichnet werden, nehmen unter den Kunden zu. Sie haben aufgrund von Vorinformationen meistens feste Vorstellungen und Einstellungen, die nur schwer zu erschüttern sind. Sie sind am ehesten durch ehrliche Gegenüberstellungen zu beeinflussen und mit Fakten aus verbraucherorientierten Veröffentlichungen (z. B. „test", „ökotest" oder „natur") zu überzeugen.

2. **Gesundheitsorientierte,**

   die aus Gründen der Vorbeugung oder aus schlechten Erfahrungen (meist Allergien) misstrauisch sind, interessieren sich meistens für spezielle Fasern oder Ausrüstungen, die sie vermeiden wollen oder müssen.

   Bei vielen Kundinnen oder Kunden verbinden sich auch beide Motive. Umwelt- und gesundheitsorientierte Kunden nehmen es übel, wenn ihre Einwände oder Bedenken bagatellisiert werden. Deshalb empfiehlt es sich, auf die kritischen Bedenken dieser Kundengruppe in der Beratung einzugehen. Auch solche Kunden können auf Bekleidung nicht verzichten und sind froh, wenn ihnen unschädliche oder weniger schädliche Alternativen aufgezeigt werden.

Argumentationsmuster

Ökologischer Vergleich von Natur- und Chemiefasern

„Naturfasern verbrauchen bei der Erzeugung nur erneuerbare Energie und sie zerfallen am Ende wieder unschädlich.

Allerdings werden heute große Mengen an Dünger und Pestiziden eingesetzt, die Böden verseuchen und Feldarbeiter krank machen. Viele Naturfasern werden mit Chemikalien ausgerüstet, die gesundheitliche Risiken mit sich bringen. Schließlich: der Gesamtbedarf an Textilien ist durch Naturfasern allein nicht zu decken."

„Chemiefasern brauchen nicht ausgerüstet werden, da sie chemisch maßgeschneidert sind. Im Vergleich mit Naturfasern wird nicht mehr Energie verbraucht, die Wasserbelastung ist möglicherweise geringer.

Allerdings können die Produktion und die Entsorgung erhebliche Probleme bereiten. Katalysatoren, Lösungsmittel und Nebenprodukte können die Umwelt und Arbeitskräfte schädigen. Schädliche Stoffe können auch im Endprodukt enthalten sein."

Weitere Informationen im warenkundlichen Teil B, 11. Kapitel (Ökologie)

Ökologischer Vergleich von Natur- und Chemiefasern

Unter ökologischen und gesundheitlichen Gesichtspunkten ist es zweckmäßig

- *Textilkennzeichnung und Warenbeschreibung genau zu beachten,*
- *neue Textilien, die mit der Haut in Berührung kommen, vor Gebrauch gründlich zu waschen,*
- *Waren mit Ökosiegel („Öko-Tex Standard 100", „Green cotton" u. Ä.) und getestete Ware mit günstigen Ergebnissen zu bevorzugen,*
- *auf Naturfasern mit Pflegeleicht-Ausrüstung durch Formaldehydharz („bügelfrei") zu verzichten,*
- *Bekleidungsstücke mit Biozid-Ausrüstung („sanitized" u. Ä.) zu vermeiden.*

Weitere Informationen im warenkundlichen Teil B, 1.9

4.2.7 Servicebezogene Argumentation

Serviceorientiertes Kundenprofil

Diese Kundinnen und Kunden sind typische Bedienungskunden.

Für sie ist ein guter **Service** vorrangig. Daneben spielt die Qualität eine wichtige Rolle, außerdem können in einigen Fällen Material und Pflege von Bedeutung sein. Die übrigen Aspekte haben eine sehr untergeordnete Bedeutung.

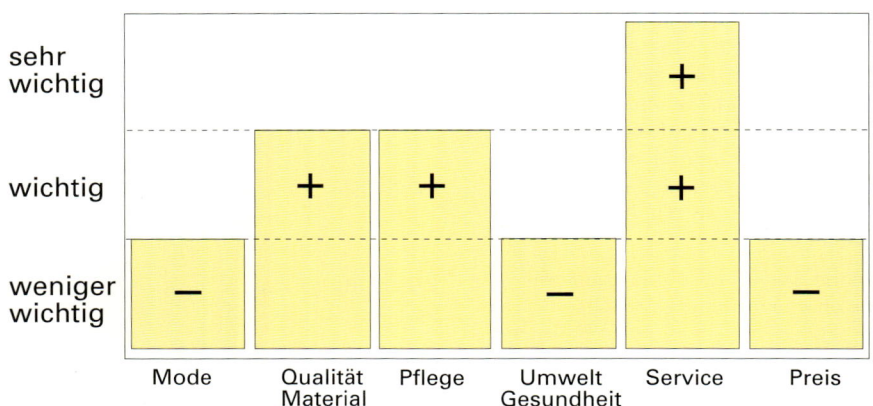

	Mode	Qualität Material	Pflege	Umwelt Gesundheit	Service	Preis
sehr wichtig					+	
wichtig		+	+		+	
weniger wichtig	–			–		–

Typische Kunden

1. **Kundinnen und Kunden,**

   die durch ihre gesellschaftliche Position Bedienung gewöhnt sind und auch im Verkauf eine entsprechende Zuwendung und Betreuung erwarten.

2. **Kundinnen und Kunden,**

   die auf eine sehr genaue Passform achten oder durch ihre Figur Probleme haben, passende Kleidungsstücke zu bekommen (z. B. Behinderte, Kurzarmige, „Sitzriesen", Übergewichtige).

3. **Kundinnen,**

   die Heimtextilien kaufen, aber nicht über das handarbeitliche Geschick verfügen, um sie selbst entsprechend herzurichten.

Argumentationsmuster

Wer Bedienung gewohnt ist, stellt hohe Anforderungen an alle Arten von Service, von der Begrüßung bis zur Verabschiedung. 	„Wenn Sie das neue Abendkleid zusammen mit Ihrem Gatten aussuchen wollen, stellen wir Ihnen gern eine Auswahl zusammen, die Sie mit nach Hause nehmen können!" „An unserer Kaffeebar bieten wir Ihnen eine kleine Erfrischung, solange Ihre Gattin mit dem Anprobieren beschäftigt ist!" „Wenn Ihre Zeit knapp ist, wählen wir gern Hemden und Krawatten passend zum Anzug aus. Sie kommen nach Ihren Besorgungen vorbei und schauen, was Ihnen gefällt!" „Sie können unbesorgt einkaufen, ohne an den Transport zu denken. Wir stellen Ihnen die Ware gern bis heute Abend zu!"
Wer auf eine genaue Passform achtet oder achten muss, ist dankbar für rechtzeitige Hinweise auf den Änderungsservice der hauseigenen- oder Vertragsschneiderei.	„Unsere Schneiderei kann das Kleid Ihrer Taille so anpassen, dass es ganz ausgezeichnet aussieht!" „Die Hose passt einwandfrei, nur die Beine sind etwas zu lang. Wenn Sie es wünschen, kürzen wir sie gern innerhalb einer Stunde!"
Gardinen, Stores u. ä. Heimtextilien werden häufig nur gekauft, wenn der notwendige Service angeboten wird.	„Unser Komplettservice sorgt für die richtige Größe und die fachgerechte Anbringung, sodass Ihre neuen Gardinen ganz akkurat aussehen!"

4.2.8 Preisbezogene Argumentation

Preisorientiertes Kundenprofil

Diese Kundinnen und Kunden orientieren sich im Wesentlichen nur am **Preis** einer Ware. Für sie haben alle anderen Aspekte eine völlig untergeordnete Bedeutung.

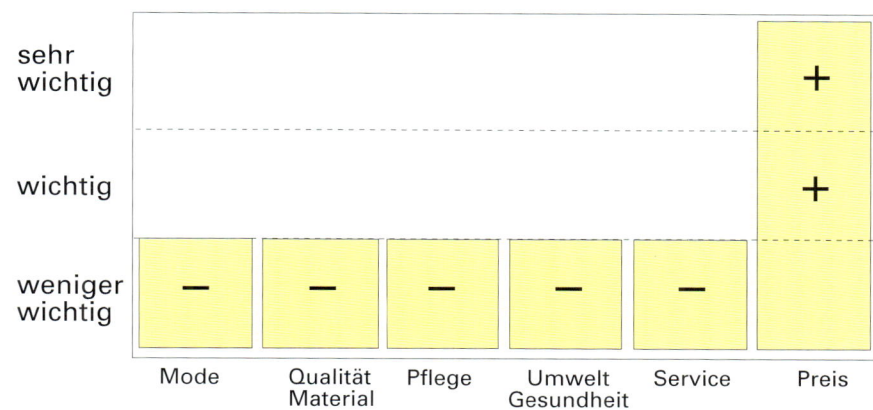

Typische Kunden

1. **Schnäppchenjäger,**

   die darauf aus sind, Waren günstig zu ergattern. Besonders ansprechbar sind sie auf Waren, die wesentlich teurer erscheinen, z. B. im Preis herabgesetzte Markenware.

2. **Pfennigfuchser,**

   Menschen, die sich selbst als sparsam sehen und die von anderen als geizig bezeichnet werden. Sie trennen sich ungern von ihrem Geld und haben bei hohen Preisen das Gefühl, übervorteilt zu werden.

3. **Personen,**

   die durch eine schwache wirtschaftliche und soziale Stellung zum Sparen gezwungen sind und sich nur Einkäufe auf niedrigem Preisniveau leisten können (z. B. Arbeitslose und alte Menschen mit geringer Rente).

Argumentationsmuster

Schnäppchenjäger sind meist jünger, markenorientiert und auf jedem Anspruchsniveau anzutreffen. Ihnen muss deutlich gemacht werden, wie viel sie bei einem „Schnäppchen" sparen!	„Diese original Burberry-Mäntel bieten wir wegen unseres Umzugs sehr günstig an. Sie können eine Menge sparen, weil wir sie 100 € unter dem normalen Preis verkaufen." „Betty-Barclay-Pullover zu einem so günstigen Preis finden sie sonst nirgends. Das ist eine einmalige Gelegenheit, die sollten Sie sich nicht entgehen lassen!"
Sparsame oder geizige Menschen hören meistens nicht gern, dass sie so sind. In diesen Fällen ist es wirkungsvoll, den Preis in Bezug zur gebotenen Leistung zu setzen, damit deutlich wird, was sie für ihr Geld geboten bekommen.	„Fühlen Sie bitte einmal die schwere Qualität. An diesem Stück werden Sie lange Freude haben, sodass der Preis mehr als gerechtfertigt ist." „Der Rock steht Ihnen gut. Sie können ihn bei vielen Anlässen tragen, er ist nicht empfindlich und kostet nur 29 €. Ist das nicht das Richtige für Sie?" „Weniger sollten Sie auf keinen Fall für Ihre neuen Gardinen ausgeben. Es sieht sonst so billig aus, dass Sie es bereuen werden!"
Menschen, die nur über wenig Geld verfügen, wollen auf ihre Armut meist nicht gern angesprochen werden. Deshalb sollte der Begriff „billig" nicht fallen. Dennoch sollte deutlich werden, dass das Angebot sich auf niedrigem Preisniveau bewegt.	„Eine Thermohose für Ihren Sohn werden Sie kaum günstiger bekommen. Es ist unser preiswertestes Angebot." „Der Wintermantel gehört zur absolut niedrigsten Preisklasse. Günstiger können Sie sich wirklich nicht warm kleiden!"

4.2.9 Verkaufsphrasen

Begriffserklärung

Eine Phrase ist eine abgegriffene und inhaltsleere Redewendung. **Verkaufsphrasen** sind unbedachte Äußerungen in der Verkaufsargumentation, die nichts aussagen und eher schaden.

Viele Kunden reagieren empfindlich auf Verkaufsphrasen, weil diese anzeigen, dass sich das Personal nicht ernsthaft mit ihnen und ihren Problemen auseinandersetzt.

Verkaufsphrasen sollten deshalb vermieden werden. Das ist nicht immer einfach, besonders wenn sich bestimmte Redewendungen eingeschliffen haben und gar nicht mehr bewusst geäußert werden. In solchen Fällen ist gegenseitige kollegiale Hilfe geboten.

Verkaufsphrasen können Kunden verärgern und negativ beeinflussen. Sie werden dann zu Umsatzkillern!

Vorsicht: Phrasen

Wirkung von Verkaufsphrasen

Verkaufsphrase	Wirkung
„... ist wirklich gute Qualitätsware!"	Von Qualitätswaren können die Kunden erwarten, dass diese gut sind. Wenn diese unnötig doppelte Behauptung noch mit „wirklich" verstärkt wird, kann eher Misstrauen entstehen: „Weshalb wird das so betont? Ist die übrige Ware wirklich keine gute Qualität?"
„... wird gern gekauft!"	Bei allen modischen Waren ist diese Phrase ein absoluter Umsatzkiller. Jetzt wissen die Kunden, dass schon ganz viele Leute mit diesem Bekleidungsstück herumlaufen. Das ist ein Anlass, gerade dieses Stück nicht zu erstehen.
„... sieht super aus!"	Das gilt auch für „toll"und „schön". Diese Eigenschaften sagen wenig aus und wirken gedankenlos: „Fällt ihr nichts Besseres ein?" Häufig können diese Phrasen auch ironisch wirken, wenn die Kunden wirklich nicht so gut aussehen.
„... trage ich selbst!"	Das wird oft als Empfehlung verstanden, gilt aber nur, wenn sich die Kunden am Modeempfinden des Personals orientieren wollen. Das ist häufig nicht der Fall, und dann kehrt sich die Empfehlung beim Kunden um. „Mag für die ja richtig sein, aber nicht für mich!"

Vermeidung von Verkaufsphrasen

Auf das Einkaufsproblem eingehen:	Kunden persönlich ansprechen:	Kreativ und individuell formulieren:
Verkaufsargumente gezielt auswählen!	Beziehung durch Argumente im Sie-Stil herstellen!	Eigene Ideen entwickeln und mit Fantasie vortragen!

Der **Abschluss** des Verkaufsgesprächs entscheidet ganz wesentlich darüber, ob die Kunden wiederkommen. Es handelt sich also um eine wichtige Phase, bei der das Verkaufspersonal besonders gefordert ist.

Unterstützung der Kaufentscheidung

Die **Kaufentscheidung** wird durch eine kundenbezogene Beratung und ein zielgerichtetes Verkaufsgespräch herbeigeführt:

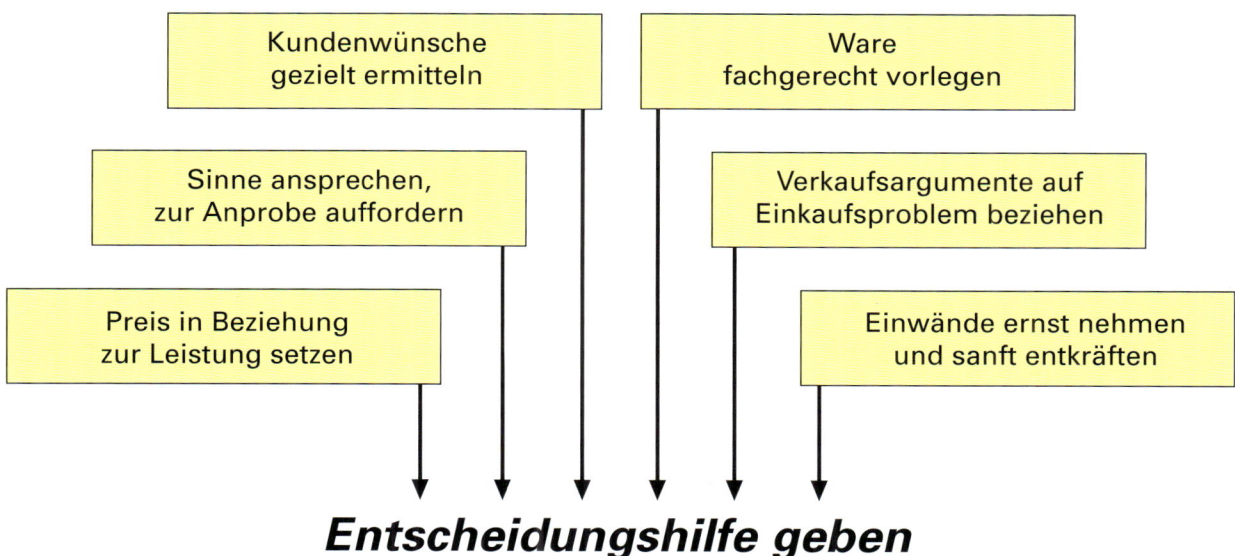

Verhalten nach der Kaufentscheidung

Wenn die Kaufentscheidung getroffen ist, darf der Kontakt zu den Kunden nicht abgebrochen werden. Kunden müssen betreut werden, bis sie die Einkaufsstätte verlassen.

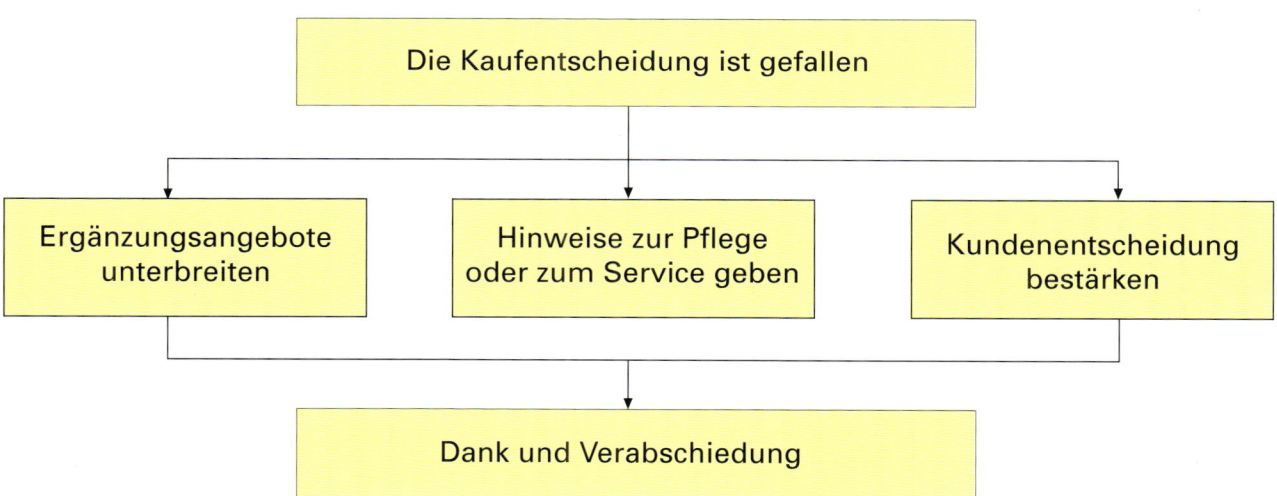

Abschluss ohne Kaufentscheidung

Trotz eines angeregten Verkaufsgesprächs kann der Fall eintreten, dass nichts gekauft wird. Dieser Fall darf nicht als „Niederlage" empfunden werden. Es gibt immer wieder Kunden, die längere Zeit für eine Kaufentscheidung benötigen und erst einmal eine Nacht darüber schlafen müssen. Manchmal erkennen Kunden erst während des Verkaufsgesprächs, dass sich ihre Einkaufsabsichten nicht so verwirklichen lassen, wie sie sich das vorgestellt haben. In beiden Fällen ist es falsch, die Kunden zum Kauf zu drängen. Diese Kunden wurden dann erfolgreich beraten, wenn sie später wiederkommen. Deshalb sollte man alles daransetzen, auch diese Kunden bis zum Abschied freundlich und zuvorkommend zu behandeln.

Nicht die Ware, sondern die Kunden sollen wiederkommen!

4.3.2 Entscheidungshilfen

Viele Kunden können sich nur schwer entscheiden und erwarten Impulse, die ihnen helfen, einen Entschluss zu fassen. In solchen Fällen besteht die Aufgabe des Verkaufspersonals darin, mangelnde **Entschlussfreudigkeit** zu registrieren und positive **Hilfestellung** zu geben, ohne dass sich die Kunden überrumpelt fühlen. **Entscheidungshilfen** sollten den persönlichen Willen der Kunden stützen und fördern, aber nie gegen ihn gerichtet sein.

► Signale fehlender Entscheidungsbereitschaft

Kunden, die Entscheidungshilfe benötigen, zeigen dies durch Signale:

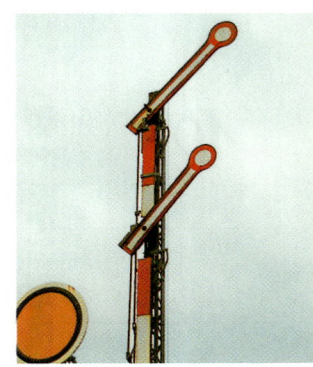

– Sie halten eine ausgewählte Ware in der Hand und vergleichen sie mit anderen Stücken.

– Sie probieren ein Kleidungsstück an und bewegen sich unentschlossen vor dem Spiegel hin und her.

– Sie schauen nach anderen Stücken, kommen aber immer wieder auf ein Stück zurück.

Diese Signale veranlassen aufmerksames Verkaufspersonal zur Hilfestellung.

► Hilfestellung bei der Entscheidung

Hilfestellung bei der Kaufentscheidung kann durch mehrere **Abschlusstechniken** erfolgen. Die Auswahl der Abschlusstechnik sollte kundenbezogen und situationsgerecht getroffen werden.

1. Abschlusstechnik: Direkte Kaufaufforderung

Wenn die Kundenberatung so erfolgt ist, dass alle offenen Fragen geklärt sind und die Kaufbereitschaft deutlich wird, kann das Verkaufspersonal durch eine direkte Aufforderung die Kaufentscheidung auslösen.

„Entscheiden Sie sich für diesen festlichen Blazer! Er steht Ihnen ausgezeichnet."

„Dieses günstige Angebot gilt nur noch heute. Greifen Sie zu, bevor es zu spät ist!"

2. Abschlusstechnik: Alternativfrage

Unentschlossenen Kunden kann geholfen werden, indem man die Entscheidungsmöglichkeiten einengt und damit den Entscheidungsprozess vereinfacht. Dies kann dadurch geschehen, dass nur zwei positive Möglichkeiten als Alternative zur Wahl gestellt werden (Alternativfrage).

„Wie sieht Ihre Entscheidung aus: der luftige Faltenrock oder der etwas elegantere Hosenrock?"

„Diese beiden Hosen entsprechen genau Ihren Ansprüchen. Möchten Sie lieber die helle oder die dunkle?"

3. Abschlusstechnik: Suggestivfrage

Diese Abschlusstechnik kann angewandt werden, um Kunden eine bestimmte Antwort in den Mund zu legen. Durch eine suggestive Frage werden Kunden beeinflusst, weil ihnen eine positive Antwort oder Zustimmung unterstellt wird. Die Verwendung von Suggestivfragen sollte nur dann erfolgen, wenn sie der Interessenlage der Kunden entspricht.

„Sie suchen eine gesundheitlich absolut unbedenkliche Unterwäsche. Und Sie wollen dabei auf Nummer sicher gehen? Ist dann nicht diese Garnitur mit dem Zeichen „Schadstoffgeprüft nach Öko-Tex-Standard" das Richtige für Sie?"

„Die Bluse sollte doch zu Ihrem neuen Rock passen und elegant wirken? Außerdem wollten Sie nicht mehr als 120 € ausgeben? Ist das dann nicht genau die Lösung?"

4.3.3 Ergänzungsangebote

Bedeutung von Ergänzungsangeboten

Ergänzungs- oder **Zusatzangebote** spielen im Textileinzelhandel eine wichtige Rolle. Viele Kundinnen und Kunden erwarten bei der Kundenberatung modische Tips oder nützliche Hinweise. Sie gehen davon aus, dass sich das Verkaufspersonal auskennt und durch seine Sortimentskenntnisse auf notwendige und sinnvolle Ergänzungen hinweist.

Ergänzungsangebote bieten nicht nur zusätzliche Umsatzchancen für den Handel, sondern können durchaus auch vorteilhaft für die Kunden sein. Es ist deshalb im Interesse der Kundschaft und des Geschäfts, Ergänzungsangebote zum Hauptkauf zu unterbreiten.

Unterbreitung von Ergänzungsangeboten

Ergänzungsangebote werden nur dann angenommen, wenn sie so formuliert sind, dass die Kunden den Sinn des Vorschlags verstehen.

① Zeitpunkt

Ergänzungsangebote werden erst dann unterbreitet, wenn sich Kunden für einen Artikel mit höherem Wert (Hauptkauf) entschieden haben, z. B. Vorhangstoff, Anzug, Kostüm.

② Gegenstand

Als Ergänzungen sollten Zusatzartikel angeboten werden, die im Preis deutlich unter dem Hauptkauf liegen, diesen aber notwendig, sinnvoll oder modisch ergänzen.

Hauptkauf	Ergänzung	Art der Ergänzung
Vorhangstoff	Kräuselband, Garn	notwendige Ergänzung
Anzug	Weste, Gürtel	sinnvolle Ergänzung
Kostüm		

③ Formulierung

Bei Ergänzungsangeboten unterbreitet das Verkaufspersonal einen Vorschlag. Dazu sind Entscheidungsfragen *(„Benötigen Sie noch einen Schal?")* weniger gut geeignet. Praktische Vorschläge sind meistens wirkungsvoller. Jede Fachkraft im Verkauf muss ihren Stil für kreative und anregende Zusatzangebote finden, ohne dabei aufdringlich zu wirken.

Zur Orientierung dienen folgende Formulierungsbeispiele:

- *„Der neue Mantel kommt mit dem passenden Schal noch besser zur Geltung. Wie gefällt Ihnen dieser Cashmere-Schal?"*

- *„Wenn diese Hose ganz bequem und locker sitzen soll, empfehle ich Ihnen modische Hosenträger. Dieses Modell passt farblich ganz hervorragend dazu."*

- *„Ihr neues Sakko wirkt mit einer Schleife besonders festlich. Bitte schauen Sie sich das mal im Spiegel an!"*

④ Verfahren

Alle Ergänzungen sollten so angeboten werden, dass die Kunden eine plastische Vorstellung davon bekommen. Das geschieht besonders gut, wenn das Ergänzungsangebot in Kombination mit dem Hauptkauf gezeigt wird:

- *Eine Krawatte wird unter den Hemdkragen gesteckt.*

- *Ein Tuch wird angehalten oder in die Tasche geschoben.*

- *Modeschmuck wird angesteckt.*

Zahlungsarten im Einzelhandel

Kunden im Einzelhandel können auf unterschiedliche Weise den Kaufpreis entrichten, je nachdem, welche **Zahlungsarten** vom Einzelhändler akzeptiert werden.

● Barzahlung	● Barzahlung in Sorten (ausländisches Geld)
● Kundenkarte	● Geldkarte
● Kreditkarte	● Electronic Cash
● Online-Lastschrift	● Offline-Lastschrift

1: Bargeld

Barzahlung ist weit verbreitet, bringt aber erhebliche Risiken mit sich: Falschgeld, Diebstahl/Raub und Verluste beim Umgang, z. B. durch falsches Herausgeben. Barzahlung erfordert außerdem einen hohen Arbeitsaufwand: Bargeld muss sortiert, gerollt, gezählt und zur Bank transportiert werden. Deshalb sind viele Einzelhändler bemüht, Bargeldumsätze zugunsten anderer Zahlungsarten zu reduzieren

2: Ausländische Währung

Ausländisches Geld bereitet noch mehr Probleme, da der Wechselkurs errechnet werden muss und die Banken Gebühren für den Umtausch erheben. Deshalb akzeptieren nur Geschäfte in Grenznähe oder in Flughäfen, wo viele Ausländer einkaufen, ausländisches Geld. In der Regel werden auch nur „harte" Währungen, wie z. B. US-Dollars, Schweizer Franken oder Britische Pfund, akzeptiert.

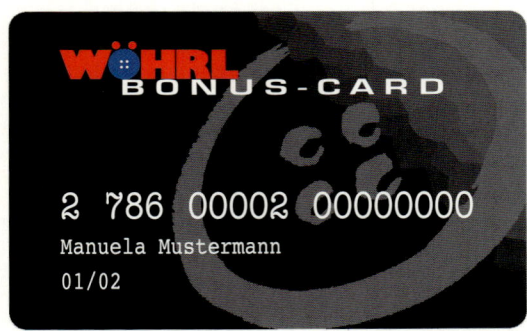

3: Kundenkarte

Kundenkarten sind Kreditkarten, die nur für das Unternehmen gelten, das sie ausstellt. Handelsunternehmen geben sie aus, um Kunden an sich zu binden. Kunden zahlen dort mit Karte, und am Monatsende wird die gesamte Kaufsumme vom Konto abgebucht. Neben der Anschrift werden alle Einkäufe erfasst, deshalb liefern Kundenkarten praktisch alle Daten für die Durchführung einer Direktwerbung.

[Siehe auch 3.1.6 (2)]

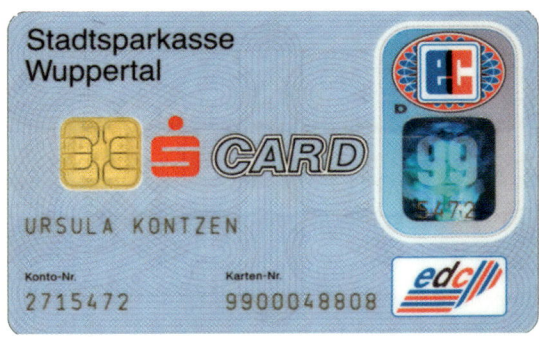

4: Geldkarte

Geldkarten (BankCard/SparkassenCard mit Chip) funktionieren ähnlich wie Telefonkarten. Auf ihnen können Guthaben durch Abbuchung vom Konto gespeichert werden. Mit der Geldkarte kann überall gezahlt werden, wo ein entsprechendes Terminal vorhanden ist. Damit können auch kleinere Beträge bargeldlos auf rentable Weise bezahlt werden.

4.3.4 Zahlungsarten (2)

Die zukunftsorientierten Zahlungsarten haben folgende gemeinsame Merkmale:

● Sie bieten Sicherheit vor Falschgeld.

● Sie senken den Bargeldbestand.

● Sie vereinfachen den Kassiervorgang und die Kassenabrechnung.

● Die Kunden benötigen nur eine Kredit- oder Euroscheckkarte.

● Der Einzelhändler benötigt eine entsprechende Kasseneinrichtung (und evtl. Zusatzgeräte).

Kreditkarten

Kreditkarten sind ein internationales Zahlungsmittel. Die bekanntesten Kredit-karten-Organisationen sind VISA, Mastercard in Verbindung mit Eurocard, American Express und Diners Club. Eine Kreditkarte erhält nur der, dessen Kreditwürdigkeit von der Organisation überprüft wurde. Alle Umsätze der Kreditkarte werden monatlich vom Konto des Kunden abgebucht.

Einzelhändler können Zahlungen per Kreditkarte durch zwei Möglichkeiten akzeptieren:

Bei der manuellen Abwicklung wird die Kreditkarte mechanisch auf einen Durchschreibesatz geprägt. Der Kunde bestätigt per Unterschrift die Zahlung. Eine größere Sicherheit bietet die elektronische Abwicklung. Die Karte wird über ein Gerät eingelesen und die Autorisierung online eingeholt.

Der Einzelhändler erhält eine Gutschrift über den Betrag abzüglich einer Servicegebühr.

Kreditkarten bedeuten

für den Karteninhaber	
+ Weltweit gültiges Zahlungsmittel + Einfache Handhabung + Haftung bei Verlust begrenzt + Kreditrahmen ist eingeräumt + Meist weitere Zusatzleistungen (z. B. Versicherungen)	− Jahresgebühr für die Karte − Viele Geschäfte verweigern noch die Annahme − Verstärkt Neigung zu Spontankäufen

für den Einzelhändler	
+ Kundenfreundliches, internationales Image + Spontane Käufe sind jederzeit möglich + Ausländer zahlen problemlos + Zahlungssicherheit	− Relativ hohe Servicegebühren − Zeitverzug bis zur Vergütung des Gegenwertes − Einstiegsinvestition bei elektronischer Abwicklung

Electronic Cash

Bei **Electronic Cash** zahlen die Kunden mit ihrer BankCard/SparkassenCard und der Eingabe ihrer PIN (persönliche Identifikations-Nummer, umgangssprachlich „Geheimzahl"). Dazu ist der Anschluss an das Datennetz der Banken notwendig. Die Kaufsumme wird direkt vom Konto des Kunden auf das Konto des Einzelhändlers umgebucht.

Electronic Cash bedeutet

für den Karteninhaber	
+ Bequemes Zahlungsmittel für EC-Karten-Inhaber + Keine zusätzlichen Kartengebühren	− PIN-Eingabe notwendig

für den Einzelhändler	
+ Kundenfreundliches Angebot + Schnelle Gutschrift des Gegenwertes + Hohe Sicherheit durch Zahlungsgarantie	− Hardware erforderlich (Einstiegsinvestition) − Kosten für Autorisierung und Datentransfer

▶ On-line-Lastschriftverfahren

Bei dem On-line-Lastschriftverfahren zahlt der Kunde mit seiner Euroscheckkarte (ohne PIN). Der Einzelhändler prüft über eine Verbindung (on-line), ob für das Konto des Kunden ein Sperrvermerk vorliegt. Die Kaufsumme wird anschließend im Lastschriftverfahren eingezogen.

On-line-Lastschriftverfahren bedeutet

für den Karteninhaber	
+ Bequemes Zahlungsmittel	– Gebühren der Bank
+ Keine PIN-Eingabe	– Bei höheren Beträgen Vorlage des Ausweises

für den Einzelhändler	
+ Kundenfreundliches Angebot	– Hardware erforderlich (Einstiegsinvestition)
+ Relativ hohe Sicherheit	– Gebühren für Sperrlistenabfrage und Datentransfer
+ Leichter Umstieg auf Electronic Cash	

Der Kunde bestätigt mit seiner Unterschrift, dass er die Ware erhalten hat und dass diese bis zum Zahlungseingang Eigentum des Verkäufers bleibt (Eigentumsvorbehalt).

GARHAMMER G

EC-LASTSCHRIFTENAUFTRAG

ICH ERMÄCHTIGE HIERMIT GARHAMMER, DEN FOLGENDEN BETRAG VON MEINEM UNTEN ANGEGEBENEN KONTO DURCH LASTSCHRIFT EINZUZIEHEN. FÜR DEN FALL DER NICHTEINLÖSUNG WEISE ICH MEINER BANK UNWIDERRUFLICH AN, GARHAMMER AUF ANFORDERUNG NAMEN UND ANSCHRIFT VOLLSTÄNDIG MITZUTEILEN. INSOFERN SOLL GARHAMMER EIGENER ANSPRUCH ZUSTEHEN.

EC-Quittung

Datum	21.02.02
Bankleitzahl	26250001
Kontonummer	01056747
Betrag	139,50 €

21.02.02 12.02 611 14 33 1 856

UNTERSCHRIFT KARTENINHABER

MODEHAUS GARHAMMER · MARKTPLATZ 28 · 94065 WALDKIRCHEN

▶ Off-line-Lastschriftverfahren

Auch beim Off-line-Lastschriftverfahren zahlt der Kunde nur mit seiner Euroscheckkarte. Der Einzelhändler verzichtet auf die Sperrlistenabfrage. Dafür kann er sich die Kosten für die Hardware und die Sperrlistenabfrage ersparen. Ein Vorreiter dieses Verfahrens war „Peek & Cloppenburg". Wegen der geringen Kosten und der niedrigen Ausfallraten ist dieses Verfahren im Textileinzelhandel weit verbreitet.

Off-line-Lastschriftverfahren bedeutet

für den Karteninhaber	
+ Bequemes Zahlungsmittel	– Gebühren der Bank
+ Keine PIN-Eingabe	– Bei höheren Beträgen Vorlage des Ausweises

für den Einzelhändler	
+ Kundenfreundliches Angebot	– Ausfallrisiko
+ Geringe Kosten	

4.3.5 Kassieren

An der Kasse erleben die Kunden den „Knackpunkt" des Verkaufs. Sie müssen sich von ihrem Geld trennen. In dieser Situation kommt es besonders auf eine freundliche Stimmung und kundenbezogene Hinwendung an. Andererseits ist gerade beim Kassieren Aufmerksamkeit oberstes Gebot. Der Umgang mit Geld erfordert Sorgfalt und Übersicht, um Verluste zu vermeiden.

Regeln für das Kassieren

1. Grundsätze

- Käufe für sich selbst oder die eigenen Angehörigen dürfen nicht selbst kassiert werden.

- Es ist nicht gestattet, Privatgeld an den Kassenarbeitsplatz mitzunehmen.

- Es darf nur nach Ablegung der Kassenprüfung oder mit ausdrücklicher Vollmacht kassiert werden.

2. Vor Geschäftsbeginn

- Das Wechselgeld ist in die Kassenschublade einzuzählen. Bei Differenzen muss sofort das Büro hinzugezogen werden.

- Es ist zu kontrollieren, ob das Datum an der Kasse richtig eingestellt ist und ob der Kontrollstreifen und die Bonrolle eingelegt sind.

3. Kassiervorgang

Grundsatz A: Es werden nur die vom Unternehmen akzeptierten Geld- bzw. Zahlungsarten angenommen.

Grundsatz B: Erst die Zahlung annehmen, dann die Ware mit dem Bon aushändigen.

Grundsatz C: **Kassenanweisungen** genau beachten.

- Ware neben die Kasse legen und Verkaufspreis lt. Auszeichnung eintippen bzw. scannen.

- Warengruppen- oder Lagertaste entsprechend drücken.

- Jeden Artikel einzeln registrieren, „aufaddieren" ist nicht zulässig.

- Kaufbetrag ansagen.

- Zahlungsmittel entgegennehmen, auf die Zahlplatte legen und Geldwert ansagen.

- Prüfung vornehmen (bei Bargeld Quarzlampe, bei Kreditkarten ohne Online-Abfrage Sperrlisten, bei Euroscheck oder Offline-Lastschriftverfahren evtl. Personalausweis).

- Retourgeld vorzählen, Zahlungsmittel des Kunden erst in die Kassenschublade legen, wenn das Retourgeld angenommen worden ist.

- Kassenschublade schließen und Ware – zusammen mit dem Kassenbon – übergeben.

4. Geldreklamation

- Wird das Retourgeld reklamiert, sofort die Aufsicht oder das Büro verständigen.

- Kassensturz wird vom Büro vorgenommen.

- Das Büro trifft die Entscheidung, ob der reklamierte Betrag ausgezahlt wird.

5. Tippfehler

- Bei Tippfehlern die Aufsicht oder das Büro verständigen.

- Vertippten Bon abzeichnen lassen.

- Richtigen Kaufbetrag eintippen und kassieren.

- Vertippten Bon an die Kassenabrechnung heften.

6. Kassenabrechnung

- Nullbon registrieren, mit „S" (= Schlussbon) kennzeichnen und an das Kassenprotokoll heften.

- Wechselgeld in Beutel einzählen und eintragen.

- Tageseinnahme ermitteln und in die Kassenabrechnung eintragen.

- Alle Belege (auch Null-Bons und vertippte Bons) der Kassenabrechnung beifügen.

In großen Betrieben gibt es auch für den Geldwechselvorgang und Umtausch sowie für Kassen-Vorentnahmen und Personalkäufe bestimmte Vorschriften, die genau eingehalten werden müssen. Die Einhaltung der Regeln und Vorschriften sichert die an der Kasse Tätigen doppelt ab: Erstens werden Fehler vermieden und es wird dem Verhalten betrügerischer Kunden vorgebeugt. Zweitens werden die Personen an der Kasse selbst vor dem Verdacht des Betrugs oder der Unterschlagung geschützt.

4.3.6 Einpacken der Ware

Im Textileinzelhandel nimmt die Zahl von Käufen zu, bei denen Kunden die neue Ware sofort anziehen und benutzen wollen. Aber gemessen an der Gesamtzahl, bleibt dieser Anteil klein. Bei den meisten Einkäufen wird die Ware von den Kunden mitgenommen. Ware muss deshalb so verpackt werden, dass sie problemlos transportiert werden kann.

Transportverpackung

Die **Verpackung** der Ware hat in erster Linie eine **Schutzfunktion:** Die Ware muss vor Feuchtigkeit (Regen) und Schmutz (Staub) geschützt werden. Druckempfindliche Ware muss außerdem vor Stößen u. Ä. geschützt werden (z. B. Hutschachtel).

Die Verpackung hat auch eine **Transportfunktion:** Ein bequemer Griff ermöglicht das problemlose Tragen. Die Größe muss so bemessen sein, dass das Packgut beim Gehen nicht am Boden schleift. Der Umfang muss so bemessen sein, dass das Verstauen im Kofferraum oder in den Ablagen öffentlicher Verkehrsmittel keine großen Probleme bereitet.

Für den Textileinzelhandel spielt die **Werbefunktion** der Verpackung eine wichtige Rolle: Verpackungen, insbesondere die **Tragetasche,** sind ein hervorragender Werbeträger, mit dem die Kunden Werbung für das Einzelhandelsunternehmen verbreiten. Kaum ein Textileinzelhandelsgeschäft verzichtet auf diese Form der Werbung.

1: Tragetaschen

Weil auch Tragetaschen entsorgt werden müssen, bemüht sich die Industrie um umweltverträgliche Lösungen: Tragetaschen aus Papier können als Altpapier dem Recycling zugeführt werden, Tragetaschen aus Polyethylen (PE) sind über die Wertstoffsammlung recyclefähig. Je attraktiver die Tragetaschen gestaltet sind, umso öfter werden sie auch nach dem Einkauf genutzt.

Geschenkverpackung

Ein besonderer Fall ist die Verpackung beim Kauf eines Geschenkes. Diese Gelegenheit kommt im Textileinzelhandel besonders vor Weihnachten häufiger vor. Eine Geschenkverpackung soll die Gabe aufwerten und als etwas Besonderes erscheinen lassen. Modische Artikel wirken jedoch meistens für sich selbst. Häufig ist deshalb eine Klarsichtfolie die geeignete Verpackung, eine Schleife oder ein Kräuselband dienen zur Verzierung.

Tipps für das Einpacken

Die Ware muss fachgerecht zusammengelegt werden. Kunden sollten gefragt werden, ob sie eine Verpackung wünschen, denn Packmaterial verursacht dem Einzelhandel Kosten und den Kunden Mühe bei der Entsorgung. Die zusammengelegte Ware wird so in die Tasche geschoben, dass sie gerade liegt und möglichst wenig knittert. Den Kassenbon mit einpacken!

4.3.7 Bestärkung und Verabschiedung

Bedeutung der Bestärkung

Ein größerer Einkauf ist für viele Kunden mit Unsicherheit verbunden. Das gilt besonders für den Einkauf modischer Waren, bei denen die Unsicherheit aus folgenden Fragen resultiert:

Steht mir die Anschaffung auch wirklich, passt sie zu meinem Typ und zu meiner übrigen Bekleidung?

Habe ich nicht zu viel Geld ausgegeben, ist der Preis angemessen und die Qualität in Ordnung?

Kann ich mir das überhaupt leisten, oder hätte ich das Geld sparen sollen?

Wie werden meine Familienangehörigen oder Freunde auf die Anschaffung reagieren?

Wird diese Unsicherheit nicht ausgeräumt, so vertieft sie sich und bleibt als negatives Erlebnis im Bewusstsein verankert. Da Menschen die Plätze meiden, an denen sie negative Erlebnisse hatten, kann das zum Verlust von Kunden führen. Deshalb ist es wichtig, die Kunden in ihrem Einkaufsverhalten zu bestärken. Die **Bestärkung** erfolgt durch Argumente, die den Kunden Ansatzpunkte zur „Rationalisierung" ihres Kaufs geben. Das kann auf vielfältige Weise erfolgen:

1. Bekräftigung des Einkaufs

Die direkteste Form der Bestärkung ist ein Kompliment für den richtigen Einkauf. Der Kunde fühlt sich in seiner Entscheidung bestätigt und erhält auf diese Weise Rückhalt für sein Verhalten. Das gilt besonders, wenn Bezug auf das wichtigste Kaufmotiv des Kunden genommen wird.

„Gut, dass Sie sich für den schadstofffreien Schlafanzug nach Ökotex 100 entschieden haben. Damit tun Sie das Beste für Ihre Gesundheit!"

2. Gebrauchs- und Pflegehinweise

Durch gezielte Gebrauchs- und Pflegehinweise wird den Kunden gezeigt, dass man ihre Entscheidung unterstützt und fördert. Kunden erhalten auf diese Weise auch Argumentationshilfe für die Nützlichkeit des Einkaufs (Rationalisierung).

„Die Hose stellt keine Ansprüche an die Pflege. Sie können sie in der Maschine waschen und brauchen sie nicht in die Reinigung zu geben!"

3. Serviceangebote

Serviceangebote sind besonders im Bereich der Heimtextilien und der Handarbeitsartikel von Bedeutung. Hierbei werden Kunden durch ein Hilfsangebot bestärkt. Ihnen wird die Unsicherheit genommen, ob die Verarbeitung auch wirklich so klappt, wie sie sich das vorgestellt haben.

„Die Gebrauchsanweisung liegt dem Knüpfset bei. Sollten Sie aber wirklich mal nicht zurechtkommen, so helfen wir Ihnen gern mit Rat und Tat!"

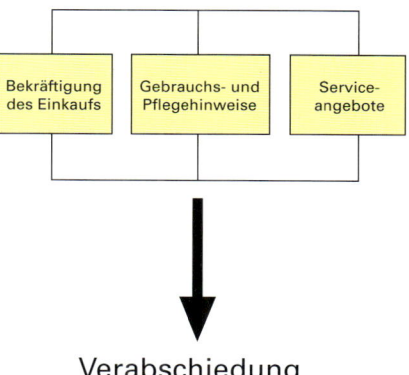

Verabschiedung

Zur freundlichen **Verabschiedung** gehört ein Dank. Es ist nicht selbstverständlich, dass der Kunde gerade dieses Geschäft für seinen Einkauf gewählt hat. Schließlich entscheidet gerade der letzte Eindruck in besonderem Maße über die Wiederkehr. Kunden, die persönlich bekannt sind, können erwarten, dass sie mit ihrem Namen angesprochen werden.

„Auf Wiedersehen, Frau Beck, und herzlichen Dank für Ihren Einkauf!"

Einwände als Chancen verstehen

Kunden, die weder Fragen stellen noch **Einwände** erheben, benötigen keine Beratung und machen Verkaufspersonal überflüssig. Einwände zeigen, dass Kunden sich mit dem Angebot des Einzelhandels auseinander setzen. Sie zeigen Interesse und möchten, dass ihre Bedenken ausgeräumt werden. Deshalb ist jeder Einwand eine Herausforderung an die Fähigkeiten und Kenntnisse des Verkaufspersonals.

Viele Einwände mögen unzutreffend oder unberechtigt erscheinen. Dennoch ist es wichtig, auch auf alle Einwände kundenbezogen und mit Fingerspitzengefühl einzugehen. Jeder Mensch möchte, dass seine Fragen und Bedenken ernst genommen werden. Einwände sind auch immer ein Gesprächsangebot. Kunden mit Einwänden signalisieren ihrem Gesprächspartner „Ich möchte mit dir sprechen. Bitte, räume meine Bedenken aus!"

Deshalb gelten folgende Grundsätze:

Jeder Einwand wird ohne Widerspruch zur Kenntnis genommen. Der Einwand wird ernst genommen: Wir sagen und zeigen, dass wir Verständnis für die Bedenken haben. Dann wird der Einwand abgefedert, umgelenkt und erst dann ausgeräumt. Direkter Widerspruch ist auf jeden Fall zu vermeiden. Auf diesem Prinzip beruhen alle Methoden der Einwandbehandlung.

Einwände von Kunden

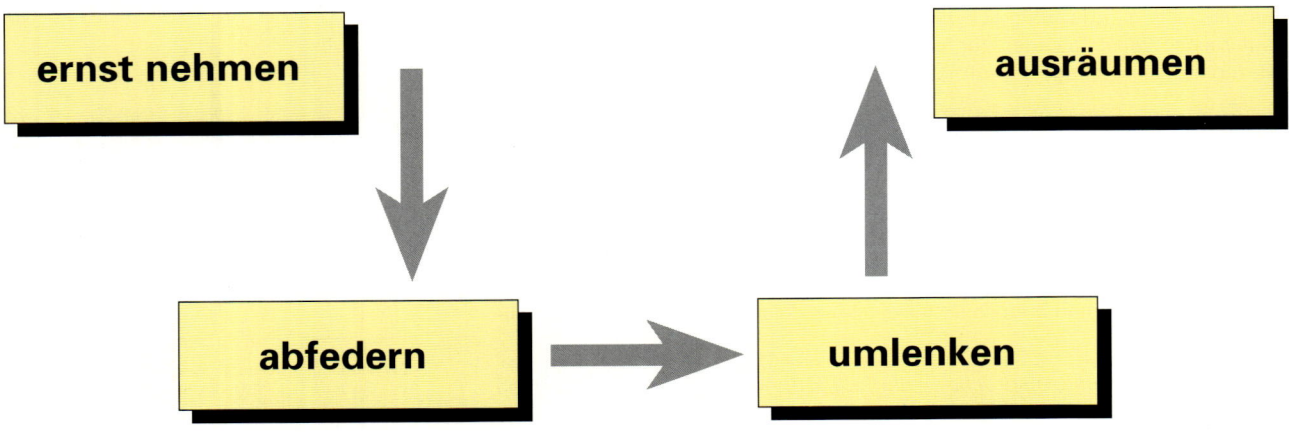

Einwände richtig ausräumen

Die richtige Einwandbehandlung wird an folgendem Beispiel gezeigt:

„Leder kann man doch nicht waschen. Dann sieht die Jacke schnell schmuddelig aus!"

ernst nehmen	*Sie haben völlig recht, diese Jacke können Sie natürlich nicht waschen. Das verträgt sie nicht.*
abfedern	*Das bedeutet aber nicht, dass Lederkleidung unsauber oder unhygienisch werden muss.*
umlenken	*Das glatte Leder verschmutzt längst nicht so schnell wie ein Textilgewebe. Staub und Schmutz können Sie abwischen, und für hartnäckige Fälle gibt es Fachreinigungen.*
ausräumen	*Auch in dieser Jacke können Sie mit wenig Aufwand immer sauber und gepflegt wirken!*

Methoden der Einwandbehandlung

Ja – aber	**Ja-aber-Methode** Zunächst wird dem Kunden zugestimmt (ernst nehmen). Erst wenn der Ja-Teil angekommen ist, beginnen Sie mit Abfedern, Umlenken und Ausräumen (Aber-Teil).	*Einwand:* „Die helle Hose ist zu empfindlich." *Reaktion:* „Ja, das ist richtig. Bei hellen Sachen ist Schmutz besser zu sehen und macht sich unangenehm bemerkbar. Aber denken Sie daran, dass Sie diese Hose in der Maschine waschen können. Selbst die Bügelfalte bleibt dabei tadellos erhalten!"
? → !	**Umwandlungsmethode** Der Einwand des Kunden wird in eine Frage verwandelt. Das zeigt ihm, dass er richtig verstanden wurde. Anschließend wird die Frage beantwortet.	*Einwand:* „Der Mantel ist aber teuer." *Reaktion:* „Der Mantel kostet 598 €. Wenn ich Sie richtig verstanden habe, dann fragen Sie, ob dieser Preis gerechtfertigt ist? Schauen Sie sich einmal die aufwendige Verarbeitung an. Hier bei …"
– +	**Minus-Plus-Methode** Der Einwand des Kunden wird zunächst voll akzeptiert und als Nachteil bestätigt. Aus dem Nachteil wird aber in der weiteren Argumentation ein besonderer Vorteil abgeleitet.	*Einwand:* „Der Anorak sieht aber nicht besonders modisch aus." *Reaktion:* „Das stimmt, Schnitt und Farbe sind nicht besonders aktuell. Aber Sie sollen diesen Wanderanorak ja lange tragen können. Die neutrale Farbe und den funktionellen Schnitt empfinden Sie auch in ein paar Jahren noch als angenehm."
↖	**Bumerang-Methode** Der Einwand des Kunden wird postwendend in ein wirkungsvolles Argument für die Ware verwandelt. Dabei wird auf einen Vorteil verwiesen, den der Kunde noch nicht gesehen hat.	*Einwand:* „Das ist ja kein Lacoste-Pullover!" *Reaktion:* „Genau, das ist kein Marken-Pullover. Dabei sparen Sie jedoch über 30 € bei fast gleicher Qualität. Dann können Sie sich noch das dazu passende Poloshirt leisten."
?	**Rückfrage-Methode** Der Einwand des Kunden wird mit einer Gegenfrage pariert. Dabei wird eine Überleitung formuliert (Abfedern), sodass der Eindruck eines Schlagabtauschs vermieden wird.	*Einwand:* „Der Mohairpullover ist doch furchtbar schlecht zu pflegen." *Reaktion:* „Gut, dass Sie diesen kritischen Punkt ansprechen. Ich verstehe Ihre Vorsicht. Wie pflegen Sie denn Ihre anderen Pullover?"

„Unechte" Einwände

„Unechte" Einwände werden meist nur zum Schein gemacht, wenn der Kunde bereits vom Kauf abgerückt ist. Viele Kunden können nach einer längeren Beratung nicht direkt sagen, dass sie diesmal nichts kaufen wollen. Sie erheben dann einen unechten Einwand, den das Personal ihrer Meinung nach nicht entkräften kann.
Beispiel: „Wenn Sie ihn in Grün hätten …"
– wenn es den Pullover in dieser Farbe gar nicht gibt.

Bei solchen Einwänden hilft keine der vorgestellten Methoden. Unechte Einwände lassen sich nicht entkräften. Wenn zu vermuten ist, dass der Einwand des Kunden nicht „echt" ist, hilft nur eine gelassene und freundliche Reaktion. Wird ein unechter Einwand akzeptiert, verschafft man Kunden eine Erleichterung und ermuntert sie zum Wiederkommen, um tatsächlich etwas zu kaufen.

… wenn Sie ihn in Grün hätten …

Nach der **Preisauszeichnungsverordnung** müssen alle im Textileinzelhandel angebotenen Artikel mit dem Verkaufspreis gekennzeichnet sein. In den meisten Fällen ist der Preis an der Ware angebracht (Anhänger, Etikett), in einzelnen Fällen erfolgt die **Auszeichnung** am Warenträger (z. B. an der Gondel oder am Regalplatz). Auf diese Weise ist sichergestellt, dass alle Kunden über die Verkaufspreise informiert sind.

Im Verkaufsgespräch fragen dennoch Kunden häufig nach dem Preis. Gerade wenn sie mehrere Stücke ansehen und anprobieren, verlieren sie die Übersicht darüber, was das einzelne Stück kostet. Wird dann der Preis genannt, ohne auf den Wert der Ware einzugehen, kann es zu negativen Folgen kommen. Deshalb sollten bei der **Preisnennung** zwei wichtige Regeln beachtet werden.

▶ Regel ① für die Preisnennung

Die Begriffe „billig" und „teuer" vermeiden!

Den Begriff „teuer" beziehen die Kunden auf den Preis, „billig" wird dagegen auf die Qualität der Ware bezogen. Beide Begriffe können sich deshalb nachteilig auswirken. Deshalb ist es notwendig, die Begriffe zu umschreiben.

statt „billig"	statt „teuer"
… ein günstiges Angebot	… ein exklusives Stück
… eine vorteilhafte Möglichkeit	… etwas Edles für besondere Ansprüche
… eine preiswerte Gelegenheit	… hochwertige Ware
… eine Chance, Geld zu sparen	… ein Teil mit besonders aufwendiger Verarbeitung
… eine Gelegenheit, die Sie sich leisten können	… etwas Besonderes, das Sie sich gönnen sollten
Dieses sommerliche Sakko ist ein günstiges Angebot. Durch Direkteinkauf haben wir einen Preisvorteil erzielt, den wir an unsere Kunden weitergeben. Sie sparen eine ganze Menge dabei!	*Dieser Cashmere-Sakko ist etwas für ganz besondere Ansprüche. Das edle Material und die aufwendige Verarbeitung kann sich nicht jeder leisten. Es ist ein exklusives Stück für Kenner!*

▶ Regel ② für die Preisnennung

Nie „nackte Preise" nennen!

Wenn ein Preis genannt wird, sollte der Kunde immer eine entsprechende Vorstellung vom Wert des Artikels haben. Erst dann erscheint die Ware „preiswert". Deshalb ist es sinnvoll, nie „nackte Preise" zu nennen, sondern die Preisangabe mit Hinweisen zum Artikel zu verbinden. Dafür gibt es mehrere Methoden.

Verzögerungsmethode

Die Preisnennung wird solange verzögert, bis durch eine überzeugende kundenbezogene Argumentation die richtige Beziehung zwischen Preis und Leistung deutlich geworden ist. Aber Vorsicht: die Geduld der Kunden darf nicht überstrapaziert werden!

„Dieses Kleid in Schnitt und Farbe der Saison ist topmodisch. Das leichte Material aus Naturfaser schenkt Ihnen Frische und engt Sie nicht ein. Es kann problemlos in der Maschine gewaschen werden und kostet 198 € !"

Sandwichmethode

Nach der Verkaufsargumentation werden die wichtigsten Vorzüge der Ware wiederholt, und der Preis wird darin eingepackt.

„Das Kopfkissen mit dem neuen Füllmaterial kostet 49 €. Es verklumpt nicht und verflacht nicht und kann in der Maschine gewaschen werden."

Nachteil-Vorteil-Methode

Der Einwand gegen einen hohen Preis wird vorweggenommen. Den Kunden wird erklärt, was für diesen Preis geboten wird.

„Der Preis von 38 € erscheint Ihnen auf den ersten Blick vielleicht hoch. Aber Sie erhalten mit diesem Knüpfset alle Materialien komplett und außerdem eine ausführliche Anleitung mit vielen guten Anregungen. Da macht Ihr Hobby noch mehr Freude!"

4.4.3 Reklamationen (1)

Rechte der Kunden bei Reklamationen

Wenn ein Kunde **Mängel** an einer gekauften Ware feststellt, so kann er diese reklamieren. Im Textileinzelhandel können u. a. die folgenden Sachmängel zu **Reklamationen** führen:

- Die Ware ist nicht richtig verarbeitet, z. B. unvollständige Nähte, offene Säume.
- Die Ware ist beschädigt, z. B. abgerissene Knöpfe, aufgeplatzte Nähte.
- Die Ware wurde trotz korrekter Pflege beschädigt, z. B. Einlaufen, Farbverlust.

Reklamationen sind nur bei Sachmängeln berechtigt. Bringt ein Kunde Ware aus anderen Gründen zurück, z. B. weil ihm die Farbe nicht gefällt oder die Größe nicht passt, so erwartet der Kunde einen Umtausch. Darauf hat er allerdings keinen **Rechtsanspruch.**

Aus dem Kauf mangelhafter Ware ergeben sich für Kunden folgende Rechtsansprüche, die innerhalb von zwei Jahren nach dem Kauf geltend gemacht werden müssen. Der erste Rechtsanspruch ist die **Nacherfüllung,** für die es zwei Alternativen gibt:

• **Nacherfüllung** durch **Nachbesserung** (§ 439 BGB), wenn erfolglos, dann Rücktritt oder Minderung und evtl. Schadenersatz (vgl. 5.1.4(1))	*Eine Kundin hat eine Bluse gekauft, bei der die Knöpfe „mit der heißen Nadel" angenäht wurden. Die Knöpfe werden von der Hausschneiderei neu angenäht.*
• **Nacherfüllung** durch **Nachlieferung** (BGB § 439) Der Kaufvertrag bleibt bestehen. Die mangelhafte Ware wird durch mangelfreie Ware **ersetzt.** (Dieser Vorgang wird fälschlicherweise auch als „Umtausch" bezeichnet.)	*Ein Kunde bringt eine Ski-Hose zurück, bei der die Reißverschlüsse falsch eingenäht wurden. Er erhält eine gleiche Hose ohne Mängel.*

Wird die Nacherfüllung nicht innerhalb einer bestimmten Frist erledigt, oder ist die Nacherfüllung aus sachlichen Gründen nicht zumutbar oder möglich, können folgende Ansprüche geltend gemacht werden:

• **Rücktritt** (BGB § 440) Der Kaufvertrag wird rückgängig gemacht. Der mangelhafte Kaufgegenstand wird zurückgegeben, und der Kaufpreis wird erstattet.	*Eine Kundin erwirbt ein Sommerkleid. Sie stellt fest, dass sich die Nähte lösen. Da es das letzte Stück in ihrer Größe war, besteht sie auf der Rückgabe des Kaufpreises.*
• **Minderung** (BGB § 441) Der Kaufvertrag bleibt bestehen. Der Kaufpreis wird jedoch im beiderseitigen Einverständnis so herabgesetzt, dass er dem Mangel angemessen ist.	*Eine Kundin kauft einen Rock. Sie stellt fest, dass der Saum unzureichend geheftet ist. Da sie die Reparatur selbst durchführen kann, einigen sich Kundin und Einzelhändler auf eine Preisreduzierung von 10 €.*
• **Schadenersatz** (BGB § 463) Ein Schadenersatz muss geleistet werden, wenn der Kunde einen konkreten Schaden nachweisen kann.	*Ein Kunde hat eine Hose mit der Bezeichnung „farbecht" gekauft. Bei der Wäsche tritt trotz Einhaltung der Pflegeanleitung ein Farbverlust ein. Andere Wäschestücke werden eingefärbt. Der Kunde kann auf Ersatz der beschädigten Stücke bestehen.*

Reaktion auf Reklamationen

Mängel an der Ware verärgern Kunden. Reklamieren Kunden, so erwarten sie, dass ihr Ärger akzeptiert und die Ursachen beseitigt werden. Deshalb sind Ausreden und Beschwichtigungen nicht angebracht. Folgende Erfahrungen aus Reklamationsfällen sollten beachtet werden und zu Konsequenzen führen:

Unzufriedene Kunden teilen ihre negativen Erfahrungen bis zu 22 weiteren Personen mit.	Die Erfahrungen aus jeder positiv bearbeiteten Reklamation werden an 5 weitere Personen vermittelt.	70 Prozent der bei Reklamationen zufrieden gestellten Kunden werden zu Dauerkunden.

⬇ Für die Bearbeitung von Reklamationen ⬇ ergeben sich daraus wichtige Konsequenzen. ⬇

Negative Mundpropaganda unbedingt vermeiden!	Das positive Image des Betriebs stärken!	Durch gute Reklamationsbearbeitung Stammkunden gewinnen!

4.4.3 Reklamationen (2)

Regeln für die Bearbeitung von Reklamationen

1.	Ruhig und sachlich bleiben, höflich und freundlich reagieren!	Streitgespräche schüren Emotionen und führen zu Ärger und Aufregung.
2.	Reklamierende Kunden in das Büro oder in einen ruhigen Teil des Verkaufsraums bitten!	Reklamationen können andere Kunden vom Kauf ablenken oder abhalten.
3.	Reklamierenden Kunden einen bequemen Sitzplatz anbieten!	Die Sitzposition stimmt friedlich. So lässt es sich schlechter schimpfen.
4.	Jede Reklamation ernst nehmen und die Beschwerde ruhig anhören!	Wer seinen Ärger los werden möchte, braucht einen Zuhörer.
5.	Verständnis für den Mangel und den damit verbundenen Ärger zeigen!	Wer sich verstanden fühlt, reagiert aufgeschlossen auf seinen Gesprächspartner.
6.	Sich für alle Unannehmlichkeiten und den Ärger entschuldigen!	Entschuldigungen kommen positiv an und schaffen ein friedliches Gesprächsklima.
7.	Verständnisvoll fragen und Beschwichtigungen vermeiden!	Fragen klären den Sachverhalt, Beschwichtigungen schüren die Emotionen.
8.	Reklamationen so schnell wie möglich bearbeiten und den Kunden darüber informieren!	Der Kunde fühlt sich einbezogen, wenn er weiß, was mit seiner Reklamation geschieht.
9.	Im Zweifelsfall großzügig sein und Kulanz gewähren!	Dieser Grundsatz spart Arbeit, dient dem Image und erhält Kunden.
10.	Sich ausdrücklich für Reklamationen bedanken!	Durch Reklamationen erhält man wertvolle Informationen.

Zweifelhafte Reklamationen

Reklamierende Kunden haben nicht immer Recht. Bei eingelaufenen, verformten oder verfilzten Sachen stellt sich die Frage, ob die Kunden die Ware auch gemäß der Pflegeanleitung behandelt haben. Der Einzelhandel selbst kann in der Regel nicht nachprüfen, ob die Pflegevorschriften eingehalten wurden. Auch in diesen Zweifelsfällen sind Auseinandersetzungen oder Streit zu vermeiden.

In Zweifelsfällen gibt es folgende Möglichkeiten, zu reagieren:

Kulanz

Bei Kulanz verhält sich der Einzelhändler großzügig. Er verzichtet auf die Feststellung, worauf der Schaden zurückzuführen ist, und ersetzt die beanstandete Ware. Damit werden weitere Auseinandersetzungen vermieden. Der Kunde ist zufrieden gestellt, und der Einzelhändler erspart sich Arbeit und Ärger. Für Kulanz spricht auch der Effekt der positiven Mundpropaganda.

Der Einzelhändler kann von den Lieferanten mangelhafter Ware Ersatz der Aufwendungen verlangen, die er getragen hat, um den Mangel abzustellen (Rückgriff des Unternehmers, § 478 BGB). Gerade Hersteller von Markenware haben das Interesse, negative Kundenerfahrungen zu vermeiden und ein positives Image zu fördern. In Zweifelsfällen werden auch sie sich eher kulant verhalten. Bemüht sich der Einzelhändler um eine kulante Leistung des Lieferanten, wird er in den Augen des Kunden zum Anwalt der Konsumenten gegenüber dem Hersteller.

Schlichtung

Die Schlichtung wird in Anspruch genommen, wenn es um einen bedeutenden Einkaufswert geht und zu keiner Einigung zwischen Kunde und Einzelhändler kommt. In solch einem Fall soll eine neutrale Schlichtungsstelle feststellen, wer für die Mängel an der Ware verantwortlich ist. Diese Feststellung kann nur durch eine aufwendige Untersuchung festgestellt werden.

Schlichtung ist deshalb nur angebracht, wenn es sich um hochwertige Stücke oder eine grundsätzliche Entscheidung bei gehäuft auftretenden Fällen handelt.

> **Auch bei Reklamationen kann man die Kunden auffordern:**
> **„Wenn Sie nicht zufrieden sind, so sagen Sie es bitte uns.**
> **Wenn Sie mit uns zufrieden sind, so sagen Sie es bitte weiter!"**

Die Bedeutung des Umtauschs

Im Textileinzelhandel erwerben Kunden Textilien, bei denen das geschmackliche Empfinden und der persönliche Stil eine wichtige Rolle spielen. Außerdem hat die Passform eine große Bedeutung, da die richtige Größe Bequemlichkeit und korrekten Sitz vermittelt.

Die beiden wichtigen Fragen „Passt es mir?" und „Passt es zu mir?" lassen sich nicht immer endgültig im Geschäft beantworten. Häufig stellen Kunden erst zu Hause fest, dass sie sich nicht richtig entschieden haben. Aus diesem Grund gewährt der Textileinzelhandel den Kunden die Möglichkeit zum **Umtausch.**

Auf Umtausch besteht kein Rechtsanspruch. Die Möglichkeit zum Umtausch ist ein Serviceangebot des Einzelhandels, um Kunden die Kaufentscheidung zu erleichtern und Fehlentscheidungen zu revidieren. Umtauschangebote sind allerdings oft an bestimmte Bedingungen geknüpft.

Wir tauschen Ihre Einkäufe innerhalb von 8 Tagen um, wenn die Ware ungebraucht ist.	Zum Umtausch legen Sie bitte den Kassenzettel vor.	Vom Umtausch ausgenommen sind aus hygienischen Gründen Unterwäsche und Badekleidung.

Häufig wird auch Aktionsware (z. B. während der Schlussverkäufe) vom Umtausch ausgenommen. Dafür gibt es zwei Gründe: Bei befristeten Verkäufen käme die Ware zum Umtausch, wenn die Aktion schon abgeschlossen ist. Aktionsware ist knapper kalkuliert und ihr Preis schließt das Umtauschrisiko nicht ein.

Der Umgang mit dem Umtausch

Bei entscheidungsschwachen Kunden ist der Hinweis auf die Möglichkeit zum Umtausch ein gutes Argument, um zum Abschluss zu kommen. Viele Kunden kaufen im Geschäft, weil der Umtausch im Versandhandel umständlich und beim ambulanten Handel meist nicht möglich ist. Die Möglichkeit zum Umtausch gibt ihnen Sicherheit für ihre Kaufentscheidung.

Wird Ware zum Umtausch zurückgebracht, muss geprüft werden, ob

● sie aus dem eigenen Hause stammt (Kassenzettel),

● die Umtauschfrist eingehalten wurde (Kassenzettel),

● sie so behandelt wurde, dass sie als neuwertig anzusehen ist (Zustand der Ware und der Verpackung).

Treffen diese drei Punkte zu, erhält der Kunde ein Ersatzstück, wenn er sich sofort entscheidet, oder eine Gutschrift, um seine Wahl später zu treffen.

Unterscheidung Reklamation – Umtausch

Reklamation ↙	Einkauf	↘ Umtausch
Die Ware ist mangelhaft.	⟷	Die Ware gefällt oder passt dem Kunden nicht.
Der Kunde hat das Recht auf Reklamation.	⟷	Der Kunde äußert den Wunsch nach Umtausch.
Da ein Rechtsanspruch des Kunden vorliegt, muss der Einzelhändler dem Wunsch nachkommen.	⟷	Da kein Rechtsanspruch besteht, kann der Einzelhändler Bedingungen setzen.
Frist: 2 Jahre.	⟷	Frist wird vom Einzelhändler vorgegeben.
Es kann keine Ware ausgeschlossen werden.	⟷	Der Einzelhändler kann Waren vom Umtausch ausschließen.
Der Kunde hat zunächst ein Recht auf Nacherfüllung (Nachbesserung oder Nachlieferung), falls nicht möglich oder nicht zumutbar auf Rücktritt oder Minderung und evtl. auf Schadenersatz.	⟷	Der Einzelhändler gewährt Umtausch aus Kulanz im Einzelfall oder weil er sich generell dazu bereiterklärt hat.

4.5.1 Gefahren und Risiken

Gefahren und Risiken im Textileinzelhandel

Die Arbeiten im Textileinzelhandel sind weder besonders gefährlich noch etwa risikoreich. Aber auch hier können **Gefahren** für das Unternehmen, die Waren und die Menschen auftreten. Deshalb gehört es zu den Aufgaben der Beschäftigten, dazu beizutragen, dass **Gefahrenquellen** erkannt und Risiken ausgeschaltet oder verringert werden.

Übersicht

Wo können Gefahren bestehen und Schäden auftreten? Es sind vor allem drei Bereiche, die die Aufmerksamkeit erfordern.

Wodurch entstehen Gefahren?	**Kriminalität**	**Warenschäden**	**Unfälle**
Wodurch werden sie verursacht?	• Ladendiebe • Trickbetrüger • kriminelles Personal	• fahrlässige oder vorsätzlich tätige Kunden • unaufmerksame Mitarbeiter • Umwelteinflüsse • Schädlinge	• Unachtsamkeit von Personal und Kunden • Nichtbeachtung der Unfallverhütungsvorschriften
Was sind die Folgen?	• Inventurdifferenzen • Kassenfehlbestände	• Verunreinigungen • Beschädigungen	• Verletzungen • Beschädigungen
Wer ist betroffen?	• Das Unternehmen erleidet materielle Verluste.	• Das Unternehmen erleidet materielle Verluste.	• Menschen erleiden Körperschäden. • Das Unternehmen erleidet Verluste durch Beschädigungen oder durch Ansprüche Dritter.
Wie kann vorgebeugt werden?	• Aufmerksamkeit im Verkauf und an der Kasse • Warensicherung • Personalkontrollen	• Hinweise für Kunden • Sauberkeit und Warenpflege • Vorsicht im Umgang mit empfindlicher Ware	• Beseitigung von Gefahrenquellen • Beachtung der Unfallverhütungsvorschriften
Wer gibt Rat und Unterstützung?	• Kriminalpolizei (Merkblätter, Beratung) • Verbände (z. B. BTE-Fachdokumentationen)	• Hersteller und Verbände (Hinweise und Empfehlungen zur Warenpflege)	• Berufsgenossenschaft für den Einzelhandel (Merkblätter, Beratung)

Bedeutung des Ladendiebstahls

Ladendiebe fügen dem Einzelhandel jährlich Schäden in Milliardenhöhe zu. Obwohl immer mehr Ladendiebe gefasst werden, bleibt die Dunkelziffer hoch. Ein großer Teil der Diebstähle wird nicht erkannt und macht sich erst im nachhinein durch **Inventurdifferenzen** bemerkbar. Ladendiebe kommen aus allen Altersgruppen und sozialen Schichten. Für die starke Zunahme der Ladendiebstähle gibt es mehrere Gründe. Durch zwei Entwicklungen werden Ladendiebstähle besonders begünstigt:

● Das Rechtsbewusstsein hat sich im Laufe der letzten Jahre verändert. Viele Menschen halten Ladendiebstahl für ein „Kavaliersdelikt", das nicht kriminell ist. Tatsache ist, dass das Strafgesetzbuch den einfachen Diebstahl mit bis zu 5 Jahren Freiheitsentzug unter Strafe stellt (§ 242 Strafgesetzbuch). Das gilt auch für den Ladendiebstahl.

● Vorwahl und Selbstbedienung in Verbindung mit einer verlockenden Warenpräsentation fordern Kunden zum schnellen Zugreifen heraus. Der beabsichtigte Kaufanreiz wirkt dann als Anregung zum Diebstahl, wenn Kunden die Ware nicht bezahlen können oder wollen.

Arten von Ladendiebstählen

Impulsiver Diebstahl	Geplanter Diebstahl
Ausgangslage	**Ausgangslage**
Eine Kundin oder ein Kunde wird durch einen Impuls (Auslöser) angeregt, die Ware zu stehlen statt zu kaufen. Impulsiver Diebstahl wird meistens von einzelnen Personen begangen.	Ein Mensch betritt das Geschäft mit der Absicht, eine oder mehrere Waren zu stehlen. Geplanter Diebstahl wird häufig von mehreren Personen gemeinsam begangen; während eine das Personal ablenkt, greift die andere zu.
Bevorzugtes Diebesgut	**Bevorzugtes Diebesgut**
Waren von geringen Ausmaßen und mit einem hohen Impulswert. Der tatsächliche Wert der Ware spielt nur eine untergeordnete Rolle.	Waren von hohem Wert, die den kriminellen Aufwand rechtfertigen, sich gut weiterverkaufen lassen oder nach Auftrag gestohlen werden.
Täterkreis	**Täterkreis**
Angehörige beiderlei Geschlechts, aller Altersgruppen und sozialen Schichten; besonders anfällig sind kleptoman[1] veranlagte Personen.	Professionelle Einzelgänger, Teams oder Banden; Ladendiebe, die bei impulsiven Diebstählen nicht ertappt wurden.
Methoden	**Methoden**
Die Ware wird in die Tasche gesteckt oder in der Kabine „untergezogen".	Profis wenden ausgefeilte Versteck-, Ablenk- und Überrumpelungsmethoden an.

Methoden des Ladendiebstahls

Versteckmethode

Sie ist die bevorzugte Methode der Einzelgänger:

Im Verkaufsraum werden kleinere Artikel unter die Bekleidung oder in Taschen, Schirme, Zeitungen und andere Gegenstände gesteckt. Manchmal werden von Ladendieben spezielle Warenverstecke angefertigt und eingesetzt: leere Gipsarme, Aktentaschen mit Klappboden und Kinderwagen mit Staumöglichkeiten.

In der Kabine werden Kleidungsstücke untergezogen oder gegen alte ausgetauscht.

Ablenkmethode

Bei dieser Methode treten meistens Teams oder Duos auf (z. B. Mutter-Tochter-Teams).

Der eine Partner beschäftigt das Personal mit bestimmten Wünschen, sodass die Kontrolle nicht mehr möglich ist oder eingeschränkt wird, wenn z. B. Ware aus dem Lager geholt werden muss. Der andere nutzt diesen Zeitraum zum Diebstahl.

Wenn der Diebstahl entdeckt wird, stiftet die erste Person Verwirrung, um die Verfolgung zu verhindern oder zu erschweren.

Überrumpelungsmethode

Diese Methode setzt darauf, dass dreistes Verhalten nicht entdeckt wird oder das Personal so verblüfft ist, dass es zunächst nicht reagieren kann.

Zu den Überrumpelungsmethoden gehört der Abtransport von Ware in großem Stil. Wenn ein Kunde eine Hose einstecken will, reagiert das Personal misstrauisch. Wenn zwei elegante Herren einen ganzen Warenträger mit Hosen abtransportieren, erhalten sie manchmal noch Hilfestellung durch das getäuschte Personal.

---

[1] mit zwanghaftem Trieb zum Stehlen

Ladendiebstähle lassen sich durch gezielte Aufmerksamkeit und Beachtung von Verhaltensregeln wirkungsvoll eindämmen. Immer mehr Betriebe des Textileinzelhandels setzen auch mechanische und elektronische **Warensicherungssysteme** ein.

Maßnahmen gegen Ladendiebstahl

Abschreckung	Überwachung	Verschluss
Die Abschreckung erfolgt durch Hinweisschilder und Informationsplakate. Alle Kunden sollen erfahren, dass in diesem Einzelhandelsbetrieb Ladendiebe verfolgt und zur Rechenschaft gezogen werden.	Die Überwachung erfolgt durch ein aufmerksames Verkaufspersonal und in größeren Häusern durch Detektive. Hilfsmittel zur Überwachung sind Spiegel, Videoanlagen und elektronische Warensicherungssysteme.	Wertvolle Ware wird durch Einschließen oder Anketten gegen Diebstahl gesichert. Das gilt besonders für Ware, die durch ihre Präsentation diebstahlgefährdet ist, z. B. auf Außenständern.

Verhaltensregeln zur Vermeidung von Ladendiebstählen

- Auch bei Verkaufsgesprächen und sonstigen Tätigkeiten die Umgebung im Auge behalten!

- Überblick über Kunden behalten, verdächtige Kunden aufmerksam beobachten!

- Kunden, die sich länger im Verkaufsbereich aufhalten, freundlich ansprechen!

- Vorgelegte und entnommene Ware wieder einordnen oder an ihren Platz hängen!

- Nur eine begrenzte Zahl von Artikeln zum Anprobieren mitgeben und Rückgabe überprüfen!

- Umkleidekabinen öfter bzw. regelmäßig kontrollieren!

Verhaltensregeln bei Ladendiebstählen

- Bei dringenden Verdachtsgründen Kollegen oder Vorgesetzte schnell zu Hilfe bitten, z. B. mit einer vereinbarten Abkürzung „HKJ" (**H**ier **k**laut **j**emand!).

- Wird jemand auf frischer Tat ertappt, ist das Personal berechtigt, den Täter festzuhalten.

- Immer eine Kollegin oder einen Kollegen hinzuziehen, damit ein Zeuge vorhanden ist.

- Es ist wichtig, darauf zu achten, dass sich der Täter nicht des Diebesgutes entledigen kann.

- Rechte des Täters beachten, Verhältnismäßigkeit der Mittel wahren.

- Falls Ladendiebe fliehen, ist es wichtig, sich das Aussehen einzuprägen. Bei der Verfolgung soll man sich auf die Beobachtung beschränken (z. B. Autokennzeichen).

- Aufmerksam sein – aber nicht Polizei oder Richter spielen!

4.5.3 Warensicherungssysteme

Arten und Funktion von Warensicherungssystemen

Neben dem An- oder Einschließen von Ware und der Überwachung durch Personal oder Hausdetektive setzen immer mehr Unternehmen des Textileinzelhandels Warensicherungssysteme ein. Dabei wird zwischen zwei Arten unterschieden:

Art	1. Aktive Warensicherungssysteme	2. Passive Warensicherungssysteme
Funktion	Die Ware ist mit einem Sicherungsetikett versehen. Dieses Etikett löst einen Alarm aus, wenn damit eine elektronische Sicherheitsschleuse durchschritten wird. Bei der Bezahlung der Ware wird das Etikett entfernt, sodass kein Alarm ausgelöst wird (Bild 1).	Die Ware ist mit einem Anhänger versehen, der sich nur mit einem Spezialgerät an der Kasse entfernen lässt. Versucht man, den Anhänger selbst zu entfernen, wird die Ware beschädigt (z. B. mit Tinte eingefärbt) (Bild 3).
Einführung/Einbau	Aufwendig, da in den Ausgängen Sicherungsschleusen eingebaut werden müssen (Bild 2).	Lässt sich jederzeit problemlos einsetzen.
Kosten	Hohe Kosten durch Beschaffung der Geräte und Etiketten, dazu Einbaukosten.	Relativ geringe Beschaffungskosten für Etiketten.
Wirkung	Ist das Warensicherungssystem getarnt eingebaut, so erfolgt eine wirkungsvolle Kontrolle. Wird auf das Warensicherungssystem hingewiesen, steht die Abschreckung im Vordergrund.	Das System setzt darauf, dass potenziellen Ladendieben die Tat als nutzlos erscheinen soll. Die Wirkung ist begrenzt.

1: Entfernung an der Kasse

2: Schleuse

3: Anhänger mit Tinten-
ampulle

Grenzen von Warensicherungssystemen

Wie bei allen Sicherungssystemen dauert es meistens nicht lange, bis die Übeltäter einen Weg gefunden haben, das System zu umgehen oder zu überlisten. Deshalb ist es fahrlässig, sich allein auf das Warensicherungssystem zu verlassen, selbst wenn es auf dem neuesten Stand ist.

**Kein Warensicherungssystem kann das Personal aus der Verantwortung entlassen
und auf aufmerksame Mitarbeiter verzichten!**

4.5.4 Personaldelikte

Problem: Personaldelikte

Schätzungen gehen davon aus, dass bis zu 50 % der **Warenverluste** durch Diebstahl vom eigenen Personal zu verantworten sind. Angestellte eines Einzelhandelsbetriebs kennen sich gut an ihrem Arbeitsplatz aus. Sie wissen, wann und wo kontrolliert wird, und sie kennen die Warensicherungssysteme. Deshalb können sie Waren leicht an sich bringen und **Betrugsversuche** mit Erfolg vornehmen.

Die Versuchung ist groß, und obwohl durch Personal ein großer Schaden angerichtet werden kann, wird nicht gern über Personaldelikte gesprochen. Für die ehrlichen Mitarbeiter ist es kein Problem, die unehrlichen sind froh, wenn das Thema nicht angerührt wird, und die Geschäftsleitungen sprechen Personaldelikte nicht so gern an, weil sie ungern Misstrauen zeigen und Verdächtigungen aussprechen wollen.

Dennoch wissen alle, was leider nur zu oft geschieht. Auch die meisten betrügerischen Tricks sind gut bekannt. Aus der großen Palette werden hier vier Beispiele aufgeführt:

Filialleiter A hat seinen Wagen direkt neben der Warenannahme geparkt. Als die Lieferung mit den teuren Jeans kommt, wartet er, bis niemand hinsieht. Dann packt er einen Karton in sein Fahrzeug um.	*Der Freund von Verkäuferin B lässt sich von ihr eine Auswahlsendung feinster Oberbekleidung zusammenstellen. Sobald er mit der Ware das Haus verlassen hat, lässt sie den Beleg verschwinden.*
Die Freundin von Kassiererin C hat sich einen Mantel für 698 € ausgesucht. An der Kasse tippt Frau C einen Kaufbetrag von 69,80 € ein. Wenn es jemand merkt, hat sie sich „vertippt".	*Reinigungskraft D packt in aller Ruhe ein teures Kleid in eine Abfalltüte und bringt diese zu den Abfällen im Hof. Auf dem Heimweg hebt sie die Abfalltüte auf und verstaut sie in ihrer Tasche.*

Maßnahmen zur Vorbeugung von Personaldelikten

Leider gibt es „schwarze Schafe" in jeder Berufs- und Altersgruppe. In vielen Einzelhandelsbetrieben werden deshalb die Taschen aller Beschäftigten kontrolliert. In anderen Betrieben werden nur diejenigen kontrolliert, die per Zufall ausgewählt werden. Außerdem gibt es Vorschriften, die Betrugsversuche erschweren sollen, z. B.:

● Kein privates Geld am Kassenarbeitsplatz mit sich führen!

● Privatfahrzeuge nicht an und neben der Warenannahme parken!

● Bei Einkäufen von Verwandten und Freunden nicht selbst bedienen und kassieren!

● Personaleinkäufe nicht selber kassieren und Ware bis zum Verlassen des Arbeitsplatzes hinterlegen!

Die Einhaltung dieser und ähnlicher Vorschriften ist wichtig, weil dadurch Misstrauen und Verdächtigungen ausgeschlossen werden können. Geschäftsleitungen, die mit diesen Maßnahmen keinen Erfolg haben, können zu schärferen Mitteln greifen. Es gibt Detektivbüros, die sich auf Personaldelikte spezialisiert haben. Diese Spezialisten setzen Spitzel und modernste Elektronik ein, um betrügerisches Personal zu überführen. Überführte Täter verlieren ihren Arbeitsplatz durch fristlose Kündigung und müssen mit Schadenersatzforderungen und/oder Strafverfolgung rechnen.

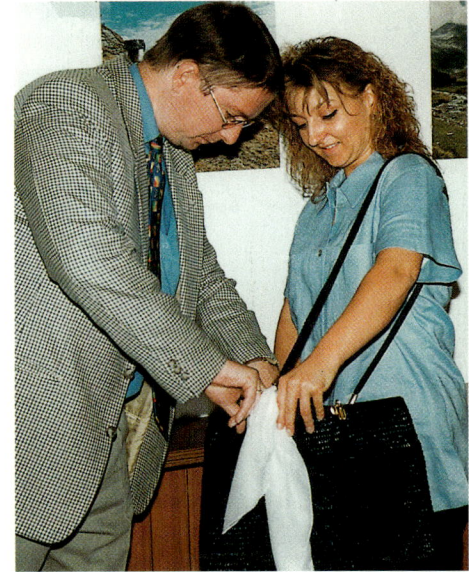

1: Taschenkontrolle

Ehrliche Mitarbeiter nützen vierfach:

1. sich selbst, weil sie eine „reine Weste" und ein gutes Gewissen haben;

2. den anderen Mitarbeitern, weil sie Vorbild sind und zu einem guten Betriebsklima beitragen;

3. den Kunden, denn geringere Verluste ermöglichen eine knappere Kalkulation und günstigere Preisgestaltung;

4. dem Unternehmen, weil sie Schäden vermeiden und den Bestand des Unternehmens mit seinen Arbeitsplätzen sichern.

4.5.5 Warenschäden

Verluste durch Warenschäden

Warenschäden im Textileinzelhandel sind besonders ärgerlich. Die Waren haben einen langen Weg von der Produktion der Fasern, der Anfertigung der Stoffe, über den Zuschnitt und die Fertigung zurückgelegt. Sie sind nun im verkaufsbereiten Zustand. Warenschäden in diesem Zustand bedeuten hohe Verluste. Der Artikel muss völlig abgeschrieben werden oder kann nur mit erheblichen Nachlässen abgesetzt werden. Deshalb muss das Verkaufspersonal alles daran setzen, Warenschäden zu vermeiden oder zu vermindern.

1: Verknitterte Ware   2: Raupen und Eier der Kleidermotte   3: Waren mit Anprobeschäden

Gefahren und Abwehr

Gefahren für Waren durch	Schäden	Abwehr der Gefahren durch
Druck	Knittern von Stoffen und Bekleidungsstücken.	Glattlegen bei Stapelware (Stoffe, Pullover), Vermeidung von Einzwängen bei Hängeware (Kleider, Sakkos).
Staub	Verschmutzung von Waren aller Art.	Staubwischen als vorbeugende Maßnahme, Verpackung von Waren, Staubhauben für Hängeware im Lager.
Licht	Ausbleichen von Dekorationsstücken im Schaufenster.	Sonnenschutz durch Markisen, rechtzeitiger Austausch der Fensterware.
Schädlingsbefall	Fraßlöcher der Kleider- und Pelzmottenraupe sowie der Teppich- und Pelzkäferlarven.	Allgemeine Sauberkeit, Kontrollen, rechtzeitige Schädlingsbekämpfung.
Spitzen und scharfe Kanten	Schnitte und Risse in Geweben, Laufmaschen in Maschenware, Verkratzungen an Lederwaren.	Schutz vor Gefahrenquellen beim Auspacken, beim Transport, bei der Lagerung und bei der Verkaufsvorbereitung.
Reibung	Abscheuern und Verkratzen von Verpackungen.	Vorsicht beim Stapeln, Herausziehen und Einsortieren.
hohe Luftfeuchte	Befall durch Mikroorganismen, stockiger Geruch.	Kontrolle der Luftfeuchte, Erhöhung der Raumtemperatur.
Anprobe	Make-up-Spuren an DOB, aufgeplatzte Nähte und defekte Reißverschlüsse durch Hineinzwängen.	Abschminktücher bereithalten, zutreffende Größenempfehlung, Hinweise und Hilfestellung bei der Anprobe.

4.5.6 Unfallverhütung

Die Arbeit im Textileinzelhandel ist weder risikoreich noch gefährlich. Dennoch können auch hier **Unfälle** geschehen. Unfälle verursachen Körperverletzungen und Sachschäden. **Unfallursachen** sind deshalb am besten im Vorhinein auszuschalten. Die Berufsgenossenschaft für den Einzelhandel gibt Sicherheitsratschläge und Hinweise, wie die Unfallgefahr vermindert werden kann.

Sicherheitsratschläge

1. Sicherheitskennzeichnung

Es gibt **Verbotszeichen** (weiß-rot), **Warnzeichen** (gelb-schwarz), **Gebotszeichen** (weiß-blau) und **Rettungszeichen** (weiß-grün). Die Bedeutung der Zeichen ist eindeutig. Die Zeichen dürfen nicht zugestellt, zugehängt oder entfernt werden.

2. Brandschutz

Da Textilien leicht brennbar sind, kommt dem Brandschutz im Textileinzelhandel eine besondere Rolle zu. Auf alle Geräte zur Feuerbekämpfung (Feuerlöscher, Wandhydrant) wird mit einem roten „F" auf weißem Grund hingewiesen. Alle Betriebsangehörigen sollten informiert sein, wie und wo Feueralarm auszulösen und die Feuerwehr zu benachrichtigen ist.

Besondere Vorsicht gilt für den Umgang mit offenem Feuer, z. B. beim Rauchen, und mit elektrischen Geräten, z. B. Bügeleisen.

Halogenleuchten und Punktstrahler entwickeln eine hohe Betriebstemperatur. Deshalb ist auf einen ausreichenden Abstand zwischen Beleuchtungskörper und Gegenständen zu achten.

3. Umgang mit Treppen, Leitern und Tritten

Für das Besteigen von Treppen, Leitern und Tritten wird geschlossenes Schuhwerk empfohlen, das einen festen Halt gibt. Trägt das Verkaufspersonal aus modischen Gründen Schuhe mit Plateausohlen oder hohen Absätzen, so dürfen damit keine Leitern bestiegen werden. Bei Treppen und Tritten ist besondere Vorsicht angebracht.

Leitern dürfen grundsätzlich nicht schadhaft sein und müssen über einen sicheren Stand verfügen. Bei der Arbeit auf Leitern sollte man sich nicht seitlich hinausbeugen und immer eine Hand zum Festhalten einsetzen.

4. Umgang mit Arbeitsmitteln

Bei der Verwendung von Arbeitsmitteln gibt es branchentypische Unfallgefahren. Stecknadeln sollten beim Abstecken nicht in den Mund genommen werden (Gefahr des Verschluckens), der Umgang mit Scheren und Kartonmessern kann nicht nur zu Verletzungen, sondern auch zu Beschädigungen an der Ware führen.

5. Erste Hilfe

In jedem Betrieb sind Anleitungen zur Ersten Hilfe bei Unfällen mit Angaben über Notrufeinrichtungen ausgehängt. Diese sollten allen Betriebsangehörigen bekannt sein. Der Zugang zu Material für Erste Hilfe (Verbandkasten) muss immer gewährleistet sein.

Es ist darauf zu achten, dass über Unfälle und Erste-Hilfe-Leistungen Aufzeichnungen gemacht werden. Nur mit solchen Nachweisen ist die Anerkennung als Berufsunfall gewährleistet.

4.6.1 Kinder im Geschäft

Kinder als Kunden

Kinder und **Jugendliche** sind immer öfter Kunden des Textileinzelhandels. Sie verfügen durch ein relativ hohes Taschengeld über Kaufkraft, und sie werden immer selbstständiger bei der Auswahl ihrer Bekleidung. Für viele Betriebe sind „Kids" eine Zielgruppe geworden, die umworben und gepflegt wird. Das Eingehen auf Kinder und Jugendliche zahlt sich auch aus, weil sie die erwachsenen Kunden von morgen sind. Deshalb gilt für Kinder als Kunden: Sie müssen freundlich und zuvorkommend bedient werden, auch wenn sie relativ „kleine" Wünsche haben.

Jugendliche Kunden legen in der Regel weniger Wert auf Beratung und Bedienung. Sie wollen sich meistens ungestört umsehen und orientieren. Hilfestellung benötigen sie gewöhnlich nur, wenn sie Fragen stellen.

Bei der Bedienung von Kindern und Jugendlichen ist es jedoch wichtig, die gesetzlichen Bestimmungen zur Geschäftsfähigkeit zu kennen [vgl. 5.1.1. (2)].

Kinder unter 7 Jahren	Kinder und Jugendliche im Alter von 7 bis unter 18 Jahren	Personen ab 18 Jahren
Kinder bis zur Vollendung des 7. Lebensjahres sind nicht geschäftsfähig. Sie können keine Kaufverträge abschließen.	Kinder und Jugendliche von sieben Jahren bis zur Vollendung des 18. Lebensjahres sind nur beschränkt geschäftsfähig. Der Wert des Kaufes muss sich im Rahmen der in diesem Alter normalerweise verfügbaren Mittel halten (§ 110 BGB „Taschengeldparagraf"). Bei Einkäufen von höherem Wert muss die Einwilligung des gesetzlichen Vertreters eingeholt werden.	Personen ab 18 Jahren sind voll geschäftsfähig.

Ein Verstoß gegen diese Regelungen kann unangenehme Folgen haben, wie dieser Fall belegt:

Einem Mädchen von 12 Jahren wurde ein heller Ledermantel für 290 € verkauft. Einen Tag nach dem Kauf kommt die erboste Mutter mit dem Mantel in das Geschäft und verlangt den Kaufpreis zurück. Das Kind habe ohne Einverständnis der Eltern gehandelt. Ein Kaufvertrag war nicht zustandegekommen, weil der Einkauf sich nicht im Rahmen des „Taschengeldparagrafen" bewegte. Zwar ist der Mantel angeschmutzt und an einer Stelle eingerissen, dennoch ist der Einzelhändler zur Erstattung des vollen Kaufpreises gezwungen.

Kinder als Begleiter erwachsener Kunden

Kinder können durch ihr Verhalten Erwachsene vom Einkauf abhalten. Ungeduldige und quengelige Kinder verbreiten eine Stimmung, welche die Einkaufsatmosphäre zerstört. Viele Geschäfte des Textileinzelhandels haben sich auf diese Situation eingestellt. Sie bieten attraktive Spielmöglichkeiten für Kinder an und erreichen damit eine doppelte Wirkung: Während des Aufenthalts im Geschäft sind die Erwachsenen ungestört und können sich auch für größere Einkäufe Zeit nehmen. Beim späteren Einkaufsbummel in der Nähe des Geschäfts erinnern sich Kinder an die Spielmöglichkeit und bewegen ihre Eltern, wieder dieses Geschäft aufzusuchen. Auf diese Weise helfen Kinder mit, dass ihre Eltern zu Stammkunden werden.

1: Kinderspielangebot im Laden

Spielangebote für Kinder:

Rutsche, Ball-Pool, Spiel-Haus, Computer-Spiel, Plüschtier-Ecke, Barbie-Modehaus, Kinderzeitschriften, Malwettbewerb, Knüpfen von Freundschaftsbändern, Kinder-Karaoke, Verkleidungskiste.

4.6.2   Verkauf bei Hochbetrieb

Hochbetriebszeiten

Die Verkaufsarbeiten im Textileinzelhandel hängen stark mit der Anzahl der Kunden im Geschäft zusammen. Verkaufsschwache Zeiten wechseln sich mit **Hochbetriebszeiten** ab. Die Geschäftsleitungen versuchen, diese Unterschiede durch zwei Maßnahmen auszugleichen:

1. In verkaufsschwache Zeiten werden alle Arbeiten verlegt, die vom Verkaufspersonal außerhalb der Kundenberatung erledigt werden können, z. B.: Verkaufslager auffüllen, Auszeichnen, Warenpflege, Dekoration.

2. Durch den **Personaleinsatzplan** kann der Einsatz des Verkaufspersonals auf die Hochbetriebszeiten konzentriert werden, z. B. werden Teilzeitkräfte gezielt am Nachmittag und zum Wochenende eingesetzt.

Dennoch gibt es immer wieder Zeiten, wo sich so viele Kunden im Geschäft befinden, dass Stress für das Verkaufspersonal entsteht. Ganz typisch dafür sind die Schlussverkäufe.

Mögliche Zeiten für Hochbetrieb

täglich: ab ca. 16.30 Uhr, wenn viele Berufstätige die Möglichkeit zum Einkauf haben;

wöchentlich: am Freitag-Nachmittag und an Samstagen;

monatlich: nach dem „Ersten", wenn mehr Geld für Einkäufe zur Verfügung steht;

jährlich: zu den Schlussverkaufszeiten und vor Festen (insbesondere vor Weihnachten).

Hochbetrieb kann außerdem entstehen durch besondere Aktionen, wie Stadtfeste und Modenschauen, oder durch ungewöhnliche Wetterumschwünge, wie Kälteeinbrüche und Hitzewellen.

Verhalten bei Hochbetrieb

Hochbetrieb bedeutet eine besondere Anstrengung für das Personal in der Kundenberatung und im Verkauf. Es bleibt nicht genug Zeit, um alle Kunden ausführlich zu beraten und zu bedienen. Dadurch entsteht auch bei den Kunden Stress. Professionelles Verhalten im Verkauf heißt auch in solchen Situationen: dafür sorgen, dass Umgangston und Stimmung freundlich bleiben. Hochbetrieb hat für das Personal auch einen positiven Aspekt: Ein hoher Umsatz sichert Arbeitsplätze in diesem Betrieb.

Verhaltensregeln

● Auf hektische und unruhige Kunden gelassen und freundlich reagieren. Den Kunden zeigen, dass man zügig und konzentriert arbeitet.

● Neu ankommende Kunden beachten. Ein freundliches Kopfnicken zeigt dem Kunden, dass er wahrgenommen wurde und nicht vergessen wird.

● Keine Kunden übergehen. Reihenfolge einprägen und im Zweifel höflich nachfragen, wer als nächster an der Reihe ist.

● Wartende Kunden können mit Ware oder Informationsmaterial beschäftigt werden. Zur Vorwahl bringen und sie bitten, sich umzusehen.

● Keine ausführlichen Beratungsgespräche führen, sondern zügig arbeiten. Bei Hochbetrieb haben die meisten Kunden Verständnis für Eile.

● Nie vergessen: Bei Hochbetrieb haben auch Langfinger Hochsaison. Durch Aufmerksamkeit Ladendiebstählen vorbeugen.

1: Hochbetrieb

4.6.3 Alternativangebote

Sinn von Alternativangeboten

Selbst ein großes Textilkaufhaus kann nicht alle Marken, Artikel und Sorten führen, die auf dem Markt vorhanden sind. Deshalb kommt es immer wieder vor, dass Kunden einen Wunsch haben, der sich nicht mit den Artikeln des Sortiments erfüllen lässt.

Wie soll sich das Personal in diesem Fall verhalten?

Natürlich muss eine zutreffende Auskunft gegeben werden, nämlich dass genau dieser Artikel hier nicht erhältlich ist. Aber die negative Auskunft sollte mit einem positiven Hinweis verbunden werden. Die meisten Kunden sind im Bereich der Mode offen für Vorschläge und neue Ideen.

Auf diese Weise können Kunden gewonnen werden, die sonst zur Konkurrenz abwandern oder von ihrem Einkaufswunsch Abstand nehmen.

Nicht so …

Ich suche ein Crown-Hemd

Die führen wir leider nicht

Unterbreitung von Alternativangeboten

Für die kundenbezogene Formulierung von Alternativangeboten gibt es drei Regeln:

● Die negative Auskunft, dass der spezielle Kundenwunsch nicht erfüllt werden kann, soll nicht mit dem Ausdruck des Bedauerns erfolgen. Vielmehr soll dem Kunden ein Grund genannt werden, weshalb die Erfüllung in diesem Geschäft nicht möglich ist.

Ungünstige Formulierungen:

> „… führen wir **bedauerlicherweise** nicht!"
>
> „Wir haben **nur** ABC-Mäntel!"
>
> „**Leider** kann ich Ihnen das nicht zeigen!"
>
> „**Schade**, die sind schon ausverkauft!"

● Die positive Alternative wird sofort angesprochen. Es ist besser, über das eigene Angebot zu sprechen, als über Ware, die nicht erhältlich ist.

> „Seidenblusen in dieser ausgefallenen Farbe kann ich Ihnen nicht zeigen. Aber wir haben Seidenblusen in allen aktuellen Modefarben vorrätig. Schauen Sie einmal hier, da ist sicher auch die richtige Farbe für Sie dabei!"
>
> „Diese Öko-Kollektion haben wir nicht im Programm. Wir bieten Ihnen dafür ein breites Sortiment mit schadstoffgeprüften Waren nach dem Öko-Tex-Standard 100."

● Zeigt der Kunde an dem Alternativangebot Interesse, so sollte gefragt werden, worauf er Wert legt. Die Antwort ermöglicht es, das Alternativangebot auf den Kunden zuzuschneiden.

> „Darf ich Sie fragen, weshalb Sie gerade ein Crown-Hemd suchen?" – „Die sollen doch eine besondere Qualität haben!" – „Das ist richtig. Hochwertige Hemden werden aber auch von anderen britischen und deutschen Herstellern angeboten. Darf ich Ihnen ein paar Beispiele zeigen …?"

… sondern so:

Ich suche ein Crown-Hemd

Schauen Sie sich bitte einmal dieses Spitzenmodell von Decent an! Wir haben uns für die Decent-Serie entschieden, weil wir von der Qualität und Aktualität überzeugt sind.

4.6.4 Besondere Kundenwünsche

Auswahlsendung

Bei einer **Auswahlsendung** wird Kunden Ware überlassen, damit sie zu Hause eine Kaufentscheidung treffen können. Auswahlsendungen werden gern in Anspruch genommen von

● Behinderten, denen die Anprobe und der Einkauf im Geschäft zu beschwerlich ist;

● Berufstätigen, deren Beschäftigung keine Zeit für einen Einkauf während der Geschäftszeiten zulässt;

● wählerischen Personen, die zu Hause prüfen wollen, ob neue Kleidungsstücke zu ihrer sonstigen Garderobe passen, oder die die Ware gemeinsam mit anderen aussuchen wollen.

Eine Auswahlsendung setzt Vertrauen in die Kunden voraus, denn ihnen werden Waren von größerem Wert ausgehändigt. Es wird erwartet, dass die überlassene Ware, die nicht gekauft wird, pünktlich, unbeschädigt und sauber zurückgegeben wird. Wenn es sich um Kunden handelt, die persönlich bekannt oder in der Kundenkartei erfasst sind, ist die Überlassung einer Auswahl kein Problem. Bei allen anderen Kunden muss die Geschäftsleitung entscheiden, ob eine Auswahlsendung zugestanden wird. Vorsicht gegenüber Unbekannten ist angebracht, weil es öfter vorkommt, dass Betrüger Auswahlsendungen benutzen, um sich Ware anzueignen.

Auswahlsendungen sind für die genannten Zielgruppen eine wichtige Serviceleistung. Sie bieten erhebliche Umsatzchancen, weil die Kunden sich länger mit der Ware beschäftigen und identifizieren können. Deshalb wird in den meisten Fällen zumindest ein Teil der ausgewählten Waren gekauft.

Bei jeder Auswahlsendung wird ein Beleg (Lieferschein) ausgefüllt, auf dem alle Artikel einzeln aufgeführt werden. Außerdem wird der vereinbarte Termin für die Rückgabe notiert. Der Kunde bescheinigt den Empfang der Ware durch seine Unterschrift.

Zurückgegebene Ware wird daraufhin geprüft, ob sie vollständig, unbeschädigt und sauber ist. Die Rückgabe wird vermerkt, damit der Kunde entlastet wird. Einbehaltene Ware wird in Rechnung gestellt.

Wenn der Rückgabetermin überschritten wird, kann davon ausgegangen werden, dass der Kunde die Ware behalten möchte. In diesem Fall wird eine Rechnung über den Gesamtbetrag zugestellt. Gute Kunden werden in solchen Fällen durch einen Anruf benachrichtigt.

Trachtenstudio Franzi · Inhaberin Franziska Lat
Am Ring 140 · 80900 München · 090 – 2 33 44 55

Frau
Brigitte Conrad
Nelkenweg 14

80922 München

Lieferschein   14. Januar 20XX

Sie erhalten zur Auswahl

1 Dirndl Veronica, Gr. 42	398,–
1 Dirndl Edelweiß, Gr. 42	498,–
1 Bluse Rosenheim, Gr. 42	99,–
1 Bluse Innsbruck, Gr. 42	129,–

Rückgabe bis spätestens 21. Jan. 20XX

Empfangsbestätigung

14. Jan. 20XX   B. Conrad

Schaufensterverkauf

Die Dekoration in Schaufenstern und Schaukästen spielt im Textileinzelhandel eine wichtige Rolle. Die Augen und das Vorstellungsvermögen der Kunden werden durch interessant dekorierte Ware angesprochen. Es gibt immer wieder Kunden, die Artikel aus dem Schaufenster kaufen möchten. Das bereitet nur Probleme, wenn es sich um Stücke handelt, die nicht mehr vorrätig sind und nicht nachbestellt werden können. Doch in den meisten Fällen kann auch diesen Wünschen entsprochen werden.

Wenn das Ausstellungsstück problemlos ersetzt werden kann, muss sich der Kunde nur solange gedulden, bis der Austausch erfolgt ist.

Es gibt jedoch auch Dekorationen, die erhalten bleiben sollen. In diesen Fällen kann dem Kunden eine Reservierung bis zum Termin der Neudekoration angeboten werden. Der Kunde leistet eine Anzahlung, und die Reservierung wird vermerkt, damit das Ausstellungsstück nicht ein zweites Mal verkauft wird. Es ist auch zweckmäßig, das Ausstellungsstück in der Dekoration als „verkauft" zu kennzeichnen, um vergebliche Nachfragen auszuschalten.

Nach der Neudekoration wird der Kunde benachrichtigt mit der Bitte, das Ausstellungsstück abzuholen und den restlichen Kaufpreis zu entrichten.

Zustandekommen des Kaufvertrages

Kaufverträge sind die im Textileinzelhandel am häufigsten abgeschlossenen Verträge. Der Textileinzelhändler schließt Kaufverträge auf der Absatzseite mit seinen Kunden, auf der Beschaffungsseite mit seinen Lieferanten. Wie alle Verträge kommen auch Kaufverträge durch zwei inhaltlich übereinstimmende Willenserklärungen – Antrag und Annahme des Antrags – zustande:

Erste Willenserklärung: „Antrag"	Zweite Willenserklärung: „Annahme"	Es müssen übereinstimmen:
Verkäufer bietet an	Käufer bestellt	Angebot + Bestellung
Käufer bestellt	Verkäufer bestätigt	Bestellung + Auftragsbestätigung
Käufer bestellt	Verkäufer liefert sofort	Bestellung + Lieferung
Verkäufer liefert	Käufer nimmt an und zahlt	Lieferung + Annahme

Die Willenserklärungen können mündlich, fernmündlich, schriftlich, telegrafisch oder durch schlüssige Handlungen *(z. B. Verkauf von Feinstrümpfen aus einem Warenautomaten)* abgegeben werden. Im Textileinzelhandel bedürfen lediglich Ratenverkäufe der Schriftform.

Anfrage – Angebot – Bestellung (vgl. Kapitel 2.4)

Anfragen dienen der Einholung von Angeboten. Durch eine Anfrage will ein möglicher Käufer feststellen, zu welchen Bedingungen der Verkäufer Waren liefern oder eine Leistung bewirken will. Der Anfragende ist rechtlich nicht gebunden, kann also bei mehreren Lieferern anfragen und schließlich das günstigste Angebot auswählen. Eine bestimmte Form ist nicht vorgeschrieben.

Das **Angebot** ist eine an eine bestimmte Person gerichtete Willenserklärung. Es stellt den Antrag zum Abschluss eines Kaufvertrages dar und nennt die Bedingungen, zu denen geliefert werden soll. An die Allgemeinheit gerichtete Anpreisungen von Waren, z. B. in Zeitungsanzeigen oder Schaufenstern, stellen keine verbindlichen Angebote dar. Sie sind Aufforderungen an interessierte Käufer, ihrerseits dem Verkäufer einen Antrag zu machen. Der Anbieter kann den Umfang, in dem er sich an sein Angebot bindet, durch Freizeichnungsklauseln einschränken *(„solange der Vorrat reicht", „Preis freibleibend")*. Wird die Bindung hinsichtlich Menge, Preis und Liefermöglichkeit eingeschränkt, liegt überhaupt kein Angebot, sondern eine Anpreisung vor.

Die **zeitliche Bindung** an das Angebot besteht

– bei einem Angebot unter Anwesenden, solange die Unterredung dauert;
– bei einem Angebot an Abwesende vom Zugang an, bis der Eingang der Antwort unter regelmäßigen Umständen (Beförderungszeiten und Überlegungsfrist) erwartet werden kann *(bei einem brieflichen Angebot also eine Woche, bei einem Angebot per Fax einen Tag)*.

Diese gesetzliche Regelung kann durch ein vom Verkäufer befristetes Angebot *(„gültig bis 31. Januar")* ersetzt werden. Die Bestellung des Kunden muss dann bis zum angegebenen Zeitpunkt dem Verkäufer zugegangen sein. Die Bindung an das Angebot erlischt, wenn es vom Empfänger ausdrücklich oder stillschweigend abgelehnt, abgeändert oder nicht rechtzeitig angenommen wird.

Die **Bestellung** (Auftrag, Order) ist die bindende Willenserklärung des Käufers, eine bestimmte Ware zu den angegebenen Bedingungen zu kaufen. Geht der Bestellung ein Angebot des Verkäufers voraus, so stellt die Bestellung die Annahme durch den Käufer dar. Eine Bestellung ohne vorhergehendes Angebot ist ein Antrag an den Verkäufer. Falls der Verkäufer nicht sofort liefern kann (= Annahme), wird er dem Besteller zur Bestellungsannahme eine Auftragsbestätigung senden. Die **Auftragsbestätigung** ist die Willenserklärung des Verkäufers, durch die er sich bereit erklärt, die bestellte Ware zu den angegebenen Bedingungen zu liefern.

Angebot, Bestellung und Auftragsbestätigung sind formfrei, doch empfiehlt sich Schriftform. Bestehen Abweichungen zwischen Angebot und Bestellung oder zwischen Bestellung und Auftragsbestätigung, so kommt es nicht zum Vertragsschluss, und es muss verhandelt werden.

Zusendung unbestellter Ware

Die Zusendung unbestellter Ware stellt ein Angebot dar. Ein Kaufvertrag kommt zustande, wenn der Käufer die Ware bezahlt oder in Gebrauch nimmt/verbraucht oder ausdrücklich erklärt, dass er die Ware annimmt. Stillschweigen gilt nur dann als Annahme des Angebots, wenn der Empfänger der unbestellt zugegangenen Waren ein Kaufmann ist, der zum Anbieter eine fortlaufende Geschäftsbeziehung unterhält.

In allen anderen Fällen – Empfänger ist Privatperson oder Kaufmann, zu dem bisher keine Geschäftsbeziehung bestand – bedeutet Stillschweigen Ablehnung. Die Empfänger müssen die Ware zwar angemessene Zeit zur Abholung bereithalten, brauchen aber sonst nichts zu unternehmen. Nach Ablauf dieser angemessenen Frist können sie mit der Ware nach Belieben verfahren. Gegenüber Privatleuten stellt die Zusendung unbestellter Waren wie auch das telefonische Anbieten von Waren einen Verstoß gegen das Gesetz gegen den unlauteren Wettbewerb dar.

▶ Geschäftsfähigkeit

Voraussetzung für wirksame Kaufverträge ist, dass die Beteiligten geschäftsfähig sind. Die Geschäftsfähigkeit ist die Fähigkeit, rechtsverbindliche Erklärungen im eigenen Namen abzugeben und entgegenzunehmen sowie diese für und gegen sich wirken zu lassen. Zum Schutz von Jugendlichen und geistig schwachen Personen ist deren Geschäftsfähigkeit eingeschränkt oder ausgeschlossen.

Geschäftsunfähig: **Personen unter 7 Jahren** (sowie dauernd Geisteskranke). Deren Rechtsgeschäfte sind von Anfang an nichtig (d. h. sie existieren gar nicht). – *Ein Kind (6 Jahre) kauft auf dem Rückweg von der Schule im Kurzwarengeschäft eine Seidenblume.*	unter **7** Jahren

Beschränkt geschäftsfähig:
 	
Personen zwischen dem 7. und 18. Lebensjahr (sowie Volljährige, denen aufgrund von Krankheit oder Behinderung vom Vormundschaftsgericht ein Betreuer zur Seite gestellt wurde).
 	
Deren Rechtsgeschäfte sind nur unter folgenden Bedingungen wirksam:
 	
● wenn sie der Person lediglich rechtliche Vorteile bringen (§ 107 BGB).
  – *Eine 13-jährige nimmt bei einer Werbeveranstaltung ein Taschentuch als Geschenk an.*
● wenn sie im Rahmen des Taschengeldes abgeschlossen werden (§ 110).
  – *Eine 15-jährige kauft von ihrem Taschengeld ein Sweatshirt.*
● wenn sie im Rahmen eines Geschäftsbetriebs abgeschlossen werden, zu dessen Betreiben die Genehmigung des Vormundschaftsgerichts vorliegt (§ 112).
  – *Nach dem Unfalltod seiner Eltern hat der 17-jährige Sohn deren Textilgeschäft übernommen; nunmehr schließt er Kaufverträge mit Kunden und Lieferern.*
● wenn sie im Rahmen eines Arbeitsvertrages abgeschlossen werden (§ 113).
  – *Eine 16-jährige Ladenhilfe kauft sich in der Abteilung für Berufskleidung zwei Arbeitskittel.*
 	
Alle Rechtsgeschäfte der beschränkt Geschäftsfähigen, die nicht lediglich einen **rechtlichen** Vorteil bringen, sind „schwebend unwirksam", solange eine erforderliche Zustimmung noch aussteht *(ein 16-jähriger leistet für den Kauf einer hochwertigen Sportjacke eine Anzahlung)*.
 	
Erfolgt eine Genehmigung durch die gesetzlichen Vertreter, sind solche Rechtsgeschäfte wirksam von Anfang an *(der Vater holt die Jacke ab und leistet die Restzahlung)*; wird eine Genehmigung verweigert, sind sie nichtig von Anfang an *(der Vater erhebt gegenüber dem Verkäufer Einwände gegen den Kauf und lässt sich die Anzahlung zurückerstatten)*.
	7
	bis
	18
	Jahre

Unbeschränkt geschäftsfähig: **Personen ab 18 Jahren** (sofern sie sich im Vollbesitz ihrer geistigen Kräfte befinden). Deren Rechtsgeschäfte sind voll gültig. – *Die Inhaberin eines Kurzwarengeschäfts kauft im Großhandel Knöpfe ein.* – *Eine Kundin kauft in diesem Geschäft einen Satz Knöpfe.*	ab **18** Jahren

▶ Anfechtbare Rechtsgeschäfte

Rechtsgeschäfte können rückwirkend ungültig werden, z. B. bei Irrtum.

Der **Irrtum** kann **in der Erklärung** liegen *(beim Herunterzeichnen eines Sakkos wird auf dem Preisetikett versehentlich ein Preis von 98 € statt 198 € vermerkt)*. In einem solchen Fall ist eine Anfechtung des Kaufvertrags möglich.

Kein Grund zur Anfechtung liegt vor, wenn der **Irrtum im Beweggrund** liegt (Motivirrtum): *Ein Kunde kauft ein Oberhemd Gr. 42 in der irrigen Annahme, dass ihm das Hemd nach einer Schlankheitskur schon passen werde.* Eine Anfechtung ist bei Motivirrtum nicht möglich.

Durch erfolgreiche Anfechtung wird der Kaufvertrag rückgängig gemacht. Das Recht zur Anfechtung hat, wer sich geirrt hat. Die Anfechtung wegen Irrtums muss unverzüglich nach Entdeckung erfolgen, wobei der Anfechtende einen etwa entstehenden Schaden *(z. B. vergeblich aufgewendete Verpackungs- und Transportkosten)* ersetzen muss.

5.1.2 Arten des Kaufs (1)

Kaufverträge lassen sich unterscheiden:

- nach der rechtlichen Stellung der Vertragspartner und dem Zweck des Vertragsabschlusses
- nach dem Zahlungszeitpunkt
- nach Art, Beschaffenheit und Güte der Ware
- nach der Lieferzeit
- nach dem Erfüllungsort

Arten des Kaufs nach Vertragspartnern und Zweck des Vertrages

Verkäufer ist Käufer ist	ein Unternehmer	ein Verbraucher
ein Verbraucher	**Verbrauchsgüterkauf** (einseitiger Handelskauf) Ein Textilkaufhaus verkauft Oberhemden an seine Kunden	**Privatkauf** Eine Frau verkauft wenig getragene Kinderkleidung an eine Nachbarin; die Inhaberin einer Modeboutique kauft „von privat" ein gebrauchtes Fahrrad für ihre Ausflüge am Wochenende
ein Unternehmer	**zweiseitiger Handelskauf** Der Inhaber eines Textilfachgeschäftes kauft Dekomaterialien im örtlichen Großhandel	**sonstiger einseitiger Handelskauf** Ein Second-Hand-Laden kauft „von privat" ein wenig getragenes Abendkleid

In allen Fällen gelten die allgemeinen Regelungen; besondere Vorschriften gibt es für den Verbrauchsgüterkauf und den zweiseitigen Handelskauf.

Arten des Kaufs nach Art, Beschaffenheit und Güte der Ware

Art des Kaufs	Inhalt	Beispiel
Kauf auf Probe	Kauf mit Recht der Rückgabe innerhalb eines bestimmten Zeitraums (Billigungsfrist).	*Rückgabe oder Umtausch der Ware bei Nichtgefallen.*
Kauf zur Probe	Endgültiger Kauf einer kleinen Menge zum Ausprobieren.	*Neuheit; der Artikel soll getestet werden.*
Kauf nach Probe	Endgültiger Kauf entsprechend einem Muster oder einer Probe.	*Händler bestellt Stoff nach Mustercoupons.*
Bestimmungskauf	Abschluss über eine Gesamtmenge; die genaue Bestimmung von Maßen, Form, Farbe erfolgt später (u. U. werden Teilmengen abgerufen).	*Filialbetrieb vergibt einen Blockauftrag für Herrenhemden.*
Kauf nach Besicht	Ein Kaufgegenstand wird nach Prüfung „gekauft wie besehen"; Mängel werden noch behoben oder mindern den Kaufpreis.	*Eine Kundin kauft im Second-Hand-Shop Kinderbekleidung.*
Stückkauf	Kaufgegenstand ist eine Sache, die einmalig ist (Unikat) und nicht auf dem Markt nachbeschafft werden kann.	*Eine Designer-Boutique kauft ein Modellkleid ein.*
Gattungskauf	Kaufgegenstand ist eine Sache, die mehrfach vorhanden ist oder vom Verkäufer produziert oder auf dem Markt beschafft werden kann.	*Ein Kunde kauft Baumwollsocken im 3er-Pack.*

Arten des Kaufs nach der Lieferzeit

Art des Kaufs	Inhalt	Beispiel
Sofortkauf	Ware wird unmittelbar nach Bestellung geliefert oder übergeben.	*Normalfall*
Terminkauf	Ware wird innerhalb einer vereinbarten Frist oder zu einem vereinbarten späteren Termin geliefert.	*Lieferung innerhalb zwei Wochen nach Auftragsbestätigung.*
Fixkauf	Ware wird zu einem kalendermäßig genau bestimmten Zeitpunkt geliefert. Der Vertrag steht und fällt mit Beachtung der Fixklausel.	*Lieferung eines Hochzeitskleides am 16.05. fix.*
Kauf auf Abruf	Käufer kann die gesamte Ware (oder Teilmengen) bei Bedarf beim Lieferer abrufen.	*Sommerware*
Teillieferungskauf	Die Lieferung erfolgt in Teilmengen zu vorher vom Käufer bestimmten Terminen.	*gedrittelte Auslieferung (Februar/ März/April).*

5.1.2 Arten des Kaufs (2)

Arten des Kaufs nach dem Zahlungszeitpunkt

Art des Kaufs	Inhalt	Beispiel
Kauf gegen Vorkasse	Zahlung erfolgt vor Lieferung.	*Ein Spezialversandhaus versendet seinen Katalog nach Überweisung von 10 €.*
Barkauf	Zahlung bei Lieferung („Zug um Zug").	*Das Spezialversandhaus beliefert unbekannte Kunden gegen Nachnahme.*
Zielkauf	Zahlung innerhalb eines bestimmten Zeitraums nach Lieferung.	*Ein Textilkaufhaus bezahlt seinen Lieferer innerhalb 10 Tagen nach Rechnungsdatum unter Abzug von 4 % Skonto.*
Ratenkauf	Zahlung in Teilbeträgen zu vereinbarten Terminen.	*Ein jungverheiratetes Paar bezahlt die Anschaffung der Bett- und Tischwäsche in 12 gleichen Raten, fällig jeweils am 5. eines Monats.*
Anzahlungskauf	Teilzahlung vor oder bei Lieferung, Rest nach Vereinbarung.	*Ein Kunde lässt im Oktober einen chinesischen Seidenteppich zurücklegen. Anzahlung 1000 €; bei Abholung in der Woche vor Weihnachten erfolgt die Restzahlung von 2 200 €.*

Arten des Kaufs nach dem Erfüllungsort

Der Erfüllungsort ist der Ort, an dem der Schuldner die Leistung zu bewirken hat; der Verkäufer (Warenschuldner) und der Käufer (Geldschuldner) werden am Erfüllungsort durch rechtzeitige und einwandfreie Leistung von ihren vertraglichen Pflichten frei.

Art des Kaufs	Inhalt	Beispiel
Handkauf	Die Ware wird im Geschäft des Verkäufers gekauft und übergeben.	*Kauf einer Krawatte beim Herrenausstatter.*
Platzkauf	Käufer und Verkäufer haben ihren Geschäfts- bzw. Wohnsitz an demselben Ort; die Ware muss zum Geschäfts- bzw. Wohnsitz des Käufers transportiert werden.	*Ein Raumausstatter in Essen liefert Teppichboden an einen Kunden in Essen-Stadtwald.*
Fernkauf	Käufer und Verkäufer haben ihren Sitz an unterschiedlichen Orten, Erfüllungsort ist nicht der Ort des Verkäufers.	*Ein Raumausstatter in Essen liefert Teppichboden nach Mülheim/R und vereinbart mit dem Kunden: Erfüllungsort ist Mülheim/R.*
Versendungskauf	Käufer und Verkäufer haben ihren Sitz an unterschiedlichen Orten, Erfüllungsort ist der Ort des Verkäufers.	*Ein Raumausstatter in Essen liefert Teppichboden auf Wunsch des Käufers nach Mülheim/R. Erfüllungsort ist Essen.*

Werkvertrag und ähnliche Verträge

Im Textileinzelhandel werden neben Kaufverträgen häufig auch Werkverträge und diesen ähnliche Verträge geschlossen:

Art des Vertrages	Inhalt	Beispiel
Werkvertrag	erfolgreiche Herstellung oder Veränderung einer Sache; Herbeiführung eines Erfolgs durch Arbeits- und Dienstleistung	*Kürzen der Beinlänge einer (soeben verkauften oder bereits getragenen) Hose im Änderungsatelier; Durchführung einer Modenschau für einen Event-Veranstalter*
den Werkverträgen **ähnliche Verträge**	erfolgreiche Lieferung herzustellender beweglicher Sachen: ● vertretbarer Sachen: es gelten Vorschriften für den Kaufvertrag ● nicht vertretbarer Sachen: es gelten Vorschriften für den Werkvertrag	*Herstellung von Konfektionsanzügen* *Herstellung eines Maßanzugs*

5.1.3 Erfüllung des Kaufvertrages

Pflichten aus dem Kaufvertrag

Inhalt eines Kaufvertrages ist die entgeltliche Veräußerung von Sachen *(Sakko, Deko-Stoffe, Wollpflegemittel)* und Rechten *(Nutzungsrecht an einem Waren- oder Gütezeichen)*. Durch Abschluss des Kaufvertrages haben sich beide Vertragspartner verpflichtet (= Verpflichtungsgeschäft), den Vertrag zu erfüllen (= Erfüllungsgeschäft).

Pflichten aus dem Kaufvertrag	
Der Verkäufer verpflichtet sich,	Der Käufer verpflichtet sich,
● dem Käufer den Kaufgegenstand rechtzeitig und frei von Mängeln zu übergeben, ● dem Käufer das Eigentum daran zu verschaffen, ● den Kaufpreis anzunehmen.	● den Kaufgegenstand abzunehmen, ● rechtzeitig den vereinbarten Kaufpreis zu zahlen.

Die durch Abschluss des Kaufvertrages übernommenen Pflichten erlöschen, wenn der Verkäufer Besitz und Eigentum am Kaufgegenstand auf den Käufer übertragen und das Entgelt angenommen hat und der Käufer den Kaufgegenstand angenommen und das Entgelt bezahlt hat.

Grundsätze für die Auslegung

Für die Art und Weise, wie der Vertrag zu erfüllen ist, gelten die vertraglichen (schriftlichen oder mündlichen) Abmachungen, die zwischen Textileinzelhandel und Vorstufen meist auf der Grundlage der „Einheitsbedingungen der Textilwirtschaft" (Kap. 2.1.2) getroffen werden. Sollte der Inhalt des Vertrages nicht klar und eindeutig sein, gelten folgende Grundsätze:

● Alle Verträge sind so auszulegen und zu erfüllen, wie Treu und Glauben mit Rücksicht auf die Verkehrssitte es erfordern. Dabei kommt es nicht auf den Buchstaben, sondern auf den Sinn der Willenserklärung an, wie er dem Empfinden rechtlich denkender Menschen entspricht.

● Bei zweiseitigen Handelsgeschäften, d. h. unter Kaufleuten, haben die Vertragspartner auf die Handelsbräuche und auf die übrigen im Handel geltenden Gewohnheiten Rücksicht zu nehmen.

```
Ausgleich der Rechnung 00789

Wir bedanken uns für die Banküberweisung von 16.912,60 €. Leider ist die o. a. Rechnung damit nicht
ausgeglichen: Nach den Einheitsbedingungen der Textilwirtschaft können Sie die Rechnung innerhalb
10 Tagen nach Ausstellung mit 4 % Skonto regulieren. Tatsächlich wurde der Betrag 29 Tage nach Rech-
nungsstellung unserem Bankkonto gutgeschrieben, sodass lediglich ein Skontoabzug in Höhe von 2,25%
zulässig ist.

Ein derart massives Überschreiten der Skontofrist können wir auch bei langjährigen Kunden nicht zu-
gestehen. Wir bitten Sie daher, den Betrag von € 308,30 unverzüglich zu überweisen.

Mit freundlichen Grüßen
```

Auszug aus dem Schreiben eines Großhändlers an einen Kunden

Eigentums- und Besitzübertragung

Hinsichtlich der Eigentumsübertragung ist zu unterscheiden, wer eine Sache hat und wem eine Sache gehört. Meist sind Eigentümer und Besitzer die gleiche Person. Besitz ist die tatsächliche Herrschaft einer Person über eine Sache, Eigentum ist die rechtliche Herrschaft einer Person über eine Sache. Die Eigentumsübertragung an beweglichen Sachen vollzieht sich u. a.

● durch Einigung (dass das Eigentum übergehen soll) und Übergabe	*Eine Kundin kauft eine Seidenbluse, die ihr nach Zahlung am Packtisch ausgehändigt wird.*
● durch Einigung, wenn sich der Gegenstand bereits beim Erwerber befindet.	*Eine Kundin kauft einen in ihrer Wohnung zur Ansicht ausliegenden Teppich.*

Arten der Kaufvertragsstörungen

Sachmangel	Der Verkäufer liefert mangelhaft.
Lieferungsverzug	Der Verkäufer liefert nicht rechtzeitig.
Annahmeverzug	Der Käufer nimmt die Lieferung nicht oder nicht rechtzeitig an.
Zahlungsverzug	Der Käufer bezahlt den vereinbarten Kaufpreis nicht oder nicht rechtzeitig.

Sachmangel

Der Verkäufer hat zu gewährleisten, dass die Sache bei Gefahrübergang frei von Sach- und Rechtsmängeln ist: sie muss die vereinbarte Beschaffenheit haben *(z. B. einer Probe oder einem Muster entsprechen)* oder sich für die nach Vertrag vorausgesetzte Verwendung eignen bzw. eine übliche Beschaffenheit aufweisen und sich für die gewöhnliche Verwendung eignen; auch muss die Sache die (konkreten) Eigenschaften aufweisen, die der Verkäufer, der Hersteller oder dessen Gehilfe in seiner Werbung angepriesen hat.

Mangel in der Art	Es wird falsche Ware geliefert *(Damenblusen Gr. 44 – 50 statt 34 – 42)*.
Mangel in der Güte	Die Ware weist Beschädigungen auf *(Futter eingerissen)* oder es fehlen zugesicherte Eigenschaften: *Ware verträgt die Wäsche bei 60 °C – auf dem Etikett zugesichert – nicht*.
Mangel in der Menge	Es wird weniger Ware geliefert als bestellt (Quantitätsmangel): *Bestellt wurden 24 Flaschen Wollpflegemittel, geliefert wurden 12*.
mangelhafte Montage; mangelhafte Montageanleitung	Eine vereinbarte Montage *(z. B. das Anbringen von Heimtextilien)* erfolgt nicht sachgemäß; eine erforderliche Montageanleitung *(z. B. Aufbauanleitung für ein Zelt)* fehlt.
offener Mangel	Lässt sich durch erste Untersuchung feststellen: *Flaschen mit Wollpflegemittel nur halb voll*.
versteckter Mangel	Lässt sich bei erster Untersuchung nicht feststellen: *Sanforisiertes Hemd läuft ein*.
arglistig verschwiegener Mangel	Versteckte Mängel, die verschwiegen werden, damit der Käufer die Sache nicht ablehnt: *Dem Lieferer ist bekannt, dass die verarbeitete Baumwolle entgegen der Deklaration nicht aus biologischem Anbau stammt*.

Wenn der Käufer seine Rechte aus der mangelhaften Lieferung wahren will, muss er die Ware auf Güte, Menge und Art prüfen, eventuell festgestellte Mängel rügen und gerügte Ware aufbewahren, und zwar

- beim zweiseitigen Handelskauf unverzüglich,
- beim Verbrauchsgüterkauf innerhalb der gesetzlichen 24-monatigen Gewährleistungsfrist (spätestens jedoch innerhalb einer vom Verkäufer möglicherweise gewährten längeren Garantiefrist). Dabei wird innerhalb der ersten 6 Monate zugunsten des Verbrauchers vermutet, dass die Sache schon bei Gefahrübergang fehlerhaft war; erst nach Ablauf von 6 Monaten muss der Käufer den Mangel beweisen, wenn er sein Geld zurück haben will. Eine Verkürzung der Gewährleistungsfrist ist nicht zulässig (außer bei gebrauchten Waren: hier ist eine Verkürzung bis zu einem Jahr erlaubt).

Bei mangelhafter Lieferung hat der Käufer zunächst das Recht auf kostenfreie **Nacherfüllung** (siehe 4.4.3). Erst nach erfolgloser Fristsetzung zur Nacherfüllung kann der Käufer zwischen weiteren Rechten wählen:

Rücktritt	Käufer macht den Kaufvertrag rückgängig: *Käufer kann die fehlerhafte Ware nicht verwenden und deckt sich bei einem anderen Lieferanten günstiger ein*.
Minderung	Käufer verlangt eine angemessene Herabsetzung des Kaufpreises: *Die T-Shirts sind zwar angeschmutzt, aber gegen Preisnachlass verkäuflich. Der Käufer behält die Ware und mindert den Kaufpreis.*
Schadenersatz	Käufer verlangt zusätzlich zu Minderung oder Rücktritt Schadenersatz (evtl. Ersatz vergeblicher Aufwendungen), *wenn durch die Lieferung mangelhafter Ware ein Schaden entstanden ist oder Aufwendungen vergeblich gemacht wurden (auch falls der Verkäufer den Mangel nur fahrlässig verschwiegen hat).*

```
Mängelrüge
Gestern traf Ihre Lieferung mit 200 Frottier-Badetüchern hier ein. Ich stellte fest, dass bei
etwa 50 Packungen die Folien teils angescheuert, teils aufgerissen sind. Etwa 20 Badetücher sind
angeschmutzt. Die gesamte Lieferung ist verstaubt und in einem so uneinheitlichen Zustand, dass
ich diese Ware meiner qualitätsverwöhnten Kundschaft nur als Sonderposten verkaufen kann.
Bitte liefern Sie mit bis zum ... einwandfreie Ware oder teilen Sie mir mit, ob Sie bereit sind,
den Kaufpreis um 40 % zu senken.
Mit freundlichen Grüßen
```

Auszug aus einer Mängelrüge

Lieferungsverzug

Der Verkäufer hat die Pflicht, die Ware rechtzeitig zu liefern, und kommt unter zwei Voraussetzungen in Verzug:

Fälligkeit	Wenn die Lieferung fällig war (Lieferdatum kalendermäßig bestimmt/bestimmbar), andernfalls, wenn der Käufer eine angemessene Frist zur Nacherfüllung gesetzt hat.
Verschulden	Wenn die Lieferung aufgrund von Fahrlässigkeit oder Vorsatz des Verkäufers oder seiner Erfüllungsgehilfen unterbleibt (nicht aber bei höherer Gewalt).

Rechte des Käufers bei Lieferungsverzug: Er wird je nach Interessenlage Nachlieferung oder – nach erneuter Mahnung – Nachlieferung und Schadenersatz verlangen oder – nachdem er eine angemessene Nachfrist gesetzt hat – vom Vertrag zurücktreten (Rücktritt) und/oder sich anderweitig eindecken (Deckungskauf) und gegebenenfalls Schadenersatz beanspruchen.

```
Lieferungsverzug                                                    17.04.20..

Meine Bestellung vom 13.01.20.. über 200 Bikinis mit Liefertermin 15.04. haben Sie zwar bestätigt,
aber bis heute nicht ausgeliefert. Sie befinden sich damit im Lieferungsverzug.

Da ich die Ware dringend für das Frühsommergeschäft brauche, setze ich Ihnen eine Nachfrist von
18 Tagen (nach § 6 der Einheitsbedingungen). Sollte die Ware bis dahin nicht bei mir eingegangen
sein, werde ich einen Deckungskauf vornehmen müssen. Für diesen Fall behalte ich mir das Recht vor,
Schadenersatz wegen Nichterfüllung geltend zu machen.

Mit freundlichen Grüßen
```

Auszug aus einem Brief wegen Lieferungsverzug

Annahmeverzug

Der Lieferant hat sich im Kaufvertrag verpflichtet, den vereinbarten Kaufpreis anzunehmen, der Käufer, die angebotene Ware abzunehmen. Während die Annahme des Kaufpreises vom Lieferer selten verweigert wird, kommt es häufiger vor, dass der Käufer die Annahme der Ware verweigert. Damit haftet der Lieferer nur noch für grobe Fahrlässigkeit und nicht mehr für zufälligen Untergang der Ware. Rechte des Lieferers bei Annahmeverzug:

Klage	Er kann die Ware im eigenen Lager aufbewahren und den Kunden auf Abnahme verklagen.
Hinterlegung	Er kann die Ware an einem geeigneten Ort auf Kosten und Gefahr des Käufers einlagern.
Selbsthilfeverkauf	Er kann nach Androhung und Fristsetzung die Ware verkaufen (lassen) – durch öffentliche Versteigerung, – durch freihändigen Verkauf, wenn die Ware einen Markt- oder Börsenpreis hat, – durch Notverkauf, wenn die Ware leicht verderblich ist.

Alle Mehraufwendungen hat der Käufer zu ersetzen, der auch einen Mindererlös trägt bzw. Mehrerlös erhält.

Zahlungsverzug

Wenn ein Schuldner den Kaufpreis nicht zahlt und die Fälligkeit der Zahlung nicht kalendermäßig bestimmt ist, kommt er automatisch 30 Tage nach Fälligkeit der Rechnung in Verzug. Einer Mahnung bedarf es nicht; jedoch ist gegenüber Verbrauchern ein entsprechender Hinweis in der Rechnung erforderlich (§ 286 BGB). Damit hat jeder private Kunde, der in dieser Weise auf Rechnung kauft, ein 30-tägiges Zahlungsziel. Soll eine Rechnung früher, z.B. „sofort ohne Abzug" zahlbar sein, ist dafür eine individuelle Vereinbarung zwingend erforderlich, die in Angebot oder Kaufvertrag aufzuführen ist. Wird einem Verbraucher ein Zahlungsziel „zahlbar innerhalb von 30 Tagen" eingeräumt, kann dieser sich 60 Tage Zeit lassen, bevor er in Verzug gerät.

Rechte des Gläubigers bei Zahlungsverzug:

ohne Nachfrist	Ohne Setzen einer Nachfrist kann der Gläubiger – Zahlung verlangen oder – Zahlung zuzüglich Verzugszinsen und Auslagenersatz fordern.
mit Nachfrist	Setzt der Gläubiger eine Nachfrist, so kann er – vom Vertrag zurücktreten und von ihm gelieferte Waren zurückfordern *(wenn nicht zu erwarten ist, dass der Schuldner noch zahlt oder wenn er die gelieferten Waren anderweitig verwenden kann)* und/oder – Schadenersatz wegen Nichterfüllung verlangen *(wenn zurückgenommene Waren erst später oder unter erheblichen Abschlägen zu verkaufen sind)*.

Der Gläubiger kann seinen Aufforderungen zur Zahlung auch durch gerichtliche Maßnahmen Nachdruck verleihen.

5.2.1 Mahnwesen

Verhinderung von Forderungsausfällen

Die beste Sicherung gegen Zahlungsausfälle besteht darin, Vorauszahlungen, Anzahlungen oder Barzahlung zu verlangen. Allerdings sind Lieferungen gegen Rechnung bei den meisten Unternehmen des Textileinzelhandels unvermeidlich. Umso wichtiger ist es in solchen Fällen,

- die **Kreditwürdigkeit** zu prüfen,
- Waren unter **Eigentumsvorbehalt** zu liefern,
- **Anreize zu pünktlicher Zahlung** zu geben (Barzahlungsnachlass),
- **Fälligkeit** und **Eingang** von Forderungen sorgfältig zu überwachen.

Dennoch werden sich Zahlungsverzögerungen oder -ausfälle nicht völlig vermeiden lassen. Dann wird der Gläubiger zunächst versuchen, die Zahlung mit den Mitteln des kaufmännischen Mahnwesens, d. h. ohne gerichtliche Hilfe, einzutreiben. Schlägt dies fehl, bedient sich der Gläubiger des gerichtlichen Mahnverfahrens. Bleibt auch das erfolglos, oder erhebt der Schuldner Einwände gegen die Berechtigung der Forderung, so kann der Gläubiger Klage erheben. Wenn der Schuldner schließlich zahlt, lassen sich meist auch die Kosten des Mahn- oder Klageverfahrens einbringen; erweist sich die Forderung aber endgültig als uneinbringlich, bleibt der Gläubiger auch auf den Kosten sitzen.

Kaufmännisches Mahnwesen

Weil die Gründe für Zahlungsverzögerungen sehr unterschiedlich sein und sogar beim Gläubiger liegen können *(Schlechtlieferung, Fehlbuchung)* und weil andererseits Stammkunden nicht verprellt werden sollen, werden Art und Tonfall der Mahnungen einfühlsam an den jeweiligen Fall angepasst sein müssen. Üblich ist ein vielstufiges Verfahren:

- Zunächst „Erinnerung", z. B. durch Zusendung einer Rechnungskopie. Bleibt die Zahlung aus:
- 1. Mahnung, mit Hinweis auf Fälligkeit der Schuld und Zahlungsaufforderung (gegebenenfalls unter Ankündigung von Verzugszinsen). Bleibt auch die 1. Mahnung erfolglos:
- 2. Mahnung: Ankündigung des Einzugs durch Nachnahme oder Inkassoinstitut. Falls erfolglos:
- Versuch des Einzugs durch Nachnahme oder Inkassoinstitut; falls erfolglos:
- Letzte Mahnung: Androhung gerichtlicher Maßnahmen.

Gerichtliches Mahnwesen

Das gerichtliche Mahnverfahren hat die Aufgabe, dem Gläubiger (schneller und zu geringeren Kosten, als dies durch eine Klage möglich wäre) einen Vollstreckungsbescheid zu verschaffen. Der **Mahnbescheid** ist eine Mahnung durch das Gericht. Er wird durch „Antrag auf Erlass eines Mahnbescheides" (Durchschreibevordruck, in Geschäften für Bürobedarf erhältlich) beantragt. Das Amtsgericht am Sitz des Gläubigers fordert den Schuldner dann auf, die Schuld samt Zinsen und allen Kosten an den Gläubiger zu zahlen oder Widerspruch bei Gericht einzulegen. Je nach der Reaktion des Schuldners kommt es zur Zahlung, zum Streitverfahren vor Gericht oder zum Erlass eines **Vollstreckungsbescheides**, der es dem Schuldner ermöglicht, gegen den Gläubiger das Zwangsvollstreckungsverfahren zu betreiben. Wenn der Schuldner weder zahlt noch Einspruch gegen den Vollstreckungsbescheid erhebt, kommt es zur **Pfändung** in das bewegliche oder unbewegliche Vermögen des Schuldners, zur Verwertung der Pfänder und schließlich zur Abrechnung.

Die **Zwangsvollstreckung** ist ein Verfahren zur zwangsweisen Eintreibung einer Geldforderung. Sie erfolgt

- in das bewegliche Vermögen (Pfändung von körperlichen Sachen oder von Forderungen, z. B. Gehalt und anderen Rechten) oder
- in das unbewegliche Vermögen durch Zugriff auf ein Grundstück (Zwangsverwaltung der Erträge, Zwangsversteigerung, Eintragung einer Sicherungshypothek).

Nach der Pfändung erfolgt die Versteigerung der Pfandstücke. Wenn die Zwangsvollstreckung fruchtlos oder unbefriedigend verläuft und der Gläubiger vermutet, dass der Schuldner Vermögensgegenstände verheimlicht, kann der Gläubiger bei Gericht den Antrag auf Abgabe einer **Eidesstattlichen Versicherung** („Offenbarungseid") stellen. In dieser Versicherung erklärt der Schuldner eidesstattlich die Vollständigkeit eines von ihm aufgestellten Vermögensverzeichnisses. Weigert sich der Schuldner, ein solches Verzeichnis aufzustellen, kann er auf Antrag des Gläubigers zur Erzwingung der Eidesstattlichen Versicherung verhaftet werden. Diese wird bei Gericht für einen Zeitraum von drei Jahren in eine öffentliche Schuldnerliste eingetragen.

Was darf im privaten Haushalt nicht gepfändet werden?

Nicht pfändbar sind

- Sachen, die dem gewöhnlichen Gebrauch oder dem Haushalt dienen *(z. B. Kleidung, Betten, Haus- und Küchengeräte)*;
- Nahrungsmittel, Heizmaterial bzw. der zu ihrer Beschaffung notwendige Geldbetrag;
- Sachen, die zur Fortsetzung der Erwerbstätigkeit erforderlich sind *(z. B. Handwerkszeug, PC, dieses Buch)*;
- Grundbeträge der Alters- und Erwerbsunfähigkeitsrenten;
- Grundbeträge des Witwen-, Witwer-, Waisen-, Krankengeldes;
- ein Teil der Weihnachtsvergütungen;
- Urlaubsgeld, Erziehungsbeihilfen, Kindergeld, Arbeitslosengeld, Geldleistungen aus der Pflegeversicherung.

An sich unpfändbare, aber sehr wertvolle Gegenstände (Stereoanlage) können gegen einfachere ausgetauscht werden.

5.2.2 Klage und Verjährung

Klage

Wenn der Gläubiger das gerichtliche Mahnverfahren für aussichtslos hält oder aber wenn der Schuldner Widerspruch gegen einen Mahnbescheid bzw. Einspruch gegen einen Vollstreckungsbescheid erhoben hat, erfolgt Klage vor dem Amtsgericht (bis 5 000 € Streitwert, kein Anwaltszwang) oder vor dem Landgericht am Sitz des Schuldners. Das Verfahren endet mit Urteil, Rücknahme der Klage oder Vergleich.

Verjährung von Forderungen

Eine genaue Überwachung des Zahlungseingangs ist u. a. auch deswegen erforderlich, weil der Schuldner berechtigt ist, nach Ablauf einer gewissen Frist die Zahlung zu verweigern, selbst dann, wenn er die Berechtigung des Anspruchs nicht bestreitet. Durch Verjährung werden Geldforderungen (und andere Ansprüche) gefährdet: Wenn ein Schuldner von der „Einrede der Verjährung" Gebrauch macht und die geschuldete Leistung verweigert, hat der Gläubiger keine Möglichkeit mehr, seinen Anspruch durchzusetzen. Andererseits: Ein Schuldner, der in Unkenntnis der Verjährung eine Verbindlichkeit bezahlt, tilgt eine „natürliche Schuld". Er kann das Geld auch dann nicht zurückfordern, wenn er nachweist, dass er in Unkenntnis der Tatsache gehandelt hat, dass der Anspruch verjährt ist:

Verjährungsfristen

Verjährungsfristen vor dem 1. Januar 2002 (Auszug)		
2 Jahre verkürzte Verjährungsfrist	4 Jahre verkürzte Verjährungsfrist	30 Jahre regelmäßige Verjährungsfrist
Ansprüche ● von Kaufleuten an Privatleute ● auf Lohn und Gehalt ● der Transportunternehmen, Gastwirte und freien Berufe ● der Vermieter von beweglichen Sachen auf Miete.	Ansprüche ● von Gewerbetreibenden untereinander ● auf Zinsen ● auf regelmäßig wiederkehrende Leistungen (Mieten, Pachten, Renten).	Ansprüche ● von Privatleuten untereinander ● aus Darlehensforderungen ● aus rechtskräftigen Urteilen und vollstreckbaren Titeln (Vollstreckungsbescheide, Konkursforderungen).
Frist beginnt am 31.12., 24 Uhr, nach der Entstehung des Anspruchs		Frist beginnt mit der Entstehung des Anspruchs

Für die Verjährung von Ansprüchen, die nach dem 31.12.2001 entstehen, gelten geänderte Vorschriften, die im **Gesetz zur Modernisierung des Schuldrechts vom 26. November 2001** sehr detailliert geregelt sind (§§ 194ff). Neben neuen oder geänderten Vorschriften für „Neubeginn, Hemmung und Ablaufhemmung der Verjährung" bringt das Gesetz auch eine durchgreifende Neugestaltung der Verjährungsfristen:

Verjährungsfristen nach dem 31. Dezember 2001 (Auszug)			
3 Jahre § 195 BGB	10 Jahre § 196 BGB	30 Jahre § 197 (1) BGB	2 Jahre § 438 Nr. 3 BGB
„regelmäßige Verjährungsfrist"	● Rechte an einem Grundstück, ● Ansprüche auf Übertragung des Eigentums an einem Grundstück, ● ..., ● sowie die Ansprüche auf die Gegenleistung	● Herausgabeansprüche aus Eigentum, ● rechtskräftig festgestellte Ansprüche, ● Ansprüche aus vollstreckbaren Vergleichen oder vollstreckbaren Urkunden, ● Schadenersatzansprüche wegen der Verletzung von Körper und Leben ● ... aber: soweit es sich dabei um regelmäßig wiederkehrende Leistungen handelt, gilt die regelmäßige Verjährungsfrist; § 197 (2) BGB	Mängelansprüche aus dem „Verbrauchsgüterkauf": Gewährleistung aufgrund von ● Sachmängeln ● Montagefehlern ● Instruktionsfehlern, z.B. fehlende Gebrauchs- oder Waschanleitung Gilt im Wesentlichen auch für den Rückgriff des Endkäufers auf seinen Lieferanten bzw. den Hersteller; gilt auch – allerdings mit einjähriger Gewährleistungsfrist – beim Kauf von Gebrauchtwaren, z.B. im Second-Hand-Shop)
Fristbeginn am 31.12., 24 Uhr, nach Entstehung des Anspruchs[1]	Fristbeginn mit der Enstehung des Anspruchs		Fristbeginn mit Entstehung des Anspruchs (hier: Gefahrübergang)

[1] bzw. Kenntnis der anspruchsbegründenden Umstände und der Person des Schuldners

Zielsetzung des Wettbewerbsrechts

In unserem Wirtschaftssystem soll vor allem die Leistung am Markt darüber entscheiden, ob ein Anbieter seinen Marktanteil halten oder sogar ausdehnen kann. Wenn ein Anbieter versucht, in die Märkte seiner Mitbewerber einzudringen und ihnen Kunden abzuwerben, so ist dagegen nichts einzuwenden, sofern dies durch einen fairen **Leistungswettbewerb** geschieht. Es ist aber kein Leistungswettbewerb, wenn ein Kaufmann durch unlautere (unfaire) Geschäftsmethoden versucht, sich Vorteile zu verschaffen. Damit sich echte Leistungen und seriöse Geschäftspraktiken durchsetzen, hat der Gesetzgeber Verhaltensmaßregeln aufgestellt.

Deren Ziel ist es,

● die Voraussetzungen für fairen Wettbewerb und Chancengleichheit zu schaffen und zu erhalten,

● reelle Kaufleute vor unlauteren Praktiken von Konkurrenzunternehmen zu schützen,

● eine Täuschung und Übervorteilung der Verbraucher zu verhindern und

● gerichtliche Hilfe bei der Bekämpfung unlauterer Praktiken zu gewähren.

Dabei gelten folgende Gesetze und Verordnungen:

● das Gesetz gegen den unlauteren Wettbewerb (UWG)

● die Preisangabenverordnung

● das Ladenschlussgesetz.

Der Kern des Wettbewerbsrechts ist das „Gesetz gegen den unlauteren Wettbewerb (UWG)". Weil es nicht möglich ist, die vielfältigen Erscheinungsformen der Wettbewerbshandlungen im Wandel von Wirtschaft und Gesellschaft für alle Zeit festzuschreiben, versucht das UWG gar nicht erst, alle wettbewerbsrechtlich verbotenen Tatbestände im Gesetz genau und vollständig aufzuzählen. Stattdessen umschreibt § 1 UWG, welches die Grenzen des zulässigen Wettbewerbs und welches die Folgen von Verstößen sind: *„Wer im geschäftlichen Verkehr zu Zwecken des Wettbewerbs Handlungen vornimmt, die gegen die guten Sitten verstoßen, kann auf Unterlassung und Schadenersatz in Anspruch genommen werden."*

Quelle: einzelhandelsberater 2/96

1: Verstoß gegen UWG?

Unter „sittenwidrig" versteht der Gesetzgeber dabei, was dem Anstandsgefühl des redlichen durchschnittlichen Kaufmanns bzw. der von Wettbewerbshandlungen angesprochenen und betroffenen Personengruppe zuwiderläuft. In allen Zweifelsfällen entscheidet die Rechtsprechung, welche Wettbewerbshandlungen sittenwidrig sind.

Verstöße gegen die Generalklausel des § 1 UWG sind Handlungen des unerlaubten Kundenfangs und der anreißerischen Werbung. So ist es nicht erlaubt, die freie Willensentscheidung des Kunden zu beeinflussen, z. B. durch:

● **Straßenwerbung**: Interessenten dürfen nicht vor dem Ladenlokal angesprochen werden, auch dann nicht, wenn sie sich die Schaufensterauslagen ansehen.

● **Telefonwerbung**: Es ist grundsätzlich verboten, Privatpersonen anzurufen, um ihnen fernmündlich oder per Fax Angebote zu unterbreiten.

● **Zusendung unbestellter Ware**: Es ist nicht zulässig, dem Kunden unbestellte Ware zuzusenden und ihn aufzufordern, den Kaufpreis zu zahlen oder die Ware zurückzusenden.

● **Kaufzwang**: Zusagen, nach denen der Kunde beim Kauf einer bestimmten Ware oder Warenmenge ein Geschenk oder einen sonstigen Vorteil erhält, sind unzulässig.

● **Übertriebenes Anlocken**: Zusagen, nach denen der Kunde ein Geschenk oder einen sonstigen Vorteil erhält, wenn er das Geschäft betritt, sind ebenfalls unzulässig.

● **Werbung mit der Angst**: Kunden dürfen nicht dadurch zum Kauf veranlasst werden, dass Angstgefühle hervorgerufen oder schon vorhandene noch verstärkt werden.

Unlauterer Wettbewerb

Wer gegen die Spielregeln des fairen Leistungswettbewerbs verstößt, macht sich unter Umständen strafbar. In jedem Fall – selbst wenn sich ein Kaufmann wettbewerbswidriger Verhaltensweisen gar nicht bewusst ist – sind seine Verstöße unerlaubte Handlungen, die einen Anspruch auf Unterlassung oder Schadenersatz begründen können. Auch haben Verbraucher, die durch unwahre und irreführende Angaben zum Abschluss eines Vertrages veranlasst worden sind, ein Rücktrittsrecht innerhalb von sechs Monaten nach Vertragsschluss. Bestimmte Wettbewerbshandlungen verbietet das Gesetz gegen den unlauteren Wettbewerb (UWG) ausdrücklich; im Bereich der Werbung dagegen ist neuerdings eine Lockerung der Wettbewerbsregeln eingetreten.

- **Vergleichende Werbung**: Es ist zulässig, die Vorzüge und Vorteile des eigenen Angebots dadurch hervorzuheben, dass man sie mit der Leistung von Mitbewerbern vergleicht, unter der Voraussetzung, dass die aufgestellten Behauptungen den Tatsachen entsprechen und die Werbung nicht irreführend, herabsetzend oder verunglimpfend wirkt.

> **Artikel 3a der <u>Richtlinie 97/55/EG der Europäischen Union zur vergleichenden Werbung</u>:**
> (1) Vergleichende Werbung gilt (...) als zulässig, sofern folgende Bedingungen erfüllt sind:
> a) Sie ist nicht irreführend;
> b) (...)
> c) sie vergleicht objektiv eine oder mehrere wesentliche, relevante, nachprüfbare und typische Eigenschaften dieser Waren und Dienstleistungen, zu denen auch der Preis gehören kann;
> d) (...)
> e) durch sie werden weder die Marken, (...) noch die Waren, Dienstleistungen, die Tätigkeiten oder die Verhältnisse eines Mitbewerbers herabgesetzt oder verunglimpft;
> (...)

- **Eine Alleinstellungswerbung** (*„Erstes Haus am Platze"*) ist zulässig, wenn sie unbezweifelbar und hinsichtlich aller wesentlichen Merkmale (Umsatz, Verkaufsfläche, Personal, Sortiment) den Tatsachen entspricht.

- **Lockvogelangebote**: Verboten ist es, Waren anzupreisen, die nicht oder nur in unzureichenden Mengen vorhanden sind. Wird für preisgünstige Waren geworben, so muss die angekündigte Ware für eine angemessene Zeitdauer (normalerweise drei Tage) in ausreichender Menge vorrätig sein. Dekorationsware muss als solche kenntlich gemacht werden.

- **Irreführende Angaben**: Verboten sind irreführende Angaben über die eigenen geschäftlichen Verhältnisse, vor allem über Ruf und Größe des Unternehmens, über Beschaffenheit, Ursprung, Herstellungsart, Menge und Bezugsquellen der Waren.

- **Weitere Vorschriften**: Wettbewerbswidrig handelt, wer Angestellte oder Beauftragte anderer Unternehmungen durch Geschenke oder Schmiergelder besticht, wer fremde Firmen- oder Geschäftsbezeichnungen verwendet, wer durch üble Nachrede oder Verleumdung die Mitbewerber zu schädigen versucht.

1: Auch fremdsprachliche Ausverkaufswerbung ist – wie hier – nur im Schlussverkauf zulässig

2: Aufgrund der Preisangabenverordnung mit äußerster Vorsicht zu genießen: Werbung mit unüblichen Verkaufseinheiten

Quelle: einzelhandelsberater 2/96

Unerlaubter Wettbewerb

Wenn eine Unternehmung gegen die Bestimmungen über Sonderveranstaltungen verstößt, liegt unerlaubter Wettbewerb vor.

5.3.2 Sonderveranstaltungen

Dem Einzelhandel sind Sonderveranstaltungen grundsätzlich verboten, mit denen bei den Verbrauchern der Eindruck einer besonders günstigen „einmaligen" Kaufgelegenheit geweckt werden soll. Als Ausnahmen von dieser Regelung gelten:

1: Winterschlussverkauf

2: Jubiläumsverkauf

3: Räumungsverkauf

Schlussverkäufe

Winter- und Sommerschlussverkäufe beginnen am letzten Montag im Januar bzw. Juli und dauern 12 Werktage. Es dürfen Textilien (auch Hüte, Schirme, Teppiche, Auslegeware u. Ä.), Bekleidung, Schuh- und Lederwaren sowie Sportartikel angeboten werden. Schlussverkäufe dienen vor allem der Lagerräumung bei modischen Waren, doch beschaffen viele Einzelhändler eigens für die Schlussverkäufe preisgünstige Artikel, die sie im Rahmen der Werbung stark herausstellen. Unzulässig ist es, in zeitlicher Nähe zu einem Schlussverkauf mit besonders herausgestellten, massierten Sonderangeboten schlussverkaufsfähiger Waren zu werben, da so der Eindruck einer Vorwegnahme entstehen würde.

Jubiläumsverkäufe

Im Rahmen eines Jubiläumsverkaufs bemüht sich der Einzelhändler darum, die Öffentlichkeit davon zu überzeugen, dass die Unternehmung nachhaltig solide Leistungen erbringt. Es geht also vor allem darum, für die Unternehmung als Ganzes Vertrauen zu schaffen (Public Relations). Jubiläumsverkäufe sind zur Feier des ununterbrochenen Bestehens eines Unternehmens nach Ablauf von jeweils 25 Jahren zulässig. Der Jubiläumsverkauf darf höchstens 12 Werktage andauern und muss in dem Monat beginnen, in den der Jubiläumstag fällt.

Räumungsverkäufe

Räumungsverkäufe sind nur aus drei Gründen zulässig:

Räumungsverkauf wegen höherer Gewalt	Räumungsverkauf wegen Umbaus	Räumungsverkauf wegen Geschäftsaufgabe
Wenn infolge eines Schadens durch Feuer, Wasser, Sturm oder durch ein anderes, vom Unternehmer nicht zu vertretendes Ereignis die Räumung eines Warenvorrats unvermeidlich ist, z. B. weil die Waren nicht ausgelagert werden können.	Wenn Umbaumaßnahmen erfolgen sollen, die so erheblich sind, dass sie nach baurechtlichen Vorschriften anzeige- oder genehmigungspflichtig sind (also Maßnahmen, die tragende Teile betreffen, nicht etwa „Schönheitsreparaturen" oder Dekorationen). Die Räumung des Warenvorrats muss zwingend erforderlich und durch andere zumutbare Maßnahmen (z. B. Auslagerung) nicht zu vermeiden sein. Ein Teilräumungsverkauf ist möglich, wenn die räumliche Zwangslage sich nur auf einen Teil der Verkaufsräume oder der Warenvorräte bezieht.	Wenn der gesamte Geschäftsbetrieb (nicht nur eine Filiale oder nur eine Warengattung) vollständig und dauerhaft aufgegeben wird und der Veranstalter in den letzten 3 Jahren vor Beginn des Räumungsverkaufs keinen Räumungsverkauf wegen Aufgabe eines gleichartigen Geschäftsbetriebes durchgeführt hat.
Höchstdauer 12 Werktage	Höchstdauer 12 Werktage	Höchstdauer 24 Werktage

Räumungsverkäufe müssen der zuständigen Industrie- und Handelskammer mit Formblatt angezeigt werden, dem ein Warenverzeichnis beigefügt wird. Es enthält Angaben zu Art, Beschaffenheit, Menge und Lagerort der Ware und die bisher geforderten Verkaufspreise. Die Räumungsverkaufsware muss im Preis wesentlich gesenkt werden. Ausdrücklich verboten ist das **Vor- oder Nachschieben** der Ware: es ist nicht zulässig, vor Beginn des Räumungsverkaufs Ware eigens für diesen Sonderverkauf zu bestellen oder nach Beginn des Räumungsverkaufs die Warenbestände zu ergänzen. Um dies auszuschließen, hat die IHK ein Überprüfungs- und Einsichtsrecht.

Preisnachlässe

Viele Kunden lassen sich in ihrer Kaufentscheidung stark von echten oder vermeintlichen Preisnachlässen beeinflussen. Dieses ganz natürliche Interesse von Kundinnen und Kunden wurde in den letzten Jahren durch verschiedene Entwicklungen gefördert:

- durch aggressive Preispolitik und spektakuläre Preissenkungen mancher Einzelhandelsbetriebe
- durch gewachsene Markttransparenz (begünstigt durch Warentests, Verbraucheraufklärung, Internet, €-Einführung)
- durch Fortfall des Rabattgesetzes und der Zugabeverordnung.

Folge ist eine zunehmende Umorientierung eines großen Teils der Kundschaft auf niedrige Preise oder ein besonderes günstiges Preis-/Leistungs-Verhältnis. Kundinnen und Kunden treten auf als **Schnäppchenjäger**, für den ein niedriger Preis das einzige und ausschlaggebende Argument ist, als **Preiswertkäufer**, der hochpreisige Ware besonders günstig einkaufen will („Wer zu früh kauft, den bestraft das Sonderangebot"), und als **Smart Shopper**, der nicht auf bekannte Marken großer Hersteller fixiert ist und aus eigener Erfahrung Handelsmarken für ebenbürtig hält („Ein Markenname allein rechfertigt keinen höheren Preis").

Der Facheinzelhandel hat zwei grundsätzlich verschiedene strategische Alternativen, sich dieser Entwicklung zu stellen:

- er kann sich **gegen Rabatte** einstellen („wenn die Leistung stimmt, werden die Kunden nicht feilschen"): Kalkulation und Verkaufspreise wie bisher; diese Strategie bei Werbung, Warenpräsentation, im Verkaufsgespräch und bei Preisverhandlungen herausstellen; auf Qualität, Service, persönliche Ansprache und Beratung setzen; Trading up betreiben; prinzipiell keine Rabatte geben („in diesem Geschäft zahlt jeder den gleichen Preis"); falls es im Einzelfall unausweichlich sein sollte, Rabatte zu gewähren, Ausgleich durch Mischkalkulation anstreben;

- er kann versuchen, **aktive Kundenbindung** zu betreiben („Vorteile für die 20 % Topkunden, mit denen wir 80 % des Umsatzes machen"): Stammkundenpflege durch Kundenklubs und Kundenkarte (eigenen Karte bei mittleren/größeren Unternehmen, Anschluss an bestehende Kartensysteme bei kleineren/mittleren Unternehmen); kundengenaue Auswertung der Verkaufsabrechnungen; Direktmailing; Verbindung der Fachgeschäftsleistung mit kostenlosen Serviceleistungen, Kundenzeitschriften, exklusiven Angeboten, Rabatt- und Bonussystemen.

Tipps für Händler:	Tipps für Kunden:
Die richtige Taktik für Rabattverweigerer	**Handeln wie auf dem Basar?**

Tipps für Händler:
Die richtige Taktik für Rabattverweigerer

Spontan, ohne klare Regeln und einfach von Fall zu Fall zu entscheiden, wann und in welcher Höhe Rabatt gewährt wird, ist eine fachhändlerische Todsünde. Bieten Sie emotionalen Mehrwert statt Rabatt:

- **Machen Sie Ihr Unternehmen zur Marke.** Qualität, Konstanz, klare Strukturen und Strategien auch im Hinblick auf Rabattgewährung machen den Betrieb für den Kunden berechenbar.

- **Fahren Sie eine klare Preispolitik.** Laute Preisaktionen möglichst vermeiden, Qualität zu angemessenen Preisen bieten.

- **Machen Sie Ihre Mitarbeiter stark.** Mitarbeiter müssen Argumente haben, die Kalkulationspolitik kennen, klare Rabattspielregeln und Genehmigungsprozeduren vorfinden und verkaufspsychologisch gerade im Hinblick auf die feilschende Kundschaft ausgezeichnet geschult werden.

- **Vermeiden Sie Austauschbarkeit.** Je exklusiver Ihr Sortiment, umso weniger müssen Sie sich auf Rabattgespräche einlassen.

- **Überprüfen Sie Ihre Lieferantenstruktur.** Setzen Sie auf Hersteller mit fachhandelsorientierter Vertriebspolitik, die eventuell Gebietsschutz gewähren bzw. Kartellkonzepte für den Mittelstand bieten.

- **Lernen Sie die Kunst des Schenkens.** Motto: Rose statt Rabatt. Überreichen Sie den Stammkunden kleine originelle Geschenke. Geschenkübergabe dabei als Akt der Herzlichkeit und der Gastfreundschaft zelebrieren.

Tipps für Kunden:
Handeln wie auf dem Basar?

Hier einige Tipps, wie Sie Preisnachlässe erreichen können.

- Lassen Sie erkennen, dass Sie nicht unbedingt in diesem Geschäft zu kaufen beabsichtigen. Das erhöht die Gesprächsbereitschaft.

- Stellen Sie vorher Preisvergleiche an und konfrontieren Sie den Händler mit preisgünstigeren Konkurrenzangeboten.

- Bauen Sie dem Händler Brücken! Sprechen Sie nicht über Rabatt, sondern verhandeln Sie von Zusatzleistungen, die Minderung wegen eventuell vorhandener kleiner Mängel oder die Gewährung eines Sonderpreises. Fragen Sie gezielt nach reduzierten Stücken.

- Übrigens kann ein Händler seine Preise auch ganz offiziell senken und die Preissenkung allen Kunden einräumen, z. B. als Sonderangebot.

Nach: Häusel, Emotionaler Mehrwert statt Rabatt. In EinzelHandelsBerater 5/2001, S. 5

Nach: test 2/95, S. 12

Preisangaben und Preisgegenüberstellungen

Um in der Vielfalt des Warenangebotes Preisklarheit zu schaffen und Preis- und Leistungsvergleiche zu erleichtern, verpflichtet die Preisangabenverordnung den Einzelhändler dazu, seine Waren auszuzeichnen, und zwar durch

- Beschriftung der Ware oder
- Anbringen von Preisschildern an den Warenträgern („Regalauszeichnung") oder
- Anbringen von Preisschildern an der Ware selbst („Einzelauszeichnung").

Dabei sind die Preise anzugeben, die einschließlich der Umsatzsteuer zu zahlen sind. Mit den Preisen sind bei losen Waren die Maßeinheiten, z. B. m, anzugeben. Bei Waren, die innerhalb oder außerhalb der Verkaufsräume offen ausgestellt sind, muss jedes Stück einzeln ausgezeichnet werden. Bei Waren, die nicht offen bereitgehalten werden, sondern aus Behältnissen oder Regalen verkauft werden, genügt es, diese Behältnisse oder Regale zu beschriften. Im Versandhandel kann die Preisauszeichnung durch Preislisten und durch mit Preisen versehene Warenabbildungen erfolgen, im Bestellhandel durch Preisschilder, die mit Mustern verbunden sind. Entscheidend ist die eindeutige Zuordnung zur beworbenen oder angebotenen Ware sowie die leichte Erkennbarkeit und Lesbarkeit der Preise. Wer Leistungen anbietet, z. B. den Änderungsdienst für Oberbekleidung, hat ein Preisverzeichnis mit den Preisen für wesentliche Leistungen oder mit seinen Verrechnungssätzen im Geschäft (z. B. in Nähe der Umkleidekabinen und der Kasse) anzubringen.

Eigenpreisvergleiche

Sofern die Werbung mit dem Preis die guten Sitten nicht verletzt und nicht irreführend wirkt, sind Eigenpreisvergleiche durch Gegenüberstellen des bisherigen eigenen mit dem derzeit geforderten eigenen Preis erlaubt. Zulässig sind sowohl die Verwendung durchgestrichener Preise am Etikett wie auch die blickfangmäßige Preisgegenüberstellung in der Presse, in Zeitungsbeilagen und Wurfsendungen, auf Plakaten, in Schaufenstern und Vitrinen, an Regalen, bei Werbedurchsagen und Werbeveranstaltungen. Ebenfalls zulässig ist die Werbung mit Preissenkungen um einen bestimmten Betrag *(„BOSS-Jeans um 20 € reduziert")* oder um einen bestimmten Prozentsatz *(„BOSS-Jeans um 30 % reduziert")*.

Allerdings dürfen solche Preisvergleiche sich jeweils nur auf einzelne Preisherabsetzungen („Sonderangebote") beziehen. Werden ganze Sortimentsbereiche durch Preisvergleiche oder mit einer prozentualen Herabsetzung beworben, kann eine unzulässige Sonderveranstaltung vorliegen (§ 7 UWG). Auch muss die Preiswerbung der Wahrheit entsprechen: Der höhere Preis, mit dem verglichen wird, muss vom Unternehmen über einen angemessenen Zeitraum hinweg tatsächlich verlangt worden sein oder – bei Einführungswerbung – später verlangt werden. Wenn mit der Wendung *„ab sofort 50 % Reduzierung ..."* geworben wird, muss es sich um einen aktuellen Preisvergleich handeln; die Preissenkung darf nicht schon vor Wochen erfolgt sein. Schlussverkaufsware muss gegenüber dem bisher verlangten Preis (evtl. nochmals) herabgesetzt werden.

Eine Preiswerbung, die den eigenen Preis der unverbindlichen Preisempfehlung eines Markenartikelherstellers gegenüberstellt, ist zulässig.

| Unsere SSV-Preise lächeln Sie an:

Alle Damen-Blusen um **30 %** reduziert! | Herren-Kombi-Sakkos
Harris-Tweed, 3-Knopf-Form
reduziert auf **248** €,
sparen Sie **150** €! | -Angebot:
Am Donnerstag alle Hosen
50 € billiger!
Viele Farben, Muster, Stoffe ... |

2: Zulässige Eigenpreisvergleiche

Sonderangebote

Sonderangebote haben verschiedene Ursachen, z. B. Konkurrenzdruck, Modewechsel, Liquiditätsengpässe. Oft sollen sie auch die Leistungsfähigkeit des Geschäfts unter Beweis stellen oder die Kunden zum Verkauf weiterer, vor allem komplementärer (und „besser" kalkulierter) Waren anregen. Als zulässige Sonderangebote gelten einzelne, nach Güte und Preis gekennzeichnete Waren, die ohne Zeit- und Mengenbegrenzung angeboten werden und sich in den regelmäßigen Geschäftsbetrieb einfügen. Da grundsätzlich jeder Einzelhändler den Preis einer Ware frei bestimmen kann, ist ein Verkauf unter Einstandspreis nicht von vornherein wettbewerbswidrig. Wenn aber damit die Absicht verfolgt wird, bestimmte Mitbewerber gezielt vom Markt zu verdrängen („ruinöser Wettbewerb"), handelt es sich um sittenwidriges Verhalten.

Sonderangebote dürfen keine geringere Qualität besitzen als Ware zu „normalem" Preis, es sei denn der Preis ist ausdrücklich aus diesem Grund herabgesetzt worden.

5.3.4 Mengen- und Zeitbeschränkung

Zeitliche Beschränkung

Weil der Verbraucher mit Sonderangeboten die Vorstellung einer zeitlich befristeten Offerte verbindet, ist es zulässig, ein Sonderangebot zeitlich zu befristen.

Allerdings muss sich ein Kunde darauf verlassen können, dass für einen solchen Zeitraum die beworbenen Sonderangebote auch tatsächlich in ausreichender Menge verfügbar sind.

Der Einzelhändler kann sich dann auch nicht damit entschuldigen, dass er vom Erfolg der Werbemaßnahme völlig überrascht worden und der beworbene Artikel schon nach wenigen Stunden ausverkauft gewesen sei.

Auch dürfen die Zeiträume, in denen ein Sonderangebot gelten soll, nicht unangemessen kurz sein *(nur von 13 – 13.15 Uhr)*, weil sonst dem Kunden jede Gelegenheit zu Preis- und Qualitätsvergleichen und jede **Überlegenszeit** genommen wird, worin ein übermäßiges Anlocken (§ 1 UWG) gesehen werden könnte.

... vom 14. – 19. März
... nur in dieser Woche
Sonderangebot bis Muttertag

1: Zulässige Zeitbeschränkungen

Mengenbeschränkung

Bei der Werbung für einzelne herausgehobene Waren (Sonderangebote) ist es zulässig, die Abgabe der Ware je Kunde durch einen Hinweis zu beschränken. Zulässig sind damit Hinweise wie:

Solange der Vorrat reicht	Einzelstücke	300 Jeans
Je Kunde maximal 5 Paar Strumpfhosen	Abgabe nur in haushaltsüblichen Mengen	Keine Abgabe an Wiederverkäufer

2: Zulässige Mengenbeschränkungen

Im Übrigen dürfen keine irreführenden Angaben über die vorhandenen Warenvorräte gemacht werden, damit die Werbung nicht als unzulässiges **Lockvogelangebot** gewertet wird. Um dies zu vermeiden, muss die beworbene Ware für einen angemessenen Zeitraum in einer Menge zur Verfügung stehen, die die zu erwartende Nachfrage befriedigt.

5.3.5 Ladenöffnungszeiten

Die Verkaufszeiten nach dem Ladenschlussgesetz

Das Ladenschlussgesetz soll im Wettbewerb des Einzelhandels die Chancengleichheit der Betriebe sichern und außerdem zum Schutz der Arbeitnehmer vor Verstößen gegen die Arbeitszeitbestimmungen und zur Sonntagsruhe beitragen. Das Ladenschlussgesetz bestimmt nur die Zeiten, zu denen Verkaufsstellen geschlossen sein müssen; daraus ergibt sich, zu welchen Zeiten Verkaufsstellen geöffnet sein dürfen. Es gelten die folgenden zulässigen Öffnungszeiten:

Montag bis Freitag	von 6.00 bis 20.00 Uhr	
Samstag	von 6.00 bis 16.00 Uhr	
an den vier Samstagen vor dem 24. Dezember		von 6.00 bis 18.00 Uhr
am 24. Dezember, wenn dieser auf einen Werktag fällt		von 6.00 bis 14.00 Uhr.

Zu allen anderen Zeiten müssen Verkaufsstellen geschlossen sein. Kunden, die zu den Schlusszeiten gerade bedient werden, dürfen zu Ende bedient werden.

Ausnahmen von diesen Zeiten gibt es für Märkte und Messen, Apotheken, Gaststätten, Kioske, Tankstellen, Verkaufsstellen auf großen Bahnhöfen und Flughäfen. Auch bestehen Sonderregelungen für bestimmte Waren (z. B. Blumen), bestimmte Orte (z. B. Kur- und Fremdenverkehrsorte) und besondere Anlässe (z. B. Stadtfeste, Marktsonntage).

„Tage der offenen Tür" sind zulässig, wenn sie nur der Besichtigung der ausgestellten Waren dienen. Auskünfte und Beratungen dürfen nicht gegeben werden, weder Personal noch Geschäftsführer dürfen anwesend sein. Warenautomaten fallen nicht unter die Ladenschlussbestimmungen.

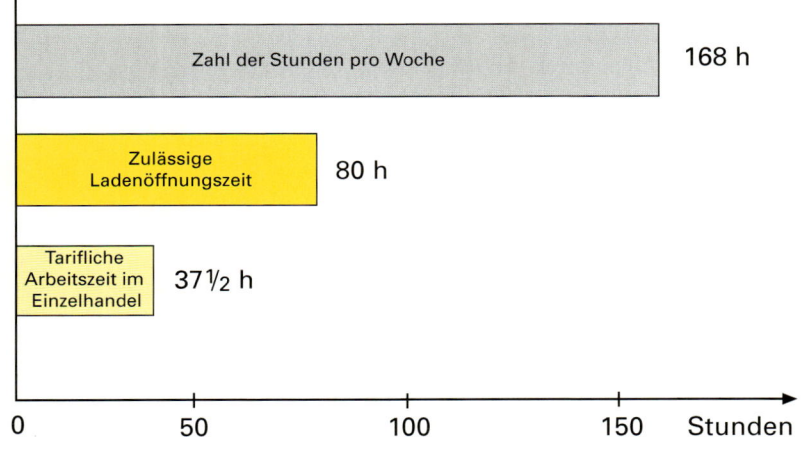

1: Vergleich Zahl der Wochenstunden/max. Ladenöffnung/wöchentl. Arbeitszeit lt. Manteltarifvertrag

Jedem Einzelhändler ist es freigestellt, die zulässigen Öffnungszeiten auszuschöpfen oder – was meistens der Fall ist – einzuschränken.

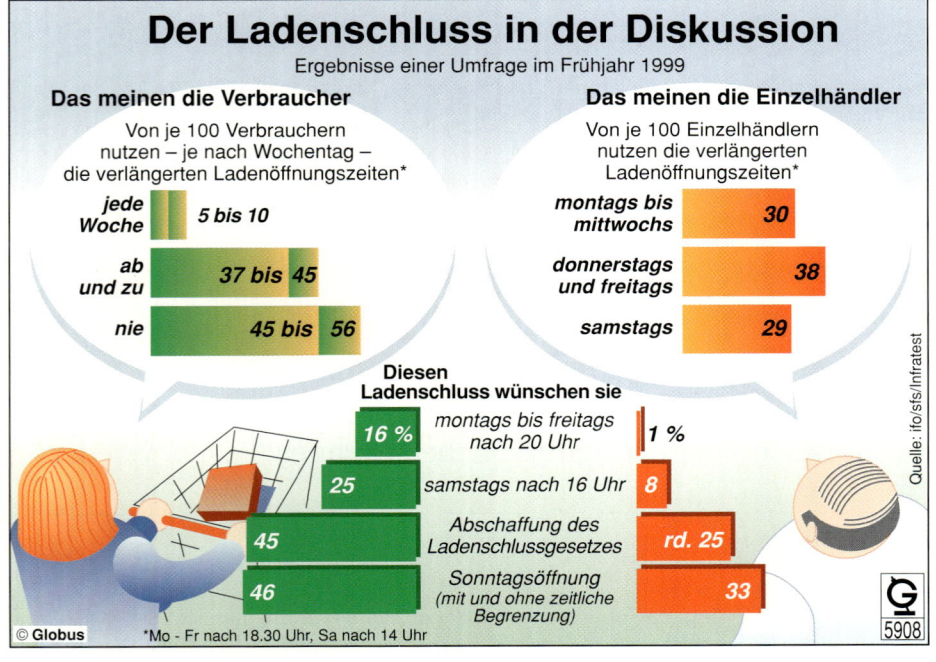

2: Der Ladenschluss in der Diskussion

5.4 Verpackungsverordnung

Verpackungsmaterial belastet die Umwelt durch Rohstoff- und Energieverbrauch und durch die „Beseitigung" in Deponien, Kompostierungs- oder Müllverbrennungsanlagen. Eine echte „Beseitigung" oder „Vernichtung" dieser Abfälle ist nicht möglich. Es geht immer nur um eine (vorläufige) Ab- und Umlagerung oder darum, für die Abfälle eine weniger schädliche oder lästige Form zu finden. Das Problem ist damit nicht aus der Welt geschafft, und „Entsorgung" bedeutet auch nicht, dass damit die Sorgen aufhören. Die Fähigkeit der Umwelt zur Aufnahme von Schadstoffen ist begrenzt, z. T. erschöpft, und so kann man Abfälle eben nicht einfach „der Natur" überlassen.

Allerdings ist ein völliger Verzicht auf Verpackungen nicht möglich. Es muss vielmehr um eine Verringerung des Verpackungsaufwandes gehen. Verpackungsmaterialien sind zu schade und oft zu gefährlich, um sie einfach wegzuwerfen. Deshalb gehört die Zukunft Verpackungen, die mehrfach verwendet werden können oder deren stoffliche Verwertung garantiert ist. Die Verpackungsverordnung (VVO) verpflichtet Hersteller und Händler zur Verminderung und Verwertung des Verpackungsmülls und zur Steigerung des **Mehrweganteils** bei Verpackungsmitteln.

Der Verbraucher hat das Recht, nicht nur **Transport-** und **Umverpackungen**, sondern auch **Verkaufsverpackungen**, z. B. Schachteln oder Plastiktüten, im Laden zurückzulassen oder dahin zurückzubringen. Hersteller und Handel haben die Verpackungsmaterialien nach ihrem Gebrauch zu sammeln und zu verwerten.

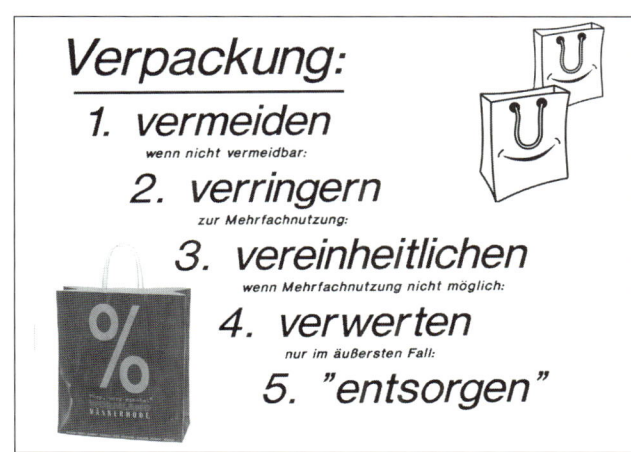

1: Grundsätze für den Umgang mit Verpackungen

Um einer solchen Rücknahmepflicht zu entgehen, haben Hersteller und Handel die Organisation „Duales System Deutschland GmbH" gegründet. Dabei handelt es sich um ein privates Rücknahmesystem für Verpackungen:

- Verpackungen werden im Auftrag privater Unternehmen wieder eingesammelt;
- dazu werden gelbe Säcke ausgegeben oder gesonderte Sammelbehälter vor den Haustüren und an zentralen Stellen aufgestellt;
- die eingesammelten Verpackungen werden sortiert und verwertet;
- die Kosten des Dualen Systems werden auf die Waren umgelegt und von den Konsumenten bezahlt.

Einwegverpackungen, für die eine Abgabe bezahlt wurde, die die Kosten für das Sammeln, Transportieren und Sortieren dieser Abfälle decken soll, werden mit einem **grünen Punkt** gekennzeichnet. Kritiker des „Dualen Systems" beanstanden, dass die Konsumenten den „Grünen Punkt" als Empfehlung für besondere Umweltfreundlichkeit (miss-)verstehen, denn dieser grüne Punkt besagt nicht etwa, dass es sich um eine weniger umweltbelastende Verpackung handelt, sondern lediglich, dass sich der betreffende Hersteller oder Vertreiber an der „Duales System Deutschland GmbH" beteiligt hat.

Umgang mit Verpackungen im Textileinzelhandel

Die Umsetzung der Verpackungsverordnung macht kleinen und mittleren Betrieben des Textileinzelhandels einige Schwierigkeiten. Die Hersteller, die Transportverpackungen eigentlich ohne Kosten für den Handel zurücknehmen oder entsorgen müssten, ziehen sich aus ihrer Verantwortung zurück und verweigern den weniger marktmächtigen Betrieben des Facheinzelhandels eine angemessene Entschädigung, die sie jedoch den Großbetrieben des Handels angesichts derer Marktmacht gewähren. Ein weiteres Problem liegt darin, die Materialien sortenrein zu erfassen, z. B. bei der Wiederverwertung von Kleiderschutzhüllen die Folien frei von Papieraufklebern zu sammeln.

Der BTE rät zu folgenden Maßnahmen:
- Lassen Sie Ihre Ware nach Möglichkeit unverpackt bzw. in Mehrwegverpackungen anliefern.
- Lehnen Sie Einzelverpackungen, z. B. für Hemden oder T-Shirts, ab; schließlich bezahlen Sie das Ein- und Auspacken.
- Sammeln Sie Einwegverpackungen und Bügel fürs Recyceln. Achten Sie darauf, dass die Sammlung nicht durch Müll verschmutzt wird.
- Beteiligen Sie sich am Standard-Kleiderbügel-Rückführ-System.
- Achten Sie darauf, nicht zu große Tüten zu nehmen. Lassen Sie Ihre Tüten attraktiv gestalten, damit Ihre Kunden sie länger als Einkaufstasche verwenden (Werbeeffekt plus Materialeinsparung).
- Ware nicht einfach einpacken, sondern erst fragen: Möchten Sie eine Tüte?
- Polyethylen-Tüten schneiden unter Umweltgesichtspunkten etwas besser ab als Papiertüten. Sie sind wasserfest und wiederverwendbar und lassen sich problemlos recyceln, deponieren und verbrennen. In den Augen der Kundinnen und Kunden gewinnt allerdings oft Papier.

nach: BTE-Fachdokumentation „Mode und Umwelt", Köln 2000

▶ Begriff der Warenwirtschaft

Unter **Warenwirtschaft** versteht der Einzelhändler alle die Tätigkeiten, die mit der **Beschaffung**, der **Lagerung** und dem **Verkauf** seiner Waren verbunden sind.

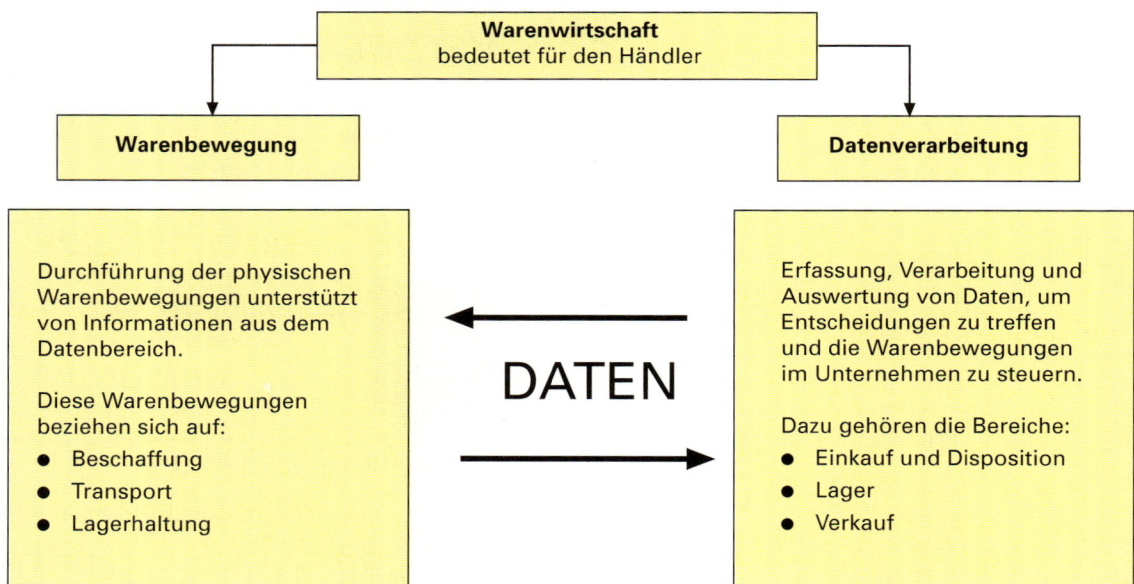

Ein **Warenwirtschaftssystem** (WWS) ist ein System, das sowohl eine **wertmäßige** als auch eine **mengenmäßige Kontrolle des Warenflusses** ermöglicht. Im Idealfall handelt es sich um ein Informations- und Kommunikationssystem, das alle Stationen des Warenflusses umfasst. Man spricht in diesem Fall von einem „geschlossenen Warenwirtschaftssystem".

Die sogenannte „Listungstiefe" sollte sich nicht nur bis zu jedem Artikel erstrecken, sondern auch die einzelne Sorte umfassen. Dies ist im Textilhandel von besonderer Bedeutung, da ein großer Teil der Artikel in verschiedenen Größen und Farben geführt wird. Da dies zu einer Fülle von Informationen führt, ist es sinnvoll, die Warenwirtschaft mit Hilfe der elektronischen Datenverarbeitung durchzuführen. Die weiteren Ausführungen beziehen sich auf elektronische Warenwirtschaftssysteme.

▶ Vorteile eines EDV-gestützten warenwirtschaftssystems (WWS) für den Einzelhändler

Um die schwierige Situation im Textilhandel besser zu meistern, erweist sich der Einsatz der elektronischen Datenverarbeitung in vielen Fällen als hilfreich:

● Die einmal eingegebenen Daten können nach den verschiedensten Gesichtspunkten und Ordnungsmerkmalen analysiert werden.

● Durch Informationen über „Tops" und „Flops" wird der trendgemäße Nachkauf modischer Ware erleichtert.

● Zur Verbesserung des Lagerumschlags liefert der Computer Daten zum Abbau der Altwarenbestände.

● Der Einkauf erhält Informationen über die gängigen Größen und Preislagen.

● Lieferanten können nach erzielten Spannen und der Abverkaufsquote untersucht werden.

Durch die Anwendung eines WWS können die Vorteile des **elektronischen Geschäftsverkehrs** (EDI) genutzt werden. **EDI** ist der elektronische Datenaustausch zwischen den EDV-Systemen des Textileinzelhandels und den Lieferanten. Die Teilnahme am elektronischen Geschäftsverkehr rationalisiert Verwaltungsarbeiten, führt zu kürzeren Lieferzeiten, vermeidet Sortimentslücken und hilft daher die Wettbewerbsfähigkeit des Unternehmens zu sichern.

Beispiel: Der BTE bietet in Zusammenarbeit mit den führenden Anbietern von Warenwirtschaftssystemen für den Textileinzelhandel die Anbindung an das BTE-Clearing-Center an. Über dieses Clearingstelle nehmen die Teilnehmer gegen Zahlung einer Gebühr Kontakt mit ihren Lieferanten auf.

Geschäftsdokumente wie Artikelstammdaten, Bestellungen, Auftragsbestätigungen, Lieferankündigungen, Rechnungsstellung und Abverkaufsquoten können so auf elektronischem Weg versendet bzw. empfangen werden.

Daten und Informationen im Unternehmen

In jedem Unternehmen fallen täglich – je nach Größe – in den einzelnen Abteilungen hunderte bis tausende betriebliche Vorgänge an. Ob Ware eingekauft, gelagert oder verkauft wird, immer führt dies zu Informationen. Werden diese Informationen so aufbereitet, dass sie von Datenverarbeitungsanlagen gelesen, verarbeitet und wieder ausgegeben werden können, spricht man von **Daten**. Daten sind in diesem Sinn **Informationen zu Sachen, Vorgängen und Personen**.

Beispiel	
Sache:	Spitzentaschentuch, weiß
Vorgang:	Verkauf von 12 Stück
Person:	Verkäufer Schulze

Dieser Warenverkauf führt zu Informationen. Für sich alleine sind Informationen nicht immer von Bedeutung. Oft bildet erst ihre Verknüpfung mit anderen Informationen die **Grundlage für betriebliche Entscheidungen**.
Wird zum Beispiel der Bestand an Taschentüchern überprüft, so kann es aufgrund dieses Verkaufs zu einer Nachbestellung kommen.

Das Beispiel zeigt:

Informationen führen zu Daten, und diese können zu betrieblichen Entscheidungen herangezogen werden. Es entsteht betriebliche Kommunikation. Dies ist die notwendige Voraussetzung, um betriebswirtschaftlich richtige Entscheidungen treffen zu können.

Je mehr Informationen verknüpft und ausgewertet werden, desto besser begründet können Entscheidungen getroffen werden. Um mit der damit verbundenen Informationsflut fertig zu werden, leisten elektronische Datenverarbeitungssysteme eine wichtige Hilfe.

Im Handel sind dies die computergestützten Warenwirtschaftssysteme.

Information und Ware

Modische Einflüsse halten ein Sortiment ständig in Bewegung. Gerade der Textilhandel muss auf modische Trends und ein sich ständig änderndes Käuferverhalten schnell und gezielt reagieren. Warenbegleitende Informationen müssen gesammelt, analysiert und genutzt werden. Sie erhalten somit einen gleich hohen Stellenwert wie die Ware selbst.

Eine besondere Bedeutung kommt dabei dem schnellen Zugriff auf diese Informationen zu. Die genaue Kenntnis über Bestände, Absatzzahlen und Lagerdauer ist unerlässlich. Nur so können Erträge gesichert und die Marktposition erhalten und gestärkt werden.

Informationsarten

Informationen werden in allen Phasen der betrieblichen Entscheidungsprozesse benötigt:

Phase	im Personalbereich	bei Einkauf und Verkauf
Planung	Für eine neue Filiale wird der Personalbedarf festgelegt.	Für das nächste Jahr wird das Einkaufslimit errechnet.
Entscheidung	Einstellung des Personals nach Vorstellungsgespräch.	Bei einer Vormusterung werden Artikel ausgewählt.
Durchführung	Anlage einer Personalakte.	Es wird eine Bestellung bei einem Lieferanten aufgegeben.
Kontrolle	Beurteilung vor Beendigung der Probezeit.	Die Verkaufszahlen einer Aktion werden überprüft.

Bausteine des Warenwirtschaftssystems

Jedes Warenwirtschaftssystem besteht aus mehreren Bausteinen, die auch **Module** genannt werden. Den „Grundstein" bildet der Baustein Stammdaten. Dies sind **Basisinformationen** zu den Artikeln, den Lieferanten und den Kunden.

Der Baustein **Wareneingang** dient nicht nur zur Erfassung der Waren in das System, sondern es können auch leichter Schwachstellen bei Lieferanten entdeckt werden *(Falsch- oder Teillieferungen können schnell erkannt werden)*.

Eine genaue Erfassung der **Verkaufsdaten** ist eine der Grundlagen für Auswertungen und Statistiken. So können jederzeit Umsätze artikelgenau abgefragt werden.

Die Bausteine **Order-/Bestellwesen** und **Zahlungsregulierung** erleichtern die tägliche Arbeit. In Teilbereichen, wie z. B. bei Terminkontrolle, Bestellungen oder Mahnwesen, sind sogar automatisierte Geschäftsabläufe möglich.

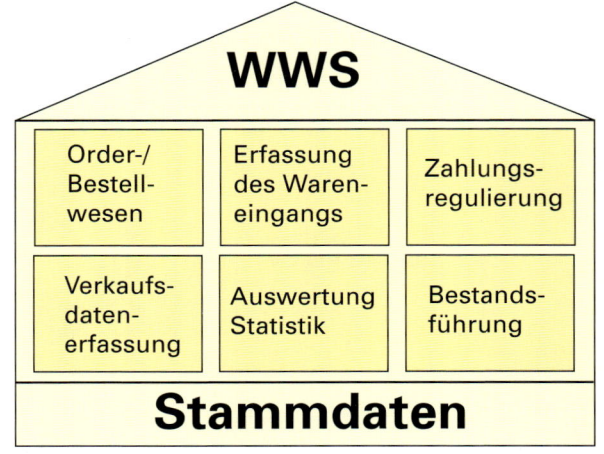

1: Bausteine eines WWS

Daten und Informationsfluss in einem Warenwirtschaftssystem

Die am weitesten ausgebaute Form eines Warenwirtschaftssystems ist das **geschlossene WWS**. Hier wird die Ware in einem vollständigen Kreislauf durch alle Bereiche eines Einzelhandelsbetriebs durch ein Datenverarbeitungssystem begleitet. Dadurch ist jederzeit eine Kontrolle des gesamten physischen Warenflusses möglich.

In der Praxis findet man häufig noch **„offene" Systeme**. Hier werden z. B. die Verkaufsdaten mit der EDV erfasst, und es können entsprechende Analysen erstellt werden. Die anderen Bereiche werden weiterhin manuell bearbeitet.

Welches System ein Händler wählt, hängt vor allem davon ab, welche Informationen er für seine betrieblichen Entscheidungen benötigt.

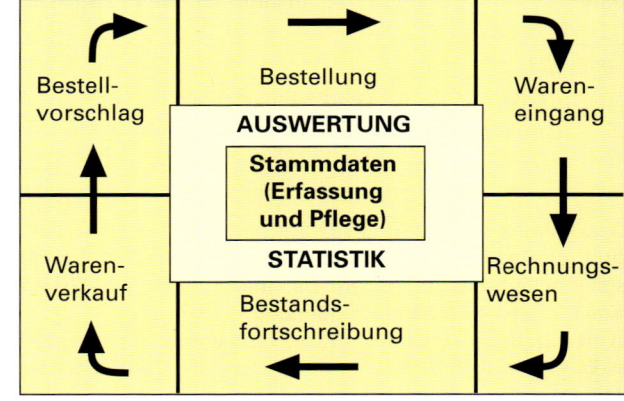

2: Kreislaufmodell eines WWS

Vorteile und Grenzen eines Warenwirtschaftssystems

Durch die Verknüpfung von Daten aus den einzelnen „Bausteinen" kann es zu sehr aussagefähigen Informationen kommen, die eine verbesserte Betriebsführung ermöglichen.

So sind z. B. vielfältige **Umsatzauswertungen** *(Tagesumsätze, Aktionswochen)* oder der Ausdruck einer **Ladenhüterliste** möglich. Auch die Leistungen des Verkaufspersonals können in erheblichem Umfang analysiert werden.

Diese „Chefinformationen" geben dem Verantwortlichen eine Antwort auf Fragen wie:
- Wo sind Schwachstellen in meinem Sortiment?
- Stimmt die Größensortierung und die Preislage?
- Wo erfolgen die meisten Preisreduzierungen?
- Wo sind überhöhte Lagerbestände abzubauen?

Aber auch das beste System stößt an seine Grenzen. Wird es nicht konsequent angewandt, und fehlt es an der Motivation der Anwender, sich damit auseinanderzusetzen, wird ein WWS schnell zur teuren „Hightech-Investitionsruine".

Wenn den Benutzern von der Unternehmensleitung signalisiert wird, dass das System sie „entlastet" und nicht „entlässt", wird die Akzeptanz schneller vorhanden sein.

Auch darf man vom Computer keine Wunderdinge erwarten. Man muss sich stets vor Augen halten, dass seine Informationen immer vergangenheitsbezogen sind. Gerade im Textilhandel mit seinem hohen Anteil an modischen Waren ist durch den kurzen Lebenszyklus der Artikel die **Dateipflege** sehr aufwendig. Manche wichtige Einzelinformation bleibt unentdeckt, weil viele Listen zu einem „Zahlenfriedhof" geworden sind.

Die auf die Zukunft gerichteten warenwirtschaftlichen Entscheidungen wird immer der zuständige Mitarbeiter oder die Unternehmensführung treffen müssen.

Warenwirtschaft und Daten

Ein Warenwirtschaftssystem ist wie ein **Datenbank** aufgebaut:

Die **Einzeldaten** bilden **Datensätze**, die einer Karteikarte vergleichbar sind.

Die Gesamtheit der Datensätze bildet eine **Datei**.

Diese kann mit einem Karteikasten verglichen werden. Je nach Leistungsfähigkeit des Warenwirtschaftssystems besteht es aus einer Vielzahl von Dateien:

- Artikeldatei
- Lieferantendatei
- Lagerdatei
- Kundendatei

Die Grafik zeigt, welche Datenarten in einem WWS Verwendung finden.

STAMMDATEN

Sie ändern sich selten und dienen der Identifizierung.

*Beispiel: **Lieferantenadresse** „Britta-Modedesign" GmbH & Co. Leipziger Straße 45 99084 Erfurt*

BESTANDSDATEN

Aufgrund betrieblicher Vorgänge können sie sich ständig ändern.

*Beispiel: **Lagerbestand** 50 Stück Overall/grau*

BEWEGUNGSDATEN

Sie verändern die Stammdaten und / oder die Bestandsdaten

| *Adressen-änderung:* neue Straße | *Waren-eingang:* 25 Stück Overall/grau |

1: Stamm-, Bestands- und Bewegungsdaten

Stammdaten

Wenn ein Warenwirtschaftssystem eingerichtet wird, besteht die erste Aufgabe darin, die Stammdaten zu erstellen und in das System einzugeben. Vorher ist eine Arbeit mit dem System nicht möglich. **Stammdaten** müssen stets **aktuell** sein und erfordern eine intensive Datenpflege. Da das System ständig auf die Stammdaten zugreift, bewirken falsche oder versäumte Dateneingaben möglicherweise schwerste Störungen im System. Im Textilhandel sind Besonderheiten zu berücksichtigen: So gibt es einen Artikel in unterschiedlichen Farben und Größen; hochmodische und modische Artikel werden nur einmal bestellt. Preisreduzierungen kommen des Öfteren vor, da dies der häufige Saisonwechsel erforderlich macht, und zwischen Filialen kommt es immer wieder zu Umlagerungen. All diesen Besonderheiten muss bei der Anlage und Pflege der Stammdaten Rechnung getragen werden.

Artikelstammdaten

Die Artikeldatei ist das Herzstück eines jeden Warenwirtschaftssystems. Jeder Artikelstammsatz enthält die Informationen über den betreffenden Artikel.

Datensatzmuster

- Artikelnummer (EAN-Codierung, betriebsinterne oder Identnummernverfahren)
- Artikelbezeichnung
- Lieferant
- Lager (Warengruppe)
- Einkaufspreis
- Kalkulationsspanne
- Verkaufspreis
- Saison
- Verkaufseinheit
- Mindest- und Meldebestand
- Umsatzsteuersatz
- Liefereinheit
- Umpackmengen

Lieferantenstammdaten

Die Lieferantendatei speichert alle Informationen, die für eine zügige Beschaffung wichtig sind. Dies ist besonders bei Angebotsvergleichen wichtig.

Datensatzmuster

- Lieferantennummer
- Name und Anschrift
- Ansprechpartner
- Vertreter
- Konditionen
- Bankverbindung
- bisherige Umsätze mit diesem Lieferanten
- Informationen über Termintreue und Qualität der angebotenen Waren
- Kulanzverhalten bei Reklamationen

Kundenstammdaten

Die Kundendatei ist im Facheinzelhandel mit seinem hohen Anteil an Stammkundschaft und im Liefergeschäft unentbehrlich.

Datensatzmuster

- Kundennummer
- Name und Anschrift
- Kundengruppe
- Preislage
- Umsätze
- Anzahl der Käufe
- Umsatz je Kauf
- Reklamationen
- letzter Umsatz
- Informationen über Besonderheiten *(Geburtstage, Eheschließung)*
- Auswahlsendungen
- Kreditlinie

Bestandsdaten

Die **Bestandsdaten** geben eine **mengen-** und **wertmäßige Auskunft** über alle Artikel des Sortiments.

Sie unterliegen laufend Änderungen durch:

● Wareneingänge

● Verkäufe

● Retouren durch Kunden

● Rücksendungen an Lieferer

● Abschreibungen nach Warenverlusten *(Diebstahl)*

Ein Beispiel für eine Bestandsdatei ist die **Lagerbestandsliste**. Sie zeigt in einem Überblick Bestände und ihre Veränderungen.

Für den Unternehmer bedeutet dies, dass er schnell reagieren kann und z. B. über frühzeitige Preisreduzierungen Ladenhüter vermeidet.

Lagerbestand nach Einzelartikeln, Datum: 02-06-17

Artikel: Anzug, Zweireiher, Leinen, Lief.: HUGO BOSS AG

Art.-Nr.	Größe	Bestand	EK-Wert	VK-Wert
100111	44	12	2.256,00 €	4.737,60 €
100111	46	10	1.880,00 €	3.948,00 €
100111	48	8	1.504,00 €	3.158,40 €
100111	50	4	752,00 €	1.579,20 €
100111	52	2	376,00 €	789,60 €
100111	54	2	376,00 €	789,60 €
100111	56	5	940,00 €	1.974,00 €
Summe		**43**	**8.084,00 €**	**16.976,40 €**

1: **Lagerbestandsliste**

Von ganz besonderer Bedeutung sind die Bestandsdateien für die **Inventur**. Durch eine exakte Fortschreibung – sowohl mengenmäßig, als auch wertmäßig –, wird die Durchführung einer permanenten Inventur ermöglicht. Die während des Jahres fortgeschriebenen Bestände (Buchbestände) werden durch körperliche Inventuraufnahme überprüft.

Bewegungsdaten

Die Bewegungsdaten führen zu Veränderungen der Stamm- und Bestandsdaten und werden auch **„Änderungsdaten"** genannt. Für die Auswertungen innerhalb des Warenwirtschaftssystems sind besonders die Daten von Bedeutung, die sich durch **Wareneingang** und **Warenausgang** ergeben. Diese Änderungsdaten kommen auf zwei Arten vor:

1. Daten, die eigens erfasst werden müssen. Beispiel: Wareneingang und Verkäufe.

2. Daten, die sich durch die Auswertung ergeben. Sie müssen nicht zusätzlich erfasst werden, sondern werden als statistische Größen vom System errechnet. Gerade diese Informationen sind für die Unternehmen von großer Wichtigkeit, können doch per Knopfdruck die aktuellsten Daten über Artikel, Lieferanten, Warengruppen oder Orderrückstände abgerufen werden.

Die Grafik zeigt, wie eine solche Information aus allen drei Datenarten aufgebaut ist.

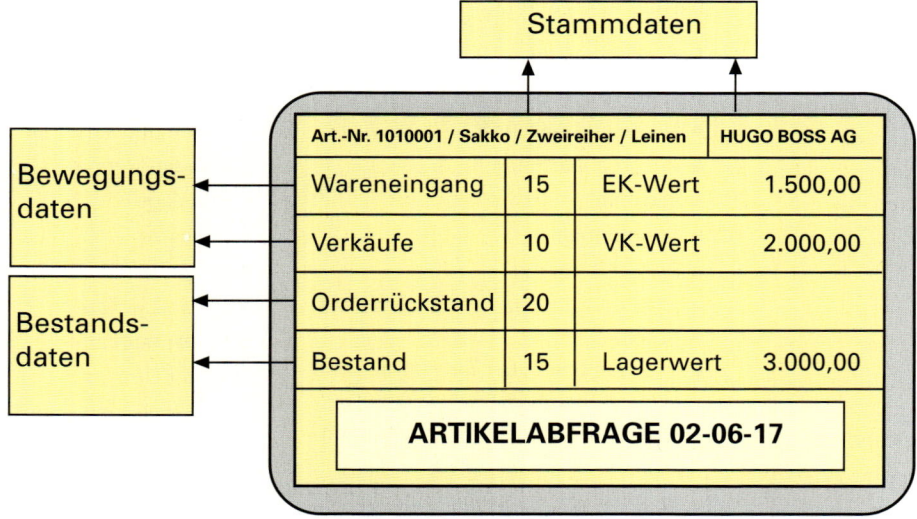

2: **Artikelabfrage**

Warenannahme

Durch die Warenannahme wird der Artikel in den **physischen Warenfluss** (= Weg der Ware vom Wareneingang bis zur Aushändigung an die Kunden) aufgenommen.

Die Daten können entweder manuell erfasst werden oder aus dem Modul „Bestellwesen" übernommen werden, was den Erfassungsaufwand beim Wareneingang erheblich reduziert.

Durch einen Abgleich zwischen Bestelldaten und der tatsächlichen Lieferung und Rechnung werden eventuelle Rückstände, Teil- und Falschlieferungen, sowie Fehler in der Rechnungsstellung schnell erkannt.

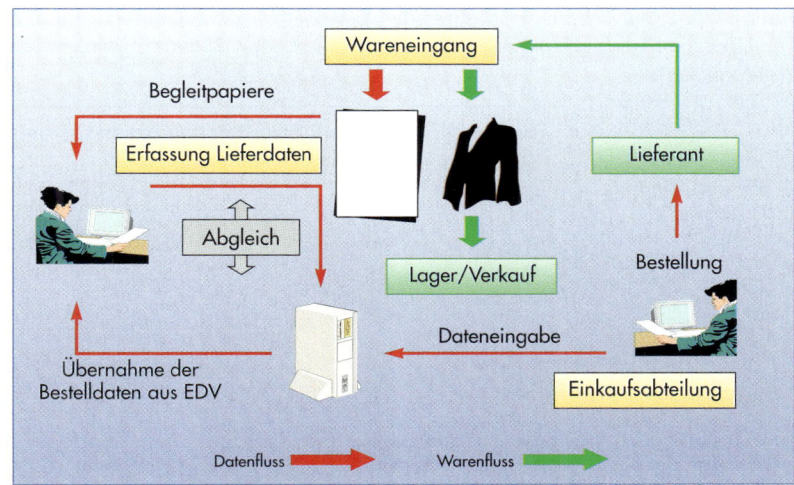

1: Warenerfassung am PC

Artikelauszeichnung

Artikel	Bluse
Warengruppe	260
Lieferantennummer	1222
Artikelnummer	1501222899
Größe	48
Saison	2
Eingang	02-06-17
VK-Preis	198,00
EK-Preis	89,00
Menge	5

Beispiel für das Preisetikett

2: Erfassungsmaske

Um eine artikelgenaue Umsatzerfassung vornehmen zu können, müssen die Artikel richtig und vollständig ausgezeichnet werden. Der dafür notwendige Druck der Etiketten sollte gleichzeitig mit der Erfassung des Wareneingangs erfolgen. Die Anzahl der Datenfelder zur Warenerfassung hängt stark von der Tiefe der Warenerfassung ab. Je „tiefer" die Ware erfasst wird, desto größer ist zwar der Aufwand, aber die Aussagekraft der Auswertungen steigt.

Nummernsysteme

Bei der Vergabe einer Artikelnummer sind grundsätzlich zwei Möglichkeiten anwendbar:

„Sprechende" Artikelnummern

Damit ist eine **klassifizierende Ziffernfolge** gemeint. Aus ihr können auch ohne Einsatz der Datenverarbeitung Informationen über den Artikel entnommen werden. Voraussetzung ist jedoch ein Klassifizierungssystem, wie es beispielsweise der BTE mit seinem sehr umfangreichen „Sortimentsschlüssel" anbietet. Dieses System dient zu einer systematischen Erfassung aller Artikel, die im Textil- und Bekleidungseinzelhandel vorkommen.

Beispiel: Artikelnummer 260 1222 8 99

260	*Warengruppe (Damenblusen)*
1222	*Lieferant (Escada)*
8	*Größe (48)*
99	*Farbe (dunkelrot)*

Identnummernsysteme

Diese **Nummern** werden vom System **fortlaufend** vergeben.

Eine Identnummer identifiziert eindeutig den ihr zugeordneten Artikel. Es wird dabei nicht darauf geachtet, dass ähnliche Artikel auch ähnliche Nummern erhalten, sondern die Vergabe der Nummer erfolgt zufällig.

Über die Identnummer kann auf den Artikelstammdatensatz zugegriffen werden. Diese Nummern sind gewissermaßen der „Schlüssel", der die Informationen über diesen Artikel erschließt.

Voraussetzung für die Verwendung von Identnummern ist der Einsatz eines Datenverarbeitungssystems.

Auszeichnungstechniken

Bei der Nutzung eines computergestützten WWS ist es notwendig, dass die Artikeldaten maschinell gelesen werden können. Die Übersicht zeigt drei Arten von maschinenlesbaren Etiketten: Balkencode-Etiketten, Etiketten mit OCR-Schrift und Magnetstreifenetiketten.

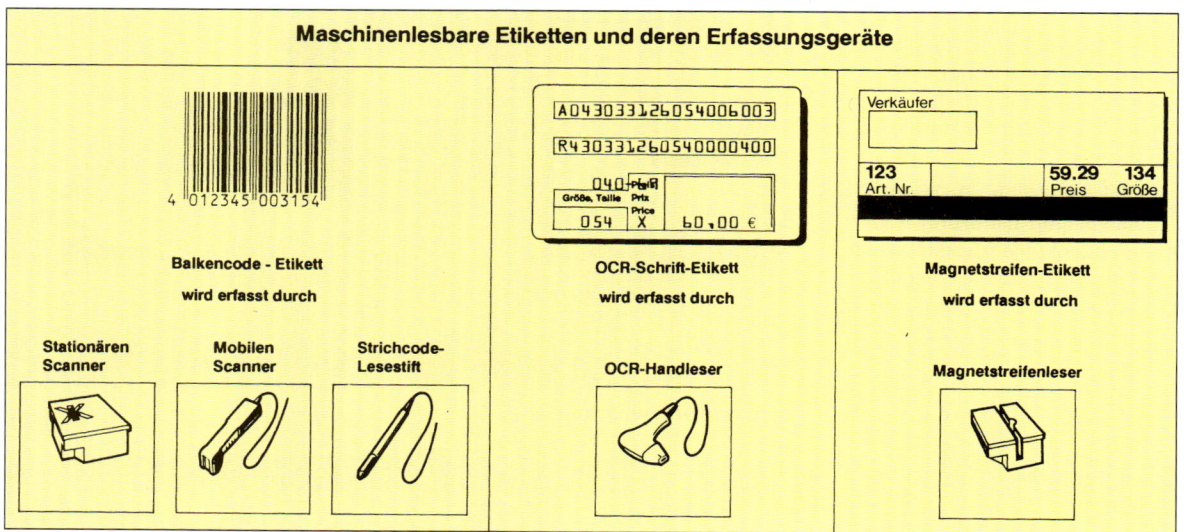

1: Maschinenlesbare Etiketten und deren Erfassungsgeräte

Balkencode-Etiketten

Das bekannteste Balkencode-Etikett ist die Codierung mit der 13-stelligen EAN-Nummer (Internationale Artikelnummer). EAN-Nummern sind Herstellernummern. Sie bestehen aus der von der CCG (Centrale für Coorganisation) in Köln vergebenen 7-stelligen Basisnummer und einer 5-stelligen individuellen Artikelnummer plus Prüfziffer.

Im Textilhandel spielt die EAN-Nummer bei weitem nicht die Rolle, wie in anderen Bereichen. Durch den ständigen Modewechsel ist diese Codierung wenig praktikabel; daher werden im Textilhandel häufig ladeninterne Strichcodes erstellt, die den Bedürfnissen des Unternehmens angepasst sind.

Codierung in OCR - Schrift

Etiketten mit OCR-Schrift (Optical Character Recognition) werden im Textilhandel häufig verwendet.

Die OCR-Schrift hat den Vorteil, dass sie sowohl von Menschen als auch von der Maschine gelesen werden kann.

Die Etiketten mit OCR-Schrift werden an der Kasse mit einer Lesepistole erfasst. Vorteil der OCR-Etiketten ist eine relativ einfache Etikettenerstellung. Die OCR-Lesepistolen stellen allerdings hohe Anforderungen an die Schriftqualität. Die Etiketten dürfen nicht verschmutzt oder beschädigt sein.

Außerdem muss das Kassierpersonal die Lesepistole sehr sorgfältig über die Lesezeilen führen.

Codierung mit Magnetetiketten

Eine weitere Möglichkeit maschinenlesbarer Etiketten basiert auf Magnetstreifen. Wie bei einer Scheckkarte befindet sich ein Magnetstreifen auf dem Etikett, in dem eine Artikelnummer verschlüsselt ist.

Der Magnetstreifen wird an der Kasse in einen Magnetstreifenleser eingeführt oder mit einer speziellen Lesepistole erfasst.

Auch bei diesem System ist besondere Sorgfalt angebracht. Bei beschädigten Magnetstreifen muss manuell erfasst werden, was beim Kassieren zu erheblichen Zeitverlusten führt.

Das Price-look-up-Verfahren (PLU)

Alle drei beschriebenen Verfahren haben gemeinsam, dass über die eingelesene Artikelnummer alle anderen wichtigen Angaben, wie Preis und Artikelbezeichnung, aus dem System „geholt" und in die Kasse übertragen werden. Dort erscheinen sie als Anzeige und werden über den Kassenbon ausgedruckt. Die Bezeichnung für dieses Verfahren lautet „Price-look-up" (= PLU). Preisänderungen, wie zum Beispiel Reduzierungen bei Aktions- oder Altware, sind schnell durchzuführen. Dazu ist aber meist ein zusätzlicher Etikettenneudruck erforderlich, da im Textilhandel die Ware einzeln ausgezeichnet ist.

Da bei Textilien der Preis normalerweise auf jedem Stück auch in Klarschrift für den Kunden zu lesen ist, liegt die Bedeutung des PLU-Verfahrens vor allem darin, dass über den Kassiervorgang wichtige Verkaufsdaten im System gespeichert werden. So kann jederzeit der aktuelle Warenbestand ermittelt werden, oder es sind stets aktuelle Informationen zu den Umsätzen verfügbar.

Die Dateneingabe erfolgt bei den beschriebenen Verfahren am Ort des Verkaufs, also über die Kasse. Deshalb wird diese Form der Datenerfassung als „point-of-sale-system" (POS-System) bezeichnet.

Aufgaben des Lagers im Einzelhandel

Im Ladenhandel sind zwei Arten von Lagern üblich (siehe Kapitel 2.6.4):

1. Das **Verkaufslager** im Verkaufsraum mit dem dort präsentierten Warenangebot.

2. Das **„Reservelager"**, das folgende Aufgaben erfüllen soll:

   - „Schleusenfunktion" beim Wareneingang *(Vorbereitung für den Verkauf, Preisauszeichnung)*.
   - Vorratshaltung von Standardartikeln über eine oder mehrere Saisonzeiträume *(Futterstoffe, Unterwäsche)*.
   - Aufbewahrung von Waren, die vor Verkaufsbeginn geliefert wurden *(Winterware wird im Sommer geliefert)*.
   - Sicherung der Verkaufsbereitschaft *(Kundenwünsche möglichst sofort erfüllen können)*.

Besonders beim modischen und hochmodischen Textilhandel hat die Lagerhaltung mit einem Reservelager an Bedeutung verloren. Heute werden bis zu sechs verschiedene Kollektionen im Jahr angeboten, dadurch ist in diesen Bereichen eine aufwendige und umfangreiche Lagerhaltung meistens nicht sinnvoll.

Aufgabe der Lagerkontrolle

Die Kontrolle der Warenbestände (= Lagerbestände) ist eng mit der Sortimentsgestaltung und Sortimentspflege verzahnt. Der Unternehmer muss sich darüber im Klaren sein, „was geht" und „was geht nicht". Daher ist eine genaue Erfassung aller Warenbewegungen notwendig. Ein elektronisches WWS ist mit seinen vielfachen Auswertungsmöglichkeiten sehr gut für die Lösung dieses Problems geeignet. Durch eine fortlaufende Überwachung der Bestände erhält der Händler Antwort auf die Fragen:

- Wie oft hat sich ein Artikel in einer Planungsperiode verkauft?
- Wie lange befindet sich ein Artikel am Lager?
- Wie verändern sich die Bestände eines Artikels?

Die Zahlen des Warenwirtschaftssystems geben Auskunft darüber, wie groß **Einsatz, Absatz und Umsatz** bei einem Artikel waren. Es kann nun entschieden werden, ob beispielsweise Aktionen für einen besseren Verkauf notwendig werden oder ob in der entsprechenden Warengruppe gar eine Sortimentserweiterung oder -vertiefung sinnvoll erscheint.

Möglichkeiten der Lagerkontrolle

Die Lagerkontrolle kann durch das Führen von **Statistiken** und/oder die Ermittlung von **Kennziffern** erfolgen. In beiden Fällen führen aber erst die Auswertungen und die daraufhin getroffene Entscheidung zu einer wirksamen Lagerkontrolle.

Warenbewegungsstatistik (wertmäßig)	Lagerstatistik (mengenmäßig)	Lagerkennziffern (nach Wert und Menge)
↓	↓	↓
Mihilfe dieser Statistik kann sich der Händler über folgende Betriebskennzahlen informieren: - Umsätze - Rohgewinn - Wareneingang - Lagerbestand - Veränderungen der Bestände - Anteil der Retouren - Umlagerungen bei Filialen - Kundenzahl - Einkaufsbetrag je Kunde	Die Lagerstatistik wird als Tages- oder Monatsübersicht geführt. Neben dem Verkauf wird auch der Wareneingang in Stück oder mengenmäßig erfasst. Das Führen einer Lagerstatistik ist eine unabdingbare Voraussetzung für die Anwendung der permanenten Inventur im Unternehmen.	Diese Kennziffern geben Auskunft darüber, ob eine wirtschaftliche Lagerhaltung vorliegt. Sie sind Grundlage für betriebswirtschaftliche Entscheidungen, die Auswirkung auf die Sortimentsgestaltung haben. Die wichtigsten Kennziffern sind: - durchschnittlicher Lagerbestand und Lagerdauer - Lagerumschlagshäufigkeit

Bedeutung der Lagerkennziffern

Um eine **wirtschaftliche Lagerhaltung** zu gewährleisten, ist es notwendig, die Höhe der Warenbestände stets im Auge zu behalten. Oberstes Ziel sollte es sein, den Zeitraum zwischen Einkauf und Verkauf möglichst kurz zu halten. Ware, die zu lange auf dem Ständer hängt oder im Regal liegt, zieht nur den Staub an, aber nicht den Kunden!

Je kürzer die Lagerdauer eines Artikels im Geschäft, desto schneller werden Mittel freigesetzt, die in neue Ware investiert werden können. Immerhin sind im Textilhandel etwa 70 % des eingesetzten Kapitals in den Waren gebunden.

Es ist daher notwendig, dass das Kapital „in Fluss" bleibt. So entsteht ein Kreislauf, der sich wie folgt beschreiben lässt:

Teile des Kapitals werden in Form von Ware (= Sachvermögen) eingesetzt, kommen durch den Verkauf als Erlöse (= Geldvermögen) wieder zurück und werden erneut in Ware (= Sachvermögen) eingesetzt.

Die Auswertung von Kennziffern erleichtert die Aufgabe des Unternehmers, Maßnahmen zu ergreifen, um **Altwarenbestände** möglichst zu **vermeiden** oder **gering** zu **halten**.

Arten der Lagerkennziffern

Wenn mithilfe der Lagerkennziffern eine Kontrolle der durch die Lagerhaltung verursachten Kosten erreicht werden soll, werden die zugrunde liegenden Bestände in €, also wertmäßig und nicht mengenmäßig, erfasst. Die auf diese Weise ermittelten Werte können innerbetrieblich mit Vorjahreszahlen verglichen werden, oder es erfolgt ein Vergleich mit den für die Branche typischen Kennziffern.

Durchschnittlicher Lagerbestand (= durchschnittliche Kapitalbindung)

Mit dieser Kennziffer wird ermittelt, wie viel **Kapital** im Geschäft **in Waren** gebunden ist. Um eine verlässliche Aussage zu erhalten, wird von einem auf die einzelnen Monate des Jahres bezogenen Durchschnittswert ausgegangen, weil über das Jahr sehr unterschiedlich hohe Warenbestände anfallen. Die Bewertung der Waren erfolgt zu Einstandspreisen.

Je häufiger Bestände zur Ermittlung der Kennziffer herangezogen werden, desto genauer ist die Kennziffer. Es empfiehlt sich, mit Monatsendbeständen zu arbeiten. Dies ist kein Problem, wenn mit einem WWS Zugriff auf die benötigten Bestände besteht.

Die Endbestände werden nach folgendem Schema ermittelt:

```
    Anfangsbestand
+   Wareneingänge
+/- Preisänderungen und Rabatte
-   Umsätze (zu Einstandspreisen)
-   Retouren an Lieferanten
+   Retouren von Kunden
─────────────────────────────────
=   Endbestand
```

Die **durchschnittliche Kapitalbindung** kann für jeden Artikel, ganze Warengruppen oder bei Filialisten für ganze Häuser und natürlich für den gesamten Warenbestand ermittelt werden. Auch bei der Limitrechnung ist sie eine wichtige Größe und gibt Auskunft darüber, ob Bestände abgebaut werden müssen oder das geplante Limit erhöht werden kann. Sie ist Voraussetzung für die Berechnung der anderen Kennziffern.

Lagerumschlagshäufigkeit (= Lagerumschlag)

Diese Kennziffer – sie wird in der **Textilbranche** häufig als **Lagerumschlagsgeschwindigkeit (LUG)** bezeichnet – gibt an, wie oft sich der durchschnittliche Warenbestand in der zugrunde liegenden Berechnungsperiode verkauft hat. Je höher diese Zahl, desto häufiger wurde der Lagerbestand umgeschlagen. Den höchsten Aussagewert hat die LUG, wenn sie für jeden Artikel oder jede Warenart errechnet wurde. Für den internen und externen Betriebsvergleich wird auch die LUG des gesamten Sortiments verwendet und mit den branchenüblichen Werten verglichen.

Um die LUG berechnen zu können, benötigt man den Wareneinsatz. Der **Wareneinsatz** ist der Wert der verkauften Waren in der Abrechnungsperiode zu Einstandspreisen.

```
    Anfangsbestand zu Einstandspreisen
+   Warenzugänge zu Einstandspreisen
-   Warenendbestand zu Einstandspreisen laut Inventur
─────────────────────────────────────────────────────
=   Wareneinsatz
```

Durchschnittliche Lagerdauer

Diese Kennziffer ist eng mit der Lagerumschlagshäufigkeit verwandt. Sie gibt die **Zeitspanne** an, die zwischen dem **Wareneingang** und dem **Verkauf** liegt. Bei artikelgenauer Berechnung lassen sich leicht Ladenhüter erkennen. Wenn diese Kennziffer für das ganze Sortiment ermittelt wird, dann ist auch hier ein Vergleich mit anderen Unternehmen der Branche möglich. Das entsprechende Zahlenmaterial wird zum Beispiel vom Institut für Handelsforschung an der Universität Köln ermittelt und für Vergleiche und Auswertungen zur Verfügung gestellt.

Berechnung der Lagerkennziffern

Durchschnittlicher Lagerbestand (Stück)/durchschnittliche Kapitalbindung (€)

Rechenweg:

allgemein:

$$\text{Ø Lagerbestand} = \frac{\text{Anfangsbestand} + n\ \text{Endbestände}}{n + 1}$$

bei Monatsendbeständen:

$$\text{Ø Lagerbestand} = \frac{\text{Anfangsbestand} + 12\ \text{Monatsendbestände}}{13}$$

Beispiel:

Anfangsbestand (01.01.)	64 320 €
Summe der Monatsendbestände Januar bis Dezember	768 460 €

Berechnung des durchschnittlichen Lagerbestands:

$$\frac{64\ 320\ € + 768\ 460\ €}{13} = 64\ 060\ €$$

Es sind im Jahr durchschnittlich Waren im Wert von 64 060 € im Unternehmen vorhanden.

Lagerumschlagshäufigkeit (Lagerumschlag bzw. Lagerumschlagsgeschwindigkeit)

Rechenweg:

$$\text{Lagerumschlag} = \frac{\text{Wareneinsatz €}}{\text{Ø Lagerbestand zu Einstandspreisen €}}$$

Beispiel:

Anfangsbestand	64 320 €
+ Zugänge	179 470 €
– Schlussbestand	51 560 €
= Wareneinsatz	192 230 €

Ausrechnung:

$$\frac{192\ 230\ €}{64\ 060\ €} = 3$$

Das gesamte Sortiment des Unternehmens wurde in der Abrechnungsperiode (1 Jahr) dreimal verkauft.

Durchschnittliche Lagerdauer

Rechenweg:

$$\text{Ø Lagerdauer} = \frac{360\ \text{Tage}}{\text{Lagerumschlag}}$$

Beispiel:

Lagerumschlag = 3

Ø Lagerdauer = 360 / 3 = 120 Tage

Maßnahmen zur Erhöhung der Lagerumschlagsgeschwindigkeit (LUG) und zur Verkürzung der durchschnittlichen Lagerdauer

Eine sinkende LUG ist ein ernstes Warnsignal. Es besteht die große Gefahr, dass überhöhte Altwarenbestände entstehen können. Daher wird der Händler bestrebt sein, die LUG zu erhöhen. Dies kann zum Beispiel mit Aktionen oder mehr Werbung geschehen. Häufig genügt schon eine andere Platzierung im Verkaufsraum, und die Umsätze steigen. Eine Präsentation auf Wühltischen oder Sonderflächen regt ebenfalls zum Kauf an. Nicht zu vergessen sind Prämien an das Verkaufspersonal für Altwaren, deren Bestände abgebaut werden sollen. Allerdings kommt man meist nicht um Preisreduzierungen herum, was die Spanne und damit den Ertrag senkt. Auch ein geändertes Einkaufsverhalten kann mittel- und langfristig die LUG erhöhen. Der Vorteil einer hohen LUG besteht auch darin, dass sich die Liquidität verbessert.

> ### Inventurverfahren

Mit der Inventur werden **Vermögen** und **Schulden** zu einem bestimmten Zeitpunkt mengen- und wertmäßig durch eine körperliche Bestandsaufnahme *(Messen, Zählen)* **erfasst**.

Neben der steuer- und handelsrechtlichen Bedeutung *(Inventur als Grundlage der Gewinnermittlung, Gläubigerschutz)* sind es vor allem betriebswirtschaftliche Gründe, die für die Durchführung einer Inventur sprechen. So können mithilfe des elektronischen WWS die Bestände buchmäßig fortgeschrieben werden, und es können durch den Vergleich mit den tatsächlichen Beständen Inventurdifferenzen erkannt, lokalisiert und auf Ursachen untersucht werden.

Es finden in der Praxis folgende **Inventurverfahren** Anwendung:

- Stichtagsinventur
- Stichprobeninventur
- Verlegte Inventur
- Permanente Inventur

Stichtagsinventur

Sie findet zum **Bilanzstichtag** statt. Dies ist der Zeitpunkt, an dem das Geschäftsjahr endet. Das Gesetz lässt eine Frist von 10 Tagen vor oder nach dem Bilanzstichtag zur körperlichen Bestandsaufnahme zu. Das Geschäftsjahr muss bei Vollkaufleuten nicht mit dem Kalenderjahr übereinstimmen. So gibt es häufig den Bilanzstichtag 30. September, da hier gleichzeitig mit der Inventur die verbliebene Sommerware ins Reservelager aufgenommen werden kann. Die meisten Textileinzelhändler halten jedoch am 31. Dezember fest, da das Ergebnis der Inventur eine wertvolle Grundlage für die Vorbereitung des Winterschlussverkaufs darstellt.

Verlegte Inventur

Die Aufnahme der Bestände kann bis zu drei Monaten vor oder bis zu zwei Monaten nach dem Bilanzstichtag erfolgen. Bei diesem Verfahren müssen aber die jeweiligen Bestandsveränderungen auf den Stichtag hin fortgeschrieben bzw. zurückgerechnet werden.

Stichprobeninventur

Es werden nur nach mathematischen Verfahren ausgewählte Stichproben aufgenommen. Die Ergebnisse der Stichproben werden dann auf den gesamten Warenbestand hochgerechnet.

Permanente Inventur

Wer ein computergestütztes WWS benutzt, wird meist diese Art der Inventur durchführen. Alle Warenzu- und abgänge werden erfasst, und die jeweiligen Lagerbestände fortgeschrieben. Zum Bilanzstichtag werden dann die Buchwerte aus dem System zugrunde gelegt. Aber auch bei diesem Verfahren ist eine körperliche Bestandsaufnahme vorgeschrieben. Sie erfolgt jeweils für Teile des Sortiments zu unterschiedlichen Zeiten des Geschäftsjahres.

Vorteile und Risiken bei der permanenten Inventur

Vorteile	Risiken
• Der hohe Aufwand der gesamten Inventuraufnahme kann über das ganze Jahr verteilt werden (Teilinventuren).	• Ware, die sich vorübergehend in anderen Abteilungen befindet, wird bei der Aufnahme vergessen.
• Die Inventur kann während verkaufsschwacher Zeiten vorgenommen werden.	• Mitarbeiter, die Diebstähle planen, können leichter Teile an anderer Stelle des Hauses verbergen, um sie später fortzuschaffen. Da die Teile nicht aufgenommen werden, werden sie später auch nicht vermisst. Bei einer Gesamtinventur ist dies schwieriger.
• In eigenen Inventurgruppen kann die Inventur bei niedrigen Warenbeständen durchgeführt werden.	
• Es wird u. U. kein zusätzliches Personal benötigt.	

Für alle Inventurverfahren gilt: Es darf nur Ware aufgenommen werden, die sich im Eigentum des Unternehmens befindet. Nicht dazugehören z. B. Kommissionswaren (Eigentümer ist der Lieferant), Änderungsaufträge, Reparaturen und reklamierte Ware (Eigentümer sind die Kunden).

Warenbewertung

Abwerten des Verkaufswertes auf den Einstandspreis

In der Praxis findet sich vor allem das Verkaufswertverfahren, das heißt, die Warenbestände werden bei der Inventur zum Verkaufspreis in den Inventurzählbogen übernommen.

Die Bewertung der Warenbestände erfolgt dann zum **Einstandspreis**. Er ist wie folgt definiert:

Warenwert	*(Verkaufspreis des Lieferanten)*
+ Bezugskosten	*(Fracht, Zoll, Porti)*
– Rabatte, Skonti	
= Einstandspreis	

Der **Einstandspreis** wird dadurch ermittelt, dass die Bestände zu Verkaufspreisen aufgenommen werden und dann in der Buchhaltung mit Hilfe des Kalkulationsabschlages auf den Einstandspreis zurückgerechnet werden. Diese Arbeit entfällt, wenn mit einem WWS gearbeitet wird, denn die Einstandspreise sind im System gespeichert. Werden die Artikel mit einem Code ausgezeichnet, dann können die Daten bei der körperlichen Bestandsaufnahme mit mobilen Lesegeräten gescannt werden.

Allgemeine Bewertungsgrundsätze

Nach dem Handelsrecht gilt für die Bewertung der Warenbestände das **„Niederstwertprinzip"**. Dies soll dem Gläubigerschutz dienen, damit sich Unternehmen nicht vermögender darstellen, als sie es tatsächlich sind. Dabei stehen drei Werte zur Wahl, von denen der niedrigste angesetzt werden muss.

Anschaffungspreis (Einstandspreis)

Er kommt dann als Wertansatz in Betracht, wenn Preissteigerungen zu verzeichnen sind.

Wiederbeschaffungspreis

Bei einem Preisverfall ist der niedrigere Wert anzusetzen.

Teilwert (Anschaffungspreis – Teilwertabschlag)

Bei allen der Mode unterworfenen Artikeln ist dieser Wert anzusetzen.

Teilwertabschlag

Nach dem Einkommensteuergesetz gilt: „Teilwert ist der Betrag, den ein Erwerber des ganzen Betriebes im Rahmen des Gesamtkaufpreises für das einzelne Wirtschaftsgut ansetzen würde; dabei ist davon auszugehen, dass der Erwerber den Betrieb fortführt." Der Teilwert kommt bei der Bewertung der Warenbestände immer dann zum Ansatz, wenn es sich um modisch beeinflusste Waren handelt. Es wird dabei unterstellt, dass sich die Verkaufschancen der lagernden Ware mit zunehmendem Alter verschlechtern. Teilwertabschläge auf die Ware mindern den Gewinn und damit die Steuerlast für den Händler.

Übersicht über die Möglichkeiten der Teilwertabschläge (TWA)

● **Altersgliederung**	Abschläge können bis zu 80 % betragen, wenn die Ware zum Beispiel vor dem dritten Schlussverkauf steht.
● **Modische Entwicklung**	Je stärker ein Modewechsel ausfällt, desto höher kann der Abschlag sein.
● **Kundenstruktur**	Je modebewusster die Kundenschaft ist, desto höher der TWA.
● **Mitbewerber**	Wenn ein Mitbewerber gleiche Ware zum Inventurzeitpunkt erheblich günstiger anbietet, muss dies bei TWA berücksichtigt werden.
● **Preisreduzierte Waren**	Ware, die trotz Herabzeichnung während der laufenden Saison noch am Lager ist, trägt ein hohes Absatzrisiko und muss mit einem höheren TWA versehen werden.

Die TWA müssen gegenüber dem Finanzamt begründet werden. Da es über die TWA wegen der unterschiedlichen Interessenlage zwischen Finanzamt und Betrieb unterschiedliche Auffassungen geben kann, empfiehlt es sich, für die Begründung der TWA gut vorbereitet zu sein (Informationen aus Fachzeitschriften, Mitteilungen der Verbände), um die Berechtigung für die Abschläge nachweisen zu können.

Ermittlung der Inventurdifferenzen

Während Sollbestände buchmäßig ermittelt werden, stellen die durch körperliche Bestandsaufnahme ermittelten Werte den Istbestand an Waren dar. Unterschiede zwischen Soll- und Istbestand werden als **Inventurdifferenz** bezeichnet.

Die Berechnung ist wertmäßig nach folgendem Schema möglich:

	Anfangsbestand (= Istbestand am Ende des Vorjahrs)
+	Wareneingang
–	Warenausgang
+/–	Preisänderungen
=	Sollbestand
–	Istbestand
= +/–	Inventurdifferenz

Differenzen signalisieren Probleme. In der Regel ist nicht jede Abteilung gleichmäßig am Entstehen der Gesamtinventurdifferenz beteiligt.

Daher sollten die „Spitzenreiter", d.h. die Abteilungen, bei denen die Differenzen besonders groß sind, nochmals gründlich überprüft werden.

Differenzen zwischen den Soll- und Istbeständen werden sich nicht gänzlich vermeiden lassen. Ein Wert aus der Praxis besagt, dass die Abweichungen (einschließlich Diebstählen) nicht mehr als 0,5 % bis 0,8 % vom Umsatz betragen sollen.

Ursachen für das Entstehen von Inventurdifferenzen (ohne Anspruch auf Vollständigkeit!)

Bei Wareneingang und Lagerung	Beim Verkauf	Im Rechnungswesen	Bei der Inventur
• Fehlende Kontrolle hinsichtlich Menge und Preis.	• Preisänderungen wurden vergessen.	• Vom Verkauf gewährte Nachlässe wurden nicht erfasst.	• Schlechte Vorbereitung und Durchführung.
• Warenrückgaben der Kunden wurden nicht als Eingang erfasst.	• Ware für Dekorationszwecke wurde nicht erfasst.	• Lieferantenrechnungen wurden als Eingang gebucht, ohne dass die Ware eingegangen war.	• Es entstanden Zähl-, Hör- und Schreibfehler.
• Lieferantenrechnungen wurden nicht vollständig erfasst.	• Preisnachlässe aufgrund von Kundenreklamationen wurden nicht erfasst.	• Nachträgliche Belastungen oder Gutschriften der Lieferanten wurden nicht berücksichtigt.	• Regale und Ständer mit Ware wurden vergessen.
• Umlagerungen von und an Filialen wurden nicht vollständig registriert.	• Auswahlsendungen wurden nicht notiert.	• Es erfolgte keine Berücksichtigung schwebender Reklamationen.	• Schaufensterware wurde nicht erfasst.
• Ware wurde falsch ausgezeichnet.	• Es wurde versäumt, Privatentnahmen festzuhalten.		• Falsche Preise wurden eingesetzt.
• Preisänderungen bei Lagerware wurden nicht erfasst.	• Diebstahl durch Kunden oder Mitarbeiter wurde nicht bemerkt und daher nicht erfasst.		• Ware in Reserve- und Außenlägern wurde nicht erfasst.

Möglichkeiten zur Vermeidung von Inventurdifferenzen

Die Fülle der Möglichkeiten zeigt, wie leicht Inventurdifferenzen entstehen können. Es gibt jedoch kein „Patentrezept", um diese Fehlbestände völlig auszuschalten.

Konkrete **Inventuranweisungen** oder zumindest „Check-Listen" für die Mitarbeiter und Mitarbeiterinnen können die Differenzen vermindern. Bei allgemeinen Formulierungen, wie „jede Ware muss ausgezeichnet werden", fühlt sich niemand verantwortlich. Es ist wichtig, konkrete Verantwortlichkeiten, natürlich mit den entsprechenden Kompetenzen, zu schaffen. Auch **finanzielle Anreize**, wie Prämien, können zur Senkung der Differenz beitragen *(die Abteilung mit der geringsten Inventurdifferenz bekommt z. B. eine Sonderzahlung)*.

Ein besonderer Fall ist der **Warendiebstahl** als Ursache für Differenzen. Zur Vermeidung von Diebstählen durch Kunden siehe Kapitel 4.5 „Vorsicht im Verkauf". Eine Verringerung des Diebstahls durch das Personal lässt sich durch überraschend angesetzte Teilinventuren, sowie durch regelmäßige Taschenkontrollen beim Verlassen des Unternehmens erreichen.

Datenkassen

Wenn ein Unternehmer detaillierte Basisinformationen zur Betriebssteuerung erwartet, wird er dies nicht ohne ein **elektronisches Kassensystem** erreichen können. Dabei ist es zunächst nicht so wichtig, ob eine Komplettlösung im Rahmen eines integrierten WWS installiert wird oder eine Einzelkasse, die ebenfalls vielfältige Auswertungsmöglichkeiten besitzen kann. Allen Systemen ist gemeinsam, dass die Verkaufsdaten gesammelt und gespeichert werden, um für spätere Auswertungen zur Verfügung zu stehen.

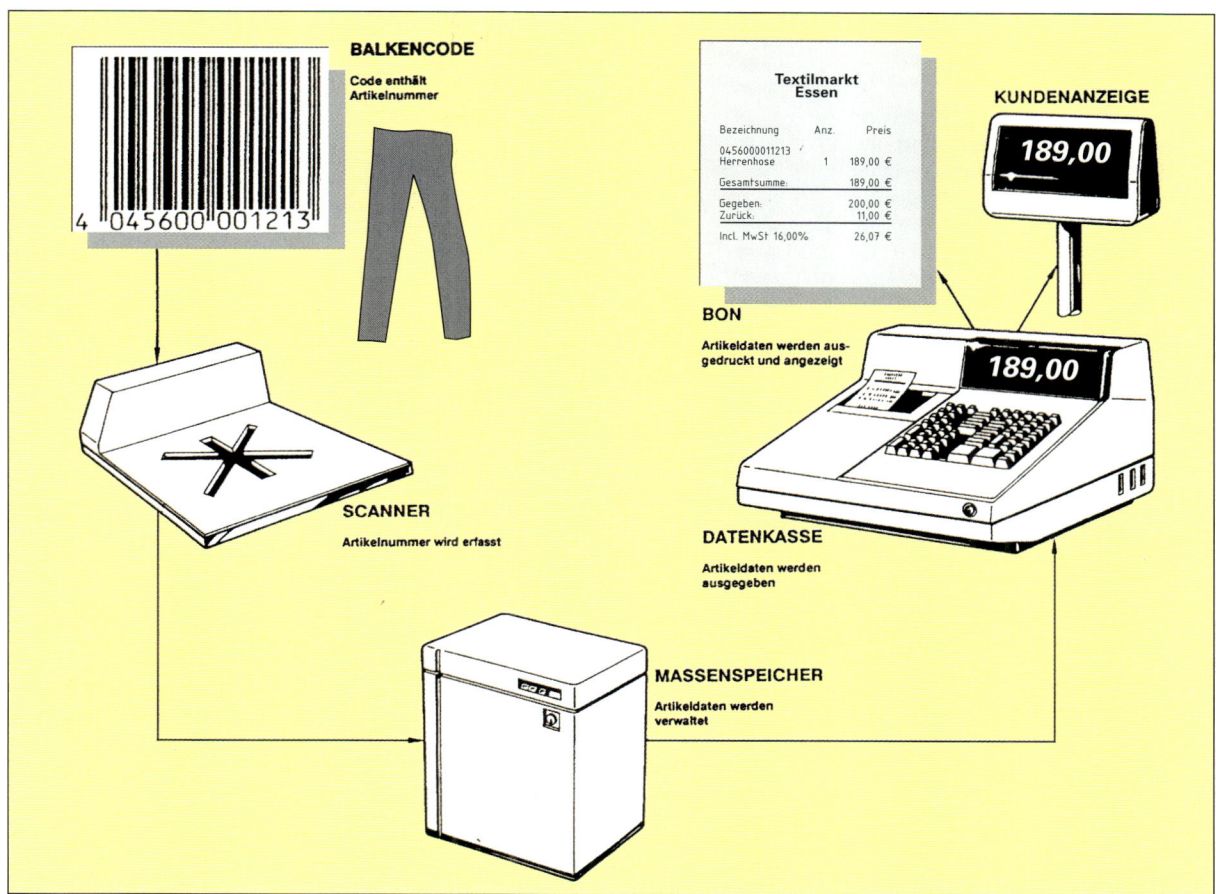

Leistungen einer Datenkasse

Beschleunigung des Verkaufsvorgangs

Verschiedene Erfassungsvorgänge lassen sich automatisieren. Über eine Artikelnummer wird die Ware identifiziert – zum Beispiel durch einen Strichcodeleser – und der dazugehörende Preis wird abgerufen. Dieses Price-look-up-Verfahren ermöglicht auch schnelle und einfache Preisänderungen. Der neue Preis wird in das System eingegeben und ist sofort gültig (Auszeichnung an der Ware bzw. am Regal nicht vergessen!). Die Bezahlung mit Kreditkarten, Schecks und durch Electronic-Cash kann problemlos und schnell erfolgen.

Auswertungsmöglichkeiten

Wenn die Datenkassen in ein Warenwirtschaftssystem integriert sind, kann besonders wirkungsvoll gearbeitet werden. Durch die Registrierung der Warenverkäufe wird die Datengrundlage für eine Vielzahl von Informationen und Auswertungen geschaffen:

- Daten für **statistische Zwecke** *(Größen, Preislagen, Kundenzahl, Umsatz je Kunde)*.
- Daten für die **Analyse der Bestände** *(Übersicht über aktuellen Warenbestand, Renner und Penner)*.
- Daten zur **Beurteilung der wirtschaftlichen Lage** *(kurzfristige Erfolgsrechnung, Lagerkennziffern)*.

Auswertungen der Verkaufsdaten

Die Auswertung der in einem Warenwirtschaftssystem gespeicherten Daten stellt für den Händler eines der wichtigsten Hilfsmittel zur Beurteilung seiner wirtschaftlichen Lage dar. Die Auswertungen beinhalten verschiedene Statistiken, die zur **Optimierung der Betriebsführung** dienen.

Die für diese Auswertungen notwendigen Daten werden beim Wareneingang und Warenverkauf erstellt. Es müssen daher keine zusätzlichen Daten eingegeben werden, die Statistikzahlen werden auf Wunsch vom WWS errechnet und auf dem Bildschirm oder einem Drucker zur Verfügung gestellt.

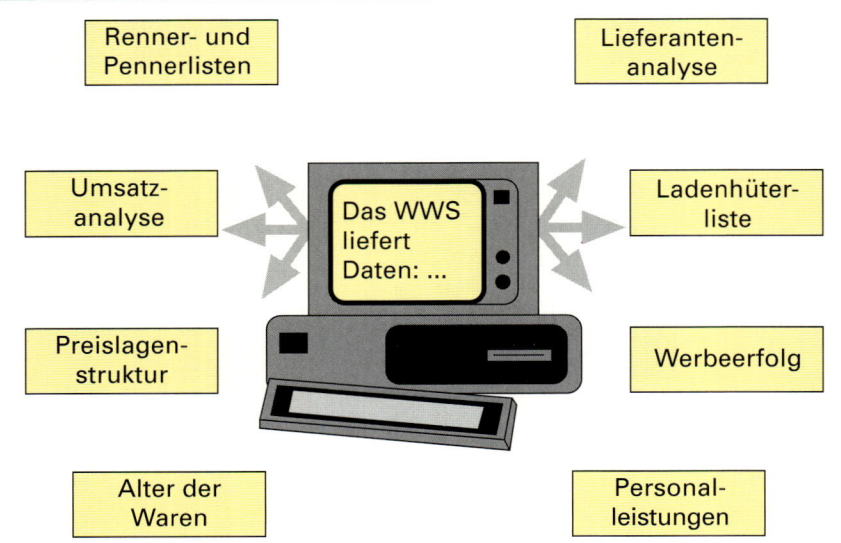

1: **Leistungen eines WWS**

Umsatzauswertungen

Umsatzstatistiken können für viele Zwecke erstellt werden. So kann die Entwicklung einzelner Waren oder Warengruppen über einen bestimmten Zeitraum verfolgt werden, oder es kann die **Umsatzentwicklung** des gesamten Sortiments über ein ganzes Jahr analysiert werden. Sind Filialen vorhanden, ist die Umsatzstatistik hilfreich für den Vergleich untereinander.

Zur **Beurteilung von Personalleistungen** kann der jeweilige Umsatz des Personals mit der Gesamtumsatzentwicklung verglichen werden. Auffallende Abweichungen werden schnell erkannt, und die Ursachen können analysiert werden.

Besonders anschaulich sind grafische Darstellungen. Sie zeigen auf einen Blick die gewünschte Information. Die folgende Grafik zeigt, wann die umsatzstärksten Monate sind und wie sich der tatsächliche Umsatz zum geplanten Umsatz entwickelt hat. Daraus lassen sich wichtige **Erkenntnisse für die künftige Planung** ableiten. So kann zum Beispiel eine dem Umsatzverlauf entsprechende Personalplanung betrieben werden, und es können Maßnahmen geplant werden, um in einer umsatzschwachen Zeit den Verkauf durch Aktionen zu verstärken.

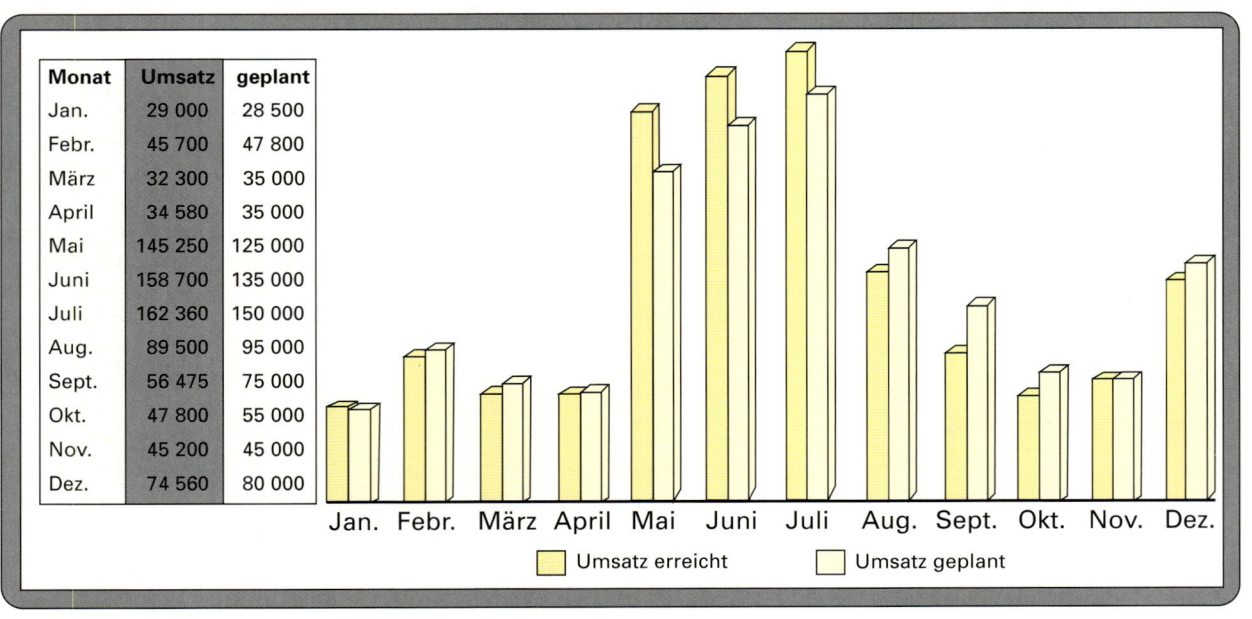

Monat	Umsatz	geplant
Jan.	29 000	28 500
Febr.	45 700	47 800
März	32 300	35 000
April	34 580	35 000
Mai	145 250	125 000
Juni	158 700	135 000
Juli	162 360	150 000
Aug.	89 500	95 000
Sept.	56 475	75 000
Okt.	47 800	55 000
Nov.	45 200	45 000
Dez.	74 560	80 000

Umsatz erreicht   Umsatz geplant

2: **Umsatzauswertung**

Preislagenstatistik

Einen wichtigen Bestandteil des Marketings im Unternehmen stellt die Preispolitik dar. Durch die Einteilung der einzelnen Warengruppen des Sortiments in **Preislagen** kann der Händler erkennen, in welchen Preislagen der höchste Umsatz und Rohgewinn erzielt wird. Dadurch erhält der Händler wichtige **Informationen für den Wareneinkauf.**

Die Preislagenstatistik sollte nicht nur wertmäßig, sondern auch mengenmäßig geführt werden, da so deutlich wird, ob in der am meisten nachgefragten Preislage auch eine entsprechende Auswahl vorhanden ist.

Einmal im Monat sollte diese Statistik ausgedruckt werden, da sie auch wichtige **Hinweise für den Nachkauf** der Waren liefert.

Ein verkaufsaktives Sortiment zeichnet sich aber nicht nur dadurch aus, dass die jeweils nachgefragte Preislage vorhanden ist, sondern es muss auch gewährleistet sein, dass die entsprechende Ware noch modisch aktuell ist. Deshalb ist es ebenso wichtig, den Warenbestand nach dem „Alter" zu gliedern.

In der Praxis sind häufig vier bis sechs **Altersgruppen** anzutreffen.

Beispiel: A bis 3 Monate am Lager   C bis 12 Monate am Lager
B bis 6 Monate am Lager   D länger als 1 Jahr am Lager

Beispiel für den Ausdruck eines computergestützten Warenwirtschaftssystems:

TEXTILMARKT GmbH - Preislagenstatistik von: 02-11-17   **Zeit: 02-10-17 bis 02-11-17**
Warengruppe :

Preislage von bis	Menge	Anteil %	Bestand	A	Altersgliederung Lagerbestände B	C	D
0 - 100	15	20,83	73	3	10	35	25
101-140	24	33,33	51	35	16	0	0
141-170	16	22,22	44	28	14	0	2
171-200	8	11,11	51	20	25	3	3
201-250	4	5,56	31	18	7	3	3
251-300	3	4,17	9	5	4	0	0
301-	2	2,78	21	15	5	1	0

Durchschnittspreis: 158,00 €			Menge	124	81	42	33
Höchstpreis : 488,00 €			in %	44,3	28,9	15,0	11,8

Größenstatistik

Die Auswertung der Größenstatistik ist eine wertvolle Hilfe für den Nachkauf und ebenso für die Planung der kommenden Saison. Im Einkauf stellen sich dabei immer wieder die gleichen Fragen:

● Welche Größen sind gut gelaufen?

● Welche Größen wurden nachgefragt, und war keine entsprechende Ware da?

● Welche Größen können eventuell ganz aufgegeben werden?

Die Größenstatistik sollte Antwort auf diese Fragen geben und ebenso wie die Preislagenstatistik nach Altersgruppen gegliedert werden.

Verkäuferstatistik

Auch die **Leistungen des Verkaufspersonals** können mit einem computergestützten WWS leicht ermittelt werden. Unter anderem können folgende Informationen über das System abgerufen werden:

Gesamtumsatz, Umsatz pro Tag oder Stunde, Zahl der bedienten Kunden, Preislage der verkauften Ware, Verkauf von Altware. Neben der Beurteilung der Verkaufsleistungen sind die ermittelten Daten dann besonders wichtig, wenn im Unternehmen ein Prämiensystem eingeführt ist. Eine ausschließliche Beurteilung des Verkaufspersonals nach den vom Computer ermittelten Zahlen ist jedoch sehr problematisch. Ob der Kunde zufrieden das Geschäft verlassen hat, weil sein Einkaufsproblem gut gelöst wurde, kann nicht allein anhand der Umsatzhöhe beurteilt werden.

Lieferantenanalysen

Der Facheinzelhandel ist bei der Sortimentsgestaltung stark markenorientiert. Deshalb arbeitet der Textilhändler meist mit vielen Partnern zusammen. Diese Zusammenarbeit sollte möglichst reibungslos verlaufen, um gute Erträge erwirtschaften zu können. Lieferantenanalysen ermöglichen es einzelne Lieferanten nach verschiedenen Gesichtspunkten zu untersuchen und zu beurteilen. Sie lassen Schwachstellen erkennen und stärken auch die Position des Händlers bei Verhandlungen mit den Lieferanten.

Warenabflussstatistik (Warengruppe und Lieferanten)

Eine solche Analyse ist sinnvoll, wenn man innerhalb einer Warengruppe die einzelnen Lieferanten miteinander vergleicht. Die Auswertung ermöglicht die Antwort auf folgende Fragen:

- Innerhalb welchen Zeitraums verkaufen sich die Artikel der einzelnen Lieferanten (Altersgruppenanalyse)?
- Welche Lieferanten können ausgebaut oder aufgegeben werden?
- Wo liegen die Problembereiche bei den einzelnen Lieferanten (Verkaufsmengen, Preisreduzierungen)?

Diese Statistik sollte zum Ende jeder Saison abgerufen werden, um bei den kommenden Messen und Vertreterterminen aussagefähige Zahlen vorliegen zu haben. Aber auch während der laufenden Saison können Auswertungen von Bedeutung sein. So müsste der Absatz bei einem hochmodischen Lieferanten kurz nach Saisonstart wesentlich höher sein, als bei einem Anbieter klassischer Mode. Damit können zusätzliche Erkenntnisse für Preisreduzierungen gewonnen werden. Es zeigt sich hier, dass nicht nur die verkaufte Menge ein wichtiger Faktor ist, sondern auch der Zeitraum, in dem die Ware abfließt.

Vereinfachte Darstellung einer Warenabflussstatistik

TEXTILMARKT GmbH Essen — Warenabflussstatistik Stand: 02-11-17 — Monat: NOV. 02 Blatt 1

Hauptwarengruppe: 55 Herrenhosen
Warengruppe: 5512 Hosen lang

LIEFERANT	ZEIT SEIT WA-EINGANG	VERKAUF VK Menge	VERKAUF DPR €	VERKAUF SPA %	LAGER BE Menge	LAGER DPR €	LAGER SPA %	GESAMT VERKAUF	aktuelles Jahr
								Menge	66
Müller	< 1 Monat	24	98,00	50,0	14	98	50	EK-Wert	3234,00
Krefeld	< 3 Monate	20	92,00	46,9	8	98	50	VK-Wert	6036,00
	< 6 Monate	14	86,00	43,9	3	98	50	Abschriften	432,00
	> 6 Monate	8	80,00	40,8	2	98	50	erz. Spanne	46,4

TEXTILMARKT GmbH Essen — Warenabflussstatistik Stand: 02-11-17 — Monat: NOV. 02 Blatt 1

Hauptwarengruppe: 55 Herrenhosen
Warengruppe: 5512 Hosen lang

LIEFERANT	ZEIT SEIT WA-EINGANG	VERKAUF VK Menge	VERKAUF DPR €	VERKAUF SPA %	LAGER BE Menge	LAGER DPR €	LAGER SPA %	GESAMT VERKAUF	aktuelles Jahr
								Menge	16
Müller	< 1 Monat	12	78,00	50,0	8	78	50	EK-Wert	624,00
Krefeld	< 3 Monate	4	74,00	47,4	6	78	50	VK-Wert	1232,00
	< 6 Monate	0	70,00	44,9	5	78	50	Abschriften	16,00
	> 6 Monate	0	66,00	42,3	5	78	50	erz. Spanne	49,4

Erläuterungen zum Ausdruck

Verkauf:

VK-Menge	= verkaufte Stückzahl, bezogen auf die Altersgruppe
DPR	= erzielter Durchschnittspreis der Artikel je Altersgruppe
SPA	= erzielte Verkaufsspanne

Lager:

BE-Menge	= Bestände
DPR	= geplanter Verkaufspreis
SPA	= geplante Spanne

Gesamtverkauf:

EK-Wert	= Wareneinsatz
VK-Wert	= erzielte Verkaufserlöse
Abschriften	= Preisreduzierungen
erz. Spanne	= tatsächlich erreichte Kalkulation

1: Warenabflussstatistik

Die Auswertung gibt Auskunft darüber, welche **Spannen** tatsächlich beim Verkauf der einzelnen Artikel und der Gesamtmenge erreicht wurden. Es ist auch ersichtlich, ob aufgrund von Preisreduzierungen (= Abschriften) Waren verstärkt gekauft wurden. Solche Statistiken können um zusätzliche Informationen erweitert werden. Dazu gehören Angaben über die **Lagerumschlagshäufigkeit,** Zahl der **Reklamationen** und **Retouren,** sowie die wichtige „**Abverkaufsquote".** Diese Zahl gibt an, wieviel Ware von einem bestimmten Lieferanten zu einem bestimmten Zeitpunkt verkauft wurde. Wenn die Waren eines Lieferanten ohne Preisabschläge schon vor den Schlussverkäufen zu über 90 % verkauft wurden, bedeutet dies ein besseres Ergebnis, als bei einem Lieferanten, der nur über Preisreduzierungen eine gute Verkaufsquote erhält. Eine Warenabflussstatistik kann auch nach Lieferanten und Warengruppen erstellt werden. Dies empfiehlt sich dann, wenn bei einem Lieferanten mehrere Warengruppen gekauft werden. Die Analyse dieser Statistiken unterstützt ebenfalls die Limitplanung. Das Einkaufslimit kann den Ergebnissen der Warenabflussstatistik angepasst werden.

6.4.4 Renner-Penner-Analyse

Renner- und Penner-Analysen (Sortimentskontrolle)

Verstärkte Beachtung bei der Sortimentskontrolle verdienen die **„Renner"**, dies sind Artikel, die sich schnell umsetzen, und die **„Penner"**, die „wie Blei" in den Regalen liegen oder an den Bügeln „kleben" und zu Ladenhütern geworden sind. Artikel, die eine hohe Umschlagshäufigkeit haben, müssen – sofern möglich – nachbestellt werden, damit keine „Präsenzlücken" auftreten. Lücken im Sortiment schaden nicht nur kurzfristig, sondern auch längerfristig, da unzufriede Kunden („die haben ja nie das, was ich suche") wegbleiben und zur Konkurrenz wechseln.

Artikel, die sich besonders schlecht verkaufen, binden Kapital- und Lagerkapazitäten, die für andere Artikel gewinnbringender zu verwenden wären. In solchen Fällen bietet sich eine **Sortimentsbereinigung** an. Renner- und Pennerlisten werden anhand von verkauften Mengen und erzielten Umsätzen erstellt. Diese Zahlen sind für die Einkaufsplanung und Sortimentsgestaltung von Bedeutung.

In Textilgeschäften, die entweder ganz oder teilweise auf Selbstbedienung umgestellt haben, helfen diese Listen, eine optimale Platzierung zu erreichen. So kann schon eine Platzierung an einem anderen Regalplatz oder in einer verkaufsstarken Zone im Verkaufsraum zu erheblich besseren Umsätzen führen.

Die Auswahl der betreffenden Artikel lässt sich anhand der verkauften Menge und der damit erzielten Umsätze vornehmen. Es können z. B. die 10 umsatzstärksten Artikel einer Warengruppe in einem Monat ausgedruckt werden oder alle Artikel, die weniger als 200 € Umsatz innerhalb eines Monats erzielt haben.

Beispiel für eine „Renner-Penner"-Liste:

TEXTILMARKT – GmbH		Schnelldreherliste		Monat: November		Stand: 02-11-17		
Abteilung: Sport- und Freizeit		Warengruppe: 317		**Wander- und Regenbekleidung**				
ANZEIGE: TOP 10 im Oktober		**(Umsatz > 200,00 €)**						
Art. Nr.	Bezeichnung	Lieferant	Menge	Preis/St.	Umsatz	**Rang**	Waren-einkauf	letzter Ver-kauf am:
31755643	Funktionsanzug	Microtex	45	418,00	18.810,00	**1**	02-07	10-26
31755322	Schlupfanorak	Svenson	30	448,00	13.440,00	**2**	02-05	10-21
31755326	Fleecejacke	Bergtaler	35	329,00	11.515,00	**3**	02-02	10-31
.....	......	......	......	......	......	......	......	......
.....	......	......	......	......	......	......	......	......
.....	......	......	......	......	......	......	......	......
31788455	Regenjacke	Stuiber	32	99,00	3.168,00	**8**	01-12	10-25
31788143	Stirnband	Svenson	145	19,90	2.755,00	**9**	01-11	10-31
31722211	Lappenkappe	Oelund	70	29,00	2.030,00	**10**	01-07	10-30

TEXTILMARKT – GmbH		Schnelldreherliste		Monat: November		Stand: 02-11-17		
Abteilung: Sport- und Freizeit		Warengruppe: 317		**Wander- und Regenbekleidung**				
ANZEIGE: FLOP 10 im Oktober		**(Umsatz < 200,00 €)**						
Art. Nr.	Bezeichnung	Lieferant	Menge	Preis/St.	Umsatz	**Rang**	Waren-einkauf	letzter Ver-kauf am:
31755443	Polaranzug	Arctica	0	799,00	0	**1**	02-08	08-12
31799889	Kotze	Loden Pfrim	0	225,00	0	**2**	00-08	09-15
31755441	Pullover	Ammersee	0	299,00	0	3	01-09	08-25
......	......	......	......	......	......	......	......	......
......	......	......	......	......	......	......	......	......
......	......	......	......	......	......	......	......	......
31722005	Fingerlinge	Bergtaler	5	29,90	149,50	**8**	01-05	10-17
31799771	Schlupfer	Ammersee	2	79,00	158,00	**9**	01-05	10-29
31731731	Regencape	Microtex	1	198,00	198,00	**10**	00-02	10-15

> ### Die Kurzfristige Erfolgsrechnung (KER), ein wichtiges Instrument zur Kontrolle der Rentabilität

Ein Einzelhändler wird sein Unternehmen dann besonders erfolgreich führen, wenn er stets über **aktuelle Daten** zu seinen **Umsätzen, Kosten** und **Erträgen** verfügt. Außerdem muss er rasch auf sich ständig ändernde Markt- und Wettbewerbsgegebenheiten reagieren können. Die Zahlen aus der **GuV (= Gewinn- und Verlustrechnung)** beim Jahresabschluss haben den Nachteil, dass sie dafür zu spät vorliegen. Diesen Zahlen fehlt es aber auch an der notwendigen Aussagekraft. Die GuV gibt nur Auskunft über das gesamte Betriebsgeschehen, aber nicht, wie sich z. B. Umsätze und Bestände bei einzelnen Warengruppen oder Artikeln im Laufe des Geschäftsjahres entwickelt und verändert haben.

Deshalb benötigt der Händler einen schnellen Zugriff auf aktuelles Zahlenmaterial. Dies stellt ihm die **Kurzfristige Erfolgsrechnung (KER)** zur Verfügung. Der Nutzen einer KER liegt für den Händler darin, dass er durch die Anwendung dieses Kontrollinstruments ein Vorwarn- und Alarmsystem zur Verfügung hat, um eventuellen Schwachstellen im Unternehmen rechtzeitig zu begegnen. Aber auch die Notwendigkeit, schnell auf Preisveränderungen, Maßnahmen der Mitbewerber oder konjunkturelle Veränderungen reagieren zu müssen, macht den Einsatz der KER sinnvoll.

Bestandteile der Kurzfristigen Erfolgsrechnung

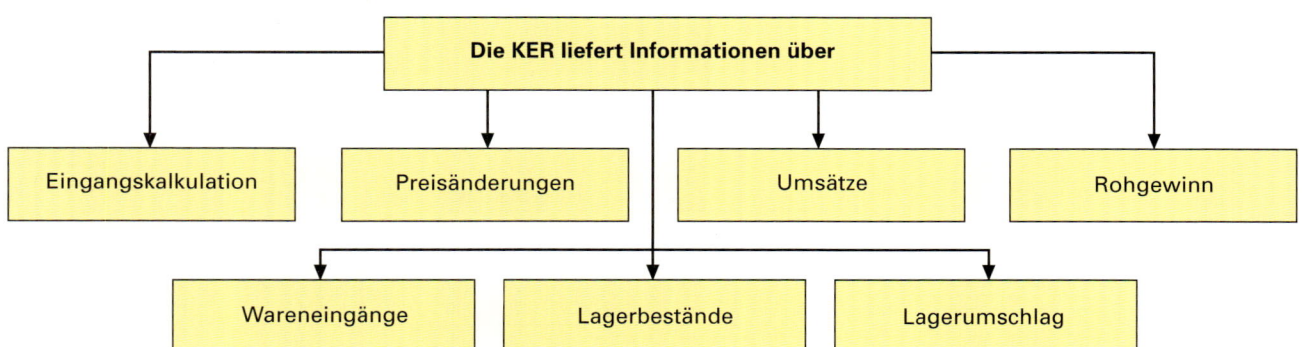

Die KER kann mit **Hilfe eines Formularsystems** (BBE-Formulare) manuell durchgeführt werden. Allerdings wird dann eine artikelgenaue Beurteilung sehr zeitaufwendig. Dieser Aufwand entfällt, wenn **mit einem elektronischen WWS** gearbeitet wird. In nahezu allen angebotenen Systemen ist eine KER integriert. Ob manuell oder mithilfe moderner Datentechnik, das Prinzip ist das gleiche. In den meisten elektronischen Warenwirtschaftssystemen wird die Standard-KER um weitere für den Händler wichtige Zahlen ergänzt. So kann der Umsatz weiter nach seiner Größen- und Preislagenstruktur differenziert werden. Von besonderem Interesse ist es für jeden Händler zu wissen, welcher Anteil an seinem Erfolg mit Waren bestimmter Lieferanten erzielt wurde. Für diese Informationen bieten solche Systeme eine zusätzliche Lieferanten-KER.

Die Verfahren der Kurzfristigen Erfolgsrechnung

Um die Rentabilität eines Unternehmens zu beurteilen, benötigt man aussagekräftiges Zahlenmaterial. Eine wichtige Zahl ist dabei der Rohgewinn. Seine Ermittlung ist nach zwei Verfahren möglich.

Verkaufswertverfahren

Die Grundlage zur Kontrolle sind hier die Verkaufswerte (Umsätze). Diese sind auch der Bewertungsmaßstab für den Wareneingang, eventuelle Preisänderungen und die Lagerbestände. Mit dieser Methode ist der Rohgewinn in Prozent und in € ziemlich genau zu ermitteln. Allerdings ist dieses Verfahren bei manueller Durchführung einer KER sehr zeit- und arbeitsaufwendig.

Einstandswertverfahren

Bei diesem Verfahren erfolgt die Kontrolle auf der Basis der Einstandswerte. Alle relevanten Warenwerte werden zu Einstandspreisen erfasst. Dies gilt auch für den Umsatz, der mit dem erreichten Kalkulationsabschlag abgewertet wird. Dieser Abschlag (= Rohgewinn in %) ist bei diesem Verfahren aber nur näherungsweise zu ermitteln, da Preisreduzierungen nicht berücksichtigt werden.

Weil der Händler bei Durchführung einer KER auf viele Informationen zugleich zugreifen kann, muss er nicht mehr eine Vielzahl von Auswertungen und Statistiken durcharbeiten.

Eine **Kurzfristige Erfolgsrechnung** kann sowohl für die gesamte **Unternehmung,** für **Filialen, Warengruppen,** und einzelne **Artikel** erfolgen. Dies hängt vom jeweiligen Informationsbedürfnis ab und von der Zeit, die für die Auswertungen zur Verfügung steht.

Beim folgenden Beispiel wird aus Gründen einer vereinfachten Darstellung zur Ermittlung des Rohgewinns das „Schätzverfahren" angewendet. Der erreichte Kalkulationsabschlag wird dabei aus Zahlen des Vorjahres ermittelt und je nach erwarteter Marktsituation erhöht oder vermindert.

Beispiel für eine kurzfristige Erfolgsrechnung

Die **KER** wird bei diesem Beispiel nach dem **Einstandswertverfahren** durchgeführt. Dieses Verfahren eignet sich besonders für kleinere Betriebe, bei denen die KER noch manuell durchgeführt wird.

KURZFRISTIGE ERFOLGSRECHNUNG			Warengruppe: Strickwaren			EW=Einstandswert VW= Verkaufswert			
MONAT	Umsatz zu VW	Rohgewinn €	%	Warenein-satz (EW)	Warenein-gang (EW)	Lager (EW)	durchschn. Lager (EW)	Lagerumschlag	
1	2	3	4	5	6	7	8	9	10
Inv.Vortrag	--	--	--	--	--	125.460	--	monatl.	aufgel.
01	75.000	32.025	42,7	42.975	44.200	126.685	126.073	0,34	4,09
02	58.500	24.980	42,7	33.521	52.450	145.615			
Summe	133.500	57.005		76.496	96.650	397.760	132.587	0,29	3,46
03	51.040	21.794	42,7	29.246	38.470	154.839			
Summe	184.540	78.799		105.741	135.120	552.598	138.150	0,26	3,06
""	""	""	""	""	""	""	""	""	""

Rechenwege zur Ermittlung der monatlich zu vergleichenden Werte:

1. Ermittlung des Rohgewinns in € auf der Basis des Vorjahres

   Rechenweg:

      Bruttoumsatz
   − Mehrwertsteuer
   = Nettoumsatz
   − Wareneinsatz
   = Rohgewinn

2. Ermittlung des Rohgewinns in Prozent **(Spalte 4)**

   Rechenweg:

   $$\frac{\text{Rohgewinn in € mal 100}}{\text{Nettoumsatz}}$$

3. Ermittlung des Rohgewinns in € für den jeweiligen Monat mit dem aus dem Vorjahr übernommenen Kalkulationsabschlag **(Spalte 3)**

   Rechenweg:

   $$\frac{\text{Umsatz (Spalte 2) mal Rohgewinn in \% (Spalte 4)}}{100}$$

4. Ermittlung des Wareneinsatzes **(Spalte 5)**

   Rechenweg:

   Umsatz (Spalte 2) minus Rohgewinn (Spalte 3)

5. Errechnung des Lagerendbestandes für den ersten Monat **(Spalte 7)**

   Rechenweg:

      Inventurvortrag
   + Wareneingang des 1. Monats
   − Wareneinsatz

6. Ermittlung des durchschnittlich gebundenen Kapitals **(Spalte 8)**

   Rechenweg:

   $$\frac{\text{Anfangsbestand} + n \text{ Endbestände}}{n + 1}$$

7. Errechnung des Lagerumschlags **(Spalte 9 und 10)**

   Rechenweg:

   $$\frac{\text{Wareneinsatz (aufgelaufen)}}{\text{durchschn. Kapitalbindung (aufgelaufen)}}$$

   Hinweis:
   Der monatliche Lagerumschlag und seine Veränderung von Monat zu Monat ist eine sehr aussagekräftige Schlüsselzahl zur Beobachtung der durchschnittlichen Kapitalbindung und damit zur Entwicklung der Rentabilität.

   Wird der monatliche Lagerumschlag mit 12 multipliziert, erhält man einen hochgerechneten Lagerumschlag auf Jahresbasis.

Eine Zentralfunktion des Warenwirtschaftssystems ist die Unterstützung bei der Untersuchung und Auswertung von Erfolgskennziffern. Durch die Anwendung der **Deckungsbeitragsrechnung** werden die Kosten in die Erfolgskontrolle mit einbezogen, und es soll so deutlich werden, welchen Beitrag einzelne Artikel oder Warengruppen zur Kostendeckung bzw. der Gewinnerzielung beitragen.

Deckungsbeitragsrechnung (DBR) als Teilkostenrechnung

Mit Hilfe der Auswertung der DBR sollen vor allem **Informationen** zur **Gestaltung** und **Überprüfung** der **Sortiments-** und **Preispolitik** gewonnen werden. Die DBR basiert auf der sogenannten Teilkostenrechnung. Die Anwendung dieses Kostenrechnungsverfahrens setzt voraus:

1. Trennung der beim betrieblichen Leistungsprozess entstehenden Kosten in **fixe Kosten** (= Kosten der Betriebsbereitschaft, *z. B. Personalkosten, Mietkosten*) und **variable Kosten** (= Kosten, die je nach Absatzmenge schwanken, *z. B. Kosten des Wareneinsatzes, Verpackungsmaterial*).

2. Trennung der Kosten in **Einzelkosten**, die einem Artikel direkt zugerechnet werden können *(Wareneinstandskosten)* und **Gemeinkosten**, die den einzelnen Artikeln nicht ohne weiteres zugerechnet werden können *(Stromkosten)*.

Vom erzielten Umsatz eines Artikels werden die variablen (Einzel-)Kosten abgezogen. Der so verbleibende Betrag ist der Beitrag dieses Artikels zur Deckung der fixen (Gemein-)Kosten. Das Unternehmen erzielt erst dann einen Gewinn, wenn die Summe aller Deckungsbeiträge höher als die Summe der fixen Kosten ist.

Die DBR zeigt nicht nur, in welchem Maße einzelne Artikel, Warengruppen, Abteilungen oder ganze Filialen zur Deckung der Kosten des gesamten Unternehmens beitragen. Die DBR ist außerdem ein wichtiges Instrument zur Ermittlung kurzfristiger Preisuntergrenzen einzelner Artikel, denn der Händler ist in bestimmten Situationen gezwungen, seine Preise zu reduzieren (Kampfpreise durch Mitbewerber, Sonderverkäufe). Die für die Kalkulation maßgebende **Preisuntergrenze** ist dann erreicht, wenn die Umsätze die variablen Kosten gerade decken.

Beispiel für eine einstufige Deckungsbeitragsrechnung mit fünf Artikeln

Artikel	A	B	C	D	E
Umsatz	80 000	90 000	100 000	24 000	72 000
– variable Kosten Wareneinsatz	50 000	70 000	65 000	23 000	54 000
sonstige variable Kosten	5 000	10 000	10 000	3 000	4 000
Deckungsbeitrag (DB)	25 000	10 000	25 000	– 2 000	14 000
Summe DB			72 000		
– Fixkosten			62 000		
Gewinn			10 000		

Das Beispiel zeigt, dass zwar insgesamt ein positiver Deckungsbeitrag ermittelt wurde, aber bei Artikel D es unter Umständen sinnvoll wäre ihn aus dem Sortiment zu nehmen. Es kann aber auch erforderlich sein, dass Artikel mit negativen Deckungsbeiträgen im Sortiment verbleiben, da sie z. B. in einem Fachgeschäft von den Kunden im Sortiment erwartet werden.

Als für größere Handelsbetriebe besonders geeignet hat sich die **mehrstufige Deckungsbeitragsrechnung** erwiesen. Dabei wird der Deckungsbeitrag für jede Unternehmensebene (Warengruppe, Abteilung, Filiale) ermittelt.

Dies geschieht dadurch, dass der jeweiligen Kostenstelle die ihr entsprechenden Fixkosten zugeordnet werden. So kann ermittelt werden, ob der Deckungsbeitrag die von der Kostenstelle verursachten Kosten abdeckt und gegebenenfalls noch ein Beitrag zur Deckung der Kosten der nächsthöheren Unternehmensebene geleistet wird.

Voraussetzung für dieses Verfahren ist jedoch, dass es möglich ist, die gesamten Fixkosten den Kostenträgern und Kostenstellen eindeutig zuzuordnen.

Beispiele zur Anwendung der Deckungsbeitragsrechnung (DBR)

DBR in der Sortimentspolitik

Die DBR hilft Entscheidungen zu treffen, ob für bestimmte Artikel bzw. Artikelgruppen das Sortiment vertieft werden soll, oder ob eine **Verminderung** der Artikelanzahl sinnvoll erscheint.

Ein Textilhaus führt bisher die zwei Warengruppen Damenoberbekleidung (DOB) und Herrenkonfektion (HAKA). Nun soll das Sortiment um eine dritte Warengruppe – Junge Mode – (JUMO) erweitert werden. Die Folgen, die sich für den Deckungsbeitrag ergeben, zeigt die Tabelle:

	bisher:			neu:		
Warengruppe	**DOB**	**HAKA**		**DOB**	**HAKA**	**JUMO**
Verkaufspreis pro Stück	100,00	50,00	→	100,00	50,00	60,00
./. zurechenbare Kosten des Artikels	70,00	30,00	→	70,00	30,00	45,00
= Deckungsbeitrag je Artikel	30,00	20,00	→	30,00	20,00	15,00
Absatz (Stück)	10	15	→	8	11	8
Summe der Deckungsbeiträge je Warengruppe	300,00	300,00		240,00	220,00	120,00
Summe aller Deckungsbeiträge	600,00		→	580,00		
Absatzmenge aller verkauften Artikel	25		→	27		

Die neue Warengruppe hat einen Deckungsbeitrag von 120 DM erbracht, jedoch ist der gesamte Deckungsbeitrag zurückgegangen. Dies zeigt, dass die Sortimentserweiterung sich ungünstig ausgewirkt hat. Die Ursache liegt wohl vor allem darin, dass die neue Warengruppe Nachfrage von den anderen Warengruppen abgezogen hat (Substitutionsartikel).

DBR in der Werbung (Verkaufsaktion)

Hier ist die DBR eine Entscheidungshilfe bei der Frage, ob sich Werbeaktionen finanziell lohnen.

Das Textilunternehmen plant anlässlich der Eröffnung des neuen Opernhauses eine Verkaufsaktion. Für Abendkleider soll in Anzeigen, die 5 000 € kosten, in der örtlichen Presse geworben werden. Die Frage ist: wie viele Abendroben mehr müssen verkauft werden, um die Anzeigenkosten zu decken?

Beispiel:

Durchschnittsverkaufspreis eines Abendkleides	*500 €*
./. zurechenbare Kosten	*400 €*
= Deckungsbeitrag je Abendkleid	*100 €*

Berechnung

Anzeigekosten	*5 000 €*
geteilt durch Deckungsbeitrag je Abendkleid	*100 €*
= notwendiger Mehrverkauf von 50 Abendkleidern	

Weitere Anwendungen für die DBR

- DBR in Prozent des **Abteilungsumsatzes** *(gibt die Ertragskraft der einzelnen Abteilungen an)*
- DBR pro Quadratmeter **Verkaufsfläche** *(gibt Auskunft über die wirtschaftliche Nutzung des Faktors Raum)*
- DBR pro **Verkaufskraft** *(verdeutlicht den Beitrag des Verkaufspersonals zum wirtschaftlichen Erfolg)*

Allerdings findet die DBR in der Praxis meist nur bei größeren Unternehmen Anwendung. Aber auch kleinere Betriebe sollten erkennen, dass ihnen hier ein Instrument zur Verfügung steht, das die Steuerung und Kontrolle des Betriebsablaufes erheblich vereinfacht.

Notwendigkeit der Personalplanung

Der Wunsch, allen Kunden eine gute Bedienung und Beratung zu bieten, erfordert einen hohen Personaleinsatz; das Bemühen um Kostensenkung dagegen verlangt geringen Personaleinsatz insbesondere in umsatzschwachen Zeiten. Diese Spannung lässt sich grundsätzlich nicht beseitigen. Gründe dafür sind:

- starke Schwankungen der Kundenfrequenz (täglich/wöchentlich/monatlich/saisonal);
- die Differenz zwischen tariflicher Wochenarbeitszeit und Ladenöffnungszeit;
- Freizeitwünsche, Urlaubszeiten, Ausfälle des Personals (z. B. wegen Krankheit).

Damit wird es schwierig, Arbeitskräfte stets in der richtigen Anzahl und mit den benötigten Qualifikationen zu beschaffen. Es genügt dabei nicht, die rein betrieblichen Erfordernisse zu berücksichtigen; vielmehr bietet eine Personalplanung, die auch die Wünsche der Mitarbeiter nach einer zeitgemäßen Regelung von Arbeit und Freizeit aufgreift, die Möglichkeit, gute Mitarbeiter für ihre Arbeit zu motivieren und langfristig an den Betrieb zu binden.

Umsatzplanung als eine Bestimmungsgröße der Personalplanung

Bestimmungsfaktor der Personalplanung sind die erwarteten Umsätze:

Umsatz	Bestimmungsgröße
Jahresumsatz	Umsatzleistung je Beschäftigte(n) Personalkosten in % vom Umsatz Personalbedarf im Jahresdurchschnitt
Monatsumsatz	monatliche Schwankungen (Aushilfen)
Tagesumsatz	tägliche Schwankungen Umsatzbandbreiten Einsatzpläne
Stundenumsatz	Einsatzpläne

Bei der Umsatzplanung sind zu berücksichtigen:

- voraussichtliche Preissteigerungsrate
- Konjunktur und Trends
- Entwicklung der Branche
- Entwicklung des eigenen Geschäfts
- Vorjahresvergleich
- Geschäftsumbauten
- veränderter Zuschnitt der Abteilungen/des Sortiments
- laufende Aktionen (Werbung), neue Ware.

Methoden der Personalplanung

Der Personalbedarf kann auf der Grundlage von Kennzahlen gewonnen werden, die aus Betriebsvergleichen und aus der Bewertung der eigenen betrieblichen Leistung zur Verfügung stehen. Dieses Verfahren verursacht wenig Aufwand, ist aber ungenau. Bessere Planungsergebnisse erhält man durch Zeitmessungen im eigenen Betrieb. Zunächst ist durch entsprechende Beobachtungsreihen (Zeitstudien, Festhalten des Zeitaufwands für bestimmte Tätigkeiten, Schätzverfahren) festzustellen, welche Anteile des Personalaufwandes für Nebentätigkeiten und für die Aufrechterhaltung der Verkaufsbereitschaft aufgebracht werden und welche Anteile tatsächlich der Verkaufstätigkeit (Arbeiten mit Kundenkontakt wie Bedienen, Beraten, Kassieren, Aushändigen) zugute kommen. Daraus lässt sich zunächst die mögliche Jahres-Umsatzleistung eines Voll- oder Teilzeitmitarbeiters errechnen und dann die Zahl der Vollzeitmitarbeiter, die zur Verwirklichung des geplanten Umsatzziels erforderlich sind.

Ergibt sich aus Untersuchungen im Betrieb, dass die maximale Umsatzleistung eines Vollzeitmitarbeiters ohne Berücksichtigung von Nebentätigkeiten pro Stunde 200 € beträgt, dass aber nur 52 % seiner Tätigkeit Verkaufstätigkeit darstellt, ergibt sich bei einer Jahresarbeitszeit von 1520 Stunden eine mögliche Umsatzleistung von

200 € x 0,52 x 1 520 = 158 080 €.

Wenn ein Umsatzziel von 3 161 500 € angesteuert wird, sind somit

3 161 500 € : 158 080 €/Mitarbeiter

~ 20 Vollzeitmitarbeiter

erforderlich.

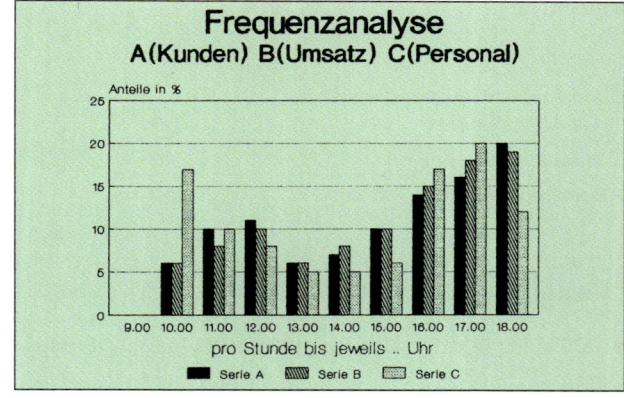

Eine monatsweise Gegenüberstellung der geplanten Umsätze und der dafür benötigten Beschäftigtenzahl zeigt, ob sich die Schwankungen durch flexiblen Einsatz des Personals auffangen lassen oder ob zusätzlich Aushilfen einzustellen sind. Sinngemäß kann der tägliche Personalbedarf unter Berücksichtigung der Verteilung der stündlichen Umsätze, Nebentätigkeiten und Pausen über den Tag einerseits, der möglichen Umsatzleistungen andererseits geplant werden.

7.1.2 Voll- und Teilzeitkräfte

Einsatz von Vollzeit- und Teilzeitkräften

Im Textileinzelhandel muss man mit erheblichen Umsatzschwankungen rechnen: der tatsächliche Umsatz kann nur 65 %, aber auch 160 % des durchschnittlichen Monatsumsatzes betragen. Solche Schwankungen lassen sich allein durch sorgfältige Urlaubsplanung nicht ausgleichen. Vielmehr ist es erforderlich, die Personalbesetzung an die unterschiedlichen **Kundenfrequenzen** anzupassen. Um dies zu erreichen, müssen Voll- und Teilzeitkräfte sowie Aushilfen flexibel einsetzbar sein. Es darf keine Probleme bereiten, an einem ruhigen Verkaufstag nur wenige, an einem lebhaften Tag umso mehr Mitarbeiter einsetzen zu können oder am Vormittag mit einer Mindestbesetzung zu beginnen und am Nachmittag den größten Kundenandrang mit einer ausreichenden Besetzung zu bewältigen. Wie sich Voll- und Teilzeitkräfte kombinieren lassen, zeigt die folgende Tabelle. Dabei sind feste Pausenzeiten nicht eingeplant, um auch dann noch flexibel reagieren zu können, wenn die Kundenfrequenzen höher oder niedriger als erwartet sind. Allerdings verträgt sich eine solche flexible Pausengestaltung nur schwer mit dem Interesse der Mitarbeiter an vorhersehbaren, regelmäßigen Pausen.

Uhrzeit	Stunden	Vollzeitkräfte						Teilzeitkräfte/Aushilfen								
		A	B	C	D	E	F	A	B	C	D	E	F	G	H	I
9.30 – 11.00	6		x	x	x							x				
11.00 – 12.00	8	x	x	x	x			x	x		x	x				
12.00 – 13.00	8	x	x	x	x			x	x		x	x				
13.00 – 14.00	8	x	x	x	x			x	x		x	x				
14.00 – 15.00	8	x	x	x	x			x	x		x				x	
15.00 – 16.00	8	x	x	x	x			x	x		x				x	
16.00 – 17.00	8	x	x	x				x	x		x		x		x	
17.00 – 18.00	6	x						x			x		x	x	x	
18.00 – 19.00	6	x						x			x		x	x	x	
19.00 – 20.00	4	x											x	x	x	
Gesamt **netto**	**70** **63**	9	7,5	7,5	6,5			6	8		8	4,5	4	3	6	

Beispiel für eine Kombination von Vollzeit- und Teilzeitkräften. Die Bruttostundenzahl von 70 Stunden verringert sich durch Pausen (je nach betrieblicher Regelung) hier auf 63 Stunden.

Quelle: BTE-Fachdokumentation „Personalplanung und Personaleinsatz im Textileinzelhandel", Köln 1996, S. 25

Im Textileinzelhandel gilt ein Verhältnis Vollzeit/Teilzeit von 1 : 2 oder 1 : 3 als optimale Personalbesetzung. Je größer der Anteil der Teilzeitbeschäftigten, desto flexibler lässt sich der Personaleinsatz handhaben. Der Einsatz von Teilzeitkräften bietet die Möglichkeit, auch die Arbeitszeit der Vollzeitbeschäftigten günstiger zu gestalten.

Formen der Teilzeitarbeit

Eine starre Teilzeitarbeit, bei der Beginn, Ende und Dauer der Ruhepausen vertraglich festgelegt werden, kann sinnvoll sein, wenn dadurch feste Betriebszeiten abgedeckt werden oder sich Arbeitsplätze gegenseitig ergänzen sollen (etwa Teilung eines Vollzeitarbeitsplatzes). Der betrieblichen Notwendigkeit einer optimalen Personalbesetzung kommt allerdings die Vereinbarung flexibler Teilzeitarbeit in besonderem Maße entgegen. Ausgehend von einer Jahresarbeitszeit oder einer durchschnittlichen Monatsarbeitszeit werden nach rechtzeitiger Absprache entsprechend dem Bedarf des Betriebes und den Möglichkeiten der Mitarbeiterin/des Mitarbeiters monatliche Arbeitszeiten in 10er-Sprüngen (100 Stunden, 110 Stunden usw.) vereinbart. Die tatsächlichen Arbeitszeiten werden auf Karteikarten, mit Stempeluhren oder mit elektronischen Zeiterfassungssystemen festgehalten. Entstehende Salden werden in die Folgemonate übertragen und später ausgeglichen. Die Entlohnung erfolgt also nicht auf Grundlage der in einem Monat geleisteten, sondern der durchschnittlichen Monats- oder Jahresarbeitszeit. Eine flexible Planung des Personaleinsatzes wird gefördert, wenn eine vernünftige Pausenregelung, verbunden mit einem gestaffelten System von Arbeitsbeginn- und Arbeitsschlusszeiten zu einer besseren Anpassung an den schwankenden Anfall von Arbeiten mit Kundenkontakt führt. Schließlich entstehen durch eine Verlagerung von Nebentätigkeiten (Warenpflege, Auszeichnen) in die kundenschwachen Stunden größere Spielräume bei der Planung von Freizeit und Urlaub.

Aus Sicht der Mitarbeiter hat Teilzeitarbeit neben ihren Vorteilen auch erhebliche Nachteile:

● Teilzeitarbeit wird oft schlechter eingruppiert;
● das Verhältnis von bezahlter Arbeitszeit zu unbezahlten Wegezeiten verschlechtert sich durch Teilzeitarbeit;
● durch Leistungsverdichtung ist die Arbeitsleistung pro geleisteter Teilzeitarbeitsstunde höher;
● die Belegschaft zerfällt in Stamm- und Randbeschäftigte;
● bei Teilzeitarbeit in ungeschützten Arbeitsverhältnissen („geringfügige Beschäftigung") entfallen eigenständige Ansprüche an die Kranken-, Pflege-, Renten- und Arbeitslosenversicherung.

Handelt es sich um flexible Teilzeitarbeit im Sinne einer Arbeit auf Abruf (kapazitätsorientierte variable Arbeitszeit „Kapovaz"), treten weitere Nachteile hinzu:

● die Beschäftigten müssen sich in Rufbereitschaft halten;
● die Planbarkeit des privaten Lebens der davon betroffenen Beschäftigten geht mehr oder weniger verloren.

7.1.3 Arbeitszeit- und Freizeitsysteme

Arbeitszeit- und Freizeitsysteme

Langfristig angelegte, verlässliche Arbeitszeit- und Freizeitregelungen entsprechen den Forderungen vor allem des vollzeitbeschäftigten Personals, weil nur so sich die Unannehmlichkeiten der Arbeitszeit im Einzelhandel mildern lassen. Von Betrieben des Textileinzelhandels wird eine Vielzahl von Arbeitszeitmodellen praktiziert:

● 4-Tage-Woche im ganzjährigen oder saisonalen Wechsel mit der 5-Tage-Woche
● unterschiedliche Rolliermodelle
● Modelle unter Einbeziehung verlängerter Öffnungszeiten.

Arbeitszeit- und Freizeitsysteme des Einzelhandels

6er Rolliersystem: Wöchentlich 1 Tag frei.
Alle 6 Wochen langes Wochenende.

	Mo	Di	Mi	Do	Fr	Sa	So
1.	F						X
2.		F					X
3.			F				X
4.				F			X
5.					F		X
6.						F	X
7.	F						X

4er Rolliersystem: Wöchentlich 1 Tag frei; 2 Tage werden im Rhythmus ausgeklammert (z. B. Di/Do).
Alle 4 Wochen langes Wochenende.

	Mo	Di	Mi	Do	Fr	Sa	So
1.	F						X
2.			F				X
3.					F		X
4.						F	X
5.	F						X
6.			F				X
7.					F		X

4/5-Tage-Woche: Wöchentlich im Wechsel 2/1 Tag frei.
Alle 4 Wochen ein „superlanges" Wochenende frei.

	Mo	Di	Mi	Do	Fr	Sa	So
1.	F						X
2.		F	F				X
3.				F			X
4.					F	F	X
5.	F						X
6.		F	F				X
7.				F			X

4-Tage-Woche: Wöchentlich 2 Tage frei.
In dreiwöchigem Rhythmus „superlanges" Wochenende.

	Mo	Di	Mi	Do	Fr	Sa	So
1.	F	F					X
2.			F	F			X
3.					F	F	X
4.	F	F					X
5.			F	F			X
6.					F	F	X
7.	F	F					X

4er Rolliersystem: Wöchentlich 1 Tag frei; Donnerstag ausgeklammert. **In vierwöchigem Rhythmus „superlanges" Wochenende.**

	Mo	Di	Mi	Do	Fr	Sa	So
1.	F						X
2.		F					X
3.			F				X
4.				⁄	F	F	X
5.	F						X
6.		F					X
7.			F				X

Für alle Arbeitszeit- und Freizeitsysteme gilt: Es ist durch eine Berechnung der Jahresarbeitszeit nachzuprüfen, ob das Verfahren zur jeweils geltenden Wochenarbeitszeit oder zu Plus- bzw. Minus-Salden führt. Zeitguthaben der Mitarbeiterin/des Mitarbeiters bringen dann zusätzliche Freizeit, Zeitschulden der Mitarbeiterin/des Mitarbeiters geben dem Unternehmen eine Flexibilitätsreserve.

Quelle: BTE-Fachdokumentation „Personalplanung und Personaleinsatz im Textileinzelhandel", Köln 1996, S. 28 f.

Durch den Arbeitsvertrag verpflichtet sich ein Arbeitnehmer, für einen Arbeitgeber unter dessen Leitung und Anweisung gegen Entgelt Arbeit zu leisten. Dabei ist der Arbeitnehmer nicht verpflichtet, ein bestimmtes fertiges Arbeitsergebnis zu liefern, wohl aber, sich ernstlich um den Erfolg seiner Arbeit zu bemühen. Die Vertragsfreiheit bei der Gestaltung des Arbeitsvertrages ist durch arbeitsrechtliche Gesetze, Tarifverträge, Betriebsvereinbarungen eingeschränkt. Da es im Arbeitsrecht zahlreiche, sich zum Teil sogar widersprechende Vorschriften und Vereinbarungen gibt, gilt das **Günstigkeitsprinzip**: Gesetze, Tarifverträge oder Betriebsvereinbarungen geben die Mindestbedingungen an; von diesen darf durch Regelungen abgewichen werden, die für den Arbeitnehmer günstiger sind.

Beispiel: Mindesturlaub

Lt. Bundesurlaubsgesetz beträgt der Mindesturlaub 24 Werktage pro Jahr. Der Manteltarifvertrag Einzelhandel NRW vom 20.09.1996 sieht vor: Der Urlaub beträgt nach dem vollendeten 30. Lebensjahr 36 Werktage. Der Arbeitgeber könnte jedoch mit dem Betriebsrat durch Betriebsvereinbarung für alle Beschäftigten einen höheren Jahresurlaub vereinbaren. Schließlich ist es auch möglich, mit einem Mitarbeiter in einem individuellen Arbeitsvertrag einen Jahresurlaub zu vereinbaren, der über die Betriebsvereinbarung noch hinausgeht.

Inhalt des Arbeitsvertrages

Ein Arbeitsvertrag kann mündlich geschlossen werden. Es ist jedoch empfehlenswert und in den meisten Manteltarifverträgen für den Einzelhandel auch vorgesehen, bei Abschluss des Vertrages, spätestens bei Aufnahme der Arbeit, die wesentlichen Inhalte schriftlich niederzulegen und beide Vertragspartner unterschreiben zu lassen. So lassen sich klare Rechtsverhältnisse schaffen und Unstimmigkeiten vermeiden. Arbeitgeber, die dennoch auf die Schriftform verzichten, sind durch das Nachweisgesetz vom 20. Juli 1995 verpflichtet, bestimmte arbeitsvertragliche Mindestinhalte schriftlich festzulegen: Sie müssen spätestens einen Monat nach dem vereinbarten Beginn des Arbeitsverhältnisses dem Arbeitnehmer eine unterzeichnete Niederschrift über die wesentlichen Vertragsbedingungen aushändigen (gilt nicht in Fällen geringfügiger Beschäftigung). Ein Arbeitsvertrag enthält mindestens Regelungen über

- Art und Umfang der Tätigkeit
- Einsatzort(e)
- Beginn – eventuell Dauer – des Arbeitsverhältnisses
- Dauer einer vereinbarten Probezeit
- vereinbarte Kündigungsfristen
- Tarifgruppe und Tarifstufe, wenn Tarif Anwendung findet
- Art, Höhe und Zusammensetzung des Entgelts
- sonstige Bezüge
- Dauer der Arbeitszeit und des Jahresurlaubs
- Hinweis auf Rechtsgrundlagen *(z. B. Tarifverträge, Betriebsvereinbarungen, Dienstvereinbarungen)*, die auf das Arbeitsverhältnis anzuwenden sind.

Normalerweise wird ein Arbeitsvertrag auf unbestimmte Zeit geschlossen. Dann endet das Arbeitsverhältnis durch Kündigung. Zulässig sind auch befristete Arbeitsverträge, wenn sachliche Gründe dafür vorliegen, etwa Vertretung eines Wehrdienstleistenden, sowie befristete Arbeitsverhältnisse ohne einen solchen sachlichen Grund (Regelung nach Beschäftigungsförderungsgesetz).

Beschäftigte im Einzelhandel

Alle im Einzelhandelsgeschäft eingesetzten Arbeitskräfte, die kaufmännische Dienste leisten und bei denen die geistige Arbeit die körperliche überwiegt, sind Angestellte („Handlungsgehilfen" im Sinne des Handelsgesetzbuches), also z. B. Verkaufskräfte, Einkäufer, Kassierer, Filialleiter, Lagerverwalter, Schreibkräfte. Wer im Einzelhandelsgeschäft keine kaufmännischen Dienste verrichtet, sondern z. B. als Lagerarbeiter, Packer, Kraftfahrer, Reinigungskraft oder Handwerker im Kundendienst tätig ist, gilt als gewerbliche(r) Arbeitnehmer(in). Obwohl die Unterschiede zwischen beiden Arbeitnehmergruppen allmählich schwinden – z. B. beim Kündigungsschutz –, gelten doch noch zahlreiche unterschiedliche rechtliche Bestimmungen mit der Folge, dass auch unterschiedliche Einzelarbeitsverträge abgeschlossen werden müssen.

7.2.1 Arbeitsvertrag (2)

Rechte des Arbeitnehmers/Pflichten des Arbeitgebers

Beschäftigung	Entgeltzahlung	Fürsorge	Zeugnis
Der Arbeitgeber hat den Arbeitnehmer im Rahmen der vereinbarten und evtl. in einer Stellenbeschreibung festgelegten Tätigkeiten zu beschäftigen. Die Ausübung von Nebentätigkeiten ist in einigen Tarifgebieten des Einzelhandels durch Manteltarifvertrag dann untersagt oder genehmigungspflichtig, wenn durch die Nebentätigkeit die Arbeitsleistung beeinträchtigt wird.	Der Arbeitgeber muss spätestens am Ende jedes Monats das Entgelt (Gehalt für Angestellte, Lohn für gewerbliche Arbeitnehmer) einschließlich aller vereinbarten Zulagen und Sondervergütungen *(Mehr-, Nacht-, Sonntags- und Feiertagsarbeit; Provisionen, Prämien, Erfolgsbeteiligungen, Weihnachtsgeld)* zahlen. Wird der Arbeitnehmer arbeitsunfähig krank, so hat er einen Anspruch auf Fortzahlung des vollen Lohnes (Einzelhandel) oder eines Teils davon bis zu 6 Wochen. Erkrankt er erneut, setzt die Lohnfortzahlung von neuem ein (Ausnahmen: Rückfallerkrankung, zweite Erkrankung während der Krankheit).	Der Arbeitgeber hat die Pflicht, in seinem Betrieb auf die Erhaltung der Gesundheit des Arbeitnehmers zu achten. Auch hat er die Arbeitnehmer vor sexueller Belästigung oder Mobbing durch Mitarbeiter oder Vorgesetzte zu schützen. Zu beachten sind die Unfallverhütungsvorschriften und die Bestimmungen und Richtlinien der Arbeitsstättenverordnung. Zu den Fürsorgepflichten des Arbeitgebers gehört es auch, den Arbeitnehmer zur gesetzlichen Sozialversicherung anzumelden und den ihm zustehenden Urlaub zu gewähren.	Bei Beendigung des Arbeitsverhältnisses hat der Arbeitnehmer Anspruch auf ein schriftliches Zeugnis über Art und Dauer seiner Beschäftigung (einfaches Zeugnis), auf Wunsch des Arbeitnehmers auch über Führung und Leistung (qualifiziertes Zeugnis). Bei unwahren Angaben im Zeugnis haftet der Arbeitgeber für entstehenden Schaden.

Pflichten des Arbeitnehmers/Rechte des Arbeitgebers

Dienstleistung	Gehorsam	Treue	Handelsverbot
Der Arbeitnehmer muss während der Arbeitszeit alle sich aus Vertrag und Stellenbeschreibung ergebenden Arbeiten „unter angemessener Anspannung seiner Kräfte und Fähigkeiten" gewissenhaft, pünktlich und persönlich leisten. Im Bedarfsfall muss der Arbeitnehmer auch andere einschlägige Arbeiten übernehmen. Auch kann mit dem Arbeitnehmer vertraglich vereinbart sein, dass er in eine andere Abteilung oder in ein anderes Haus am gleichen Platz oder sogar an einem anderen Ort versetzt werden kann.	Der Arbeitnehmer hat die Weisungen des Arbeitgebers zu befolgen. Ablehnen kann er Anweisungen zur Ausführung von – Arbeiten, die nicht im Rahmen des Arbeitsvertrages liegen – Arbeiten, die gegen ein Gesetz oder die guten Sitten verstoßen – strafbaren Handlungen *(etwa Beihilfe zur Unterschlagung oder zur Steuerhinterziehung)*.	Der Arbeitnehmer ist verpflichtet, unbestechlich und stets zum Vorteil des Geschäftes zu handeln; er muss Stillschweigen über Geschäftsangelegenheiten wahren, wenn deren Bekanntwerden das Geschäft oder seinen Inhaber schädigen könnte *(Informationen über Bezugsquellen, Einkaufspreise, Kalkulationszuschläge, Kundenstamm, Absatzgebiet, Umsätze, Gehälter, Löhne, Privatentnahmen, Gewinne)*.	Während des Arbeitsverhältnisses darf der Arbeitnehmer ein eigenes Handelsgewerbe weder im Geschäftszweig des Arbeitgebers (Wettbewerbsverbot) noch außerhalb dieses Geschäftszweiges (Handelsverbot) betreiben.

Bei **Streitigkeiten** aus dem Arbeitsvertrag können die Prozessparteien vor dem zuständigen Arbeitsgericht einen Rechtsstreit entweder selbst führen oder sich durch Vertreter der Gewerkschaften bzw. des Einzelhandelsverbandes oder auch durch Rechtsanwälte ihrer Wahl vertreten lassen. Die Kammer des Arbeitsgerichts setzt sich aus einem Berufsrichter, einem Arbeitgeber- und einem Arbeitnehmerbeisitzer zusammen. Sie wird bemüht sein, eine gütliche Beilegung des Rechtsstreites zu erreichen. Endet ein Rechtsstreit durch **Vergleich**, wird eine Gerichtsgebühr nicht fällig. Können sich die Prozessparteien nicht vergleichen, endet das Verfahren mit einem **Urteil**, gegen das Berufung beim Landesarbeitsgericht möglich ist.

Personalauswahl

Aufgabe der Personalplanung ist nicht nur die Bestimmung des Personalbedarfs nach seiner Menge, sondern auch nach den **Qualifikationen** der gesuchten Kräfte. Je nach den Anforderungen, die eine zu besetzende Stelle an ihren Inhaber stellt, werden ungelernte, angelernte oder gelernte Mitarbeiterinnen und Mitarbeiter benötigt.

In Betrieben mit Betriebsrat hat der Arbeitgeber bereits bei der Anbahnung einer Stellenbesetzung den Betriebsrat zu unterrichten. Die zu besetzende Stelle kann – z.B. auf Verlangen des Betriebsrates – intern ausgeschrieben werden, sie kann dem Arbeitsamt gemeldet oder als Stellenanzeige bekanntgemacht werden. Betriebsinterne wie öffentliche **Ausschreibungen** sollen geschlechtsneutral erfolgen, also den Arbeitsplatz weder nur für Männer noch nur für Frauen ausschreiben; es sei denn, die Stelle kommt nach der Natur der Sache nur für ein bestimmtes Geschlecht in Frage *(Verkäuferin für Miederwaren)*.

Die eingehenden **Bewerbungsunterlagen** werden gesichtet, um die Bewerber auszuwählen, die in die engere Wahl kommen; die Unterlagen der übrigen Bewerber werden mit Dankschreiben zurückgeschickt (Datenschutz beachten!). Es folgen die Einladung der verbliebenen Bewerber zu Vorstellungsgesprächen (Reisekosten sind auch dann zu ersetzen, wenn die Einladung für ein „unverbindliches" Vorstellungsgespräch erfolgte), die Absage an die Bewerber, die den Anforderungen nicht entsprechen, sowie die Zusage an den ausgewählten Bewerber. In Betrieben mit mehr als 20 wahlberechtigten Arbeitnehmern muss der Arbeitgeber den Betriebsrat vor jeder beabsichtigten Einstellung informieren, ihm die Bewerbungsunterlagen aller Bewerber vorlegen und nötige Auskünfte zur Person des ausgewählten Arbeitnehmers geben.

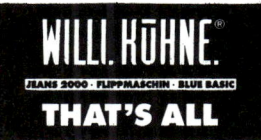
Zustandekommen des Arbeitsvertrags

Zwar kommt schon durch bloße Eingliederung des neuen Mitarbeiters in den Betrieb (Arbeitsaufnahme) und/oder die formfreie Mitteilung einer „Anstellung gemäß Tarifvertrag" ein gültiger Arbeitsvertrag zustande. Die Manteltarifverträge des Einzelhandels sehen aber in den meisten Tarifgebieten den schriftlichen Abschluss von Arbeitsverträgen vor.

Beendigung befristeter und unbefristeter Arbeitsverhältnisse

Ein Dienstverhältnis kann beendet werden durch Zeitablauf, also ohne Kündigung, wenn der Zeitpunkt der Beendigung schon bei Vertragsabschluss vereinbart wird *(Aushilfsbeschäftigungen, Ferienarbeit, Vertretung eines zum Wehrdienst einberufenen Wehrpflichtigen oder einer Mutter/eines Vaters im Erziehungsurlaub)*. In diesen Fällen ist ein Dauerarbeitsverhältnis nicht angestrebt worden. Teilzeitbeschäftigungen sind keine befristeten Arbeitsverhältnisse: teilzeitbeschäftigt sind Arbeitnehmer, die zwar auf unbestimmte Zeit eingestellt sind, aber vereinbarungsgemäß nicht die volle tarifliche oder betriebliche Arbeitszeit leisten.

Arbeitsverhältnisse, die auf unbestimmte Zeit abgeschlossen wurden, werden – außer durch Tod des Arbeitnehmers – durch Kündigung oder Aufhebungsvertrag beendet. Durch **Aufhebung** wird ein Arbeitsverhältnis beendet, wenn beide Seiten sich darüber einig sind, dass das bestehende Arbeitsverhältnis zu einem bestimmten Zeitpunkt in beiderseitigem Einvernehmen beendet werden soll.

Die **Kündigung** dagegen ist eine **einseitige Willenserklärung**. Sie wird wirksam mit dem Zeitpunkt, in dem sie dem Vertragspartner „zugeht" *(Einwurf in Hausbriefkasten, Übergabe durch Boten, Aushändigung des Kündigungsschreibens im Personalbüro)*, unabhängig davon, ob der Adressat von der Kündigung Kenntnis nimmt oder nicht. Bei Abwesenheit des Empfängers geht eine Kündigung durch Einschreiben erst am Tag der Abholung des Schreibens von der Post zu. Eine Kündigung muss schriftlich erfolgen, dabei klar und eindeutig erkennen lassen, dass das Arbeitsverhältnis zu einem bestimmten Datum enden soll. Die Kündigung durch den Arbeitgeber ist auf Verlangen des Arbeitnehmers zu begründen.

Die ordentliche Kündigung

Eine ordentliche Kündigung liegt vor, wenn das Arbeitsverhältnis unter Einhaltung einer Frist aufgekündigt wird, die durch Gesetz, Tarifvertrag, Betriebs- oder Einzelvereinbarung festgelegt wurde. Die Tarifverträge im EH sehen abweichend von der gesetzlichen Regelung folgende Kündigungsfristen für den Arbeitgeber vor: Bei Beschäftigung im Betrieb/Unternehmen

> über 5 Jahre: 3 Monate; über 8 Jahre: 4 Monate; über 10 Jahre: 5 Monate; über 12 Jahre: 6 Monate

jeweils zum Ende eines Kalendermonats (hier: Manteltarifvertrag NRW vom 20.09.1996).

Die außerordentliche Kündigung

Bei einer außerordentlichen Kündigung wird das Arbeitsverhältnis vorzeitig und ohne Wahrung einer Kündigungsfrist „aus wichtigem Grund" aufgelöst, und zwar unter Wahrung einer Auslauffrist oder fristlos. Eine außerordentliche Kündigung aus wichtigem Grund ist dann begründet, wenn Tatsachen vorliegen, durch die dem vertragstreuen Teil eine Fortsetzung des Arbeitsverhältnisses bis zum Ende der gesetzlichen oder vertraglichen Kündigungsfrist nicht zugemutet werden kann. Erforderlich ist also eine Abwägung der Interessen beider Vertragspartner. Wichtige Gründe, die zur außerordentlichen Kündigung berechtigen, sind nachstehend aufgeführt:

Wichtige Gründe	Kündigung durch den Arbeitgeber	Kündigung durch den Arbeitnehmer
strafbare Handlungen im Arbeitsverhältnis:	*Betrug, Unterschlagung, Diebstahl, Tätlichkeiten, grobe Beleidigungen.*	*Tätlichkeiten, grobe Beleidigungen.*
erhebliche Vertragsverletzungen:	*beharrliche Arbeitsverweigerung, wiederholter Alkoholgenuss am Arbeitsplatz, Belästigung von Mitarbeiterinnen und Mitarbeitern.*	*Verletzung der Vergütungspflicht, Verletzung der Fürsorgepflicht (z. B. durch Vernachlässigung von Sicherheitsvorschriften), Belästigungen am Arbeitsplatz.*

Die außerordentliche Kündigung muss innerhalb von 2 Wochen ab dem Zeitpunkt erfolgen, zu dem der kündigende Teil Kenntnis von den maßgeblichen Tatsachen erlangt hat. Meist wird zusätzlich zu einer außerordentlichen auch noch eine vorsorgliche ordentliche (fristgerechte) Kündigung ausgesprochen für den Fall, dass die außerordentliche Kündigung in einem nachfolgenden Rechtsstreit nicht durchsetzbar ist. Vor der Kündigung ist der Betriebsrat zu hören. Geschieht dies nicht, ist die Kündigung unwirksam.

Die Änderungskündigung

Die Änderungskündigung ist eine ordentliche Kündigung eines bestehenden Arbeitsvertrages, verbunden mit einem Angebot auf Abschluss eines neuen Arbeitsvertrages (z. B. Angebot einer anderen Tätigkeit in einer anderen Abteilung zu einem niedrigeren Gehalt):

```
Für den Fall, dass Sie mit einer Versetzung in die Warenannahme nicht einverstanden sind, kündige
ich das Arbeitsverhältnis ordnungs- und fristgemäß zum...
```

Die Änderungskündigung ist eine echte Kündigung und unterliegt daher den Kündigungsschutzvorschriften.

Der Aufhebungsvertrag

Wenn Arbeitnehmer und Arbeitgeber übereinstimmend erklären, dass das Arbeitsverhältnis beendet sein soll, wird das Arbeitsverhältnis aufgelöst, ohne dass Betriebsrat, Behörden (bei Schwangeren oder Schwerbehinderten) oder Arbeitsgericht beteiligt werden. Dieses unbürokratische Verfahren verursacht nur wenig Kosten, kann aber für den Arbeitnehmer nachteilige Folgen haben: Er verliert den Kündigungsschutz und bekommt bei Arbeitslosigkeit erst nach einer Sperrfrist Arbeitslosengeld.

Ausgleichsquittung und Herausgabe der Arbeitspapiere

Bei Beendigung eines Arbeitsverhältnisses werden die Arbeitspapiere (Lohnsteuerkarte, Versicherungsnachweisheft) und das Zeugnis ausgehändigt. Oft verlangt der Arbeitgeber eine Ausgleichsquittung, aus der hervorgeht, dass der ausscheidende Arbeitnehmer aus dem Arbeitsverhältnis und seiner Beendigung keine Ansprüche mehr stellt und darauf verzichtet, das Fortbestehen des Arbeitsverhältnisses vor Gericht geltend zu machen.

7.2.3 Kündigungsschutz (1)

Allgemeiner Kündigungsschutz

Weil der Arbeitsplatz für Arbeitnehmer Grundlage ihrer materiellen und sozialen Existenz ist, sollen sie vor willkürlicher Kündigung durch den Arbeitgeber geschützt werden. Nur in Kleinbetrieben bis zu 5 Arbeitnehmern kann der Arbeitgeber frei (allerdings unter Berücksichtigung sozialer Gesichtspunkte – Bundesarbeitsgerichtsurteil vom 21.02.2001) kündigen, in größeren Betrieben nur, wenn der Arbeitnehmer noch nicht 6 Monate lang beschäftigt wurde. In allen anderen Fällen kann eine ordentliche Kündigung rechtswirksam nur ausgesprochen werden, wenn die gesetzlichen oder tarifvertraglichen Fristen beachtet werden und anerkannte Kündigungsgründe vorliegen.

Die sozial gerechtfertigte Kündigung

Auch bei Wahrung der Mindestkündigungsfristen ist eine Kündigung durch den Arbeitgeber nur dann sozial gerechtfertigt,

- wenn die Kündigung durch dringende betriebliche Erfordernisse veranlasst ist oder durch Gründe, die in der Person des Arbeitnehmers oder in seinem Verhalten liegen, **und**

- wenn die vom Betriebsrat bei der Anhörung angegebenen gesetzlichen Widerspruchsgründe nicht vorliegen.

Gründe für eine sozial gerechtfertigte Kündigung		
Gründe in der Person	**Gründe im Verhalten**	**Betriebliche Gründe**
Hinderungsgründe, die den Arbeitnehmer als für die vorgesehene Arbeit ungeeignet erscheinen lassen *(körperliche Schwäche, Ungeschicklichkeit, beschränkte Auffassungsgabe, mangelnde Fähigkeit zum Erwerb der erforderlichen Kenntnisse)*, falls diese Gründe nach Ablauf der Probezeit bzw. nach Ablauf von 6 Monaten und damit nach Beginn des Kündigungsschutzes eintreten. Lang anhaltende Krankheit mit hohen Fehlzeiten ohne Aussicht der Heilung kann eine Kündigung rechtfertigen, wenn es betrieblich erforderlich ist, den Arbeitsplatz dauerhaft zu besetzen. Auch wenn sich häufig wiederholende Kurzerkrankungen zu unzumutbaren Belastungen für den Betrieb führen, kann eine Kündigung sozial gerechtfertigt sein.	Ein Verhalten des Arbeitnehmers, durch das er seine Pflichten trotz Abmahnung beharrlich verletzt, kann eine Kündigung sozial rechtfertigen *(Arbeitsverweigerung, Schlechtleistung, unentschuldigtes Fehlen, eigenmächtiges Nehmen oder Überschreiten von Urlaub, Unpünktlichkeit, Verstoß gegen betriebliche Rauch- und Alkoholverbote, Tätlichkeiten, Beleidigungen, Störung des Betriebsfriedens)*, in Ausnahmefällen auch nicht einwandfreies außerdienstliches Verhalten, wenn dadurch die Arbeitsleistung des Arbeitnehmers oder das Ansehen des Arbeitgebers in der Öffentlichkeit, bei Kunden oder Mitarbeitern beeinträchtigt wird. Auch Vertrauensbruch durch strafbare Handlungen im Betrieb kann eine Kündigung rechtfertigen.	Wenn der Arbeitsplatz eines Arbeitnehmers durch außer- oder innerbetriebliche Gründe *(Rationalisierung, Schließung einer Abteilung, Umsatzrückgang)* wegfällt und eine Weiterbeschäftigung nicht möglich oder unzumutbar ist, kann dies eine Kündigung sozial rechtfertigen. Der Arbeitgeber ist verpflichtet, die sozialen Verhältnisse aller Arbeitnehmer zu überprüfen und dann nur Arbeitnehmer zu entlassen, die sozial am wenigsten betroffen werden. Diese Sozialauswahl muss sich auf den gesamten Betrieb (und nicht nur auf die von Rationalisierung betroffene Abteilung) erstrecken und z. B. *Betriebszugehörigkeit, fachliche Qualifikation, Leistung, Lebensalter, Gesundheitszustand, Unterhaltsverpflichtungen, übrige Familieneinkünfte* ... berücksichtigen.

Je länger ein Arbeitsverhältnis besteht, desto schwerwiegender müssen die Gründe sein, damit sie eine Kündigung sozial rechtfertigen. Gegen eine sozial ungerechtfertigte Kündigung kann der Arbeitnehmer binnen einer Woche Einspruch beim Betriebsrat einlegen, damit dieser sich um eine Verständigung mit dem Arbeitgeber bemüht, oder binnen drei Wochen Kündigungsschutzklage beim Arbeitsgericht erheben.

Mitwirkungsrechte des Betriebsrats

Erhebt der Betriebsrat Bedenken gegen eine beabsichtigte ordentliche Kündigung, so soll der Arbeitgeber diese Bedenken prüfen, doch muss er ihnen nicht Rechnung tragen. Erhebt der Betriebsrat rechtsgültig Widerspruch, und kündigt der Arbeitgeber gleichwohl, so muss nun das Arbeitsgericht prüfen, ob der Widerspruch des Betriebsrates begründet ist. Wird dies vom Arbeitsgericht bejaht, so ist die Kündigung sozial ungerechtfertigt und damit unwirksam.

7.2.3 Kündigungsschutz (2)

Kündigungsschutz für bestimmte Arbeitnehmergruppen

Nach den Bestimmungen des Betriebsverfassungsgesetzes ist der Betriebsrat vor **jede**r Kündigung durch den Arbeitgeber anzuhören, und zwar sowohl bei der ordentlichen als auch bei der außerordentlichen Kündigung („aus wichtigem Grund") einschließlich der Kündigung eines Probearbeitsverhältnisses, der Kündigung während der ersten 6 Beschäftigungsmonate und der Änderungskündigung. Das gilt auch für Teilzeitbeschäftigte, Aushilfen, Geringverdiener sowie befristet Beschäftigte, denen vor Ablauf der Befristung gekündigt wird. Ohne vorherige Anhörung des Betriebsrats ist jede Kündigung unwirksam.

Für bestimmte besonders schutzbedürftige Gruppen von Arbeitnehmern besteht aus sozialen Gründen ein besonderer Kündigungsschutz mit der Folge, dass Kündigungen durch den Arbeitgeber nur unter erschwerenden Bedingungen erfolgen können.

Gruppe	Besonderer Kündigungsschutz
Schwer-behinderte	Bei schwerbehinderten Arbeitnehmern (körperlich, seelisch oder geistig Behinderte, deren Erwerbsfähigkeit um mindestens 50 % gemindert ist) gilt: Die • ordentliche ● außerordentliche und die ● Änderungskündigung durch den Arbeitgeber sind nur mit Zustimmung der Hauptfürsorgestelle für die Schwerbehinderten möglich. Ohne diese Zustimmung ist eine Kündigung unwirksam. Zu berücksichtigen ist auch, dass jeder Arbeitgeber, der 20 oder mehr Arbeitnehmer beschäftigt, verpflichtet ist, mindestens 5 % der Arbeitsplätze mit Schwerbehinderten zu besetzen. Geschieht dies nicht, ist eine monatliche Ausgleichsabgabe an die zuständige Hauptfürsorgestelle abzuführen. Deren Höhe beträgt zwischen 105 und 260 € je unbesetztem Pflichtplatz und hängt von der Größe des Betriebes und davon ab, in welchem Umfang ein Arbeitgeber seiner Pflicht zur Beschäftiigung von Schwerbehinderten nachkommt.
Wehrpflichtige	Für Wehrdienst- und Ersatzdienstleistende besteht ein Kündigungsverbot ab der Zustellung des Einberufungsbescheides bis zum Ende der Dienstzeit sowie während Wehrübungen. Der Arbeitsplatz bleibt erhalten, denn das Arbeitsverhältnis ruht während der Dienstzeit und lebt danach wieder auf.
Auszubildende	Ein Ausbildungsverhältnis kann während der Probezeit (mindestens 1 Monat, meist 3 Monate) ohne Einhaltung einer Kündigungsfrist und ohne Angabe von Gründen von einer der beiden Seiten schriftlich gekündigt werden. Nach der Probezeit besteht ein Verbot der ordentlichen Kündigung durch den Arbeitgeber bis zur Beendigung der Ausbildung.
Betriebsräte	Mitglieder des Betriebsrates, der Jugendvertretung und des Wahlvorstandes sowie Wahlbewerber und Vertrauensleute der Schwerbehinderten genießen einen besonderen Kündigungsschutz: während der Amtszeit bzw. bis zur Bekanntgabe des Wahlergebnisses ist die ordentliche Kündigung durch den Arbeitgeber unzulässig.
Schwangere und Mütter	Das Mutterschutzgesetz verbietet die Kündigung einer Arbeitnehmerin während der Schwangerschaft und bis zum Ablauf von 8 Wochen nach der Entbindung (12 Wochen bei Früh- und Mehrlingsgeburten).
Eltern im Erziehungsurlaub	Auch Mütter oder Väter, die sich im Erziehungsurlaub befinden oder während des Erziehungsurlaubs im Betrieb des Arbeitgebers teilzeitbeschäftigt arbeiten, können nicht gekündigt werden, es sei denn, es liegt ein besonderer Fall vor (z. B. schwere Pflichtverletzung des Arbeitnehmers).

Gesetzliche Kündigungsfristen

Nach dem Kündigungsfristengesetz gelten einheitliche Mindest-Kündigungsfristen für Arbeiter und Angestellte. In Betrieben mit mehr als 20 Arbeitnehmern beträgt die Grundkündigungsfrist 4 Wochen

● entweder zum 15. eines Monats oder

● zum Monatsende.

Allerdings sehen fast alle Manteltarifverträge des Einzelhandels eine tarifliche Mindestkündigungsfrist von 6 Wochen und entsprechend längere Fristen für Mitarbeiter mit mehrjähriger Betriebszugehörigkeit vor (Kap. 7.2.2).

7.2.4 Arbeitszeugnis und Beurteilung (1)

Arbeitszeugnisse

Das Arbeitszeugnis soll einerseits dem Arbeitnehmer als Leistungsnachweis und Unterlage für den Fall einer neuen Bewerbung dienen, andererseits einen möglichen Einstellungsbetrieb über alle wesentlichen Tatsachen und Bewertungen zur Gesamtbeurteilung des Arbeitnehmers unterrichten. Alle – auch kurzzeitbeschäftigte – Arbeitnehmer haben bei Beendigung des Arbeitsverhältnisses einen Anspruch auf ein schriftliches Arbeitszeugnis. Ein **Zwischenzeugnis** dient dem Arbeitnehmer bei der Zulassung zu Weiterbildungsprüfungen oder bei der Bewerbung um einen neuen Arbeitsplatz; es wird auf Wunsch bereits nach erfolgter Kündigung erteilt.

Einfaches Zeugnis

Gesetzlich und tariflich vorgeschrieben ist das „einfache" Zeugnis, das Auskunft über Art und Dauer der Beschäftigung gibt. Es dient als Tätigkeitsnachweis und muss daher genaue Angaben zur Art der Tätigkeit (*„Substitutin"*, nicht *„Kaufmännische Angestellte"*) und zu Beginn und Ende des Arbeitsverhältnisses (genaue Kalenderdaten) machen. Das einfache Zeugnis enthält keine Werturteile.

Blue Star ★ JeansWear ★ Essen ★ Im City Center

Essen, 20.. -05-15

Zeugnis für Aushilfstätigkeit

Herr Franz Dall, * 23. September 1976 in Bottrop, war vom 01. März bis 15. April 20.. in unserem Lager Essen mit Arbeiten bei Warenannahme und Wareneingangserfassung beschäftigt.

Wir wünschen ihm für sein weiteres Studium viel Erfolg.

(Unterschrift)

Qualifiziertes Zeugnis

Auf ausdrücklichen Wunsch des Arbeitnehmers kann das Zeugnis auf Leistung und Führung ausgedehnt werden. In einem solchen „qualifizierten" Zeugnis werden auch Kenntnisse und Fertigkeiten, Können, Einsatz und sonstiges dienstliches Verhalten beurteilt.

Essen, 20..-11-05

Zeugnis

Frau Silke Heuer, geboren am 10. Februar 1971 in Quakenbrück, war vom 01. Mai 1994 bis zum 31. Oktober 20.. als Mitarbeiterin des Einkaufsleiters in unserem Unternehmen beschäftigt.

Ihr Aufgabengebiet umfasste die Bearbeitung aller anfallenden Vorgänge, insbesondere die Korrespondenz mit Lieferern, Disposition und Bestellwesen. Dabei stand ihr ein EDV-gestütztes Warenwirtschaftssystem zur Verfügung. Sie hat größtenteils selbstständig Gespräche mit Lieferern erledigt und Termine koordiniert.

Frau Heuer hat die ihr übertragenen Arbeiten zuverlässig, vertrauenswürdig, pünktlich und stets zu unserer vollen Zufriedenheit erledigt. Durch ihre ausgezeichneten Warenkenntnisse und ihre guten Kenntnisse in Stenographie und Textverarbeitung, durch ihr diszipliniertes Arbeiten und ihre loyale Haltung gegenüber Vorgesetzten und Mitarbeitern sowie durch ihr freundliches, offenes Wesen war sie in unserer Unternehmung sehr beliebt.

Frau Heuer verlässt uns auf eigenen Wunsch, um einen neuen Wirkungskreis zu übernehmen. Wir bedauern ihr Ausscheiden und wünschen ihr für die berufliche Zukunft viel Erfolg und alles Gute.

(Unterschrift)

7.2.4 Arbeitszeugnis und Beurteilung (2)

Form des Zeugnisses

Das Zeugnis wird schriftlich und in einer ordentlichen äußeren Form ausgestellt: gut lesbar (Maschinenschrift), sauberes, haltbares Papier (Geschäftsbogen), zusammenhängender Text ohne Lücken (nicht radieren, nichts nachträglich einfügen, streichen oder ändern) und vom Arbeitgeber oder von einem damit beauftragten Angestellten persönlich unterschrieben.

Das ungünstige Zeugnis

Die Bewertung von Führung und Leistung muss die eines wohlwollenden und verständigen Arbeitgebers sein. Damit kann die Ausstellung eines eher ungünstigen Zeugnisses zur Gratwanderung werden. Einerseits darf das Zeugnis nur Tatsachen, nicht aber Annahmen, Behauptungen oder Verdächtigungen enthalten und das berufliche Fortkommen des Arbeitnehmers nicht unnötig erschweren. Andererseits muss das Zeugnis der Wahrheit entsprechen: Der Aussteller des Zeugnisses ist, wenn er wissentlich unwahre oder unvollständige Aussagen gemacht hat, einem neuen Arbeitgeber gegenüber dann schadenersatzpflichtig, wenn dieser den Arbeitnehmer aufgrund eines Gefälligkeitszeugnisses eingestellt hat und sich herausstellt, dass von den im Zeugnis bescheinigten Eigenschaften *(Ehrlichkeit, Pünktlichkeit, Fleiß)* nicht die Rede sein kann.

Verschlüsselte Formulierungen in Zeugnissen

„Notenspiegel"

Die sehr bis einigermaßen guten Leistungen, die auch mit den Schulnoten eins, zwei oder drei ausgedrückt werden könnten, haben eine nur leicht unterschiedliche Lesart:

„Sehr gute" Leistungen werden bestätigt mit:

„Wir waren mit ihren Leistungen stets sehr zufrieden."

„Er hat die ihm übertragenen Aufgaben stets zu unserer vollsten Zufriedenheit erfüllt."

„Sie fand und verwirklichte stets sehr gute Lösungen."

„Seine Aufgaben erledigte er stets mit äußerster Sorgfalt und Genauigkeit."

Note „gut" bedeutet:

„Wir waren mit ihren Leistungen stets zufrieden."

„Er hat die ihm übertragenen Arbeiten stets zu unserer vollen Zufriedenheit erfüllt."

„Sie fand und verwirklichte sehr gute Lösungen."

„Seine Aufgaben erledigte er stets mit großer Sorgfalt und Genauigkeit."

Tendenz „befriedigend" deutet an:

„Wir waren mit ihren Leistungen zufrieden."

„Er hat die ihm übertragenen Leistungen zu unserer vollen Zufriedenheit erfüllt."

„Sie fand und realisierte gute Lösungen."

„Seine Aufgaben erledigte er mit Sorgfalt und Genauigkeit."

Schlecht sieht es aus, wenn in einem Zeugnis Formulierungen wie

● *„im Großen und Ganzen",*

● *„insgesamt"* oder

● *„im Allgemeinen"*

auftauchen. Auch

● *„er bemühte sich"* oder

● *„sie zeigte Interesse für..."*

deuten an, dass es mehr beim besten Willen nicht gewesen ist.

Eine Reihe von Formulierungen ist mit ganz bestimmten positiven oder negativen Bedeutungen belegt. Geheim sind diese Klauseln schon lange nicht mehr, aber sie sind so kompliziert geworden, dass sie nicht bis ins kleinste Unternehmen bekannt sind. Es kann also durchaus passieren, dass in allerbester Absicht ein ungewollt schlechtes Zeugnis ausgestellt wird.

Quelle: Deutsche Bank (Hrsg.): Job-Berater, Frankfurt a. M. 1995, S. 92

Dass ein Mitarbeiter unzuverlässig ist, lässt sich bei aufmerksamem Lesen häufig daran erkennen, dass eine wesentliche Eigenschaft nicht erwähnt wird (etwa wenn bei Verkäufern oder Kassierern der Hinweis auf Ehrlichkeit fehlt). Die folgenden Aussagen gehören nicht in ein Zeugnis:

● einmalige/geringfügige Vorkommnisse

● außerdienstliches Verhalten

● der Kündigungsgrund (außer: der Arbeitnehmer scheidet auf eigenen Wunsch oder in gegenseitigem Einvernehmen aus).

● der Verdacht einer strafbaren Handlung

● Vorstrafen (außer: Straftaten im Dienst)

Personalbeurteilung

Anlass und Zweck

Viele Einzelhandelsbetriebe führen fallweise oder regelmäßig Personalbeurteilungen durch: zu festen Stichtagen, vor Ablauf der Probezeit, nach Abschluss der Ausbildung, bei Versetzungen oder Beförderungen. Die Beurteilung dient der Planung des Personaleinsatzes, der Auswahl und Förderung der Mitarbeiter, dem Leistungsvergleich und der leistungsgerechten Entlohnung, der Leistungs- und Fortbildungsmotivation, aber auch der persönlichen Leistungskontrolle des Beurteilten.

Beurteilungsgesichtspunkte

Hauptgesichtspunkte für eine Personalbeurteilung sind:

- Fachliche Kenntnisse *(Warenkenntnisse, Verkaufskenntnisse)*
- Geistige Fähigkeiten *(Auffassungsgabe, Gedächtnis)*
- Arbeitsstil *(Freundlichkeit, Belastbarkeit, Pünktlichkeit, Sorgfalt)*
- Zusammenarbeit *(mit Vorgesetzten, Mitarbeitern, Untergebenen).*

Form der Beurteilung

Ein Beurteilung kann frei, d. h. ohne Bindung an ein äußeres Schema und an vorgegebene Richtwerte formuliert werden. Eine solche Beurteilung hat den Nachteil, dass ihre Qualität sehr stark von der Sprachgewandtheit und Ausdrucksfähigkeit des Beurteilers abhängt und dass Leser auch trotz guter Formulierungen häufig Missverständnissen unterliegen. Meist wird deshalb die Beurteilung auf Vordrucken vorgenommen. Diese Beurteilungsbogen geben die Beurteilungskriterien genau vor, um sicherzustellen, dass von den Lesern der Beurteilung verstanden wird, was der Beurteilende ausdrücken will.

Der Arbeitnehmer kann die Erörterung seiner Beurteilung verlangen und auch seine Personalakte einsehen, damit er erkennen kann, wie seine Leistung beurteilt wird. Bei der Aufstellung allgemeiner Bewertungsgrundsätze hat der Betriebsrat ein Mitbestimmungsrecht.

Überprüfung des Verkaufs- und Kassenpersonals durch Testkäufe

Verkaufs- und Kassenpersonal wird gelegentlich durch Testkäufe auf seine Beratungs- und Verkaufsleistung und auf die Einhaltung der Kassenvorschriften hin überprüft. Diese Kontrollkäufe erfolgen durch geschultes unternehmensfremdes Personal, das so ausgesucht wird, dass es hinsichtlich Geschlecht, Alter und sonstigen Zielgruppenmerkmalen der Zusammensetzung der jeweiligen Kundschaft entspricht. Das Ergebnis wird in einem umfangreichen Testkaufbericht niedergelegt.

Informationen durch Testkäufe

Testkäufe zeigen, wie das Personal auf Kunden wirkt, welche Stärken und Schwächen es hat, welchen Erfolg Schulungsmaßnahmen hatten, welche weiteren Schulungsmaßnahmen erforderlich sind.

● **Vor dem Kauf**	● **Beim Kauf**	● **Nach dem Kauf**
Zustand des Geschäfts, Verkaufsatmosphäre:	Ermittlung des Verkaufswunsches, Anbieten der Ware, Verkauftüchtigkeit, Warenkenntnisse:	Abfertigung an der Kasse und am Packtisch:
Welchen Eindruck machen Außengestaltung, Schaufenster, Geschäftseinrichtung, Farbgebung des Verkaufsraums, Beleuchtung, Inneneinrichtung auf den Kunden?	*Verkaufsargumente, Warenvorlage, Beachtung der Kundenwünsche, Reaktion auf Kundenverhalten, Bemühen um Kaufabschluss und Zusatzverkauf, Verkaufserfolg, Interesse an Beratung, Verhalten bei Nichtkauf; Kenntnisse über Marktangebot und Geschäftssortiment, Vor- und Nachteile der Ware, Preis- und Qualitätsunterschiede, Verwendungsmöglichkeiten.*	*Verhalten des Kassenpersonals, Korrektheit der Kassenabwicklung, Verpacken der Ware.*
Empfang und Begrüßung:		Verabschiedung:
Wie wird der Kunde beim Betreten des Geschäfts angesprochen?	Gesamteindruck der Verkaufsperson:	*Verhalten des Verkaufspersonals, wenn der Kunde das Geschäft verlässt, auch bei Nichtkauf.*
	Umgangsformen, äußere Erscheinung, Umgang des Personals miteinander.	

Quelle: BBE Köln

7.2.5 Arbeitsschutz (1)

Aufgabe des Arbeitsschutzes

Das Arbeitsschutzrecht soll alle Arbeitnehmer, besonders aber schutzbedürftige Gruppen von Arbeitnehmern davor bewahren, dass durch die Arbeit und die Umstände, unter denen gearbeitet wird, deren Gesundheit und Arbeitsfähigkeit beeinträchtigt wird oder sie auf andere Weise benachteiligt oder überfordert werden. Ein solcher Schutz dient nicht nur dem einzelnen Arbeitnehmer, sondern liegt auch im öffentlichen Interesse.

Arbeitsschutz

Arbeitszeit ist die Zeit vom Beginn bis zum Ende der Arbeit ohne die Ruhepausen. Nach dem Arbeitszeitgesetz gilt grundsätzlich eine tägliche Arbeitszeit von 8 Stunden, doch bestehen einige Gestaltungsmöglichkeiten bei einer flexiblen Verteilung der Arbeitszeit. Die werktägliche Arbeitszeit kann auf bis zu zehn Stunden verlängert werden, wenn innerhalb von 24 Wochen ein Ausgleich auf durchschnittlich 8 Stunden erfolgt. Bei Beschäftigung von Jugendlichen müssen die Einschränkungen des Jugendarbeitsschutzgesetzes beachtet werden. Danach dürfen Jugendliche nur in der Zeit von 7 bis 20 Uhr beschäftigt werden. Für Jugendliche gilt zwar die 5-Tage-Woche, doch ist der Ladenhandel von dieser Bestimmung ausgenommen. Bei einer Beschäftigung an Samstagen sollen mindestens zwei Samstage im Monat beschäftigungsfrei bleiben. Als Ausgleich für Beschäftigung an einem Samstag, Sonn- oder Feiertag muss in derselben Woche ein freier Arbeitstag gewährt werden, an dem dieser Jugendliche keine Berufsschule hat.

Sonntagsarbeit

Für alle Wirtschaftsbereiche gilt das Verbot einer Beschäftigung von Arbeitnehmern an Sonn- und Feiertagen, doch bestehen zahlreiche Ausnahmeregelungen, z.B. im Dienstleistungsbereich. Mindestens 15 Sonntage im Jahr müssen arbeitsfrei bleiben. Für jeden Sonn- und Feiertag, an dem ein Arbeitnehmer arbeiten muss, hat er Anspruch auf einen Ersatzruhetag, der so liegen muss, dass sich eine zusammenhängende Freizeit von 35 Stunden ergibt.

Mindestruhepausen

Nach Ende einer Schicht müssen dem Arbeitnehmer mindestens 11 (bei Jugendlichen: 12) Stunden Freizeit verbleiben. Kein Arbeitnehmer darf länger als sechs Stunden ohne Ruhepausen beschäftigt werden. Diese Ruhepausen müssen im Voraus feststehen und dürfen in Zeitabschnitte von mindestens 15 Minuten Dauer eingeteilt werden. Ihre Dauer richtet sich nach dem Personenkreis und der Beschäftigungsdauer:

Pausendauer		Personenkreis	Arbeitszeit
mind. 30 Min.		bei Erwachsenen	wenn die Arbeitszeit sechs bis neun Stunden dauert
		bei Jugendlichen	wenn die Arbeitszeit viereinhalb bis sechs Stunden dauert (JArbSchG)
mind. 45 Min.		bei Erwachsenen	wenn die Arbeitszeit mehr als neun Stunden dauert
mind. 60 Min.		bei Jugendlichen	wenn die Arbeitszeit mehr als sechs Stunden dauert (JArbSchG)

Wenn Arbeitnehmerinnen mit Arbeiten beschäftigt sind, bei denen es der Arbeitsablauf nicht zulässt, sich zeitweise zu setzen, muss ein Ruheraum mit Liege bereitstehen.

Nacht- und Schichtarbeit ist für Frauen und Männer gleichermaßen zulässig. Nachtarbeiter sind berechtigt, sich vor Beginn der Beschäftigung und danach im Abstand von mindestens drei Jahren (nach dem 50. Geburtstag jedes Jahr) auf Kosten des Arbeitgebers arbeitsmedizinisch untersuchen zu lassen. Der Arbeitgeber muss Nachtarbeiter auf einen Tagesarbeitsplatz umsetzen, wenn eine Gefährdung der Gesundheit zu befürchten ist.

Arbeitssicherheit und Unfallschutz

Weil Gesundheit und Arbeitskraft durch nichts zu ersetzen sind und weil Vorbeugung besser ist als Heilen, sind die Unternehmen verpflichtet, Verkaufs- und Lagerräume, Vorrichtungen, Maschinen und Werkzeuge so einzurichten, dass Gefahren für Leben und Gesundheit der Arbeitnehmer gar nicht erst entstehen können. Auch haben sie Vorkehrungen zu treffen, um bei Arbeitsunfällen wirksam Erste Hilfe leisten zu können.

Heben und Tragen von Lasten

Im Textileinzelhandel kommen häufig Tätigkeiten vor, durch die die Wirbelsäule stark und unter Umständen einseitig belastet wird. Neben langem Stehen sind dies vor allem das Heben und Tragen von Lasten.

Für Tätigkeiten mit regelmäßigem Heben und Tragen, *z. B. Warenannahme, Lagerarbeiten*, sollten bei günstiger Körperhaltung die Lasten nicht schwerer sein als 25 kg (bei Männern) bzw. 15 kg (bei Frauen). Die nebenstehende Abbildung zeigt günstige (grün) und ungünstige (rot) Belastungen des Rückgrats durch Sitzen, Heben und Tragen.

Unfallverhütung

Um Arbeitsunfällen vorzubeugen, ist es erforderlich, dass die Vorschriften und Sicherheitszeichen der Berufsgenossenschaft für den Einzelhandel ausgehängt bzw. angebracht und beachtet werden (Kap. 4.5.7). Die Einhaltung der Bestimmungen wird von der staatlichen Gewerbeaufsicht und der Berufsgenossenschaft überwacht, die auch über alle Fragen der Arbeitssicherheit beraten und Schulungen durchführen. In Betrieben ab 35 Arbeitnehmern hat der Unternehmer einen oder mehrere Sicherheitsbeauftragte zu bestellen. Bei der Bemessung der Umlage zur Berufsgenossenschaft hängt die Höhe des Beitrags eines Betriebes unter anderem auch von seiner Unfallhäufigkeit ab, sodass sich auch hieraus ein Anreiz ergibt, aktiv Unfallverhütung zu betreiben.

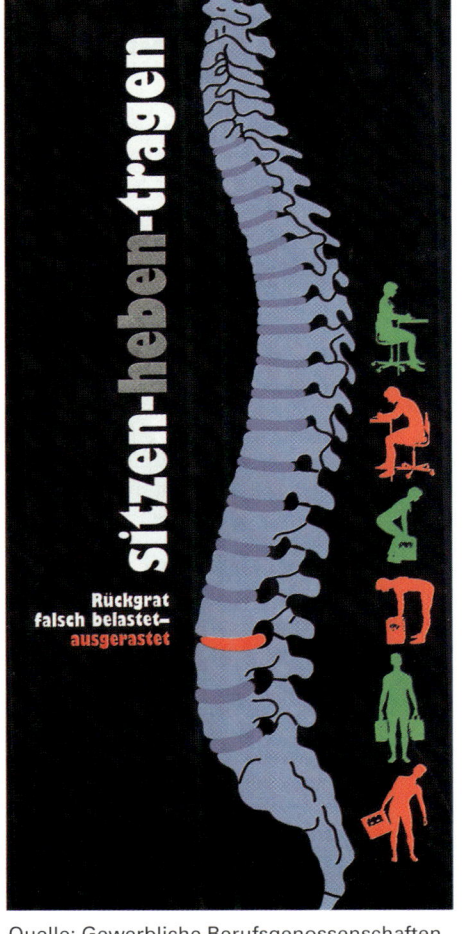

Quelle: Gewerbliche Berufsgenossenschaften Rheinland-Westfalen

Arbeitsschutz für bestimmte Gruppen

Schwerbehindertenschutz

Schwerbehinderte sind körperlich, seelisch oder geistig behinderte Personen, deren Erwerbsfähigkeit um mindestens 50 % gemindert ist, ohne Rücksicht darauf, ob die Behinderung angeboren, erworben oder durch Unfall, Krankheit oder Alter eingetreten ist. Schwerbehinderte haben Anspruch darauf, dass Arbeitsmittel und Arbeitsplatz behinderungsgerecht sind und ihr Arbeitseinsatz so erfolgt, dass sie ihre Fähigkeiten und Kenntnisse verwerten und nach Möglichkeit sogar entwickeln können, um die (Wieder-)Eingliederung in Arbeit, Beruf und Gesellschaft zu fördern, und auf einen zusätzlichen bezahlten Urlaub von 5 Arbeitstagen im Jahr.

Mutterschutz

Der Arbeitgeber hat im erforderlichen Umfang bezahlte Freizeit zu gewähren, damit Untersuchungen im Rahmen der Mutterschaftshilfe erfolgen können. Die Gestaltung des Arbeitsplatzes und der Arbeitsumstände hat den Schutz der werdenden oder stillenden Mutter zu berücksichtigen, z. B. ist eine Sitzgelegenheit bereitzustellen, damit die Arbeit zu kurzem Ausruhen unterbrochen werden kann.

Es bestehen zwingende Beschäftigungsverbote:

Werdende oder stillende Mütter dürfen (auch mit ihrem Einverständnis) nicht beschäftigt werden

● mit Mehrarbeit;

● zwischen 20 und 6 Uhr;

● an Sonn- und gesetzlichen Feiertagen.

Werdende Mütter dürfen nicht schwer körperlich arbeiten und nicht mit Arbeiten beschäftigt werden, bei denen sie schädlichen Einwirkungen

● von gesundheitsgefährdenden Stoffen oder Strahlen,

● von Staub, Gas oder Dämpfen,

● von Hitze, Kälte oder Nässe,

● von Erschütterungen oder Lärm ausgesetzt sind.

Für den Textileinzelhandel sind insbesondere folgende Verbote von Bedeutung:

Werdende Mütter dürfen nicht beschäftigt werden

● mit Arbeiten, bei denen regelmäßig Lasten von mehr als 5 kg oder gelegentlich von mehr als 10 kg Gewicht von Hand gehoben, bewegt oder befördert werden;

● mit Arbeiten, bei denen sie *(auf Leitern, beim Fensterputzen)* erhöhten Unfallgefahren ausgesetzt sind;

● nach Ablauf des 5. Schwangerschaftsmonates mit Arbeiten, bei denen sie ständig stehen müssen, soweit diese Beschäftigung 4 Stunden täglich überschreitet.

Jugendarbeitsschutz

Wöchentliche und tägliche Arbeitszeit von Jugendlichen

Weil Jugendliche sich noch in der körperlichen und seelischen Entwicklung befinden, sind sie nur eingeschränkt belastbar. Ihrem alters- und entwicklungsgemäßen Schutz vor Überforderung, Überbeanspruchung und gegen Gefahren am Arbeitsplatz dient das Jugendarbeitsschutzgesetz (JArbSchG); es gilt für alle Beschäftigten, die noch nicht 18 Jahre alt sind. Die Beschäftigung von Kindern (im Sinne des JArbSchG sind dies Personen unter 14 Jahren und Jugendliche, die der Vollzeitschulpflicht unterliegen) ist grundsätzlich verboten.

Die Arbeitszeit der Jugendlichen (lt. JArbSchG) darf auch mit deren Einverständnis 8 Stunden pro Tag und 40 Stunden pro Woche nicht überschreiten. Ist an einzelnen Werktagen die Arbeitszeit auf weniger als 8 Stunden verkürzt, können Jugendliche an den übrigen Werktagen derselben Woche bis zu 8,5 Stunden beschäftigt werden.

Freistellung zur Teilnahme am Berufsschulunterricht

Jugendliche sind für die Teilnahme am Berufsschulunterricht freizustellen, wobei die in der Berufsschule verbrachte Zeit auf die wöchentliche Arbeitszeit angerechnet wird. Beginnt der Unterricht vor 9 Uhr, darf der Jugendliche vorher nicht beschäftigt werden. Auszubildende sollen am Berufsschultag von einem Einsatz nach 18:30 Uhr ausgenommen werden (lt. Manteltarifvertrag v. 20.09.96). An einem Berufsschultag mit mehr als 5 Stunden Unterricht zu mindestens 45 Minuten darf der Jugendliche nicht mehr im Betrieb arbeiten (gilt nur einmal pro Woche und nicht für berufsschulpflichtige Volljährige). Für Prüfungen und am Tag vor Prüfungen muss der Jugendliche freigestellt werden.

Mindesturlaubsanspruch von Jugendlichen

Neben längeren Ruhepausen und günstigeren Regelungen für tägliche Freizeit und Nachtruhe sieht der Jugendarbeitsschutz längere Urlaubszeiten vor:

Mindesturlaub für Jugendliche
Wird der Jugendliche in dem betreffenden Jahr ...
... 16 Jahre alt: Mindesturlaub 30 Werktage
... 17 Jahre alt: Mindesturlaub 27 Werktage
... 18 Jahre alt: Mindesturlaub 25 Werktage

Der Urlaub soll in den Berufsschulferien genommen werden. Lässt sich dies nicht einrichten, ist für jeden Tag, an dem die Berufsschule während des Urlaubs besucht wird, ein weiterer Urlaubstag zu gewähren.

Beschäftigungsverbote für Jugendliche

Es gibt zahlreiche Beschäftigungsverbote und -beschränkungen. Ganz allgemein dürfen Jugendliche nicht beschäftigt werden

● mit Arbeiten, die ihre Leistungsfähigkeit übersteigen;

● mit Arbeiten, bei denen sie gesundheitlichen oder sittlichen Gefahren ausgesetzt sind.

Vor Aufnahme der Beschäftigung muss der Jugendliche eine ärztliche Erstuntersuchung und nach einem Jahr eine Nachuntersuchung nachweisen. Die Kosten der Untersuchung trägt das Land.

Vor Beginn der Beschäftigung muss der Arbeitgeber den Jugendlichen über die Unfall- und Gesundheitsgefahren am Arbeitsplatz und über Einrichtungen und Maßnahmen zur Abwehr dieser Gefahren unterweisen.

Rechtsgrundlagen der Entlohnung

Gesetzliche und tarifliche Grundlagen der Entlohnung

Es gibt keinen gesetzlichen Mindestlohn. Wurde über die Höhe des Arbeitsentgelts nichts ausdrücklich vereinbart, ist unter Berücksichtigung der persönlichen Verhältnisse des Arbeitnehmers eine ortsübliche Vergütung für vergleichbare Arbeit zu zahlen. Für die meisten Arbeitnehmer allerdings sind Arbeitsvergütungen durch Tarifverträge als Mindestvereinbarungen festgelegt: niedrigere Vergütungen sind unzulässig, höhere sind möglich.

Die Tarifverträge (folgende Angaben am Beispiel des Manteltarifvertrags und des Entgelttarifvertrags NRW) nennen zunächst einmal das regelmäßige Arbeitsentgelt (also für Angestellte das Gehalt). Seine Mindesthöhe ist nach Beschäftigungsgruppen (A = Angestellte ohne, B = Angestellte mit abgeschlossene(r) kaufmännische(r) Berufsausbildung), dann nach Gehaltsgruppen und schließlich nach Berufs- bzw. Tätigkeitsjahren gestaffelt. So sind in Gehaltsgruppe II Tätigkeiten eingeordnet, die erweiterte Fachkenntnisse und eine größere Verantwortung erfordern. Richtbeispiele:

- *Erste Verkäufer*
- *Abteilungsaufsichten*
- *Kassierer mit gehobener Tätigkeit*
- *Erste Kräfte in Buchhaltung, Einkauf, Lager, Versand ...*

Darüber hinaus sehen die Tarifverträge des Einzelhandels außer **vermögenswirksamen Leistungen** eine Sonderzahlung vor, die sich aus zwei Komponenten in je nach Tarifgebiet unterschiedlicher Höhe zusammensetzt:

- das **Urlaubsgeld** (ist vor Antritt des Urlaubs fällig);
- die **tarifliche Sonderzuwendung** (wird spätestens am 30. November des laufenden Jahres ausgezahlt).

Mehrarbeitsstunden sind, wenn der Arbeitnehmer nicht eine Abgeltung durch Freizeit wünscht, mit 1/163 des Monatsentgeltes und, soweit die wöchentliche Arbeitszeit über 40 Stunden hinausgeht, durch Zuschläge für

- Mehr-, ● Nacht-, ● Sonntags-, ● Feiertags- und ● Spätöffnungsarbeit

zu vergüten, die im jeweils gültigen Manteltarifvertrag enthalten sind.

Vertragliche und freiwillige Leistungen

Zusätzlich zu den ihnen tarifvertraglich zustehenden Entgelten können die im Einzelhandel Beschäftigten Lohnbestandteile bekommen, zu denen sich der Arbeitgeber vertraglich verpflichtet hat oder die er freiwillig zahlt. So ist die Zahlung einer **Provision** denkbar, deren Höhe sich nach den Umsätzen oder nach Deckungsbeiträgen richtet und die zu höheren Umsätzen bzw. Deckungsbeiträgen ansporen soll. Denkbar wäre eine Einzelprovision, möglich ist eine Gruppenprovision für den Verkaufserfolg z. B. des Personals einer ganzen Abteilung. **Prämien** werden gezahlt

- als Stückprämien auf den Verkauf von Waren, die einen hohen Gewinn erbringen, oder von Waren, die hochmodisch, besonders ausgefallen oder schwer zu verkaufen sind (Altware, Ladenhüter),
- oder als Mehrumsatzprämien, die überdurchschnittliche Umsätze vergüten.

Mitunter wird bei gutem Geschäftsverlauf eine **Gewinnbeteiligung** gezahlt, deren Höhe von Stellung, Alter, Betriebszugehörigkeit und/oder Gehaltshöhe der Mitarbeiter abhängt.

Lohn als Einkommen und Kostenfaktor

Weder durch tarifvertragliche noch durch betriebliche Regelungen ist das Problem des gerechten Lohnes lösbar, denn Lohn ist für den Arbeitnehmer Einkommen, für den Betrieb Kostenfaktor. Auch ist häufig gar nicht zweifelsfrei zu bestimmen, welches die Leistung ist, die leistungsgerecht vergütet werden soll.

Wie Untersuchungen des Instituts für Handelsforschung an der Universität zu Köln zeigen, waren im Textileinzelhandel 49,7 % der Handlungskosten und 22,1 % des Umsatzes Lohnkosten (1994, alte Bundesländer). Damit ist der Textileinzelhandel stärker durch Personalkosten belastet als die meisten anderen Branchen des Einzelhandels. Mögliche Folgen dieser hohen Lohnkostenbelastung (bei sinkenden Umsätzen und abnehmenden Roherträgen) sind Konkurse und Betriebsschließungen, bei den verbliebenen Betrieben Kooperationen (etwa im Einkauf), Zusammenschluss oder Verschmelzung zu größeren Betrieben, Umstellung auf weniger lohnkostenintensive Verkaufsformen (Selbstbedienung, Vorwahl), Verzicht auf den Einsatz von ausgebildeten Fachkräften, Einsatz von Teilzeit- und Aushilfskräften (z. T. auf Abruf), Zunahme der nicht sozialversicherungspflichtigen Arbeitsverhältnisse.

Geringfügige und kurzfristige Beschäftigung

Der starke Einsatz von Teilzeit- und Aushilfskräften führt zu einem hohen Anteil von Arbeitsverhältnissen mit Sonderregelungen im Bereich von Lohnsteuer und Sozialversicherung. Solche Beschäftigungsverhältnisse können für die Beschäftigten dann vorteilhaft sein, wenn sie anderweitig sozial abgesichert sind (z. B. durch eine sozialversicherungspflichtige Haupttätigkeit oder durch Mitversicherung/Familienhilfe in der gesetzlichen Krankenkasse).

Eine **geringfügige Beschäftigung** liegt vor, wenn der Arbeitslohn höchstens 325 € im

Personalkosten und Personalleistung im Textileinzelhandel

Personalkosten (in % vom Umsatz)								
1991	1992	1993	1994	1995	1996	1997	1998	1999
15,9	16,6	17,3	18,1	18,7	18,7	18,7	18,5	17,1

Umsatz je beschäftigte Person in DM								
1991	1992	1993	1994	1995	1996	1997	1998	1999
242 000	243 800	247 100	245 000	245 500	254 400	255 900	254 800	270 000

Monat und die Arbeitszeit weniger als 15 Stunden in der Woche beträgt. Geringfügig Beschäftigte dürfen keine gleichzeitige Erstbeschäftigung in einem Hauptberuf ausüben, was den Kreis der Berechtigten auf Sozialhilfeempfänger, Arbeitslose, Sozialhilfeempfänger, Rentner, Schüler, Studenten, Hausfrauen u. a. beschränkt (Ausnahmen möglich). In den meisten Fällen geringfügiger Beschäftigung werden keine Beiträge zur Arbeitslosen- und zur Pflegeversicherung fällig; der Arbeitgeber entrichtet einen Pauschalbeitrag von 10 % zur gesetzlichen Kranken- und von 12 % zur gesetzlichen Rentenversicherung. Der Arbeitnehmer selbst braucht keinerlei Beiträge zur gesetzlichen Sozialversicherung zu zahlen. Je nach Einzelfall bleibt die geringfügige Beschäftigung steuerfrei, wenn der Arbeitnehmer dem Arbeitgeber eine Freistellungsbescheinigung des Finanzamts vorlegt, oder sie wird vom Arbeitgeber pauschal versteuert oder im üblichen Steuerabzugsverfahren mit Lohnsteuerkarte versteuert.

Zu unterscheiden von der meist regelmäßig ausgeübten geringfügigen Beschäftigung ist die nur gelegentlich ausgeübte **kurzfristige Beschäftigung.** Sie liegt unabhängig vom Arbeitslohn bei Tätigkeiten vor, die auf längstens 2 Monate oder höchstens 50 Arbeitstage pro Jahr zeitlich begrenzt sind (Saisonarbeit, Aushilfstätigkeit, Urlaubs- oder Krankheitsvertretung) und nicht berufsmäßig ausgeübt werden. Der Verdienst bleibt völlig beitragsfrei (es brauchen auch keine Pauschalbeiträge zur Kranken- und Rentenversicherung gezahlt zu werden), muss aber (vom Arbeitgeber pauschal oder nach Lohnsteuerkarte) versteuert werden.

Gehalts-/Lohnabrechnung

Ermittlung der Steuern vom Arbeitsentgelt

Bei jeder Zahlung von Arbeitsentgelt muss der Arbeitgeber die Lohnsteuer **errechnen**, **einbehalten** und spätestens am 10. Tage nach Ablauf jeden Kalendermonats an das Finanzamt **abführen**. Zu diesem Zweck muss der Arbeitnehmer vor Beginn des Kalenderjahres eine Lohnsteuerkarte vorlegen, der der Arbeitgeber die Besteuerungsmerkmale des Beschäftigten *(z. B. Steuerklasse, Kinderzahl, Freibeträge)* entnehmen kann.

Die Lohnsteuerkarte wird von der Gemeindebehörde ausgestellt und macht Angaben über:

① die **Steuerklasse,** u. a. abhängig vom Familienstand;

② Zahl und Aufteilung der **Kinderfreibeträge**;

③ Angabe der **Religionszugehörigkeit**; bleibt dieses Feld frei, erfolgt kein Kirchensteuerabzug;

④ Änderungen, z. B. *der Zahl der Kinderfreibeträge,* während des Kalenderjahres;

⑤ Freibeträge *für Werbungskosten, Sonderausgaben und außergewöhnliche Belastungen*; diese mindern das Bruttoentgelt und damit die Lohnsteuer.

Die Lohnsteuerkarte nimmt am Ende des Kalenderjahres Bescheinigungen des Arbeitgebers z. B. *über die Dauer des Beschäftigungsverhältnisses, den bezogenen Bruttoarbeitslohn und davon einbehaltene Lohnsteuer, Solidaritätszuschläge und evtl. Kirchensteuer* auf.

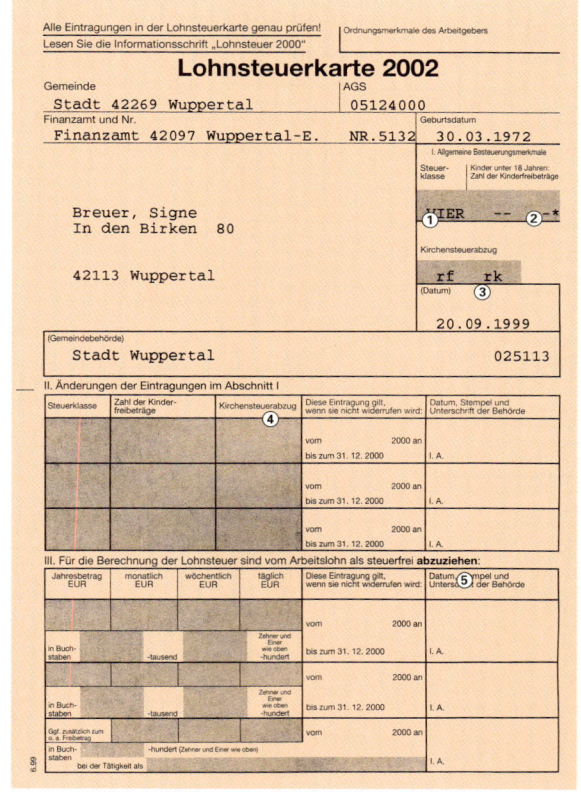

1: Lohnsteuerkarte

Lohnsteuer-Abzug

Die Höhe der vom Arbeitsentgelt einzubehaltenden Lohnsteuer ergibt sich aus dem Tarif und kann nach Lohn-bzw. Gehaltsstufen z. B. aus der Lohnsteuer-Abzugstabelle abgelesen werden. Kirchensteuer (je nach Bundesland 8 oder 9 % der Lohnsteuer) und Solidaritätszuschlag (ebenfalls als Prozentsatz der Lohnsteuer zu berechnen) finden sich ebenfalls in der Tabelle.

Ab 2003 entfallen die Steuer-Abzugstabellen, und die Steuer für jeden einzelnen Einkommensbetrag (Euro-genau!) wird nach der im Einkommensteuergesetz angegebenen Formel berechnet.

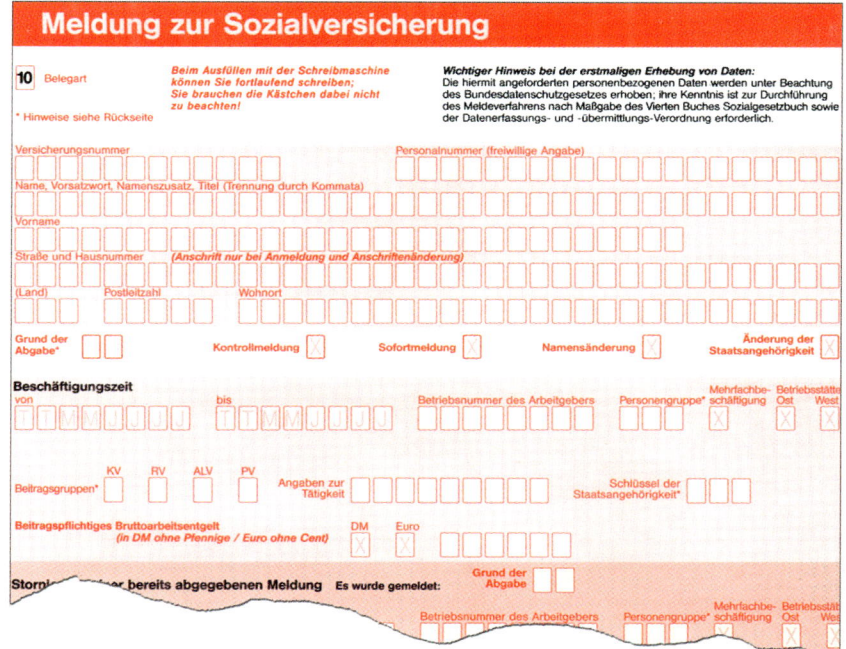

1: Steuer-Abzugstabelle (2001)

Meldung zur Sozialversicherung, Ausweise der Sozialversicherung

Mit der Meldung zur Sozialversicherung meldet der Arbeitgeber Beschäftigte bei der Sozialversicherung an bzw. ab. Dabei macht er die nötigen Angaben zu persönlichen Daten und zur Tätigkeit des Beschäftigten.

Nach Anmeldung erhalten die Beschäftigten einen Sozialversicherungsausweis, mit dem sie den Nachweis führen können, dass sie ordnungsgemäß beschäftigt sind (und nicht etwa einer „Schwarzarbeit" nachgehen).

Versicherte, die – z. B. gegenüber Ärzten – Ansprüche aus der Krankenversicherung geltend machen wollen, führen den Nachweis mit dem Versicherungsausweis ihrer Krankenkasse.

2: Versicherungsnachweis zur Anmeldung eines Beschäftigten

3: Sozialversicherungsausweis

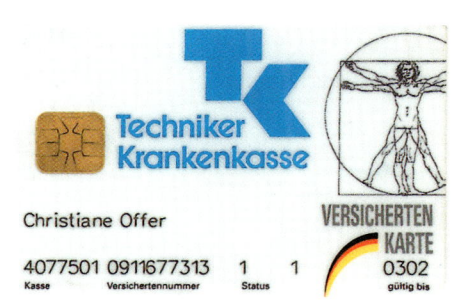

4: Krankenversicherungsausweis

Ermittlung der Sozialversicherungsbeiträge

Auch die Sozialversicherungsbeiträge werden vom Arbeitsentgelt berechnet. Anders als bei den entsprechenden privaten Versicherungen spielen Alter, Geschlecht, Kinderzahl und Gesundheitszustand für die Berechnung der Beiträge keine Rolle. Die Höhe der Beiträge zur gesetzlichen Krankenversicherung ergibt sich nicht nur aus dem Arbeitsentgelt, sondern ist auch davon abhängig, welcher gesetzlichen Krankenkasse ein Versicherter angehört: die Beitragssätze können, je nach Krankenkasse, 12 % unter- und 14,5 % überschreiten (Stand: Frühjahr 2002).

Beitrag	Krankenversicherung		Pflegeversicherung		Gesamtbetrag
Mindestbeitrag aus € 781,67	14,5 %	107,09	1,7 %	13,29	120,38
Höchstbeitrag aus € 3375,00	14,5 %	462,38	1,7 %	57,38	519,76

1: **Beiträge der Barmer Ersatzkasse für gesetzlich versicherte Mitglieder (mit Anspruch auf Krankengeld)**
Stand: 1. Januar 2002

Vom Brutto-Arbeitsentgelt zum Auszahlungsbetrag

Nachdem vom Brutto-Arbeitsentgelt die Steuern auf das Arbeitsentgelt (Lohnsteuer, Solidaritätszuschlag, evtl. Kirchensteuer) und der Arbeitnehmeranteil an den Sozialversicherungsbeiträgen abgezogen wurden, ergibt sich das Netto-Arbeitsentgelt. Dieser „Nettolohn" muss je nach den persönlichen Verhältnissen des Arbeitnehmers um Beträge korrigiert werden, die schließlich zu einem vom Nettolohn abweichenden **Auszahlungsbetrag** führen

● weil sie den Nettolohn entweder vermindern, z. B.:

./. Verrechnung von Vorschuss *(Gehalt, Reisekosten)*

./. Einbehaltung vermögenswirksamer Leistungen

./. Zahlung von Miete für Betriebswohnung

./. Einbehaltung wegen Lohnpfändung.

● oder weil sie den Nettolohn erhöhen, z. B.:

+ Zahlung von Vorschuss *(Gehalt, Reisekosten)*.

Den gesamten Weg vom Bruttolohn zum Auszahlungsbetrag zeigt die folgende Gehaltsabrechnung:

DM DESDEMONA·MODEN BÜRGER & SOHN ESSEN				
Gehaltsabrechnung	**Name: Deckers, Sven**		**Monat: Februar 2002**	
Merkmale: LStErm.: 00000 mtl./ 00000 jährl.;	verh., r.-k., StKl. III, 1 Kinderfreibetrag, Krankenkasse: BEK, 14,5%			
Bruttoentgelt (in €)	Abzüge (in €)			
Bruttogehalt 2199,21 Zulage VL 13,29 Urlaubsgeld 0,00	Gesetzliche Abzüge: Lohnsteuer Kirchensteuer Solidarbeitrag Rentenversicherung Krankenversicherung Arbeitslosenversicherung Pflegeversicherung Persönliche Abzüge: Vermögenswirks. Leistungen Rückzahlung Gehaltsvorschuss			111,66 0,37 0,00 211,29 160,41 71,91 18,81 39,88 150,00
Brutto gesamt: 2212,50	Abzüge gesamt:			764,33
Sozialversicherungs- pflichtiges Entgelt 2212,50	Steuerpflichtiges Entgelt 2212,50	Arbeitnehmeranteil Sozialversicherung 462,42	Arbeitgeberanteil Sozialversicherung 462,42	**Auszahlungsbetrag** **1448,17**
Der Auszahlungsbetrag wird auf Ihr Konto 440 440 bei der Volksbank Essen AG, BLZ 360 609 10, überwiesen.				

7.3.1 Ausbildungsvertrag

Der Ausbildungsvertrag

Ein Berufsausbildungsverhältnis wird zwischen einem **Auszubildenden** und einem **Ausbildenden** (= Ausbildungsbetrieb) begründet. Der Vertragsinhalt wird schriftlich niedergelegt und nennt:

- Ziel, Art, sachliche und zeitliche Gliederung der Ausbildung
- Beginn und Dauer der Ausbildung, Dauer der Probezeit
- Ausbildungsmaßnahmen außerhalb des Ausbildungsbetriebes (z. B. überbetriebliche Lehrgänge)
- Dauer der regelmäßigen täglichen Ausbildungszeit
- Höhe und Zahlung der Ausbildungsvergütung
- Dauer des Urlaubs
- Voraussetzungen, unter denen gekündigt werden kann
- Unterschrift der Vertragspartner (bei Minderjährigen auch des gesetzlichen Vertreters)
- Hinweis auf Tarifverträge, Betriebsvereinbarungen, Dienstvereinbarungen, die auf das Ausbildungsverhältnis anzuwenden sind (Nachweisgesetz vom 20.07.1995).

Anhand der Vertragsniederschrift wird das Ausbildungsverhältnis in das Verzeichnis der Ausbildungsverhältnisse bei der zuständigen Industrie- und Handelskammer (IHK) eingetragen. Die Vertragspartner vereinbaren ein Vertragsverhältnis besonderer Art im Sinne eines Ausbildungs- und Erziehungsverhältnisses. Durch eine **erhöhte Bemühungspflicht beider Seiten** gehen die Rechte und Pflichten über die in einem normalen Arbeitsverhältnis hinaus:

Besondere Pflichten des Ausbildenden	Besondere Pflichten des Auszubildenden
• Ausbildungspflicht: Fertigkeiten und Kenntnisse vermitteln • für Berufsschulbesuch freistellen und zum Besuch der Berufsschule anhalten • Zeugnis ausstellen • geeignete Ausbilder und Ausbildungsstätten stellen • Ausbildungsmittel kostenlos überlassen • Jugendarbeitsschutz beachten • für ärztliche Untersuchungen freistellen.	• Lernpflicht: Sich Fertigkeiten und Kenntnisse aneignen • Berufsschule besuchen • Berichtsheft bzw. Ausbildungsnachweise führen • an Ausbildungsmaßnahmen teilnehmen.

Die Mindesthöhe der Ausbildungsvergütung wird im Tarifvertrag festgelegt. Sie muss in jedem Ausbildungsjahr steigen und ist spätestens am letzten Werktag eines Monats zu zahlen.

Der persönliche Ausbildungsplan orientiert sich am Ausbildungsrahmenplan und gibt dem Auszubildenden an, wie die betrieblichen Ausbildungsmaßnahmen sachlich und zeitlich gegliedert sind.

Die **Probezeit** beträgt mindestens einen, höchstens drei Monate. Während der Probezeit kann jede Seite ohne Angabe von Gründen und ohne Einhalten einer Frist kündigen. Nach Ablauf der Probezeit ist eine Beendigung nur möglich,

- wenn der Auszubildende die Berufsausbildung aufgeben oder sich in einem anderen Beruf ausbilden lassen will (mit vierwöchiger Kündigungsfrist),
- oder, wie auch bei einem normalen Arbeitsverhältnis, wenn ein wichtiger Grund vorliegt (fristlose Kündigung).

In beiden Fällen muss die Kündigung schriftlich und unter Angabe des Kündigungsgrundes erfolgen. Wird die Ausbildung nach Ablauf der Probezeit vorzeitig beendet, muss ein entstandener Schaden ersetzt werden, falls der Grund für die Kündigung schuldhaft herbeigeführt wurde.

Die Ausbildung endet mit Ablauf der festgelegten Ausbildungszeit, oder – normalerweise schon früher – mit dem Bestehen der **Abschlussprüfung**. Besteht der Auszubildende die Prüfung nicht, verlängert sich die Laufzeit der Ausbildung bis zur nächstmöglichen Wiederholungsprüfung (höchstens um ein Jahr).

PRÜFUNGSZEUGNIS

nach § 34 Berufsbildungsgesetz

Sabine Muster

geboren am 31.01.1977 in Neustadt

hat die Abschlussprüfung im Ausbildungsberuf

Kaufmann im Einzelhandel

bestanden.

Prüfungsergebnisse:

Einzelhandelsbetriebslehre	sehr gut 95 Punkte
Ware und Verkauf	gut 90 Punkte
Wirtschafts- und Sozialkunde	gut 85 Punkte
Praktische Übungen	sehr gut 93 Punkte

Ludwigsburg, den 25.06.1997

Leitender Geschäftsführer

INDUSTRIE- UND HANDELSKAMMER REGION STUTTGART
BEZIRKSKAMMER LUDWIGSBURG

1: Kaufmannsgehilfenbrief

7.3.2 Ausbildung und Prüfung im Dualen System

Prüfungen

Im Laufe der Ausbildung finden zwei Prüfungen statt: Die **Zwischenprüfung** – etwa in der Mitte der Ausbildung – dient einer frühzeitigen Kontrolle des in Betrieb und Berufsschule bis dahin erworbenen Ausbildungsstandes. Eine unbefriedigend verlaufene Zwischenprüfung muss Anlass sein, die Bemühungen des Auszubildenden wie des Ausbildungsbetriebes zu steigern. Die **Abschlussprüfung** in der zweiten Hälfte des letzten Ausbildungsjahres erstreckt sich auf die geforderten Fertigkeiten und Kenntnisse sowie auf den im Berufsschulunterricht vermittelten Lehrstoff, soweit er für die Berufsausbildung wesentlich ist:

– Schriftliche Prüfung in den Fächern Einzelhandelsbetriebslehre, Ware und Verkauf, Wirtschafts- und Sozialkunde;
– Praktische Übungen, in denen nach angemessener Vorbereitungszeit betriebspraktische Vorgänge und Problemstellungen aus folgenden Bereichen bearbeitet werden müssen:

- Kundenberatung,
- Reklamation,
- Gebrauchsnutzen der Ware,
- Beschaffung und Warenwirtschaft,
- Qualitätsbeurteilung,
- Verkaufsförderung und -werbung,
- Mängelfeststellung,
- Lagerung.

Bei der Ermittlung des Gesamtergebnisses haben die Prüfungsfächer Ware und Verkauf und Praktische Übungen gegenüber jedem der übrigen Prüfungsfächer das doppelte Gewicht. Zum Bestehen der Abschlussprüfung müssen im Gesamtergebnis und in wenigstens zwei schriftlichen Prüfungsfächern mindestens ausreichende Prüfungsleistungen erbracht werden. Wenn Prüfungsleistungen in einem Prüfungsfach mit ungenügend bewertet werden, so ist die Prüfung nicht bestanden. – Spätestens drei Monate vor dem vertraglichen Ende der Ausbildungszeit sollen sich Arbeitgeber und Auszubildender schriftlich über eine Fortsetzung oder Beendigung des Beschäftigungsverhältnisses erklären. Hat der Arbeitgeber nicht die Absicht, den Auszubildenden in ein Arbeitsverhältnis zu übernehmen, so hat er vor Mitteilung an den Auszubildenden den Betriebsrat zu hören und über seine Gründe zu informieren. Wird der Auszubildende nach bestandener Abschlussprüfung ohne ausdrückliche Vereinbarung weiterbeschäftigt, so gilt dies als Begründung eines **Arbeitsverhältnisses** auf unbestimmte Zeit.

Die bisherige Darstellung bezog sich auf den Ausbildungsberuf „Kaufmann im Einzelhandel/Kauffrau im Einzelhandel". Für eine Übergangszeit gibt es noch den Ausbildungsberuf „Verkäufer/-in", der insgesamt niedrigere Anforderungen an Auszubildende und Ausbildungsbetriebe stellt. Für den Abschluss der Ausbildung für Kaufleute im Einzelhandel ist es nicht erforderlich, zuvor die Verkäuferprüfung abzulegen.

Berufsausbildung im Dualen System

Ziel der Ausbildung „Kaufmann/Kauffrau im Einzelhandel" ist die Vermittlung von Fertigkeiten und Kenntnissen über den (Ausbildungs-)Betrieb, die Beschaffung, die Lagerung und den Verkauf der Waren, das Personal- und das Rechnungswesen auf der Grundlage eines in Breite und Tiefe ausreichenden Sortiments (z. B. *Damenoberbekleidung* oder *Heimtextilien*).

Praktische und theoretische Ausbildungsinhalte sollen sich dabei ergänzen, wobei die praktischen Fertigkeiten und Fähigkeiten vorwiegend im Betrieb, die theoretischen Fachkenntnisse und weitere wirtschafts- und sozialkundliche Inhalte vorwiegend in der Berufsschule erarbeitet werden. Ein genauer Vergleich der für die betriebliche Ausbildung geltenden Ausbildungsordnung mit den schulischen Lehrplänen zeigt, dass die große Schnittmenge dieser Ausbildungsinhalte von beiden „Lernorten" in Abstimmung zu vermitteln sind („Duales System der Berufsausbildung"). Betriebe, die aufgrund ihrer besonderen Verhältnisse Teile des Berufsbildes nicht selbst vermitteln können, übertragen diese Aufgabe an *überbetriebliche Ausbildungsstätten*.

Der Unterricht der *Berufsschule* wird entweder als Teilzeit- oder als Blockunterricht organisiert.

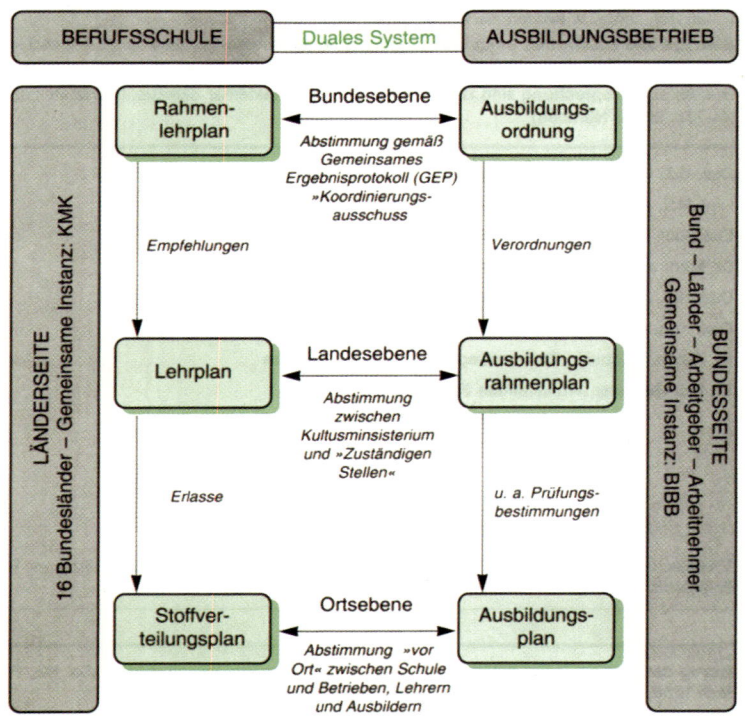

1: **Berufsausbildung im Dualen System**

Quelle: Wirtschaft und Erziehung 6/95

7.4.1 Lebenslanges Lernen

> **Lebenslanges Lernen**

Die Berufsreife gewinnen Arbeitnehmer durch die Ausbildung in einem Beruf und für einen Beruf. Die Berufsausbildung hat eine breit angelegte berufliche Grundbildung und die für die Ausübung einer qualifizierten beruflichen Tätigkeit notwendigen fachlichen Fertigkeiten und Kenntnisse zu vermitteln und den Erwerb der erforderlichen Berufserfahrung zu ermöglichen.

Mit bestandener Kaufmannsgehilfenprüfung ist jedoch keineswegs das Ende des beruflichen Lernens erreicht. Vielmehr erfordert die rasche technische, wirtschaftliche und soziale Entwicklung ein lebenslanges Lernen durch berufliche Fort- und Weiterbildung mit dem Ziel, die beruflichen Fertigkeiten und Kenntnisse zu erhalten, zu erweitern, den Entwicklungen anzupassen oder beruflich aufzusteigen. Niemand kann sich darauf verlassen, dass er ein Leben lang die gleichen Waren verkaufen oder auf Dauer in derselben Branche arbeiten kann:

> *Wer heute Unterwäsche verkauft, muss damit rechnen, dass er morgen Teppichböden und übermorgen Gemälde verkaufen wird, um sein Geld zu verdienen.*

Natürlich muss eine Fachkraft im Verkauf wissen, wie sie mit den Kunden umzugehen hat, wenn sie ihnen etwas verkaufen will. Genauso selbstverständlich ist es, dass sie die Waren kennen muss, die sie verkauft. So wichtig es ist, dass für die Tätigkeiten im Verkauf spezielle Kenntnisse einer Branche oder Warengruppe vorhanden sind, so richtig ist es, dass das Verkaufen selbst – d. h. der Umgang mit den Kunden – beherrscht wird; die Spezialisierung auf eine bestimmte Branche oder Warengruppe kommt erst an zweiter Stelle. Deshalb müssen Verkaufskräfte fähig sein, sich auf neue oder andere Waren und Branchen einzustellen. Entsprechend hoch ist der Stellenwert der Fort- und Weiterbildung. Diese Fort- und Weiterbildung kann durch persönliche Bemühungen der Arbeitnehmer als **individuelle Fortbildung** erfolgen:

● *Lesen der Wirtschaftspresse, von Testzeitschriften und Fachpublikationen;*
● *Marktbeobachtung in der eigenen Branche und in der gesamten Wirtschaft;*
● *Lernen von erfolgreichen Verkäuferinnen und Verkäufern;*
● *Teilnahme an Messen und Ausstellungen.*

Viele Betriebe versuchen, die Arbeitnehmer durch **inner- und überbetriebliche Fortbildung** an Veränderungen in Wirtschaft und Technik anzupassen, ihre Kenntnisse zu erhalten und zu erweitern (Anpassungsfortbildung) und sie für den Aufstieg im Unternehmen zu fördern (Aufstiegsfortbildung), z. B.

● *durch Schulungsmaßnahmen vor und bei Einführung eines modernen Warenwirtschaftssystems;*
● *durch Schulung des Verkaufspersonals zur Verbesserung der Kommunikation mit den Kunden;*
● *durch Schulungen bei neuen Verkaufsformen, bei Änderungen der Waren (Mode) oder des Sortiments (Aufnahme einer neuen Warengruppe);*
● *durch Ringtausch von Arbeitsplätzen („job rotation") zur Vorbereitung auf Führungspositionen.*

Schließlich kann eine **Anpassungs- oder Aufstiegsfortbildung** durch Seminare erfolgen, z. B.

● *an der Lehranstalt des Deutschen Textileinzelhandels (LDT) und am Bildungsinstitut des Deutschen Textileinzelhandels (B.I.D.T.)*
● *an Bildungszentren des Einzelhandels*
● *an Bildungseinrichtungen der Gewerkschaften*
● *an berufsbildenden Schulen*
● *beim Europäischen Handelsinstitut (EHI), Köln*
● *bei den Industrie- und Handelskammern.*

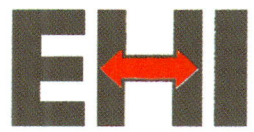

7.4.2 Handelsassistent, Betriebswirt(in) Handel

Studium und Ausbildung „Betriebswirt/in – Handel (BA) –"

Studium und Ausbildung „Betriebswirt/in – Handel (BA) –" bieten dem praktisch veranlagten Studenten durch die Kombination von praktischer Ausbildung in einem Handelsunternehmen und theoretischer Ausbildung an der Berufsakademie die Möglichkeit, frühzeitig im Beruf aktiv werden zu können, ohne eine fachwissenschaftliche Ausbildung vernachlässigen zu müssen. Die Betriebswirte können ohne zeitliche und fachliche Anpassungsprobleme sofort qualifizierte Aufgaben in den Betrieben übernehmen.

Die Absolventen des Studiums Betriebswirt/in – Handel (BA) – bringen anwendungsorientiertes Wissen und spezifische Kenntnisse und Fähigkeiten mit, die sie zu Führungsaufgaben im Handel (Abteilungsleiter, Assistent der Geschäftsführung, Filialleiter) befähigen sollen. Wesentliche Merkmale der Ausbildung sind:

- kurze Studienzeit (3 Jahre)
- abwechslungsreiche, praxisbezogene Inhalte
- Alternative zum theorielastigen Hochschulstudium
- Verhältnis Fachwissenschaft zu Berufspraxis ca. 40 : 60.

Die Prüfung am Ende des Studiums schließt ein:

- die Prüfung Kaufmann/Kauffrau im Einzelhandel;
- die Prüfung Ausbilder/in nach Ausbildereignungsverordnung.

Die Fortbildung „Geprüfter Handelsassistent – Einzelhandel"

Fortbildung zum Geprüften Handelsassistenten Einzelhandel für Abiturienten	Fortbildung zum Geprüften Handelsassistenten Einzelhandel für Betriebspraktiker
Fortbildungsdauer Die Dauer beträgt 3 Jahre. Die kombinierte Aus- und Fortbildungsmaßnahme beginnt jeweils im August und schließt mit der mündlichen Prüfung vor der Industrie- und Handelskammer (IHK) ab. Die Seminarzeit insgesamt beträgt 19 Wochen (= 760 Unterrichtsstunden). Zwischen den Kursen erfolgt eine Betreuung der Teilnehmer durch Überbrückungsaufgaben. Dieser Bildungsgang schließt die Prüfungen zum Kaufmann/zur Kauffrau im Einzelhandel und zum Ausbilder/zur Ausbilderin ein.	**Fortbildungsdauer** Die Dauer beträgt 1 Jahr. Die Fortbildungsmaßnahme beginnt jeweils im Februar bzw. im Juni und schließt mit der mündlichen Prüfung vor der Industrie- und Handelskammer (IHK) ab. Die Seminarzeit insgesamt beträgt 9 Wochen (= 360 Unterrichtsstunden). Zwischen den Kursen erfolgt eine Betreuung der Teilnehmer durch Überbrückungsaufgaben.
Zulassungsvoraussetzungen 1. Allgemeine Hochschulreife oder wirtschaftsbezogene Fachhochschulreife mit Nachweis einschlägiger praktischer Tätigkeit 2. Abschluss des Vertrages über die praktische Ausbildung mit einem im Sinne des Berufsbildungsgesetzes geeigneten Einzelhandelsbetrieb.	**Zulassungsvoraussetzungen** 1. Erfolgreicher Abschluss der Ausbildung zum Kaufmann/zur Kauffrau im Einzelhandel oder einer gleichwertigen dreijährigen kaufmännischen Berufsausbildung. 2. Eine mindestens einjährige Berufspraxis im Einzelhandel zum Zeitpunkt der schriftlichen Prüfung zum Handelsassistenten.
Seminarinhalte Handelsbetriebslehre – Personalwesen – Mitarbeiterführung – Organisation – Rechnungswesen – Datenverarbeitung/Warenwirtschaft – Volkswirtschaftslehre – Rechtslehre – Kommunikation – Neue Medien – Betriebswirtschaftliches Entscheidungstraining.	**Seminarinhalte** Arbeitstechnik/Arbeitsmethodik – Handelsbetriebslehre – Warenabsatz – Organisation – Rechnungswesen – Datenverarbeitung/Warenwirtschaft – Personalwesen – Kommunikation – Mitarbeiterführung – Unternehmensformen – Arbeits- und Sozialrecht – Steuerrecht – Wettbewerbsrecht – Volkswirtschaftslehre.

Prüfung

Die Prüfung gliedert sich in folgende Prüfungsfächer:

1. Handelsbetriebslehre
2. Personalwesen
3. Organisation
4. Rechnungswesen
5. Datenverarbeitung
6. Volkswirtschaftslehre
7. Rechtslehre

Die schriftliche Prüfung besteht je Prüfungsfach aus einer Arbeit von 90 Minuten Dauer. Die mündliche Prüfung ist in der Regel in zwei Prüfungsfächern durchzuführen.

Die Fortbildung Geprüfter Handelsassistent – Einzelhandel – ist eine teils betriebliche, teils schulische Maßnahme zur Förderung des Führungsnachwuchses. Zur Prüfung wird zugelassen, wer die Abschlussprüfung „Kaufmann/Kauffrau im Einzelhandel" nachweist (in einigen Fällen schließt die Abschlussprüfung auch die Prüfung „Kaufmann/Kauffrau im Einzelhandel" ein).

Ziel dieser praxisorientierten Fortbildung ist der qualifizierte Mitarbeiter mit guter Allgemeinbildung, der mit Problemstellungen und Aufgaben sowie mit Ablauf und Organisation einer Abteilung im Einzelhandelsbetrieb so gut vertraut ist, dass er in der Lage ist, Mitarbeiter zu führen, betriebswirtschaftlich zu denken und zu handeln und so zum Erfolg des Unternehmens beizutragen.

Handelsassistenten können verhältnismäßig rasch in verantwortungsvolle Positionen – z.B. Substitut(in) oder Abteilungsleiter(in) – aufsteigen.

Quelle: BZE Springe

Die Lehranstalt des Deutschen Textileinzelhandels Nagold (LDT)

1: Luftansicht der LDT-Schulgebäude

Die Lehranstalt des deutschen Textileinzelhandels ist eine Fachschule für die spezialisierte Fortbildung und Weiterbildung im Textilhandel; ihr Träger ist der Bundesverband des Deutschen Textileinzelhandels (BTE). Sie bietet ein viersemestriges Fachschulstudium mit Abschluss **Textilbetriebswirt BTE** in den vier Fächergruppen Verwaltung/Organisation, Beschaffung/Absatz, Personal und Ware, evtl. verbunden mit Fachabschlüssen für DOB, HAKA, Heim- und Haustextilien bzw. Sport. Darin ist auch die ADA-Prüfung (ADA = Ausbildung der Ausbilder) enthalten.

Das **LDT-Fachschulstudium** ist eine berufliche Fortbildungsmaßnahme: Wer das Studium aufnehmen will, muss mindestens 20 Jahre alt sein, muss eine berufliche Ausbildung im Einzelhandel oder im Groß- und Außenhandel oder als Industriekaufmann absolviert haben, eine mindestens einjährige, dem Lehrgang förderliche Berufspraxis nachweisen können und eine Studiengebühr zahlen; es können staatliche Zuschüsse beantragt werden.

Zielsetzungen der LDT sind:

- **Einmaligkeit** als führende, branchenweit anerkannte Fort- und Weiterbildungsstätte von Führungsnachwuchs- und Führungskräften für die Unternehmungen des Textilhandels;
- **Praxis-Orientierung** aller warenkundlichen und betriebswirtschaftlichen Lehr-/Lerninhalte, um ein adäquates, breites und tiefes Qualifikationsprofil auszugestalten, welches erlaubt, rasch neue Aufgabenstellungen und eigenverantwortliche Führungsaufgaben zu übernehmen;
- **Klienten-Zentrierung** innerhalb eines persönlichen Lehr-/Lernklimas und -umfeldes und auf der Grundlage moderner Unterrichtsmethoden, die insbesondere Kompetenzen wie Teamfähigkeit, Verhandlungs- und Organisationsvermögen fördern;
- **Privatwirtschaftlichkeit**, indem auf der Basis der erzielten Einnahmen kostendeckend gewirtschaftet wird, um staatlich unabhängig zu sein und die Lehr-/Lernpläne den sich ständig wandelnden Anforderungen der Praxis flexibel anpassen zu können.

▶ Seminarprogramm der LDT

Über das Fachschulstudium hinaus bietet die LDT ein umfassendes **Seminar-Programm** für Inhaber, sonstige Führungskräfte, Mitarbeiter und Lehrkräfte an Kaufmännischen Berufsschulen. Eine Themenauswahl:

- Erst rechnen, dann investieren
- Diebstahl-Abwehrseminar – Diebe können uns gestohlen bleiben
- Inventurdifferenzen aufdecken und vermindern
- Einführung in die kurzfristige Erfolgsrechnung (KER) mit Übertragung auf die EDV-Warenwirtschaft
- Fit im Marketing – Grundlagenwissen zur Aufdeckung von Umsatzreserven und zur Kundenaktivierung
- Führen durch Persönlichkeit: Stressmanagement in privaten und beruflichen Situationen
- Zielorientierte Mitarbeiterführung im Filialunternehmen
- EDV-Grundseminar
- Direktwerbung im Einzelhandel
- Seminar Verkaufsförderung
- Warenkunde (Grund- und Aufbauseminar)
- Intensiv-Verkaufstraining Textil
- Schaufensterwerbung als Marketing-Instrument
- Grundlagen der Personalführung
- Kunden- und Lieferantenreklamationen fachlich und sachlich bearbeiten

Außerdem betreibt die LDT eine Textilprüfstelle für Untersuchungen bei Reklamations- und Schadensfällen sowie für Qualitätsanalysen.

Bildungsurlaub

In einigen Bundesländern haben Arbeitnehmer Anspruch auf bezahlten Bildungsurlaub, damit sie in anerkannten Bildungseinrichtungen an bestimmten Weiterbildungsveranstaltungen teilnehmen können. Dies gilt nicht für Auszubildende, doch verfahren manche Ausbildungsbetriebe großzügig. Der Anspruch auf Bildungsurlaub entsteht frühestens 6 Monate nach Beginn des Beschäftigungsverhältnisses und beträgt 5 Tage, wobei Ansprüche von zwei Jahren zusammengefasst werden können (Arbeitnehmerweiterbildungsgesetz NW).

7.5 Tarifvertrag und Betriebsvereinbarung

Tarifverträge

Art. 9 Abs. 3 des Grundgesetzes garantiert Arbeitgebern und Arbeitnehmern das Recht, sich in Berufsverbänden zusammenzuschließen. Es gilt **Tarifautonomie**: dem Staat ist es untersagt, in die Ergebnisse von Tarifverhandlungen einzugreifen. Gewerkschaften und Arbeitgeberverbände sollen in freier Vereinbarung Regelungen über Löhne, Gehälter und weitere Arbeitsbedingungen treffen und diese in Tarifverträgen schriftlich festlegen. Löhne und Gehälter bedeuten für die Arbeitnehmer Einkommen zur Sicherung von Existenz und Lebensstandard. Für den Arbeitgeber stellen sie einen Kostenfaktor dar. Aus dieser unterschiedlichen Interessenlage kommt es häufig zu Konflikten, die durch Verhandlungen beigelegt werden können oder durch Arbeitskampf entschieden werden müssen.

Allgemeinverbindlichkeit von Tarifverträgen

Die Gestaltung der Arbeitsbedingungen ist Aufgabe der Berufsverbände der Arbeitgeber und Arbeitnehmer, die auch als **Tarifvertragsparteien** („Sozialpartner") bezeichnet werden. Tarifvertragsparteien der Arbeitnehmer sind die Gewerkschaften, die der Arbeitgeber die Arbeitgeberverbände. Im Einzelhandel sind das also die Gewerkschaft Handel, Banken und Versicherungen (HBV) und die Deutsche Angestellten-Gewerkschaft (DAG) einerseits, der Einzelhandelsverband andererseits. In selteneren Fällen schließen die Gewerkschaften mit einzelnen größeren Arbeitgebern Haus- oder Firmentarife ab.

Die in Tarifverträgen getroffenen Vereinbarungen sind zunächst nur für die Arbeitnehmer bzw. Arbeitgeber bindend, die Mitglieder der Tarifvertragsparteien sind. Durch die **Allgemeinverbindlichkeitserklärung** des zuständigen Ministers für Arbeit und Sozialordnung wird der Tarifvertrag bindend auch für Arbeitnehmer, die nicht Gewerkschaftsmitglieder, sowie für Arbeitgeber, die nicht Mitglieder des Arbeitgeberverbandes sind. Die Tarifverträge des Einzelhandels sind in den meisten Tarifgebieten allgemeinverbindlich; damit sind dann die Gehalts- und Lohntarife in allen Betrieben Mindestsätze, die nicht unterschritten werden dürfen. Geschieht dies doch, behält der Arbeitnehmer seinen Anspruch auf tarifliche Entlohnung.

Inhalt von Tarifverträgen

Tarifverträge haben je nach Geltungsbereich unterschiedliche Inhalte. Für den Bereich des Einzelhandels sind Entgelt- und Manteltarifverträge zu unterscheiden:

Entgelttarifverträge haben eine Laufzeit von etwa 10 – 14 Monaten und regeln u. a.:

● Gehaltstarife für die Angestellten

● Lohntarife für die gewerblichen Arbeitnehmer

● Einstufung in Beschäftigungs- und Lohngruppen

● Bemessung von Urlaubsgeld und Sonderzuwendungen

● Bemessung vermögenswirksamer Leistungen.

Manteltarifverträge haben eine Laufzeit von mehreren Jahren und regeln u. a.

● Einstellungs- und Kündigungsbedingungen

● Arbeitszeit und Urlaub

● Probezeit und Aushilfsverhältnisse.

Einzelhandel NRW

Entgelttarifvertrag

Gehaltstarifvertrag

Lohntarifvertrag

Einzelhandel NRW

Manteltarifvertrag

Manteltarifvertrag

Entgeltfortzahlung im Krankheitsfall

Sonderzahlungen

Vermögenswirksame Leistungen

Betriebsvereinbarung

Nicht alle Arbeitsbedingungen lassen sich durch Tarifvertrag regeln. Stark auf die Besonderheiten eines Betriebs (oder einzelner Betriebe eines Unternehmens) bezogene Arbeitsbedingungen werden besser auf betrieblicher Ebene durch Betriebsvereinbarung geregelt, die durch schriftlichen Vertrag zwischen Arbeitgeber und Betriebsrat abgeschlossen wird. Von bestehenden Betriebsvereinbarungen kann einzelvertraglich nur zugunsten der Arbeitnehmer abgewichen werden.

7.6 Betriebliche Mitbestimmung

Aufgaben und Rechte des Betriebsrats

Für alle Betriebe der Privatwirtschaft gilt das Betriebsverfassungsgesetz. Es regelt das vertrauensvolle Zusammenwirken von Arbeitgeber und Arbeitnehmern zum Wohle der Belegschaft und des Betriebes in Fragen, die die **Organisation** des Betriebes und der betrieblichen Abläufe, den **Arbeitseinsatz** sowie **Einstellungen** und **Entlassungen** betreffen. Das Betriebsverfassungsgesetz i. d. F. vom 23. Juni 2001 sieht vor, dass die Arbeitnehmer eine gemeinsame Vertretung, den Betriebsrat, wählen. Ein Zwang zur Wahl eines Betriebsrats besteht jedoch nicht, wenn die Arbeitnehmer von ihrem Recht keinen Gebrauch machen.

Die Belegschaft wird dabei durch den von ihr gewählten Betriebsrat vertreten. Er hat darüber zu wachen, dass Betriebsvereinbarungen, Tarifverträge und Gesetze eingehalten werden, und vermittelt bei arbeitsrechtlichen Auseinandersetzungen zwischen Arbeitgeber und Belegschaft. Betriebsratsmitglieder sind ehrenamtlich tätig. Sie genießen einen besonderen Kündigungsschutz, werden für ihre Tätigkeit im nötigen Umfang, in Betrieben ab 200 An ganz von der Arbeit freigestellt und dürfen bei ihrer Tätigkeit nicht behindert oder gestört oder wegen ihrer Tätigkeit benachteiligt oder begünstigt werden. Ein Betriebsrat kann nur in Betrieben mit mindestens 5 ständigen wahlberechtigten Arbeitnehmern gewählt werden. Bei Filialunternehmen kann es je einen Betriebsrat für jede Filiale und einen Gesamtbetriebsrat am Sitz des Unternehmens geben.

Die Wahl der Betriebsratsmitglieder erfolgt jeweils für vier Jahre. Ihre Zahl richtet sich nach der Anzahl der wahlberechtigten Arbeitnehmer – An – (und nach den Geschlechteranteilen), z. B.

- bei 5–20 An: 1
- bei 21–50 An: 3
- bei 51–100 An: 5
- bei 101–200 An: 7; usw.

In wirtschaftlichen, personellen und sozialen Angelegenheiten hat der Betriebsrat gestufte Beteiligungsrechte:

Information in wirtschaftlichen Angelegenheiten	Arbeitgeber (Ag) muss Arbeitnehmer (An) über Entscheidungen unterrichten: *Einsicht in Bewerbungs- und Personalakten, Lohn- und Gehaltslisten; Einstellung leitender Angestellter*
Beratung in wirtschaftlichen Angelegenheiten	Ag und An erörtern in gemeinsamen Gesprächen; die endgültige Entscheidung trifft der Ag: *Geplante Betriebseinschränkungen, -verlagerungen, -stilllegungen, -zusammenschlüsse; Investition- und Bauvorhaben, Personalplanung; Planung und Gestaltung von Arbeitsplätzen; Initiativrecht zur Sicherung und Förderung der Beschäftigung; betrieblicher Umweltschutz*
Mitwirkung in personellen Angelegenheiten	Entscheidung des Ag nur mit Einverständnis des Betriebsrats; die fehlende Zustimmung kann aber durch Entscheidung der Einigungsstelle oder des Arbeitsgerichts ersetzt werden: *Einstellungen, Versetzungen, Kündigungen in Unternehmen mit mehr als 20 wahlberechtigten An, Umgruppierungen; Aufstellen eines Sozialplans; Einführung neuer Arbeitsverfahren*
Mitbestimmung in sozialen Angelegenheiten	Ag und Betriebsrat können Entscheidungen nur gemeinsam treffen; Maßnahmen sind ohne Zustimmung des Betriebsrats unwirksam: *Beginn und Ende der täglichen Arbeitszeit einschließlich der Pausen; vorübergehende Überstunden oder Kurzarbeit; Betriebsordnung (Stechuhren, Ein- und Ausgangskontrollen, Verhalten der An); Urlaubsplan und Urlaubsgrundsätze; Festlegung von Beurteilungsgrundsätzen und Gestaltung von Personalfragebögen; Durchführung von Gruppenarbeit; Entlohnungsgrundsätze, Akkord, Prämien; Arbeits- und Gesundheitsschutz; betriebliche Berufsbildung (auch betriebliche Berufsbildungsmaßnahmen zur Sicherung der Beschäftigung bei An, denen vom Ag veranlasste Qualifikationsverluste drohen).*

Ausschüsse des Betriebsrats

In Betrieben mit mehr als 100 Arbeitnehmern wird vom Betriebsrat ein **Wirtschaftsausschuss** gebildet, der die wirtschaftlichen Angelegenheiten des Betriebes berät, zu diesem Zweck vom Arbeitgeber umfassend und auch hinsichtlich der Konsequenzen für die Belegschaft unterrichtet werden muss und dem Betriebsrat über jede Sitzung unverzüglich berichtet. Zur Beilegung von Streitigkeiten zwischen Betriebsrat und Arbeitgeber kann eine **Einigungsstelle** eingerichtet werden (gleiche Anzahl von Arbeitgeber- und Arbeitnehmer-Vertretern sowie ein unparteiischer Vorsitzender).

In Betrieben mit mehr als 5 Arbeitnehmern unter 18 Jahren bzw. Auszubildenden unter 25 Jahren soll eine **Jugend- und Auszubildendenvertretung** die besonderen Interessen dieser Personengruppe gegenüber Betriebsrat und Arbeitgeber vertreten. Wählbar sind alle Arbeitnehmer des Betriebs, die das 25. Lebensjahr noch nicht vollendet haben (außer Betriebsratsmitgliedern). Wahlberechtigt sind alle jugendlichen Arbeitnehmer; ferner Auszubildende, die das 25. Lebensjahr noch nicht vollendet haben.

Betriebsversammlung

Die Betriebsversammlung ist die Zusammenkunft aller Arbeitnehmer eines Betriebes. Sie findet mindestens einmal im Kalendervierteljahr statt, wird vom Betriebsrat einberufen und hat – z. B. im Tätigkeitsbericht des Betriebsrats, im Bericht des Arbeitgebers und in einer Aussprache – tarif-, sozial- und wirtschaftspolitische (nicht parteipolitische) Themen zum Gegenstand. Der Arbeitgeber und Sprecher der im Betrieb vertretenen Gewerkschaften haben Rederecht auf der Betriebsversammlung.

Teil B
Warenkundlicher Teil

Bekleidung der dreißiger Jahre: Paletot und Ulster

Inhaltsverzeichnis

Die textile Kette
Bekleidungstextilien von der Faser zum Verbraucher

FASERN

Naturfasern
Chemiefasern
Fasermischungen

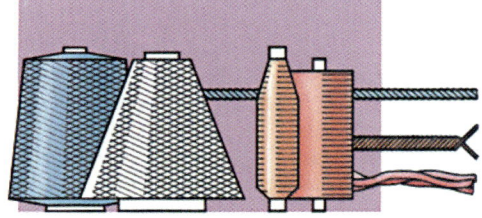

GARNE

Spinnfasergarne
Filamentgarne

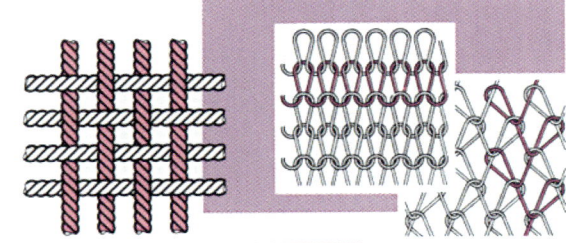

TEXTILE FLÄCHEN

Gewebe
Maschenwaren
Faserverbundstoffe

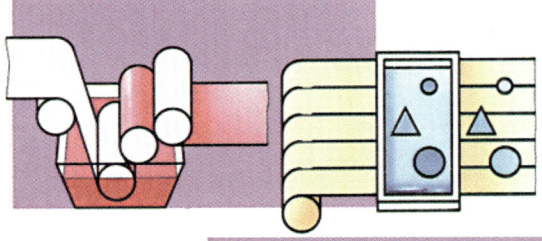

TEXTILVEREDLUNG

Farbgebung
Veränderung von
Oberfläche und
Eigenschaften

BEKLEIDUNGSHERSTELLUNG

Bekleidungshandwerk
Bekleidungsindustrie

HANDEL

Großhandel
Einzelhandel

VERBRAUCHER

Tragen
Pflegen

ENTSORGUNG/RECYCLING

Wiederverwerten
Verbrennen
Deponieren

TEXTILE FASERSTOFFE

NATURFASERN

Hauptgruppe Untergruppe	Fasername bzw. Gattungsname	Kurz-zeichen

Pflanzliche Fasern (Zellulose)

Hauptgruppe Untergruppe	Fasername bzw. Gattungsname	Kurz-zeichen
Samenfasern	Baumwolle	CO
	Kapok	KP
Bastfasern	Leinen (Flachs)	LI
	Hanf	HA
	Jute	JU
	Ramie	RA
Hartfasern	Sisal	SI
	Manila (Abacá)	AB
	Kokos	CC

Tierische Fasern (Eiweiß)

Hauptgruppe Untergruppe	Fasername bzw. Gattungsname	Kurz-zeichen
Wolle	Wolle	WO
	Schurwolle	WV
Feine Tierhaare	Alpaka	WP
	Lama	WL
	Vikunja	WG
	Guanako	WU
	Kamel	WK
	Kanin	WN
	Angora	WA
	Mohair	WM
	Kaschmir	WS
	Kaschgora	WSA
	Yak	WY
Grobe Tierhaare	Rinderhaar	HR
	Rosshaar	HS
	Ziegenhaar	HZ
Seiden	Seide (Maulbeerseide)	SE
	Tussahseide	ST

Mineralische Fasern

Hauptgruppe Untergruppe	Fasername bzw. Gattungsname	Kurz-zeichen
Gesteins-fasern	Asbest[2]	AS

CHEMIEFASERN

Hauptgruppe Untergruppe	Fasername bzw. Gattungsname	Kurz-zeichen

Chemiefasern aus natürlichen Polymeren

Hauptgruppe Untergruppe	Fasername bzw. Gattungsname	Kurz-zeichen
Zellu-losische Chemie-fasern	Viskose	CV
	Modal	CMD
	Lyocell	CLY
	Cupro	CUP
	Acetat	CA
	Triacetat	CTA
Alginat	Alginat	ALG
Gummi	Gummi	LA

Chemiefasern aus synthetischen Polymeren

Hauptgruppe Untergruppe	Fasername bzw. Gattungsname	Kurz-zeichen
Elasto	Elastan (Polyurethan)	EL
	Elastodien	ED
Fluoro	Fluoro	PTFE
Polyacryl	Polyacryl	PAN
	Modacryl	MAC
Polyamid	Polyamid	PA
	Aramid	AR
Polychlorid	Polyvinylchlorid	CLF
	Polyvinylidenchlorid	CLF
Polyester	Polyester	PES
Polyolefin	Polyethylen	PE
	Polypropylen	PP
Polyvinyl-alkohol	Polyvinylalkohol	PVAL

Chemiefasern aus anorganischen Stoffen

Hauptgruppe Untergruppe	Fasername bzw. Gattungsname	Kurz-zeichen
Glas	Glas	GF
Kohlenstoff	Kohlenstoff	CF
Metall	Metall	MTF

[1] Einteilung nach DIN 60001

[2] Der Umgang mit diesen eindeutig als krebserzeugend ausgewiesenen Arbeitsstoffen erfordert besondere Vorsicht und Maßnahmen der Gesundheitsvorsorge.

1.1 Übersicht (2)

Entstehung textiler Faserstoffe

Sonnenenergie ist die Grundlage des Lebens

| Baumwolle | Leinen | Wolle | Seide | Zellulosische Chemiefasern | Synthetische Chemiefasern |

Zellulose ist das Grundgerüst aller Pflanzen. Sie entsteht durch die Fotosynthese[1].

Die von Tieren aufgenommene Nahrung wird chemisch in Eiweiß umgewandelt.

Ausgangsstoff ist aus Holz gewonnene Zellulose.

Rohstoff ist Erdöl, entstanden aus Plankton des Meeres.

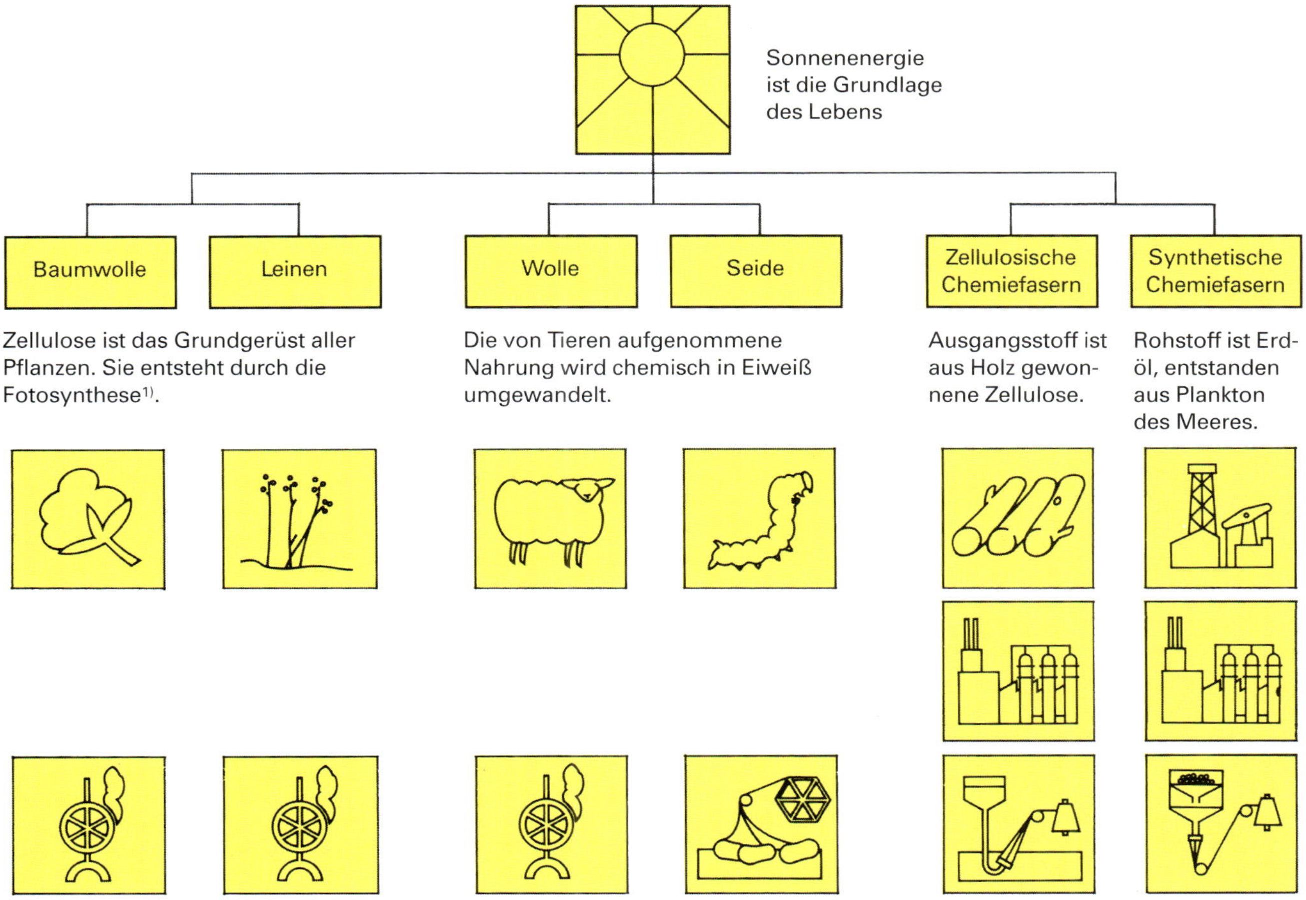

Die Fasern von Pflanzen und Tieren werden als natürliche Polymere bezeichnet. Polymer bedeutet aus Groß- oder Riesenmolekülen bestehend.

Die zellulosischen Chemiefasern werden aus den natürlichen Polymeren der Pflanzen (Zellulose) gebildet. Die Zellulose wird aufgelöst und durch Spinndüsen gepresst.

Synthetische Chemiefasern entstehen aus Produkten des Erdöls. Ihre Polymere werden synthetisch (künstlich) gebildet.

Das Gemeinsame aller Fasern ist ihr Aufbau aus aneinander liegenden und miteinander verknäuelten Riesenmolekülen.

Bedeutung textiler Faserstoffe

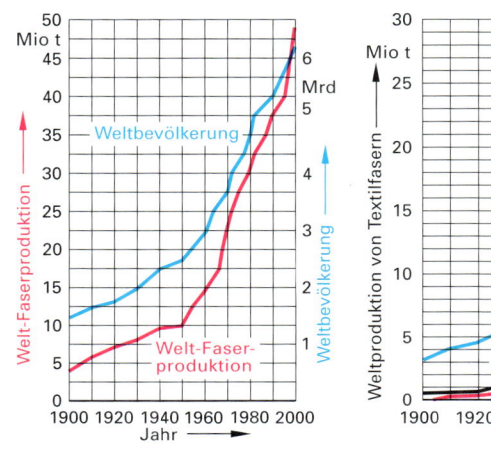

1: Weltbevölkerung und Weltfaserproduktion

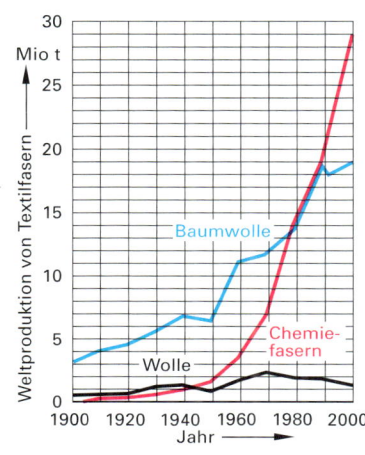

2: Weltproduktion Chemiefasern, Wolle, Baumwolle

Durch wachsenden Wohlstand in den Industrieländern und die stark zunehmende Weltbevölkerung ist der Bedarf an **Textilien** und damit auch an textilen Faserstoffen stark gestiegen **(Bild 1)**. Anbau- und Weideflächen für Naturfasern sind begrenzt, daraus erklärt sich u. a. die Erhöhung der Chemiefaserproduktion **(Bild 2)**.

Für die Deckung des Grundbedürfnisses der Menschen, sich zu bekleiden, werden **Bekleidungstextilien** benötigt.

Heimtextilien, z. B. Bett- und Tischwäsche, Dekorations-, Möbelbezugs- und Markisenstoffe, Gardinen, Bodenbeläge werden im Haus eingesetzt.

Technische Textilien werden in zunehmendem Maße für Schutzbekleidung, in der Medizin, in der Verpackungsindustrie, im Maschinenbau, im Haus- und Straßenbau sowie in der Raumfahrt benötigt.

[1] Umwandlung von Kohlendioxid zu Kohlenhydraten durch die grüne Pflanze unter Einwirkung von Licht.

Baumwolle	Kurzzeichen: CO	engl.: Cotton	franz.: Coton

Geschichte

Textilien aus Baumwolle kleiden die Menschen schon seit mehreren tausend Jahren. In einer Höhle in Mexiko entdeckte man Baumwollkapseln und Stoffe aus der Zeit um 5800 v. Chr. In Pakistan haben Baumwollgewebe und Schnüre etwa 5000 Jahre in einer Silbervase überdauert. Auch die griechische Mode kannte Baumwollstoffe.

Araber und Sarazenen verbreiteten um 1000 n. Chr. Baumwolle in Europa. Etwa seit dem Jahr 1300 wird sie in Deutschland verarbeitet, spielte aber lange neben Leinen und Wolle eine unbedeutende Rolle.

Um 1700 begann Nordamerika, aus indischem Saatgut Baumwolle systematisch anzupflanzen. 1721 wurde vom Preußenkönig Friedrich das Tragen von Baumwollgeweben verboten, um der steigenden Einfuhr zu begegnen. Als 1764 die Spinnmaschine, 1785 die mechanische Webmaschine und dann 1792 die Entkörnungsmaschine erfunden wurden, stieg die Baumwollproduktion steil an. Um 1900 beherrschte Baumwolle den Welttextilmarkt mit einem Anteil von 80 %.

1: **Baumwollanbau in der Welt**

Bedeutung und Herkunft

Der Anteil der Baumwolle an der Weltfaserproduktion ist von 1960 bis 1998 von 70 % auf ca. 38 % gesunken. Dies ist auf eine Erhöhung der Chemiefaserproduktion zurückzuführen. Dennoch hat sich die Baumwollproduktion in dieser Zeit auf 19 Millionen Tonnen verdoppelt (1998). Dies wurde durch den Einsatz von Düngemitteln und Schädlingsbekämpfung erreicht.

Insgesamt wird die Baumwolle in rund 80 Staaten der Weit angebaut. Die Haupterzeugerländer sind in absteigender Reihenfolge:

1 USA	6 Türkei
2 China	7 Australien
3 Indien	8 Argentinien
4 Pakistan	9 Ägypten
5 Usbekistan	10 Griechenland

2: **Baumwollfeld**

3: **Blühende Baumwolle**

Die Baumwollpflanze

Die Baumwolle gehört zu der Familie der Malvengewächse. Je nach Art, Klima und Anbaumethode erreicht die Pflanze eine Höhe von 25 cm bis über 2 m. Sie wird vor allem als einjährige Strauchpflanze gezogen. In Peru und Nordbrasilien zieht man Baumwolle noch an mehrjährigen Sträuchern, die bis zu 15 Jahre alt werden können.

Von der Aussaat bis zur Reife vergehen zwischen 175 und 225 Tage. Die Pflanze benötigt bei der Aussaat und während des Wachstums viel Feuchtigkeit sowie im Reifestadium viel Wärme. Deshalb befindet sich der Baumwollgürtel der Erde in der tropischen und subtropischen Zone.

Nach der Blüte verwandelt sich der im Kelch sitzende Fruchtknoten zu einer Kapsel, die aufspringt und aus der die Samenhaare herausquellen. Die Baumwollkapsel enthält rund 30 Samenkörner, an denen jeweils 2000 bis 7000 Samenhaare, die Baumwollfasern, sitzen.

4: **Fruchtkapsel**

5: **Aufgesprungene Kapsel**

1: Handernte

2: Maschinenernte

3: Samen mit Fasern

**4: Samen mit Linters (links)
Samen ohne Linters (rechts)**

5: Stapellänge der Baumwolle

Wie bei allen Agrarprodukten sind auch bei der Baumwolle die Anbaumethoden in den einzelnen Ländern verschieden weit entwickelt: Im Süden der USA werden zur Bearbeitung große Maschinen eingesetzt; in ärmeren Ländern wird mit Ochsen- und Büffelgespannen und von Hand gearbeitet.

Ernte

Die Ernte erfolgt von Hand oder mit der Pflückmaschine.

Das Handpflücken erstreckt sich über mehrere Wochen. Es hat gegenüber der Maschinenernte einen Qualitätsvorsprung, weil nur die reifen, weißen Faserbüschel geerntet werden.

Die Pflückmaschine bringt die Ernte gleichzeitig ein. Dabei werden auch unreife und tote Fasern, dürre Blätter und Kapselteile erfasst.

Nachreifen, Trocknen

Die geerntete Baumwolle wird zum Nachreifen durch warme Luft oder Lagerung getrocknet.

Entkörnen (Egrenieren)

Auf Entkörnungsmaschinen werden die Fasern vom Samen getrennt. Man erhält **Baumwollfasern** mit einer Stapellänge von rund 15 mm bis 50 mm.

Am Samen befinden sich noch ganz kurze, zum Verspinnen ungeeignete Fasern, die **Linters**. Sie bestehen aus Zellulose, deshalb verwendet man sie unter anderem zum Herstellen von zellulosischen Chemiefasern. Der **Samen** wird auch zur Ölgewinnung verwendet.

100 kg Saatbaumwolle ergeben ca. 35 kg Fasern, 62 kg Samen und 3 kg Abfall.

Weiterverarbeitung

Aus Baumwollfasern werden nach dem Dreizylinderspinnverfahren oder nach dem Rotorspinnverfahren Spinnfasergarne hergestellt.

Qualitätsmerkmale für den Handel

Im Handel wird die Baumwolle gewöhnlich nach Erzeugerland und Sorte benannt. In den Anbauländern werden unterschiedliche Sorten angebaut, in den USA allein rund 20. Dadurch stellt das Erzeugerland nur bedingt ein Qualitätsmerkmal dar. Bekannt ist Makobaumwolle aus Ägypten, womit man verschiedene langstapelige Sorten bezeichnet. Hochwertige Sorten, jedoch mengenmäßig sehr gering, sind die Sea-Island-Baumwolle aus den USA und die Pima-Baumwolle aus Peru und USA. Weltweit am häufigsten vertreten ist Upland-Baumwolle.

In jüngster Zeit wird farbige Baumwolle gezüchtet, vorwiegend in Beige- und Brauntönen.

Stapellänge (Faserlänge)	Sie ist das wichtigste Qualitätsmerkmal und liegt etwa zwischen 10 mm und 60 mm. Fasern ab einer Stapellänge von etwa 10 mm sind verspinnbar. Sea-Island kann bis 56 mm lang sein. Mako hat eine Stapellänge von etwa 40 mm, Upland ca. 30 mm.
Feinheit, Griff	Die Faserfeinheit von Baumwolle liegt zwischen 1 und 4 dtex. Baumwolle gehört damit zur Gruppe der feinen Fasern. Je länger die Faser, um so feiner ist sie im Allgemeinen. Je feiner die Faser ist, desto weicher ist ihr Griff.
Gleichmäßigkeit, Reinheit	Hauptnachteil sind Verunreinigungen durch Kapselteile und Blätter, Fasern mit zu kurzem Stapel, zu hoher Gehalt an unreifen und schlecht entwickelten, „toten" Fasern.
Festigkeit	Die Baumwolle besitzt im Verhältnis zu ihrer Feinheit eine gute, hochwertige Sorten eine sehr gute Festigkeit.
Farbe und Glanz	Je nach Herkunft ist die Farbe weiß (Sea-Island), cremefarben (Mako), leicht gelblich oder bräunlich. Der Glanz ist im Allgemeinen matt. Wertvolle Sorten wie Sea-Island oder Mako weisen einen seidigen Glanz auf.

1.2.1 Pflanzliche Fasern: Baumwolle (3)

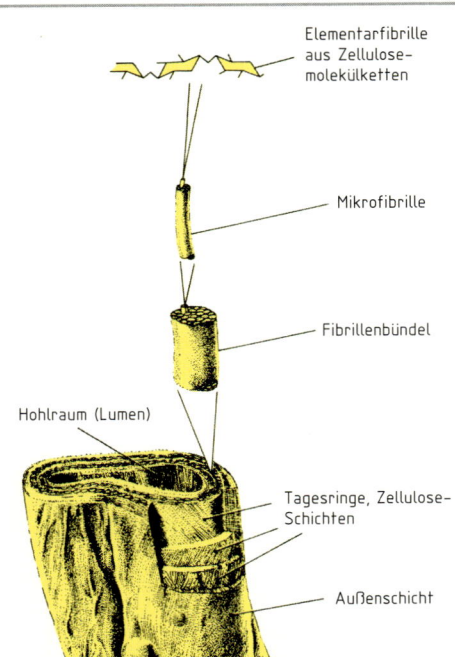

Elementarfibrille
aus Zellulose-
molekülketten

Mikrofibrille

Fibrillenbündel

Hohlraum (Lumen)

Tagesringe, Zellulose-
Schichten

Außenschicht

1: Modell der Baumwollfaser

Aufbau der Baumwollfaser

Baumwolle besteht aus Zellulose, dem Grundbaustoff aller Pflanzen.

Die in der Kapsel wachsende Baumwollfaser ist kreisrund. Wenn sich die Kapsel öffnet, beginnt die Faser zu trocknen, es bildet sich der nierenförmige Querschnitt. Bei sehr starker Vergrößerung im Elektronenmikroskop zeigt die Querschnittsfläche Tagesringe, vergleichbar mit den Jahresringen beim Holz. Diese entstehen durch sich täglich neu bildende Zelluloseschichten von außen nach innen. Die zuerst gebildete Außenhaut besteht aus einer besonders zähen Zelluloseart. Am Ende des Wachstums bleibt im Faserinneren ein kleiner Hohlraum, den man Lumen nennt. Die Faser dreht sich beim Trocknen um ihre Längsachse und sieht wie ein plattgedrückter, verdrehter Schlauch aus. Außen hat die Faser eine natürliche Wachsschicht.

Die einzelnen Zelluloseschichten werden aus Fibrillenbündeln (Fibrille = feines Fäserchen) gebildet, die aus einzelnen Fibrillen und diese aus Zellulosemakromolekülen (Riesenmolekülen) bestehen. Die Fibrillenbündel der einzelnen Zelluloseschichten verlaufen schräg gegeneinander. Die gitterartig übereinander angeordnete Fibrillenstruktur und der hohle Faserkern werden leicht vom Wasser durchdrungen, in den Hohlräumen wird die Feuchtigkeit gespeichert. Schweiß kann aufgesaugt und beim Waschen wieder herausgespült werden. Durch Wasseraufnahme oder Behandlung mit Natronlauge quillt die Faser auf und die einzelnen Zelluloseschichten werden fest gegeneinander gepresst. Dadurch ist die Festigkeit der gequollenen Faser höher als die der trockenen Faser.

Der Aufbau der Baumwolle aus Zellulosemolekülketten und ihre stark geordnete Lage im Faserinneren (kristalline Bereiche) sind verantwortlich für die hohe Festigkeit, aber geringe Elastizität der Baumwollfaser.

Bekleidungsphysiologische Eigenschaften (vgl. Seite 239, 240)	
Wärmeisolation	Die relativ glatten, ungekräuselten Baumwollfasern werden häufig zu textilen Flächen mit geringem Lufteinschluss (geringem Porenvolumen) verarbeitet, jedoch ist durch entsprechende Garn- und Flächenkonstruktionen und durch Aufrauen auch die Herstellung voluminöser, warmhaltender Textilien möglich.
Feuchtigkeitsaufnahme	Baumwolle kann bis 20% dampfförmige Feuchtigkeit aufnehmen, ohne sich feucht anzufühlen. Nässe saugt sie schnell auf und kann bis zu 65% ihres Eigengewichtes an Feuchtigkeit speichern ohne zu tropfen. Sie trocknet langsam.
Hautfreundlichkeit	Wegen ihrer Feinheit und Weichheit ist sie sehr hautfreundlich.

Sonstige wichtige Eigenschaften (vgl. Seite 235, 236, 237)	
Festigkeit	Die Feinheitsfestigkeit der Baumwolle ist gut. Die nasse Faser ist noch reißfester als die trockene, Scheuer- und Strapazierfähigkeit sind gut.
Dehnung	Die Dehnbarkeit ist verhältnismäßig gering, sie liegt bei etwa 6 … 10%.
Elastizität	Baumwolle hat eine sehr geringe Elastizität und knittert deshalb stark.
Elektrostatische Aufladung	Sie lädt sich kaum elektrostatisch auf, weil sie ständig Feuchtigkeit enthält, die Ladungen ableitet.
Feinheit und Griff	Baumwollfasern sind fein und weich, sie haben einen angenehmen Griff.

Veränderungen der Eigenschaften durch Veredlung (vgl. Kapitel 4, Textilveredlung)	
Merzerisieren	Durch Behandeln der Baumwolle mit Natronlauge unter gleichzeitigem Spannen wird der Faserquerschnitt rund, man erzielt Glanz und höhere Festigkeit.
Knitterarm-/Pflegeleicht-Ausrüstung	Durch Vernetzung von Zellulosemolekülen, z.B. mit Kunstharzen, erhält die Baumwolle größere Elastizität, dadurch wird das Knitterverhalten verbessert. Sie verliert jedoch dabei meist an Festigkeit und Saugvermögen, trocknet allerdings auch schneller.
Krumpfarm-Ausrüstung	Krumpfen (gewolltes Schrumpfen) vermeidet das Einlaufen bei anschließender Nassbehandlung. Diese Veredlung ist auch wichtig für die Pflege von Baumwolltextilien im Wäschetrockner.
Wasserabweisende Ausrüstung	Durch Tränken in geeigneten Chemikalien (z.B. Silikon) werden Baumwolltextilien wasserabweisend. Eine Erneuerung nach der Wäsche ist notwendig.

Fasererkennung

Mikroskopisches Bild	Brennprobe	Reißprobe	Löslichkeitsprobe
Längsansicht der reifen Faser reife unreife tote merzeri- sierte Querschnitte	**Verbrennung:** Rasch, hell, nachglühend. **Geruch:** Nach verbranntem Papier. **Rückstand:** Hellgraue Flugasche.	**Trockenreißprobe:** Eingerissenes Gewebe zeigt an der Reißkante kurze Faserenden (vergleiche Leinen). **Nassreißprobe:** Der an einer Stelle angenässte Baumwollfaden reißt nicht an der nassen Stelle (vergleiche Viskose).	**Schwefelsäure:** Sie löst, zerstört Baumwolle (vergleiche Wolle). **Natronlauge:** Waschlaugen greifen die Faser nicht an. Natronlauge wird zur Veredlung eingesetzt (vergleiche Wolle).

Typische Baumwollstoffe

Batist	Damast	Finette	Kattun	Oxford
Biber	Denim (Jeans)	Frottier	Kretonne	Popeline
Chintz	Doppelripp	Gabardine	Molton	Renforcé
Cord (Rippensamt)	Feinripp	Interlock	Nessel	Samt

Fasermischungen   (siehe auch Seite 233)

Durch Fasermischungen sollen die negativen Eigenschaften von Faserstoffen ausgeschaltet oder besondere Effekte erzielt werden. Baumwolle wird bevorzugt mit Polyester und Polyamid sowie mit Viskose und Modal gemischt. Mischungen mit den synthetischen Chemiefasern verbessern die Pflegeeigenschaften und die Strapazierfähigkeit von Bekleidung. Baumwolle wird mit Viskose und Modal wegen der noch höheren Saugfähigkeit dieser Fasern, der gleichmäßigen Feinheit sowie aus Kostengründen gemischt. Dabei passt Modal auch in der Festigkeit und in den Dehnungseigenschaften sehr gut zur Baumwolle. Mischungen mit anderen Fasern sind ebenfalls möglich. Üblich sind überwiegend die Mischungsverhältnisse 50%/50%, 60%/40%, 70%/30%.

Einsatzgebiete

Bekleidungstextilien	Accessoires[1]	Heimtextilien	Technische Textilien
Hemden, Blusen, Unter- und Nachtwäsche, Kleider, wasserabweisend imprägnierte Wetterbekleidung, Hosen (Jeans), Freizeit- und Berufsbekleidung	Taschentücher, Spitzen, Bänder, Borten, Schirme	Bettwäsche, Tischwäsche, Küchentücher, Dekorationsstoffe, Möbelbezugsstoffe, Handtücher, Badetücher	Arbeits- und Berufsbekleidung, Planen, Nähzwirne

Pflegeeigenschaften und Pflegekennzeichnung:

Waschbar, kochfest, langsam trocknend, bügelfähig, trocknergeeignet, nicht bügelfrei

Die Kennzeichnung gilt für Maximalbelastung, Einschränkungen sind durch Flächenaufbau, Veredlung und Verarbeitung möglich.

Waschen	Chloren	Bügeln	Chemisch reinigen	Trocknen
95 weiß 60 bunt 40 dunkel-bunt Baumwolle ist kochfest. Für bunte Textilien gelten Einschränkungen.	Chlorbleiche ist möglich. In der Bundesrepublik Deutschland ist Chloren nicht üblich.	Bügeltemperatur 200°C, das Bügelgut soll feucht sein.	Baumwolle ist nicht lösemittelempfindlich (A = allgemein übliche Mittel können verwendet werden).	Trocknung im Wäschetrockner ist möglich. Ausnahme: einlaufempfindliche Textilien.

Textilkennzeichnung

Nach dem Textilkennzeichnungsgesetz dürfen als Baumwolle nur die Fasern vom Samen der Baumwollpflanze bezeichnet werden.

Internationales Baumwollzeichen

Das international geschützte Baumwollzeichen dient der eindeutigen Kennzeichnung von Textilien aus reiner Baumwolle und garantiert gute Qualität. Bei Fasermischungen ist die Verwendung ausgeschlossen.

1: Internationales Baumwollzeichen

[1] franz.: Accessoires = modisches Beiwerk

> **Leinen**   Kurzzeichen: Ll   engl.: Flax   franz.: Lin

1: Ägypterin im feingewebten Leinengewand

Geschichte

Leinen blickt auf eine jahrtausendelange Kultur zurück. Schon 5000 bis 4000 v. Chr. wurde Flachs systematisch von Ägyptern, Babyloniern, Phöniziern und anderen Kulturvölkern angebaut.

Die ägyptischen Mumien aus den Pyramiden sind in Leinen eingehüllt, denn Baumwolle war in Ägypten lange Zeit unbekannt.

Die Römer lieferten exakte Beschreibungen der Verarbeitungsmethoden, die sich von den heutigen im Prinzip kaum unterscheiden.

Eine besondere Blüte erlebte Leinen im Mittelalter. Es hat bis heute sein hohes Ansehen als Naturprodukt bewahrt.

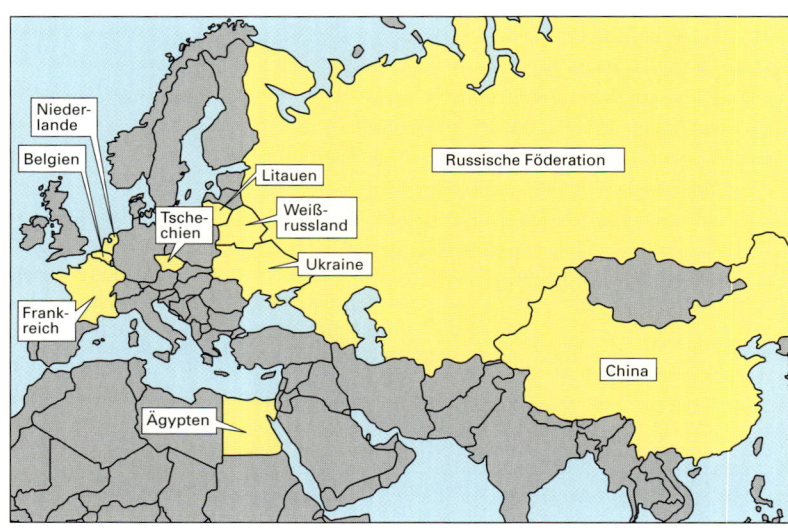

2: Flachsanbauländer

Bedeutung und Herkunft

Die Welterzeugung von Flachs ist in den letzten 25 Jahren fast konstant geblieben. Sie schwankt zwischen 600 000 und 700 000 Tonnen. Das sind etwa 1,5 % der Weltfaserproduktion.

Die Haupterzeugerländer sind:

1 China	6 Niederlande
2 Russische Föderation	7 Ägypten
3 Ukraine	8 Belgien
4 Frankreich	9 Tschechien
5 Weißrussland	10 Litauen

Insgesamt wird Flachs in rund 20 Ländern angebaut.

In jüngster Zeit versucht man, Flachs wieder in Deutschland heimisch zu machen.

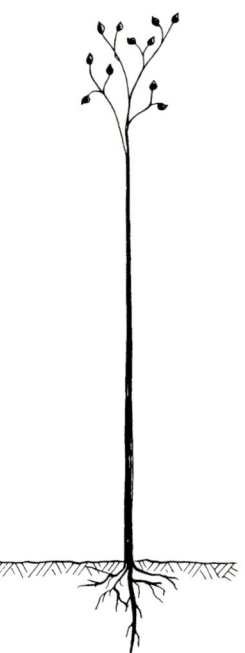

3: Flachspflanze

4: Blühender Flachs

5: Reifer Flachs

Die Flachspflanze

Die Leinenfasern werden aus dem Stängel der Flachspflanze gewonnen. Diese wird als Frucht oder Faserpflanze angebaut. Zur Fasergewinnung werden langstielige, hellblau bis weiß blühende Sorten mit einer Wuchshöhe von etwa 80 cm bis 120 cm verwendet, während kürzere Sorten der Leinölgewinnung dienen.

Der Flachs ist eine einjährige Pflanze und muss jedes Jahr neu gesät werden. Er gedeiht sehr gut im gemäßigten Klima. Gebiete mit Seeklima liefern die besten Flachssorten.

Die Aussaat erfolgt von März bis April. Das Wachstum ist nach etwa 90 bis 120 Tagen beendet. Im oberen Teil der Pflanze bilden sich Verästelungen, an denen sich die Blüten entwickeln. An der reifen Pflanze haben sich aus den Blüten die etwa erbsengroßen Samenkapseln gebildet, die etwa 2 mm lange, sehr ölhaltige Samen, enthalten.

Die Ernte erfolgt im Juli und August.

1.2.2 Pflanzliche Fasern: Leinen (2)

1: Flachsernte

2: Gehechelter Flachs

Ernte und Fasergewinnung

Raufen nennt man das Herausreißen der Pflanze mit den Wurzeln, damit die Fasern lang bleiben. Neuerdings werden auch Mähmethoden angewendet.

Riffeln, so heißt das Abtrennen der Fruchtkapseln mit den Leinsamen vom gereiften, trockenen Flachsstängel.

Rösten oder Rotten bewirkt das Zersetzen der Kittsubstanzen (Pflanzenleim) im Stängel, damit sich die Faserbündel schonend herauslösen lassen. Der Flachs wird nach einer gängigen Methode 5 bis 8 Tage lang in warmes Wasser gelegt.

Das **Trocknen** der Flachsstängel erfolgt in Warmluftöfen.

Brechen und Schwingen: Die Verbindung der Faser mit den übrigen Stängelbestandteilen ist durch das Rösten gelockert. Das Flachsstroh wird gebrochen, die Holzteile werden durch „Schwingen" entfernt. Man erhält Langflachs von 45 cm bis 90 cm Länge und Schwingwerg von 10 cm bis 25 cm Länge.

Hecheln nennt man das Auskämmen des Bastes zu verspinnbaren Faserbündeln. Gleichzeitig werden dabei die letzten Holzteilchen und die Kurzfasern entfernt. Man erhält Hechelflachs und als Nebenprodukt das Hechelwerg.

Weiterverarbeitung

Hechelflachs wird nach dem Bastfaserspinnverfahren zu Garn versponnen.

Querschnitt durch einen Flachsstängel

Der Querschnitt eines Flachsstängels zeigt verschiedene Schichten, die entfernt werden müssen, um die Faserbündel für die Verarbeitung freizulegen. Die Faserbündel reichen bis in die Wurzeln der Pflanze. Sie bestehen aus etwa 25 mm bis 40 mm langen Einzel- oder Elementarfasern, die durch Pflanzenleim (Pflanzenbast) miteinander verklebt sind. Zellulose (ca. 70 %) und Pflanzenleim (ca. 30 %) geben Leinen im Wesentlichen die typischen Eigenschaften.

Kotonisieren nennt man das mechanische oder chemische Auflösen der Faserbündel in Elementarfasern, die man auch Flockenbast nennt. Kotonisierte Flachsfasern lassen sich mit Baumwolle mischen (heute selten angewendet).

Aufbau der Leinenfaser

Leinenfasern sind ähnlich aufgebaut wie Baumwollfasern, sie bestehen vorwiegend aus Zellulosemolekülketten. Durch den Pflanzenleim, der die Elementarfasern zusammenhält, ist Leinen steifer. Leinenfasern sind im Vergleich zur Baumwolle in der Oberfläche glatter und dunkler.

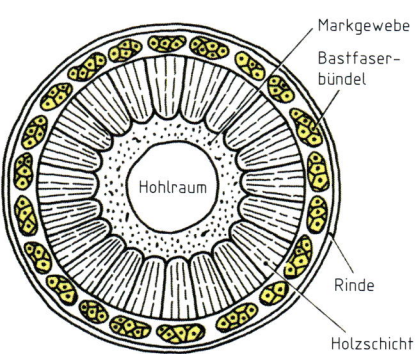

Markgewebe
Bastfaser-bündel
Hohlraum
Rinde
Holzschicht

3: Flachsstängelquerschnitt

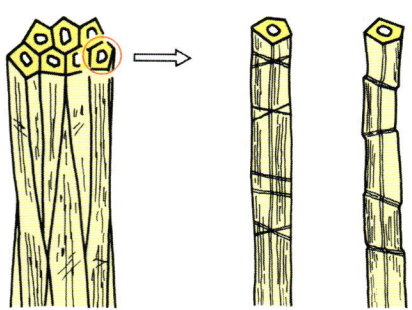

4: Faserbündel und Elementarfasern

Bekleidungsphysiologische Eigenschaften (vgl. Seite 239, 240)

Wärmeisolation: Garne und Gewebe, aus den glatten Leinenfasern hergestellt, haben kaum Lufteinschlüsse und isolieren wenig. Leinenstoffe fühlen sich frisch und kühl an, was bei Sommerkleidung als sehr angenehm empfunden wird.

Feuchtigkeitsaufnahme: Leinen ist sehr saugfähig, es nimmt Feuchtigkeit schnell auf und gibt sie auch wieder rasch an die Umgebung ab. Dies unterstützt die Klimaregelung des Körpers bei heißem Klima.

Hautfreundlichkeit: Durch den Pflanzenleim ist Leinen steifer und härter, weniger geschmeidig als Baumwolle.

Sonstige wichtige Eigenschaften (vgl. Seite 235, 236, 237)

Festigkeit: Die Feinheitsfestigkeit und Strapazierfähigkeit des Leinens sind sehr gut. Die nasse Faser ist noch reißfester als die trockene.

Dehnung: Leinen hat mit rund 2 % Dehnung die geringste Dehnbarkeit aller Bekleidungsfasern.

Elastizität: Die Elastizität ist sehr gering, deshalb knittert Leinen stark.

Elektrostatische Aufladung: Sie ist praktisch nicht möglich, weil die Faser ständig Feuchtigkeit enthält.

Oberfläche, Glanz: Wegen der Glätte der Faser ist sie matt glänzend, wenig schmutzanfällig, nicht flusend.

Feinheit, Griff: Die gröberen Flachsfaserbündel geben Leinen einen festen Griff.

Veränderungen der Eigenschaften durch Veredlung (vgl. Kapitel 4)

Leinen kann wie Baumwolle pflegeleicht ausgerüstet werden (vgl. Seite 202).

Fasererkennung

Mikroskopisches Bild	Brennprobe	Reißprobe	Lichtprobe, Ölprobe
Längsansicht einer Elementarfaser Faserbündel (Querschnitt)	**Verbrennung:** Rasch, hell, nachglühend. **Geruch:** Nach verbranntem Papier. **Rückstand:** Hellgraue Flugasche.	**Trockenreißprobe:** Die Reißenden bei Leinen sind deutlich länger als bei Baumwolle. Leinen Baum-wolle	Reinleinengewebe, gegen das Licht gehalten, zeigt Verdickungen in Kette und Schuss. Ölgetränktes Leinengewebe lässt dunklen Untergrund besser durchscheinen (wirkt glasiger) als ein ölgetränktes Baumwollgewebe.

Typische Leinenstoffe (sie zeigen charakteristische Garnungleichmäßigkeiten)

Drell	Jäger- oder Schilfleinen	Klötzelleinen	Reinleinen
Halbleinen	Siebleinen	Leinenbatist	Schneider- oder Wattierleinen

Fasermischungen (vgl. Seite 233)

Leinen wird vor allem mit Baumwolle zu „Halbleinen" verarbeitet. Dabei bestehen die Kettfäden aus Baumwolle, die Schussfäden aus Leinen (siehe Textilkennzeichnung und Europäisches Leinenzeichen). Auch mit anderen Bastfasern, wie Hanf oder Ramie sowie mit zellulosischen und synthetischen Chemiefasern, z. B. mit Modal, Polyamid, Polyester oder Polyacryl wird Leinen gemischt. Der Leinencharakter (Garnstruktur, Glanz und Farbe) wird zum Teil mit Chemiefasern nachgeahmt, es fehlen dann die typischen Leineneigenschaften.

Einsatzgebiete

Bekleidungstextilien	Accessoires	Heimtextilien	Technische Textilien
Freizeit- und Sommerbekleidung: Blusen, Hemden, Röcke, Hosen, Kostüme, Einlagen zum Steifen.	Taschen, Koffer, Schuhe, Borten.	Bett- und Tischwäsche, Dekorations- und Möbelbezugsstoffe, Wandbekleidungen, Matratzendrelle.	Planen, Seilerwaren, Nähzwirne.

Pflegeeigenschaften und Pflegekennzeichnung:

Waschbar, kochfest, schnell trocknend, bügelfähig, nicht bügelfrei

Die Kennzeichnung gilt für Maximalbelastung, Einschränkungen sind durch Flächenaufbau, Veredlung und Verarbeitung möglich.

Waschen	Chloren	Bügeln	Chemisch reinigen	Trocknen
weiß 95 bunt 60	Cl	...	A	••
Leinen ist kochfest. Für bunte Textilien gelten Einschränkungen.	Chlorbleiche ist möglich.	Bügeltemperatur bis 220 °C, das Bügelgut soll feucht sein.	Leinen verträgt allgemein übliche Lösemittel.	Trocknung im Wäschetrockner ist möglich.

Textilkennzeichnung

Nach dem Textilkennzeichnungsgesetz darf die Bezeichnung Flachs oder Leinen nur für Fasern aus dem Stängel der Flachspflanze verwendet werden. Als Reinleinen können Textilien aus 100 % Leinen bezeichnet werden. Die Bezeichnung „Halbleinen" darf bei Erzeugnissen verwendet werden, die in der Kette vollständig aus Baumwolle und im Schuss ganz aus Leinen bestehen und deren Leinenanteil mindestens 40 % des Gewebes ausmacht.

Leinensiegel

Die westeuropäische Leinenindustrie hat für ihre Erzeugnisse ein Leinensiegel geschaffen und weltweit als Warenzeichen eintragen lassen. Mit dem Leinensiegel dürfen Textilien aus Reinleinen und Halbleinen gekennzeichnet werden. Nach den Richtlinien der Leinenindustrie muss bei Mischungen der Leinenanteil mindestens 50 % betragen.

Das Leinensiegel garantiert gute Leinenqualität.

1: Leinensiegel

1.2.3 Sonstige pflanzliche Fasern

Fasername Kurzzeichen	Pflanzenteil Herkunft	Aussehen der Rohfaser	Eigenschaften und Verwendung
Kapok KP	**Samenhaar** der Kapokfrucht **Herkunft:** Brasilien, Indien, Indonesien, Mexiko, Ost- und Westafrika		Kapokfasern haben eine sehr geringe Festigkeit und sind nicht verspinnbar. Ihre Dichte beträgt nur etwa 0,35 g/cm³. Sie sind wasserabstoßend, fein, weich und glänzend. Kapok eignet sich als Füllmaterial für Schwimmwesten und wird als Stopf- und Füllmaterial für Polstergegenstände, z. B. Matratzen, verwendet.
Hanf HA	**Bastfaser** aus dem Stängel der Hanfpflanze **Herkunft:** Italien, Polen, ehem. Jugoslawien, ehem. UdSSR, Ungarn, Rumänien, Spanien, Algerien		Hanffasern haben eine sehr hohe Festigkeit. Dehnung und Elastizität sind mit Leinen vergleichbar. Die Fasern sind grob und hart, sie verrotten nur sehr langsam. Der Hanfanbau war lange Zeit verboten. Für die Fasergewinnung sind heute nur bestimmte Sorten erlaubt. Man verwendet Hanf in der Seilerei, für Planen und vermehrt wieder für Bekleidung.
Jute JU	**Bastfaser** aus dem Stängel der Jutepflanze **Herkunft:** Indien, Bangladesch, Pakistan		Jutefasern sind stark verholzt und ungleichmäßig, sie haben einen starken Geruch und sind fäulnisanfällig. Festigkeit, Dehnung und Elastizität sind etwa vergleichbar mit Leinen. Man verwendet Jute für Verpackungsgewebe, Wandbespannungen (Rupfen), für Gurte, Teppich-Grundgewebe und als Trägermaterial für Bodenbeläge.
Ramie RA	**Bastfaser** aus dem Stängel der Ramiepflanze („Leinen des Fernen Ostens") **Herkunft:** Ferner Osten, ehem. UdSSR, USA		Ramiefasern sind hochwertig, leinenähnlich und sehr fest. Sie sind glatt und gleichmäßig, gut anfärbbar und lichtbeständig, haben dauerhaften Glanz und sind sehr saugfähig. Der Griff ist etwas härter als bei Baumwolle. Sie werden für feine, leichte, strapazierfähige Gewebe, Riemen und Bänder, kurze Fasern zur Banknotenherstellung verwendet.
Sisal SI	**Hartfaser** aus den Blättern der Sisalpflanze **Herkunft:** Brasilien, Indonesien, Mexiko, Ostafrika		Sisalfasern haben eine hohe Reiß- und Scheuerfestigkeit. Sie sind gut zu färben und sind widerstandsfähig gegen Feuchtigkeit. Die Farbe der Fasern ist weiß, sie können gut eingefärbt werden. Man verwendet Sisal in der Seilerei und für Teppiche, Netze, Matten.
Manila AB	**Hartfaser** aus den Blättern einer Bananenart **Herkunft:** Philippinen (Hauptstadt: Manila), Nordamerika		Manilafasern sind reißfester als Sisal. Gegen Meerwasser sind sie sehr widerstandsfähig. Ihre Dichte ist vergleichsweise niedrig. Man verwendet sie für Schiffstaue und andere Seilerwaren sowie für Netze und Matten.
Kokos CC	**Hartfaser** von der Kokosnuss **Herkunft:** Indien, Indonesien, Sri Lanka		Kokosfasern haben eine sehr hohe Scheuerfestigkeit, sind sehr strapazierfähig und haben eine gute Elastizität. Sie nehmen wenig Schmutz auf und isolieren gut. Kokos wird vor allem für Läufer, Bodenbeläge, Seiler- und Polsterwaren sowie für Bürsten verwendet. Sie werden oft naturbelassen verarbeitet.

1.2.4 Tierische Fasern: Wolle (1)

Reine Schurwolle

> **Wolle** Kurzzeichen: Wolle WO, Schurwolle WV engl.: Wool franz.: Laine

Geschichte

Schon vor 7000 Jahren waren Wollfilze in China, bei den Babyloniern und in Ägypten ein Begriff. Die zunächst den Schafen ausgerupfte Wolle konnte mit der Erfindung der Schneidwerkzeuge in der Eisenzeit geschoren werden. Im 14. Jahrhundert wurde in Spanien das Schaf mit der feinsten Wolle gezüchtet, das Merinoschaf. Ende des 18. Jahrhunderts begann man in Australien mit der Schafzucht. Heute leben dort rund 120 Millionen Schafe. Das sind 11% des Weltschafbestandes.

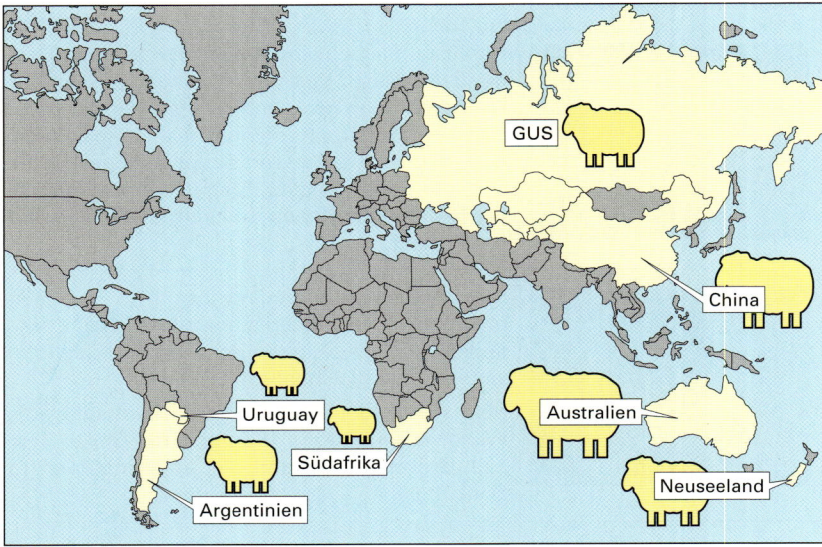

1: Wollerzeugerländer (Schurwolle)

Bedeutung und Herkunft

Die Welterzeugung von Wolle hat sich seit der Jahrhundertwende bis heute etwa verdoppelt. Die Produktion gewaschener Wolle betrug 1997/98 ca. 1,5 Millionen Tonnen (ungewaschen ca. 2,5 Millionen Tonnen). Das sind etwa 3% der Weltfaserproduktion. In fast allen Ländern der Erde gibt es Schafe. Die wichtigsten Wollerzeugerländer sind:

1 Australien	6 Uruguay
2 China	7 Südafrika
3 Neuseeland	8 Türkei
4 GUS (ehem. UdSSR)	9 Großbritannien
5 Argentinien	10 Pakistan

Wollgewinnung

Schafschur: Die Schafe werden mit elektrischen Schermaschinen geschoren, wobei darauf geachtet wird, dass keine Verletzungen entstehen und das Wollkleid zusammenhängend anfällt. Dieses Wollkleid nennt man Vlies. Die Wolle an den Beinen ist kurz und grob. Sie wird wegen ihrer geringen Qualität bereits beim Scheren vom Vlies getrennt.

2: Merinowidder

3: Prüfung der Wolle

Sortieren: Nach dem Scheren wird das Vlies im Wesentlichen in vier Qualitätszonen aufgeteilt (1 = beste, 4 = schlechteste). Der Sortierer klassiert die Wolle nach Feinheit, Kräuselung, Faserlänge, Verunreinigungen und Farbe. Stark verunreinigte Stellen befinden sich an den Bauchpartien.

Waschen: Ein Vlies wiegt ungewaschen zwischen 1 und 6 kg, Vliese von australischen Schafen durchschnittlich 4,5 kg. Etwa 40% dieses Gewichtes sind Wollfett (Lanolin), Schmutz und Kletten. Schmutz und der größte Teil vom Wollfett werden durch eine schonende Wäsche entfernt.

Karbonisieren: Pflanzliche Verunreinigungen entfernt man mit Schwefelsäure, wenn dies erforderlich ist.

Weiterverarbeitung: Wollfasern werden nach dem Kammgarnspinnverfahren zu glatten, feinen und nach dem Streichgarnspinnverfahren zu gröberen, voluminösen Garnen versponnen.

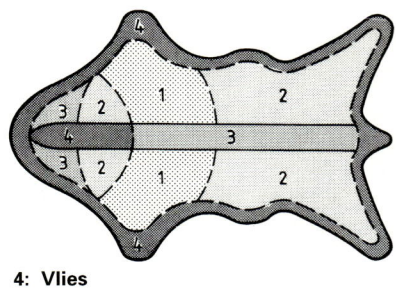

4: Vlies

5: Kammgarngewebe

6: Streichgarngewebe

Einteilung der Wolle

Feinheit, Stapellänge und Kräuselung der Wolle sind ihre wichtigsten Qualitätsmerkmale, sie wird deshalb eingeteilt in Feinwollen, Mittelwollen und Grobwollen, die bevorzugt von drei Schafrassen stammen.

Wollsorte	Feinwollen	Mittelwollen	Grobwollen
Schafrassen	Merinoschafe	Crossbredschafe (Kreuzzucht)	Cheviotschafe
Feinheit, Durchmesser	feinste Wollen, 15 … 23 µm[1]	mittlere Feinheit, 24 … 30 µm	grob, über 30 µm
Länge	50 … 120 mm	120 … 150 mm	über 150 mm
Kräuselung, Bogigkeit	überbogig, hochbogig	normalbogig	feinbogig, schlicht
Herkunftsländer	Australien, Südafrika, ehem. UdSSR	Argentinien, Uruguay	Neuseeland, Großbritannien
Einsatzgebiete	feine Oberbekleidung gestrickt und gewebt, Schals, Strümpfe	gröbere, sportliche, strapazierfähige Bekleidung	Teppiche, rustikale Möbelbezugsstoffe

[1] $1 \, \mu m = \dfrac{1}{1\,000\,000} \, m = 10^{-6} \, m$

Neben der Einteilung der Wolle nach Feinheit, Kräuselung und Schafrasse kann sie auch eingeteilt werden nach:

Schur **Lammwolle:** Von der ersten Schur nach 6 Monaten, sie ist fein weich, wenig fest und hat feine Spitzen. **Jährlingswolle:** Von der ersten oder zweiten Schur nach 10–12 Monaten. **Einschurwolle:** einmalige Schur im Jahr. **Zweischurwolle:** Zweimalige Schur im Jahr. **Achtmonatswolle:** Schur alle 8 Monate.

Herkunft **Australwolle, Neuseelandwolle, Kapwolle** usw.

Gewinnung **Schurwolle:** neue, ungebrauchte Wolle. **Sterblingswolle:** vom kranken, verendeten, notgeschlachteten Tier. **Haut-, Gerberwolle:** vom geschlachteten Tier.

Verspinnung **Wolle für Kammgarne:** meist feine Merinowolle, die nach dem Kammgarnspinnverfahren zu feinen, glatten, gleichmäßigen Kammgarnen verarbeitet wird. **Wolle für Streichgarne:** Wolle, die nach dem Streichgarnspinnverfahren zu gröberem, voluminösem Streichgarn verarbeitet wird. **Teppichwolle:** lange grobe Wolle für Teppichgarne.

Gebrauch **Reißwolle** ist aufgerissene und wiederaufbereitete Wolle von Abfällen der Produktion und von getragenen Kleidungsstücken. Reißwollfasern sind beschädigt und von sehr geringer Qualität.

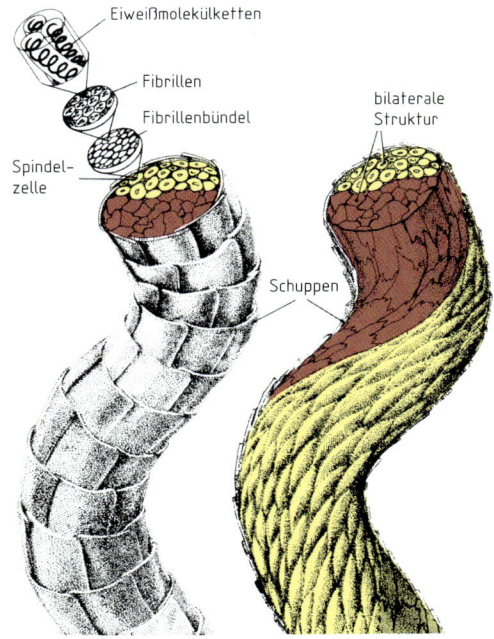

1: Modell der Wollfaser

Aufbau der Wollfaser

Die Wollfaser besteht aus Eiweißmolekülketten (**Keratin**). Sie hat große Ähnlichkeit mit dem Menschenhaar. Die Eiweißmolekülketten bilden Fibrillen, die zu Fibrillenbündeln zusammengefasst sind und das Innere der Spindelzellen bilden. Durch diesen Aufbau ist die Wollfaser außerordentlich elastisch. Im Faserinneren winden sich spiralförmig zwei verschiedene Faserhälften umeinander, die eine verschiedenartige chemische Zusammensetzung haben (bilaterale Struktur). Die Kräuselung der Wolle ist auf diese bilaterale Struktur zurückzuführen. Einwirkung von Feuchtigkeit und Wärme bewirkt eine unterschiedliche Quellung der Faserhälften. Heißer Dampf lockert Verbindungen zwischen den Eiweißmolekülketten. Beim Abkühlen bilden sich neue Verbindungen zwischen den Molekülketten. Dadurch ergeben sich die guten Bügel- und Dressiereigenschaften der Wolle.

Wolle ist wasserdampfanziehend (hygroskopisch). Sie kann etwa $1/3$ ihrer Masse an dampfförmiger Feuchtigkeit aufnehmen, ohne sich feucht anzufühlen. Die Feuchtigkeit wird nur langsam abgegeben. Trotz dieser starken Feuchtigkeitsbindung im Faserinneren ist die Oberfläche der Faser wasserabweisend (hydrophob), weil sie von einem hauchdünnen Häutchen, der Epicuticula, umhüllt ist. Dieses Häutchen lässt Wassertropfen abrollen, während es Dampf eindringen lässt.

Die **Schuppen** der Wollfasern können sich durch den Einfluss von Wärme, Feuchtigkeit und Mechanik dauerhaft ineinander verhaken, verfilzen.

Bekleidungsphysiologische Eigenschaften (vgl. Seite 239, 240)

Wärmeisolation	In glatten Kammgarnen sind die feinen Wollfasern fest eingebunden, sie können kaum kräuseln. Feine glatte Kammgarne schließen weniger Luft ein und haben deswegen eine geringere Wärmeisolation. Voluminöse Streichgarne haben eine lockere Garnstruktur. Die Wollfasern liegen gekräuselt im Garninneren vor und isolieren durch viele Lufteinschlüsse hervorragend gegen Kälte.
Feuchtigkeitsaufnahme	Wolle ist hygroskopisch. Sie nimmt bis zu einem Drittel ihres Gewichtes an dampfförmiger Feuchtigkeit auf, ohne sich feucht anzufühlen und kann Schweiß chemisch binden. Dampfförmige Feuchtigkeit wird sehr schnell aufgenommen. Wassertropfen weist die Wollfaser zunächst ab. Sie nimmt Feuchtigkeit in Tropfenform nur sehr langsam auf. Diese Eigenschaften nennt man „hydrophob". Nasse Wolle trocknet langsam.
Hautfreundlichkeit	Die Weichheit der Wollfasern ist von der Feinheit abhängig. Lammwolle und feine Merinowolle sind besonders weich. Wenn gröbere Wollen, ab ca. 30 µm, im Bekleidungsbereich verwendet werden, können diese Hautreizungen verursachen.

Sonstige wichtige Eigenschaften (vgl. Seite 235, 236, 237)

Festigkeit	Wolle hat eine ausreichende Festigkeit. Sie ist jedoch geringer als die der übrigen Bekleidungsfasern, deswegen sind Textilien aus Wolle nicht besonders scheuerfest.
Dehnung	Die Fasern besitzen eine sehr gute Dehnbarkeit, die bei nasser Wolle noch größer ist als bei trockener. Wegen der Gefahr der Verformung soll tropfnasse Wollkleidung liegend getrocknet werden.
Elastizität	Elastizität und „Sprungkraft" sind ausgezeichnet. Knitterfalten in Wollkleidung erholen sich (besonders gut bei der Einwirkung von Dampf).
Formbarkeit	Bei Einwirkung von Dampf orientieren sich die Molekülketten im Faserinneren neu. Dadurch ist Wolle durch Dampfeinwirkung bedingt dauerhaft formbar.
Filzbarkeit	Wenn Feuchtigkeit, Wärme und Bewegung auf Wolle einwirken, verhaken sich die Schuppen an der Faseroberfläche, sie verfilzt. Dies ist bei der Filzherstellung gewollt, die Wollfasern werden „gewalkt" und verfilzen zu einer textilen Fläche. Bei der Pflege von Bekleidung aus Wolle ist das Verfilzen nicht erwünscht.
Feinheit, Griff	Wollfasern sind je nach Sorte fein bis grob, der Griff ist weich bis rau. Als 100s (Super 100) werden nach der alten englischen Feinheitsbezeichnung superfeine Merinowollen bezeichnet. Die alte englische Feinheitsbezeichnung 100s entspricht der Feinheit 16 µm. Diese Wollen werden auf speziellen Auktionen versteigert und dann zu extrem feinen Tuchen verarbeitet.
Elektrostatische Aufladung	Die Wollfaser lädt sich elektrostatisch nur gering auf, weil sie ständig Feuchtigkeit enthält, welche die elektrischen Ladungen ableitet.
Entflammbarkeit	Wolle ist schwer entflammbar. Dadurch ist sie für Brandschutztextilien geeignet.

Veränderungen der Eigenschaften durch Veredlung (vgl. Kapitel 4. Textilveredlung)

Dauerfixierung	Chemikalien, Druck und Dampf fixieren gebügelte Falten dauerhaft (Siroset-Verfahren).
Dekatieren	Textile Wollflächen werden durch Druck und Dampfbehandlung geglättet, fixiert, verarbeitungsfertig, „nadelfertig", sie bekommen Glanz und einen angenehmen Griff.
Filzfreiausrüstung (Antifilzausrüstung)	Durch Behandlung mit Chemikalien kann die Filzfähigkeit verringert werden, Wolle wird waschmaschinenwaschbar.
Flammhemmende Ausrüstung	Chemikalien, die an die Eiweißmoleküle der Wolle chemisch gebunden werden, verbessern die Schutzwirkung gegen Flammen und Hitze.
Karbonisieren	Entfernen pflanzlicher Verunreinigungen durch Schwefelsäure.
MottenschutzAusrüstung	Durch Behandeln der Wolle z. B. mit Eulan oder Mitin wird sie vor Mottenfraß geschützt (für Heimtextilien).
Rauen	Fäserchen werden aus der textilen Fläche herausgerissen. Das Bindungsbild verschwindet (wird häufig nach dem Walken durchgeführt).
Walken	Gewolltes Verfilzen von Wollartikeln. Wollartikel laufen beim Walken ein.
Wasserabweisende Ausrüstung	Durch Behandeln mit Silikon werden Wolltextilien wasserabweisend (hydrophob).

Fasererkennung

Mikroskopisches Bild	Brennprobe	Reibprobe	Löslichkeitsprobe
Querschnitt: rund. **Längsschnitt:** dachziegelartig angeordnete Schuppen.	**Verbrennung:** brodelnd, kleine Flamme, verlöschend. **Geruch:** nach verbranntem Horn (Haar). **Rückstand:** dunkle, zerreibbare Asche.	Nimmt man eine Wollfaser zwischen Daumen und Zeigefinger (parallel zu den Fingern) und reibt die beiden Finger übereinander, so bewegt sie sich in eine Richtung. Dreht man sie um, so bewegt sie sich entgegengesetzt.	**Schwefelsäure:** Kalte, konzentrierte Schwefelsäure greift Wolle kaum an (vergleiche Baumwolle). **Natronlauge:** Kochende 5%ige Natronlauge sowie Lithiumhypochlorid lösen Wolle auf (vergleiche Baumwolle).

Typische Wollstoffe

Afghalaine	Charmelaine	Diagonal	Flanell	Filz	Loden	Shetland	Tuch
Bouclé	Cheviot	Donegal	Flausch	Fresko	Mousseline	Trikotine	Tweed

Fasermischungen   (vgl. Seite 233)

Die Mischung von Wolle mit synthetischen Chemiefasern wie Polyester, Polyacryl und Polyamid ist eine gute und bewährte Partnerschaft, die sich sinnvoll ergänzt. Durch die Beimischung dieser Fasern wird die Filzfähigkeit gemindert und die Pflegeeigenschaften werden verbessert. Außerdem erhöht das Zumischen dieser Fasern die Scheuerfestigkeit erheblich. Die guten bekleidungsphysiologischen Eigenschaften der Wolle dominieren, wenn der Wollanteil über 50 % beträgt. Üblich sind Mischungen 55 %/45 %, 50 %/50 %, 60 %/40 %, 70 %/30 %, 80 %/20 %. Neben den genannten synthetischen Chemiefasern wird Wolle auch mit Seide, Baumwolle, vor allem aber mit feinen Tierhaaren gemischt.

Einsatzgebiete

Bekleidungstextilien	Accessoires	Heimtextilien	Technische Textilien
Anzüge, Kostüme, Pullover, Westen, Mäntel, Kleider, Winterblusen.	Krawatten, Schals, Hüte, Strümpfe, Socken.	Decken, Teppiche, Dekorationsstoffe, Möbelbezugsstoffe.	Brandschutztextilien, technische Filze.

Pflegeeigenschaften und Pflegekennzeichnung:

Beschränkt waschbar, sehr langsam trocknend, gut bügelfähig, nicht bügelfrei

Die Kennzeichnung gilt für Maximalbelastung, Einschränkungen sind durch Flächenaufbau, Veredlung und Verarbeitung möglich.

Waschen	Chloren	Bügeln	Chemisch reinigen	Trocknen
Nur filzfrei ausgerüstete Wolle ist maschinenwaschbar im Wollwaschgang.	Nicht chloren.	Bügeltemperatur bis 150 °C, mit Dampf oder einem feuchten Tuch bügeln.	Wolle kann mit Perchlorethylen chemisch gereinigt werden.	Nicht im Wäschetrockner, nicht in der Sonne oder auf der Heizung trocknen.

Textilkennzeichnung

Nach dem TKG[1] ist **Schurwolle** neue und unbeschädigte Wolle. Schurwollerzeugnisse müssen aus Wollfasern bestehen, die noch nie in einem Fertigerzeugnis enthalten waren und nur dem zur Herstellung des Erzeugnisses erforderlichen Verarbeitungsprozess unterlegen haben. Textilien aus **100 % Schurwolle** dürfen mit **REINE SCHURWOLLE** gekennzeichnet werden, dabei sind bis 0,3 % Fremdfasern für Faseranflug während der Produktion, 2 % für antistatische Wirkung und bis 7 % für sichtbare Ziereffekte eingeräumt. In **Mischungen** darf die Bezeichnung „Schurwolle" nur verwendet werden, wenn die gesamt enthaltene Wolle Schurwollqualität hat und der Anteil mindestens 25 % beträgt.

Die Bezeichnung **Reine Wolle** darf auch für ein Erzeugnis verwendet werden, welches z. B. aus Reißwolle besteht.

Warenzeichen für Schurwolle und Mischungen	
1:  WOOLMARK **2:** WOOLMARK BLEND	Die Warenzeichen Woolmark® und Woolmark Blend® werden zur Kennzeichnung von Textilien hochwertiger Qualität vergeben. Ihre Verwendung ist an bestimmte Bedingungen geknüpft, deren Einhaltung von der Woolmark-Company überwacht wird. **Woolmark® (Bild 1)** wird für Textilien aus reiner Schurwolle vergeben. Es werden neben der Rohstoff-Reinheit auch bestimmte Qualitätsmerkmale wie z. B. Mindestechtheiten der Farben, Mindestreißfestigkeit und Dimensionsstabilität garantiert. **Woolmark Blend® (Bild 2)** wird bei Mischung mit **einer** anderen Faser (bei Fasermischung im Garn) und einem Schurwollanteil von mindestens 50 % vergeben. Es garantiert die Einhaltung der gleichen Qualitätsrichtlinien, die an Woolmark-Textilien gestellt werden.

[1] TKG = Textilkennzeichnungsgesetz

1.2.5 Tierische Fasern: Haare

► Feine Tierhaare

Fasername, Kurzzeichen	Aussehen	Beschreibung
Alpaka WP **Lama** WL **Vikunja** WU **Guanako** WU		Alpaka, Lama, Vikunja und Guanako sind Lamaarten, die in den südamerikanischen Anden leben. Die Tiere werden alle zwei Jahre geschoren. Ihre Haare werden nach Feinheit und Naturfarbe sortiert. Sie sind fein, weich und leicht gekräuselt und haben eine ausgezeichnete Isolationsfähigkeit. Man stellt aus ihnen hochwertige Strickwaren, Jacken, Mäntel und Decken her.
Kamel WK		Kamelhaar ist das Flaumhaar der zweihöckrigen Kamele. Die Tiere werfen es jährlich büschelweise ab. Es ist sehr fein, weich, leicht gekräuselt und beigebraun. Junge Kamele bis zum Alter von einem Jahr sind „naturblond", fast weiß; ihr „babyhair" ist besonders weich und wertvoll. Kamelhaar wird für Oberbekleidung verwendet. Das Haar des einhöckrigen Kamels ist grob und nur für technische Zwecke zu verwenden.
Kaschmir WS **Kaschgora** WSA		Die Kaschmir-Ziege lebt in der Mongolei und im Himalaja in extremer Höhe bis 5000 m. Um der Kälte zu widerstehen, hat sie ein außergewöhnlich feines Unterhaar. Beim jährlichen Pelzwechsel werden die feinen Unterhaare aus den groben Grannen- und Deckhaaren ausgelesen und nach Farben sortiert. Textilien aus Kaschmir sind fein, weich, leicht, sehr geschmeidig und glänzend. Kaschmir ist das teuerste Naturhaar. Die Kaschgoraziege ist eine Kreuzung zwischen der Kaschmirziege und der Angoraziege.
Mohair WM **Yak** WY		**Mohair** ist die Bezeichnung für die Haare der Angora- oder Mohairziege. Das Tier wird zweimal jährlich geschoren. Die beste Schur kommt von Ziegen aus Texas, Südafrika und der Türkei. Die Haare sind langstapelig, leicht gelockt und seidig glänzend. Ihre Farbe ist weiß, sie filzen kaum und lassen sich ausgezeichnet färben. Man stellt aus Mohair Oberbekleidung und Decken her. **Yak** sind die Haare des Ziegenochsen.
Angora WA **Kanin** WN		Angorahaare stammen von Angora-Kaninchen, die in Europa und Ostasien gezüchtet werden. Der Name ist abgeleitet von Ankara. Die Kaninchen werden bis zu viermal im Jahr geschoren. Ihre feinen, sehr leichten Haare nehmen Wasserdampf sehr gut auf. Man stellt aus ihnen Rheuma- und Skiunterwäsche her. Einzelne gröbere Grannenhaare geben Oberbekleidungsstoffen den typischen Stichelhaareffekt.

Innerhalb der Woolmark-Richtlinien und dem Textilkennzeichnungsgesetz sind die feinen Tierhaare der Wolle vom Schaf gleichgestellt, weil sie ähnliche Eigenschaften wie Schafwolle besitzen. Erzeugnisse aus feinen Tierhaaren können, bei Einhaltung der Wollsiegel-Qualitätsrichtlinien, mit dem Wollsiegel gekennzeichnet werden.

► Grobe Tierhaare

Die groben Tierhaare werden in der Bekleidungsherstellung vor allem für elastische und formbeständige Einlagestoffe verwendet. Die wichtigsten sind **Rosshaar, Kamelhaar (Grannenhaare), Rinderhaar** und **Ziegenhaar**.

> **Seide**   Kurzzeichen: Maulbeerseide SE, Tussahseide ST   engl.: Silk   franz.: Soie

Geschichte

Nach der Sage soll die chinesische Kaiserin Si Ling Schi (oder auch Lei Zu) vor fast 5000 Jahren eine Seidenraupe beim Einspinnen beobachtet haben. Sie haspelte den Faden ab und stellte daraus ein Gewebe her.

Die Römer zahlten für ein Pfund chinesischen Seidenstoff 1 Pfund Gold. Um 550 n. Chr. sollen Schmuggler Eier von Seidenraupen nach Europa gebracht haben. Von dieser Zeit an konnte Seide im Mittelmeerraum hergestellt werden.

1: **Erzeugerländer für Seide**

Herkunft und Bedeutung

Die Welterzeugung Rohseide betrug 1995 ca. 70 000 Tonnen. Das sind weniger als 0,2 % der Weltfaserproduktion.

Seide kann nur dort gezüchtet werden, wo Maulbeerbäume wachsen.

Die Haupterzeugerländer für Seide sind:

1 China	4 GUS (ehem. UdSSR)	7 Thailand
2 Indien	5 Brasilien	8 Türkei
3 Japan	6 Korea	9 Frankreich

Der Maulbeerspinner

Der Maulbeerspinner, so heißt die gezüchtete Seidenraupe, ist nach dem Schlüpfen aus dem Ei etwa 2 mm groß. Er ernährt sich von einer großen Menge Blätter des Maulbeerbaumes.

Nach ca. 30 Tagen und vier Häutungen hat er etwa die Größe eines Mittelfingers und beginnt sich zu verpuppen. Dazu legt der Züchter so genannte „Spinnhütten" an. Aus einer Spinnwarze an der Unterlippe, gespeist von zwei Drüsen, presst er die Seidenflüssigkeit (**Fibroin,** das ist tierisches Eiweiß), die vom Seidenleim (**Serizin** oder Seidenbast) umgeben ist. Drei Tage lang spinnt die Raupe einen etwa 3000 m langen Doppelfaden. Sie bewegt dabei den Kopf in Form einer Acht und baut so eine etwa Taubenei große Hülle, den **Kokon.** Das Seidengewirr, mit dem der Kokon in der Spinnhütte befestigt ist, wird **Flockseide** genannt.

Nach etwa 14 Tagen hat die Umwandlung von der Raupe zum Schmetterling stattgefunden. Der Schmetterling löst die Kokonwand auf und schlüpft aus. Die Tiere paaren sich, das Weibchen legt Eier und beide sterben ab.

Als „Ernte" von 50 000 Raupen kann man ca. 1000 kg Seidenkokons erwarten, die einen Ertrag von etwa 120 kg Rohseide ergeben.

2: **Eierlegendes Weibchen**

3: **Entwicklung der Raupe**

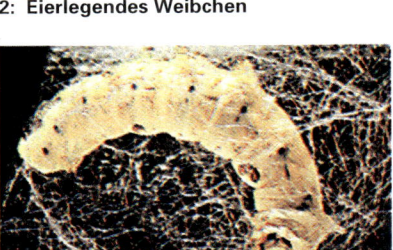

4: **Raupe beim Einspinnen**

5: **Kokons, mit Flockseide befestigt**

6: **Geschlüpfter Schmetterling**

7: **Kokons auf Seidengewebe**

Der Tussahspinner

Neben dem Maulbeerspinner gibt es viele frei lebende Seidenraupen. Die wichtigste wild lebende Seidenraupe ist der Tussahspinner. Eine Zucht dieser Seidenraupen in Europa ist bisher nicht gelungen.

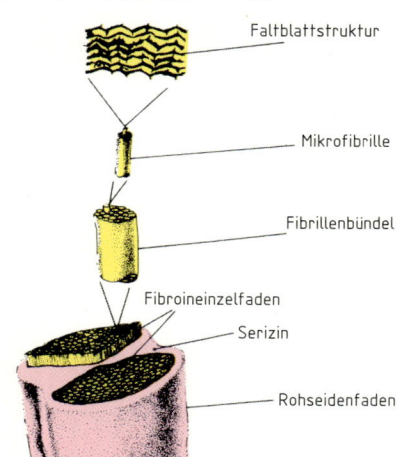

Faltblattstruktur

Mikrofibrille

Fibrillenbündel

Fibroineinzelfaden

Serizin

Rohseidenfaden

1:   Modell des Rohseidenfadens

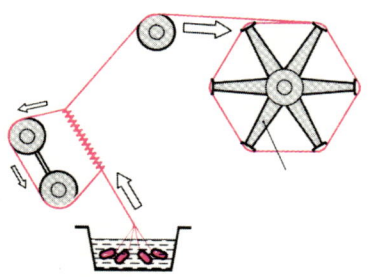

2:   Abhaspeln der Kokons

Aufbau des Seidenfadens

Die Fasersubstanz **Fibroin** besteht aus Eiweißmolekülketten, ähnlich wie die Wolle. Jeder der beiden Fibroineinzelfäden wird aus Fibrillenbündeln gebildet. Das sind kleinste Fäserchen in der Faser, die wiederum aus Mikrofibrillen bestehen. Mikrofibrillen bestehen aus Eiweißmolekülketten.

Die Molekülketten und ihre Anordnung im Faserinnern – man spricht von der Faltblattstruktur – sind für die physikalischen, chemischen und die bekleidungsphysiologischen Eigenschaften der Seide verantwortlich. Durch die innere Struktur erklären sich vor allem die hohe Festigkeit und die gute Elastizität.

Der Seidenbast, Seidenleim, das **Serizin,** umhüllt die zwei Fibroinfäden und klebt sie zusammen. Er besteht aus einer durchsichtigen, wasserlöslichen Eiweißsubstanz und ist stets mehr oder weniger mit Farbpigmenten behaftet. Er gibt damit dem Kokon seine Naturfarbe, die bei Maulbeerseide von naturweiß bis gelb oder orange-gelb und bei Tussahseide von rötlich bis hellbraun und dunkelbraun reicht.

Gewinnung der Zuchtseide (Maulbeerseide)

Haspelseide (Reale Seide): Der Seidenraupenzüchter braucht die unbeschädigten Kokons. Er tötet die Tiere in Heißdampf oder trockener Hitze ab. In heißem Wasser, das den Seidenleim löst, werden die Fadenanfänge gesucht und die Fäden von den Kokons abgehaspelt (abgespult). Weil ein einzelner Kokonfaden zu fein ist, werden fortlaufend 7 bis 10 Kokonfäden zu einem **Rohseidenfaden (Grège)** zusammengefasst. Haspelseide ist die etwa 1000 m lange „endlose Seide" vom Kokonmittelteil. An der Rohseide, die meist gezwirnt wird, haftet noch der Seidenleim.

Schappeseide nennt man die längeren Seidenfasern von nicht mehr abhaspelbaren Kokonteilen. Sie werden nach dem Kammgarnspinnverfahren zu feinen, glatten, gleichmäßigen Schappeseidengarnen verarbeitet.

Bouretteseide nennt man die bei der Schappeseidenverarbeitung anfallenden kurzen Seidenabfallfasern (Kämmlinge). Sie werden nach dem Streichgarnspinnverfahren zu gröberen, ungleichmäßigen noppigen Bouretteseidengarnen verarbeitet.

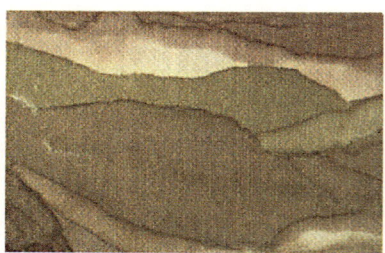

3:   Gewebe aus Haspelseide

4:   Maschenware aus Schappeseide

Gewinnung der Wildseide (Tussahseide)

Die Kokons der wild lebenden Tussahspinner werden von Bäumen und Sträuchern gesammelt. Wildseide ist meist nicht abhaspelbar und lässt sich schlecht entbasten. Sie behält darum ihre bräunliche oder rötliche Naturfarbe. Die Fäden der Wildseide haben Feinheitsschwankungen, die wie ungleichmäßige Bleistiftstriche wirken.

5:   Gewebe aus Bouretteseide

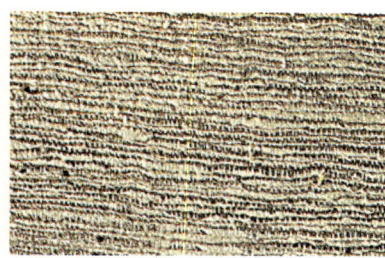

6:   Gewebe aus Wildseide

1.2.6 Tierische Fasern: Seide (3)

Bekleidungsphysiologische Eigenschaften (vgl. Seite 239, 240)	
Wärmeisolation	Seide wird als kühl und zugleich als warmhaltend bezeichnet. Seidenfilamente ergeben feine Gewebe mit geringem Lufteinschluss, sie liegen glatt auf der Haut auf und wirken deshalb kühlend. Trotzdem sind solche feinen Seidengewebe warm haltend, weil die zwischen Körper und dem feinen, dichten Gewebe vorhandene warme Luft nicht so leicht entweichen kann.
Feuchtigkeits-aufnahme	Seide kann ähnlich wie die Wolle etwa 1/3 ihres Gewichtes an dampfförmiger Feuchtigkeit aufnehmen und speichern, ohne sich feucht anzufühlen. Nässe saugt sie schnell in die Hohlräume im Faserinneren auf.
Hautfreundlichkeit	Wegen ihrer Feinheit und Weichheit ist Seide sehr hautfreundlich und angenehm auf der Haut.

Sonstige wichtige Eigenschaften (vgl. Seite 235, 236, 237)	
Glanz, Feinheit, Griff	Der typische Seidenglanz, die hohe Feinheit und der angenehme Griff entbasteter Haspelseide sind die wichtigsten Seideneigenschaften.
Festigkeit	Die Feinheitsfestigkeit der Seide ist sehr gut.
Dehnung	Die Dehnbarkeit ist sehr gut, sie liegt etwa zwischen 10 % und 30 % der Ausgangslänge.
Elastizität	Seide hat eine ausgezeichnete Elastizität. Sie knittert deshalb nicht so stark, Knitter erholen sich (Ausnahme: sehr feine, glatte sowie erschwerte Seidengewebe).
Elektrostatische Aufladung	Sie lädt sich kaum elektrostatisch auf, weil sie ständig Feuchtigkeit enthält, die Ladungen ableitet.
Empfindlichkeit	Schweiß, Deosprays und Parfum können Farbtonänderungen hervorrufen und die Seide brüchig machen, deshalb sollte man Armblätter und Futter einnähen.
Seidenschrei	Beim Zusammendrücken der Seide ergibt sich ein Geräusch, das wie Auftreten in frisch gefallenen Schnee klingt.

Veränderung der Eigenschaften durch Veredlung (vgl. Kapitel 4. Textilveredlung)	
Entbasten	Gewebe und Maschenwaren aus Rohseidengarnen sind durch den Seidenleim hart und spröde. Durch schonendes Abkochen in schwacher Seifenlauge wird der Seidenleim (Bast) entfernt.
Erschweren (Beschweren)	Der beim Entbasten entstandene Massenverlust kann durch Metallsalze oder andere Chemikalien ganz oder teilweise ausgeglichen werden.

Eigenschaften der unterschiedlichen Seidenarten (Zusammenfassung)

Neben den oben genannten Eigenschaften, die im wesentlichen für entbastete Haspelseide gelten, sind die Eigenschaften der Seide von der Raupenart (Maulbeerseide, Wildseide), von der Faserart und ihrer Verarbeitung (Haspelseide, Schappeseide, Bouretteseide) und von der Verarbeitungsstufe (Rohseide, entbastete Seide, erschwerte Seide) abhängig. Die Tabelle gibt eine Obersicht über wesentliche Unterschiede.

Entbastete Maulbeerseide	Erschwerte Maulbeerseide	Wildseide
• knittert wenig • geschmeidig • edler Glanz **Haspelseide:** • glatt, größte Feinheit **Schappeseide:** • fein, glatt, geichmäßig **Bouretteseide:** • gröber, noppig, ungleichmäßig	• füllig • schwer • steif • knitteranfällig • verminderte Haltbarkeit • stärkerer Glanz Man erkennt bei der Brennprobe, wenn ein Seidenstoff mit Metallsalzen erschwert wurde (vgl. Seite 216).	• grob (dickere Faser, andere Querschnittsform) • wird selten entbastet • harter Griff • schwerer als Maulbeerseide • dunklere, matte Farben • mattglänzend • nicht so gleichmäßig • schweißunempfindlicher

Über die genannten Unterschiede hinaus beeinflussen wie bei allen textilen Faserstoffen Warendichte, Bindung und Verarbeitung die Wareneigenschaften.

Fasererkennung

Mikroskopisches Bild	Brennprobe	Aussehen, Griff	Löslichkeitsprobe
Maulbeerseide entbastet	**Verbrennung:** Kleine Flamme, langsam verlöschend. **Geruch:** Nach verbranntem Horn, Haar. **Rückstand:** Dunkle, zerreibbare Schlacke, gitterartiges Gerüst bei erschwerter Seide.	Entbastete Maulbeerseide ist glänzend, glatt und geschmeidig. Haspelseide: sehr fein Schappeseide: fein Bouretteseide: noppig, grob Erschwerte Seide: glatt, steif Wildseide: unregelmäßig, fest	**Schwefelsäure:** Sie löst und zerstört damit Seide (vergleiche Wolle). **Lithiumhypochlorid** löst ebenfalls Seide auf.

Typische Seidenstoffe

Bourette(seide)	Crêpe Georgette	Duchesse	Satin	Aus Wildseide: Doupionseide
Chiffon	Crêpe Satin	Organza	Taft	Honan(seide)
Crêpe de Chine	Damassé	Pongé	Twill	Shantung(seide)

Fasermischungen (vgl. Seite 233)

Seide wird bevorzugt rein verarbeitet. Sie kann, vor allem in Form von Stapelfasern, mit fast allen Bekleidungsfasern gemischt werden. Beliebt sind Mischungen mit Wolle sowie mit feinen (edlen) Tierhaaren.

Einsatzgebiete

Bekleidungstextilien	Accessoires	Heimtextilien	Technische Textilien
Kleider, Blusen, elegante Damenwäsche, Skiunterwäsche, Gesellschaftskleidung.	Schals, Tücher, Handschuhe, Krawatten, Hüte, Kunstblumen, Handtaschen, Schirme.	Dekorationsstoffe, Tapeten, Teppiche, Lampenschirme, Bettwäsche.	Nähzwirne, Knopflochseide, Farbbänder für Schreibmaschinen, Rennfahrradreifen.

Pflegeeigenschaften und Pflegekennzeichnung:

Beschränkt waschbar, bügelfähig, nicht bügelfrei, chemisch reinigen ist vorteilhaft

Die Kennzeichnung gilt für Maximalbelastung, Einschränkungen sind durch Flächenaufbau, Veredlung und Verarbeitung möglich.

Waschen	Chloren	Bügeln	Chemisch reinigen	Trocknen
Feinwaschmittel verwenden, nicht reiben, kalt spülen, einen Schuss weißen Essig ins letzte Spülbad.	Nicht chloren.	Von links bei 120 °C bis 150 °C bügeln. Nähte nicht durchdrücken. Wasser und Dampf können Flecken verursachen.	Bunte Artikel und besonders empfindliche Artikel soll man chemisch reinigen lassen.	Nicht im Wäschetrockner und nicht in der Sonne trocknen.

Textilkennzeichnung

Nach dem Textilkennzeichnungsgesetz dürfen als Seide nur diejenigen Fasern bezeichnet werden, die aus dem Kokon seidenspinnender Insekten (Seidenraupen) gewonnen werden. Wortverbindungen wie „Kunstseide", „Chemieseide" sowie „Seidenjersey" und „Seidendamast" für Baumwollstoffe sind unzulässig.

Seidensignet [1]

Das international anerkannte Seiden-Signet ist vom Europäischen Sekretariat für Seide herausgegeben. Es bürgt für reine Seide und gute Qualität.

[1] franz.: Signet = Zeichen

1: Seiden-Signet

1.3.1 Aufbau textiler Faserstoffe

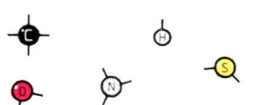

1: Atome verschiedener Elemente

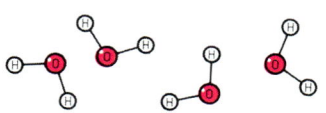

2: Wassermoleküle

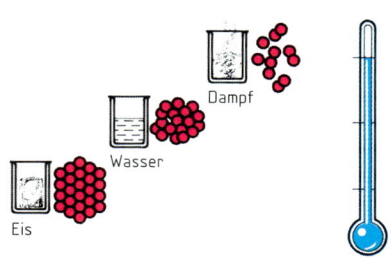

3: Die Aggregatzustände des Wassers

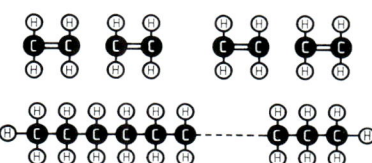

4: Aufbau der Molekülketten aus Kleinmolekülen

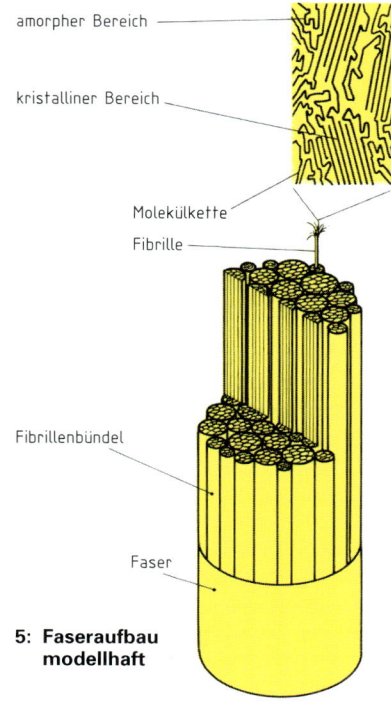

5: Faseraufbau modellhaft

Chemische Grundstoffe – Bausteine aller Stoffe

Aus etwas mehr als 100 chemischen Grundstoffen (Elementen) sind alle Stoffe der Erde aufgebaut (hier ist nicht textiler Stoff, sondern der allgemeine Stoffbegriff gemeint). Die kleinsten Teilchen der Grundstoffe sind **Atome,** die man chemisch nicht mehr in andere Stoffe zerlegen kann. Sie sind die Bausteine chemischer Verbindungen. Für den Aufbau der Faserstoffe wichtige Grundstoffe sind Kohlenstoff (C), Wasserstoff (H), Sauerstoff (O), Stickstoff (N) und Schwefel (S) **(Bild 1).**

Chemische Verbindungen

Atome verbinden sich zu Molekülen, den kleinsten Teilchen einer chemischen Verbindung. Eine bekannte und wichtige Verbindung ist Wasser (H_2O), dessen Moleküle aus zwei Wasserstoffatomen und einem Sauerstoffatom bestehen **(Bild 2).**

Der Aufbau einer chemischen Verbindung wird **Synthese** genannt.

Die Zerlegung einer chemischen Verbindung nennt man **Analyse.**

Aggregatzustände der Stoffe

Die verschiedenen Zustandsformen der Stoffe nennt man Aggregatzustände **(Bild 3).**

Fest: z. B. bei Eis, die Moleküle sind in einem Kristallverband geordnet und unbeweglich.

Flüssig: z. B. bei Wasser, die Moleküle halten noch als Flüssigkeit zusammen, sind aber beweglich, amorph (amorph = formlos).

Gasförmig: z. B. bei Wasserdampf, die Moleküle sind einzeln frei beweglich.

Kleinmoleküle und Riesenmoleküle

Nach der Molekülgröße unterscheidet man Kleinmoleküle und Riesen- oder Makromoleküle[1] **(Bild 4).** Das Gemeinsame aller pflanzlichen und tierischen Fasern sowie der Chemiefasern ist das Prinzip des Aufbaus aus aneinanderliegenden und miteinander verknäuelten Makromolekülen. Weil die Makromoleküle kettenförmig angeordnet sind, nennt man sie auch Kettenmoleküle oder **Polymere**[2].

Textile Faserstoffe sind aus Makromolekülen aufgebaut, die entweder durch natürliches Wachstum oder durch Synthese entstanden sind.

Aufbau und innere Struktur von Fasern

Das Faserinnere **(Bild 5)** wird aus Fibrillenbündeln[3] gebildet. Die einzelnen Fibrillen bestehen aus Makromolekülen (Molekülketten). Bei den Pflanzenfasern bestehen diese Molekülketten überwiegend aus Zellulose, bei den tierischen Fasern bestehen sie vorwiegend aus Eiweiß. Pflanzliche Zellulose ist das Ausgangsmaterial für die Herstellung der zellulosischen Chemiefasern. Bei den synthetischen Chemiefasern werden die Molekülketten aus synthetisch hergestellten Ausgangsstoffen aufgebaut, die vor allem aus Erdöl gewonnen werden. Die verschiedenen Grundsubstanzen, Zellulose, Eiweiß und synthetische Polymere, erlauben eine Einteilung der Faserstoffe nach ihrer Fasersubstanz. Viele Fasereigenschaften gehen auf die gemeinsame Grundsubstanz zurück.

Amorphe und kristalline Bereiche im Faserinneren

Die Kettenmoleküle im Faserinneren bilden amorphe[4] und kristalline[5] Bereiche **(Bild 5).** Amorphe Bereiche verleihen der Faser Beweglichkeit, während ihr die kristallinen Bereiche Festigkeit geben. In die amorphen Bereiche können kleine Moleküle, z. B. Wasser oder Farbstoffe, eindringen, in die kristallinen Bereiche nicht. Die Art der Molekülketten, ihre Anordnung im Faserinneren und die amorphen und kristallinen Bereiche bestimmen die Eigenschaften eines textilen Faserstoffes.

[1] makro = groß
[2] poly = viele, meros - Teilchen
[3] Fibrille = feines Fäserchen
[4] amorph = gestaltlos, ungeordnet
[5] kristallin = geordneter Aufbau

1.3.2 Spinnmassen

Das Prinzip der Chemiefaserherstellung lässt sich auf folgende grundsätzliche Arbeitsgänge zurückführen: Ein fester Ausgangsstoff wird gelöst oder geschmolzen, die Spinnmasse wird durch die Spinndüse gepresst und dann verfestigt.

Spinnmassen für zellulosische Chemiefasern

Für die Herstellung zellulosischer Chemiefasern werden natürliche Polymere verwendet. Ausgangsstoff für ihre Herstellung ist Zellulose, die in Pflanzen vorkommt. Die Natur hat hier bereits Makromoleküle gebildet, die man entweder unverändert belässt oder chemisch abwandelt. Um die Zellulose verspinnbar zu machen, muss sie chemisch zur Spinnmasse aufgelöst werden. Dies kann durch vier unterschiedliche Verfahren erfolgen:

- **Viskoseverfahren**
- **Kupferoxidammoniakverfahren**
- **Acetatverfahren**
- **Lösemittelverfahren**

Spinnmassen für synthetische Chemiefasern

Die Herstellung der synthetischen Chemiefasern erfolgt in zwei Teilschritten:

1. Synthese von reaktionsfähigen Vorprodukten. Diese bestehen aus einzelnen Kleinmolekülen, die **Monomere**[1] genannt werden. Für ihre Herstellung ist Erdöl der Hauptrohstoff.

2. Verknüpfung tausender Kleinmoleküle zu Makromolekülen (Riesenmolekülen). Weil die Makromoleküle aus vielen Einzelmolekülen (Monomeren) entstanden sind, nennt man sie **Polymere**. Man unterscheidet bei der Polymerbildung von synthetischen Chemiefasern drei verschiedene chemische Reaktionen: Polymerisation, Polyaddition und Polykondensation.

Polymerisation

Bei der Polymerisation verbinden sich gleichartige, reaktionsfähige Monomere zu langkettigen Polymeren. Nach diesem Verfahren werden die Spinnmassen von Polyamid (Nylon 6), Polyacryl, Polyvinylchlorid und Polypropylen hergestellt.

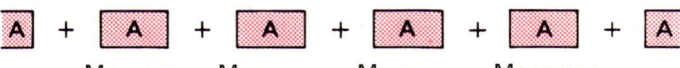
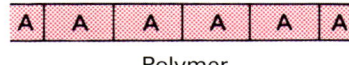

Monomer Monomer Monomer Monomer

Polymer

Polykondensation

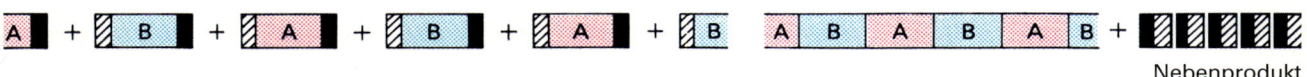

Nebenprodukt

A + B + A + B + A + B   A B A B A B

Das Verstrecken

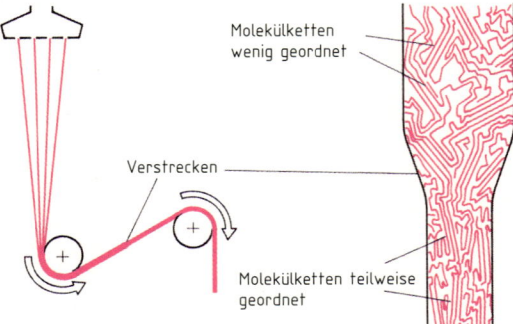

Molekülketten wenig geordnet

Verstrecken

Molekülketten teilweise geordnet

Die aus der Düse austretende Spinnmasse verfestigt sich zur Faser. Im Inneren dieser Fasern liegen die Molekülketten noch ungeordnet vor. Durch das Verstrecken werden die Chemiefasern dünner und die Kettenmoleküle, die im Faserinneren noch wirr liegen, werden dabei in Faserlängsrichtung ausgerichtet. Es bilden sich neben den amorphen Bereichen auch kristalline Bereiche sowie Querbrücken zwischen den einzelnen Molekülketten. Die in Längsrichtung ausgerichteten Kettenmoleküle und die Querbrücken geben der Chemiefaser die erforderliche Festigkeit.

Das Verstrecken ist möglich beim Erspinnen und bei einem separaten Arbeitsgang.

1: Orientierung der Molekülketten beim Verstrecken

[1] Griech.: mono = eins

Verfahren zur Erspinnung von Chemiefasern

Man unterscheidet drei verschiedene Spinnverfahren zur Herstellung von Chemiefasern. Sie haben grundlegende gemeinsame Elemente: den Behälter mit der Spinnmasse, die Spinnpumpe zum Dosieren der Spinnmasse, die Spinndüse, ein Medium, in dem sich die endlosen Fasern (Filamente) bilden und eine Vorrichtung, welche die Filamente abzieht und aufwickelt.

Nassspinnverfahren	Trockenspinnverfahren	Schmelzspinnverfahren
Die Ausgangsstoffe werden durch Lösen der Spinnmasse verflüssigt.		Die Ausgangsstoffe werden geschmolzen.
Die Spinnmasse wird in ein Chemikalienbad ausgesponnen. Die Chemikalien neutralisieren das Lösemittel, die Faser verfestigt sich.	Die Spinnmasse wird in einem Warmluftstrom ausgesponnen. Das leicht flüchtige Lösemittel verdampft, die Faser verfestigt sich.	Die Spinnschmelze wird in einem Kaltluftschacht ausgesponnen, kühlt sich ab und die Fasern verfestigen sich.
Faserbeispiele: Viskose, Polyacryl	Faserbeispiele: Polyacryl, Acetat	Faserbeispiele: Polyamid, Polyester

Nach dem Austritt der Filamente aus der Spinndüse und ihrer Verfestigung erfolgt das Verstrecken durch Abziehen mit höherer Geschwindigkeit oder in einem nachgeschalteten Verfahren. Düsenlochgröße und Verstreckung beeinflussen die Faserfeinheit.

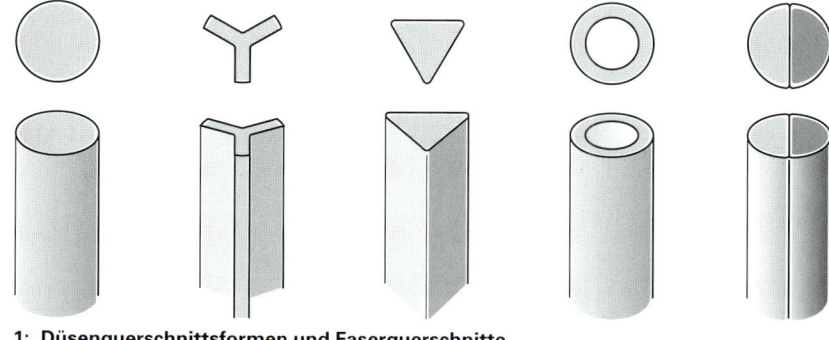

Die Austrittsöffnungen der Spinndüse können nach Bedarf rund oder in anderen Querschnittsformen hergestellt werden. Dadurch lassen sich die Faserquerschnitte unterschiedlich gestalten.

Je nach Faserquerschnitt und eventuellem Zusatz von Mattierungsmitteln werden der **Glanz** und der **Griff** beeinflusst.

Es ist auch möglich, zwei in ihren Eigenschaften unterschiedliche Polymere in einer Düse zu erspinnen (**Bikomponentenfasern**).

1: **Düsenquerschnittsformen und Faserquerschnitte**

Bezeichnungen von Fasern aus der Spinndüse

Die „endlos" lang ersponnenen Chemiefasern werden als **Filamente** bezeichnet.
Hat die Spinndüse nur eine Düsenöffnung, entsteht ein **Monofil** (mono = allein, einzeln).
Die Filamente einer Mehrlochdüse zusammen werden als **Multifil** bezeichnet (multi = viele).
Thermoplastische Multifile können **texturiert** (= dauerhaft gekräuselt) werden.

Filamente mehrerer Spinndüsen können zu einem Kabel zusammengefasst und zu **Stapelfasern** gerissen oder geschnitten werden. Je nach Stapellänge und Kräuselung unterscheidet man z. B. **W-Type** (Woll-Type) und **B-Type** (Baumwoll-Type). Chemiespinnfasern werden allein oder in Mischung mit anderen Chemie- oder Naturfasern zu Spinnfasergarnen zusammengedreht (versponnen).

1.3.4 Chemiefasern aus natürlichen Polymeren: Übersicht

Chemiefasern aus natürlichen Polymeren werden nach DIN 60001 eingeteilt in Zellulosische Chemiefasern, Alginatfasern und Gummifasern. **Zellulosische Chemiefasern,** hergestellt aus natürlicher Zellulose, sind davon die einzige Faserstoffgruppe mit wirtschaftlicher Bedeutung. Deshalb wird der Einfachheit halber bei der Gruppe der Chemiefasern aus natürlichen Polymeren nur von ihnen gesprochen. **Alginatfasern,** aus Algen hergestellt, sind nicht beständig und bereits in Seifenlauge löslich. **Gummifasern** stellt man aus Kautschuk (Latex) her, sie sind von den Elastanfasern weitgehend verdrängt worden.

Geschichte der zellulosischen Chemiefasern

1: Werbung für Textilien aus „Kunstseide" (1928)

Der Wunsch, den teuren Faserstoff Seide zu ersetzen, ist schon alt. Vor rund 100 Jahren gelang es Wissenschaftlern und Chemikern, künstlich seidenähnlich aussehende Filamente herzustellen.

1845 wurde die erste lösliche Zelluloseverbindung mit fadenziehenden Eigenschaften, das Zellulosenitrat, entdeckt. Zellulosenitrat lässt sich in einer Mischung aus Alkohol und Äther auflösen. Man erhält so die Spinnmasse für „Nitratseide". 1884 meldete der Franzose Graf Chardonet sein Patent zur Herstellung „künstlicher Seide" an und stellte 1889 in Paris während der Weltausstellung zum erstenmal Garne und Gewebe aus Zellulosenitrat vor. In seiner Fabrik in Besançon begann er 1891 mit der Herstellung von „Nitrat-Kunstseide" und einer Produktion von Chemiefasern für textile Zwecke.

1857 gelang es, Zellulose mit Hilfe von Kupferoxid-Ammoniak zu verflüssigen. 1897 wurde dieses Verfahren so weit vervollkommnet, dass man es zur Faserherstellung nutzen konnte. 1904 begann man in Wuppertal mit der Produktion von „Kupfer-Kunstseide"[2].

Zwischen 1892 und 1898 wurde in England die Faserherstellung nach dem Viskoseverfahren entwickelt. Man entdeckte, dass Baumwolle, die mit Natronlauge und Schwefelkohlenstoff behandelt wird, eine gelbliche, zähflüssige (viskose) Masse ergibt, die sich in einem Bad zur Faser erspinnen lässt.

1864 gelang es, labormäßig Zelluloseacetat herzustellen, wodurch ein weiterer Weg zur Herstellung von Chemiefasern auf Zellulosebasis vorbereitet wurde. Für die Herstellung von Acetatfasern wurde das Trocken-Spinnverfahren 1904 zum Patent angemeldet.

Die Zeit um 1900 kann man als den Beginn der Chemiefaserindustrie bezeichnen. Die „Kunstseidenstrümpfe", die nach dem ersten Weltkrieg aufkamen, ermöglichten die Mode der kurzen Röcke in den „Goldenen Zwanzigern". Geradezu revolutionierend wirkte sich die „Chemieseide" bei Damenwäsche aus. Geschmeidige, seidigweiche, farbige und hochelastische Charmeusewaren schufen einen neuen Wäschestil. Während ursprünglich die zellulosischen Chemiefasern nur als „Chemieseide" (Filamente) hergestellt wurden, kam in den zwanziger Jahren als deutsche Entwicklung die „Zellwolle"[3], die Viskosespinnfaser, hinzu. Durch die Weiterentwicklung des Viskoseverfahrens ist es möglich, Fasern herzustellen, die in ihren Eigenschaften mit der Baumwolle fast vergleichbar sind. In jüngster Zeit wurde ein umweltfreundliches Lösemittelverfahren für Zellulose entwickelt.

Einteilung der zellulosischen Chemiefasern

Die zellulosischen Chemiefasern lassen sich nach Lösungsverfahren, die heute für den Ausgangsstoff Zellulose angewendet werden, einteilen:

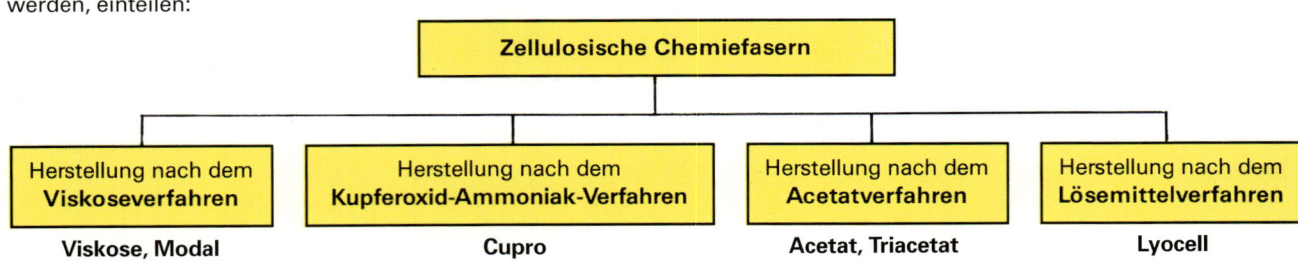

Bedeutung der zellulosischen Chemiefasern

Seit der Erfindung der zellulosischen Chemiefasern war ihr Anteil am Faseraufkommen nie sehr hoch. 1998 lag die Weltproduktion bei etwa 3 Millionen Tonnen, das waren 6% vom Weltverbrauch aller Fasern.

Unter den zellulosischen Chemiefasern hat Viskose die größte Bedeutung.

[1] Das internationale Chemiefasersignet steht für die Produkte der in der Industrievereinigung Chemiefaser e.V., zusammengeschlossenen Chemiefaserhersteller.
[2] Kunstseide, Reyon = frühere Bezeichnung für Filamente aus zellulosischen Chemiefasern
[3] Zellwolle = frühere Bezeichnung für Viskosespinnfasern

1.3.5 Chemiefasern aus natürlichen Polymeren: Viskose, Modal (1)

Viskose, Modal   Kurzzeichen: Viskose CV, Modal CMD

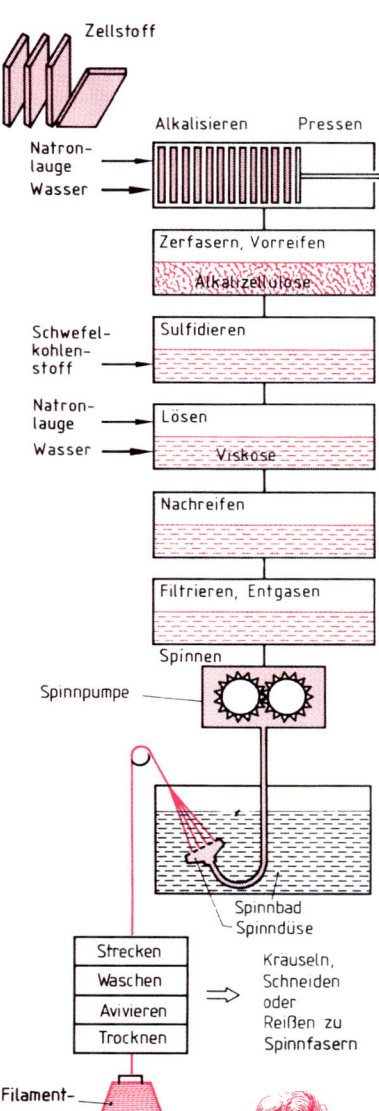

1: Herstellungsschema für das klassische Viskoseverfahren

Herstellung

Den Rohstoff für Viskose liefert Eukalyptus-, Pinien- und Buchenholz, welches entrindet und in streichholzlange Stücke zerkleinert wird. Harze und andere Fremdstoffe werden in einem aufwendigen Prozess ausgekocht. Gereinigt und gebleicht, wird die Zellulose zu festen Zellstoffplatten gepresst.

Für die Faserherstellung muss der Zellstoff wieder verflüssigt werden. Nach dem rund 100 Jahre alten Viskoseverfahren **(Bild 1)** werden dazu die Zellstoffplatten in Natronlauge getränkt. Diese dringt in das Innere des Molekülverbandes und lockert sein Gefüge. Nach dem Abpressen wird die nun entstandene Alkalizellulose zu Flocken zerfasert. In der anschließenden Vorreife werden die langen Zellulosemolekülketten verkürzt, damit die Masse später verspinnbar ist. Die Alkalizellulose wird durch Einwirkung von Schwefelkohlenstoff (Sulfidieren) laugenlöslich. Unter Zusatz verdünnter Natronlauge entsteht dann die Spinnlösung, die Viskose, die wie flüssiger Honig aussieht. Der Spinnlösung können je nach Wunsch Mattierungsmittel oder Farbstoffe zugesetzt werden. Dann wird entlüftet und filtriert und die so vorbereitete Spinnmasse durch die feinen Spinndüsen in das Spinnbad gepresst. Die Zellulose erstarrt im Spinnbad zu Filamenten, die verstreckt und als Filamentgarn zusammengefasst und auf Spulen aufgewickelt werden. Um alle produktionsbedingten Begleitstoffe zu entfernen, wird abschließend gründlich gewaschen, aviviert (durch Ölen geschmeidig gemacht) und getrocknet. Durch Schneiden der Filamente auf eine bestimmte Stapellänge erhält man Spinnfasern.

Faseraufbau

Viskose: Die beim Viskoseverfahren zur Spinnmasse gelöste Zellulose erfährt chemisch nahezu keine Veränderung. Sie liegt nach der Verfestigung zur Faser wiederum als Zellulose vor **(Bild 2)**. Man bezeichnet die Fasersubstanz als **regenerierte** (erneuerte) **Zellulose**. Damit ist die Viskose in ihrer chemischen Zusammensetzung mit der Baumwolle vergleichbar. Allerdings sind die Zellulose-Molekülketten im Faserinneren kürzer als bei Baumwolle, was eine wichtige Ursache für die geringere Festigkeit gegenüber Baumwolle ist.

Modal wird nach dem gleichen Prinzip wie Viskose hergestellt. Die Spinnbedingungen sind jedoch verändert und das Spinnbad enthält weitere Zusätze an Chemikalien (modifiziertes Viskoseverfahren). Dadurch werden die Länge der Zellulose-Molekülketten und ihre Lage im Faserinneren, die amorphen und die kristallinen Bereiche, beeinflusst. Man erreicht dadurch vor allem eine höhere Festigkeit im trockenen und im nassen Zustand und dadurch verbesserte Gebrauchseigenschaften.

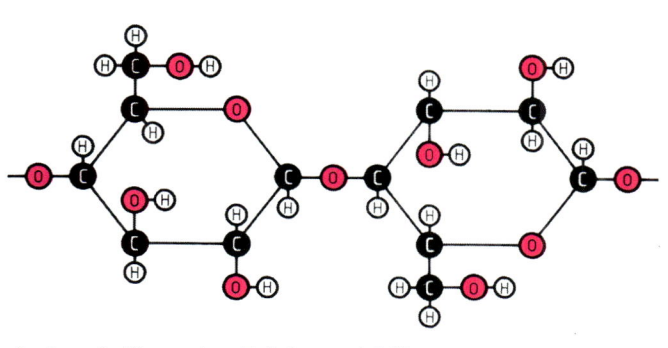

2: Ausschnitt aus einer Zellulosemolekülkette

Bekleidungsphysiologische Eigenschaften (vgl. Seite 239, 240)	
Wärme-isolation	Viskosefilamentgarne werden zu glatten textilen Flächen mit geringem Lufteinschluss (geringem Porenvolumen) verarbeitet. Spinnfasergarne aus Viskose oder Modal erlauben Flächenkonstruktionen mit mehr oder weniger Porenvolumen und dadurch beeinflussbarer Isolation.
Feuchtigkeits-aufnahme	Viskose und Modal haben eine sehr gute Feuchtigkeitsaufnahme. Bei Normalklima nehmen sie 11% bis 14% dampfförmige Feuchtigkeit auf. Aufgrund des hohen Quellvermögens können sie absolut 80 … 120% Wasser speichern. Sie sind saugfähiger als Baumwolle.
Haut-freundlichkeit	Viskose- und Modalfasern sind fein und weich, deshalb angenehm auf der Haut zu tragen.

Sonstige wichtige Eigenschaften (vgl. Seite 235, 236, 237)

Festigkeit	**Viskose** hat eine deutlich geringere Trockenfestigkeit als Baumwolle. Die Nassfestigkeit von Viskose ist gering, sie liegt bei 40 % bis 70 % der Trockenfestigkeit. **Modal** hat eine höhere Trockenfestigkeit, vor allem aber eine höhere Nassfestigkeit als Viskose.
Dehnbarkeit	Die Höchstzugkraftdehnung ist mit 15 % bis 30 % mehr als doppelt so hoch wie bei Baumwolle.
Elastizität	Wie alle Fasern aus Zellulose haben Viskose und Modal geringe Elastizität und knittern deshalb.
Elektrostatische Aufladung	Viskose und Modal enthalten ständig Feuchtigkeit, deshalb ist die elektrostatische Aufladung sehr gering.
Feinheit und Griff	Die Feinheit von Viskose und Modal kann, wie bei allen Chemiefasern, in weiten Bereichen variiert werden.
Färbbarkeit	Textilien aus Viskose und Modal lassen sich sehr gut färben und bedrucken. Farben wirken sehr brillant.
Glanz	Je nach Faserquerschnitt und Zusatz von Mattierungsmitteln sind die Fasern seidig glänzend bis matt.

Veränderungen der Eigenschaften durch Veredlung (vgl. Kapitel 4. Textilveredlung)

Knitterarm/ Pflegeleicht- ausrüstung	Textile Flächen aus Viskose, die mit Kunstharz veredelt werden, sind einlaufsicher und weniger knitteranfällig (krumpfecht). Allerdings ist ihre Feuchtigkeitsaufnahme vermindert. Modalfasern haben einen geringeren Nassschrumpf als Viskosefasern, deshalb sind Stoffe aus Modalfasern auch ohne Veredlung formbeständiger.

Einsatzgebiete

Viskosefilamente	Viskosefilamente werden zur Herstellung von glänzenden Stoffen, für Glanz- und Kreppeffekte in Geweben und Maschenwaren verwendet. Mehr als die Hälfte aller Futterstoffe besteht aus Viskose. Weitere Einsatzgebiete sind Blusen-, Hemden-, Kleider- und Dekostoffe, Damenwäsche, Bänder und Posamenten.
Viskose- spinnfasern	Viskosespinnfasern haben eine hohe Saugfähigkeit und können glänzend sein. Sie werden bevorzugt mit anderen Fasern gemischt. Aus Viskosespinnfasern lassen sich Stoffe mit Woll-, Baumwoll- und Leinencharakter herstellen.
Modal- spinnfasern	Modal wird fast ausschließlich zu Spinnfasern verarbeitet. Diese werden wegen ihrer guten Saugfähigkeit, Festigkeit und Gleichmäßigkeit vor allem mit Baumwolle oder Polyester gemischt. Diese Mischungen verwendet man für Wäsche und Oberbekleidung.

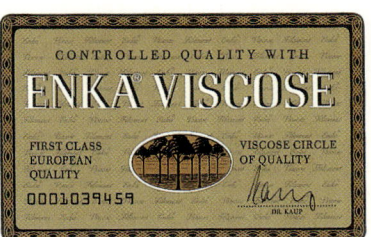

1: Qualitätsgarantie für Viskose

Fasererkennung

Mikroskopisches Bild	Brennprobe	Nassreißprobe	Löslichkeits- Probe
Der Faserquerschnitt ist meist zahnradförmig. Grundsätzlich ist er abhängig von der Form der Spinndüse.	**Verbrennung:** rasch, hell, nachglühend. **Geruch:** nach verbranntem Papier. **Rückstand:** helle Flugasche.	Ein angenässter Viskosefaden reißt an der nassen Stelle. (Ein angenässter Baumwollfaden an der trockenen Stelle.)	Schwefelsäure löst Viskose und Modal auf.

Pflegeeigenschaft und -kennzeichnung

Viskose und Modal sind waschbar, gut bügelfähig, nicht bügelfrei.

Die Kennzeichnung gilt für Maximalbelastung, Einschränkungen sind durch Flächenaufbau, Veredlung und Verarbeitung möglich.

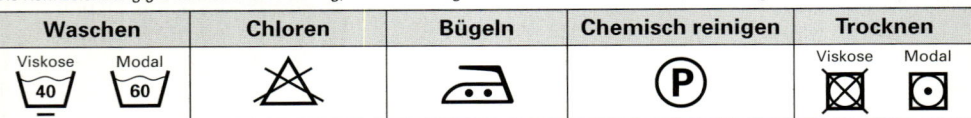

Waschen		Chloren	Bügeln	Chemisch reinigen	Trocknen	
Viskose	Modal				Viskose	Modal
40	60			P		

Textilkennzeichnung

Kennzeichnung nach dem Textilkennzeichnungsgesetz

Nach dem Textilkennzeichnungsgesetz (TKG) darf die Bezeichnung **Viskose** nur für **regenerierte**[1] **Zellulosefasern,** die nach dem Viskoseverfahren hergestellt sind, verwendet werden.

Mit **Modal** bezeichnet man regenerierte Zellulosefasern mit festgelegter Reißkraft im nassen Zustand, die höher ist als bei Viskose.

Kennzeichnung der Viskosehersteller

Markenzeichen für Viskose sind z. B.: Enka-Viskose®, Lenzing Viskose®, Danufil®. Neben diesen Markennamen für Viskose werden von den Herstellern besonders hochwertige Viskosequalitäten zusätzlich mit Anhängern (Labels) gekennzeichnet, die besonders kontrollierte Qualität garantieren.

2: Garantie für Marken-Modal

[1] Zellulose wird gelöst und dann ersponnen, die Substanz Zellulose bleibt erhalten.

1.3.6 Chemiefasern aus natürlichen Polymeren: Lyocell

Lyocell [1]   Kurzzeichen: CLY

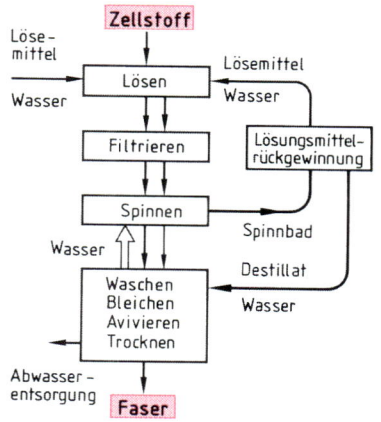

1: Herstellungsschema für das Lösemittelverfahren

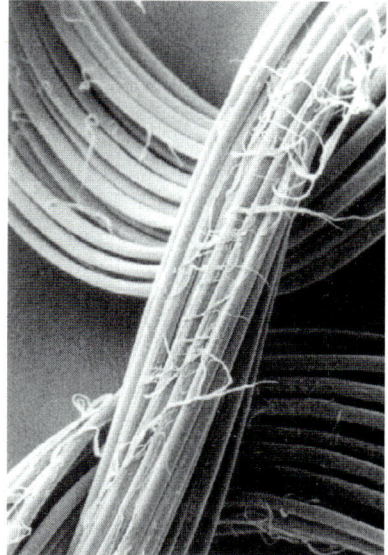

2: Lyocell-Filamente mit abgelösten Mikrofibrillen

3: Gütezeichen für Lenzing-Lyocell®

4: Gütezeichen für Tencel®

Herstellung und Faseraufbau

Ausgangsmaterial für die Herstellung von Lyocell ist Zellstoff, der aus Holz gewonnen wird. Im **Lösemittelverfahren** wird in einem Arbeitsgang die Zellulose in Aminoxid (Lösemittel) direkt zur zähflüssigen Spinnmasse gelöst. Die Spinnmasse wird filtriert und im Trocken-Nassspinnverfahren zu Filamenten oder Filamentkabeln ersponnen. Anschließend wird das Lösemittel ausgewaschen. Die Filamente bzw. die zu Spinnfasern geschnittenen Filamentkabel werden gebleicht, mit weichmachenden, glättenden Substanzen versehen (aviviert) und getrocknet **(Bild 1)**. Neben dem Vorteil eines einfachen, kurzen Verfahrens ist dieser Herstellungsprozess **umweltfreundlich,** weil das Lösemittel fast vollständig wiedergewonnen wird. Das anfallende Abwasser stellt für die Umwelt keine Gefahr dar.

Die Fasersubstanz von Lyocell ist Zellulose. Deshalb können Produkte aus Lyocell auf Mülldeponien **verrotten**. Die Fasern haben einen hohen Anteil kristalliner Bereiche, die der Faser große Festigkeit geben und Ursache für das **Fibrillieren** sind. Dabei lösen sich durch den Einfluss von Wasser und Reibungsprozessen Mikrofibrillen am Faseräußeren ab **(Bild 2)**.

Wichtige Eigenschaften   (vgl. Seite 235, 236, 237 sowie Seite 239, 240)

Lyocell hat eine gute **Trocken- und Nassfestigkeit,** wie sie sonst von zellulosischen Chemiefasern üblicherweise nicht erreicht wird. Die Trockenfestigkeit liegt über einer mittleren Baumwollqualität, die Nassfestigkeit ist etwas geringer als die Trockenfestigkeit. Die **Dehnung** liegt bei Spinnfasern mit etwa 10% bis 14% etwas höher als bei Baumwolle. Wie bei allen Zellulosefasern ist die **Elastizität** gering.

Die **Faserfeinheit** liegt mit 1,1 dtex bis 3,3 dtex im Feinheitsbereich von Baumwolle bis Wolle.

Die **bekleidungsphysiologischen Eigenschaften** sind mit denen der übrigen Zellulosefasern vergleichbar. Die Feuchtigkeitsaufnahme ist geringer als bei Viskose, aber höher als bei Baumwolle.

Veränderungen der Eigenschaften durch Veredlung   (vgl. Kapitel 4.)

Das Fibrillieren und dessen Steuerung und Manipulation beim Färben und Veredeln ist der Schlüssel für die verschiedenen Stoffeffekte. Die Variationsmöglichkeiten reichen von der Verhinderung jeglicher Fibrillenbildung bis zur gezielten Fibrillenbildung.

Mechanische Veredlungen: Durch Schmirgeln lässt sich ein Pfirsischhauteffekt erzielen. Weitere typische Veredlungen sind Aufrauen und Krumpfen.

Chemische Veredlungen: Lyocell kann wie alle Zellulosefasern pflegeleicht ausgerüstet werden. Die Faserstruktur ermöglicht besonders intensive Färbungen.

Einsatzgebiete

Die Einsatzgebiete sind sehr vielseitig. Die Palette reicht von strapazierfähigen Denimstoffen über klassische Anzugstoffe bis zu leichten Krepp-Geweben und Maschenwaren. Lyocell-Spinnfasern können mit Baumwolle oder Leinen, auch mit Wolle und feinen Tierhaaren gemischt werden. Durch die Eigenschaft zu fibrillieren, eignet sich Lyocell auch besonders gut für die Vliesstoffherstellung.

Pflegeeigenschaften und -kennzeichnung

Lyocell ist gut waschbar, gut bügelfähig, nicht bügelfrei.

Die Kennzeichnung gilt für Maximalbelastung, Einschränkungen sind durch Flächenaufbau und Verarbeitung möglich.

Waschen	Chloren	Bügeln	Chemisch reinigen	Trocknen
[60] [40]	⬚	⌁	Ⓟ	⊙

Textilkennzeichnung

Lyocell ist der Gattungsname für die nach dem Lösemittelverfahren ersponnenen Zellulosefasern (Filamente und Spinnfasern).

Markennamen sind z. B. Tencel®, Lenzing Lyocell® und NewCell®.

[1] Lyo von griech.: lyein = lösen, cell von Cellulose

Cupro — Kurzzeichen: CUP

Herstellung und Faseraufbau	Eigenschaften, Einsatzgebiete, Erkennung
Kupferoxid und andere Kupferverbindungen lösen sich in wässrigem Ammoniak zu einer blauen Flüssigkeit. Darin kann Zellulose aufgelöst werden. Durch starkes Verdünnen fällt diese wieder aus (verfestigt sich). Das Verfahren zur Herstellung der Spinnmasse bezeichnet man als Kupferoxid-Ammoniak-Verfahren, das Spinnverfahren heißt Nassstreckspinnverfahren. Aus Kosten- und Umweltschutzgründen wird das Verfahren in der Bundesrepublik Deutschland nicht mehr angewendet, Cuprofasern werden heute nur noch importiert. Die Fasersubstanz von Cupro ist regenerierte (erneuerte) Zellulose.	Da Cupro aus Zellulosemolekülketten aufgebaut ist, sind wesentliche Fasereigenschaften mit denen von Viskose vergleichbar. Besonders geschätzt wird bei Cupro der angenehm weiche Griff und die gute Saugfähigkeit. Die Faser hat eine geringe Bedeutung. Cuprofilamente werden vor allem zu Futterstoffen verarbeitet.

Pflegeeigenschaften und -kennzeichnung	Textilkennzeichnung
Cupro ist waschbar, bügelfähig, nicht bügelfrei. Die Kennzeichnung gilt für Maximalbelastung, Einschränkungen sind durch Flächenaufbau, Veredlung und Verarbeitung möglich.	Die Bezeichnung **Cupro** wird für regenerierte Zellulosefasern, die nach dem Kupferoxid-Ammoniak-Verfahren hergestellt sind, verwendet.

Waschen	Chloren	Bügeln	Chemisch reinigen	Trocknen
40	⬜	⬜	Ⓟ	⬜

Acetat, Triacetat — Kurzzeichen: Acetat CA, Triacetat CTA

Herstellung und Faseraufbau	Eigenschaften, Einsatzgebiete	Fasererkennung
Acetat: Zelluloseacetat, eine chemische Verbindung von Zellulose mit Essigsäure, ist eine trockene, körnige Substanz, die in Aceton zur Spinnmasse gelöst und im Trockenspinnverfahren ersponnen werden kann. Zelluloseacetat hat andere Eigenschaften als Viskose, Modal und Cupro. Dies äußert sich unter anderem in der Brenn- und in der Löslichkeitsprobe. **Triacetat:** Bei der Herstellung der Spinnmasse wird das körnige Zelluloseacetat nicht in Aceton, sondern in Dichlormethan aufgelöst. Dadurch ergeben sich in den Fasereigenschaften Unterschiede gegenüber Acetat. Man bezeichnet die Fasersubstanzen von Acetat und Triacetat als **Zellulosederivate** (Abkömmlinge der Zellulose), weil die Zellulose mit Essigsäure eine chemische Verbindung eingegangen ist.	**Acetat** besitzt einen edlen, mattschimmernden Glanz, fülligen Griff und eleganten Fall. Es ist der Naturseide am ähnlichsten. Die Elastizität und die Formbeständigkeit von Acetat sind größer als bei Viskose. Acetat ist thermoplastisch, jedoch empfindlich gegen trockene Hitze. Durch die geringe Wasseraufnahme trocknen die Fasern rasch, laden sich dadurch aber leichter elektrostatisch auf. **Triacetat** hat eine höhere Temperaturbeständigkeit als Acetat, es nimmt weniger Feuchtigkeit auf. Wie Acetat ist es thermoplastisch, man kann es texturieren, Plissees und Bügelfalten lassen sich fixieren. Die übrigen Eigenschaften von Triacetat sind vergleichbar mit den Eigenschaften von Acetat. Acetat und Triacetat werden als Filamente und Spinnfasern hergestellt, die man zu Kleider-, Blusen- und Futterstoffen verarbeitet.	**Löslichkeitsprobe:** Zelluloseacetate sind in Aceton, Essig- und Ameisensäure, sowie in Dichlormethan löslich. Neben der Empfindlichkeit gegen Säuren sind sie auch laugenempfindlich. **Brennprobe:** Acetate schmelzen in der Flamme, sie brennen rasch mit säuerlichem Geruch. Der Rückstand ist schwarz und hart.

Pflegeeigenschaften und -kennzeichnung	Textilkennzeichnung
Acetat ist beschränkt waschbar, bügelempfindlich, nicht bügelfrei. Triacetat ist waschbar, bügelfähig, weitgehend bügelfrei. Die Kennzeichnung gilt für Maximalbelastung, Einschränkungen sind durch Flächenaufbau, Veredlung und Verarbeitung möglich.	Nach dem Textilkennzeichnungsgesetz werden die Bezeichnungen **Acetat** und **Triacetat** für Fasern verwendet, die aus Zelluloseacetat hergestellt sind. Beispiele für Markennamen sind: Arnel® (Acetat), Tricel® (Triacetat).

Waschen		Chloren	Bügeln		Chemisch reinigen	Trocknen
Acetat	Triacetat		Acetat	Triacetat		
30	40	⬜	⬜	⬜ ohne Dampf	Ⓟ	⬜

Geschichte der synthetischen Chemiefasern

1: Hauchdünner Damenstrumpf aus Nylon (1952)

1925 erkannte der deutsche Chemiker Professor Staudinger, dass textile Faserstoffe aus vielen Kleinmolekülen bestehen, die zu Makromolekülen (Riesenmolekülen) zusammengebaut sind. Bei den Naturfaserstoffen ist dieses System der Großmoleküle von Natur aus vorhanden. Durch Staudingers Entdeckung konnte man gezielt versuchen, Molekülketten synthetisch herzustellen.

Zwischen 1931 und 1941 wurden Polyvinylchlorid, Polyacrylnitril, Polyamid und Polyurethan entwickelt. 1941 wurde das Patent zur Herstellung von Polyester, dem heute wichtigsten synthetischen Faserstoff, angemeldet. Sichtbares Zeichen für den wirtschaftlichen Durchbruch der synthetischen Chemiefasern war Anfang der 50er Jahre der weltweite Siegeszug des Nylonstrumpfes. Bis dahin hatte vor allem die feine Gesellschaft Strümpfe aus Naturseide und „Kunstseide" getragen. Einige Jahre später kam das gewirkte, pflegeleichte Nylonhemd auf den Markt. Lycra, die erste Elastanfaser, wurde 1959, von den USA kommend, in den Markt eingeführt. Im Bekleidungssektor (Deutschland) haben Chemiefasern heute einen Anteil von über 50%.

Die zellulosischen Chemiefasern bezeichnet man als Chemiefasern der ersten Generation. Die synthetischen Chemiefasern werden Chemiefasern der zweiten Generation genannt. Neue Faserentwicklungen der letzten 20 bis 25 Jahre, die Aramid-, Kohlenstoff und Silicatfasern, werden als Chemiefasern der dritten Generation bezeichnet.

Einteilung der synthetischen Chemiefasern

Entsprechend der Entstehung der Makromoleküle aus Kleinmolekülen lassen sich die synthetischen Chemiefasern in Fasern, die aus Polymerisationsprodukten, Polykondensationsprodukten und Polyadditionsprodukten entstehen, einteilen.

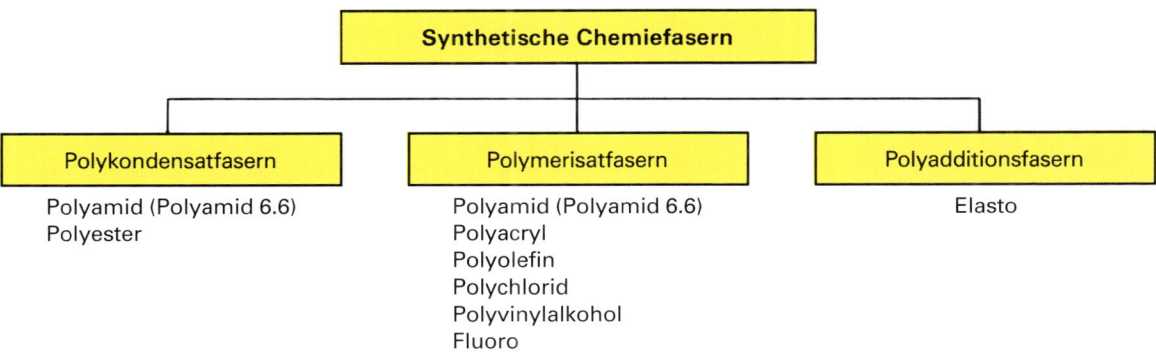

Synthetische Chemiefasern

Polykondensatfasern	Polymerisatfasern	Polyadditionsfasern
Polyamid (Polyamid 6.6)	Polyamid (Polyamid 6.6)	Elasto
Polyester	Polyacryl	
	Polyolefin	
	Polychlorid	
	Polyvinylalkohol	
	Fluoro	

Bedeutung der synthetischen Chemiefasern

2000 betrug der Weltverbrauch von Natur- und Chemiefasern rund 52 Millionen Tonnen. Davon waren 29 Millionen Tonnen synthetische Chemiefasern und 3 Millionen Tonnen zellulosische Chemiefasern.

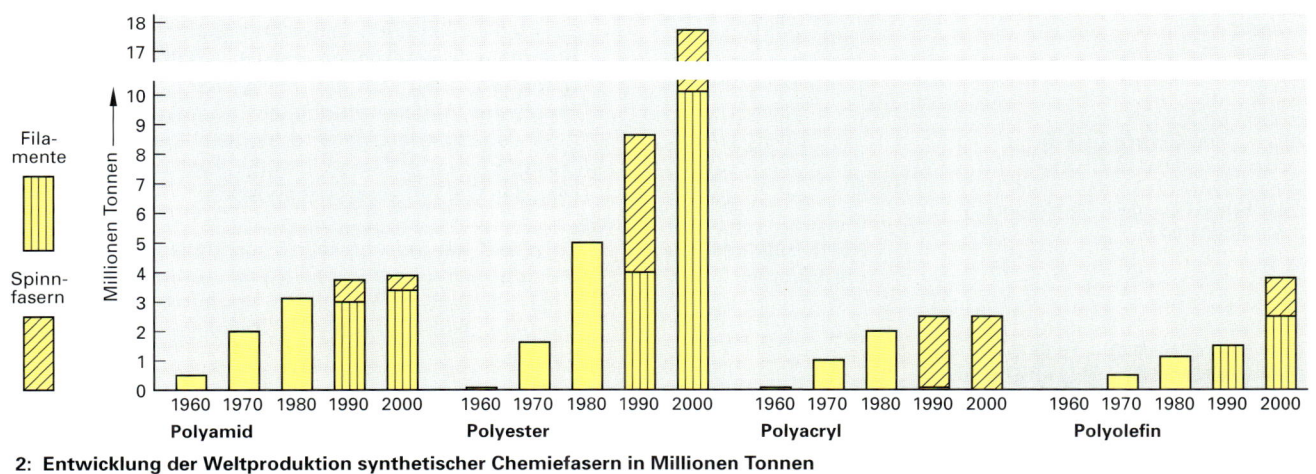

2: Entwicklung der Weltproduktion synthetischer Chemiefasern in Millionen Tonnen

Polyamid   Kurzzeichen: PA

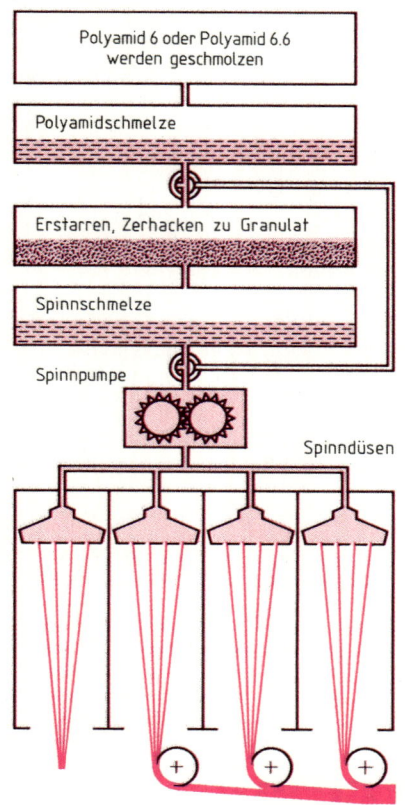

Polyamid 6 oder Polyamid 6.6 werden geschmolzen

Polyamidschmelze

Erstarren, Zerhacken zu Granulat

Spinnschmelze

Spinnpumpe

Spinndüsen

Strecken
Avivieren
(Ölen)

Texturieren

Zusammenfassen zu einem Spinnkabel, Avivieren, Verstrecken, Kräuseln, Schneiden oder Reißen zu Spinnfasern

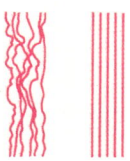

Filamente   Spinnfasern

1: Herstellungsverfahren für Polyamid

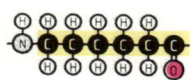

2: Ausschnitt aus dem Makromolekül von Polyamid 6

3: Ausschnitt aus dem Makromolekül von Polyamid 6.6

Herstellung

Die wichtigsten Polyamide sind Polyamid 6 und Polyamid 6.6. Polyamid 6 entsteht durch die **Polymerisation** von Caprolactam (aus bestimmten Aminosäuren entstehendes Amid) zu Polycaprolactam, dem Polyamid 6. Polyamid 6.6 entsteht durch Reaktion von Diaminen mit Dicarbonsäuren zum AH-Salz (adipinsaures Hexamethylendiamin, „Nylonsalz") und anschließender **Polykondensation** des AH-Salzes zum Poly-AH-Salz, dem Polyamid 6.6.

Polyamid 6 oder Polyamid 6.6 werden geschmolzen. Die Schmelze wird entweder direkt durch die Spinndüse gepresst oder zu Polyamidgranulat verarbeitet, um später zur Spinnmasse geschmolzen zu werden. Nach dem Austritt der Spinnmasse aus der Spinndüse erfolgt die Abkühlung im Kaltluftstrom und eine Verstreckung auf die drei- bis vierfache Länge (**Bild 1**).

Faseraufbau

Polyamide sind makromolekulare Verbindungen, in deren Kohlenwasserstoffketten regelmäßig Amidgruppen (-CO-NH-) eingebaut sind. Die verschiedenen Polyamid-Typen werden durch die Anzahl der in den Kleinmolekülen der Ausgangsstoffe enthaltenen Kohlenstoffatome gekennzeichnet. Polyamid 6 weist 6 C-Atome auf (**Bild 2**), Polyamid 6.6 enthält zweimal 6 C-Atome (**Bild 3**).

Arten

Polyamid 6 und Polyamid 6.6 werden für Bekleidungs-, Heim- und technische Textilien eingesetzt. Besondere Polyamidfasertypen gibt es für spezielle Einsatzgebiete, z. B. hochgekräuselte, antistatische, hochglänzende Polyamidfasern. In den letzten Jahren kam eine weitere Gruppe, vor allem für den Einsatz in technischen Textilien, auf den Markt: die **Aramide.** Das sind aromatische Polyamide, das heißt, in den Molekülketten sind Aromate durch Amidgruppen zu Kettenmolekülen verbunden. Dieser Faseraufbau mit weitgehend gestreckten Molekülketten und vielen kristallinen Bereichen bewirkt eine höhere Festigkeit und Temperaturbeständigkeit.

Bekleidungsphysiologische Eigenschaften (vgl. Seite 239, 240)	
Wärmeisolation	Die Wärmeisolation richtet sich danach, ob Polyamide als glatte Filamente, texturierte Filamente oder als Spinnfasern verarbeitet werden. Glatte Filamente schließen kaum Luft ein, sie isolieren sehr wenig. Durch das Texturieren entsteht Porenvolumen, das heißt isolierende Luft wird eingeschlossen. Spinnfasern können zu feinen, glatten, aber auch zu voluminösen Garnen verarbeitet werden.
Feuchtigkeitsaufnahme	Polyamid hat eine geringe Feuchtigkeitsaufnahme. Sie liegt bei etwa 3,5 % bis 4,5 %. Durch Texturieren entstehen im Garn Hohlräume (Kapillaren), Feuchtigkeit wird dann durch die Kapillarwirkung gut transportiert.
Hautfreundlichkeit	Für Bekleidungstextilien werden überwiegend feine, weiche Polyamidfasern verwendet.

1.3.9 Chemiefasern aus synthetischen Polymeren: Polyamid (2)

1: Sportbekleidung aus Polyamid

2: Fechtkleidung aus der Aramidfaser Kevlar®

Sonstige wichtige Eigenschaften (vgl. Seite 235, 236, 237)

Festigkeit	**Polyamid** hat eine sehr hohe Reiß- und Scheuerfestigkeit. Die Nassfestigkeit beträgt 80…90% der Trockenfestigkeit. Bei **Aramiden** für technische Textilien ist die Festigkeit etwa 5-mal so hoch wie bei Bekleidungsfasern.
Dehnbarkeit	Die Höchstzugkraftdehnung ist im trockenen und nassen Zustand sehr hoch. Sie liegt je nach Fasertype und Verstreckungsgrad bei 20 … 80%.
Elastizität	Polyamidfasern sind sehr elastisch, sie knittern wenig.
Elektrostatische Aufladung	Sie ist stark, kann aber durch Einlagerung antistatischer Substanzen reduziert werden.
Feinheit, Griff	Die Faserfeinheit reicht von Mikrofasern bis Grobfasern (vgl. Seite 236). Je nach Faserfeinheit, Flächenkonstruktion und Veredlung sind auch die Stoffe fein und weich bis steif.
Glanz	Je nach Faserquerschnitt und Zusatz von Mattierungsmitteln ist der Glanz von hoch glänzend bis matt.
Formbarkeit	Da Polyamid **thermoplastisch** ist, lässt es sich unter Einwirkung von Hitze dauerhaft verformen. Diese Eigenschaft wird beim Texturieren und Thermofixieren ausgenützt.
Chemikalien-beständigkeit	Die Beständigkeit von Polyamid gegenüber Alkalien und vielen Lösungsmitteln ist sehr gut, unbeständig ist es gegenüber konzentrierten Säuren.
Lichtbeständigkeit	Bei intensiver Lichteinstrahlung altern Polyamidfasern, verlieren an Festigkeit, vergilben. Durch Einschmelzen spezieller Stoffe können sie beständiger gemacht werden.
Biologische Beständigkeit	Polyamid ist beständig gegen Pilze und Fäulnisbakterien, es verrottet nicht.
Hitzebeständigkeit	Gegen Einwirkung trockener Hitze ist Polyamid empfindlich.

Einsatzgebiete

Polyamidfilamente, die überwiegend texturiert werden, haben einen Anteil von etwa 80%. Sie werden verwendet für Feinstrümpfe, Damenwäsche, Miederwaren, Bade-, Sport- und Freizeitbekleidung **(Bild 1)**, Futter-, Kleider- und Blusenstoffe, Stoffe für Wetterschutzbekleidung und Schirme, zur Verstärkung von Maschenwaren sowie für Teppichböden; Monofilamente verwendet man als Nähgarn.

Polyamidspinnfasern mischt man für Bekleidungstextilien meistens mit Wolle, Baumwolle oder anderen Chemiefasern. Man verwendet sie für Maschenwaren, Plüsche, Teppichflor und Dekorationsstoffe. Außerdem werden sie bei der Vliesstoffherstellung eingesetzt.

Aramide dienen vor allem zur Verstärkung bei Kunststoffen. Sie eignen sich aber auch für die Herstellung von Schutzbekleidung, z.B. für schusssichere Westen, Fecht- **(Bild 2)**, Waldarbeiter-, Rennfahrer-, Feuerwehrschutzbekleidung.

Fasererkennung

Mikroskopisches Bild: Meist kreisrund, abhängig von der Düsenform.

Brennprobe: Polyamid schrumpft und schmilzt in der Nähe der Flamme. Die Schmelze ist fadenziehend, sie tropft. Der Rückstand ist unzerreibbar hart.

Löslichkeitsprobe: 80%ige Ameisensäure und konzentrierte anorganische Säuren zerstören Polyamid. Verdünnte organische Säuren verursachen eine geringe Schädigung.

Pflegeeigenschaften und -kennzeichnung

Polyamidtextilien sind **pflegeleicht**, also waschbar in der Waschmaschine, schnell trocknend, weitgehend bügelfrei (sie sind hitzeempfindlich).

Die Kennzeichnung gilt für Maximalbelastung, Einschränkungen sind durch Flächenaufbau, Veredlung und Verarbeitung möglich.

Waschen	Chloren	Bügeln		Chemisch reinigen	Trocknen	
40	⊠	⊠	⊡ ohne Dampf	Ⓟ	⊠	⊡

Textilkennzeichnung

Nach dem Textilkennzeichnungsgesetz wird der Gattungsname **Polyamid** ohne Ziffernzusätze verwendet. Zusätzlich dürfen Markennamen der Herstellerfirmen angebracht werden. Markennamen von Polyamid sind z.B. Antron®, Bayer-Perlon®, Enka-Perlon®, Tactel®, Rho-Sport®, für **Polyamid-Aramide** z.B. Kevlar® und Nomex®.

1.3.10 Chemiefasern aus synthetischen Polymeren: Polyester (1)

> **Polyester**   Kurzzeichen: PES

1: Polyestergranulat

2: Glatte Filamente

3: Texturierte Filamente

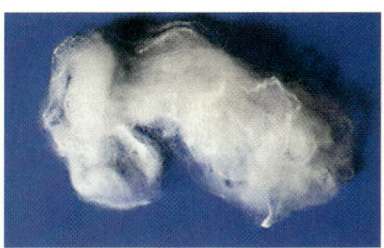

4: Spinnfasern

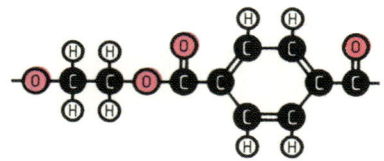

5: Ausschnitt aus dem Polyestermakromolekül

Herstellung

Organische Terephthalsäure verbindet sich mit Ethylenglykol zum Diglykol-terephthalat. Durch **Polykondensation** bei hoher Temperatur im Vakuum entsteht Polyethylenterephthalat, Polyester. Das entstandene Granulat **(Bild 1)** wird bei Temperaturen von etwa 280 °C geschmolzen und dann ersponnen (Schmelzspinnverfahren). Nach dem Verstrecken werden die glatten Filamente **(Bild 2)** meist texturiert **(Bild 3)** oder zu Spinnfasern geschnitten **(Bild 4).**

Faseraufbau

Kennzeichnend für Polyester sind die Estergruppen (-CO-O-) in den Makromolekülen **(Bild 5).** Ester entstehen durch die chemische Reaktion von organischen Säuren mit Alkoholen unter Abspaltung von Wasser.

Arten

Neben normalen Polyester-Fasertypen unterschiedlicher Feinheit gibt es Spezialtypen, z. B. hochfeste, schwerentflammbare, hochtemperaturbeständige, hochschrumpfende, hochgekräuselte, antistatische, pillarme, tiefschmelzende Bindefasern und Profilfasern. Diese Fasertypen haben spezielle Einsatzgebiete.

Bekleidungsphysiologische Eigenschaften (vgl. Seite 239, 240)	
Wärmeisolation	Glatte Filamente schließen kaum Luft ein, texturiert sind sie isolierend. Spinnfasern werden zu feinen glatten, aber auch zu sehr voluminösen Garnen verarbeitet. Entsprechend ist die Isolierfähigkeit gering bzw. gut.
Feuchtigkeitsaufnahme	Polyester nimmt kaum Feuchtigkeit auf. Der Feuchtigkeitstransport ist gut, wenn durch Hohlräume zwischen den Fasern Kapillarwirkung entsteht.
Hautfreundlichkeit	Für Bekleidungstextilien werden überwiegend feine, weiche Polyesterfasern verwendet.

Sonstige wichtige Eigenschaften (vgl. Seite 235, 236, 237)	
Festigkeit	Polyester und Polyamid haben die höchste Reiß- und Scheuerfestigkeit aller Faserstoffe. Die Nassfestigkeit ist etwa gleich hoch wie die Trockenfestigkeit.
Dehnbarkeit	Die Höchstzugkraftdehnung liegt zwischen 15 % und 50 %, sie ist geringer als bei Polyamid.
Elastizität	Die Elastizität ist sehr hoch, die Knitterneigung gering.
Elektrostatische Aufladung	Sie ist hoch, kann aber durch Einlagerung antistatischer Substanzen reduziert werden.
Feinheit, Griff	Die Faserfeinheit reicht von Mikro- bis Grobfasern (vgl. Seite 44). Je nach Faserfeinheit, Flächenkonstruktion und Veredlung sind auch die Stoffe fein und weich bis steif.
Glanz	Je nach Querschnittsform und Zusatz von Mattierungsmittel sind die Fasern hochglänzend bis matt.
Formbarkeit	Polyester ist **thermoplastisch**, es lässt sich texturieren.
Chemikalien	Die meisten Säuren, Laugen und Lösemittel greifen Polyester nicht an. Stark konzentrierte Säuren und Laugen und wenige Lösemittel können die Faser zerstören.
Lichtbeständigkeit	Die Lichtbeständigkeit ist sehr gut.
Biologische Beständigkeit	Polyester ist beständig gegen Pilze und Fäulnisbakterien, es verrottet nicht.
Hitzebeständigkeit	Polyesterfasern weisen von allen synthetischen Chemiefasern, die für Bekleidung eingesetzt werden, die höchste Temperaturbeständigkeit auf.

1.3.10 Chemiefasern aus synthetischen Polymeren: Polyester (2)

1: Wetterschutzbekleidung aus Polyester-Mikrofasergewebe

2: Funktionsprinzip moderner Wetterschutzbekleidung

3: Fleece aus Polyester-Mikrofasern

4: Texturiertes Polyestergarn als Nähgarn (Bauschgarn)

5: Segel aus hochfesten Polyester Filamentgarnen

Einsatzgebiete

Polyester zeigt die vielseitigsten Eigenschaften und nimmt deshalb die Spitzenposition unter den Chemiefasern ein. Es wird etwa zu 60 % als Spinnfasern (B- oder W-Type) verwendet.

Polyesterspinnfasern werden hauptsächlich zu Mischgarnen verarbeitet, wobei sich je nach Verwendungszweck bestimmte Mischungsverhältnisse und -partner bewährt haben: 70/30, 65/35, 55/45, 50/50 Prozent Polyester, mit Wolle, Baumwolle, Viskose und Modalspinnfasern, aber auch andere Mischungsverhältnisse und Mischungspartner sind möglich. Die wichtigsten Artikel, die daraus hergestellt werden, sind Anzug-, Kostüm- und Kleiderstoffe, Stoffe für Oberhemden und Blusen, Freizeit-, Wetter- und Berufsbekleidung sowie Bettwäsche. Polyesterspinnfasern rein werden zu hochfesten Nähgarnen versponnen sowie zu Vliesstoffen verarbeitet, die z. B. als Einlage- und Füllmaterial in Steppjacken Verwendung finden.

Filamentgarne für Bekleidungszwecke werden meistens texturiert. Man stellt daraus Stoffe für Kleider und Blusen, Krawatten und Schals, Wetterschutzbekleidung und Futter her. Bauschgarne werden zur Kantenversäuberung verwendet, weil sie die Kante gut abdecken. Im Gardinenbereich sind Filamentgarne absolut marktbeherrschend.

Schwerentflammbare Fasertypen werden z. B. für Hotelwäsche, Kindernachtwäsche, Polster- und Dekorationsstoffe in Theatern und Verkehrsmitteln eingesetzt.

Hochfeste Fasertypen verwendet man z. B. für Planen, Zeltdächer, in Autoreifen, im Behälterbau und bei einer Vielzahl weiterer technischer Einsatzgebiete.

Fasererkennung

Mikroskopisches Bild:
Meist kreisrund, auch andere Querschnittsformen, abhängig von der Düsenform, sind möglich. Profilfasern besitzen Dreieck- bzw. Fünfsternquerschnitt. Sie ergeben veränderten Glanz, Griff und Schmutzhaftung.

Brennprobe:
Polyester schmilzt in der Nähe der Flamme zu einem bräunlichen Klümpchen, welches zum Abtropfen neigt. Die Schmelze ist fadenziehend, kalt ist der Rückstand unzerreibbar hart.

Löslichkeitsprobe:
Polyester löst sich nur in konzentrierter Schwefelsäure und konzentrierter Kalilauge sowie in Tetrachlorethan und Phenolen.

Pflegeeigenschaften und -kennzeichnung

Polyestertextilien sind **pflegeleicht**, also waschbar in der Waschmaschine, schnell trocknend, weitgehend bügelfrei

Die Kennzeichnung gilt für Maximalbelastung, Einschränkungen sind durch Flächenaufbau, Veredlung und Verarbeitung möglich.

Waschen	Chloren	Bügeln	Chemisch reinigen	Trocknen
60			P	

Textilkennzeichnung

Zur Kennzeichnung wird der Gattungsname **Polyester** verwendet. Zusätzlich dürfen Markennamen der Herstellerfirmen angebracht werden. Aus der Vielzahl der Markennamen verschiedener Hersteller werden beispielhaft aufgeführt:

Dacron®, Diolen®, Tergal®, Trevira®.

1.3.11 Chemiefasern aus synthetischen Polymeren: Polyacryl, Modacryl

Polyacryl, Modacryl

Kurzzeichen: Polyacryl PAN, Modacryl MAC

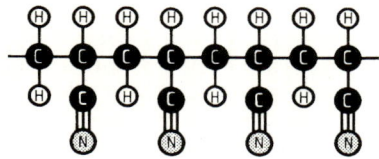

1: Ausschnitte aus einem Polyacryl-Makromolekül

Herstellung

Das aus Propylen und Ammoniak gewonnene Acrylnitril polymerisiert zu pulverförmigem Polyacrylnitril. Es wird in Dimethylformamid oder Dimethylacetamid aufgelöst und im Nass- oder Trockenspinnverfahren zu Polyacrylfasern ersponnen. Acrylnitril kann auch direkt im Lösungsmittel polymerisiert und dann versponnen werden.

Faseraufbau

Polyacryl-Molekülketten sind aus CH_2-CHCN Monomeren aufgebaut (**Bild 1**). Im Wesentlichen lassen sich drei Fasertypen unterscheiden: Normale Polyacrylfasern, die schwer entflammbaren Modacrylfasern (modifizierte = veränderte Polyacrylfasern) und die poröse Acrylfaser (**Bild 2**).

2: Aufbau der porösen Polyacrylfaser

Eigenschaften (vgl. S. 235, 236, 237)

Aus Polyacryl werden fast ausschließlich Spinnfasern hergestellt. Diese weisen einen wollähnlichen Griff, niedrige Dichte, gute Licht- und Chemikalienbeständigkeit auf. Sie sind wie alle synthetischen Chemiefasern pflegeleicht (allerdings in feuchter Wärme leicht deformierbar) und **thermofixierbar**.

Aus Polyacrylspinnfasern lassen sich füllige Garne herstellen, die besonders weich und warmhaltend sind und einen wollähnlichen Charakter aufweisen (**Bild 3**). Ihr starker Hitzeschrumpf kann dazu ausgenutzt werden, schrumpfende mit nichtschrumpfenden Fasern zu verspinnen. Bei einer Wärmebehandlung schrumpft dann der eine Faseranteil und bauscht das Garn auf. Infolge der niedrigen Dichte sind die Garne besonders leicht.

Einsatzgebiete

Polyacryl wird zum größten Teil als Spinnfasern verarbeitet. Diese werden rein, aber auch in Mischungen, vor allem mit Wolle, zu Maschenwaren, Oberbekleidungsstoffen, Decken, Pelzimitationen, Deko- und Möbelbezugsstoffen, Bodenbelägen und Markisen verarbeitet.

Modacrylfasern sind veränderte, abgewandelte Acrylfasern. Sie haben unter anderem flammhemmende Eigenschaften. Einsatzgebiete sind Schutzbekleidung und Dekostoffe.

Poröse Acrylfasern haben eingebaute Hohlräume, in denen sie Feuchtigkeit speichern können. Aus ihnen wird vor allem saugfähige und wärmende Unterwäsche hergestellt.

3: Wärmende Kleidung aus Polyacryl

Fasererkennung

Brennprobe:

Polyacryl schrumpft in der Flamme, schmilzt (schmort), brennt, tropft und rußt stark. Der Geruch ist stechend, der Rückstand unzerreibbar, hart.

Löslichkeitsprobe:

Dimethylformamid, Dimethylacetamid und Salpetersäure lösen Polyacryl.

Pflegeeigenschaften und -kennzeichnung

Polyacryltextilien sind **pflegeleicht**, d. h., waschbar in der Waschmaschine, schnell trocknend, weitgehend bügelfrei (sie sind hitzeempfindlich).

Die Kennzeichnung gilt für Maximalbelastung, Einschränkungen sind durch Flächenaufbau, Veredlung und Verarbeitung möglich.

Waschen	Chloren	Bügeln	Chemisch reinigen	Trocknen
[40]	⊠	🔥 ohne Dampf	Ⓟ	⊠

Textilkennzeichnung

Nach dem Textilkennzeichnungsgesetz werden Fasern, die aus mindestens 85 % Acrylnitril aufgebaut sind, als **Polyacryl** bezeichnet. Auf Etiketten muss der Gattungsname Polyacryl verwendet werden. Zusätzlich dürfen Markennamen angegeben sein, z. B. Dolan®, Dralon®, Dunova®, Wolpryla®. Bei **Modacryl** muss der Anteil Acrylnitril mehr als 50 % und weniger als 85 % Acrylnitril betragen.

1.3.12 Chemiefasern aus synthetischen Polymeren: Elastan, Fluoro, Polyvinylchlorid, Polyethylen, Polypropylen, Polyvinylalkohol

K = Kristalline Bereiche
A = Amorphe Bereiche

① Ausgangs-zustand
② Belastung
③ Entlastung

1: Dehnung von Elastan

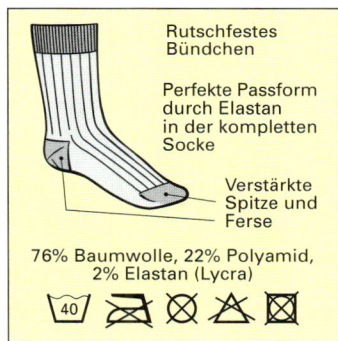

2: Elastan in Stretchbekleidung

Rutschfestes Bündchen

Perfekte Passform durch Elastan in der kompletten Socke

Verstärkte Spitze und Ferse

76% Baumwolle, 22% Polyamid, 2% Elastan (Lycra)

3: Elastananteil in Socken

Faser- bzw. Gattungsname Kurzzeichen	Eigenschaften und Verwendung
Elastan EL	Elastan besteht aus mindestens 85 % **Polyurethan**. Die besondere Eigenschaft von **Elastan** ist die sehr hohe elastische Dehnung, die bis ca. 800 % betragen kann. Bei Entlastung zieht sich die Faser auf die ursprüngliche Länge zurück. Die Molekülstruktur wird aus längeren, amorphen (beweglichen, weichen, elastischen) Polyester-Segmenten gebildet, die der Faser die hohe Elastizität geben sowie kristallinen Segmenten aus Polyharnstoff, die der Faser Festigkeit, Form- und Fixierbarkeit **(Bild 1)** geben.
	Elastan wird ausschließlich zu Filamentgarn verarbeitet. Die Filamente können sehr fein hergestellt werden, sie sind oxidations- und lichtbeständig und gut waschbar. Elastan kommt überall zum Einsatz, wo Elastizität in Bekleidung gefordert ist. In Damenfeinstrümpfen, dem größten Einsatzbereich für Elastan, im Mieder- und Bademodenbereich werden die Filamente nackt, d. h., ohne Umspinnung zusammen mit Polyamid eingesetzt. Mit einem Elastananteil von bis zu 40 % kann jede gewünschte Elastizität erreicht werden. Im Oberbekleidungsbereich werden Elastan-Filamente mit anderen Fasern umwunden verwendet. Der Elastananteil beträgt hier ca. 2 % bis 4 %, der Rest ist z. B. Wolle oder Baumwolle. Bei den Umwindegarnen ist Elastan immer die Seele des Garnes. Es kommt nicht mit der Haut in Berührung. Elastan sorgt für gute Elastizität und Knittererholung **(Bilder 2 und 3)**. Markennamen: z. B. Dorlastan®, Lycra®
Fluoro PTFE (Polytetrafluorethylen)	Der milchig-weiße Kunststoff wird vor allem zu Folien, aber auch zu Filamentgarnen und Spinnfasern verarbeitet. Fluoro ist chemikalienbeständig, wasserabweisend, nimmt keine Feuchtigkeit auf, lässt sich kaum anfärben und gleitet leicht auf anderen Stoffen. Als Membran-Folie mit mikroporösen Öffnungen wird Fluoro in GoreTex®-Wetterschutzbekleidung eingesetzt **(vgl. S. 242)**. Fluoro-Garne in Sportsocken verhindern Blasen. Markennamen: z. B. Teflon®, Hostaflon®
Polyvinylchlorid CLF	**Polyvinylchlorid** hat für Bekleidungstextilien geringe Bedeutung. Es wird zu Filamentgarnen und Spinnfasern verarbeitet. Aus Polyvinylchlorid-Maschenware kann Rheumawäsche hergestellt werden. Wegen der Beständigkeit gegen bestimmte Chemikalien, kommt Polyvinylchlorid in Schutzbekleidung zum Einsatz. Markenname: z. B. Rhovyl®
Polyethylen PE	**Polyethylen** und **Polypropylen** gehören zur Gruppe der **Polyolefine**. **Polyethylen** hat eine niedrige Dichte und einen niedrigen Erweichungsbereich. Es nimmt kein Wasser auf und ist gegen viele Chemikalien beständig. Deshalb werden Vliesstoffe aus Polyethylen zu Schutzkleidung verarbeitet **(Bild 4)**. Markenname: z. B. Tyvek® Aus monofilen Folienbändchen werden technische Textilien wie Seile, Taue, Netze, Filter hergestellt. Markenname: z. B. Vestolan®
Polypropylen PP	**Polypropylen** wird als Filamente und als Spinnfasern hergestellt. Auch Polypropylen nimmt im Faserinneren kein Wasser auf, hat aber eine gute Kapillarwirkung. Diese Eigenschaften sind die Gründe dafür, daß Polypropylen bei funktioneller Sportwäsche zum Schweißtransport von der Haut nach außen eingesetzt wird **(vgl. S. 240)**. Markenname: z. B. Meraklon®
Polyvinylalkohol PVAL	Aus Polyvinylalkohol werden Filamente und Spinnfasern hergestellt. Es gibt wasserlösliche und wasserunlösliche Fasertypen. Wasserlösliche Typen verwendet man als Stickgrund für Ätzspitze oder als Trennfäden, die später durch Dampf- oder Wassereinwirkung entfernt werden können. Wasserunlösliche Typen werden für technische Textilien verwendet. Markenname: z. B. Kuralon®

4: Schutzbekleidung aus Tyvek®-Spinnfaservlies

231

1.3.13 Chemiefasern aus anorganischen Stoffen: Glas, Kohlenstoff, Metall

1: Schutzbekleidung aus Schurwolle mir einer geringen Beimischung von Stahlfasern

2: Lurex® Multicolor

3: Glanzeffekte durch Lurex® im Gewebe (Lamé)

Faserstoff Kurzzeichen	Eigenschaften und Verwendung
Glas GF	Glasfasern werden als Filamente und als Spinnfasern hergestellt. Sie sind nicht brennbar, haben eine geringe Feuchtigkeitsaufnahme und geringe Dehnbarkeit. Sie werden zu Dekorationsstoffen, Wandbespannungen, Vorhängen (nicht brennbar) und zur Kunststoffverstärkung verarbeitet. Für Bekleidung werden diese Fasern normalerweise nicht eingesetzt. Markenname: z. B. Fiberglas®
Kohlenstoff CF	Kohlenstoff-Fasern (Carbonfasern) haben einen Kohlenstoffgehalt, der über 80 % liegt. Sie entstehen durch Carbonisierung[1] von geeigneten kohlenstoffhaltigen Stoffen, wie zum Beispiel Polyacrylnitril oder Viskose. Bei der Carbonisierung werden in einem aufwändigen Prozess aus den Molekülketten durch Hitzebehandlung möglichst viele Stoffe entfernt, so dass überwiegend Kohlenstoff übrig bleibt. Kohlenstoff-Fasern haben eine Hitzebeständigkeit bis ca. 4000 °C. Ihre hohe Festigkeit und die Steifigkeit können durch die Herstellungsbedingungen beeinflusst werden. Kohlenstoff-Fasern werden hauptsächlich im technischen Bereich, z. B. zur Verstärkung von Kunststoffen im Flug-, Maschinen- und Sportgerätebau eingesetzt. Markennamen: z. B. Sigrafil®, Tenax® [1] Carbonisierung ist nicht zu verwechseln mit dem Karbonisieren der Wolle
Metall MTF	Metallfasern kommen als Runddrähte, Flachdrähte, Filamente, Spinnfasern sowie als metallisierte Folienbändchen in den Handel. Rund- und Flachdrähte (Lahne) sind fein ausgezogenes Metall. Metallische Drähte, silber- oder goldfarben, werden vor allem in Brokaten und Posamenten verabeitet. Spinnfasern werden in Bekleidungstextilien zusammen mit anderen Fasern zur Ableitung elektrostatischer Aufladungen verwendet **(Bild 1)**.

Lurex

Der Name **Lurex** wird heute in der Textilbranche für alle metallisierten Garne verwendet. Der Markenname Lurex® ist gesetzlich geschützt. Es handelt sich dabei um eine metallisierte Folienbändchenkonstruktion aus Polyester mit einem Kunstharzüberzug.

Das Polyesterfolienbändchen ist mit Aluminiumstaub beschichtet und mit Kunstharzlack überzogen. Je nach Anforderung und Einsatzgebiet sind verschiedene Qualitätstypen erhältlich, die mit unterschiedlichen Kunstharzlacken überzogen sind. Sie unterscheiden sich z. B. durch die Wasch- und Bügeltemperatur. Die Folienbändchen haben eine Dicke von 0,01 mm bis 0,03 mm und eine Breite von 0,2 mm bis 0,4 mm. Die Grundfarbe ist Silber. Durch farbige Kunstharzlacke können unterschiedliche Farben erzielt werden. Bei Verwendung schwarzer oder weißer Garne zusammen mit Lurex® entstehen zusätzliche Effekte. Neben den verschiedenen Gold-, Silber- und Bronzenuancen gibt es auch Blau-, Rot- und Grüntöne sowie Multicolor-Garne, bei denen die Folie vor dem Schneiden farbig bedruckt wird **(Bild 2)**. Außerdem gibt es irisierende (schillernde), transparente, sowie phosphorisierende (selbstleuchtende) und reflektierende Varianten.

Lurex® wird, meist silber- oder goldfarben, als Effektgarn bei Geweben und Maschenwaren eingesetzt. Für modische Textilien sind auch andere Farben möglich **(Bild 3)**.

1.4 Mischungen von Faserstoffen

Beim Mischen von Faserstoffen sollen nachteilige Eigenschaften eines bestimmten Faserstoffes zur Qualitätsverbesserung ausgeschaltet bzw. bestimmte Effekte im Aussehen erzielt werden. Außerdem haben Mischungen Einfluss auf die Verarbeitungseigenschaften, die Garnfeinheit und die Wirtschaftlichkeit.

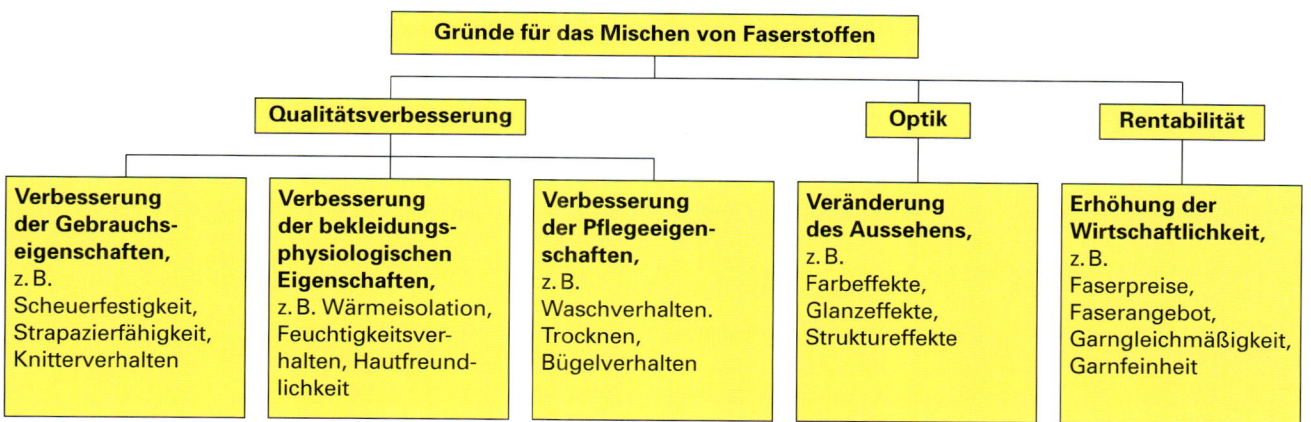

Gründe für das Mischen von Faserstoffen

Qualitätsverbesserung

Optik

Rentabilität

Verbesserung der Gebrauchseigenschaften, z. B. Scheuerfestigkeit, Strapazierfähigkeit, Knitterverhalten

Verbesserung der bekleidungsphysiologischen Eigenschaften, z. B. Wärmeisolation, Feuchtigkeitsverhalten, Hautfreundlichkeit

Verbesserung der Pflegeeigenschaften, z. B. Waschverhalten. Trocknen, Bügelverhalten

Veränderung des Aussehens, z. B. Farbeffekte, Glanzeffekte, Struktureffekte

Erhöhung der Wirtschaftlichkeit, z. B. Faserpreise, Faserangebot, Garngleichmäßigkeit, Garnfeinheit

Typische Mischungen und Mischungsverhältnisse

Die Mischung von Faserstoffen ist in zwei Stufen der textilen Fertigung möglich:

Bei der **Garnherstellung** lassen sich verschiedene Stapelfasern mischen und zu Spinnfasergarnen verarbeiten.

Bei der **Herstellung textiler Flächen** können Garne aus unterschiedlichen Faserstoffen verwendet werden. Es lassen sich Naturfasern miteinander sowie Naturfasern mit Chemiefasern und Chemiefasern untereinander mischen.

Kette:
Reine Baumwolle
Schuss:
Reines Leinen

HALBLEINEN

1: Mischung Natur- mit Naturfaser

Durch besonders vorteilhafte Eigenschaften zeichnen sich Mischungen von Natur- und Chemiefasern aus. Hier werden die positiven Eigenschaften beider Fasergruppen ergänzt, während negative Eigenschaften nahezu ausgeschaltet werden.

Bewährt haben sich vor allem Mischungen von Wolle mit Polyester, Polyamid und Polyacryl sowie die Mischung von Baumwolle mit Polyester, Polyamid, Viskose und Modal. Die hohe Reiß- und Scheuerfestigkeit, die gute Elastizität und das günstige Pflegeverhalten synthetischer Chemiefasern, gepaart mit dem ausgezeichneten bekleidungsphysiologischen Verhalten der Naturfasern, führt zu fast optimalen Eigenschaften. Die Weichheit und hohe Saugfähigkeit zellulosischer Chemiefasern sowie die Möglichkeit, die Fasern in Feinheit und Stapellänge optimal auf die Herstellung feiner Garne abzustimmen, machen diese Faserstoffgruppe ebenfalls zu einem sehr begehrten Mischungspartner.

80 % Schurwolle
20 % Polyamid

2: Mischung Natur- mit Chemiefaser

Besondere **Effekte** ergeben sich bei den Chemiefasern durch die Möglichkeit, sie matt oder glänzend und teilweise schrumpfend und nichtschrumpfend herzustellen. Eine optimale Fasermischung erreicht man, wenn die Faserstoffe möglichst gut in Festigkeit, Dehnung, Elastizität, Stapellänge und Feinheit zusammenpassen.

Die wichtigsten Mischungsverhältnisse sind 70 %/30 %, 60 %/40 % und 50 %/50 %.

Pflege

Grundsätzlich muss sich die Pflege nach den Eigenschaften des schwächsten Partners richten. Jedoch bei nicht filzfrei ausgerüsteter Wolle kann durch einen hohen Anteil synthetischer Chemiefasern Maschinenwaschbarkeit erreicht werden.

Kennzeichnung von Mischungen nach dem TKG

Gönner — **Markenname**

70% Polyacryl/acrylic acrylique
30% Baumwolle cotton/coton

— **Rohstoffgehaltsangabe** (Pflicht)

— **Pflegekennzeichnung** (freiwillig)

3: Etikett mit Kennzeichnung nach dem TKG

Nach dem Textilkennzeichnungsgesetz sind die Mischungspartner und die Mischungsverhältnisse in absteigender Reihenfolge anzugeben. Naturfasern werden mit ihren Namen angegeben. Bei Chemiefasern müssen die Gattungsnamen, z. B. Polyester, Polyamid usw. angegeben werden. Zusätzlich zu den Gattungsnamen dürfen Warenzeichen und Markennamen der Hersteller verwendet werden (vgl. Seite 238).

Die Verwendung der Pflegesymbole ist freiwillig.

1.5 Textilpflege

▶ Pflegeeigenschaften von Bekleidungstextilien

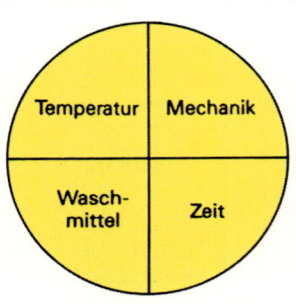

1: Wasch- und Reinigungsfaktoren nach Sinner

Zum Gebrauchswert von Textilien gehören die Pflegeeigenschaften. Arbeitsintensive und teure Pflege setzt den Wert der Bekleidung herab. Pflege erfolgt durch Auslüften, Waschen, eventuell Chloren, chemisch Reinigen, Trocknen (liegend, hängend oder im Wäschetrockner) und Bügeln.

Beim Wasch- und Reinigungsvorgang sind vier Faktoren beteiligt: Temperatur, Zeit, Waschmittel und Mechanik **(Bild 1)**. Sie müssen insgesamt ausgeglichen sein.

Die Textilpflege wird vor allem durch die Faserart und ihre Fasereigenschaften wie Festigkeit, Chemikalienbeständigkeit und Temperaturverhalten bestimmt. Außerdem begrenzen Garn- und Flächenaufbau sowie Veredlung die Pflegemaßnahmen. Gefütterte Bekleidung mit Einlage muss im allgemeinen chemisch gereinigt werden. Dies sind z. B. Kostüme, Anzüge, Jacken und Mäntel. Durch Pflegetests werden die Pflegeeigenschaften ermittelt.

Pflegesymbole	Pflegehinweise

Pflegesymbole

Die Verwendung der Pflegesymbole ist freiwillig. Sie stellen eine Empfehlung dar und bieten dafür Gewähr, dass das Textilerzeugnis bei der empfohlenen Behandlung keinen Schaden nimmt. Sie geben immer die maximal zulässige Behandlungsart an. Bei Fasermischungen muss sich die Pflege nach dem empfindlichsten Faseranteil richten. Die Reihenfolge der Symbole ist Waschbottich, Dreieck, Bügeleisen, Reinigungstrommel, Trocknertrommel.

Waschen (Symbol: Waschbottich)

Das Symbol bedeutet, dass Nasswäsche möglich ist. Es gilt sowohl für Hand-, als auch für Maschinenwäsche. Die Zahlen entsprechen den maximalen Waschtemperaturen. Der Balken verlangt nach einer milderen Behandlung und geringerer Maschinenbefüllung **(Schonwaschgang)**. Der geteilte Balken weist auf besonders schonende Behandlung hin **(Spezialschonwaschgang)**.

Vollwaschmittel enthalten waschaktive Substanzen (Tenside), Wasserenthärter, Bleichmittel, optische Aufheller und Füllstoffe. **Feinwaschmittel** sind geringer alkalisch, sie enthalten keine optischen Aufheller und keine Bleichmittel. Ihre volle Waschwirkung entfalten sie schon bei geringeren Temperaturen. Man verwendet sie bei empfindlichen Textilien. Bei **Waschmittelbaukästen** sind waschaktive Substanzen und Wasserenthärter getrennt erhältlich. Die Dosierung kann nach Verschmutzungsgrad der Wäsche und Wasserhärte getrennt erfolgen. Die Umwelt wird durch geringere Mengen geschont. **Kompaktwaschmittel** enthalten keine Füllstoffe und sie entfalten wie Feinwaschmittel ihre volle Waschwirkung schon bei geringen Temperaturen. Das spart Energie und das Abwasser wird nicht durch Füllstoffe, die keine Reinigungswirkung besitzen, belastet.

Chloren (Symbol: Dreieck)

Das Symbol für die Chlorbleiche ist bei der Fleckentfernung im Haushalt und bei der Behandlung in gewerblichen Wäschereien mit Bleichmitteln zu beachten. In der Bundesrepublik ist Chloren nicht üblich.

Bügeln (Symbol: Bügeleisen)

Die im Bügeleisensymbol enthaltenen Punkte geben die Maximaltemperatur an: ••• 200 °C, •• 150 °C, • 110 °C.

Chemisch Reinigung (Symbol: Reinigungstrommel)

Die Buchstaben geben Hinweise für die Verwendung von Reinigungs- und Fleckentfernungsmitteln. Der Strich unter der Reinigungstrommel bedeutet eine Beschränkung in der mechanischen Beanspruchung, Feuchtigkeitszugabe und Temperatur.

Trocknung im Wäschetrockner (Symbol: Trocknertrommel)

Die in der Trocknertrommel enthaltenen Punkte geben die Trocknungsstufen an: •• Normale Trocknung, • Schonende Trocknung. Das Symbol gibt keinen Hinweis auf Schrumpf im Trockner.

Pflegehinweise

Symbol	Hinweis
95	Kochwäsche: Baumwolle, Leinen, kochecht gefärbt bzw. bedruckt
60	60 °C-Buntwäsche: nicht kochechte Buntwäsche und Wäsche aus Baumwolle, Modal, Lyocell, Polyester sowie ihrer Mischungen
40	40 °C-Buntwäsche: dunkelbunte Artikel aus Baumwolle und Polyester
40	40 °C-Feinwäsche: Feinwäsche aus Modal, Viskose, Lyocell, Polyacryl, Polyester, Polyamid
40	Feinwäsche aus Wolle filzfrei ausgerüstet
30	30 °C-Feinwäsche: filzfrei ausgerüstete Wolle, Acetat
Handwäsche-Symbol	Handwäsche: nicht filzfrei ausgerüstete Wolle, Seide
Nicht waschen-Symbol	Nicht waschen: sehr empfindliche Woll- und Seidenartikel
△Cl	Chlorbleiche ist möglich
⨉	Chlorbleiche nicht möglich
•••	Baumwolle, Leinen
••	Wolle, Seide, Polyester, Viskose
•	Polyacryl, Polyamid, Acetat
⨉	Nicht bügeln: Polypropylen
Ⓐ	A = Die Verwendung allgemein üblicher Lösemittel ist ohne Einschränkung möglich
Ⓟ	P = Perchlorethylen und Fluorkohlenwasserstoff. Sie sind die gebräuchlichsten Reinigungsmittel für Normalfälle.
Ⓕ	F = Fluorkohlenwasserstoff und Schwerbenzin. Sie werden bei empfindlichen Artikeln verwendet.
⨉	Nicht chemisch reinigen
⊙⊙	Die Einteilung erfolgt etwa wie beim Waschen und Bügeln. Nicht trocknergeeignet sind Wolle, Seide, Polyacryl und einlaufempfindliche Maschenwaren ohne besondere Kennzeichnung.
⨉	Nicht im Wäschetrockner trocknen.

1.6 Fasereigenschaften, Fasererkennung (1)

Einfache **Prüfmethoden** sollen es bei fehlender Kennzeichnung ermöglichen, den Faserstoff zu erkennen.

Mikroskopisches Bild: Es wird ein gutes Mikroskop benötigt. Typische Längsansichten (Baumwolle, Wolle) sind gut erkennbar.

Brennprobe: Mit einer Pinzette hält man Fasern, Garn oder Stoff waagrecht in die Flamme. Man beobachtet das Verhalten in der Nähe der Flamme, Verbrennung, Geruch und Rückstand.

Trockenreißprobe: Ein eingeschnittenes Gewebe wird mit der Hand weitergerissen und die Länge der Faserenden beurteilt.

Nassreißprobe: Man benetzt einen Faden mit Wasser und beobachtet beim Reißen die benetzte Stelle.

Löslichkeitsprobe: Zur Erkennung vor allem von Mischungen lässt man Chemikalien einige Stunden einwirken. Säuren werden konzentriert angewendet.

	Faserstoff Kurzzeichen	Fasersubstanz Aufbau der Makromoleküle	Mikroskopisches Bild Faserquerschnitt und Längsansicht der Faser	Brennprobe (unbehandelte Fasern) V = Verbrennung G = Geruch R = Rückstand	Sonstige Erkennungsmethoden L = Löslichkeitsprobe Rt = Trockenreißprobe Rn = Nassreißprobe
NATURFASERN — pflanzliche	**Baumwolle** CO	Zellulose	 nieren-, bohnenförmig	V: rasch, hell, nachglühend G: nach verbranntem Papier R: hellgraue Flugasche	L: Schwefelsäure löst Zellulose Rt: kurze Faserenden, vgl. LI Rn: hohe Nassfestigkeit, vgl. CV
	Leinen LI	Zellulose	 unregelmäßige Vielecke	V: rasch, hell, nachglühend G: nach verbranntem Papier R: hellgraue Flugasche	L: Schwefelsäure löst Zellulose Rt: lange Faserenden, vgl. CO
NATURFASERN — tierische	**Wolle** WO	Keratin (Eiweiß)	 rund bis oval	V: langsam, brodelnd G: nach verbranntem Horn R: zerreibbare Schlacke	L: Lithiumhypochlorid löst tierisches Eiweiß L: Starke Lauge löst WO
	Seide (entbastet) SE	Fibroin (Eiweiß)	 abgerundete Dreiecke	V: langsam, brodelnd G: nach verbranntem Horn R: zerreibbare Schlacke	L: Lithiumhypochlorid löst tierisches Eiweiß L: Schwefelsäure löst SE
CHEMIEFASERN — zellulosische	**Viskose, Modal** CV CMD Cupro Lyocell CUP CLY	Zellulose (regeneriert)	 je nach Düsenform	V: rasch, hell, nachglühend G: nach verbranntem Papier R: hellgraue Flugasche	L: Schwefelsäure löst Zellulose L: Salzsäure löst CV weitgehend Rn: geringe Nassfestigkeit, vgl. CO und CV
	Acetat CA	Zelluloseacetat	 je nach Düsenform	V: schmilzt, brennt, tropft G: stechend essigsauer R: kalt unzerreibbar hart	L: Aceton und Essigsäure lösen CA L: Dichlormethan löst CTA
CHEMIEFASERN — synthetische	**Polyester** PES	Polyethylentherephthalat	 je nach Düsenform	V: schrumpft, schmilzt, brennt, tropft, rußt, Schmelze fadenziehend R: kalt unzerreibbar hart	L: Dichlorbenzol und Schwefelsäure lösen PES
	Polyamid PA	Polycaprolactam; AH-Salz	 je nach Düsenform	V: schrumpft, schmilzt, brennt, Schmelze fadenziehend R: kalt unzerreibbar hart	L: Ameisensäure und Salzsäure lösen PA
	Polyacryl PAN	Polyacrylnitril	 je nach Düsenform	V: schrumpft, schmilzt, brennt, tropft, rußt R: kalt unzerreibbar hart	L: Dimethylformamid und Salpetersäure lösen PAN
	Polypropylen PP	Polypropylen	 je nach Düsenform	V: schrumpft, schmilzt, brennt, tropft R: kalt unzerreibbar hart	L: Xylol löst PP
	Elastan EL	Polyurethan	 fibrillenartig	V: schrumpft, schmilzt, brennt, tropft R: kalt unzerreibbar hart	L: Cyclohexanon und Dichlorbenzol lösen EL

Faserfeinheit (Titer)

Die Faserfeinheit (der Titer) ist die auf die Länge bezogene Masse einer Faser. Maßeinheit ist tex oder dtex (Decitex).

> tex = die Fasermasse (Garnmasse) in Gramm, bezogen auf eine Faserlänge (Garnlänge) von   1 km
> dtex = die Fasermasse (Garnmasse) in Gramm, bezogen auf eine Faserlänge (Garnlänge) von 10 km

Je kleiner der Zahlenwert, desto feiner ist die Faser. Z. B. Faserfeinheit 2 dtex bedeutet, daß 10 km Faser eine Masse von 2 Gramm haben.

Faserstoff	Feinheitsbereich in dtex	Mikrofasern	Feinstfasern, Feinfasern							Grobfasern												
			1	2	3	4	5	6	7	8	9	10	11	12	13	14	15	16	17	18	19
								Faserfeinheit in dtex													
Baumwolle	1…4																					
Leinen	10…40																					
Wolle, Haare	2…50																					
Seide	1…4																					
Viskose, Modal	1…22																					
Acetat	2…10																					
Polyester	0,6…44																					
Polyamid	0,8…22																					
Polyacryl	0,6…25																					
Polypropylen	1,5…40																					
Elastan	20…5000																					

Vergrößerung 250-fach

1: Gewebe aus Polyamid-Filamentgarn 78 dtex, 98 Filamente, Einzeltiter 0,8 dtex

2: Gewebe aus Polyamid-Filamentgarn 78 dtex, 23 Filamente, Einzeltiter 3,4 dtex

Die textilen Faserstoffe können nach ihrer Feinheit in Gruppen eingeteilt werden: **Grobfasern, Feinfasern, Feinstfasern** und **Mikrofasern.** Für Bekleidungstextilien finden vor allem Feinfasern, Feinstfasern und Mikrofasern Verwendung. Je feiner die Fasern sind, um so weicher, hautfreundlicher und dichter **(Bilder 1 und 2)** sind die Stoffe und um so schöner ist ihr Fall.

Mikrofasern sind im allgemeinen Chemiefasern mit einem feineren Titer als 1 dtex. Es handelt sich dabei vor allem um Filamente und Spinnfasern aus Polyamid und Polyester. Mit Garnen aus Mikrofasern lassen sich **feine dichte Gewebe** herstellen. Durch die sehr feinen Poren sind Mikrofasergewebe atmungsaktiv, d. h., sie lassen Schweiß (Wasserdampf) von innen nach außen durch, während sie Wassertropfen von außen abhalten (vgl. Seiten 242, 369 ff.). Die hohe Feinheit gibt den Stoffen einen fließenden Fall, einen weichen, seidigen Griff und Knitterarmut. **Fleece,** das ist ein **Gestrick** aus Mikrofasern in einer Spezialbindung, ein- oder beidseitig geraut, mit hoher Wärmeisolation.

Einsatzgebiete für Mikrofasergewebe sind Wetterschutzbekleidung und Oberbekleidung mit weichem, fließendem Charakter. Es können verschiedenartige Oberflächenstrukturen erreicht werden: samtig, kreppartig, flauschig. Fleecegestricke werden bei Outdoor-Bekleidung zur Wärmeisolation eingesetzt.

Markennamen für Mikrofasergewebe sind z.B.: Meryl®, Setila®, Tactel 24 Carat®, Tactel Mikro®, Trevira Finesse®, Trevira Micronesse®, Trevira Fleece®.

1.6 Fasereigenschaften, Fasererkennung (3)

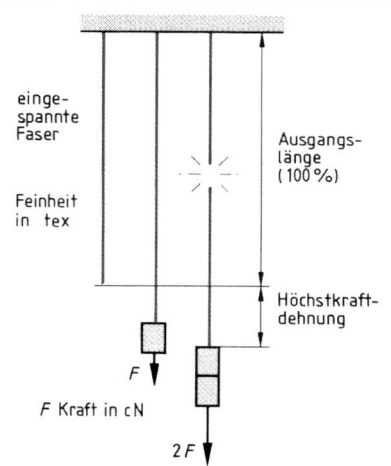

1: Bestimmung der Feinheitsfestigkeit und Höchstzugkraftdehnung

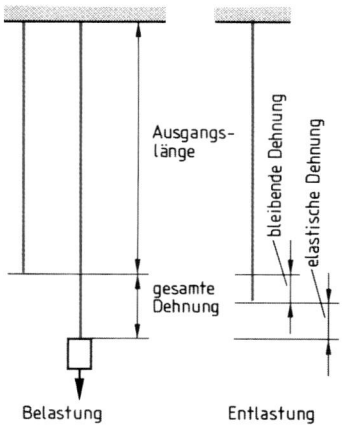

2: Bestimmung der Elastizität

Fasereigenschaften können nur vergleichend beurteilt werden. Sie sind deshalb tabellarisch zusammengefasst. Von den vielen Faserdaten sind nur diejenigen aufgeführt, die für Bekleidungstextilien von Bedeutung sind.

Faserlänge (Stapel)

Aus langen Fasern lassen sich Garne mit wenig abstehenden Fasern herstellen. Je kürzer die Fasern sind, um so mehr Faserenden weist das Garn auf.

Faserdichte

Die Faserdichte beeinflusst das Gewicht von Textilien. Aus Fasern mit geringer Dichte lassen sich voluminöse, leichte Textilien herstellen.

Feuchtigkeitsaufnahme

Die meisten Fasern nehmen ständig mehr oder weniger Feuchtigkeit aus der Luft auf, bei hoher Luftfeuchtigkeit mehr als bei trockener Luft. Die in der Bekleidung enthaltene Luftfeuchtigkeit leitet elektrostatische Aufladung ab (vgl. Seite 50).

Biologische Beständigkeit

Zellulose- und Eiweißfasern verrotten, synthetische Chemiefasern nicht.

Feinheitsfestigkeit

Sie ist die auf die Feinheit von 1 tex bezogene Höchstzugkraft und wird in cN/tex angegeben (cN = 1/100 Newton). Je höher der Wert, um so besser sind Festigkeit und damit Strapazierfähigkeit einer daraus hergestellten Fläche.

Bruchdehnung und Elastizität

Dehnbarkeit und Elastizität der Faserstoffe sind neben der Art des Flächenaufbaus maßgebend für den Tragekomfort, für die Formbarkeit, Formbeständigkeit, Knittererholungsfähigkeit der Bekleidung.

Die Höchstzugkraftdehnung wird in Prozent, bezogen auf die Ausgangslänge, angegeben. Von Elastizität spricht man, wenn sich eine Faser nach einer Belastung wieder zusammenzieht. Fasern gehen nie völlig in ihre Ausgangslänge zurück, sie bleiben je nach Belastung mehr oder weniger verdehnt.

Faserstoff	Faser-feinheit in dtex	Faser-länge in mm	Faser-dichte in g/cm³	Feuchtigkeits-aufnahme bei Normalklima[1] in %	Feuchtigkeits-aufnahme bei hoher Feuchte[2] in %	Biologische Beständigkeit	Feinheits-festigkeit bei Normalklima in cN/tex	Feinheits-festigkeit nasse Faser in % vom Trockenwert	Höchstzugkraft-dehnung bei Normalklima in %	Höchstzugkraft-dehnung nasse Faser in % vom Trockenwert	Elastizität
Baumwolle	1...4	10...60	1,50...1,54	7...11	14...18	gering	25...50	100...110	6...10	100...110	gering
Leinen	10...40	450...900	1,43...1,52	8...10	...20	gering	30...55	105...120	1,5...4	110...125	gering
Wolle	2...50	50...350	1,32	15...17	25...30	gering[3]	10...16	70...90	25...50	110...140	gut
Seide	1...4		1,25[4]	9...11	20...40	gering	25...50	75...95	10...30	120...200	sehr gut
Viskose	1...22	38...200	1,52	11...14	26...28	gering	18...35	40...70	15...30	100...130	gering
Modal	1...22	38...200	1,52	11...14	26...28	gering	35...45	70...80	15...30	120...150	gering
Lyocell[5]	1,1...3,3			11...13		gering	40...45	80...85	10...14		gering
Acetat	2...10	40...120	1,29...1,33	6...7	13...15	gut	10...15	50...80	20...40	120...150	gut
Polyester	0,6...44	38...200	1,36...1,38	0,2...0,5	0,8...1	sehr gut	25...65	95...100	15...50	100...105	sehr gut
Polyamid	0,8...22	38...200	1,14	3,5...4,5	6...9	sehr gut	40...60	80...90	20...80	105...125	sehr gut
Polyacral	0,6...25	38...200	1,14...1,18	1...2	2...5	sehr gut	20...35	80...95	15...70	100...120	sehr gut
Polypropylen	1,5...40	38...200	0,90...0,92	0	0	sehr gut	15...60	100	15...200	100	gut
Elastan	20...4000		1,15...1,35	0,5...1,5	0,5...1,5	gut	4...12	75...100	400...800	100	höchste

[1] 20 °C und 65 % relative Luftfeuchtigkeit
[2] 24 °C und 96 % relative Luftfeuchtigkeit
[3] Mottenfraß
[4] entbastet
[5] Die Daten für diese neue Faser sind noch unvollständig

Die Werte sind der Denkendorfer Fasertabelle entnommen.

1.7 Textilkennzeichnung

Textilkennzeichnung nach dem Textilkennzeichnungsgesetz

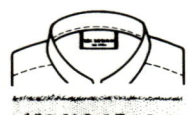

Etikett

Webkante

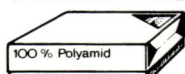

Verpackung

1: Anbringung der Kennzeichnung

2: Beispiel für ein Etikett

Das Textilkennzeichnungsgesetz (TKG) verpflichtet Industrie und Handel in der Europäischen Gemeinschaft, Textilerzeugnisse mit Angaben über die Rohstoff zusammensetzung zu versehen. Der Verbraucher soll beim Kauf von Textilien wissen, aus welchen Rohstoffen ein Erzeugnis besteht. Das Gesetz schreibt vor, welche Bezeichnungen für die verschiedenen Faserarten zu verwenden sind, wie die Gewichtsanteile anzugeben sind und welche sonstigen Angaben notwendig oder zulässig sind. Zu kennzeichnen sind neben den Textilien auch Muster, Proben und Abbildungen in Katalogen, nicht jedoch Zeitungsanzeigen. Rohstoffangaben müssen bei Bekleidung auf eingenähten Etiketten angebracht sein, bei Stoffen können sie an der Webkante eingewebt sein. Wird in einer Verpackung verkauft (Feinstrumpfhosen), so darf die Rohstoffangabe auf der Verpackung stehen (**Bild 1**).

Neben dem Rohstoff dürfen, deutlich abgesetzt, auch Markennamen, Warenzeichen oder Firmennamen angegeben sein. Nicht vorgeschrieben, aber sehr sinnvoll, ist die Angabe der Pflegekennzeichnung (**Bild 2**).

Das Textilkennzeichnungsgesetz legt die Rohstoffbezeichnungen fest, die verwendet werden dürfen. Sie sind in der Faserstoffübersicht Seite 8 aufgeführt. Bei Chemiefasern werden die Gattungsnamen verwendet, z. B. Polyester, Viskose. Die besonderen Bestimmungen für Leinen, Wolle, Seide sind bei den Beschreibungen der jeweiligen Faserstoffe angegeben.

Textilien, die zu 100 % aus demselben Faserstoff bestehen, dürfen mit „rein" oder „ganz" bezeichnet werden, sichtbare Ziereffekte bis 7 %, 2 % für antistatische Wirkung sind zulässig (**Bild 3**). Formgebende Einlagen brauchen nicht gekennzeichnet zu werden.

Bei Mischungen sind die Gewichtsanteile der verwendeten textilen Rohstoffe in Prozenten anzugeben. Die Reihenfolge der aufgeführten Fasern erfolgt absteigend nach den prozentualen Anteilen (**Bild 4**).

Bei Textilien aus mehreren Faserstoffen, bei denen ein Faserstoff 85 % erreicht, genügt die Angabe „85 % Mindestgehalt" (**Bild 5**).

Erreicht keine der Fasern einer Mischung einen Anteil von 85 %, so ist eine prozentuale Angabe bei den beiden Fasern mit dem höchsten Gewichtsanteil erforderlich. Die übrigen Fasern werden in absteigender Reihenfolge mit oder ohne Prozentangabe aufgeführt (**Bild 6**).

Als „sonstige Fasern" dürfen textile Rohstoffe bezeichnet werden, die keine 10 % erreichen (**Bild 7**).

Bei gefütterter Bekleidung muss der Faserstoff des Hauptfutters angegeben werden (**Bild 8**).

3:
100 % Seide
Reine Seide
Ganz Seide

4:
80 % Polyamid
20 % Elastan

5: 85 % Seide Mindestgehalt

6:
60 % Seide
25 % Wolle
Viskose

7:
85 % Baumwolle
15 % sonstige Fasern

8:
Oberstoff: 100 % Schurwolle
Futter: 100 % Seide

Markennamen, Gütezeichen, Warenzeichen

9: Beispiele für geschützte Waren- und Gütezeichen

Um dem Verbraucher einen Hinweis auf Produkte besonders hochwertiger Qualität zu geben, werden von den Herstellern **Markennamen** (Herstellermarken) verwendet. Daneben gibt es **Gütezeichen,** bei denen verschiedene Hersteller bestimmte nachprüfbare Qualitätsvorschriften einhalten.

Markennamen und Symbole kann man beim Deutschen Patentamt in München eintragen lassen. Sie heißen dann **„eingetragene Warenzeichen",** was meist durch ein hochstehendes R im Kreis gekennzeichnet wird. In der Bundesrepublik regelt das Warenzeichengesetz die Eintragung in die Zeichenrolle beim Patentamt. Sie bewirkt Schutz gegen Missbrauch.

Beispiele für Markennamen sind z. B.: Dolan, Dunova, Trevira. Beispiele für Gütezeichen sind das Baumwoll- und Leinenzeichen, das Wollsiegel (Woolmark), das Seiden- sowie das Chemiefaser-Signet (**Bild 9**).

1.8.1 Grundfunktionen und Anforderungen

Grundfunktionen der Bekleidung

Die Bekleidung gehört neben Nahrung und Wohnung zu den Grundbedürfnissen eines Menschen und hat vielfältige Aufgaben:

Schutzfunktion

Die Bekleidung soll Schutz vor Umwelteinflüssen bieten, z. B. gegen Hitze, Kälte, Wind, Regen und Schnee, vor Verletzungen, z. B. am Arbeitsplatz, im Verkehr, beim Sport. Außerdem muss sie die Klimaregelung des menschlichen Körpers unterstützen. In Gegenden, in denen klimabedingt keine Kleidung getragen wird, soll sie die Blöße bedecken (**Bild 1**).

1: Schutzfunktion der Bekleidung

Schmuckfunktion

Zu jeder Zeit hatte die Kleidung neben der Schutzfunktion auch eine schmückende Funktion. Kleidung gibt dem Träger einen persönlichen Charakter. „Kleider machen Leute", sagt ein altes Sprichwort (**Bild 2**).

Kennzeichnungsfunktion

An der Kleidung lässt sich die Zugehörigkeit zu einer bestimmten Volksgemeinschaft oder einer bestimmten Gruppe erkennen. Beispiele dafür sind die Trachten bestimmter Volksgruppen, die Uniform von Soldaten, Polizei, Feuerwehr usw. und die gleichartige Kleidung der Punker oder Fußballfans usw. (**Bild 3**).

Aus diesen Aufgaben der Bekleidung ergeben sich die Anforderungen, die an sie gestellt werden.

2: Schmuckfunktion der Bekleidung

3: Kennzeichnungsfunktion der Bekleidung

Anforderungen an die Bekleidung

Allgemeine Anforderungen

Zweckmäßigkeit
Sie soll der Schutz-, Schmuck- und Kennzeichnungsfunktion gerecht werden.

Gutes Aussehen
Sie soll eine gute Passform haben und dem Träger das gewünschte Aussehen geben.

Haltbarkeit
Sie soll haltbar und strapazierfähig sein.

Physiologische Eignung
Sie soll Wohlbefinden bei unterschiedlichen Umgebungseinflüssen gewährleisten.

Pflegbarkeit
Sie soll möglichst waschbar, reinigungs- und formbeständig sein.

Bekleidungsphysiologische Anforderungen

Bekleidungsphysiologie nennt man die Wissenschaft, die sich mit dem Zusammenwirken von Körper und Kleidung bei unterschiedlichem Klima befasst (**Bild 4**). Das Wohlbefinden eines Menschen hängt entscheidend vom Funktionieren dieses Systemes ab.

4: Zusammenwirken von Körper und Kleidung bei unterschiedlichem Klima

Der Mensch ist verschiedenen klimatischen Einflüssen ausgesetzt und seine körperliche Beanspruchung kann sehr unterschiedlich sein (**Bild 5**). Von einem Regelmechanismus im Gehirn wird die Körpertemperatur auf ca. 37 °C gehalten. Bei starker Bewegung produziert der Körper sehr viel Wärme. Überschüssige Wärme muss durch die Haut und die Atmung abgegeben werden. Die Haut führt etwa 90 % der im Körper produzierten Wärme durch die Kleidung ab, etwa 10 % werden durch die Atmung abgegeben.

Wenn die Wärmeproduktion größer ist als die Wärmeabgabe, baut sich im Körper ein Wärmestau auf und es muss eine verstärkte Schweißabgabe einsetzen. Durch Verdampfen dieser Feuchtigkeit auf der Haut wird eine verstärkte Kühlwirkung erreicht. Fließt mehr Wärme ab als laufend nachproduziert wird, so beginnt der Mensch zu frieren.

Tätigkeit	Wärmeproduktion
ruhig sitzender Mensch	ca. 100 Watt
Spaziergänger	ca. 350 Watt
Leistungssportler	ca. 1000 Watt

5: Wärmeleistung des Menschen

Damit der Mensch sich wohlfühlt, greift die Kleidung durch **Wärmeisolation, Luftaustausch, Feuchtigkeitsaufnahme** und **Feuchtigkeitstransport** in die Wechselwirkung zwischen Körper und Klima regulierend ein. Durch die richtige Wahl der Kleidung können selbst extreme Klimabedingungen ausgeglichen werden. Die Wärmebilanz ist ausgeglichen, wenn Wärmeproduktion und Wärmeabgabe übereinstimmen. Man fühlt sich dann behaglich und wohl.

1.8.2 Bekleidungsphysiologische Funktionen

1: Wärmeisolation der Bekleidung

2: Luftbewegung greift in das Mikroklima ein

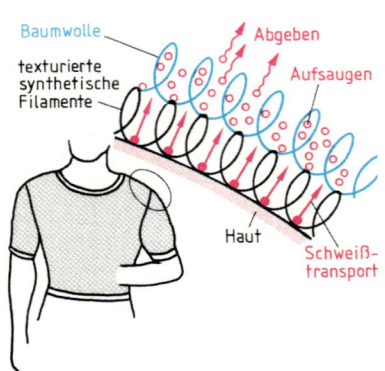

3: Funktionsweise von Zweischichttextilien für Sportbekleidung

Wärmeisolation und Luftaustausch

Zur Vermeidung zu starker Abkühlung des Körpers ist im kühleren europäischen Klima die Unterstützung der körperlichen Klimaregelungdurch **Isolation** erforderlich. Diese wird etwa zu 50% durch die in der Bekleidung eingeschlossenen Luft, zu 30% durch die an der Bekleidung anhaftenden Luftschichten und zu 20% durch die Wärmeleitfähigkeit des Faserstoffes bewirkt. Die in den Poren der Textilschichten eingeschlossene Luft ist folglich der wichtigste Wärmeisolator (**Bild 1**). Voluminöse Konstruktionen mit viel Lufteinschluss (großes Porenvolumen) haben eine hohe Wärmeisolation und eignen sich besonders für Winterbekleidung, dünne, glatte Textilien sind gut geeignet für warmes Umgebungsklima.

Luftaustausch ist erforderlich, um ein Wärme- und Feuchtigkeitsgleichgewicht im **Mikroklima** zwischen Haut und Bekleidung aufrecht zu halten. Der Luftaustausch ist im Wesentlichen von drei Faktoren abhängig:

Zum Ersten hängt er von der **Flächenkonstruktion,** also Faserart, Garnart, Flächenart, Bindung und Veredlung ab.

Der zweite Einflussfaktor ist die **Schnittkonstruktion**. Bei zu enger Kleidung kann kein Luftaustausch stattfinden, der Träger empfindet unangenehme Wärme- und Feuchtestaus. Weite Bekleidung mit großen Öffnungen weist einen **Kamineffekt** auf.

Der dritte Einfluss ist die **Ventilation,** also die Luftbewegung z. B. durch Wind, Radfahren und durch pumpende Körperbewegungen bei weiter Bekleidung (**Bild 2**). Sie greift in die Poren der Textilien und damit direkt in das Mikroklima (Klima der körpernahen Luftschicht) ein und setzt die Wärmeisolation stark herab.

Sogenannte **„funktionelle Bekleidung",** Berufs-, Schutz- und Sportbekleidung, erlaubt eine Regulierung des Luftaustauschs durch Verschlüsse. Durch An- und Ablegen einzelner Bekleidungsstücke (**„Zwiebelschalenprinzip"**) kann die Klimaregelung des Körpers wirkungsvoll unterstützt werden.

Feuchtigkeitsaufnahme und Feuchtigkeitstransport

Zur Klimaregelung gibt der Körper trockene Wärme und je nach körperlicher Belastung mehr oder weniger Feuchtigkeit ab, die durch die Kleidung aufgenommen und abgeführt werden muss. Dies kann zum einen durch die **Saugfähigkeit** der Fasern geschehen, zum anderen durch die **Kapillarwirkung** zwischen den Fasern. **Hygroskopische,** d. h. Wasserdampf anziehende Fasern werden bei mäßiger körperlicher Belastung und geringem Schwitzen bevorzugt (**vgl. Tabelle Seite 237**). Ihre Saugfähigkeit reicht aus, um die dampfförmig anfallende Feuchtigkeit aufzunehmen. Bei starkem Schwitzen wird die Feuchtigkeit von manchen Fasern nicht schnell genug von der Haut weggeführt, da ihre Speicherfähigkeit begrenzt ist. Nasse Textilien kleben auf der Haut und können den Transport von dampfförmiger Feuchtigkeit verhindern. Die entstehende Nässe bewirkt außerdem ein unangenehmes Kältegefühl. Deshalb ist es bei starker Schweißabgabe wichtig, dass der flüssige Schweiß so rasch wie möglich von der Haut an die Außenseite der Bekleidung abgeführt wird, dort von einer **hydrophilen** (Wasser aufsaugenden) Faser aufgesaugt wird und dann langsam verdampfen kann. Diese Aufgabe wird bei richtiger Flächenkonstruktion besonders gut von Fasern erfüllt, die selbst kaum Feuchtigkeit aufnehmen, aber durch Kapillarwirkung einen guten Feuchtigkeitstransport ermöglichen.

Für Sportbekleidung setzen sich immer mehr so genannte **Zweischichtkonstruktionen** durch, bei denen auf der Haut eine durch Kapillarwirkung Feuchtigkeit transportierende synthetische Chemiefaser getragen wird, welche die Feuchtigkeit schnell von der Haut wegtransportiert. Außen verwendet man eine Feuchtigkeit speichernde Faser, z. B. Baumwolle, welche die Feuchtigkeit langsam abgibt. Der Effekt ist der gleiche wie bei Windeln mit „Nässeschutz" (**Bild 3**). Gut bewährt haben sich außerdem auch Mischungen von Faserstoffen mit unterschiedlichem Feuchtigkeitsverhalten (**Tabelle Seite 237**).

Hautfreundlichkeit

Empfindungen durch den Berührungskontakt der Bekleidung mit der Haut können angenehm sein (Weichheit, Schmiegsamkeit). Sie können, besonders auf nasser Haut, auch sehr unangenehm wirken (Kratzen, Beißen und Kleben). Diese Empfindungen hängen vor allem von der Feinheit der Fasern und ihrem Feuchtigkeitsgrad ab.

Auf einer glatten Fläche kann sich ein Schweißfilm ausbilden, der zu einem unangenehmen Kleben führt. Flächenkonstruktionen, die „Abstandhalter", z. B. durch Faserkräuselung usw. aufweisen, haben eine kleine Auflagefläche auf der Haut. Zwischen Haut und Bekleidung sind Luftbewegungen möglich.

1.8.3 Schutzfunktion (1)

Anforderungen an Schutzbekleidung

Schutzbekleidung soll den Träger vor schädlichen Einwirkungen schützen, die z. B. am Arbeitsplatz, durch klimatische Einflüsse oder bei der Sportausübung entstehen. Durch entsprechende Materialien und Konstruktionen soll eine ausreichende Schutzwirkung erreicht werden, ohne die Bewegungsfreiheit des Trägers zu behindern; Pflege und Erhaltung sind ebenso wesentliche Kriterien für die Gebrauchstauglichkeit. Es ist jedoch nicht möglich, alle Anforderungen an die Schutzbekleidung optimal zu erfüllen.

Einsatz von Schutzbekleidung

Einflüsse, Gefahren	Betroffene Personengruppe	Schutzbekleidung
Regen Schnee Wind	Wanderer, Bauarbeiter, Landwirte, Hilfsdienste, Katastrophendienste, Militär	**Wind- und Nässeschutzbekleidung** aus imprägnierten, beschichteten Geweben, Mikrofasergeweben, Membransysteme, z. B. Gore-Tex®, Sympatex®
Extreme Kälte Schnee, Eis	Wintersportler, Arbeiter in Kühlhäusern, Polarforscher, Astronauten	**Kälteschutzbekleidung** aus mehreren textilen Schichten, wattierte Bekleidung
Extreme Hitze Flammen Funken	Hochofen- und Gießereiarbeiter, Schweißer, Schmiede, Arbeiter in der Glas- und Keramikindustrie, Feuerwehr, Rennfahrer, Astronauten	**Hitze- und Flammenschutzbekleidung** aus flammfest ausgerüsteten Wolle- oder Chemiefasern, speziellen Chemiefasern, Bekleidung mit Aluminiumbeschichtung
Mechanische Einwirkungen	Bergleute, Schweißer, Gießereiarbeiter, Motorradfahrer, Fechter, Polizisten, Militär	**Verletzungsschutzbekleidung** aus Leder oder Gewebe aus Spezialfasern, z. B. aus Kevlar®
Rauch Giftige Chemikalien Säuren, Laugen	Chemiearbeiter, Katastrophenschutz	**Chemikalienschutzbekleidung:** flüssigkeitsdichte, gasdichte Bekleidung, z. B. mit Gummibeschichtung, spezielle Vliesstoffe
Staub	Arbeiter in der Mikrochipherstellung, Herstellung optischer Geräte, Lackierer	**Reinraumanzüge** aus speziellen Vliesstoffen
Wasser Unterkühlung	Surfer, Taucher	**Surfer- und Taucheranzüge** aus Elastomerkunststoffen, z. B. Neopren® oder aus Gummi
Strahlung	Arbeiter in Kernenergieanlagen, Schweißer	**Strahlenschutzbekleidung** aus speziellen Chemiefasern, Schweißerschürzen aus Leder
Bakterien	Ärzte, Krankenhauspersonal	**Bakterienschutzbekleidung** mit glatter Oberfläche, geringer Keimhaftung und problemloser Reinigungsmöglichkeit
Elektrostatische Aufladung Elektrischer Strom	Chirurgen, Starkstromarbeiter	**Elektrisch leitfähige Bekleidung** mit spezieller Ausrüstung, Gewebe mit Stahlfasern

1: Feuerwehrschutzbekleidung

2: Hitzeschutzbekleidung

3: Kälteschutzbekleidung

1.8.3 Schutzfunktion (2)

1: Forderung an Wetterschutzbekleidung: Wasser- und Windschutz, dampfdurchlässig

2: Imprägniertes Gewebe

3: Beschichtetes Gewebe

4: Gewebe mit Membran als Liner

Eine besondere Bedeutung kommt der Wetterschutzbekleidung zu, sowohl bei der Berufs-, als auch bei der Sportausübung und Freizeitgestaltung.

Funktion von Wetterschutzbekleidung

Wetterschutzbekleidung soll vor allem Wind und Nässe, aber auch Kälte vom Körper abhalten. Dabei soll die auf der Haut entstehende Körperfeuchtigkeit jedoch nach außen entweichen können. Erfüllt die Kleidung diese Anforderung nicht, so ist der Träger bereits nach mäßiger körperlicher Anstrengung in kürzester Zeit schweißgebadet oder die nasse Kleidung führt zu Unterkühlung.

Es gibt verschiedene Textilkonstruktionen, die diese Funktion mehr oder weniger gut erfüllen. Sie haben alle dieselbe Aufgabe, nämlich von außen kommende Wassertropfen abzuhalten und den Körperschweiß nach außen abfließen zu lassen. Dies ist einerseits durch die unterschiedliche Teilchengröße von Wassertropfen und Wasserdampfteilchen und andererseits durch den von der Körperwärme verursachten Dampfdruck möglich **(Bild 1)**.

Herkömmlicher Wetterschutz

Loden (gewalktes, gerautes Wollgewebe) oder dicht gewebte, hydrophob[1] imprägnierte Baumwoll-, Polyamid- oder Polyestergewebe herkömmlicher Feinheit erfüllen die oben genannten Forderungen nur eine gewisse Zeit. Nach längerer Einwirkungszeit der von außen kommenden Feuchtigkeit wird aus solchem Material hergestellte Wetterschutzbekleidung wasserdurchlässig **(Bild 2)**.

Absolut dauerhaft wind-, wasser-, jedoch dampfundurchlässig können beschichtete Materialien sein **(Bild 3)**.

Moderner Wetterschutz

Moderne Textilkonstruktionen sind dampfdurchlässig und lang anhaltend oder dauerhaft wasserundurchlässig. In Verbindung mit synthetischen Chemiefasern sind sie außerdem pflegeleicht. Vom Funktionsprinzip lassen sich grundsätzlich vier Systeme unterscheiden:

• Mikroporöse Beschichtungen

Sie sind wasserdampfdurchlässig durch mikroskopisch feine Öffnungen in der Beschichtung, welche Wasserdampf, aber keine Tropfen hindurchlassen.

• Mikroporöse Membrane

Dies sind hauchdünne Folien mit mikroskopisch feinen Poren und einer Stärke von ca. 0,02 mm (etwa wie Haushalts-Frischhaltefolie). Sie werden entweder auf ein Trägermaterial laminiert[2] oder liegen zwischen anderen textilen Schichten als Liner[3]. Bei Gore-Tex® besteht die Membran aus hydrophobem Polytetrafluorethylen mit mikroskopisch feinen Poren **(Bild 4)**.

• Hygroskopische Membrane [4]

Sie nehmen den dampfförmigen Schweiß auf und reichen die Wasserdampfmoleküle durch die geschlossene Folie nach außen weiter, Sympatex® ist eine solche Membran aus Polyester **(Bild 5)**.

• Hydrophob ausgerüstete Mikrofasergewebe

Sie sind dicht gewebt. Die Mikrofasern gewährleisten mikroskopisch kleine Öffnungen im Gewebe, die die feinen Wasserdampfmoleküle hindurchlassen, während die groben Wassertropfen nicht eindringen können. Dieser Effekt wird durch die Wasser abweisende Ausrüstung verstärkt. Tactel® ist z. B. ein Mikrofasergewebe aus Polyamid, Trevira-Finesse® ist ein solches aus Polyester.

---

[1] hydrophob = wasserabweisend
[2] Laminat = feste Verbindung von mindestens zwei Flächengebilden
[3] Liner (engl.) = Zwischenlage
[4] hygroskopisch = Wasserdampf anziehend

5: Gewebe mit aufkaschierter Membran

1.9 Ökologie in der textilen Kette (1)

Ökologie ist die Wissenschaft von den Beziehungen der Lebewesen zu ihrer Umwelt bzw. der ungestörte Haushalt der Natur.

Umweltverträglichkeit und Verantwortung sollten das menschliche Handeln prägen, denn der Schutz des Menschen und der Umwelt sind Aufgaben, die jede Generation in der Verantwortung für die kommenden Generationen zu übernehmen hat. Das gilt auch für Textilien, denn sie werden „hautnah" getragen. Deshalb sollten sowohl bei ihrer Gewinnung als auch beim Umgang mit ihnen ökologische Gesichtspunkte verpflichtend sein.

Allgemeine Maßnahmen zur Umweltentlastung

- **Vermeiden**
  von umweltbelastenden Stoffen
- **Verringern**
  des Verbrauches durch Sparkonzepte
- **Wiederverwerten**
  von Materialien (Recycling)

Gefordert ist die Zusammenarbeit von Herstellern, Lieferanten, Verbrauchern und dem Gesetzgeber. Vorschriften des Gesetzgebers bezüglich wichtiger Umweltbereiche sollen die Lebensqualität erhalten und verbessern. Gesetzliche Grundlagen hierfür sind unter anderem die Gefahrstoffverordnung, die Gewerbeordnung, das Immissionsschutzgesetz, das Wasserhaushaltsgesetz und das Abfallgesetz.

Die Wechselbeziehungen zwischen dem Menschen, den Textilien und der Umwelt können verdeutlicht werden, wenn der vollständige Weg eines textilen Produktes innerhalb der textilen Kette **(Bild 1)** aufgezeigt wird:

Faser-gewinnung	Garn-herstellung	Flächen-herstellung	Veredlung	Bekleidungs-herstellung	Tragen (auf der Haut) Pflege durch Waschen, Reinigen	Wiederverwerten Verbrennen, Deponieren
Produktionsphase					Nutzungsphase	Entsorgungsphase

1: Die textile Kette von Bekleidungstextilien

Ökobilanz		
Input		**Output**
Umlaufgüter	P R O Z E S S	**Produkte**
Rohstoffe Fasern, Garne, Flächen		**Unterwäsche Strümpfe Damenoberbekleidung Herrenoberbekleidung** usw.
Hilfs- und Betriebsstoffe Farbstoffe, Lösemittel, Öle, Fette, Schmiermittel, sonstige Chemikalien		**Abfall**
Verpackungsmaterial	V E R B R A U C H	**Sonderabfall Wertstoffe Reststoffe**
Büromaterial		
Sonstige Materialien		
Anlagegüter (Betriebsstätte)		**Bodenverbrauch**
Wasser		**Abwasser**
Luft	B E S T A N D	**Abluft**
Energieerzeugung, Transporte Gas, Öl, Kohle Strom		**Abgase, Staub, Lärm** Energieverbrauch Energieverlust Energierückgewinnung
Boden		**Bodenbelastung**

2: In der Ökobilanz werden die für den Prozess erforderlichen Stoffe (Input) den aus dem Prozess ausgegebenen Stoffen (Output) gegenübergestellt (Quelle: Kunert Öko-Bilanz)

Ökobilanzen

Ökobilanzen vergleichen die Umweltauswirkung über den gesamten Lebensweg eines Produkts **(Bild 2)**. Sie betrachten den Rohstoff-, Energie-, Chemikalien-, Wasserverbrauch usw. bei der Produktion und Nutzung eines Produktes und auch die Entsorgung. Die Betriebe wenden diese Ökobilanzen immer häufiger an, denn sie haben auch den positiven Nebeneffekt, dass Kosten durch Material- und Energieeinsparung gesenkt werden.

Ökologie in der Produktionsphase

Für die Gewinnung von Pflanzenfasern werden landwirtschaftliche Flächen gedüngt und mit Pflanzenschutzmitteln behandelt. Böden und Grundwasser können belastet werden. Tierische Fasern können zur Schädlingsbekämpfung mit Chemikalien behandelt werden. Zur Herstellung von Chemiefasern aus nachwachsenden Rohstoffen und aus fossilen Rohstoffen sind aufwändige chemische Prozesse erforderlich. Für das Spinnen, Weben und die Maschenwarenherstellung sind oft umhüllende und schützende sowie gleitfähig machende Chemikalien notwendig. Unumgänglich ist der Einsatz von Chemikalien in der Textilveredlung zur Farbgebung, zur Veränderung des Aussehens, der Trage- und der Gebrauchseigenschaften. Bei vielen Produktionsvorgängen wird die Umwelt durch Luftverunreinigung, Wasserverbrauch, Abfälle und durch Lärm belastet. Es wird viel Energie benötigt. Täglich werden textile Warenströme weltweit mit dem Lkw, Flugzeug usw. bewegt. Zum Transport und für die Bereitstellung im Handel wird Verpackungsmaterial in großen Mengen eingesetzt.

Ökologische Maßnahmen zur Umweltentlastung in der Produktionsphase können z. B. sein:

- **Umstellung beim Anbau und der Gewinnung von Textilfasern,** z. B. durch Neuzüchtung, Entwicklung biologischer Schädlingsbekämpfung, Vermeidung von Monokulturen, Verwendung biologisch abbaubarer Schädlingsbekämpfungsmittel.
- **Umstellung bei Weiterverarbeitung und Veredlung,** z. B. durch Reduzierung des Wasser-, Energie- und Chemikalienverbrauchs (Sparkonzepte); mehr Mechanik statt Chemie; Ersatz von belastenden Chemikalien durch wenig belastende, biologisch abbaubare Chemikalien; Einhaltung strenger Umweltauflagen und deren Kontrolle; Investitionen in umweltfreundliche Anlagen. Nachteile dieser Maßnahmen sind jedoch die enormen Kosten, durch die die Stoffe teurer werden. Betriebe, die keine oder weniger Umweltauflagen erfüllen, haben geringere Produktionskosten.

Ökologie in der Nutzungsphase

Ökologie beim Tragen von Bekleidungstextilien

Hautunverträglichkeitsreaktionen entstehen vor allem beim Tragen von zu enger, scheuernder Kleidung oder durch vernickelte Oberflächen bei Knöpfen, Modeschmuck, usw. In seltenen Fällen werden Allergien ausgelöst durch bestimmte Textilfarbstoffe (Benzidinfarbstoffe) und Formaldehydverbindungen (Pflegeleichtausrüstung), Naturlatex bei Gummiprodukten und Serizin (Seidenbast) bei nicht entbasteter Seide. In schadstoffgeprüften Textilien (s. u.) sind Höchstmengen für möglicherweise gesundheitsgefährdende Schadstoffe festgelegt. Durch Waschen vor dem Tragen können Restchemikalien aus neuen Textilien entfernt werden.

Ökologie beim Pflegen von Bekleidungstextilien

Zum Pflegen von Textilien werden Energie, Wasser und Chemikalien benötigt. Waschmittel enthalten vor allem waschaktive Substanzen (Tenside) und Wasserenthärter (z. B. Phosphate). Phosphate verursachen eine Überdüngung der Gewässer, was zum überdurchschnittlichen Pflanzenwuchs (Algen) führt. Moderne Waschmittel enthalten dafür Ersatzstoffe, die meist biologisch abbaubar sind. Die Chemischreinigung erfolgt mit fettlösenden Kohlenwasserstoffen. Sie wird heute in geschlossenen Kreisläufen durchgeführt. Sicherheitsvorschriften für die Chemischreinigungsanlagen wurden verschärft.

Markenzeichen für schadstoffgeprüfte Textilien (Ökolabel)

Die Textilindustrie will durch die Schaffung von Markenzeichen (Labels) dem Verbraucher eine Information über die Schadstoffe geben. Mit diesen Markenzeichen können alle textilen Erzeugnisse aus den Bereichen der Bekleidung sowie der Haus- und Heimtextilien versehen werden. Sie garantieren zum Beispiel, dass

- im textilen Erzeugnis keine krebserregenden Farbstoffe enthalten sind
- die durch Schweißeinwirkung ablösbaren Schwermetalle den Grenzwerten für das Trinkwasser entsprechen
- die maximal erlaubten Grenzwerte für Pestizide den Grenzwerten für Lebensmittel entsprechen
- die Grenzwerte für freies Formaldehyd nicht überschritten werden
- der pH-Wert-Bereich, neutral bis schwach sauer (entspricht dem pH-Wert der menschlichen Haut) eingehalten wird
- Textilien für Säuglinge und Kleinkinder beim Kontakt mit Speichel keinerlei Farbstoffe abgeben

Auf Antrag der Produzenten oder der Vertreiber der textilen Erzeugnisse wird die Kennzeichnungsberechtigung für Markenzeichen nach Prüfung auf Einhaltung festgelegter Kriterien in einem Prüflabor erworben.

1: Öko-Tex Standard 100

Eines dieser Markenzeichen ist der **Öko-Tex Standard 100**. Hier wird garantiert, dass bestimmte Grenzwerte hautbedenklicher Substanzen nicht überschritten werden **(Bild 1)**.

2: Arbeitskreis Naturtextil

Hohe Ansprüche stehen hinter dem Label des **Arbeitskreis Naturtextil.** In allen Herstellungsstufen gelten strenge ökologische Kriterien. Es dürfen nur Naturfasern aus kontrolliert biologischem Anbau oder entsprechender Tierhaltung verarbeitet werden. Eine Kennzeichnung aller verwendeten Stoffe ist Pflicht **(Bild 2)**.

Ökologie in der Entsorgungsphase

Durch Altkleidersammlungen und weitere Verwendung lässt sich die Gebrauchszeit von Textilien verlängern. Alttextilien können auch durch Recyclingprozesse zu Putzwolle, Dämm- und Schallschutzmaterial usw., verarbeitet werden. Die Frage der endgültigen Entsorgung ist weitgehend vom Faserstoff abhängig. Zellulose und Eiweißfasern verrotten, sie können also deponiert werden. Synthetische Chemiefasern verrotten nicht oder nur sehr langsam. Sie können z. B. durch entsprechende Prozesse in ihre Ausgangsstoffe zurückgeführt oder verbrannt werden. Voraussetzung für das Zurückführen in die Ausgangsstoffe ist Sortenreinheit der Materialien. Für Textilien aus unterschiedlichen Materialien, z. B. Gore-Tex®-Wetterschutzjacken und -mäntel mit Polytetrafluorethylen-Membranen, wird eine Rücknahme angeboten.

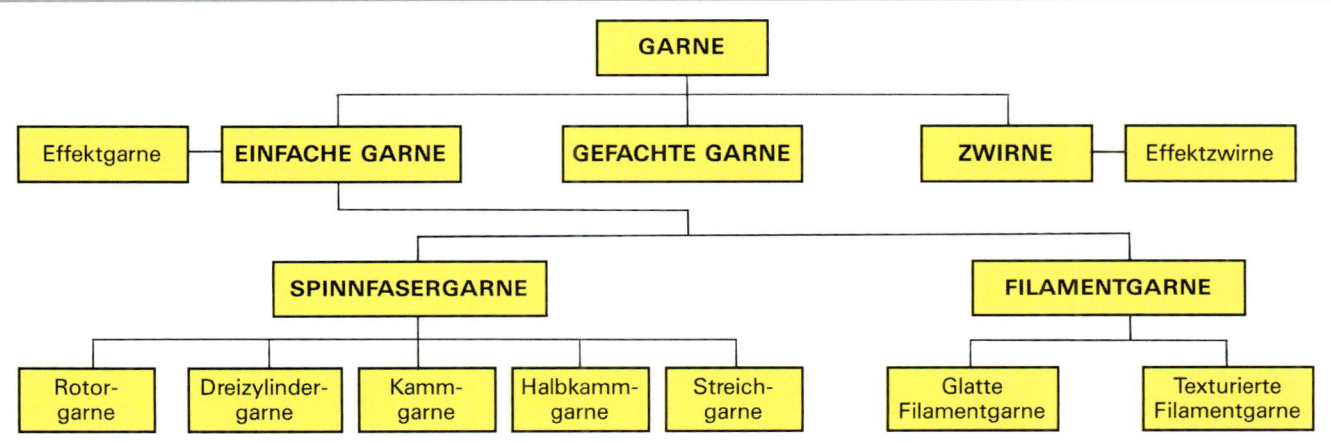

Definition nach DIN 60900

Das Wort **„Garn"** wird im Sprachgebrauch vielfach als Sammelbegriff für alle nachstehend beschriebenen linienförmigen textilen Gebilde benutzt. Im engeren Sinne bedeutet „Garn" dagegen **„einfaches Garn"** im Gegensatz zu **„Zwirn"**. Deshalb wird die Benutzung des Ausdrucks „einfaches Garn" empfohlen, wenn eine eindeutige Abgrenzung gegenüber gefachten Garnen oder Zwirnen notwendig ist. Einfache Garne können Spinnfaser- oder Filamentgarne sein.

Das Wort „Faden" wird zur Bezeichnung von linienförmigen textilen Gebilden wie Vorgarn, einfache Garne, Zwirne, Schnüre usw. benutzt, wenn damit die Erscheinungsform (z. B. Kettfaden) und nicht die Art des Erzeugnisses gekennzeichnet werden soll.

Begriffe

	Spinnfasergarne entstehen auf mechanischem Wege durch Zusammendrehen von Stapelfasern (Verspinnen).
Multifil ungedreht Multifil gedreht Monofil	**Filamentgarne** sind Garne aus Endlosfasern (Filamente), die von der Seidenraupe oder auf chemisch-technischem Wege aus Spinnmassen ersponnen werden. Ein **Multifilgarn** ist ein Filamentgarn (Endlosgarn), das aus mehreren Filamenten besteht, die mit oder ohne Drehung zusammengefasst sind. Ein **Monofil(garn)** besteht aus nur einem einzigen Filament.
	Zwei oder mehr Garne, die lediglich zusammen gespult, jedoch nicht miteinander verdreht sind, bezeichnet man als **gefachte Garne**.
	Zwirn ist der Sammelbegriff für alle linienförmigen textilen Gebilde, die durch Zusammendrehen einfacher Garne (oder/und Zwirne) gleicher oder verschiedener Art entstanden sind.

Entstehung

Spinnfasergarne	Filamentgarne	
	Multifil(garn)	**Monofil(garn)**
Aus Stapelfasern wie: Baumwolle, Leinen, Wolle, Schnappe- und Bourette-Seide, gerissene und geschnittene Chemiefasern	Haspelseide Chemiefaser	Chemiefaser

Herstellung von Spinnfasergarnen

Die zu Ballen gepressten Fasern werden zunächst aufgelockert und dann nach folgendem Herstellungsprinzip versponnen:

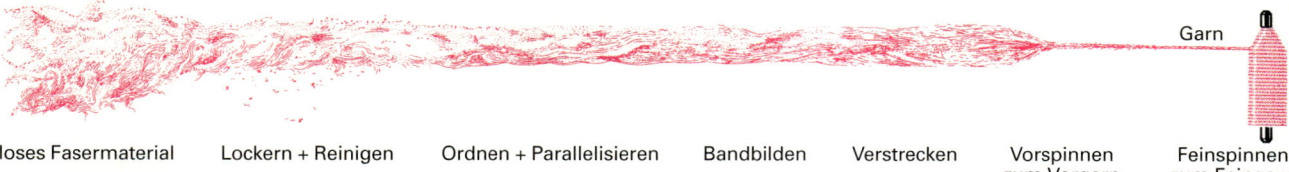

| loses Fasermaterial | Lockern + Reinigen | Ordnen + Parallelisieren | Bandbilden | Verstrecken | Vorspinnen zum Vorgarn | Feinspinnen zum Feingarn |

1: Prinzip des Spinnens

Je nach vorliegendem Fasergut und gewünschter Garneigenschaft kann die Vorgarnbildung durch Teilen des Faserflors (**Bild 2**) oder durch mehrmaliges Doppeln und Verstrecken der Faserbänder (**Bild 3**) erfolgen.

Bildung des Vorgarnes durch Florteilung

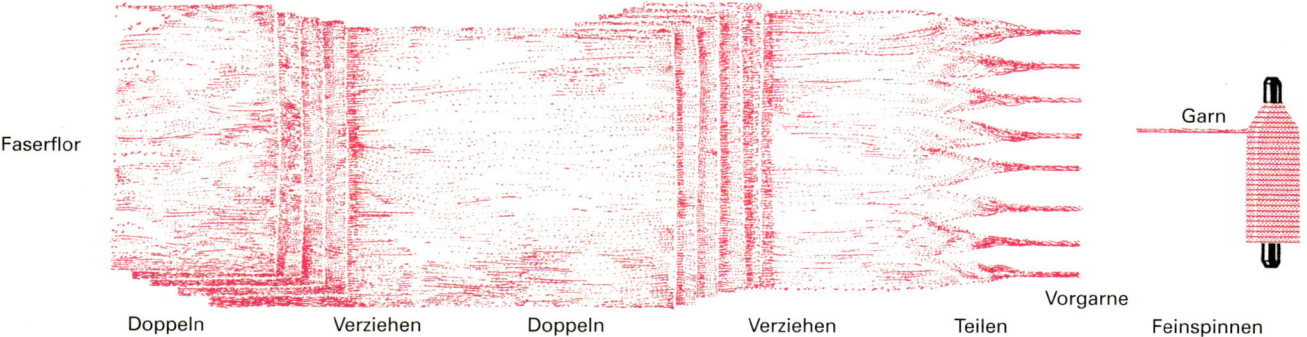

Faserflor

Garn

Vorgarne

| Doppeln | Verziehen | Doppeln | Verziehen | Teilen | Feinspinnen |

2: Prinzip des Streichgarnspinnverfahrens

Bildung des Vorgarnes durch Doppeln und Verstrecken von Faserbändern

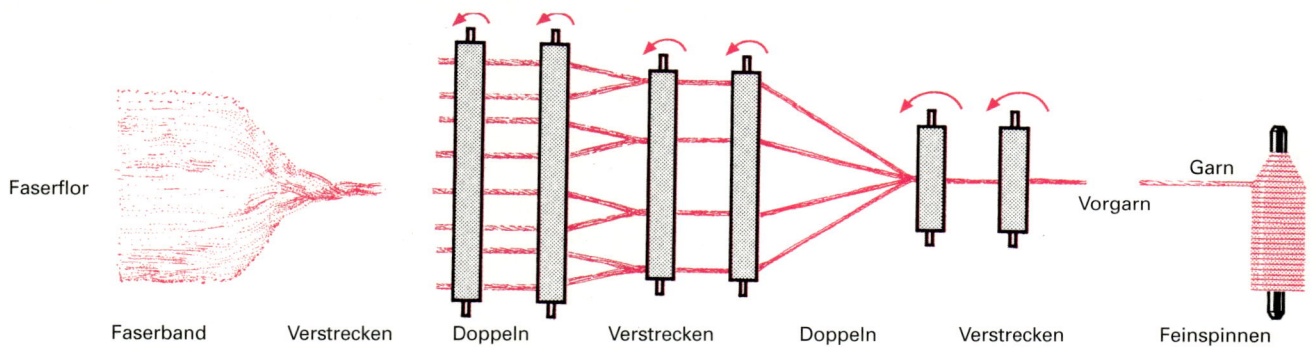

Faserflor

Garn

Vorgarn

| Faserband | Verstrecken | Doppeln | Verstrecken | Doppeln | Verstrecken | Feinspinnen |

3: Prinzip des Dreizylinderspinnverfahrens, Kammgarnspinnverfahrens

Mit dem Feinspinnen sind die Arbeitsgänge der Spinnerei abgeschlossen. In der Regel werden in den Spinnereien die Garne von den Kopsen auf Kreuzspulen umgespult. Dadurch ist eine Garnkontrolle gewährleistet und man erhält größere Garnträger.

Drehung

Der Begriff Drehung umfasst die Drehrichtung und die Drehungszahl von Garnen und Zwirnen.

Die **Drehrichtung** gibt die Steigungsrichtung der Fasern im Garn oder der Garne im Zwirn an.

 Man bezeichnet die Drehrichtung mit dem Buchstaben Z, wenn die Fasern im Garn (oder die Garne im Zwirn) bei senkrecht gehaltenem Faden in Richtung des Schrägstrichs des Buchstaben Z verlaufen.

 Man bezeichnet die Drehrichtung mit dem Buchstaben S, wenn die Fasern im Garn (oder die Garne im Zwirn) in Richtung des Schrägstriches des Buchstaben S verlaufen.

Die **Drehungszahl** gibt die Anzahl der Drehungen von Garnen und Zwirnen, bezogen auf die Länge von 1 m, an. Stark gedrehte Garne/Zwirne ergeben eine glatte, dichte und geschlossene textile Fläche. Wenig gedrehte Garne/Zwirne sind voluminöser und ergeben somit rauere und dickere Textilien.

Zuordnung verschiedener Faserarten zu bestimmten Spinnverfahren

Gruppe	Spinnverfahren	Faserart	Faserlänge
Wollspinnerei	Streichgarnspinnerei	Wolle und wollähnliche	18 … 60 mm
	Halbkammgarnspinnerei	Chemiefasern (W-Typen)	
	Kammgarnspinnerei		60 … 120 mm
Baumwollspinnerei	Zweizylinderspinnerei	Baumwolle und baumwollähnliche	10 … 20 mm
	(ähnlich Streichgarnspinnerei)	Chemiefasern (B-Typen)	
	Dreizylinderspinnerei		20 … 50 mm
	Rotorspinnerei	vorwiegend Baumwolle	10 … 100 mm
Bastfaserspinnerei	Flachsspinnerei	Flachs	bis 1000 mm
	Hanfspinnerei	Hanf	
	Jutespinnerei	Jute	
Seidenspinnerei	Schappespinnerei	Seide	bis 250 mm
	Bourettespinnerei		bis 60 mm
Chemiefaserspinnerei	Konverterspinnerei	Chemiefasern	endlos
	Direktspinnerei		

Streichgarnspinnerei

Nach dem Streichgarnspinnverfahren können fast alle spinnfähigen Stoffe verarbeitet werden. Die gewaschene und sortierte Rohwolle, die Reißwolle oder sonstige Faserstoffe werden der Streichgarnspinnerei als gepresste Ballen angeliefert. Die Rohstoffe werden schichtweise von den Ballen abgenommen und dem Krempelwolf vorgelegt.

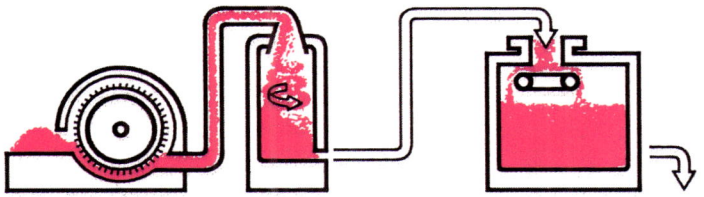

1. Wolfen	**2. Mischen und Schmälzen**
Auflösen und Reinigen der Faserflocken.	Mischen verschiedener Faserarten und -farben.
	Zusammenstellen einer Spinnpartie.
	Schmälzen (Nachfetten) zur Rückgewinnung der Geschmeidigkeit.

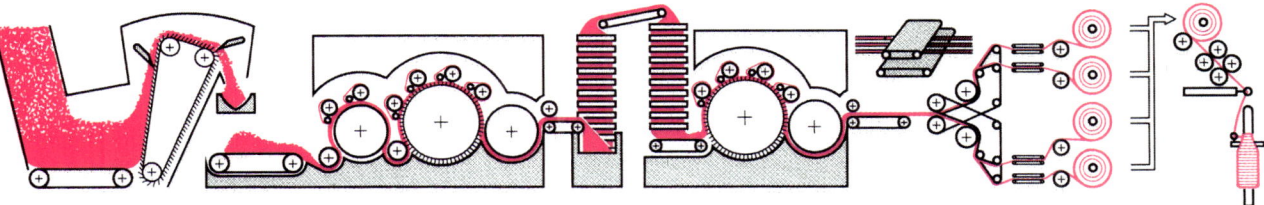

3. Wiegen	**4. Krempeln**	**5. Florteilen und Nitscheln**	**6. Feinspinnen**
Auflösen des Fasermaterials.	Auflösung bis zur Einzelfaser.	Teilen des Faserflores zu Bändchen.	Verstrecken bis zur endgültigen Feinheit.
Zuführung gleichmäßiger Portionen zur Krempel.	Ordnen der Fasern.	Herstellung eines Vorgarnes im Nitschelwerk durch gegenläufig hin- und herrollende Bänder.	Verdrehen.
	Beseitigen von Unreinigkeiten.		Aufwickeln.
	Herstellung eines Faserflores.		

Streichgarne haben ein grobes, rustikales Aussehen mit abstehenden Fasern.

2.2.2 Wollspinnerei

Kammgarnspinnerei

Will man glatte, gleichmäßige Wollgarne erhalten, müssen längere Wollfasern nach dem Kammgarnspinnverfahren versponnen werden.

Die Rohwolle wird zunächst in der Wollkämmerei gewaschen, gekämmt und bis zu einem Streckenband verarbeitet.

Kämmerei

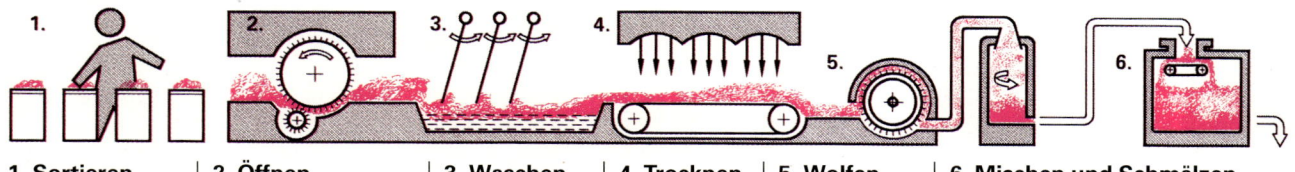

1. Sortieren	2. Öffnen	3. Waschen	4. Trocknen	5. Wolfen	6. Mischen und Schmälzen
Sortieren des Wollvlieses nach Faserqualitäten.	Auseinanderziehen der Wolle zu Flocken und Ausscheiden grober Verunreinigungen.	Entfernen von Schmutz und Wollfett mit Wasser, Seife und Soda.	Trocknen mit Warmluft.	Auflösen und Reinigen der Faserflocken.	Mischen verschiedener Faserarten und -farben. Zusammenstellen einer Spinnpartie. Schmälzen (Nachfetten) zur Rückgewinnung der Geschmeidigkeit.

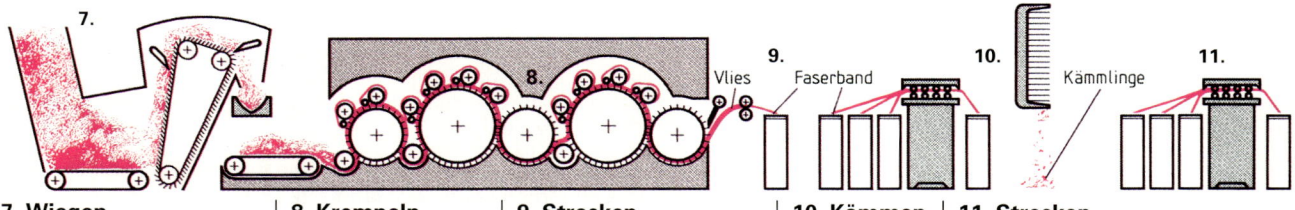

7. Wiegen	8. Krempeln	9. Strecken	10. Kämmen	11. Strecken
Auflösen des Fasermaterials. Zuführung gleichmäßiger Portionen zur Krempel.	Auflösung bis zur Einzelfaser. Ordnen der Fasern. Beseitigung von Unreinigkeiten.	Vergleichmäßigung der Faserbänder durch Doppeln und Verziehen. Mischen verschiedener Faserarten und -farben.	Auskämmen der kurzen Faseranteile.	Weitere Vergleichmäßigung. Der Inhalt einer Streckenkanne wird zusammengepresst und als sog. Bump[1] an die Kammgarnspinnerei geliefert.

Spinnerei

Die von der Wollkämmerei angelieferten Bumps werden in der Kammgarnspinnerei den Strecken vorgelegt.

12. Strecken	13. Vorspinnen	14. Feinspinnen
Weitere Vergleichmäßigung und Mischen verschiedener Fasern.	Verstrecken und Vordrehen zum Vorgarn.	Verstrecken bis zur endgültigen Feinheit. Verdrehen. Aufwickeln.

Halbkammgarnspinnerei

Der Ausdruck „Halbkammgarnspinnerei" ist eigentlich irreführend. Es wird nicht „halbgekämmt", sondern der Kämmvorgang entfällt ganz. Anstelle eines gekämmten Bandes wird der Strecke ein Krempelband vorgelegt. Für Halbkammgarne werden in der Regel grobe Fasern verwendet. Die Garne haben ein haariges Aussehen und liegen auf Grund der Streckpassage in ihren Eigenschaften zwischen Kammgarn und Streichgarn.

[1] engl. bump = Beule, Höcker

2.2.3 Baumwollspinnerei

Das häufigste Spinnverfahren für Baumwollgarne ist das **Dreizylinderspinnverfahren**. Diese Bezeichnung kommt daher, dass das Streckwerk der Ringspinnmaschine hier aus drei übereinander liegenden Walzenpaaren (Zylindern) besteht.

Im Streckwerk wird ein Faserband durch die unterschiedliche Geschwindigkeit der Walzenpaare verfeinert, oder besser gesagt verzogen. Wenn z. B. bei gleichem Walzendurchmesser die Einzugswalzen eine Umdrehung und die Ausgangswalzen acht Umdrehungen machen, wird das Faserband auf die achtfache Länge verzogen.

Die Gleichmäßigkeit des entstandenen Garnes ist dabei abhängig von der Anzahl der Streckpassagen und der Entscheidung, ob Kämmmaschinen eingesetzt werden.

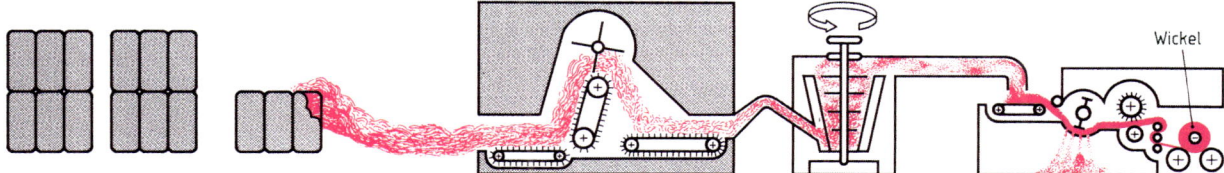

1. Ballenlager, Mischerei	2. Ballenbrecher	3. Öffner	4. Schlagmaschine[1]
Zusammenstellung einer größeren Anzahl von Baumwollballen zu einer Spinnpartie, um eine bessere Mischung des Fasergutes zu erhalten.	Erstauflösung des Ballen.	Auflösung zu Flocken, Reinigung.	Weitere Auflösung und Reinigung; pneumatische[2] Beförderung der Faser zur Karde oder Bildung eines Wickels.

[1] Wird in modernen Anlagen nicht mehr verwendet   [2] durch Luft bewegt

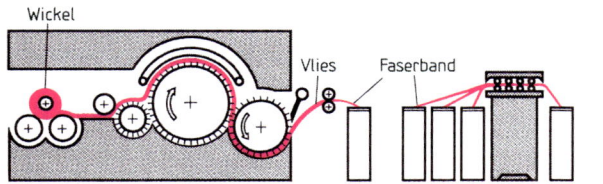
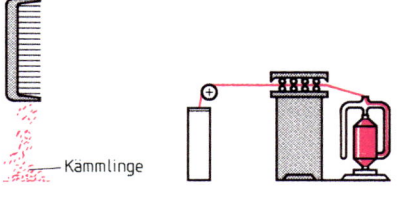
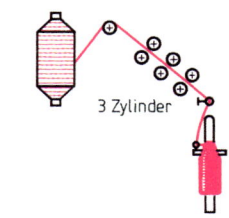

5. Karde	6. Strecke	7. Kämmmaschine	8. Flyer	9. Ringspinnmaschine
Auflösen der Flocke zu Einzelfasern. Reinigen. Parallelisieren. Bandbilden.	Vergleichmäßigung durch 1 bis 3 Streckvorgänge; ggf. Mischen.	Herauskämmen kürzerer Faseranteile (bis 25 %). Reinigung (nur für hochwertige Garne).	Verstrecken zu Vorgarn. Vordrehen.	Verstrecken zur endgültigen Feinheit. Verdrehen. Aufwickeln.

Dreizylindergarne sind relativ glatte und gleichmäßige Garne (**Bild 1**). Die Gleichmäßigkeit kann durch das Herauskämmen der kürzeren Faseranteile noch verbessert werden. Man spricht dann von gekämmten Baumwollgarnen (**Bild 2**).

1: **Baumwollgarn kardiert**

2: **Baumwollgarn gekämmt**

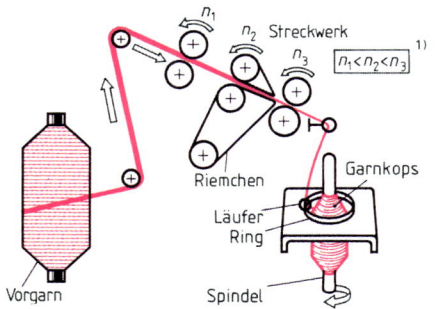

3: **Prinzip des Ringspinnens**

[1] n = Drehzahl

Das Ausspinnen des Vorgarns zur endgültigen Feinheit erfolgt in der Kammgarn-, Streichgarn- und Baumwollspinnerei vorwiegend nach dem Prinzip des Ringspinnens.

Das Fasermaterial wird dem auf der Spindel sitzenden Garnträger (Kops) mit gleichbleibender Geschwindigkeit vom Streckwerk zugeführt und dort aufgewickelt. Das Garn erhält seine Drehung durch den Ringläufer, der auf einer Gleitschiene, dem Ring, sitzt. Er wird vom Garnkops mitgenommen und überträgt so die Drehung der Spindel auf das Garn.

Die Drehungszahl des Garnes kann durch die Spindeldrehzahl oder durch die Liefergeschwindigkeit des Streckwerkes verändert werden.

Mit der Ringspinnmaschine lassen sich besonders feine Garne herstellen.

2.2.4 Sonstige Spinnverfahren

Rotorspinnerei

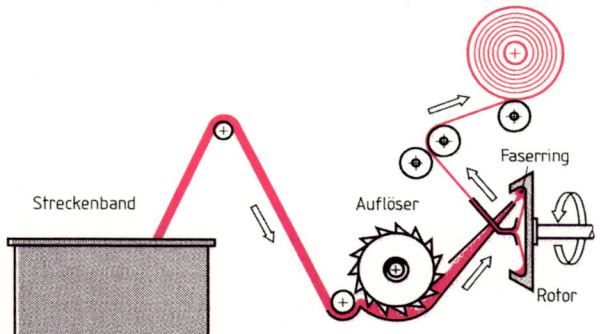

1: Prinzip des Rotorspinnens

2: Rotorgarn

Ein heute häufig angewandtes Verfahren ist das Rotorspinnen **(Bild 1)**. Bei diesem Verfahren entfällt der Vorgang des Vorspinnens. Außerdem ist die Produktion pro Spinnstelle bis zum siebenfachen höher als auf der Ringspinnmaschine.

Auf der Rotorspinnmaschine wird das zugeführte Karden- oder Streckenband bis zur Einzelfaser aufgelöst und gereinigt. Im Rotor wird durch die Zentrifugalkraft ein Faserring bestimmter Stärke gebildet. Das offene Ende des fertigen Fadens spinnt sich an den Faserring an und zieht ihn heraus. Man nennt das Rotorspinnverfahren deshalb auch Offen-End- oder OE-Verfahren.

Rotorgarne **(Bild 2)** haben einen anderen Charakter als Ringspinngarne. Da die Fasern nicht so parallel liegen, sind die Garne stärker strukturiert und haben eine geringere Festigkeit als vergleichbare Ringspinngarne. Außerdem können Rotorgarne nicht so fein ausgesponnen werden.

Bastfaserspinnerei

Der gehechelte Flachs bzw. Hanf wird auf der Anlegemaschine zu einem Band geformt. Dieses wird dann in mehreren Streckpassagen auf der Nadelstabstrecke durch Doppeln und Verziehen weiter vergleichmäßigt. Auf der Vorspinnmaschine wird dann ein leicht gedrehtes Vorgarn erstellt. Dieses wird auf der Feinspinnmaschine nass oder trocken versponnen.

Trocken versponnen werden mittlere und gröbere Garne, da ein feines Verziehen der Vorgarne infolge der Verklebungen durch den Pflanzenleim nicht möglich ist.

Beim Nassspinnen werden die Fasern durch heißes Wasser gezogen. Dadurch löst sich der Pflanzenleim und die Vorgarne können zu größerer Feinheit verzogen werden.

Seidenspinnerei

Schappespinnerei

Nicht abhaspelbare Kokons und Abfälle aus der Haspelseidengewinnung werden sortiert, gewaschen, entbastet und nach einem dem Kammgarnspinnverfahren ähnlichen Verfahren in der Schappespinnerei zu hochwertigen Garnen (Schappeseide) versponnen.

Bourettespinnerei

Abfälle der Schappespinnerei, in geringem Maße auch gerissene Seidenlumpen, werden nach Art der Streichgarnspinnerei zu relativ groben, ungleichmäßigen Garnen (Bouretteseide) versponnen.

Chemiefaserspinnerei

In der Chemiefaserspinnerei können Chemiefasern im Kurzspinnverfahren versponnen werden, da die vorbereitenden Arbeitsgänge wie Auflösen bis zur Einzelfaser und Reinigen entfallen.

Konverterspinnverfahren

In der Konverterspinnerei wird das Spinnkabel am Konverter[1] durch Reißen und/oder Schneiden in ein aus Stapelfasern bestehendes Band umgewandelt. Die im Spinnkabel vorhandene Parallel-Lage der Fasern bleibt im Faserband erhalten und kann ggf. durch Verzugsvorgänge nochmals verbessert werden.

Die so entstandenen Faserbänder können dann rein oder in Mischungen mit anderen Faserstoffen nach den zuvor beschriebenen Spinnverfahren versponnen werden.

Direktspinnverfahren

Bei diesem Verfahren werden die Spinnkabel in einem einzigen Arbeitsgang durch Verstrecken und Zerreißen auf Spezialstreckwerken und anschließendem Drallgeben und Aufwickeln zu Garnen versponnen.

Mischungen mit anderen Fasern sind bei diesem Verfahren nicht möglich.

[1] Konverter (engl.) = Umwandler

2.3 Zwirne

1: Zwirn

Zwirne entstehen durch das Zusammendrehen von mindestens zwei Garnen, um

- die Reißfestigkeit zu erhöhen,
- unregelmäßige Garne weiter zu vergleichmäßigen,
- gröbere Strukturen zu erzielen,
- besondere Effekte zu erreichen.

Wie auch bei den Garnen wird die Drehrichtung mit den Buchstaben S und Z definiert. Dabei ist die Drehrichtung des Zwirns in der Regel entgegengesetzt zur Drehrichtung der vorausgehenden Gespinste.

Die Drehung wird je nach Anzahl der Drehung pro Längeneinheit als lose, normal oder scharf bezeichnet.

Je nach Herstellungsart unterscheidet man einstufige und mehrstufige Zwirne.

Einstufige Zwirne

Bei einstufigen Zwirnen werden je nach Fachungszahl 2, 3 oder mehr Garne gefacht, d.h. zu einem Garnkörper zusammengefasst und dann in einem Arbeitsgang zu einem Zwirn zusammengedreht.

2: Zweifachzwirn **3: Dreifachzwirn** **4: Vierfachzwirn**

Mehrstufige Zwirne

Bei mehrstufigen Zwirnen werden zunächst Garne zu Zwirnen zusammengedreht. Danach werden wiederum mehrere Zwirne zu einem Zwirn zusammengedreht.

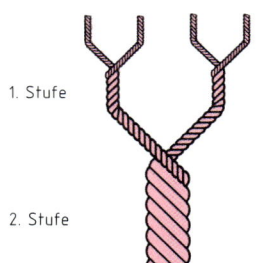   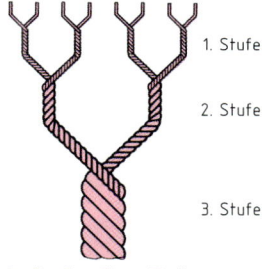

5: Zweistufiger Zwirn vierfach **6: Zweistufiger Zwirn sechsfach** **7: Zweistufiger Zwirn sechsfach** **8: Dreistufiger Zwirn achtfach**

Umspinnungszwirne

Umspinnungszwirne bestehen aus einem Kern, der auch als Seele bezeichnet wird, und einem Garn, das um den Kern herumgezwirnt wird und ihn verhüllt.

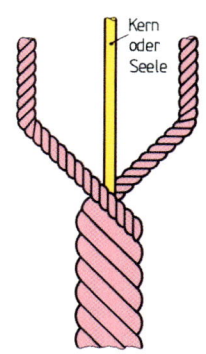

9: Umspinnungszwirn

Bei Ausbrennerwaren haben Umspinnungszwirne von jeher Bedeutung. Das Umspinnungsgarn besteht aus einem anderen Material als der Kern und kann nach dem Weben mustermäßig weggeätzt werden.

Zur Herstellung elastischer Waren verwendet man heute häufig Umspinnungszwirne mit einem elastischen Kern (z.B. Elastan) und einer Umzwirnung aus Naturfasern.

Umspinnungsgarne entstehen durch Umspinnen eines Kernfadens mit Fasern.

Nähgarne werden häufig als Umspinnungszwirne oder Umspinnungsgarne (Core-Garne) hergestellt. Der Kern mit einem synthetischen Monofilgarn bringt die Festigkeit, die Umspinnung oder Umzwirnung bringt die Nadelkühlung.

2.4 Effektgarne

Garne für die Textilerzeugung werden zunächst nach technologischen Gesichtspunkten wie Festigkeit, Dehnung, Elastizität usw. ausgewählt. Ein weiterer Gesichtspunkt für die Auswahl von Garnen können physiologische Eigenschaften wie Luftdurchlässigkeit, Feuchtigkeitstransport usw. sein. Die technologischen und physiologischen Eigenschaften werden im Wesentlichen durch Rohstoffart, Faserlänge und Spinnverfahren bestimmt.

Garne können auch als gestalterisches Element eingesetzt werden. Dabei lassen sich durch den Einsatz spezieller Garne besondere Effekte erzielen.

Farbeffekte

Melangegarne entstehen durch Mischung verschiedenfarbiger Fasern beim Verspinnen. Sie ergeben in der textilen Fläche eine farblich verfließende Mehrtonwirkung. Stoffbeispiel: Marengo

Vigoureuxgarne erhalten ihren Farbeffekt durch streifenweises Bedrucken von Kammzügen bei der Kammgarnherstellung. Die Wirkung ist der Melangetönung ähnlich.

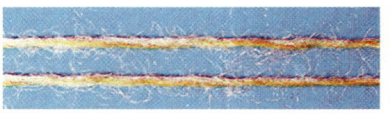

Jaspégarne entstehen durch gemeinsames Verspinnen verschiedenfarbiger Vorgarne bei geringer Drehung. Die Farbwirkung ist ähnlich, aber weniger kontrastierend als bei Mouliné.

Moulinézwirne erhält man durch das Verdrehen zweier oder mehrerer verschiedenfarbiger Garne oder durch das Verzwirnen von Mischfasergarnen, deren Rohstoffe ein unterschiedliches Färbeverhalten aufweisen. Sie ergeben in der Fläche eine gesprenkelte Farbwirkung. Stoffbeispiel: Fresko

Struktureffekte

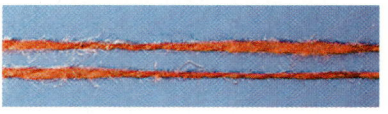

Flammengarne bzw. -zwirne weisen langgezogene Verdickungen auf in regelmäßiger oder unregelmäßiger Anordnung. Der Flammeneffekt kann beim Verspinnen oder beim Verzwirnen erreicht werden. Textile Flächen erhalten einen Leinen- oder Wildseidencharakter. Stoffbeispiel: Flammé

Noppengarne bzw. -zwirne kennzeichnen kurze, knotige Verdickungen. Sie entstehen durch Einstreuen der oft bunten Noppen beim Verspinnen oder durch spezielles Verzwirnen. Textilen Flächen verleihen sie eine strukturierte Oberfläche. Stoffbeispiele: Donegal, Tweed

Schlingenzwirne weisen Schlingen, Locken oder Knoten auf; sie entstehen durch besondere Zwirntechniken. Textile Flächen erhalten mehr oder weniger einen körnigen Griff und eine strukturierte Oberfläche. Stoffbeispiele: Bouclé, Frisé, Frotté, Loop

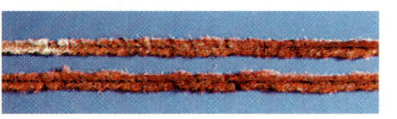

Chenille- oder Raupenzwirne haben eine samtartige Oberfläche, sind voluminös und weich. Die raupenähnlichen Bändchen können durch Spinn-, Web- oder Kettenwirktechnik hergestellt werden. Man verwendet sie z. B. als Schussgarne bei Dekorationsstoffen. Stoffbeispiel: Chenille

Kräuselgarne bewirken bei textilen Flächen eine krause, unruhige Oberfläche und einen sandigen Griff. Sie entstehen durch Überdrehen (**Kreppgarn**) oder durch Zusammendrehen hartgedrehter Zwirne (**Kräuselzwirne**). Stoffbeispiele: Chiffon, Crêpe de Chine, Crêpe Georgette, Crêpe lavable, Crêpe marocain, Crêpe Satin

Glanzeffekte

Matt/Glanz-Effekte erreicht man durch Mischen von matten und glänzenden Fasern beim Verspinnen. **Glanz- und Glitzereffekte** entstehen durch den Einsatz von Metallfäden (heute selten), von metallähnlichen Folien (z. B. Lurex), von farblosen Folien, von Chemiefasern mit besonderem Querschnitt. Stoffbeispiele: Brokat, Lamé

2.5 Texturierte Garne

Texturieren

Thermoplastische (durch Wärme verformbare) glatte Filamentgarne aus Chemie-Endlosfasern können durch verschiedene Verfahren dauerhaft gekräuselt werden. Diesen Vorgang nennt man Texturieren. Man erhält dadurch

- Hohes Porenvolumen und Bauschkraft
- höhere Dehnbarkeit und Elastizität
- ein matteres Oberflächenbild
- ein gutes Wärmerückhaltevermögen durch den höheren Lufteinschluss
- höhere Luftdurchlässigkeit und verbesserten Feuchtigkeitstransport
- ein angenehmeres Tragegefühl und einen weicheren Griff

Wichtige Texturierverfahren

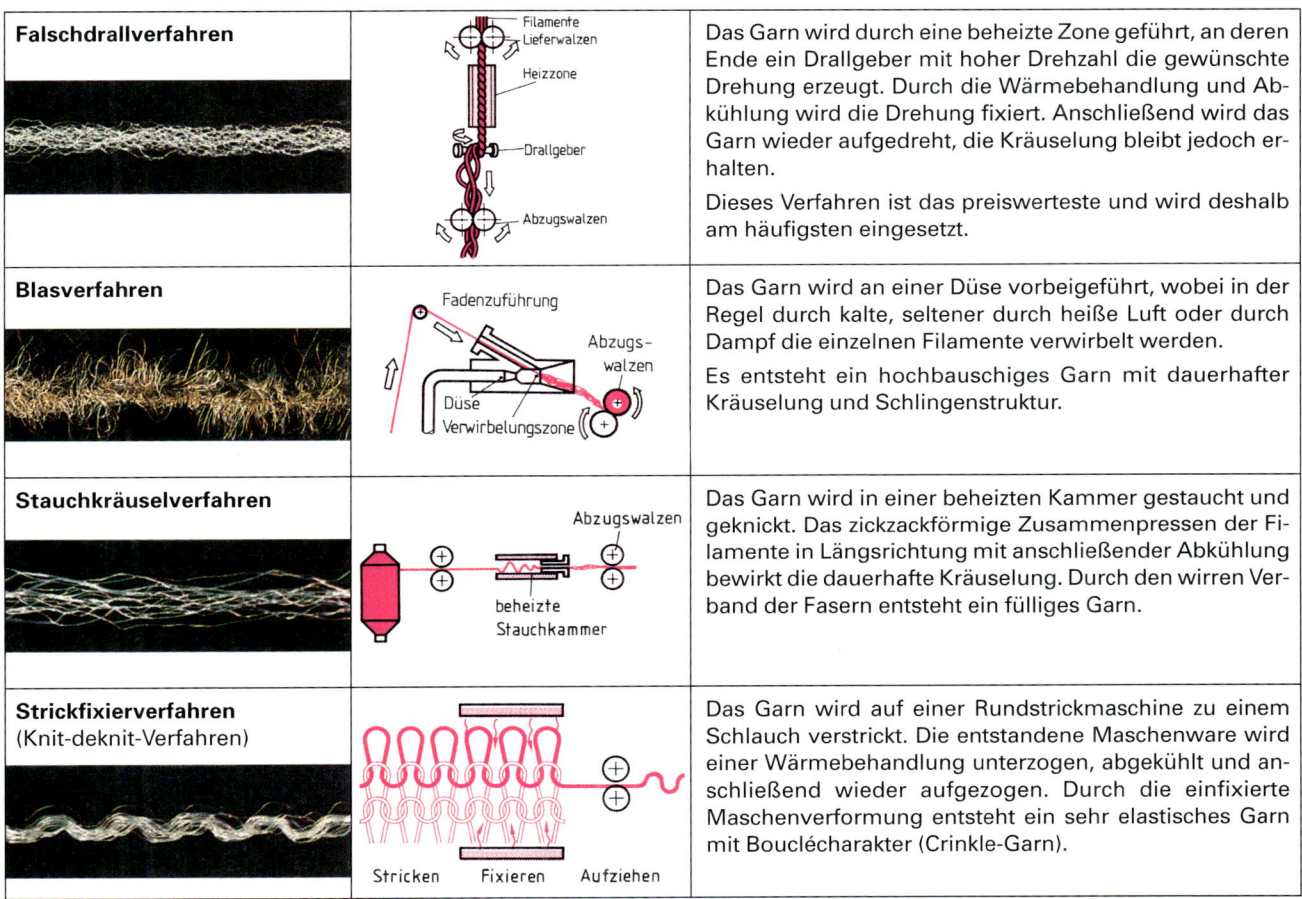

| **Falschdrallverfahren** | | Das Garn wird durch eine beheizte Zone geführt, an deren Ende ein Drallgeber mit hoher Drehzahl die gewünschte Drehung erzeugt. Durch die Wärmebehandlung und Abkühlung wird die Drehung fixiert. Anschließend wird das Garn wieder aufgedreht, die Kräuselung bleibt jedoch erhalten.

Dieses Verfahren ist das preiswerteste und wird deshalb am häufigsten eingesetzt. |

Bildbeschriftung Falschdrallverfahren: Filamente, Lieferwalzen, Heizzone, Drallgeber, Abzugswalzen

Blasverfahren: Das Garn wird an einer Düse vorbeigeführt, wobei in der Regel durch kalte, seltener durch heiße Luft oder durch Dampf die einzelnen Filamente verwirbelt werden.

Es entsteht ein hochbauschiges Garn mit dauerhafter Kräuselung und Schlingenstruktur.

Bildbeschriftung Blasverfahren: Fadenzuführung, Abzugswalzen, Düse, Verwirbelungszone

Stauchkräuselverfahren: Das Garn wird in einer beheizten Kammer gestaucht und geknickt. Das zickzackförmige Zusammenpressen der Filamente in Längsrichtung mit anschließender Abkühlung bewirkt die dauerhafte Kräuselung. Durch den wirren Verband der Fasern entsteht ein fülliges Garn.

Bildbeschriftung Stauchkräuselverfahren: Abzugswalzen, beheizte Stauchkammer

Strickfixierverfahren (Knit-deknit-Verfahren): Das Garn wird auf einer Rundstrickmaschine zu einem Schlauch verstrickt. Die entstandene Maschenware wird einer Wärmebehandlung unterzogen, abgekühlt und anschließend wieder aufgezogen. Durch die einfixierte Maschenverformung entsteht ein sehr elastisches Garn mit Bouclécharakter (Crinkle-Garn).

Bildbeschriftung Strickfixierverfahren: Stricken, Fixieren, Aufziehen

Typen texturierter Garne

Unabhängig vom Texturierverfahren unterteilt man texturierte Garne in drei Gruppen:

HE-Garne (Stretchgarne): Hochelastische texturierte Garne mit einer Kräuseldehnung von 150 % bis 300 %.

Set-Garne: Texturierte Garne mit verminderter Elastizität und einer auf 35 % bis 45 % reduzierten Dehnbarkeit.

Bauschgarne: Sehr voluminöse Kräuselgarne mit geringer bis mittlerer Dehnbarkeit und Elastizität.

Hochbauschgarn (HB-Garn)

Im Gegensatz zu texturierten Bauschgarnen handelt es sich bei Hochbauschgarnen um Spinnfasergarne mit hohem Porenvolumen. Sie bestehen meistens aus Polyacryl. Fasern mit unterschiedlichem Schrumpfverhalten werden miteinander versponnen. Bei der anschließenden Wärmebehandlung schrumpft der eine Faseranteil und die nichtschrumpfenden Fasern bauschen sich auf.

Einsatzgebiete texturierter Garne

Strümpfe und Strumpfhosen, Bade- und Sportbekleidung, Oberbekleidung, Unterwäsche, Teppichböden, Nähgarne zum Nähen und Versäubern elastischer Stoffe.

2.6 Übersicht über Garnarten

Spinnfasergarne	Garnart, Faserstoffe	Merkmale, Eigenschaften	Einsatzgebiete
	Kammgarn Wolle, feine Tierhaare, Mischungen (längere Fasern)	fein, glatt, gleichmäßig, Kurzfasern sind ausgekämmt, härter gedreht, geringes Porenvolumen, reißfest	hochwertige, elegante Anzug-, Kostüm- und Kleiderstoffe, z. B. Gabardine, Cool Wool, Mousseline; feine Maschenwaren
	Streichgarn Wolle, feine Tierhaare, Mischungen (kürzere Fasern)	rau, ungleichmäßig, abstehende Fasern, gröber, weniger geordnete Faserlage, weicher gedreht, voluminös, enthält auch kurze Faseranteile	rustikale Kostüm- und Anzugstoffe, voluminöse Mantel-, Jackenstoffe, z. B. Loden, Flausch, Shetland, Tweed; Grobstrickwaren
	Dreizylindergarn, gekämmt Baumwolle und Mischungen	fein, glatt, gleichmäßig, Kurzfasern sind ausgekämmt, fester gedreht, geringes Porenvolumen, hochwertig	hochfeine und feine Kleider-, Blusen- und Wäschestoffe, z. B. Batist, Damast, Satin, Zefir; feine Maschenwaren
	Dreizylindergarn, kardiert Baumwolle und Mischungen	weniger fein, relativ gleichmäßig, voluminös, weicher gedreht, matt, weniger geordnete Faserlage, enthält auch kurze Faseranteile	mittelfeine bis gröbere Stoffe für Wäsche, Berufskleidung, Dekorationen, z. B. Kattun, Kretonne, Renforcé; Maschenwaren
	Rotorgarn Baumwolle und Mischungen	strukturierte Oberfläche durch weniger geordnete Faserlage, gröber, voluminös, härter gedreht, matt, enthält kurze Faseranteile	mittelfeine bis grobe Baumwollwaren, z. B. Jeansköper, Denim
	Schappegarn längere Abfallstücke der Haspelseidengewinnung (5 … 10 cm)	ähnlich Kammgarn: langstapelige Faseranteile, gleichmäßig, fein, glänzend, reißfest	feine bis gröbere Seidengewebe für Hemden, Blusen, Nacht-, Unter- und Bettwäsche, z. B. Toile; Nähgarne (Nähseide)
	Bourettegarn Kämmlinge der Schappeseidenherstellung (Abfälle)	ähnlich Streichgarn: unregelmäßig, rau, noppig, stumpf, kurzfaserig, voluminös	grobe und noppige Seidengewebe für Oberbekleidung und Dekorationen, z. B. Bourette

Filamentgarne

	Garnart, Faserstoffe	Merkmale, Eigenschaften	Einsatzgebiete
	Haspelseide „endlose" Seide vom Mittelteil des Kokons; mehrere Kokons werden miteinander abgehaspelt (Multifil)	sehr fein, glatt, absolut gleichmäßig, wenig gedreht (stark glänzend) bis überdreht (matt); viele feine Endlosfasern	feine Stoffe für Kleider, Blusen, Tücher, Krawatten; z. B. Pongé, Organza, Taft, Satin, Twill; gezwirnt zu Knopflochseide
	Monofilgarn aus Einlochdüse ersponnenes Filament, vor allem aus Polyamid, Polyester und Elasto	hart, steif, glatt, fein bis grob (je nach Düsenöffnung), meist farblos (transparent), glänzend; eine einzige Endlosfaser	transparente Nähgarne, Drähte, Borsten, Netze, Filtertücher, Siebgewebe
	Multifilgarn, glatt aus Mehrlochdüse ersponnene Filamente, düsenweise zusammengefasst; zellulosische oder synthetische Chemiefasern	glatt, dicht, geschlossen, gleichmäßig, wenig gedreht (glänzender) bis überdreht (matter); viele feine Endlosfasern	Futter, Kleider- und Blusenstoffe, Krawatten, Tücher, Damenwäsche, Gardinen; z. B. Taft, Satin, Charmeuse, Duchesse, Twill, Voile
	Multifilgarn, texturiert thermoplastische Filamente aus synthetischen Chemiefasern und Triacetat	mehr oder weniger gekräuselt, bauschig, voluminös, griffig, elastisch, matt; viele feine Endlosfasern	Stretchgarne, Bauschgarne für Versäuberungsnähte, Socken, Strumpfhosen, Kleider- und Blusenstoffe, Badebekleidung

2.7 Nummerierung (1)

In der Textilerzeugung und in der Bekleidungsfertigung werden je nach Verwendungszweck feine, mittlere und grobe Garne benötigt. Unterschiedliche Feinheiten wirken sich auf Aussehen und Eigenschaften der daraus hergestellten Flächen aus. Die Feinheit eines Garnes wird durch eine Zahl angegeben, die sich aus dem Verhältnis von **Fadenlänge** und **Fadenmasse** ergibt.

Diese Art der Feinheitsangabe bezeichnet man als Nummerierung.

Nummerierungssystem			
Massennummerierung[1]		**Längennummerierung**	
Sie gibt an, welche Masse ein Einfach- oder Mehrfachgarnstück mit einer bestimmten Länge hat.		Sie gibt an, welche Länge ein Einfach- oder Mehrfachgarnstück mit einer bestimmten Masse hat.	
Titer[2] **tex Tt**	**Titer denier Td (den)**	**Nummer metrisch Nm**	**Nummer englisch Baumwolle Ne$_B$**
Masse in Gramm (g) Länge = 1 km	Masse in Gramm (g) Länge = 9 km	Masse = 1 Gramm (g) Länge in Meter (m)	Masse = 1 pound Länge in hanks[3]

▶ Tex-System

Wenngleich die oben aufgeführten Nummerierungssysteme (und andere darüber hinaus) heute noch angewandt werden, ist das Tex-System die eigentliche international verbindliche Feinheitsangabe.

Das Tex-System gibt die Masse eines Fadens in Gramm bezogen auf die Länge von 1 km an. Die Einheit $\frac{g}{km}$ wurde zur Einheit tex vereinfacht.

20 tex bedeutet, dass 1 km Garn 20 g Masse hat.
50 tex bedeutet, dass 1 km Garn 50 g Masse hat.

$$Tt\ (tex) = \frac{Masse\ (g)}{Länge\ (km)}$$

Je feiner das Garn,
desto kleiner der Zahlenwert.

Beispiel: Ein Garn mit einer Länge von 2,5 km hat 40 g Masse.

$$Tt\ (tex) = \frac{Masse\ (g)}{Länge\ (km)} = \frac{40\ g}{2,5\ km} = 16\ \frac{g}{km} \rightarrow 16\ tex$$

Für sehr feine oder sehr grobe Garne können die Zahlenvorsätze **Dezi** oder **Kilo** eingesetzt werden.

Beispiele: 50 dtex bedeutet, dass 1 km Garn 50 dg Masse hat. $Tt = \frac{50\ dg}{1\ km} = 50\ dtex$

50 ktex bedeutet, dass 1 km Garn 50 kg Masse hat. $Tt = \frac{50\ kg}{1\ km} = 50\ ktex$

Bei **Zwirnen** werden im Tex-System die Feinheiten der einzelnen Garne mit dem Multiplikationszeichen × und der Fachungszahl versehen. **Beispiele:**

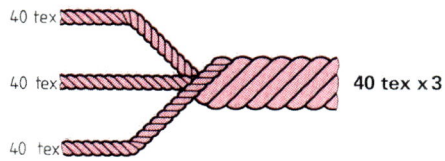

1: Einstufiger Zwirn aus drei Garnen mit der Garnfeinheit von je 40 tex

2: Zweistufiger Zwirn aus sechs Garnen der Garnfeinheit von je 20 tex

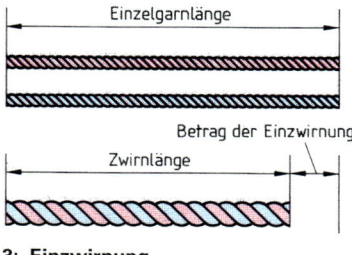

3: Einzwirnung

Beim zweiten Beispiel wäre 20 tex × 3 × 2 = 120 tex der rechnerische Endtiter des Zwirnes. Diese Zahl gibt jedoch nicht die endgültige Feinheit des Zwirnes an, da durch die Einzwirnung der Zwirn kürzer ist als die jeweiligen Einzelfäden. In Abhängigkeit von der Drehzahl könnte die endgültige Feinheit z. B. 132 tex sein. Dies müsste dann durch den Buchstaben R (Resultierende Feinheit) gekennzeichnet werden. Hier also R 132 tex/3/2.

1) Wird oft auch als Gewichtsnummerierung bezeichnet
2) Titer = Feinheit von Fasern bzw. Garnen
3) 1 hank = 840 yards; 1 yard = 91,44 cm

Titer denier (Td)

Für Filamente (z. B. Strumpfgarne) wird auch heute noch häufig der so genannte Seidentiter verwendet.

Td gibt die Masse (g) eines Fadens bezogen auf die Länge 9 km an. Td 12 bedeutet, dass 9 km Garn 12 g Masse haben.

$$Td = 9 \cdot \frac{Masse\ (g)}{Länge\ (km)}$$

oder $Td = 9 \cdot Tt\ (tex)$

Je feiner das Garn,
desto kleiner der Zahlenwert

Beispiel: Ein Garn mit einer Länge von 3 km hat 5 g Masse

$$Td = 9 \cdot \frac{Masse\ (g)}{Länge\ (km)} = 9 \cdot \frac{5\ g}{3\ km} = 15\ \frac{g}{km} \rightarrow Td\ 15\ oder\ 15\ den$$

Metrische Nummer (Nm)

Die metrische Nummer ergibt sich aus dem Verhältnis der Länge in m zur Masse in g.

$$Nm = \frac{Länge\ (m)}{Masse\ (g)}$$

Je feiner das Garn,
desto größer der Zahlenwert

Nm 40 bedeutet, dass 40 m Garn 1 g Masse haben, Nm 100 bedeutet, dass 100 m Garn 1 g Masse haben.

Bei **Zwirnen** wird in der Regel die Einzelgarnnummer mit der Fachungszahl hinter einem Schrägstrich versehen. **Beispiele:**

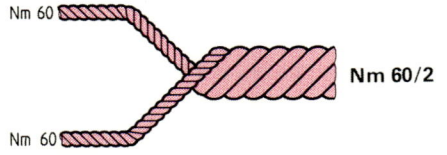

1: Einstufiger Zwirn aus zwei Garnen mit der Garnfeinheit von je Nm 60

2: Zweistufiger Zwirn aus sechs Garnen der Garnfeinheit von je Nm 20

Englische Baumwollnummer (Ne_B)

Sie baut auf der Garnlänge in hanks, das entspricht einer Stranglänge von 840 yards und der Masse in pounds (lbs) auf.

$$Ne_B = \frac{Länge\ (hanks)}{Masse\ (pounds)}$$

Bei Zwirnen wird auch hier die Einzelgarnnummer mit der Fachungszahl hinter einem Schrägstrich versehen.

Nummerierung von Nähgarnen und -zwirnen

Leider hat sich bei der Nummerierung von Nähgarnen und Zwirnen noch kein einheitliches und vereinfachtes System durchgesetzt.

Nähgarne aus Seide, synthetischen Fasern und Umspinnungsgarne werden meistens in der metrischen Nummerierung angegeben (Nm 70/3; Nm 80/3; Nm 120/3; Nm 120/2). Ist der Nähzwirnstärke keine Fachungszahl hinzugefügt, so handelt es sich immer um den vorherrschenden Dreifachzwirn.

Bei Baumwollnähzwirnen wird die englische Nummerierung angegeben (Ne_B 50/3, Ne_B 40/3). Die Fachungszahl wird in der Regel nicht angegeben, ist jedoch meistens dreifach. Liegt eine andere Fachungszahl vor, ist die Einzelgarnstärke so gewählt, dass die Zwirnendnummer einem Dreifachzwirn entspricht, z. B.:

Etikettnummer	Garnnummer	Zwirnendnummer
Nr. 60	Ne_B 60/3	ca. Ne 20
Nr. 60/4	Ne_B 80/4	ca. Ne 20
Nr. 60/2	Ne_B 40/2	ca. Ne 20

3: Nähgarnetiketten

2.8 Garneigenschaften
2.9 Nähgarne

Garneigenschaften

Die Eigenschaften der Garne haben einen wesentlichen Einfluss auf die aus ihnen hergestellten textilen Flächen und Kleidungsstücke. Außerdem sind sie bestimmend für ihren Einsatz als Nähgarne.

Gleichmäßigkeit	Glatte Flächen lassen sich nur mit sehr gleichmäßigen Garnen herstellen. Diese wiederum erhält man bei Spinnfasergarnen durch häufiges Doppeln und Verstrecken und durch Auskämmen der kurzen Faseranteile.
Festigkeit	Die Festigkeit von Garnen wird durch die Qualität der verwendeten Fasern und durch die Anzahl der Drehungen beeinflusst. Durch Zwirnung kann die Festigkeit weiter erhöht werden.
Härte/Drehung	Die Anzahl der Drehungen beeinflusst die Härte eines Garnes und damit den Griff und das Aussehen daraus hergestellter Textilien. Bei Nähgarnen muss die Drehung eine sichere Stichbildung ermöglichen.
Dehnbarkeit/ Elastizität	Dehnbarkeit und Elastizität von Garnen haben für die spätere Verwendung große Bedeutung. Sie können durch das Fasermaterial und entsprechende Herstellungsverfahren beeinflusst werden.
Oberflächenstruktur	Die Oberflächenstruktur eines Garnes wird vom Rohstoff, dem Spinnverfahren und der Ausrüstung beeinflusst. Sie ist wichtig für Aussehen und Gebrauchseigenschaften der textilen Fläche sowie für die Auswahl der Nähgarne.
Griff	Der Griff (subjektiv empfundene Weichheit oder Härte) eines Garnes hängt vom Rohstoff, der Anzahl der Drehungen und der Ausrüstung ab und beeinflusst den Griff der textilen Fläche.
Volumen	Die Lufteinschlüsse zwischen den Fasern bestimmen das Volumen eines Garnes. Es ist ein wesentlicher Faktor für das Volumen der textilen Fläche und damit auch deren Wärmerückhaltevermögen. Es hängt von der Faserart und dem Spinnverfahren ab.

Nähgarne und -zwirne

Garnart	Merkmale	Einsatzgebiete
Baumwoll-Nähzwirn	Meist aus hochwertiger gekämmter Baumwolle hergestellte Zwirne, die gebleicht, gefärbt, gesengt, merzerisiert und mit einer Gleitausrüstung versehen wurden. Gängige Feinheiten Ne_B 7...80.	Für fast alle Näharbeiten an Baumwollwaren.
Knopflochseide (Haspelseide)	Doublierte und verzwirnte Seidenfilamente, die gefärbt und mit Gleitausrüstung versehen wurden. Feinheiten Nm 11...70.	Ziernähte, Knopflöcher.
Nähseide (Schappeseide)	Nach dem Schappespinnverfahren versponnene und verzwirnte Garne, die gefärbt und mit Gleitausrüstung versehen wurden. Feinheiten Nm 30...120.	Für fast alle Näharbeiten an Seiden- und Wollwaren.
Polyester-Nähzwirne	Aus Polyester-Stapelfasern versponnene und verzwirnte Garne, die thermofixiert, gefärbt und mit Gleitausrüstung versehen wurden. Feinheiten Nm 30...140.	Für Näharbeiten an fast allen Waren.
Monofile Nähgarne	Diese meist aus Polyester bestehenden Monofile sind in der Regel transparent. Feinheiten Nm 10...140.	Blindstichnähte.
Texturierte Nähgarne	Texturierte und mit Gleitausrüstung versehene Filamente, die gefärbt sind. Feinheiten Nm 250.	Versäuberungs- und Überdecknähte.
Umspinnungsgarne oder -zwirne	Hochwertige Nähgarne mit einer „Seele" aus endlosem Polyester, die mit Baumwolle umsponnen oder umzwirnt wurden. Polyester dient als Festigkeitsträger und die Baumwolle dient im Wesentlichen der Nadelkühlung. Feinheiten Nm 30...150.	Für nahezu alle Näharbeiten. Besonders bei hohen Nähgeschwindigkeiten.

Aufmachung

Die Nähgarne werden in verschiedenen Aufmachungsformen angeboten. Je nach Verwendungszweck und Einsatzgebiet (Haushalt, Handwerk, Industrie) gibt es Aufmachungen in verschiedenen Formen und Längen von 20 m bis zu 20 000 m.

| Scheibenspulen | Zylindrische Kreuzspulen | Konische Kreuzspulen | Fußspulen oder Kingspulen |

Textile Flächen sind Erzeugnisse, die auf der Basis von Fasern durch unterschiedliche Herstellungsverfahren entstehen.

Textile Flächen

- **aus Garnen**
  - Gewebe
  - Maschenwaren
  - Geflechte
  - Durchbrochene Flächen
  - Nähgewirke (Fadenlagennähgewirke)
- **aus Fasern**
  - Faserverbundstoffe (Filze, Vliesstoffe)
- **Kombinationen**
  - Nähgewirke (Faservliesnähgewirke)
  - Kaschierte Flächen

1: Gewebe

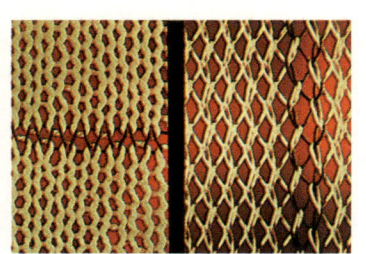

2: Maschenware

Gewebe entstehen durch rechtwinkelige Verkreuzung zweier Fadensysteme (Kette und Schuss).

Maschenwaren bestehen aus ineinanderhängenden Fadenschleifen, die aus einem oder mehreren Fäden gebildet werden. Man unterteilt nach der Anzahl der Fäden in Einfadenware und Kettfadenware.

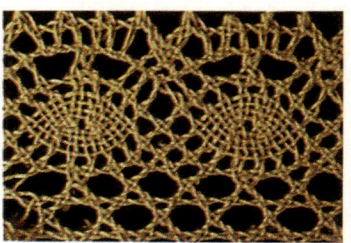

3: Durchbrochene Flächen

4: Geflecht

Durchbrochene textile Flächen wie Spitzen und Tülle entstehen durch verschiedene Herstellungstechniken, z. B. Dreher-, Bobinet- und Kettenwirktechnik.

Bei **Geflechten** werden mindestens drei Garne durch diagonales Verkreuzen zu einer Fläche zusammengefügt.

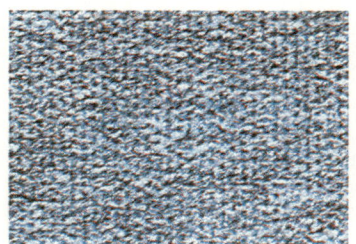

5: Vliesstoff

6: Filz

Faserverbundstoffe werden unter Umgehung der Garnbildung direkt aus Fasern gebildet.

Vliesstoffe sind durch chemische, mechanische oder chemische und mechanische Behandlung verfestigt.

Filze werden durch Walken von Wolle oder anderen Tierhaaren bzw. durch Vernadeln von Fasern zu einer Fläche verdichtet.

7: Nähwirkware

8: Kaschierte textile Fläche

Bei **Nähwirkwaren** werden Faservliese oder Fadenlagen durch Vernähen zu textilen Flächen zusammengefügt.

Kaschierte textile Flächen entstehen durch das Verbinden zweier oder mehrerer Flächen miteinander oder durch die Verbindung textiler Flächen mit Schaumstoff, Folie oder Papier.

3.2.1 Gewebeherstellung (1)

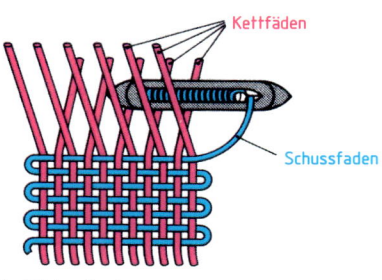

1: Webprinzip

Weben ist die Bezeichnung für das rechtwinklige Verkreuzen von Kett- und Schussfäden.

Kette ist die Gesamtheit der Fäden, die bei der Herstellung eines Gewebes in Längsrichtung (Warenlaufrichtung) verlaufen.

Schuss (Eintrag oder Einschlag) nennt man die Gesamtheit der Fäden, die bei der Herstellung in Querrichtung liegen.

Weil Kettfäden beim Weben stärker beansprucht werden, sind sie in der Regel fester als die Schussgarne.

Prinzip des Schaftwebens

Die Kettfäden werden vom Kettbaum über Streichwalze, Teilstäbe, Schäfte, Riet, Brustbaum zum Warenbaum geführt. Die Litzenaugen eines Schaftes nehmen immer bestimmte Kettfäden auf **(Bild 2)**, z.B. den 1., 3., 5., 7., 9., usw. bzw. 2., 4., 6., 8., usw. Durch Heben und Senken der Kettfäden entsteht das Webfach, in das der Schussfaden eingetragen wird. Zur Fachbildung benötigt man mindestens zwei Schäfte. Nach dem Schusseintrag schlägt das Riet den noch lose liegenden Schussfaden an das Warenende an. Da sich auf einer Webmaschine nur eine begrenzte Anzahl von Webschäften unterbringen lässt, ist beim Schaftweben die Musterungsmöglichkeit eingeschränkt.

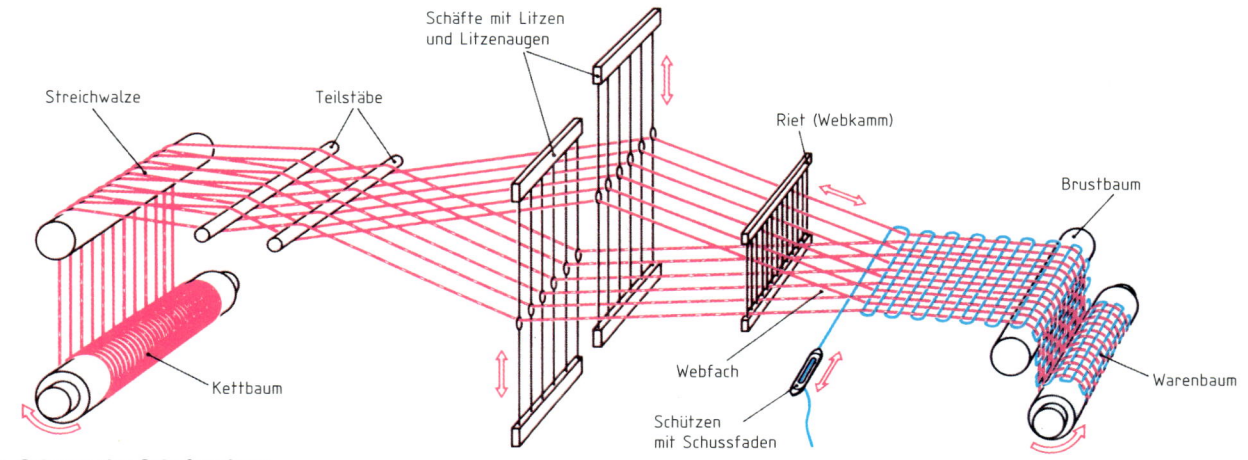

2: Schema des Schaftwebens

Prinzip des Jacquardwebens

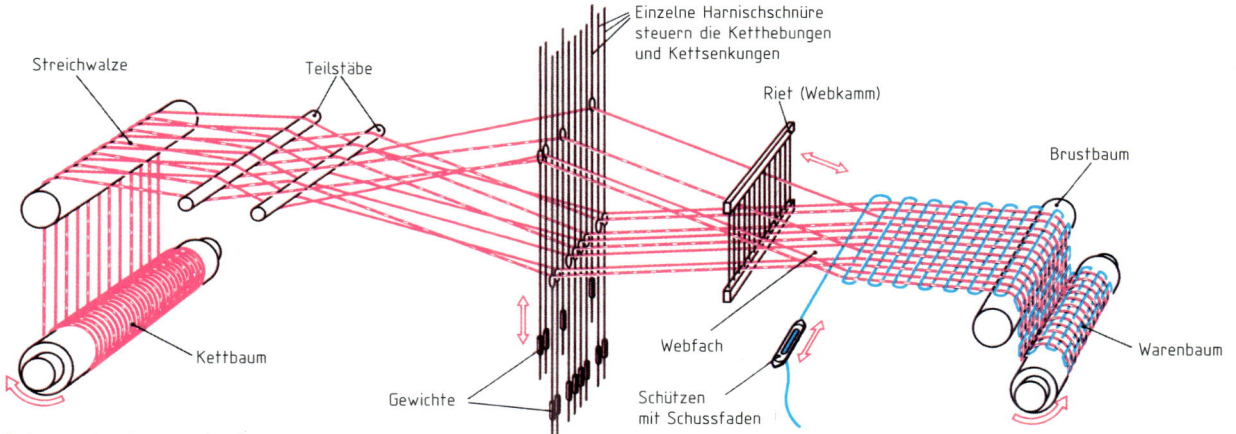

3: Schema des Jacquardwebens

Jeder Kettfaden kann einzeln gehoben bzw. gesenkt werden. Dies wird über eine Lochkartensteuerung oder durch elektronische Steuerungen ermöglicht, von der die zur Fachbildung notwendigen Hebungs- bzw. Senkungsbefehle ausgehen.

Diese Webtechnik ist nach ihrem Erfinder J. M. Jacquard (1755–1834), einem Seidenweber aus Lyon, benannt. Die Bezeichnung „jacquardgemustert" steht heute für alle textilen Flächen mit einer formenreichen Musterung.

Webereivorbereitung

Bevor Kett- und Schussfäden zu einem Gewebe verarbeitet werden, müssen sie für den Webvorgang vorbereitet werden.

1: Detail einer Kreuzspulmaschine

2: Schärmaschine

3: Zettelmaschine

4: Blick in das Innere eines Schlichtetroges

5: Ausschnitt aus einer Einziehmaschine

Spulerei

Die aus der Spinnerei kommenden Garne werden auf Spulmaschinen in die für die weiteren Arbeitsgänge notwendige Form gebracht. Für die verschiedenen Schusseintragssysteme und für die Herstellung der Webkette müssen die Garne auf Kreuzspulen mit einer großen Fadenlänge gespult werden. Für den Eintrag mit Webschützen müssen die Garne danach noch auf Schussspulen umgespult werden.

Neben der Anfertigung der benötigten Spulenart hat der Spulvorgang gleichzeitig noch die wichtige Funktion, die Garne zu reinigen und Fehler zu beseitigen, damit Maschinenstillstände und Webfehler durch Garnungleichmäßigkeiten in der Weberei möglichst vermieden werden. Die Kontrolle kann mechanisch, elektronisch oder kombiniert erfolgen.

Herstellen der Webkette

Die Webkette muss vor dem Webvorgang in der gewünschten Breite und Fadendichte hergestellt werden. Dieses kann durch Schären oder durch Zetteln erfolgen.

Schären

Beim Schären wird eine Fadenschar vom Spulengatter in Form eines schmalen Bandes auf die Schärtrommel gewickelt. Das Schärband hat schon die endgültige Fadendichte, aber nur einen Teil der gesamten Kettfadenzahl und -breite. Mehrere Bänder werden nacheinander auf eine konische Trommel gewickelt und ergeben die fertige Webkette. In einem zweiten Arbeitsgang wird die gesamte Kettfadenschar auf der gleichen Maschine auf den Kettbaum umgewickelt (gebäumt).

Zetteln

Die Kreuzspulen mit den Kettgarnen werden auf dem Gatter aufgesteckt und durch Fadenbremsen, die eine gleichmäßige Spannung aller Fäden gewährleisten, zur Zettelmaschine geführt und dort auf den Zettelbaum aufgewickelt. Um die Gesamtzahl eines Gewebes zu erreichen, müssen mehrere Zettelwalzen gezettelt und in einem weiteren Arbeitsgang zusammengeführt werden. Dies geschieht meist zusammen mit dem Schlichteprozess.

Das Zetteln ist am wirtschaftlichsten bei großen Partien und Rohgeweben bzw. Uni-Musterungen. Die Möglichkeiten, Zettelbäume farblich zu mustern sind begrenzt.

Schlichten

Beim Webvorgang treten für die Kettfäden teilweise sehr hohe mechanische Beanspruchungen auf, die zu Aufscheuern und damit zu Maschinenstillständen durch Kettfadenbruch und zu Webfehlern führen können. Um dieses zu verhindern, behandelt man die Kette mit stärkehaltigen oder anderen Schlichtemitteln, die die Kettfäden glatter, fester und widerstandsfähiger machen.

Für ein gutes Laufverhalten der Weberei ist das gleichmäßige Auftragen des Schlichtemittels in der geeigneten Menge sehr wichtig. Da die Schlichte in den meisten Fällen nach dem Webvorgang wieder ausgewaschen werden muss, was die Umwelt belastet, ist das möglichst sparsame Auftragen des Schlichtemittels von großer Bedeutung.

Einziehen

Das Einziehen in Weblitzen und Riet **(vgl. S. 259)** ist eine sehr aufwändige Arbeit, die heute in den meisten modernen Schaftwebereien mit Hilfe automatischer Einziehanlagen ausgeführt wird. Werden mehrere gleiche Ketten hintereinander verwebt, so wird die neue Kette an die Fäden der alten Kette angeknotet. Ein neuer Einzug ist dann nicht notwendig. Bei einem Artikelwechsel, der einen Kettwechsel nötig macht, nimmt man das gesamte Webgeschirr inkl. abgewebtem Kettbaum heraus und ersetzt es durch ein anderes, zuvor in der Einzieherei eingezogenes Webgeschirr zusammen mit dem neuen Kettbaum.

Der Schusseintrag erfolgte bis weit in das 20. Jahrhundert ausschließlich mit Webschützen. Durch die Entwicklung von schützenlosen Webmaschinen, bei denen der Schuss mit Projektilen, Greifern, Luft oder Wasser in das Webfach eingetragen wird, sind höhere Webgeschwindigkeiten, größere Warenbreiten und geringere Stillstandszeiten der Webmaschinen möglich. Außerdem müssen bei diesen neuen Schusseintragsverfahren keine Schussspulen hergestellt werden, da der Schussfaden direkt von großen Spulen abgezogen wird. Dadurch entfallen Unterbrechungen durch Schussspulenwechsel.

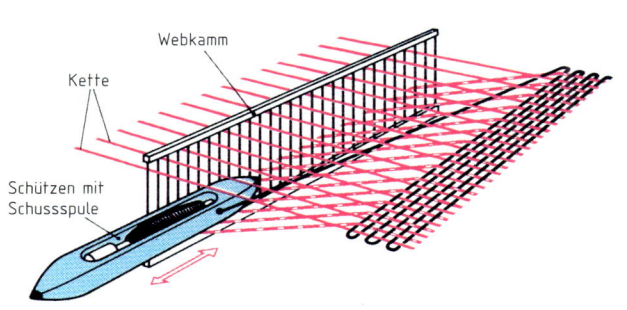

Schusseintrag durch Schützen

Der Schussfaden befindet sich auf einer Spule im Webschützen. Dieser wird auf einer glatten Führungsfläche durch das Webfach „geschossen". Der Schussfaden kehrt an den Geweberändern jeweils um, dadurch ergeben sich feste Webkanten. Für die Bildung eines hohen Webfaches, und um den relativ großen Schützen durchzuschießen, ist ein relativ hoher Energiebedarf erforderlich. Der Erhöhung der Webgeschwindigkeit sind somit natürliche Grenzen gesetzt. Die leeren Schussspulen werden zwar automatisch durch volle ersetzt, jedoch führt dies oft zu Maschinenstillständen. Schützenwebmaschinen werden heute nur noch selten hergestellt.

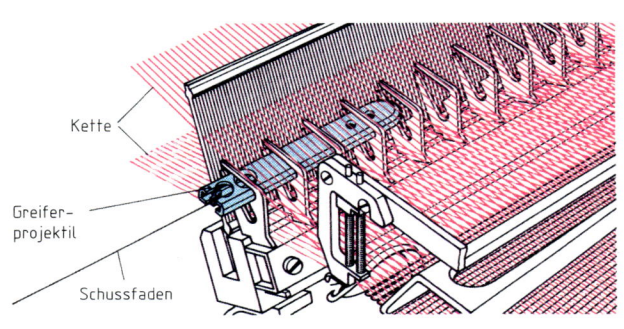

Schusseintrag durch Projektil

Greiferprojektile tragen den direkt von einer Kreuzspule abgezogenen Schussfaden in das Webfach ein. Die Projektile haben im Vergleich zu Schützen eine relativ geringe Masse und können somit leicht beschleunigt werden. Da jeweils mehrere Projektile im Einsatz sind und außerhalb des Webfaches an die Abschussstelle zurücktransportiert werden, kann sofort nach dem Schusseintrag das nächste Projektil abgeschossen werden. Die niedrige Webfachhöhe und die Verringerung der zu bewegenden Masse erlauben große Gewebebreiten und hohe Produktionsgeschwindigkeiten. Da der Schussfaden an den Rändern nicht umkehrt, müssen an beiden Seiten die Fadenenden gesondert gesichert werden.

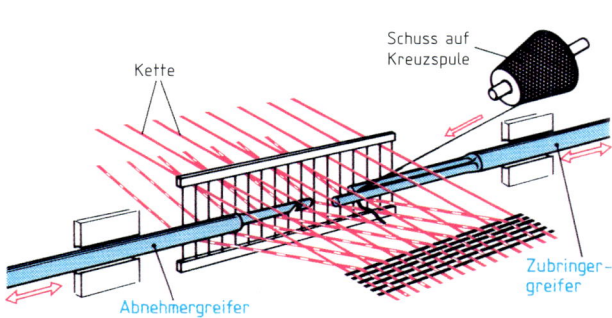

Schusseintrag durch Greifer

Meistens werden beidseitige Greifer eingesetzt. Ein Zubringergreifer nimmt den Schussfaden direkt von einer Kreuzspule ab und bringt ihn zur Gewebemitte, ein Abnehmergreifer übernimmt ihn dort und zieht ihn durch das Webfach bis zur gegenüberliegenden Kante. Eine geringe Beschleunigung des Greifers in der Anfangsphase des Schusseintrags wirkt sich bei der Verarbeitung von Streichgarnen oder spannungsempfindlichen Garnen (z. B. texturierte Garne) im Schuss vorteilhaft aus. Die geringe Webfachhöhe und die Verringerung der zu bewegenden Masse erlauben hohe Produktionsgeschwindigkeiten. Die Webkanten müssen auch hier gesondert gesichert werden.

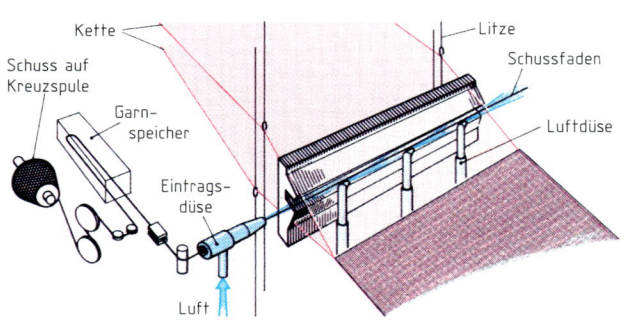

Schusseintrag durch Düsen

Bei diesem Eintragsprinzip wird die benötigte Schussfadenlänge vor dem Eintrag lose gespeichert und durch einen Luft- oder Wasserstrahl in das Webfach eingeschossen. Beim Lufteintrag unterstützen mehrere hintereinander angeordnete Düsen den Fadeneintrag. Der Schusseintrag mit Luft ist schonend und darum für einpfindliche Materialien (z. B. texturierte Gewebe) gut geeignet.

Beim Schusseintrag mit einem Wasserstrahl wird das Gewebe nass und muss direkt nach den Weben getrocknet werden. Das Verfahren kann nur bei Fasern mit äußerst geringer Feuchtigkeitsaufnahme (z. B. Polyester) eingesetzt werden.

3.2.2 Grundlagen der Bindungslehre

Die Art der Verkreuzung von Kett- mit Schussfäden in einem Gewebe nennt man **Bindung**.

Die zeichnerische Darstellung einer Bindung nennt man **Patrone**. Sie wird von links unten beginnend nach oben gezeichnet und gelesen. Die senkrechten Kästchenreihen entsprechen den Kettfäden, die Schussfäden werden zeichnerisch in waagrechten Kästchenreihen dargestellt. Durch Auszeichnen eines Kästchens wird ein Kettfaden dargestellt, der über einem Schussfaden kreuzt **(Ketthebung)**. Liegt der Kettfaden unter einem Schussfaden, so wird dieser Kreuzungspunkt nicht dargestellt **(Kettsenkung)**.

Die Stelle, an der ein Kettfaden mit einem Schussfaden eine Verkreuzung bildet, nennt man **Bindungspunkt**.

Die kleinste Anzahl von Kett- und Schussfäden die man für eine Bindungseinheit benötigt, ist der **Rapport**. Eine Patrone setzt sich aus mehreren Rapporten zusammen.

Eine Zeichnung, die die Verkreuzung eines Kett- oder Schussfadens von der Schnittseite des Gewebes gesehen darstellt, nennt man **Gewebeschnitt**.

Ein Fadenstück, welches über eine größere Strecke nicht durch Bindungspunkte gehalten ist, nennt man **Flottierung** oder Flottung.

▶ Grundbindungen

	Leinwandbindung	**Köperbindung**	**Atlasbindung**
	Jeder Kettfaden liegt abwechselnd über bzw. unter einem Schussfaden. Die Bindungspunkte berühren sich nach allen Seiten.	Sie ist am diagonalen Köpergrat zu erkennen. Er entsteht dadurch, dass die Bindungspunkte seitlich versetzt sind und aneinanderstoßen.	Bei der Atlasbindung berühren sich die Bindungspunkte nicht und sind gleichmäßig verteilt.
Flechtbild	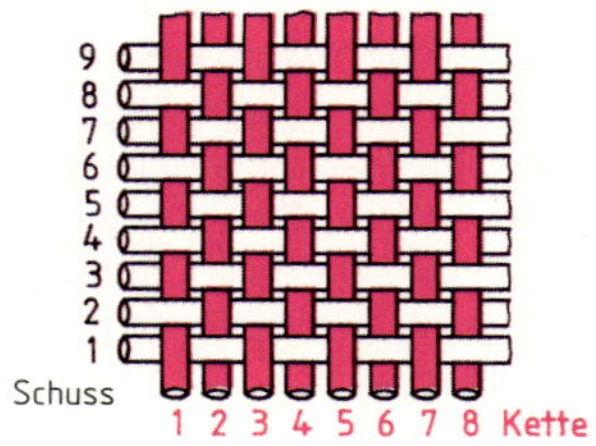	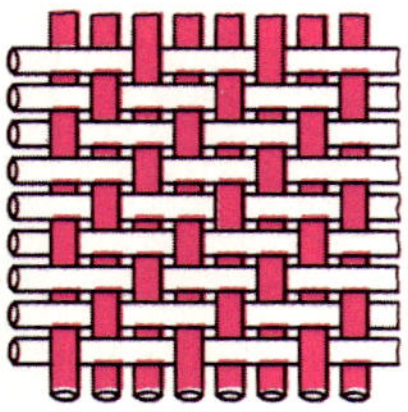	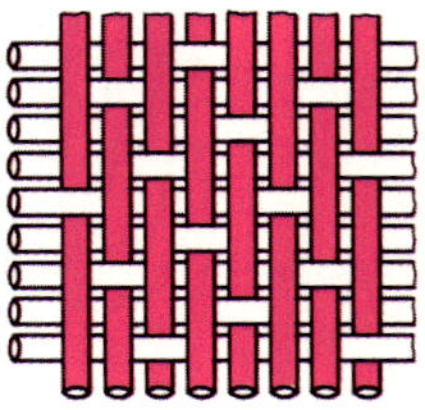
Patrone	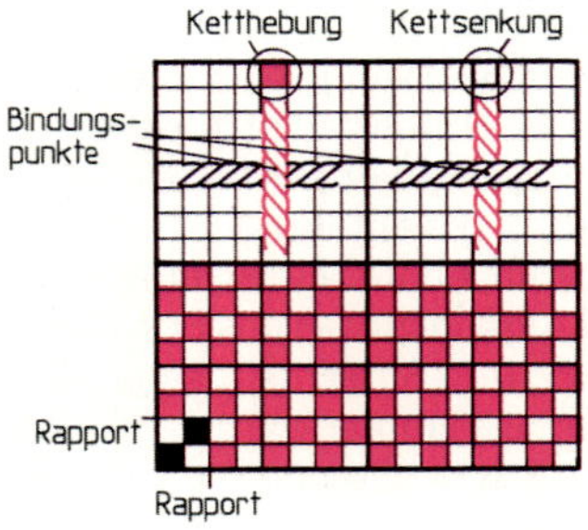	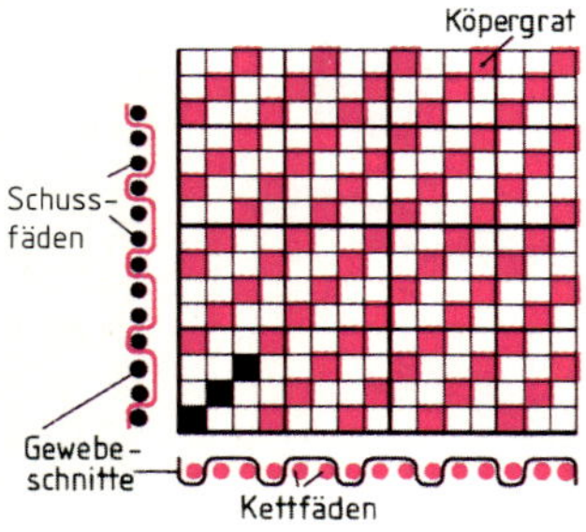	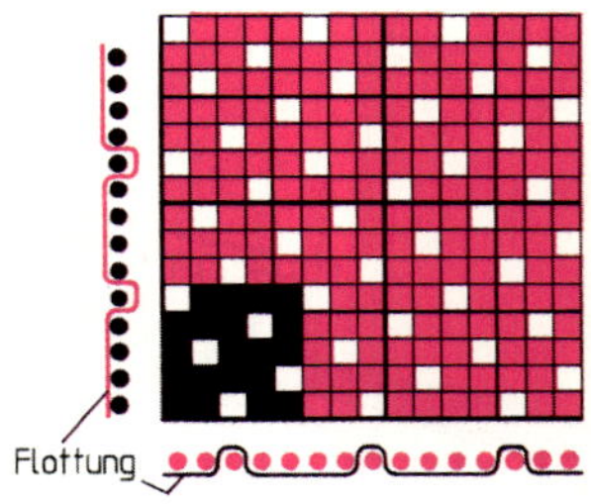
Bindungskurzzeichen	10 – 01 01 – 01 – 00	20 – 01 02 – 01 – 01	30 – 04 01 – 01 – 03

Bindungskurzzeichen nach DIN 61101 (EDV-gerecht)

Der Aufbau einer Patrone kann durch Kurzzeichen ausgedrückt werden. Neue Bindungskurzzeichen sind eine nach Bindungsart, Ketthebungen bzw. Kettsenkungen, Fädigkeit und Versatzzahl gegliederte Zusammenfassung von Nummernteilen.

`10 — 01 01 — 01 — 00`

Bindungsart
10 Leinwand
20 Köper
30 Atlas

Ketthebungen und **Kettsenkungen** des 1. Kettfadens

Fädigkeit. Sie gibt die Anzahl der nebeneinander gleichbindenden Kettfäden an.

Versatzzahl (Steigungszahl). Sie gibt an, um wie viele Schussfäden die Ketthebungen und Kettsenkungen von Kettfaden zu Kettfaden zu versetzen sind, jeweils von links unten nach rechts oben.

00 bedeutet entgegengesetzt bindend.

Leinwandbindung

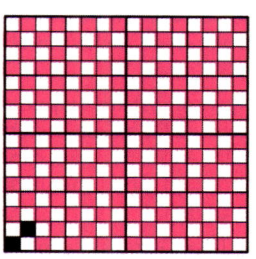

10 - 01 01 - 01 - 00

1: Patrone

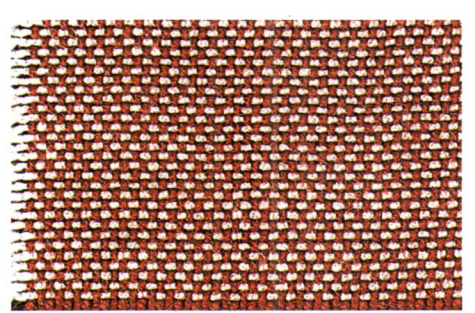

2: Gewebe in Leinwandbindung

Die **Leinwandbindung**[1] ist die einfachste und zugleich auch engste Verkreuzung von Kette und Schuss. Jeder Kettfaden liegt abwechselnd über und unter einem Schussfaden. Die Bindungspunkte berühren sich nach allen Seiten. Der Bindungsrapport umfasst zwei Kettfäden und zwei Schussfäden. Rechte und linke Warenseite sind bindungsgleich.

Je nach Faser- und Garnart, Fadendichte und Ausrüstung ergibt die Leinwandbindung durch die höchstmögliche Anzahl von Bindungspunkten Gewebe mit hoher Scheuer- und Schiebefestigkeit. Leinwandbindige Gewebe sind z. B.: Batist, Donegal, Fresko, Honan, Mousseline, Nessel, Taft, Toile, Voile.

[1] Veraltete Begriffe: bei Wollgeweben Tuchbindung, bei Geweben aus Filamentgarnen Taftbindung.

Ableitungen der Leinwandbindung

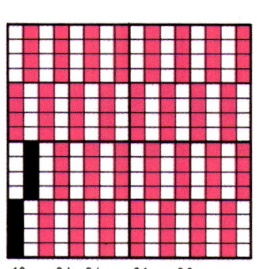

10 - 04 04 - 01 - 00

3: Patrone

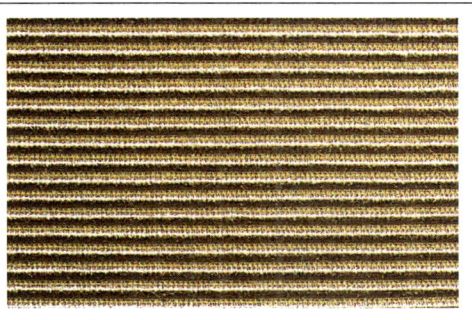

4: Querrips

Ripsbindung

Die Ripsbindung ist dadurch gekennzeichnet, dass die Gewebe Rippen zeigen.

Querrips (Kettrips)

Die Querrippung erreicht man durch eine hohe Kettdichte, die jeweils zwei oder mehr in das gleiche Fach eingetragene Schussfäden verdeckt (**Bild 3**). Da die meist feinen Kettfäden das Oberflächenbild bestimmen, nennt man Querrips auch Kettrips (**Bild 4**).

Ein ripsartiges Aussehen kann man auch durch das Eintragen von dicken Schussfäden in eine feinfädige Kette erreichen. Dieser unechte Querrips ist leinwandbindig.

Eigenschaften und Aussehen sind abhängig von der Faser- und Garnart der Kettfäden, da diese auf beiden Warenseiten vorherrschend sind.

Handelsbezeichnungen: Ottomane, Rips.

Längsrips (Schussrips)

Die Längsrippung erreicht man durch eine hohe Schussdichte, die jeweils zwei oder mehr gleichbindende Kettfäden überdeckt (**Bild 5**). Durch die hohe Schussdichte erreicht man bei der Herstellung von Längsrips nur eine geringe Produktivität. Aus diesem Grund wird der Längsrips seltener hergestellt.

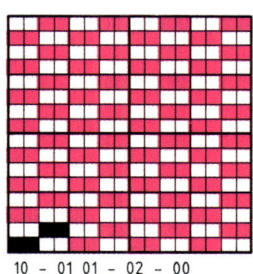

10 - 01 01 - 02 - 00

5: Patrone

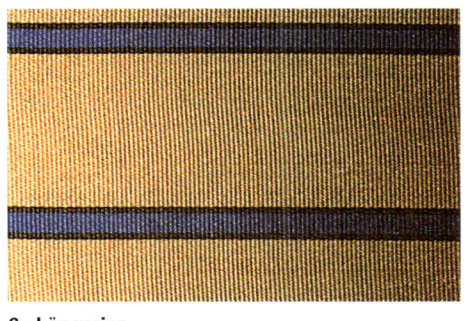

6: Längsrips

Eigenschaften und Aussehen sind abhängig von Art und Beschaffenheit der Schussfäden (**Bild 6**).

Panamabindung

Die Panamabindung hat ein würfelartiges Aussehen. Dieses entsteht, wenn zwei oder mehr Kettfäden nebeneinander gleich binden und gleichzeitig zwei oder mehr Schussfäden in das gleiche Fach eingetragen werden (**Bild 7** und **Bild 8**).

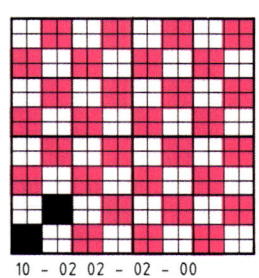

10 - 02 02 - 02 - 00

7: Patrone

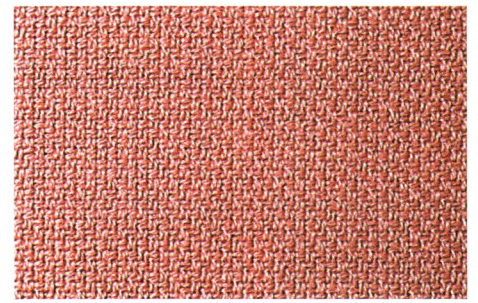

8: Panama

Handelsbezeichnungen: Panama, Natté.

Köperbindung

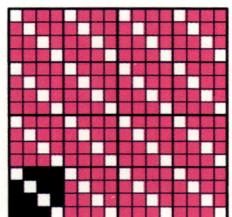

20 – 03 01 – 01 – 03

1: Patrone

2: Kettköper

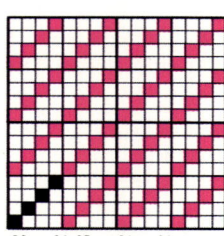

20 – 01 03 – 01 – 01

3: Patrone

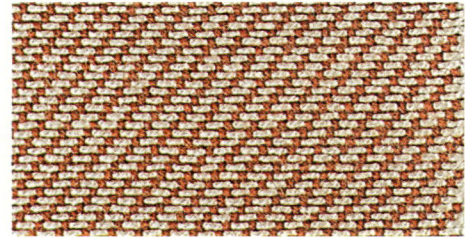

4: Schussköper

Die Köperbindung erkennt man an den diagonal aneinandergereihten Bindungspunkten die einen Köpergrat bilden. Verläuft die Gratlinie von links unten nach rechts oben, ist die Bezeichnung Z-Köper zutreffend, von links oben nach rechts unten verläuft der Köpergrat des S-Köpers.

Die kleinste Köperbindung umfasst im Rapport mindestens 3 Kett- und 3 Schussfäden. Zwischen den Bindungspunkten entstehen Flottungen, d. h. die Kett- und Schussfäden sind über mehrere Fäden hinweg nicht eingebunden.

Kettköper zeigen auf der rechten Warenseite mehr Kett- als Schussfäden.

Schussköpergewebe sind durch überwiegende Schussfäden gekennzeichnet.

Köperbindige Gewebe können je nach Bindung und Fadendichte weich und locker sein, aber auch glatt, dicht und strapazierfähig.

Köperbindige Gewebe sind z. B.: Croisé, Cheviot, Denim, Drell, Gabardine, Finette, Serge, Surah, Shetland, Twill, Trikotine, Whipcord.

Erweiterungen der Köperbindung

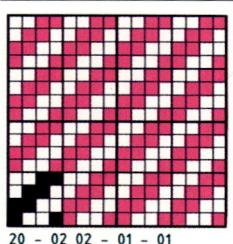

20 – 02 02 – 01 – 01

5: Patrone

6: Gleichgratköper

Gleichgratköper

(Doppelköper, Gleichseitiger Köper)

Beim Gleichgratköper sind Ketthebungen und Kettsenkungen gleichmäßig verteilt. Vorder- und Rückseite eines Gewebes unterscheiden sich nur in der Richtung des Grates. Gleichgratköper haben auf beiden Warenseiten gleichlange Flottungen und werden deshalb als gleichseitig bezeichnet.

Handelsbezeichnungen sind z. B.: Croisé, Finette, Shetland.

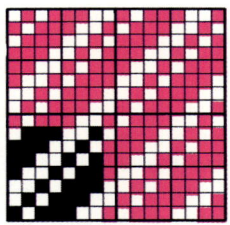

20 – 01 02 03 01 – 01 – 01

7: Patrone

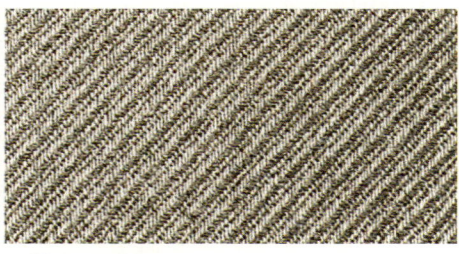

8: Mehrgratköper

Mehrgratköper

Ein Mehrgratköper entsteht, wenn innerhalb eines Rapportes mindestens zwei unterschiedlich breite Köpergrate vorhanden sind. Ein Mehrgratköper kann ein Schussköper, Kettköper oder gleichseitiger Köper sein.

Handelsbezeichnungen sind z. B. Surah, Diagonal.

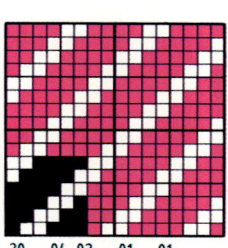

20 – 04 02 – 01 – 01

9: Patrone

10: Breitgratköper

Breitgratköper

Bei diesen Köpergeweben liegen sehr breite Grate vor. Die Gratlinien werden von jeweils mindestens zwei Ketthebungen und -senkungen gebildet. Breitgratköper können gleich- oder ungleichseitig sein.

Ableitungen der Köperbindung

Weit zahlreicher und vielfältiger als die Ableitungen der Leinwandbindung sind die Möglichkeiten der Veränderung der Köpergrundbindung. Der Köpergrat als typisches Merkmal kann in seiner Form abgewandelt werden, durch Farb- und Materialunterschiede kommen die Köpergrate besonders zur Wirkung.

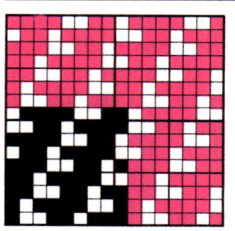

20 – 05 01 01 02 – 01 – 02

1: Patrone

2: Steilgratköper

Steilgratköper

Die bisher behandelten Köperbindungen haben bei etwa gleicher Kett- und Schussdichte einen Gratverlauf von ca. 45°. Einen steileren Verlauf des Grates kann man durch eine im Verhältnis zum Schuss besonders hohe Kettdichte erreichen oder durch die Abwandlung eines Breitgratköpers mit der Steigungszahl zwei oder durch spezielle Bindungen.

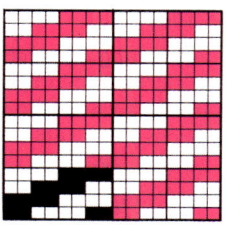

20 – 02 02 – 02 – 01

3: Patrone

4: Flachgratköper

Flachgratköper

Einen flachen Köpergrat erreicht man durch gratbildende Schussflottierungen, die um 1 größer sind als der seitliche Versatz. Flachgratköper sind Schussköper, d. h. auf der Gewebeoberfläche flotten die Schussfäden und verdrängen die Kettfäden auf die Warenrückseite.

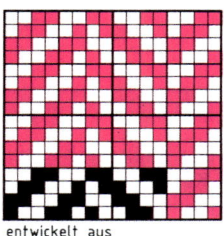

entwickelt aus
20 – 02 02 – 01 – 01

5: Patrone

6: Fischgratköper

Fischgratköper

Er entsteht durch einen Wechsel der Gratrichtung. Beim Fischgratköper werden beim Gratwechsel die Bindungspunkte um einen oder mehrere Schussfäden verschoben, so dass die Grate nicht spitz zusammenlaufen. Unterschiedliche Farbwerte von Kette und Schuss heben die Bindung hervor.

entwickelt aus
20 – 02 02 – 01 – 01

7: Patrone

8: Querspitzgratköper

Spitzköper (Zick-Zack-Köper)

Diagonal ansteigende und absteigende Gratformen ergeben entweder Querspitzgratköper, Längsspitzgratköper oder Spitzkaroköper. Die Grate laufen an der Umkehrstelle des Köpergrates spitz zusammen.

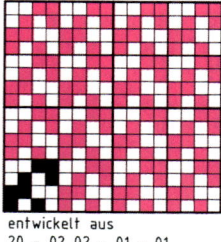

entwickelt aus
20 – 02 02 – 01 – 01

9: Patrone

10: Kreuzköper

Kreuzköper

Er entsteht, wenn man den Rapport sowohl in Kettrichtung (Bild 9 und 10) oder in Schussrichtung halbiert und die erste Hälfte der Fäden in Z-Richtung, die zweite Hälfte in S-Richtung binden lässt. Bei dieser Bindeweise erhält das Oberflächenbild keine Grate.

Atlasbindung

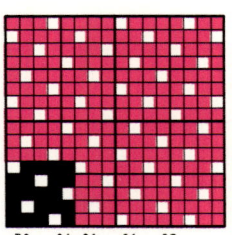

30 – 04 01 – 01 – 02

1: Patrone

2: Kettatlas

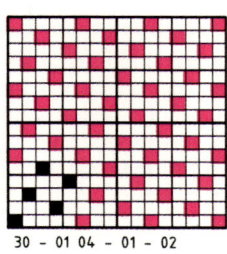

30 – 01 04 – 01 – 02

3: Patrone

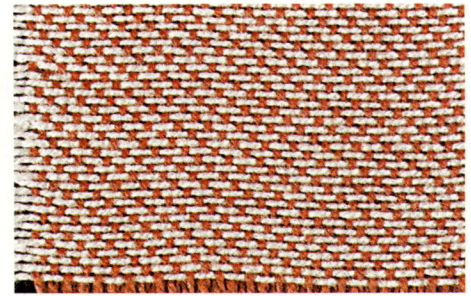

4: Schussatlas

Das Merkmal der **Atlasbindung** ist eine gleichmäßig verstreute Anordnung der Bindungspunkte, sie berühren sich an keiner Stelle des Rapportes. Zu einem Rapport zählen mindestens 5 Kett- und 5 Schussfäden. Jeder Kettfaden bindet im Rapport nur einmal ab, dadurch entstehen lange Flottungen, die auch das Warenbild und die Eigenschaften prägen. Durch die Art der Einbindung von Kette und Schuss entstehen unterschiedliche Warenseiten.

Kettatlas wird durch das Vorherrschen des Kettfadensystems auf der rechten Warenseite bestimmt.

Beim selteneren **Schussatlas** bestimmen die Schussfäden die rechte Warenseite.

Durch die geringe Anzahl von Bindungspunkten und die dichte Fadenstellung sind atlasbindige Gewebe glatt, gleichmäßig und glänzend. Eine lose Einbindung begünstigt weichen Fall und allgemeine Geschmeidigkeit.

Atlasbindige Gewebe sind z. B.: Satin, Duchesse, Moleskin, Charmelaine.

Ableitungen der Atlasbindung

Die Abwandlungsmöglichkeiten der Atlasbindung sind dadurch, dass sich die Bindungspunkte nicht berühren dürfen, verhältnismäßig gering. Die Gestaltung der Gewebe mittels der Atlasbindung erfolgt oft durch einen Wechsel von Kett- zu Schussatlas oder atlasbindige Muster werden in andere Grundbindungen eingewebt. So entstehen z. B. Façonné, Chiffon mit Satinstreifen, Damast, Damassé, Satin façonné, Streifensatin. Auch bei Jacquardgeweben wechseln häufig Kett- und Schussatlas (vgl. Handelsbezeichnungen Seite 109 ff.).

5: Streifensatin

6: Buntsatin

7: Damast

8: Changeant-Damassé

9: Chiffon mit Satinstreifen

10: Satin façonné

Buntgewebe weisen Musterungen auf, die durch Wechseln farbiger Kett- und/oder Schussfäden oder durch Kombination von beiden entstehen. Verschiedenfarbige Schussfäden ergeben Querstreifen, farbige Kettfäden Längsstreifen. Die Kombination ergibt Karos oder Kleinmuster.

1: Changeant

2: Fil-à-fil

Changeant

Die gesamte Kette ist andersfarbig als die Schussfäden. Bei Verwendung von Filamentgarnen ergibt sich ein schillernder Effekt.

Fil-à-fil

In Kette und Schuss wechseln sich je ein heller und ein dunkler Faden ab. Bei der Doppelköperbindung (2/2) entsteht eine treppchenförmige Kleinmusterung.

3: Nadelstreifen

4: Oxford

Nadelstreifen

Einzelne andersfarbige Kettfäden auf einfarbigem, meist dunklem Grund ergeben nadelfeine Längsstreifen.

Oxford

Die Kettgarne binden paarweise mit einem andersfarbigen Schussfaden und ergeben so ein kleingewürfeltes Aussehen.

5: Schottenkaro

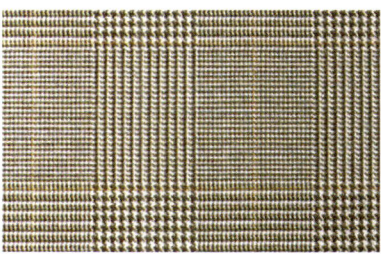

6: Glencheck

Schottenkaro

Großzügige Farbkaros entstehen durch garngefärbte Kett- und Schussfäden. Die Musterung und Farbzusammenstellung ist der schottischen Nationaltracht nachgeahmt.

Glencheck

Bei einem Glencheck müssen Grund- und Überkaro zusammentreffen.

7: Pepita

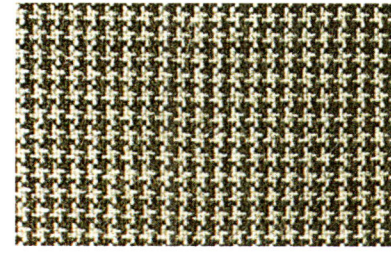

8: Hahnentritt

Pepita[1]

Gewebe mit kleinen, hell-dunklen Blockkaros, die nicht zackig erscheinen. Üblich ist Doppelköperbindung mit einem Farbwechsel 4:4 in Kette und Schuss.

Hahnentritt[1]

Die Hahnentrittmusterung zeigt im Gegensatz zu Pepita Verlängerungen an den Karoecken. Das Musterbild entsteht z. B. durch Leinwandbindung mit Farbwechsel 2:2 in Kette und Schuss.

[1] Definitionen nach: Textil-Lexikon Koch-Sattlow (Deutsche Verlagsanstalt Stuttgart) und Webereifachschule Sindelfingen.

3.2.5 Kreppgewebe

Wesentliches Merkmal der Kreppgewebe ist die körnige, krause Oberfläche, welche auf verschiedene Arten entstehen kann. Man unterscheidet Garn-, Bindungs- und Ausrüstungskreppe. Eine Kombination der Herstellungsverfahren ist möglich.

Garnkreppe

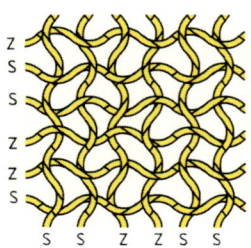

1: Garnordnung beim Vollkrepp

2: Crêpe Georgette (Wollgeorgette)

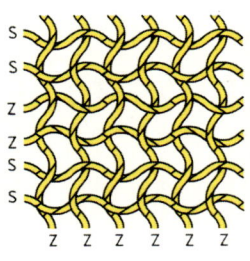

3: Garnanordnung beim Halbkrepp

4: Crêpe marocain

Garnkreppe entstehen durch die Verwendung von überdrehten Garnen (Kreppgarne). Man nennt die so hergestellten Kreppgewebe echte Kreppe. Die Gewebe zeigen eine unruhige, fein strukturierte Oberfläche, sind weich fließend und haben einen sandigen Griff.

Vollkrepp ist ein Gewebe mit Kreppgarnen in Kette und Schuss (**Bild 1**). Man verwendet sowohl die Leinwand- als auch die Kreppbindung. Handelsbezeichnungen: Crêpe Georgette (**Bild 2**), Crêpe Chiffon.

Halbkrepp ist ein Gewebe mit Kreppgarnen in nur einem Fadensystem.

Einen Kreppeffekt mit feinen Streifen in Querrichtung erreicht man mit jeweils zwei S- und zwei Z-gedrehten Kreppgarnen im Schuss (**Bild 3**). Handelsbezeichnungen: Crêpe de Chine, Crêpe Satin, Crêpe marocain (**Bild 4**).

Eine narbige Längsstruktur ergeben Kreppgarne in der Kette. Handelsbezeichnung: Crêpe lavable.

Abwechselnd blasige Längsstreifen neben glatten Längsstreifen erreicht man durch unterschiedliche Kettfadenspannungen, eventuell unterstützt durch gruppenweise Kreppgarne. Dieser Effekt kann auch durch schrumpfende und nicht schrumpfende Kettfäden erreicht werden. Handelsbezeichnung: Seersucker.

Bindungskreppe

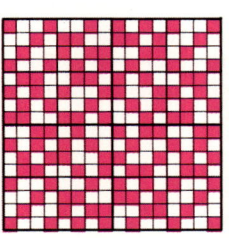

5: Beispiel einer Kreppbindung

6: Sandkrepp

Bindungskreppe haben ein körniges, unregelmäßiges Aussehen. Dieses kann mit bindungstechnischen Maßnahmen erreicht werden. Durch Hinzusetzen oder Weglassen und durch Neuordnungen lassen sich aus fast allen Bindungen Kreppbindungen entwickeln. Es dürfen keine Streifen, Bindungsgrate oder zu lange Flottungen entstehen. Ein Rapport ist nicht erkennbar (**Bild 5**).

Handelsbezeichnungen: Sandkrepp, Mooskrepp, Eiskrepp.

Ausrüstungskreppe

7: Borkenkrepp

8: Kräuselkrepp

Ausrüstungskreppe erhalten ihr blasiges, kreppiges Aussehen in der Textilveredlung. Im Laugierverfahren druckt man punktuell oder streifenweise Natronlauge auf Baumwollgewebe. Die bedruckten Stellen schrumpfen und lassen im Gewebe blasige, aufgeworfene Muster entstehen. Handelsbezeichnungen: Kräuselkrepp, Blasenkrepp, Borkenkrepp.

Mit dem Prägekalander lassen sich ebenfalls Kreppstrukturen einpressen (**vgl. Seite 294**).

Handelsbezeichnungen: Gaufré, Crash, Prägeseersucker.

Gewebe erhalten durch ein drittes Fadensystem z. B. größere Festigkeit und Widerstandsfähigkeit, mehr Fülle, eine zusätzliche Musterung oder eine besondere Oberfläche.

1: Reversible, Vorder- und Rückseite

2: Lancé, Vorder- und Rückseite

3: Broché, Vorder- und Rückseite

4: Frottiergewebe

Verstärkte Gewebe

Kettverstärkte Gewebe haben neben der Grundkette ein zweites Kettsystem. Dieses zusätzliche Fadensystem beeinflusst die Schauseite des Gewebes nicht. Es lassen sich Gewebe mit unterschiedlich aussehenden Warenseiten erzeugen.

Handelsbezeichnungen: Reversible, Charmelaine.

Schussverstärkte Gewebe haben neben Grundkette und Grundschuss ein zweites Schusssystem. Die Anbindestellen des Unterschusses sind rechts nicht erkennbar. Für Raugewebe wird weiches fülliges, wenig gedrehtes Garn für die Schussverstärkung verwendet.

Handelsbezeichnung: Molton.

Lancierte Gewebe

Durch zusätzliche Fadensysteme lassen sich in glatter Leinwand, Köper- oder Atlasbindung stickereiähnliche Kleinmuster einbringen. Die Musterfäden heben sich durch Farbe, Materialart, Bindung und Glanz deutlich vom Grundgewebe ab.

Beim **Schusslancé** sind zusätzliche Lancierfäden quer im Gewebe, während beim **Kettlancé** zusätzliche musterbildende Fäden in Längsrichtung des Gewebes den gewünschten Effekt ergeben. Eine Kombination beider Arten ist möglich.

Das zusätzliche Fadensystem erscheint auf der rechten Warenseite mustermäßig. Auf der Geweberückseite liegen die Musterfäden, wenn es Material, Dichte und Verwendungszweck erlauben, zwischen den Musterstellen uneingebunden. Bei größeren Musterabständen oder wenn ein Durchschimmern vermieden werden soll, werden die Fadenflottungen abgeschnitten.

Handelsbezeichnungen: Lancé, Lancé découpé.

Broschierte Gewebe

Broschierte Gewebe haben zusätzliche musterbildende Fäden in Schussrichtung. Für jede Musterstelle ist ein Broschierschützen erforderlich, der am Musterrand wendet. Es entstehen stickereiähnliche Kleinmuster. Diese sehr aufwändige Webtechnik wird selten angewandt, meistens werden nach dem Weben Muster aufgestickt.

Handelsbezeichnung: Broché.

Schlingengewebe

Frottiergewebe bestehen aus einer straff gespannten Grundkette und einer locker geführten Schlingen- oder Polkette. Zunächst werden drei oder vier Schüsse eingetragen, die dann gemeinsam an das Warenende angeschlagen werden. Dabei rutschen sie über die straff gespannte Grundkette und die Polkette schiebt sich zu Schlingen zusammen. Verschiedene Polgarnfarben sowie einseitige, beidseitige oder unterschiedliche Schlingen ergeben eine vielseitige Musterung.

Veloursfrottier erhält durch nachträgliches Aufschneiden der Schlingen und Bürsten ein samtähnliches Aussehen.

Walkfrottier wird durch eine Walkbehandlung dicht und strapazierfähiger. Die Polkette besteht aus einfachen Garnen.

Zwirnfrottier, die Polkette besteht aus Zwirnen.

Frotté ist ein Zweifadensystemgewebe mit frottierähnlichem Aussehen durch Schlingenzwirne in Schussrichtung.

Florgewebe

Bei **Florgeweben** bildet ein drittes Fadensystem auf der rechten Warenseite einen Faserflor. Florgewebe mit einer Florhöhe bis 3 mm werden als **Samt** bezeichnet, mit einem höheren Flor als **Plüsch.**

Nach der Herstellungstechnik unterscheidet man zwischen Kett- und Schusssamt. Bei Kettsamtgewebe wird der Flor durch eine zusätzliche Kette und beim Schusssamt durch zusätzliche Schussfäden gebildet.

Qualitätsmerkmale der Samte sind Dichte des Grundgewebes sowie Dichte und Höhe der Flordecke. Die Gebrauchstüchtigkeit ist abhängig von der Art der Einbindung der Flornoppen in das Grundgewebe.

Samtimitate, z. B. Duvetine und Velveton, erhalten ihre Flordecke durch Rauen und Schmirgeln (Rausamt).

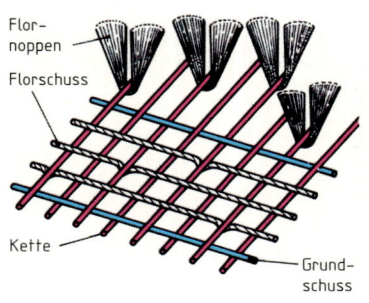

1: Schema glatter Schusssamt

2: Glatter Schusssamt (Velvet)

Beim **Schusssamt** bindet ein Florschuss so in das Grundgewebe ein, dass auf der rechten Warenseite Flottungen entstehen. Man erkennt Schusssamt daran, dass die Flornoppen am Kettfaden hängen.

Grund- und Florbindung beeinflussen Dichte und gewünschte Florhöhe des Gewebes. Nach dem Weben werden in einem gesonderten Arbeitsgang die Flottungen aufgeschnitten, hochgebürstet und auf eine gleichmäßige Höhe geschoren.

Binden die Florschüsse gleichmäßig versetzt ein, entsteht ein **Glattsamt.**

Handelsbezeichnung: Velvet.

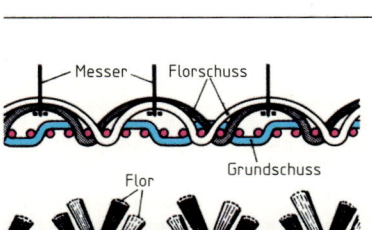

3: Schema Rippensamt (Schusssamt)

4: Rippensamt, Rohgewebe teilweise aufgeschnitten

Binden die Florschüsse immer an den gleichen Kettfäden an und bilden dazwischen Flottungen, entsteht nach dem Aufschneiden **Rippensamt (Cordsamt)** mit Längsrippen.

Die Rippen können fein, mittel, stark ausgeprägt oder verschieden sein.

Handelsbezeichnungen: z. B. Babycord (weich, ganz feine Rippen), Feincord (feine Rippen), Manchester bzw. Genuacord (fest, mittlere Rippenstärke), Kabelcord und Trenkercord (breite Rippen), Fancycord (unterschiedliche Rippen).

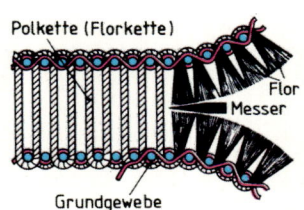

5: Schema Doppelsamt (Kettsamt)

6: Glatter Kettsamt (Velours)

Beim **Kettsamt** bindet eine zusätzliche Florkette in das Grundgewebe ein, die Flornoppen binden am Schuss an.

Je nach Herstellung unterscheidet man zwischen **Rutensamttechnik** und **Doppelsamttechnik.** Wirtschaftlich vorrangig ist das Doppelsamtverfahren. Auf einer Spezialwebmaschine entstehen zwei Gewebe übereinander, sie sind durch eine gemeinsame Polkette verbunden. Mittels eines hin- und herbewegten Messers wird der Polfaden in der Mitte durchgeschnitten. Mit fünf Fadensystemen entstehen zwei Gewebe mit je drei Fadensystemen.

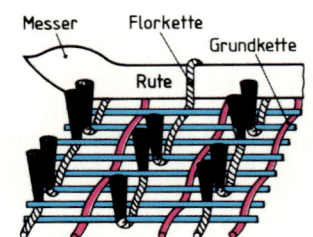

7: Schema Rutensamt (Kettsamt)

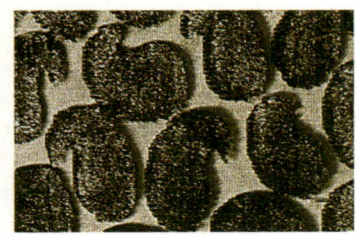

8: Ätzsamt

Beim **Rutensamt** wird die locker gespannte Florkette über Zug- oder Schneidruten geführt. Durch Zurückziehen der Ruten werden die Schlingen aufgeschnitten.

Der Flor wird anschließend auf eine gleichmäßige Höhe geschnitten, gebürstet und gedämpft. Bei Ätzsamt ist der Flor mustergemäß mit Chemikalien weggeätzt.

Handelsbezeichnungen: z. B. Velours (franz. = Samt), Velours chiffon (kurzer Filamentflor), Panne (niedergepresster Filamentflor).

3.2.7 Gewebe mit vier und mehr Fadensystemen

Gewebe mit vier und mehr Fadensystemen (**Doppelgewebe**) bestehen aus zwei übereinanderliegenden Geweben, die durch verschiedene Bindungstechniken während des Webens an einigen Stellen fest miteinander verbunden werden. Man erreicht z. B. größere Dichte, höheres Volumen, größere Festigkeit, unterschiedliche Warenseiten und ein plastisches Oberflächenbild.

1: 4-Fadensystem-Doppelgewebe
   rechte Warenseite

2: 4-Fadensystem-Doppelgewebe
   linke Warenseite

Doppelgewebe mit An- oder Abbindung

Sie werden aus vier Fadensystemen hergestellt. Bindet die Unterkette an den Oberschuss spricht man von Anbindung. Von Abbindung spricht man, wenn die Oberkette mit dem Unterschuss bindet. Die Verbindung beider Gewebe ist sehr eng und kann nicht gelöst werden. Diese Doppelstofftechnik ist typisch für Jacken- und Mantelstoffe mit angewebtem Innenfutter. Die Gewebeseiten weichen meist im Aussehen voneinander ab.

3: Doppelgewebe mit Bindekette

4: Doppelgewebe mit Bindeschuss

Doppelgewebe mit Bindekette oder Bindeschuss

Zwei Gewebelagen sind durch ein fünftes Fadensystem verbunden. Eine lockere Einbindung des zusätzlichen Bindefadens ermöglicht ein Auseinanderziehen der beiden Gewebelagen. Diese Gewebe erlauben eine Verarbeitung für Wendebekleidung.

5: Hohlgewebe
   rechte Warenseite

6: Hohlgewebe
   linke Warenseite

Doppelgewebe mit Warenwechsel

Sie sind gemustert und bestehen aus vier Fadensystemen. Am Motivrand wechseln die beiden Gewebelagen miteinander und verbinden dadurch Ober- und Untergewebe. Zwischen den Motiven entstehen Hohlräume. Die Muster sind auf beiden Seiten gleich, es entstehen aber gegensätzlich gemusterte Warenseiten. Diese beidseitig verwendbaren Gewebe werden auch Hohlgewebe genannt. Verwendung für Überwürfe, Gartentischdecken, usw.

7: Cloqué
   rechte Warenseite

8: Cloqué
   linke Warenseite

Cloqué

Doppelgewebe mit blasigen Aufwerfungen auf der rechten Warenseite bezeichnet man als Cloqué. Ein feinfädiges Obergewebe aus normalgedrehten Garnen ist mustermäßig mit einem Kreppuntergewebe verbunden. Durch eine Nassbehandlung tritt eine Schrumpfung des Kreppuntergewebes ein und das Obergewebe wirft anschließend Blasen. Durch Hochschrumpffasern nur im Untergewebe kann der gleiche Effekt erzielt werden.

9: Matelassé
   rechte Warenseite

10: Matelassé
    linke Warenseite

Matelassé

Doppelgewebe mit einer formenreichen, plastischen rechten Warenseite bezeichnet man als Matelassé. Die Rückseite ist grobfädig. Erreicht wird das Aussehen durch eine Unterkette, die figurenartig in das Obergewebe einbindet, und durch zusätzliche Füllschüsse, die Erhöhungen und Vertiefungen formen.

Pikeegewebe zeigen ein plastisches Oberflächenbild, das wie gesteppt wirkt.

1: Piqué
rechte Warenseite

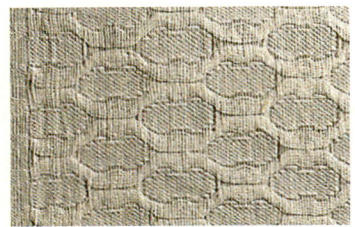

2: Piqué
linke Warenseite

3: Piqué rayé, Vier-Fadensystem,
rechte Warenseite

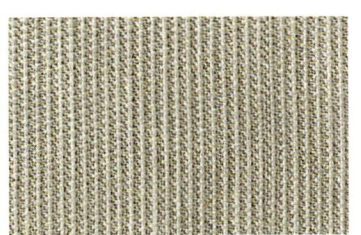

4: Piqué rayé, Vier-Fadensystem,
linke Warenseite

5: Streifenpikee, Zwei-Faden-
system, rechte Warenseite

6: Streifenpikee, Zwei-Faden-
system, linke Warenseite

7: Waffelpikee
rechte Warenseite

8: Waffelpikee
linke Warenseite

9: Côtelé
rechte Warenseite

10: Côtelé
linke Warenseite

Piqué

Im allgemeinen wird Pikee mit vier Faden-systemen als echter Piqué bezeichnet, dann wird üblicherweise die französische Schreibweise angewandt.

Piqué ist ein Doppelgewebe mit feinem, leinwandbindigem Obergewebe und einem gröberen Untergewebe. Dadurch, dass das Obergewebe nach einer bestimmten Regel mit dem Untergewebe durch Einbinden verbunden ist, entstehen kleine Figuren und Streifen, die wie gesteppt erscheinen. Zur plastischen Formung der rechten Seite werden Füllschüsse eingewebt, die uneingebunden zwischen Grundgewebe und Steppkette liegen. Die Steppkette, die in das Obergewebe einbindet und die Füllschüsse an das Obergewebe andrückt, ist fein und straff gespannt (**Bild 1** und **Bild 2**).

Streifenpikee

Das Gewebe zeigt auf der rechten Warenseite schmale Längsrippen.

Diese entstehen entweder mit vier Fadensystemen durch Grundgewebe, Füllkette und Steppschüsse (**Bild 3** und **Bild 4**), oder durch eine Hohlschussbindung (**Bild 5, Bild 6**), durch die auf der linken Warenseite Schussfäden flotten und regelmäßig einbinden (**Bild 6**).

Waffelpikee

Es handelt sich hier bei um ein Zweifaden-systemgewebe mit waffelartigem Aussehen. Dies wird durch Schuss- und Kettfadenflottungen, die nach innen verkürzend verlaufen, erreicht. Diese regelmäßigen Fadenflottungen ergeben quadratische Reliefmuster (**Bild 7, Bild 8**). Beide Warenseiten zeigen das gleiche Aussehen.

Côtelé

Mit einer Cordbindung wird eine erhabene Längsmusterung der Gewebeoberfläche erreicht, ohne zusätzliches Fadensystem. Da die Kette das festere Material ist, liegt sie auf der rechten Warenseite vorherrschend und ist sehr dicht eingestellt. Einen Teil der Schüsse auf der Geweberückseite lässt man flottieren. Die Flottierungen sind regelmäßig eingebunden und so entstehen leichte Rippen in Längsrichtung, sog. Hohlschussbindung (**Bild 9** und **Bild 10**).

3.3.1 Einteilung der Maschenwaren

Definition und Einteilung nach DIN 62050

Maschenwaren entstehen durch ineinanderhängende Fadenschleifen, die aus einem oder mehreren Fäden gebildet werden. Man unterteilt nach der Anzahl Fäden, aus denen die Maschenware hergestellt wird, in Einfadenware[1] und Kettfadenware.

MASCHENWARE

Gestricke und Einfadengewirke Strickware, Kulierwirkware	**Kettengewirke** Kettenwirkware, Raschelware
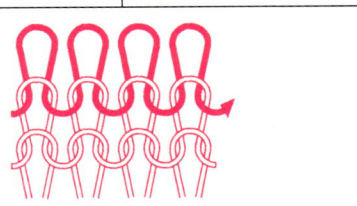	

Merkmale

- Die Maschenbildung erfordert mindestens einen Faden.
- Der Fadenverlauf erfolgt in Warenquerrichtung.
- Einfadenware kann aufgezogen werden und Fallmaschen bilden.
- Sie lässt sich durch Stricken oder Wirken herstellen.

Merkmale

- Die Maschenbildung erfordert mindestens ein Kettfaden-System.
- Maschenbildende Fäden verlaufen in Längsrichtung überwiegend im Zickzack durch die Ware.
- Die Ware lässt sich nicht aufziehen, ist weitgehend laufmaschenfest.
- Kettfadenware ist immer gewirkt.

Herstellung

Gestricke	**Einfadengewirke**
Stricken: Gestrickt wird mit einzeln bewegten (Zungen-) Nadeln. Zur Herstellung dienen Flach- und Rundstrickmaschinen.	**Kulierwirken:** Kulierwirkware entsteht mit gemeinsam bewegten (Spitzen-) Nadeln oder die Nadeln stehen fest und der Stoff wird bewegt. Man arbeitet mit Flachkulierwirk- oder Rundwirkmaschinen.

Kettengewirke

Kettenwirken:
Beim Kettenwirken arbeitet man mit einer oder mehreren Fadenketten. Bei der Maschenbildung werden die einzelnen Kettfäden um die Spitzen-, Zungen- oder Schiebernadeln herumgelegt. Die Nadeln werden gemeinsam bewegt. Kettenwirkmaschinen mit Zungen- oder Schiebernadeln bezeichnet man als Raschelmaschinen, die darauf hergestellte Ware als Raschelware.

1: **Maschenbildung auf der Flachstrickmaschine**

2: **Maschenbildung auf der Kulierwirkmaschine**

3: **Maschenbildung auf der Kettenwirkmaschine**

[1] Einfadenware wird fälschlich auch als Kulierware bezeichnet.

Die Maschenbildung

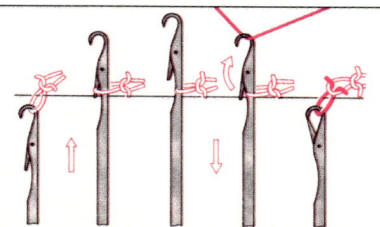

1: Maschenbildung mit Zungennadeln

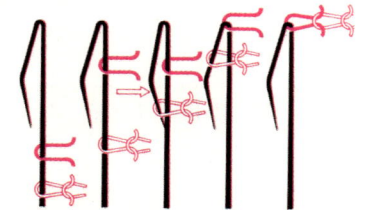

2: Maschenbildung mit Spitzennadeln

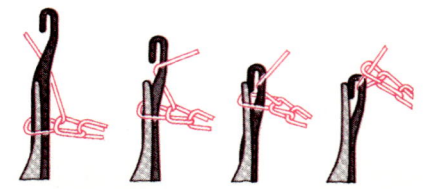

3: Maschenbildung mit Schiebernadeln

Begriffe der Einfadenware (Strick- und Kulierwirkware)

 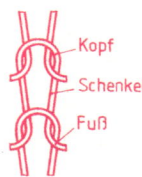 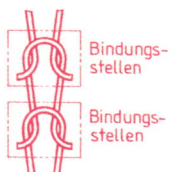

4: Die Masche mit ihren Merkmalen

Das Bindungselement Masche

Die Masche ist eine Fadenschleife, die in andere Maschen eingehängt ist und dadurch ihren Halt bekommt.

Sie besteht aus einem **Maschenkopf, zwei Maschenschenkeln** und **zwei Maschenfüßen**. Die ineinanderhängenden Maschen sind durch vier Fadenverkreuzungen, den Bindungsstellen, miteinander verbunden. Jede Masche hat **zwei obere** und **zwei untere Bindungsstellen**.

5: Linke Maschenseite

6: Rechte Maschenseite

Die Maschenseiten

Die beiden unteren Bindungsstellen bestimmen, ob es sich um eine rechte Maschenseite oder eine linke Maschenseite handelt. Auf der **linken Maschenseite** („linke Masche") liegen die Maschenschenkel unter dem Kopf der darunter liegenden Masche. Auf der **rechten Maschenseite** („rechte Masche") liegen die Schenkel über dem Kopf der darunter liegenden Masche. Die oberen Bindungsstellen sind für die Festlegung der Maschenseite nicht maßgebend.

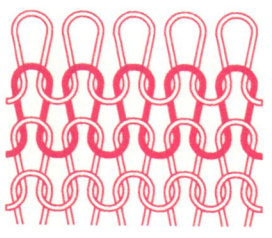

7: Maschenreihe

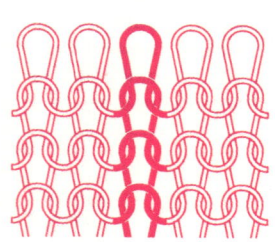

8: Maschenstäbchen

Maschenreihe, Maschenstäbchen

Nebeneinander angeordnete Maschen in Warenquerrichtung bilden eine **Maschenreihe**.

Übereinander angeordnete Maschen in Warenlängsrichtung bilden ein **Maschenstäbchen**.

Die Feinheit einer Maschenware hängt von der Anzahl Reihen und Stäbchen pro cm bzw. dm ab und wird von der Feinheit der maschenbildenden Maschine bestimmt.

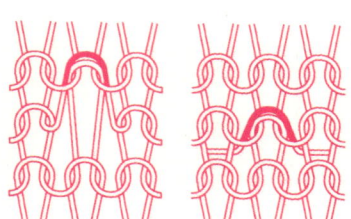

9: Der Henkel hat zwei obere Bindungsstellen

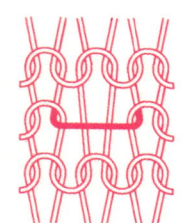

10: Die Flottung hat zwei untere Bindungsstellen

Die Bindungselemente Henkel und Flottung

Der **Henkel** ist eine Fadenschleife, die zusätzlich zu der in der Reihe vorher an dieser Nadel gebildeten Masche in den Nadelkopf gelegt wird. Die zuvor gebildete Masche wird deshalb in die Länge gezogen.

Flottungen entstehen, wenn Nadeln ganz oder vorübergehend außer Tätigkeit sind. Der Faden läuft unverarbeitet vorbei. Falls Maschen in den Nadeln hängen, werden diese in die Länge gezogen. Flottungen vermindern die Querelastizität. Sie werden seitlich durch Maschen und Henkel begrenzt.

3.3.2 Gestricke und Einfadengewirke (2)

Grundbindungen von Strick- und Kulierwirkware

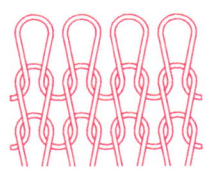

1: Rechts/Links, rechte Seite

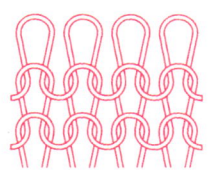

linke Seite

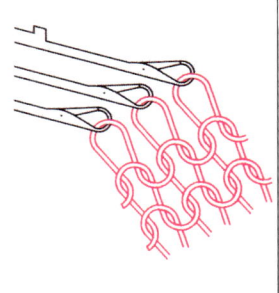

Herstellung

Rechts/Links (RL); Single-Jersey

Diese Ware wird nur an einer Nadelreihe hergestellt. Man bezeichnet sie als einflächig oder Single-Jersey[1].

Sie hat zwei verschieden aussehende Warenseiten. Eine Seite zeigt nur „rechte Maschen", die andere zeigt nur „linke Maschen".

Die Ware ist in Querrichtung wenig elastisch und neigt an den Rändern zum Einrollen.

Man stellt aus Rechts/Links-Ware je nach Warenfeinheit dünne Pullover, Hemden, Blusen, Kleider, T-Shirts und Unterwäsche her.

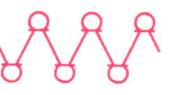

Aufziehkante

2: Rechts/Rechts

Herstellung

Rechts/Rechts (RR)

RR wird an zwei Nadelreihen hergestellt, an denen sich die Nadeln versetzt gegenüber stehen. Dadurch sind auch die Maschen der Vorder- und Rückseite gegeneinander versetzt. In einer Reihe wechseln rechte und linke Maschen. Beide Warenseiten zeigen rechte Maschen. Wird die Ware quergespannt, erkennt man zwischen den rechten Maschenstäbchen jeweils linke Maschenstäbchen. RR-Ware ist querelastisch.

Verwendung: Pullover, Westen, Unterwäsche, Socken. Bei Unterwäsche wird RR als **Feinripp** bezeichnet.

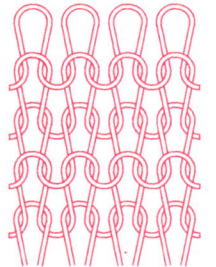

3: Links/Links

Herstellung

Links/Links (LL)

LL wird in der Regel mit Doppelzungennadeln hergestellt. Diese Ware kann auch mit Zungennadeln durch Maschenumhängen hergestellt werden. Beide Warenseiten sehen gleich aus und zeigen die Bogen der Maschenfüße und der Maschenköpfe. Es wechselt eine rechte mit einer linken Maschenreihe. Die rechte Maschenreihe erkennt man, wenn die Ware längsgespannt wird.

Links/Links-Ware ist längselastisch.

Man stellt in dieser Bindung Strampelhosen, Pullover und Strickjacken her.

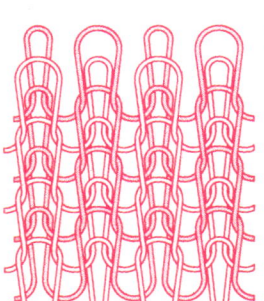

Aufziehkante

4: Interlock

Herstellung

Rechts/Rechts/Gekreuzt (RRG), Interlock

Interlock wird an zwei Nadelreihen hergestellt, an denen sich die Nadeln genau gegenüber stehen und im Wechsel arbeiten.

In der Ware stehen sich die Maschen der Vorder- und Rückseite gegenüber. Durch diese Herstellung sind die Nachbarmaschen um eine halbe Maschenhöhe versetzt.

Interlock hat eine geschlossene Oberfläche. Ware in dieser Bindung ist dehnfähig, aber nicht sehr elastisch.

Verwendung: T-Shirts, Blusen, Unterwäsche, Sport- und Freizeitbekleidung.

[1] Jersey ist eine Sammelbezeichnung für Maschenware, die aufgrund der Bindung wenig Dehnung aufweist.

3.3.2 Gestricke und Einfadengewirke (3)

Ableitungen der Rechts/Links-Bindung

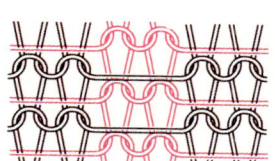

1: Hinterlegware, schematisch

2: Hinterlegware; Vorderseite

Rückseite

RL-hinterlegt; Hinterlegware

Mustermäßig ausgewählte Nadeln stricken mit einem farbigen Faden. In darauf folgenden Maschenreihen arbeiten Nadeln, die zuvor ausgesetzt haben, mit anderen Farben. Jeweils nichtstrickende Nadeln bilden auf der Warenrückseite Fadenflottungen.

Man erhält Maschenware mit modischen Buntmusterungen, die durch die Fadenflottungen in Querrichtung wenig Elastizität aufweisen.

Verwendung: Pullover, Westen, Jacken.

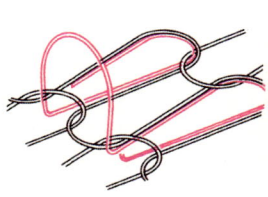

3: Henkelplüsch, schematisch

4: Henkelplüsch

Nicki, Scherplüsch

RL-Plüsch; Henkelplüsch, Nicki

Henkelplüsch entsteht dadurch, dass in RL-Ware ein zusätzlicher Faden eingearbeitet wird, der an der Warenoberfläche Schlingen bildet. Der zusätzliche Faden kann ganzflächig oder mustermäßig eingebunden sein.

Bei Scherplüsch werden die Schlingenköpfchen abgeschnitten. Dadurch entsteht eine samtartige Oberfläche (Nickiplüsch).

Verwendung: Freizeit- und Kinderbekleidung, Socken, warme Unterwäsche.

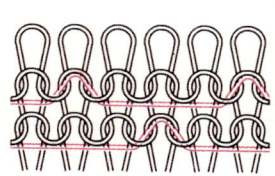

5: Futterware, schematisch

6: Futterware, Vorderseite

Rückseite, ungeraut

RL-Futter; Futterware

In einer RL-Grundware wird auf der linken Warenseite ein zusätzlicher, meist dicker Futterfaden eingebunden.

Futterware hat eine feine Oberseite und eine voluminöse, oft aufgeraute Unterseite.

Man verwendet die Futterseite auch als rechte Warenseite.

Aus Futterware stellt man Freizeitbekleidung, Trainingsanzüge und Sweat-Shirts her.

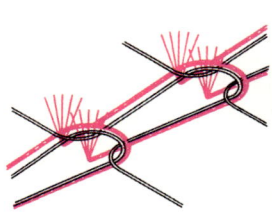

7: Plüsch, schematisch

8: Plüsch, Fellimitation, Vorderseite

Rückseite

RL-Luntenflor; Plüsch, Fellimitation

Fasern werden als Faserband (Lunte) zugeführt und während der Maschenbildung eingebunden. Sie bilden an der Warenoberseite einen Faserflor.

Mit Tierfellmustern bedruckt, dient solche Ware als Fellimitation.

Man verwendet sie als Pelzersatz und Winterfutter (Borg-Futter) für Mäntel und Schuhe.

9: Pikee, Vorderseite

Rückseite

RL-Pikee; Pikee

Pikeemusterung (Kleinmuster mit Erhebungen und Vertiefungen) kann von den Grundbindungen RL und RRG abgeleitet werden. Wegen des niedrigeren Warengewichtes stellt man diese Musterung meist als Ableitung von RL her.

Es wechseln RL-Maschenreihen mit mehreren Maschenreihen, in denen mustermäßig versetzt Henkel gearbeitet werden.

Diese Bindung wird für Polohemden verwendet.

Ableitungen der Rechts/Rechts-Bindung

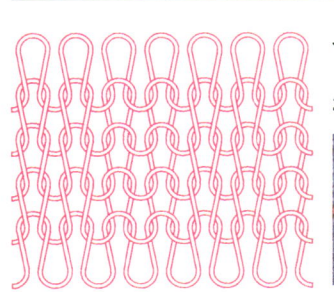

1: Rippware schematisch

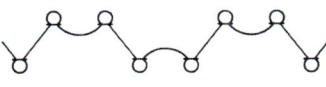

2: Aufziehkante

3: Rippware

RR-gerippt; Rippware

Bei der Herstellung gerippter Ware stricken nur ausgewählte Nadeln. Am häufigsten wird 2:1-Rippware, auch 2:1-Patent genannt, hergestellt. Dazu wird im vorderen und hinteren Nadelbett jeweils die dritte Nadel ausgeschaltet.

Beide Warenseiten von 2:1-Patent sehen gleich aus. Zieht man die Ware in die Breite, so erkennt man in einer Maschenreihe jeweils abwechselnd zwei rechte und zwei linke Maschen. Rippware ist außerordentlich querelastisch.

Verwendung: Bündchen, modische Pullover und Kleider.

4: Halbschlauch Vorderseite   5: Halbschlauch Rückseite

RR/RL; Halbschlauch, Relief

Bei Halbschlauch stricken in der ersten Maschenreihe alle Nadeln (RR), in der zweiten Maschenreihe nur die hinteren (RL). Auf den nichtstrickenden vorderen Nadeln werden die Maschen langgezogen und bekommen ein ausgeprägtes Aussehen. Die Querelastizität ist durch die RL-Reihe eingeschränkt.

Wenn nach einer Reihe RR mehrere Reihen RL vorn oder hinten folgen, entstehen Reliefmuster. Die RL-Reihen schieben sich reliefartig hervor (ohne Musterdarstellung).

Man verwendet beide Musterungen bei Pullovern und Westen.

6: Fang   7: Perlfang Vorderseite

RR-Fang, RR-Perlfang

Bei Fang werden in der ersten Reihe vorne Henkel, hinten Maschen gearbeitet. In der zweiten Reihe ist es umgekehrt. Die Fanghenkel lassen die Maschen hervortreten. Fang ist schwerer als RR und neigt zur Ausweitung.

Bei Perlfang wechselt eine Reihe, in der alle Nadeln stricken, mit einer Reihe Maschen vorn, Henkel hinten. Auf der Vorderseite erkennt man ausgeprägte Rechtsmaschen. Die Rückseite sieht wie bei Fang aus (plastische Längsrippen). Voluminöse Fang- und Perlfangwaren werden vor allem verwendet für dicke Winterpullover, Schals und Mützen.

8: Webstrickware Vorderseite   9: Webstrickware Rückseite

Webstrick

RR-ähnliche und RL-ähnliche Strickreihen mit Fadenflottungen wechseln ab. Die Fadenflottungen schränken die Querelastizität stark ein. Dadurch lässt sich die Ware wie ein Gewebe verarbeiten, ohne die angenehmen Trageeigenschaften einer Maschenware zu verlieren.

Ungefütterte Ware neigt zum Ausbeulen.

Eine bekannte Handelsbezeichnung ist Wevenit.

Verwendung: Damenmäntel, Hosen, Röcke, Kostüme.

10: Jacquard Vorderseite   11: Jacquard Rückseite

Jacquard

Jacquardgestricke sind gemustert und werden auf zwei Nadelreihen hergestellt. Beim Jacquardstricken kann jede Nadel der Strickmaschine mit dem Befehl „Stricken", „Nichtstricken" und „Fanghenkel bilden" angesteuert werden. Dadurch lassen sich fast unbegrenzte Musterungen erzielen. Im Gegensatz zu hinterlegter RL-Ware, wo die zur Musterung nicht benötigten Fäden flott laufen, werden sie bei Jacquardware gleichmäßig abgebunden.

Aus Jacquardware werden Pullover, Kleider und Jacken hergestellt.

Ableitungen der LL-Bindung

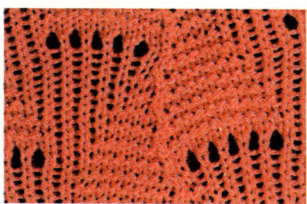 

1: LL-gemustert

Links-Links-Bindungen sind durch das Vorkommen von linken und rechten Maschen in Stäbchenrichtung gekennzeichnet. Diese Musterung wird durch die Verwendung von Doppelzungennadeln ermöglicht, die durch entsprechende Steuerung Maschen auf den vorderen oder hinteren Nadeln bilden können. Durch entsprechende Nadelverteilung auf die beiden Nadelbetten und zusätzliche Mustereinrichtungen lassen sich vielfältige Musterungen herstellen, die vor allem bei Pullovern, Strickjacken und Strickwesten Anwendung finden.

Ableitungen der Interlockbindung

2: Interlockware mit unterschiedlichen Warenseiten
Baumwollseite   Polypropylenseite

Maschenware in Interlockbindung hat im allgemeinen eine außerordentlich hohe Feinheit. Diese feinen Stoffe werden häufig in der Veredlung gemustert, z. B. bedruckt. Trotzdem lassen sich auch von der Interlockbindung andere Bindungen ableiten. Als Beispiel ist eine Interlockware für Sportbekleidung abgebildet. Bei dieser Ware ist auf der Außenseite überwiegend Baumwolle und auf der Innenseite Polypropylen verarbeitet. Dadurch ergeben sich besonders günstige bekleidungsphysiologische Eigenschaften (vgl. Seite 240).

Legen, Zuschneiden und Nähen

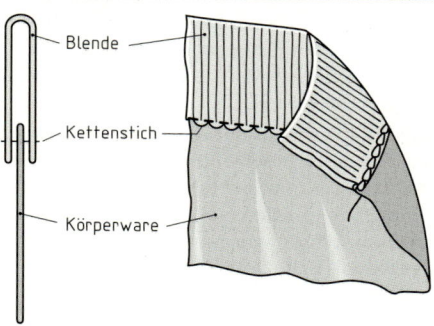

Blende
Kettenstich
Körperware

3: Anketteln einer Schlauchblende

4: Beschädigte Maschen

5: Unbeschädigte Maschen
durch geeignete Nadel

Die Verarbeitung von Strick- und Einfadenwirkware erfordert gegenüber Webware die Rücksichtnahme auf das größere Dehnvermögen, die höhere Elastizität und die Bildung von Fallmaschen.

Legen und Zuschneiden

Beim Legen mit der Hand oder mit Legemaschinen muss darauf geachtet werden, dass die elastische Maschenware spannungsfrei liegt.

Beim Zuschneiden werden neben Kreismessermaschinen und Stoßmessermaschinen (Vertikalmessermaschinen) auch Stanzen eingesetzt (vgl. Seite 150).

Nähen und Ketteln

Zum Nähen von Maschenwaren werden überwiegend Kettenstichtypen eingesetzt.

Das **Ketteln** ist das maschengenaue Zusammennähen mit einer Spezialmaschine, der Kettelmaschine. Dabei müssen die Maschen der Teile, die zusammengefügt werden sollen, vor dem Nähen auf Nadeln aufgestoßen werden. Anschließend wird mit dem Einfachkettenstich genäht (Bild 3). Das Ketteln ist ein zeitaufwendiger Arbeitsgang. Man erhält eine saubere, flache Naht. An hochwertigen Strickwaren sind Kragen und Blenden in der Regel angekettelt.

Zum Annähen von Spitzen, Gummiband und Bündchen und für Ziereffekte werden Überdeck-Kettenstiche verwendet.

Mit Überwendlichstichtypen werden Schließnähte mit gleichzeitiger Versäuberung genäht, es werden aber auch einfache Versäuberungsarbeiten durchgeführt.

Maschenschäden (Maschensprengschäden)

Maschenbeschädigungen können vor allem beim Eindringen der Nähnadel in das Nähgut entstehen, wenn die Fäden der Maschenware der Nadelspitze nicht ausweichen können. Beschädigte Maschen (Bild 4) können Fallmaschen bilden. Im Wesentlichen haben Maschensprengschäden vier Ursachen:
- Fehlerhafte Warenausrüstung (häufigste Ursache)
- Beschädigte Nadelspitze
- Zu dicke Nadel
- Ungeeignete Nadelspitzenform

Rundstrickware

1: Meterware

Maschenwaren wie T-Shirts, Sweat-Shirts, Unter- und Nachtwäsche, Polohemden und Jogginganzüge werden aus Rundstrickware hergestellt

Diese wird als **Meterware** im Schlauch hergestellt **(Bild 1)**. Sie kann im Schlauch oder aufgeschnitten als Breitware wie ein Gewebe zugeschnitten und konfektioniert werden. Sie ist überwiegend feiner gestrickt als Flachstrickware.

Flachstrickware

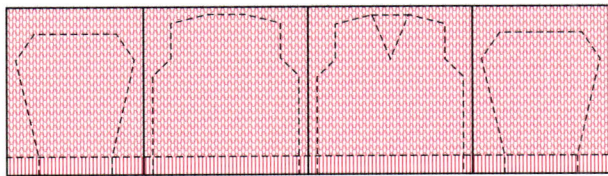

Ärmel und Körperteile mit Bund

2: Abgepasste Teile

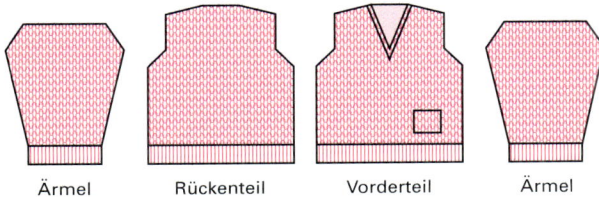

Ärmel   Rückenteil   Vorderteil   Ärmel

3: Fully-fashioned-Einzelteile

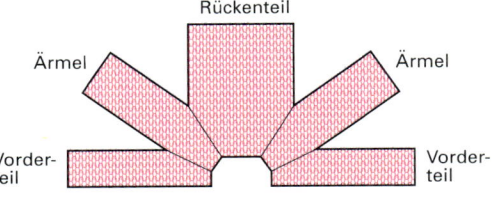

Rückenteil

Ärmel   Ärmel

Vorder-   Vorderteil   teil

4: Fully-fashioned-Integralgestricke

Ärmel   Rumpfteil   Ärmel

5: Fully-fashioned-Körper- und Ärmelteile

6: Fully-fashioned-Komplettpullover

Oberbekleidung, wie Pullover, Strickjacken, Kleider, Röcke und Hosen, wird überwiegend auf Flachstrickmaschinen hergestellt.

Die Fertigung von Maschenbekleidung hat sich in den letzten Jahren entscheidend gewandelt. Gründe waren zum einen die hohen Fertigungskosten der Maschenwarenkonfektion, zum anderen haben Weiterentwicklungen der Strickmaschinen neue technische Möglichkeiten eröffnet. Grundsätzlich kann man heute folgende **Produktionsverfahren** von Strickbekleidung auf Flachstrickmaschinen unterscheiden:

Abgepasste Strickteile (Schnittware mit festem Anfang)

Die Strickteile sind in der Länge und in der Breite abgepasst. Sie weisen einen festen Anfang (Taillen- und Ärmelbund) auf **(Bild 2)**. Die Teile werden zugeschnitten und zusammengenäht. Taschen und Halsbündchen werden als Einzelteile gestrickt und meistens angekettet.

Fully-fashioned-Einzelteile

Der Fachbegriff fully-fashioned bedeutet, dass die Strickteile formgerecht gestrickt werden. Formgerechte Ware wird auch als **reguläre Ware** bezeichnet. Taschen sind eingestrickt und die vordere Halseinfassung ist angestrickt **(Bild 3)**. Nach dem Zusammennähen der Teile wird die hintere Halseinfassung gekettelt.

Fully-fashioned-Integralgestricke

Beim Integral-Stricken werden Formteile zusammenhängend gestrickt. Taschen und Kragen sind eingestrickt. Es sind nur noch wenige Nähte zu schließen **(Bild 4)**.

Fully-fashioned-Komplett-Fertigkörper mit Fully-fashioned-Ärmeln

Das Rumpfteil wird als Schlauch gestrickt oder als Vorder- und Rückenteil, verbunden an der Schulter. Taschen und Halseinfassung sind eingestrickt. **(Bild 5)**. Die Fully-fashioned-Ärmelteile werden durch Nähen oder Ketteln in das Rumpfteil eingesetzt. Falls erforderlich wird die Seitennaht geschlossen.

Fully-fashioned-Komplettpullover

Der komplette Pullover wird als Schlauch-Fertiggestrick produziert. Taschen und Halseinfassungen sind eingestrickt. Die erforderlichen Verbindungen, z. B. an Seiten und Ärmeln werden von der Strickmaschine ausgeführt **(Bild 6)**.

> **Herstellung und Begriffe**

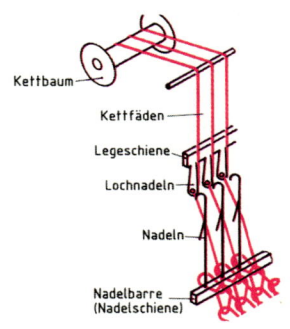

1: Prinzip des Kettenwirkens

(Kettbaum, Kettfäden, Legeschiene, Lochnadeln, Nadeln, Nadelbarre (Nadelschiene))

Kettfadenware wird mit mindestens einem Kettfadensystem hergestellt.

Jeder einzelne Kettfaden wird von einer Lochnadel geführt, die sich in einer Legeschiene befindet. Die Lochnadeln der Legeschienen legen die Kettfäden um die Nadeln (Zungen-, Spitzen-, Schiebernadeln) herum. Nach dieser Fadenlegung werden durch die Bewegung der Nadelbarre auf allen Nadeln gemeinsam Maschen gebildet, so dass eine Maschenreihe entsteht.

Anschließend wird die Legeschiene seitlich um eine oder mehrere Nadeln versetzt. Dann werden die Kettfäden erneut um die Nadeln herumgelegt und es wird wieder eine Maschenreihe gebildet.

Die Versatzbewegung der Legeschiene bestimmt die Art der Legung.

 Bei der **offenen Masche** kreuzen sich die Maschenfüße nicht.	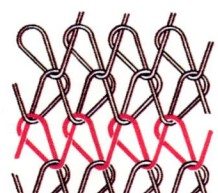 Maschen nebeneinander bilden **Maschenreihen**.	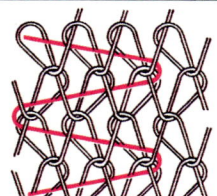 Ein in Querrichtung eingelegter von Maschen gehaltener Faden heißt **Schussfaden**.
 Bei der **geschlossenen Masche** kreuzen sich die Maschenfüße.	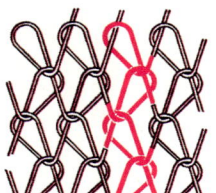 Maschen übereinander bilden **Maschenstäbchen**.	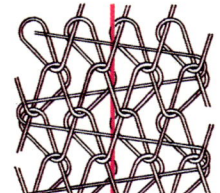 Ein in Längsrichtung eingelegter von Maschen gehaltener Faden heißt **Stehfaden**.

> **Ausgewählte Legungen der Kettenwirkware**

Fransenlegung	Trikotlegung	Tuchlegung	Atlaslegung
Zu Nachbarmaschen bestehen keine Querverbindungen. Durch Kombination mit anderen Legungen oder Schussfäden können diese erreicht werden.	Jeder maschenbildende Kettfaden verläuft im Zickzack in Längsrichtung durch die Ware und bindet zwischen zwei Nachbarstäbchen.	Die Tuchlegung bindet ähnlich wie die Trikotlegung, jedoch überspringt jeder maschenbildende Kettfaden ein Maschenstäbchen.	Jeder maschenbildende Kettfaden verläuft treppenförmig bis zu einem Umkehrpunkt und wechselt dann seine Richtung.

3.3.3 Kettengewirke (2)

Für viele kettengewirkte Maschenwaren werden Grundbindungen miteinander kombiniert. Das heißt, es wird dann mit mehr als einer Fadenkette gearbeitet.

Im Bekleidungsbereich haben Kettenwirkwaren nur begrenzte Einsatzgebiete. Die wichtigsten sind: Freizeit- und Badebekleidung, Miederwaren, Damenunterwäsche, elastische Futterstoffe und Wirkspitzen, Borten und Bänder.

Bei Heimtextilien werden Kettenwirkwaren vor allem für Gardinen, Bettwäsche und Dekostoffe verwendet. Das größte Anwendungsfeld für Kettengewirke sind technische Textilien.

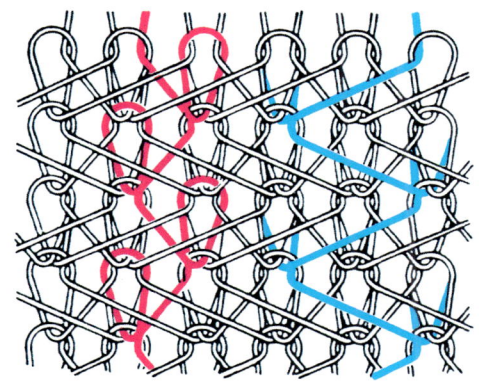

1: Charmeuse schematisch

2: Charmeuse Vorderseite

3: Charmeuse Rückseite

4: Kettenwirkfrottier

5: Wirkplüsch

6: Rascheltüll

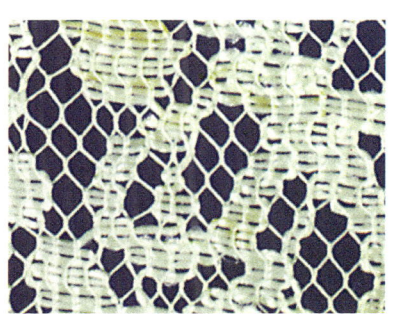

7: Raschelspitze

Charmeuse

Charmeuse ist eine Kettenwirkware, bei der die Trikotlegung und Tuchlegung miteinander kombiniert sind. Auf einer Seite zeigt Charmeuse kleine Rechtsmaschen, auf der anderen Seite einen zickzackförmigen Verlauf der Kettfäden. Zur Herstellung werden Filamentgarne verwendet. Einsatzgebiete sind z.B. elastische Einlagen, Futter- und Einlagestoffe, Damenwäsche (**Bild 1, Bild 2, Bild 3**).

Kettenwirkfrottier

Er wird mit einer zusätzlichen Polkette hergestellt, mit der in einer Grundware Schlingen gebildet werden. Einsatzgebiete sind z.B. Dekostoffe und Bettwäsche (**Bild 4**).

Wirkplüsch

Bei Wirkplüsch werden die Polschlingen aufgeschnitten. Man erhält eine flauschige Oberfläche. Einsatzgebiete sind z.B. Strand-, Freizeit- und Sportbekleidung, Damenoberbekleidung (**Bild 5**).

Rascheltüll

Tüll wird heute überwiegend nach der Raschelwirktechnik hergestellt. Es wird Fransenlegung mit Trikotlegung kombiniert. Rascheltüll findet vor allem bei der Brautmode Verwendung (**Bild 6**).

Raschelspitze

Raschelspitzen sind Kettfadenwaren, die häufig einen Tüllgrund aufweisen, in den Musterfäden eingearbeitet sind. Raschelspitzen werden für Miederwaren, Damenwäsche, Braut- und Abendmode und als Ausputz verwendet (**Bild 7**).

3.4.1 Durchbrochene textile Flächen

Durchbrochene textile Flächen weisen mehr oder weniger starke offene Stellen auf, die durch verschiedene Herstellungstechniken wie Häkeln, Klöppeln, Nähen, Sticken, Wirken oder Weben in Handarbeit oder maschinell hergestellt werden. Heute können die meisten von Hand hergestellten Waren, wie z. B. Spitzen, durch maschinelle Herstellung imitiert werden.

Durchbrochene Flächen können auch durch Ausrüstung hergestellt werden. Dabei werden Teile einer textilen Fläche mustermäßig mit einer Ätzpaste bedruckt, die an den bedruckten Stellen den Faserstoff ganz oder teilweise zerstört. Wenn z. B. ein Gewebe unterschiedliche Rohstoffe aufweist, kann durch die Ätzpaste ein Faseranteil zerstört werden, und an der entsprechenden Stelle wird die Ware durchscheinend. Derartige Waren nennt man **Ausbrenner** (siehe Seite 110).

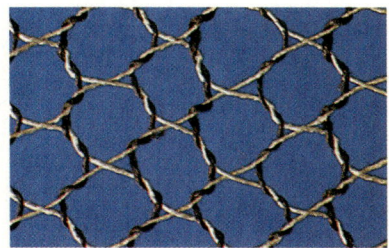

1: Dreherbindung

Drehergewebe

Bei Drehergeweben **(Bild 1)** führen nebeneinander liegende Kettfäden oder Kettfadengruppen eine gegenseitige Umschlingung aus. Dadurch können ganzflächig oder mustermäßig durchbrochene Flächen entstehen, die trotz geringer Fadendichte eine hohe Schiebefestigkeit aufweisen. Handelsbezeichnungen sind z. B. Etamine und Marquisette.

Einsatzgebiete: Kleiderstoffe, Gardinen, Siebtücher, Handarbeitsstoffe.

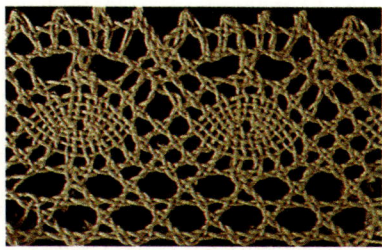

2: Bobinettüll

Bobinetwaren[1]

Auf der Bobinetmaschine können glatte Tülle **(Bild 2)** oder Jacquard-Tülle hergestellt werden. Die Kettfäden werden von Bobinenfäden, die die Funktion des Schussfadens übernehmen, spiralförmig umschlungen und bilden regelmäßige Öffnungen, die durch das Spannen der Ware ein wabenförmiges Aussehen erhalten. Durch die Jacquardtechnik oder nachträgliches Besticken lassen sich vielfältige Muster herstellen.

Einsatzgebiete: Gardinen, Schleier, Spitzen.

3: Klöppelspitze

Spitzen

Die Spitze als Schmuckelement fand in der Bekleidung schon früh Verwendung. Erste Vorläufer als einfache Durchbrucharbeiten sind schon aus dem 3. und 4. Jh. v. Chr. bekannt. Als echte Spitze für Besätze und Borten sowie als flächiger Spitzenstoff entwickelte sie sich verstärkt ab dem 15. bis 16. Jahrhundert.

Spitzen finden Verwendung an Blusen, Kleidern, Damenwäsche, Bett- und Tischwäsche, Kissenbezügen, Taschentüchern usw. Als selbstständige textile Flächen werden sie zu Blusen, Kleidern, Tischdecken, Gardinen usw. verarbeitet.

Klöppelspitzen (Bild 3) sind Flechtspitzen, bei denen 4 bis 400 Flechtfäden, die auf Klöppeln (Holzspulen) aufgespult sind, nach einer Mustervorlage (Klöppelbrief) auf dem Klöppelkissen geklöppelt (verflochten) werden.

Bekannte Klöppelspitzen sind: Brüsseler Spitzen, Brabanter Spitzen, Flandrische Spitzen, Valenciennes Spitzen.

4: Stickereispitze

Stickereispitzen (Bild 4) entstehen durch Besticken einer textilen Fläche von Hand oder maschinell. Nach dem Sticken wird der Stickgrund ganz oder teilweise entfernt. Wurde er durch Chemikalien entfernt, nennt man die Spitze Ätz- oder Luftspitze, wurde der Stickgrund weggeschnitten, wird die Spitze Spachtelspitze genannt.

Raschelspitzen (Bild 5) werden auf Kettenwirkmaschinen mit Zungennadeln (vgl. Seite 83 und 91) hergestellt. Die meisten Handspitzen lassen sich mit der Kettenwirktechnik gut imitieren. Da das Herstellungsverfahren rationeller ist als die aufwändige Bobinettechnik, werden heute die meisten Spitzen in Rascheltechnik hergestellt.

5: Raschelspitze

[1] engl.: Bobin = Spule, Klöppel; engl.: net = Netz

3.4.2 Faserverbundstoffe (1)

Faserverbundstoffe sind, wie der Name schon sagt, textile Flächen, die unter Umgehung der Garnbildung direkt aus Fasern gebildet werden. Je nach Art der Verfestigung unterscheidet man zwei Gruppen von Faserverbundstoffen.

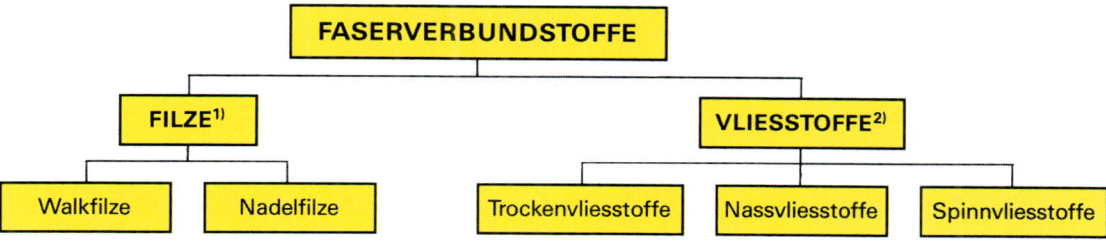

Voraussetzung für die Herstellung von Faserverbundstoffen ist immer die Bildung eines Faserflores (vgl. Kapitel Garne, Seite 56), der anschließend verfestigt werden muss. Bei Filzen erfolgt die Verfestigung mechanisch. Bei Vliesstoffen kann die Verfestigung chemisch (Binder oder Lösemittel), thermisch (Schmelzfasern oder Verschweißungspunkte) oder mechanisch (Vernadeln, Wasserstrahlverfahren) erfolgen. Eine Kombination mehrerer Verfahren ist in Einzelfällen möglich.

Walkfilze

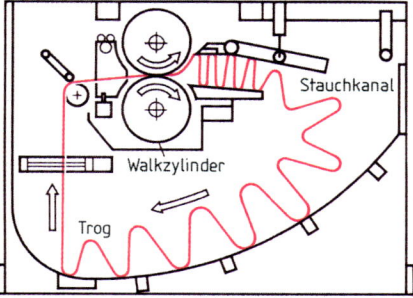

1: Funktionsprinzip der Walke

2: Walkfilz

Herstellung

Bei der Filzherstellung macht man sich die Fähigkeit der Wolle oder anderer Tierfasern zunutze, unter Einwirkung von Laugen, Wärme, Bewegung und Druck zu filzen.

Bei echten Filzen wird ein Faserflor hergestellt, der auf Filzmaschinen zwischen beweglichen Platten verdichtet und anschließend auf der Walkmaschine durch Stauchen, Klopfen und Pressen bis zur endgültigen Dichte verfilzt wird (**Bild 1**).

Unechte Filze, wie z. B. Loden, werden zunächst gewebt und anschließend auf der Walkmaschine verfilzt.

Eigenschaften und Einsatzgebiete

Die Eigenschaften von Filzen richten sich nach der Art der eingesetzten Wolle oder anderer Tierhaare wie z. B. Kamel-, Ziegen-, Kaninchenhaare und ggf. auch nach der Menge der Beimischung nichtfilzender Fasern.

Filze besitzen gute Isolierfähigkeit und damit ein gutes Warmhaltevermögen, werden jedoch bei uns selten für Bekleidungszwecke eingesetzt.

Haupteinsatzgebiete sind: Hüte, Unterkragen an Sakkos und Mänteln, Dekomaterialien, Trachtenmoden, Walzenbezüge, Dämmmaterial, Billardtischbezüge, Transportbänder in der Papierherstellung.

Nadelfilze

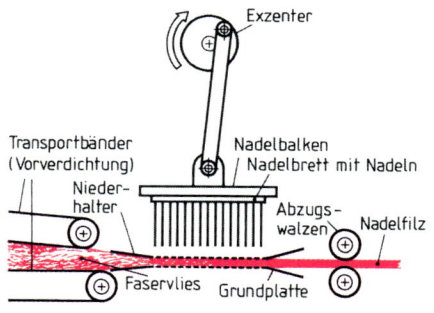

3: Funktionsprinzip der Nadelung

4: Nadelfilz

Herstellung

Zur Herstellung von Nadelfilzen können nahezu alle Fasern verwendet werden. Meistens werden jedoch Synthesefasern eingesetzt.

Ein bauschiges Faservlies wird von Nadeln mit Widerhaken, die an einem Nadelbalken befestigt sind, durchstochen. Dabei zieht jede Nadel eine bestimmte Anzahl von Fasern an die Unterseite des Faservlieses, was zu einer Verschlingung der Fasern führt. In der Regel werden Nadelfilze zusätzlich chemisch verfestigt.

Eigenschaften und Einsatzgebiete

Nadelfilze sind elastisch und haben ein geringes Gewicht. Sie werden vor allem für Bodenbeläge eingesetzt, aber auch für Einlagen, Wattierungen, Polstermaterial, Matratzenschoner, Bezüge und Filter.

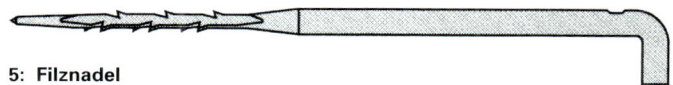

5: Filznadel

[1] DIN 61205   [2] Einteilung nach Herstellungsverfahren (DIN 61210)

Vliesstoffe

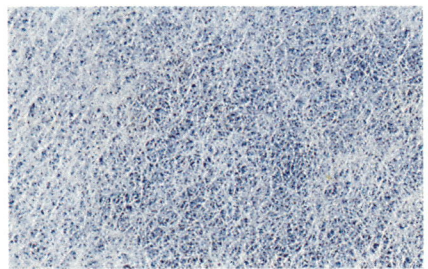

1: **Wirrfaservlies**

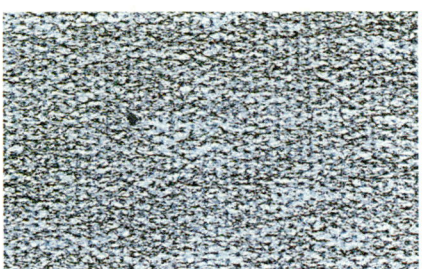

2: **Richtungsorientiertes Vlies**

3: **Vliesstoff mit Bindemittel**

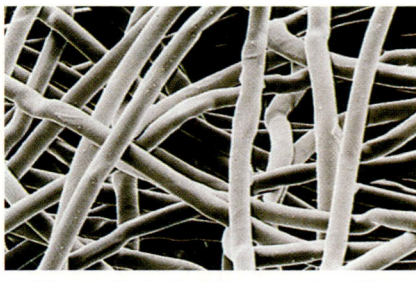

4: **Vliesstoff mit Bindefaserverschweißung**

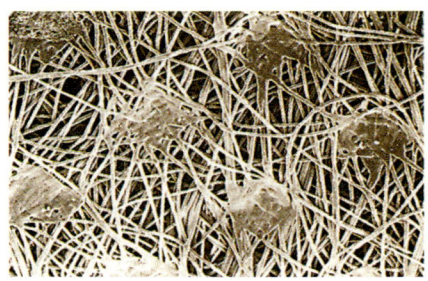

5: **Vliesstoff mit Punktschweißung**

Vliesstoffe sind flexible textile Flächengebilde, die durch chemische, mechanische oder thermische Verfestigung direkt aus Fasern hergestellt werden.

Herstellung

Zunächst muss ein Faservlies hergestellt werden. Dies kann, wie im Kapitel Garne (Seite 56 und 57) beschrieben, geschehen oder es können Fasern auf eine Siebtrommel aufgesaugt werden. Bei diesen beiden Verfahren entstehen so genannte Trockenvliese. Eine andere Möglichkeit ist, ähnlich wie bei der Papierherstellung, das Anschwemmen von Fasern auf ein Sieb. Dabei entstehen Nassvliese. Bei der Herstellung von Spinnvliesen werden Spinnmassen direkt auf ein Laufband ausgesponnen.

Bei den verschiedenen Herstellungsverfahren können Vliese mit unterschiedlicher Richtungsorientierung der Fasern und damit unterschiedlichen Dehnungseigenschaften und unterschiedlicher Festigkeit entstehen. Je nach Faserlage spricht man von **Wirrfaservlies (Bild 1)** oder **richtungsorientiertem Vlies (Bild 2)**.

Vliesstoffe für die Bekleidung werden vorwiegend durch Krempeln gewonnen. Je nach Ablage des Faserflores können längsorientierte, querorientierte oder in beide Richtungen orientierte Vliesstoffe entstehen, die dann in die verschiedenen Richtungen unterschiedliche Festigkeit und Dehnung aufweisen.

Das von der Krempel kommende Vlies, meist in mehreren Lagen übereinander gelegt, hat noch keinerlei Festigkeit und könnte einfach auseinander gezogen werden. Die notwendige Verfestigung kann auf verschiedenen Wegen erfolgen. Häufig erfolgt eine mechanische Vorverfestigung durch Nadeln oder in einem relativ neuen Verfahren durch feine Wasserstrahlen unter hohem Druck. Die anschließende chemische **Verfestigung** kann folgendermaßen durchgeführt werden:

- Die Fasern werden mit Klebemitteln besprüht, getaucht, beschäumt und durch anschließenden Druck chemisch verfestigt **(Bild 3)**.
- Die Faseroberfläche wird durch Lösemittel zeitweilig angelöst, so dass sich benachbarte Fasern an ihren Berührungspunkten verbinden können.
- Thermoplastische Fasern werden erhitzt. Unter Druck verschweißen dann die Kreuzungspunkte.
- Ein Faseranteil mit niedrigem Schmelzpunkt verschweißt den Hauptanteil der Fasern beim Erhitzen **(Bild 4)**.
- Bikomponentenfasern (Chemiefasern aus zwei Spinnmassen, die durch eine Düse gepresst wurden) lassen unter Hitzeeinwirkung einen Teil der Faser schmelzen, wodurch der andere Teil verschweißt wird.
- Thermoplastische Fasern werden punktverschweißt **(Bild 5)**.

Eigenschaften und Einsatzgebiete

Vliesstoffe werden in der Bekleidung vorwiegend als Einlagen verwendet. Dazu werden folgende Eigenschaften erwartet:

- Luftdurchlässigkeit,
- Formbeständigkeit,
- gutes Knitterverhalten,
- Wasch- und Reinigungsbeständigkeit,
- Einlauffestigkeit und einfache Verarbeitung.

Je nach Faserlage im Vliesstoff muss beim Zuschnitt auf eine Richtungsorientierung geachtet werden.

Häufig sind Einlagestoffe einseitig mit einem Schmelzkleber in verschiedenen Formen wie Punkte, Rauten, Streifen usw. versehen, die bei Temperaturen zwischen 120 °C und 180 °C schmelzen und somit auffixiert werden können.

3.4.3 Nähwirkwaren und Tufting

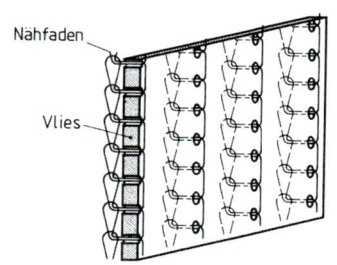

1: Faservlies-Nähgewirk (Darstellung)

2: Faservlies-Nähgewirk (Muster)

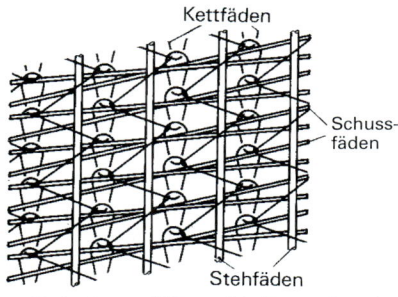

3: Fadenlagen-Nähgewirk (Darstellung)

4: Fadenlagen-Nähgewirk (Muster)

5: Tuftingware

6: Tuftingware (Querschnitt mit Rückenbeschichtung)

Nähwirkwaren

Bei Nähwirkwaren werden **Faservliese** oder **Fadenlagen** durch Vernähen zu textilen Flächen zusammengefügt. Die Bezeichnung Nähwirkware weist darauf hin, dass die Nähte durch Maschenbildung, ähnlich wie auf der Kettenwirkmaschine, entweder durch Fransen oder durch Trikotlegung entsteht.

Eine Kombination aus Vliesstoff und Fadengelege entsteht, wenn ein Wattevlies vernäht wird. Das Vlies erhält so die notwendige Festigkeit, und es entsteht ein wärmendes Füllmaterial für Winterbekleidung **(Bild 1** und **Bild 2)**.

Fadenverbundwaren erhält man durch Vernähen von Kettfäden, Schussfäden oder Kett- und Schussfäden. Kett- und Schussfäden werden gespannt und aneinander gelegt. Eine Verkreuzung oder Verschlingung untereinander findet nicht statt. Das Nähfadensystem verbindet die einzelnen Fäden zu einer Fläche **(Bild 3** und **Bild 4)**.

In eine vorgefertigte textile Fläche können auch Polfäden durch den Nähwirkvorgang eingearbeitet werden, wodurch eine dem Frottier ähnliche Ware entsteht.

Der Vorteil der Nähwirktechnik liegt vorwiegend in der sehr schnellen Produktion und einem geringeren Investitionsaufwand. Der Einsatz von Nähwirkwaren beschränkt sich bei uns jedoch vorwiegend auf den Dekobereich und Putzartikel.

Tufting

Bei der Tuftingtechnik werden in eine vorhandene textile Fläche (meist Webware oder Vlies) Fäden eingestochen, ohne vernäht zu werden **(Bild 7)**. An der Oberfläche bilden sich Schlingen, die auch zu einem Plüsch aufgeschnitten werden können. Auf der Rückseite wird der Tuftingfaden jedoch lediglich durch das Einstichloch festgehalten. Daraus kann der Faden sehr leicht wieder herausgezogen werden. Um den Tuftingfaden zu fixieren, muss die Ware mit einer Rückenbeschichtung versehen werden **(Bild 5** und **Bild 6)**.

Tuftingwaren werden vorwiegend als Teppichböden verwendet. In der Bekleidung können sie auch mit aufgerauter oder aufgeschnittener Oberfläche als wärmende Futter eingesetzt werden.

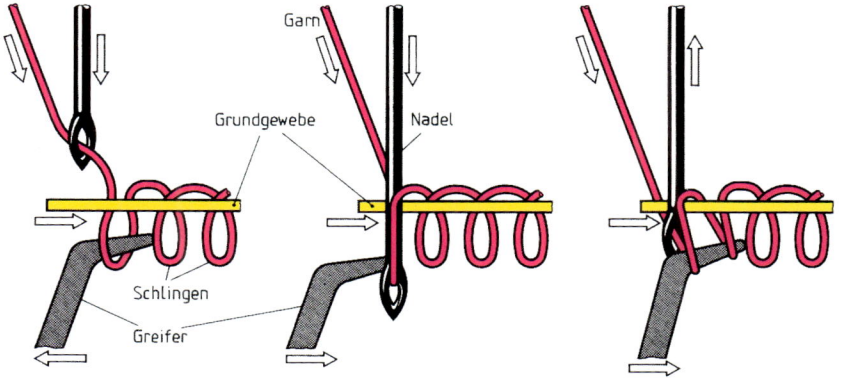

7: Schema der Tuftingherstellung

3.5 Vergleich textiler Flächen[1]

Art	Herstellung	Grundlegende Eigenschaften	Einsatzgebiete
Gewebe Ein Längsfadensystem (Kette) und ein Querfadensystem (Schuss) verkreuzen sich rechtwinklig.	haltbar, formstabil, wenig dehnfähig, wenig elastisch, geringes Porenvolumen, Schnittkanten fransen	Jacken und Mäntel, Kostüme, Anzüge, Kleider, Hemden und Blusen, Futter, Einlagen, Bett-, Tisch- und Haushaltswäsche, Vorhänge, Polsterbezüge	
Gestricke und Einfadengewirke Mindestens ein querlaufender Faden bildet Maschenreihen, die senkrecht ineinanderhängen.	weich, schmiegsam, hohes Porenvolumen, sehr dehnfähig, sehr elastisch, knitterarm, mögliche Laufmaschenbildung	Unterwäsche, Nachtwäsche, Babywäsche, Socken und Strümpfe, Pullover, Strickjacken, Mützen und Schals, Sport- und Freizeitbekleidung	
Kettengewirke Ein längslaufendes Fadensystem bildet Maschen, die sich in Warenlängsrichtung zickzackförmig verbinden.	haltbar, formstabil, glatt, eingeschränkt dehnfähig, eingeschränkt elastisch, maschenfest, knitterarm	Damenwäsche, Spitzen, Tülle, Borten, elastisches Futter, Bade- und Sportbekleidung, Miederwaren, Gardinen, Bettwäsche, Technische Textilien	
Geflecht Die Garne eines zickzackförmig verlaufenden Längsfaden-Systems verkreuzen sich diagonal zu den Warenkanten.	dehnfähig, schmiegsam, formbar, Schnittkanten fransen stark	Posamenten (Tressen, Litzen, Soutache), Bänder, Spitzen, Hüte	
Walkfilz Ein Faservlies aus wirr zusammenhängenden Wollfasern bzw. Tierhaaren wird durch mechanische Bearbeitung unter Einwirkung von Feuchtigkeit und Wärme verfestigt (verfilzt).	formstabil, formbar unter Einfluss von Feuchtigkeit und Wärme, gut isolierend, hygroskopisch, Schnittkanten fransen nicht	Hüte, Unterkragen (Haka), Dekorationen, Pantoffeln, Dämmmaterial	
Vliesstoff Ein Faservlies aus mehr oder weniger geordneten Fasern wird durch Vernadeln und/oder Verkleben, Anlösen oder Verschweißen verfestigt.	eingeschränkt formstabil, Schnittkanten fransen nicht, geringes Gewicht, porös	Einlagen, Einweg-Textilien (Tischdecken, Servietten, Slips, Tücher), Wischtücher	

[1] Beim Vergleich textiler Flächen können nur grundsätzliche Gesichtspunkte berücksichtigt werden, da die Eigenschaften durch Faserrohstoff, Bindung, Dichte und Veredlung in weiten Bereichen verändert werden können.

Definition

Unter dem Begriff Textilveredlung fasst man alle textilen Arbeitsprozesse zusammen, die außerhalb der Fasergewinnung, Garnerzeugung und Flächenbildung geeignet sind, Textilien zu veredeln, z. B. zu verschönern und zu verbessern.

Textilveredlung wird häufig auch als **Ausrüstung** bezeichnet.

Zweck der Textilveredlung

In der Regel ist eine textile Rohware aus der Weberei, Strickerei oder Wirkerei noch nicht gebrauchsfertig. Das heißt, dass verschiedene Verfahren notwendig sind, bevor textile Flächen weiterverarbeitet werden können. Beispielsweise muss eine im Herstellungsprozess aufgebrachte Präparation[1] oder Schlichte[2] entfernt sowie Fehler und Schmutz beseitigt werden. Ein wichtiger Grund für die Textilveredlung liegt auch in der **Verschönerung** von Textilien durch Färbung, Druck, Prägung usw. Außerdem rüstet man aus, um Textilien Eigenschaften zu verleihen, die sie von Natur aus nicht besitzen. So können die **Trageeigenschaften** verbessert werden oder die **Pflegeeigenschaften** positiv beeinflusst werden. Besonders in der Textilveredlung muss großer Wert auf den **Umweltschutz** gelegt werden. Farb- und Ausrüstungsflüssigkeiten dürfen nicht ungereinigt in das Abwasser geleitet werden. Schädliche Abluft, wie z. B. Lösemitteldämpfe, dürfen nicht an die Umwelt abgegeben werden.

[1] Präparation = Vorbereitung   [2] Schlichte = Klebflüssigkeit zum Glätten und Verfestigen der Kettfäden

Veredlungsstufen

Veredlung ist immer eine Kombination verschiedener Arbeitsabläufe mit chemischen, mechanischen oder chemisch-mechanischen Verfahren. Die Verfahren können rohstoffunabhängig sein, häufig richten sie sich jedoch nach der chemischen Zusammensetzung und der Oberflächenbeschaffenheit der verwendeten Fasern.

Die Vielzahl der verschiedensten rohstoffabhängigen und rohstoffunabhängigen Ausrüstungsvorgänge kann folgendermaßen gegliedert werden:

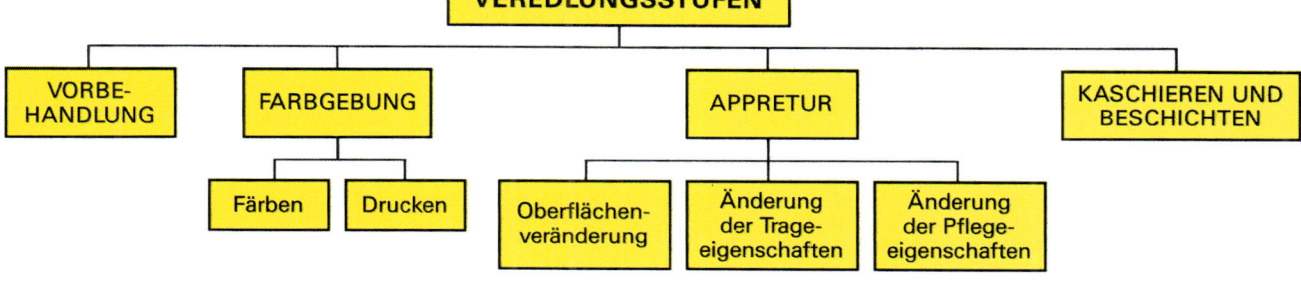

Verarbeitungsstadien in der Textilveredlung

Am rationellsten werden Textilien in der Fläche als Stückware veredelt. Häufig muss die Textilveredlung jedoch zu einem anderen Zeitpunkt vorgenommen werden. Bei Buntgeweben z. B. muss schon in der Flocke oder im Garn gefärbt werden.

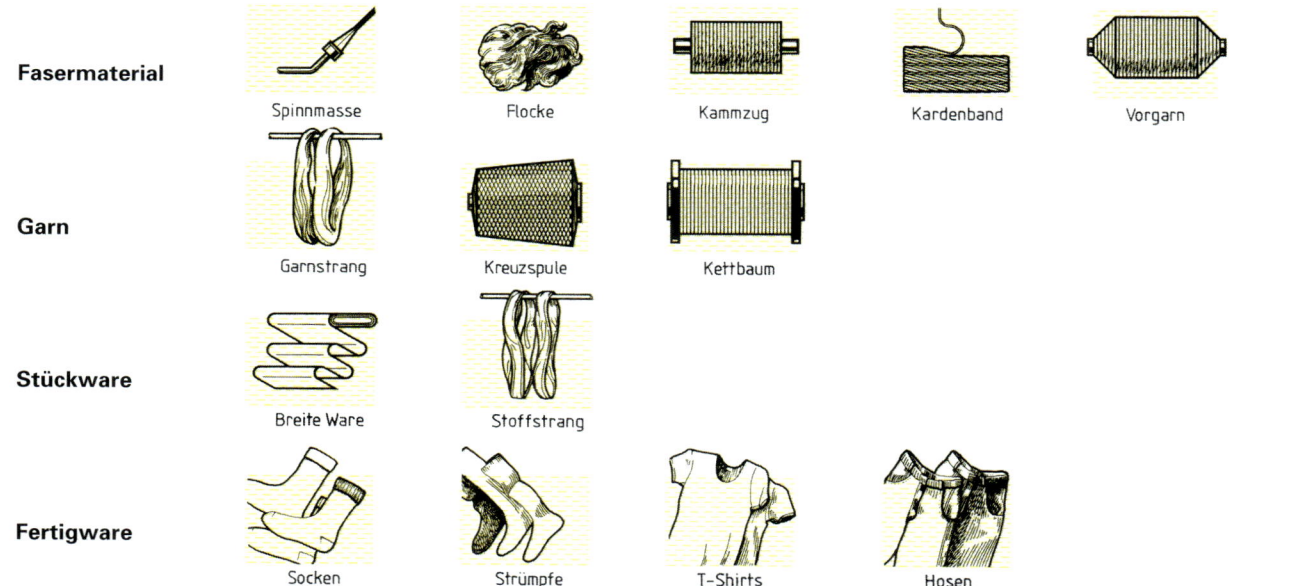

287

4.2 Vorbehandlung

In der Vorbehandlung werden die zu veredelnden Materialien für das Färben, Drucken oder Appretieren vorbereitet. Hier müssen die beim Spinnen, Weben, Stricken oder Wirken verwendeten Hilfsmittel, wie z.B. Schmälzen, Präparationen, Schlichten usw. wieder entfernt werden. Noch vorhandene natürliche oder im Herstellungsprozess entstandene Verunreinigungen müssen beseitigt werden, damit für die nachfolgenden Veredlungsprozesse der erforderliche Reinheitsgrad entsteht. Eine gute Vorbehandlung ist Voraussetzung für gute Veredlungsergebnisse. Die wichtigsten Vorbehandlungsverfahren sind nachfolgend kurz beschrieben.

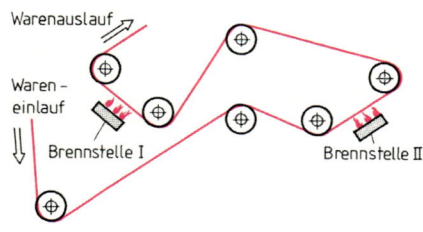

1: Schematischer Durchlauf an einer Gassenge

2: Baumwollware roh

3: Baumwollware gebleicht

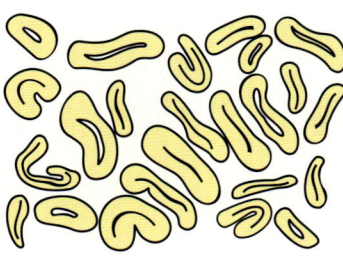

4: Baumwolle roh

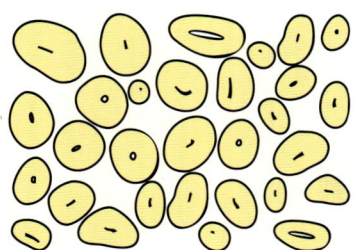

5: Baumwolle merzerisiert

Entschlichten

Beim Entschlichten werden die für den Webvorgang nötigen Präparationen der Webkette (Webschlichte) entfernt **(vgl. S. 260)** Gegebenenfalls geschieht dies in einem Arbeitsgang mit Waschen, Beuchen oder Bleichen.

Sengen

Sengen ist ein Verfahren, das vorwiegend bei Baumwolle, jedoch auch bei anderen Faserstoffen angewandt wird.

Durch den Vorgang des Sengens werden abstehende Faserenden durch Gasflammen oder andere Heizkörper weggebrannt. Dadurch erhält man eine glatte Oberfläche und ein klares Warenbild.

Bei Polyesterfasern kann das Sengen auch zur Herabsetzung der Pillingneigung **(vgl. S. 108)** eingesetzt werden.

Waschen

Beim Waschen werden wachstums- oder herstellungsbedingte Verunreinigungen beseitigt. Beim Waschen wirken die Faktoren Zeit, Mechanik, Temperatur und Chemie (Waschmittel) zusammen **(vgl. S. 234)**.

Beuchen

Verunreinigungen bei Baumwolle werden durch Beuchen, darunter versteht man Abkochen unter Druck mit Natronlauge, beseitigt.

Bleichen

Für reinweiße Textilwaren oder für Waren, die in hellen Farbtönen gefärbt oder bedruckt werden sollen, ist das Bleichen der Textilrohware unbedingt erforderlich.

Durch den Bleichvorgang werden die vorhandenen natürlichen Färbungen der Naturfasern beseitigt.

Bei der Baumwolle ist das Bleichen als Vorbehandlung allgemein üblich. Man bleicht mit oxidativen (selten reduktiven) Bleichmitteln. Verwendet werden Natrium-Hypochlorit, Natrium-Chlorit und Peroxidverbindungen.

Durch die Oxidation werden die Naturfarbstoffe in farblose wasserlösliche Verbindungen umgewandelt, die ausgespült werden können.

Man kann stationär bleichen, d.h. dass der gesamte Bleichvorgang schrittweise in einer Maschine abgewickelt wird. Man kann aber auch ein kontinuierliches Bleichverfahren anwenden.

Merzerisieren

Merzerisieren ist die Bezeichnung für die Behandlung von Baumwollgarnen und -stoffen mit kalter konzentrierter Natronlauge. Dabei müssen Garne oder Stoffe gespannt sein.

Durch das Merzerisieren erhalten die Fasern einen nahezu runden Querschnitt. Dadurch erhält die Ware einen höheren waschbeständigen Glanz, eine bessere Anfärbbarkeit, einen weichen, voluminösen Griff und eine höhere Reißfestigkeit.

Karbonisieren

Durch Karbonisieren werden zellulosehaltige Bestandteile in der Wolle durch Behandlung mit Schwefelsäure in Hydrozellulose umgewandelt, die dann leicht durch Ausblasen entfernt werden kann. Bei Schurwolle sind diese Bestandteile Kletten, Heu- und Strohreste, bei Reißwolle sind es Zellulosefasern.

4.3.1 Färben

Um ein Textilgut zu färben, behandelt man es mit wässrigen Farbstofflösungen oder mit Farbstoffdispersionen[1] unter Zusatz verschiedener Stoffe wie Salz, Alkalien, Säuren und sonstiger Hilfsmittel. Die in der Farbflotte[2] gelösten oder dispergierten Farbstoffe müssen auf das Textilgut aufziehen bzw. in das Faserinnere eindringen können.

Färbeverfahren und Maschinen

Die Auswahl der Färbemaschinen und -apparate muss auf das zu färbende Textilgut (Gewebe, Maschenwaren, Vliese usw.) abgestimmt sein. Auch spielt das zu färbende Fasermaterial eine Rolle, da z. B. Synthesefasern z. T nur bei Temperaturen von über 100 °C den Farbstoff aufnehmen. Dafür werden Maschinen benötigt, die mit Überdruck arbeiten.

Man unterscheidet diskontinuierliche, kontinuierliche und halbkontinuierliche Färbeverfahren:

Diskontinuierliches Färbeverfahren

Bei diesem Verfahren, das auch als Ausziehverfahren bezeichnet wird, ziehen die Farbstoffe aus der Farbflotte auf eine begrenzte Stoffmenge auf und werden in späteren Arbeitsgängen fixiert.

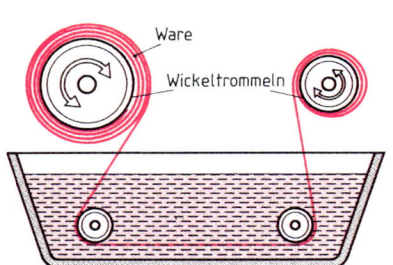

1: Jigger

Das Färbegut wird in gespanntem, faltenfreiem Zustand durch die Farbflotte geführt.

Vorteil: Gleichmäßige Farbverteilung über die ganze Warenbreite.

Einsatz: Mittlere bis schwere Webwaren.

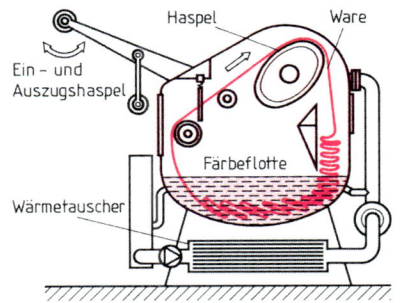

2: Haspelkufe

Das Färbegut wird ohne Spannung breit oder im Strang durch die Farbflotte geführt.

Vorteil: Keine Spannung und dadurch kein Verziehen.

Einsatz: Strick- und Wirkwaren, leichtes Baumwollgewebe.

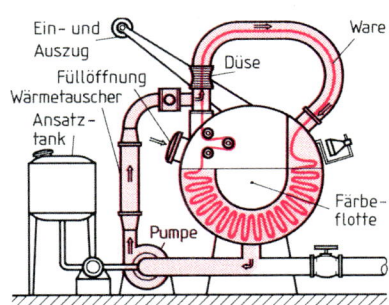

3: Düsenfärbemaschine

Sowohl Färbegut als auch Farbflotte bewegen sich durch ein Rohr mit einer Engstelle (Düse), in die die Farbflotte eingespritzt wird und das Färbegut mitreißt.

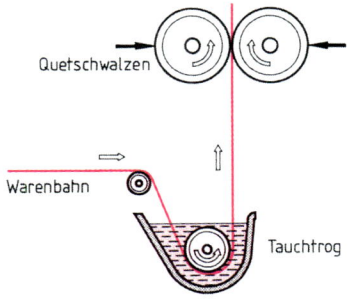

4: Foulard

5: Warendocke

Kontinuierliches Färbeverfahren

Mit diesem Verfahren, das man auch Foulard- oder Klotzverfahren nennt, wird die Farbstofflösung bzw. Farbstoffdispersion im Tauchtrog auf das Textilgut übertragen und durch gummierte Quetschwalzen in die Ware eingepresst. Durch die Quetschwalzen wird die überschüssige Behandlungsflotte gleichmäßig über der gesamten Breite abgequetscht. Im Anschluss an das Foulardieren kann kontinuierlich fixiert werden.

Der Foulard ist Bestandteil aller kontinuierlichen Veredlungsprozesse. Er ist eine Breitbehandlungsmaschine für Stückwaren, die vorwiegend zum gleichmäßigen Auftragen konzentrierter Behandlungslösungen wie Farbflotten oder Imprägnierungen dient.

Halbkontinuierliches Färbeverfahren

Bei diesem Verfahren wird die Farbflotte kontinuierlich mit einem Foulard aufgebracht. Anschließend wird dann der Farbstoff diskontinuierlich entwickelt oder fixiert, z. B. durch Aufwickeln auf eine Warendocke und entsprechende Verweildauer in warmer oder kalter Umgebung bis zur endgültigen Fixierung.

---

[1] Dispersion = feinste Verteilung zweier Stoffe ineinander (z. B. Farbstoff in Wasser)
[2] Flotte = Flüssigkeit, in der Textilien gebleicht, gefärbt und veredelt werden

4.3.2 Farbstoffe, Farbechtheiten

Der Wunsch, Textilien farbig zu gestalten, ist so alt, wie die Fertigkeit des Spinnens und Webens. Jahrtausende hindurch war man dabei auf natürliche Farbstoffe aus Mineralien (Ocker, Rötel, Zinnober), aus Pflanzen (Indigo, Lackmus, Rotholz) oder von Tieren (Schildlaus, Purpurschnecke) angewiesen. Erst im 19. Jahrhundert wurden synthetische Farbstoffe entwickelt, die heute die Naturfarbstoffe fast vollständig verdrängt haben. **Umweltschutz** und **Hautverträglichkeit** sind heute wichtige Aspekte.

Nicht alle Farbstoffe sind gleichermaßen für jeden textilen Rohstoff geeignet, da eine physikalische oder chemische Bindung des Farbstoffes an die Faser von der chemischen Struktur und dem physikalischen Aufbau der Faser abhängen. Jedoch können bei Verwendung unterschiedlich anfärbbarer Faserstoffe Farbeffekte erzielt werden.

Für die verschiedenen Faserarten und Fasermischungen stehen eine Vielzahl von Farbstoffen in unzähligen Nuancen und mit den verschiedensten Farbechtheiten zur Verfügung.

Als **Farbechtheit** bezeichnet man die Widerstandsfähigkeit von Färbungen gegen verschiedene Einwirkungen, denen Textilien in Fertigung und Gebrauch ausgesetzt sind. Die Echtheit einer Färbung ist abhängig vom verwendeten Farbstoff und dem zu färbenden Rohstoff. Universelle Farbstoffe mit gleichen Farbechtheiten für alle Rohstoffe gibt es nicht. Zudem sind für verschiedene Einsatzgebiete unterschiedliche Echtheiten gefragt. So sind z.B. die Anforderungen bezüglich der Färbung bei Leib- und Tischwäsche anders als bei Dekorationsstoffen.

Es gibt eine Vielzahl von Farbechtheiten, deren Überprüfung durch Normvorschriften geregelt ist. Von besonderer Bedeutung sind die nachfolgend beschriebenen Echtheiten:

Reibechtheit	Sie beschreibt die Widerstandsfähigkeit von Färbungen und Drucken gegen Reibung. Man unterscheidet Nass- und Trockenreibechtheit. Auch „echte" Färbungen geben bei kräftigen Farben und bei Nassreibung oft etwas Farbe ab.
Waschechtheit	Sie gibt an, ob und ggf. gegen welche Waschverfahren Färbungen beständig sind. Eine Beständigkeit gegen Waschlaugen mit Temperaturen von 90 °C oder mehr wird vorwiegend bei Baumwoll- und Leinenwaren erwartet.
Schweißechtheit	Sie beschreibt die Beständigkeit gegen Schweißabsonderungen und ist bei Unter-, Ober- und Sportbekleidung wichtig.

Weitere Echtheiten sind: Wetterechtheit, Meerwasserechtheit, Lösungsmittelechtheit, Bügelechtheit usw.

▶ **Farbstoffe und ihre Abhängigkeit vom Rohstoff**

Farbstoff	Anwendungsgebiet	Färbevorgang	Echtheit
Direktfarbstoff (Substantiv-farbstoff)	Baumwolle, Viskose, Seide	Der Farbstoff zieht direkt auf die Faser auf.	In der Regel geringe Licht-, Wasch- und Schweißechtheit. Kann durch Nachbehandlung verbessert werden.
Reaktivfarbstoff	Baumwolle, Viskose, Wolle, Seide	Der Farbstoff geht mit der Faser eine chemische Verbindung ein.	Hohe Echtheiten.
Küpenfarbstoff	Baumwolle, Viskose	Der wasserlösliche Farbstoff wird durch Reduktion in der Küpe[1] gelöst. Nach der Färbung wird er dann durch Oxidation wieder in einen unlöslichen Farbstoff umgewandelt.	Sehr hohe Wasch-, Chlor-, Koch-, Licht-, Wetter-, Reib- und Schweiß-echtheit.
Schwefel-farbstoff	Baumwolle, Leinen	Wasserunlöslich (vgl. Küpenfarbstoff).	Waschecht, nicht licht- und chlorecht. Nur stumpfe Farbtöne.
Entwicklungs-farbstoff	Baumwolle, Viskose, Polyester	Zwei verschiedene Chemikalien ent-wickeln sich auf der Faser zum Farbstoff.	Gute Echtheiten.
Metallkomplex-farbstoff	Wolle, Polyamid, Polyester	Wasserunlöslich; die Farbpartikel werden dispergiert, d.h. gleichmäßig in der Farbflotte verteilt.	Gute Echtheiten.
Säurefarbstoff	Wolle, Seide, Polyamid	Anfärbung in saurer Flotte.	Je nach Farbstoffaufbau und Rohstoff unterschiedliche Echtheiten.
Dispersions-farbstoff	Acetat, Polyester, Polyamid	Die Farbpartikel sind in der Flotte disper-giert[2] und werden in das Faserinnere aufgenommen („lösen" sich in der Faser).	Gute Echtheiten.
Basische und kationische Farbstoffe	Polyacryl (PAN), Baumwolle, Viskose	Anfärbung durch basische Reaktion. Bei PAN gehen die Farbstoffe eine che-mische Verbindung mit der Faser ein.	Bei Polyacryl sehr gute Echtheiten, sonst geringe Echtheiten.
Chrombeizen-farbstoff	Wolle, Synthese-fasern	Die Farben werden auf der Faser mit Metallsalzen in einen wasserunlöslichen Lack umgewandelt.	Geringe Reibechtheit, sonst gute Echtheiten.

[1] Alte Bezeichnung für Färbebottich oder Färbebad;   [2] fein verteilt.

Drucken kann man auch als örtlich begrenztes Färben von Textilien beschreiben. Wie auch beim Färben muss zunächst der Farbstoff in Form einer Druckpaste aufgebracht und fixiert werden. Danach müssen überschüssige, nicht fixierte Farbreste ausgewaschen werden.

1: Direktdruck (Vorderseite)

2: Direktdruck (Rückseite)

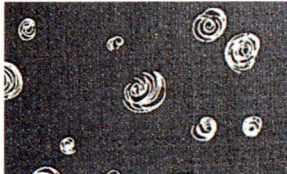

3: Ätzdruck (Vorderseite)

4: Ätzdruck (Rückseite)

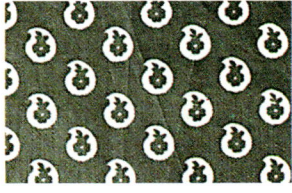

5: Reservedruck (Vorderseite)

6: Reservedruck (Rückseite)

7: Transferdruckpapier

8: Transferdruck

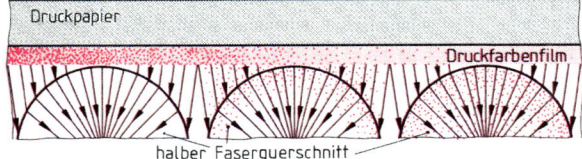

9: Schematische Darstellung des Transferdrucks

10: Flockdruck

11: Pigmentdruck

12: Lackdruck

13: Kettdruck

Unabhängig von Druckverfahren unterscheidet man verschiedene **Druckprinzipien**.

Direktdruck und Aufdruck

Beim Direktdruck wird die Farbpaste direkt auf die vorbehandelte Ware gedruckt. Beim Aufdruck werden dunklere Farben auf hell vorgefärbte Textilien gedruckt.

Ätzdruck

Bei diesem Druckprinzip wird auf eine vorgefärbte Ware Ätzpaste gedruckt, wodurch der Farbstoff an den bedruckten Stellen zerstört wird. Erscheint danach das ursprüngliche Weiß, so spricht man von Weißätze. Wird aber gleichzeitig an der geätzten Stelle ein neuer Farbstoff aufgebracht, nennt man es Buntätze.

Reservedruck

Bei diesem Druckprinzip wird eine ungefärbte Textilie mit einer farbabweisenden Paste bedruckt. An den bedruckten Stellen wird beim nachfolgenden Färbevorgang eine Anfärbung verhindert. Auch hier unterscheidet man Weiß- und Buntreserven.

Transferdruck

Beim Transferdruck wird das Muster mit besonderen Farbstoffen auf ein Spezialpapier gedruckt. Diese bedruckten Papiere sind im Handel erhältlich. Die Druckmuster lassen sich relativ einfach mit Hilfe eines Kalanders auf textile Flächen übertragen. Durch Druck und Hitze geht der Farbstoff vom festen in den gasförmigen Zustand über (sublimiert) und zieht auf die Faser auf. Vereinfacht ausgedrückt kann man sagen, dass das Muster aufgebügelt wird. Dieses Verfahren wird vorwiegend bei Textilien aus Synthesefasern angewandt. Bei entsprechender Vorbehandlung können auch Textilien aus Naturfasern oder Mischungen so bedruckt werden.

Neben diesen Druckprinzipien gibt es noch **besondere Druckarten**.

Flockdruck

Beim Flockdruck wird die Ware mustermäßig mit einem Kleber bedruckt. An den Klebestellen bleiben auf die Ware gestreute Fasern haften. Damit die Beflockung samtartig wirkt, werden die Fasern bei der Beflockung durch elektrostatische Aufladung in eine Richtung orientiert.

Pigmentdruck

Die Farbstoffpigmente werden mit Hilfe eines Klebers an der Oberfläche fixiert. Die Druckpaste enthält sowohl Farbstoffpigment als auch Kleber.

Lackdruck

Ähnlicher Vorgang wie bei Pigmentdruck. Hier wird jedoch eine Lackschicht aufgetragen.

Kettdruck

Vor dem Weben wird ein Muster auf die Kette gedruckt. Durch die Spannungsunterschiede beim Weben werden die Konturen verwischt, wodurch ein besonderer Effekt entsteht.

1: Druckmodel

2: Handdruck

3: Rouleauxdruck
   (Vorderseite)

4: Rouleauxdruck
   (Rückseite)

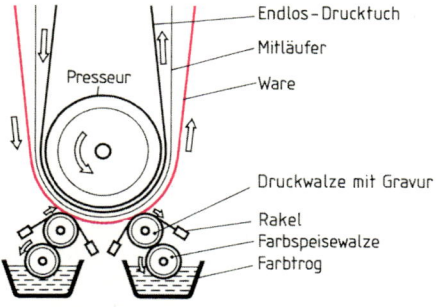

5: Prinzip des Rouleauxdrucks

6: Filmdruck

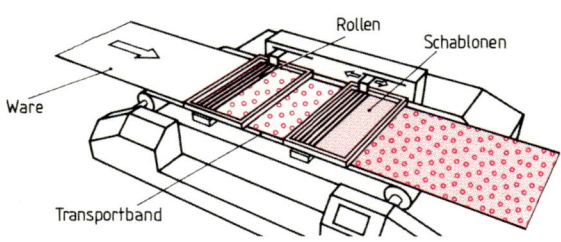

7: Prinzip des Flachfilmdrucks

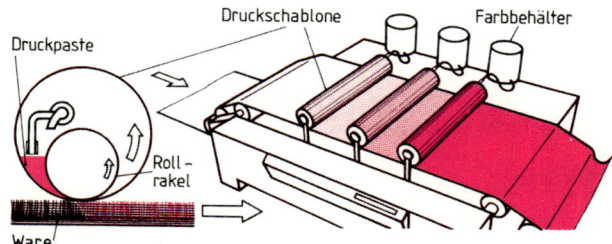

8: Prinzip des Rotationsfilmdrucks

Hochdruck (Handdruck)

Mit diesem ältesten, heute jedoch kaum mehr angewandten Druckverfahren bringt man den Farbstoff mit einem Model (Druckstock) oder einer Schablone auf die textile Fläche.

Tiefdruck (Rouleaux- oder Walzendruck)

Der Rouleauxdruck[1] ist das älteste maschinelle Druckverfahren, das auch heute noch erhebliche wirtschaftliche Bedeutung hat. Durch seine kontinuierliche Arbeitsweise gestattet der Rouleauxdruck Geschwindigkeiten bis zu 100 m/min. Bei Hochleistungsmaschinen können bis zu 16 Farben gedruckt werden. Ein besonderer Vorzug des Rouleauxdrucks sind die scharfen Druckkonturen, die besonders bei kleinen Mustern vorteilhaft sind.

Das Druckmuster ist in Kupferwalzen eingraviert. Für jede Farbe ist eine Walze nötig. Beim herkömmlichen Verfahren sind alle Druckwalzen einem Druckzylinder (Presseur) zugeordnet. Bei neueren Drucktechniken ist jeder Druckwalze ein Presseur zugeordnet.

Die Druckpaste wird mit einer Speisewalze aus dem Trog auf die Druckwalze übertragen. Überschüssiger Farbstoff wird durch die Rakel abgestreift. Die in der Gravur befindliche Farbe geht beim Andruck an den Presseur auf das Textilgut über. Der Mitläufer hat die Aufgabe, durchgeschlagene Farbanteile aufzunehmen, damit sie auf der Rückseite der Druckware nicht verschmieren.

Siebdruck (Film- oder Schablonendruck)

Dieses Druckverfahren erhielt seine Bezeichnung von der Herstellungstechnik des Druckträgers (Schablone). Auf fototechnischem Wege werden die Farbauszüge des Druckmusters auf die Schablone übertragen. Die nicht zu bedruckenden Teile bleiben dabei bedeckt, damit keine Farbe durchgepresst werden kann.

Für jede Farbe ist eine Schablone notwendig. Mit dem Filmdruck lassen sich großrapportige Muster herstellen.

Flachfilmdruck

Beim maschinellen Flachfilmdruck ist die Druckware auf Transportbänder aufgenadelt oder aufgeklebt. Während des Warenstillstandes wird mit allen Schablonen gleichzeitig gedruckt. Danach bewegt sich das Transportband um eine Schablonenbreite weiter. Die Druckfarbe wird mittels Rollen durch die Schablonen auf das Textilgut gepresst.

Rotationsfilmdruck

Der Rotationsfilmdruck ist eine Weiterentwicklung des Flachfilmdruckes zum kontinuierlichen Produktionsablauf. Die Druckpaste wird aus den Farbbehältern in die Druckschablonen gepumpt und mittels einer Rollrakel durch die Öffnungen der Schablone auf die Ware gepresst.

[1] franz.: Rouleaux = Walze

4.4 Zwischen- und Nachbehandlung

Nach dem Färben, Drucken oder anderen Veredlungsvorgängen sind verschiedene Zwischen- oder Nachbehandlungsarbeiten nötig, um die Ware für den nächsten Ausrüstungsgang oder die Endbearbeitung vorzubereiten.

Fixieren

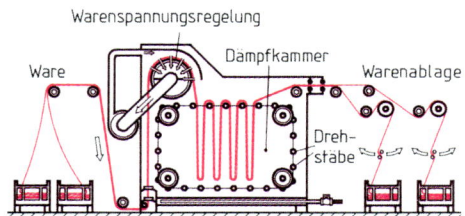

1: Hängeschleifendämpfer

Die durch Färben oder Drucken aufgebrachte Farbe muss fixiert werden, d.h. dauerhaft mit der Faser verbunden werden. Dies geschieht meistens durch Dämpfen (z.B. am Hängeschleifendämpfer, **Bild 1**). Die Ware wird schnell aufgeheizt und durch den kondensierenden Dampf benetzt, somit kann die Farbe in die Faser eindringen.

Bei textilen Flächen aus Polyester und deren Mischungen werden die Dispersionsfarbstoffe durch eine Wärmebehandlung am Spannrahmen bei 180 °C bis 220 °C thermofixiert (vgl. unten).

Waschen

Sowohl in der Vor-, als auch in der Zwischen- und Nachbehandlung sind Waschvorgänge zur Beseitigung von Verunreinigungen, Präparationen, Schlichteresten usw. notwendig. Außerdem müssen nicht fixierte überschüssige Farbreste und Druckhilfsmittel ausgewaschen werden. Dies geschieht mit verschiedenen Maschinen, deren Bauart sich nach der zu waschenden Warenart richtet (**Bild 2** und **Bild 3**). Durch Mehrfachnutzung kann der hohe Wasserverbrauch eingeschränkt werden. So werden z.B. bei der Rollenkufen-Breitwaschmaschine mehrere Flottenabteile hintereinander angebracht. Die Waschflotte läuft im Gegenstromprinzip.

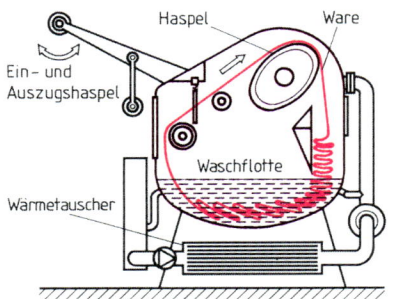

2: Strangwaschmaschine

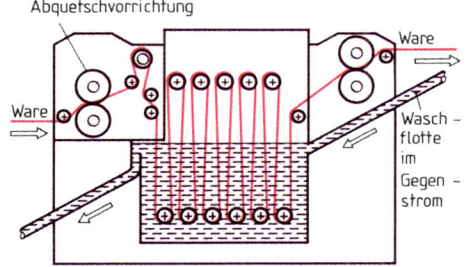

3: Rollenkufen-Breitwaschmaschine (1 Segment)

Entwässern und Trocknen

Nach einer Nassbehandlung und vor weiteren thermischen Behandlungen muss die Ware entwässert werden. Dies geschieht durch Schleudern (Zentrifugieren), Absaugen oder Abquetschen. Die nach dem Entwässern verbliebene Restfeuchte muss thermisch getrocknet werden. In der Textilveredlung wird am häufigsten auf dem Spannrahmen bzw. Plantrockner (**Bild 4**) getrocknet.

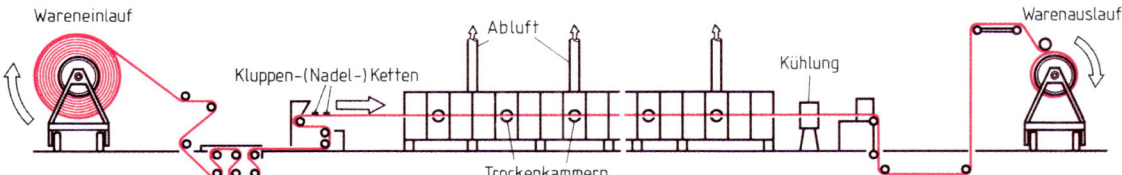

4: Plantrockenanlage

Verzüge, die durch vorhergehende Arbeitsgänge an der Ware entstanden sind, können beim entsprechenden Wareneinlauf ausgeglichen werden. Die Warenbahn wird beidseitig mit Nadeln oder Kluppenketten erfasst und in der gewünschten Breite durch die Trockenkammern geführt. Durch Wärmerückführung können die Energiekosten gesenkt werden (Umweltschutz).

Thermofixieren

Für Synthesefasern ist das Fixieren einer der wichtigsten Ausrüstungsvorgänge. Durch das Fixieren werden Spannungen im Faserinneren, die bei der Fasergewinnung und der Verarbeitung bis zur Fläche entstanden sind, ausgeglichen. Die Fixierung kann als Vor-, Zwischen- oder Endfixierung vorgenommen werden. Durch eine Hitzebehandlung der thermoplastischen Synthesefasern und anschließendes kontrolliertes Abkühlen wird die Faser im Zustand der geringsten Spannung fixiert. Dadurch werden die textilen Flächen formstabil, laufen nicht ein und bleiben nach der Wäsche glatt.

Bei der Appretur[1] handelt es sich um ein weit verzweigtes Aufgabengebiet in der Textilveredlung. Unter Appretur versteht man das Zurichten des Textilgutes für den gewünschten Verwendungszweck. In der Regel handelt es sich bei der Appretur um eine Endbehandlung. Deswegen wird auch oft vom „Finish" gesprochen. **Appretieren** im engeren Sinne bedeutet auch Stärken von Baumwollwaren.

Im Wesentlichen werden durch die Appretur folgende Ziele erreicht:

- **Veränderung der Oberfläche** (Rauen, Glätten, Prägen usw.)
- **Verbesserung der Trageeigenschaften** (Fleckschutz, Knitterarmut usw.)
- **Verbesserung der Pflegeeigenschaften** (Bügelfreiheit, Krumpfechtheit usw.)

Bei der Trockenappretur wird der gewünschte Effekt auf physikalischem Wege erreicht. Bei der Nassappretur müssen zum Erreichen des Effektes Chemikalien eingesetzt werden.

Die Endausrüstung ist oft eine Kombination verschiedener Ausrüstungsgänge, die sich jedoch nicht beliebig miteinander verbinden lassen. So würden sich z. B. eine Steifappretur und eine Knitterarmausrüstung gegenseitig aufheben. Neue Anforderungen an die Trage- und Pflegeeigenschaften sowie ein geändertes Verbraucherverhalten fordern eine ständige Anpassung sowohl der chemischen als auch der technischen Verfahren.

Verfahren	Vorgang und Zweck	Anwendungsgebiet und Beispiele von Warenbezeichnungen
Spannen	Behandlung des Textilgutes auf dem Spannrahmen (vgl. S. 103) zur Erzielung einer gleichmäßigen Breite und zum Ausgleich von Fadenverzügen.	alle textilen Flächen
Rauen	Erzeugung einer flauschigen Oberfläche, um einen weichen Griff und ein höheres Warmhaltevermögen zu erzielen (vgl. S. 105).	vorwiegend Flächen aus Spinnfasergarnen, z. B. Biber, Duvetine, Finette, Flanell, Molton
Scheren	Erzielen eines gleichmäßigen Faserflors mittels Spiralmesser auf der Schermaschine. Bei Glattwaren auch Abschneiden herausstehender Fäserchen.	vorwiegend Samte, Plüsche und Rauwaren
Ratinieren	Erzielen örtlicher Muster wie Knötchen, Streifen usw. durch Bürsten oder Reibescheiben.	dichte Rauwaren aus Wolle, z. B. Ratiné (**Bild 1**)
Kalandern	Glätten und Verdichten von Geweben mittels Walzen (vgl. S. 105).	Webwaren, z. B. Linon, Moleskin
Krumpfen	Vorwegnahme des Einlaufens von Textilien (vgl. S. 105).	vorwiegend textile Flächen aus Zellulose
Prägen (Gaufrieren)	Einprägen eines plastischen Musters mittels gravierter Walzen. Damit die Prägung dauerhaft ist, muss fixiert werden. Bei synthetischen Fasern ist die Prägung durch Hitzeeinwirkung dauerhaft.	Webwaren, z. B. Gaufré (**Bild 2**)
Schleifen, Schmirgeln	Leichtes Anrauen einer textilen Fläche mit Schleifwalzen. Bei Baumwollgeweben Duvetine und Velveton. Bei Kettenwirkwaren Simplex.	Webwaren und Kettenwirkwaren, z. B. Duvetine, Velveton bei Baumwollgeweben; Simplex bei Kettenwirkwaren
Plissieren	Dauerhaftes Einpressen von Falten. Bei Synthetiks ist dies durch Thermofixieren möglich. Bei Naturfasern ist für dauerhafte Falten eine Spezialbehandlung nötig.	Webwaren, z. B. Crash, Plissé (**Bild 3**)
Pressen	Glätten von Textilien durch einen Flächendruck (im Gegensatz zum Liniendruck beim Kalandern) mittels Pressplatten oder beheizter Mulden.	vorwiegend Wollgewebe
Dekatieren	Beseitigen des Pressglanzes, Verhindern des Einlaufens, Verbesserung des Griffs und der Tropfenfestigkeit durch Dampf und Druck.	Wollstoffe

1: Ratiné
Gewebe mit ratinierter Oberfläche

2: Gaufré
Gewebe mit Prägemuster

3: Plissé
Gewebe mit dauerhaft gepressten Falten

[1] franz.: appreter = fertigmachen, steifen, pressen

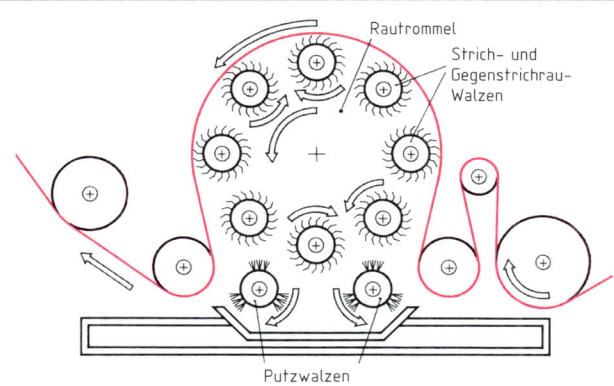

1: Prinzip des Rauens

2: Futterware ungeraut   3: Futterware geraut

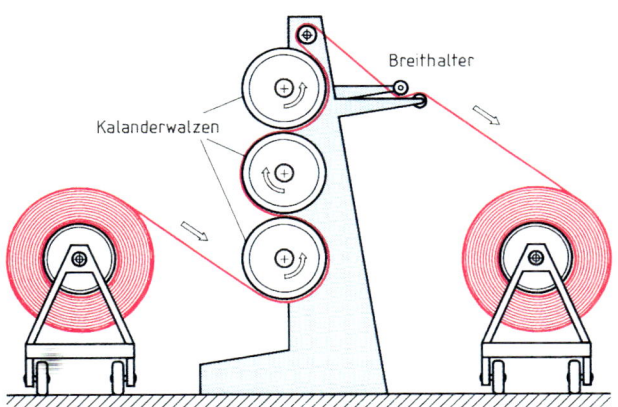

4: Prinzip des Kalanderns

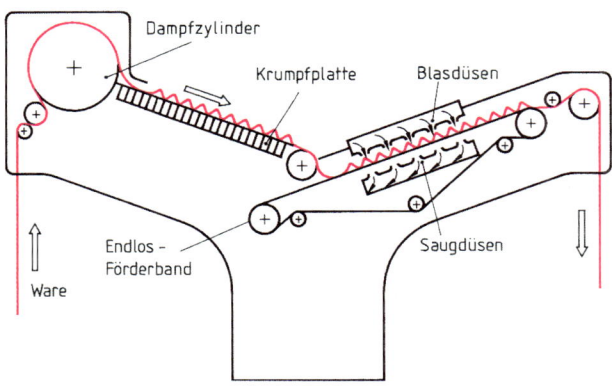

5: Prinzip des Krumpfens

Rauen

Auf der Raumaschine werden die Stoffe mit Metallkratzen oder Disteln aufgeraut (**Bild 1**). Dabei werden durch die Häkchen Fasern aus dem Gewebegrund an die Oberfläche gezogen, ohne von der Ware getrennt zu werden. Dadurch entsteht ein Faserflor, der das Bindungsbild ganz oder teilweise verdeckt. Ein zu starkes Rauen kann zu einer Warenschädigung führen.

Rauwaren zeichnen sich durch einen weichen, flauschigen Griff aus. Durch den höheren Lufteinschluss wird das Wärmerückhaltevermögen erheblich gesteigert (**Bild 2** und **Bild 3**).

Kalandern

Der Kalander (**Bild 4**) spielt als Schlussbehandlung in der Textilveredlung eine besondere Rolle. Er hat folgende Aufgaben:

- Glätten der textilen Fläche
- Verdichten der Ware durch Druck
- Erzeugung von Glanz
- ggf. Einprägen von Mustern.

Beim Kalandern wird das Textilgut zwischen Walzen, die unter Druck stehen, hindurchgeführt. Je nach Beschaffenheit der Walzenoberfläche, der Walzentemperatur, der Walzenanordnung und unterschiedlicher Geschwindigkeit einzelner Walzen lassen sich verschiedene Effekte erzielen, die jedoch in der Regel nicht waschbeständig sind.

Besondere Formen des Kalanderns sind:

Chintzen   Der hohe Glanz entsteht durch die Wirkung des Kalanders, unterstützt durch eine Kunstharzausrüstung.

Moirieren   Die typische Wasserzeichnung eines Moiré entsteht, wenn ein doppelt gelegter Rips kalandert wird (vgl. Seite 121).

Gaufrieren   Die Prägemusterung entsteht durch gravierte Walzen. Bei thermoplastischen Synthesefasern kann die Prägung durch beheizte Walzen dauerhaft sein.

Krumpfen

Durch Krumpfen soll das Einlaufen von Textilien verhindert werden.

Während des Herstellungsprozesses wurden die Textilien mehr oder weniger starken Zug- und Streckkräften ausgesetzt. Die dabei entstandenen Spannungen neigen dazu, sich bei einer späteren Nassbehandlung zu lösen. Darüber hinaus neigen zellulosische Fasern zur Quellung und damit zum Einlaufen. Diese möglichen Maßänderungen müssen vorweggenommen werden. Dieses kann durch ein „kontrolliertes Krumpfen" nach verschiedenen Methoden erfolgen. Bei dem in **Bild 5** dargestellten System wird die Ware spannungsfrei gedämpft. Die dabei entstehende Faserquellung lässt die Fläche in Länge und Breite schrumpfen. Durch Übertrocknen auf der Krumpfplatte und anschließendes Abkühlen wird das Einlaufen bei einer späteren Nassbehandlung verhindert.

Markenzeichen wie „Krumpex®" oder „Sanfor®" garantieren eine bestimmte Maßstabilität.

4.5.2 Nassappretur

Während die Aufgabe der Trockenappretur im Wesentlichen darin besteht, die Oberfläche zu verändern, erhalten die Textilien in der Nassappretur neue Eigenschaften, die eine Verbesserung gegenüber den Eigenschaften der einzelnen Faserstoffe darstellen.

Verfahren	Beispiele von Markenzeichen	Anwendungs- gebiet	Vorgang und Zweck
Imprägnieren	Teflon Fabric Protector / Hydrophobol	alle Rohstoffe für Bekleidung, vor allem bei Wetterbekleidung, Zelten, Planen	Tränken oder Besprühen von Textilien mit wasserabweisenden Chemikalien (z. B. Silikon). Je nach Anforderung kann die Maßnahme koch-, wasch- oder reinigungsbeständig sein.
Fleckschutz- ausrüstung	Scotchgard Protector	alle Rohstoffe für Bekleidung und Tischwäsche	Aufbringen von fleckabweisenden Substanzen. Für wasserlösliche Flecken (Tee, Tinte, Fruchtsäfte) meist silikonhaltige Produkte, für fetthaltige Flecken Kunstharzprodukte. Die Fleckenschutzausrüstung hat meistens auch eine wasserabweisende Wirkung.
Antistatische Ausrüstung		Synthesefasern für Bekleidung und bei Bodenbelägen	Erhöhung der elektrischen Leitfähigkeit an der Oberfläche der Fasern, um eine elektrostatische Aufladung bei geringer Luftfeuchtigkeit zu verhindern.
Flammschutz- ausrüstung		alle Rohstoffe, vorwiegend jedoch bei Zellulosefasern für Dekostoffe in öffentl. Gebäuden	Aufbringen von Substanzen, die Textilien schwer entflammbar oder nicht brennbar machen.
Hygieneausrüstung (Antibakterielle, antimykotische Ausrüstung)	Sanitized®	alle Rohstoffe für Bekleidung, Krankenhauswäsche, Bodenbeläge	Ausrüstung zur Verhinderung der Ausbreitung von Mikroorganismen auf Textilien und der menschlichen Haut.
Verrottungsschutz (Antimikrobielle Ausrüstung)	antimikrobiell EULAN ASEPT Bayer Leverkusen	Naturfasern, vorwiegend technische Artikel	Schützen der Fasern vor fäulnisverursachenden Mikroorganismen.
Antipilling- Ausrüstung		Synthesefasern, Wolle	Verhinderung der Pillingneigung (Bildung kleiner Faserknötchen an der Warenoberfläche) durch filmbildende Substanzen oder durch Lösungsmittel.
Pflegeleicht- Ausrüstung (Wash and wear)	·SANFOR plus·	Baumwolle, Viskose	Sammelbegriff für eine Hochveredlung, die meist durch Aufbringen von Kunstharzen die Wasseraufnahme und damit die Quellung herabsetzt. Dadurch werden die Textilien knitterbeständiger, formstabiler und trocknen schneller.
Walken (Filzen)		Wolle, z. B. Loden, Tuch	Durch die Walke erreicht man ein kontrolliertes Verfilzen von Wolltextilien. Durch Einwirkung von Chemikalien, Wärme und Feuchtigkeit sowie Walkbewegung erhält die Ware auf Grund der Filzneigung der Wollfaser ein verfilztes Warenbild. Durch das Einlaufen in Kett- und Schussrichtung wird der Wollstoff verdichtet und die Zug- und Scheuerfestigkeit erhöht. Der Grad der Verfilzung richtet sich nach der Dauer des Filzvorgangs.
Filzfreiausrüstung	REINE SCHURWOLLE WOLLSIEGEL WASCHMASCHINENFEST	Wolle	Das Filzen kann durch zwei Verfahren verhindert werden: • durch Erweichen der Schuppenkanten auf oxidativem Wege • durch Umhüllen der Schuppenschicht mit einem Kunststofffilm.
Mottenecht- Ausrüstung	MOTTENECHT DURCH EULAN BAYER / MITIN	Wolle	Tränken von Textilien in Chemikalien, die die Wolle für die Motten dauerhaft ungenießbar machen. Bei der Behandlung mit Eulan bezeichnet man dies als Eulanisieren.
Transparentieren		Baumwolle, z. B. Glasbatist, Organdy	Ausrüstung feiner Baumwollbatiste zur Erzielung einer glasigen, steifen Ware durch Merzerisieren, anschließende Säurebehandlung und nochmaliges Merzerisieren.
Opalisieren		Baumwolle, z. B. Opalbatist	Opalisieren unterscheidet sich vom Transparentieren dadurch, dass der zweite Merzerisiervorgang ohne Spannung stattfindet. Dadurch wird der Batist nicht durchsichtig, sondern milchig trüb.

4.6 Beschichten und Kaschieren

Beschichten

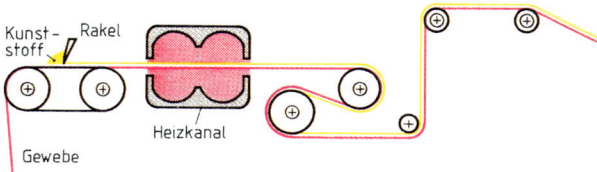

1: Prinzip der Direktbeschichtung

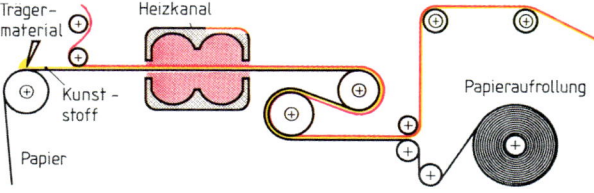

2: Prinzip der Umkehrbeschichtung

3: Beschichtete Ware

4: Schutzkleidung

Unter Beschichten versteht man das Aufbringen natürlicher oder synthetischer Substanzen auf eine textile Fläche mit anschließender Verfestigung in einem Heizkanal.

Die Beschichtung kann durch direkten Auftrag **(Bild 1)** auf das Textilgut erfolgen. Häufig wird jedoch bei flüssiger Beschichtungsmasse und offenem Trägermaterial die Kunststoffschicht zunächst auf ein Papier aufgetragen und von dort durch Umkehrbeschichtung **(Bild 2)** auf die textile Fläche übertragen.

Durch die Beschichtung entsteht eine textile Fläche mit neuen Eigenschaften, die sich aus den Eigenschaften des Trägermaterials (Gewebe, Maschenwaren, Vliesstoffe, Nähwirkwaren) und der Beschichtungsmasse (Polyurethan, Polyvenylchlorid) ergeben.

Beschichtete Textilien **(Bild 3** und **Bild 4)** haben von der Bekleidung bis zu technischen Textilien ein weites Anwendungsgebiet. Für Bekleidungstextilien ist es wichtig, dass die Kunststoffoberfläche so porig ist, dass ein Luft- und Feuchtigkeitstransport gewährleistet ist.

Einsatzmöglichkeiten

- Sport-, Schutz-, Warn- und Arbeitskleidung;
- Schuhobermaterialien, synthetisches Leder;
- in der Täschnerindustrie für Handtaschen und Reisegepäck;
- in der Polsterindustrie für Polstermöbel sowie für die Automobilinnenausstattung;
- für Bucheinbände, Mappen, Alben;
- Fensterrollos, Duschvorhänge, Lamellenstoffe;
- versiegelte Tischdecken, Zeltstoffe, Markisen;
- Boden- und Wandbeläge;
- technische Artikel, wie Förderbänder, Planen- und Abdeckstoffe, Traglufthallen, Schlauchboote, Überdachungen usw.

Kaschieren

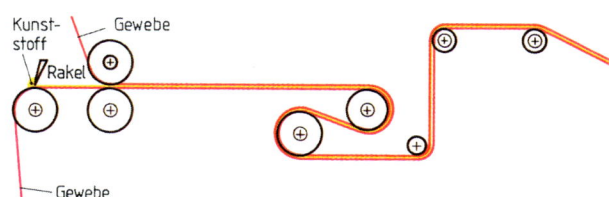

5: Klebekaschierung

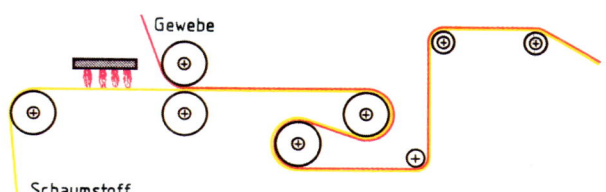

6: Schaumstoffkaschierung

Kaschieren ist die Verbindung zweier oder mehrerer textiler Flächen miteinander oder auch die Verbindung textiler Flächen mit Papier, Folien oder Schaumstoffen.

Die Verbindung kann durch einen Kleber **(Bild 5)** erfolgen oder durch thermisches Kaschieren **(Bild 6)**, wobei eine Kunststofffolie oder eine Schaumstofffläche an der Oberfläche angeschmolzen und die aufzukaschierende Ware dann angepresst wird **(Bild 7)**.

7: Schaumstoffkaschierte Ware

Um eine gleichbleibende Qualität textiler Produkte zu erzielen, müssen Prüfungen durchgeführt werden. Prüfverfahren, Prüfgeräte und Umfang der Prüfungen sind branchen- bzw. firmenspezifisch.

Die Materialprüfung zum frühestmöglichen Termin trägt nicht nur zur **Qualitätssicherung** und damit zur **Kundenzufriedenheit** bei, sondern auch zur **Kosteneinsparung**.

Wareneingangskontrolle

Die Wareneingangskontrolle ist eine Überprüfung auf die geforderten Wareneigenschaften, um eine etwaige Mängelrüge bei den Lieferanten rechtzeitig geltend machen zu können.

Sie umfasst z. B. die Überprüfung von Artikelart, Farbe, Dessin (Musterung), Warenlänge und Warenbreite, Rapport, Flächengewicht, Flächendichte, Porenvolumen sowie die Überprüfung auf Fehlerfreiheit.

Warenfehler können entstehen bei der Garnherstellung, bei der Herstellung textiler Flächen und während der Textilveredlung. Mögliche Fehler sind z. B. Feinheitsschwankungen, Noppen, Knoten, Dickstellen, Fadenflottierungen, Fadenbrüche, Bindungsfehler, Streifenbildung, Farbunterschiede, Flecken, Löcher, Risse, Querverzug (Schrägverzug der Schussfäden).

Materialinformationen

Die Ermittlung der technischen Materialinformationen dient zur Weitergabe an die einzelnen Betriebsabteilungen, um Produktionsstörungen und -verzögerungen zu vermeiden.

Überprüfung des Faserrohstoffes (Faseranalyse)	Prüfmethoden können z. B. sein: Griff, Einzelfaseruntersuchung, Brenn-, Reiß-, Löslichkeits-, Netz-, Saugprobe, Mikroskopisches Bild (vgl. S. 235).
Kennzeichnung der rechten Warenseite (Schau-, Oberseite)	Sie ist in der Regel glatter, gleichmäßiger, bindungsklarer; Druckmotive sind deutlicher, der Faserflor ist eventuell richtungsorientiert (Strichflor).
Ermittlung der Zuschneiderichtung ("Fadenlauf")	Im Allgemeinen werden alle Schnittteile in Längs- bzw. Kettrichtung zugeschnitten. Man erkennt sie z. B. an den stärker gedrehten, glatteren und oft dichter gestellten Garnen und an der Webkante. Auch Strichflor und richtungsorientierte Muster (Kopfmuster) verlaufen in Kettrichtung.
Überprüfung des Nähverhaltens und der Nahtfestigkeit	Nahtkräuseln (Transport-, Verdrängungs- und Spannungskräuseln) und Nähgutbeschädigungen können frühzeitig erkannt werden. Die Nahthaltbarkeit bei Trage- und Pflegebeanspruchung wird getestet.
Überprüfung des Bügel- und Fixierverhaltens sowie der Haftfestigkeit	Unter Einwirkung von Hitze, Druck und Feuchtigkeit verhalten sich Materialien unterschiedlich. Es kann z. B. zu Schrumpfung, Glanzbildung, Schmelzung, Verbrennung kommen. Die Haltbarkeit der Verbindung von Fixiereinlage und Oberstoff darf z. B. durch die Textilpflege nicht beeinträchtigt werden.

Trage-, Gebrauchs- und Pflegeverhalten

Bei Bekleidungstextilien wird die Qualität in zunehmendem Maße durch die bekleidungsphysiologischen Eigenschaften (vgl. S. 49) bestimmt. Deshalb dienen neben technologischen Prüfverfahren auch Trage- und Pflegeversuche zur Ermittlung von Trageverhalten, Gebrauchstüchtigkeit und Pflegemöglichkeit.

Wasserdurchlässigkeit	Es wird geprüft, bei welchem Wasserdruck die textile Fläche wasserdurchlässig wird.
Wasserdampfdurchlässigkeit	Prüfung der Durchlässigkeit von Dampf (Schweiß) in einer bestimmten Zeit.
Winddichtheit	Prüfung der Luftdurchlässigkeit.
Dauerhaftigkeit (Verschleißfestigkeit)	Prüfung der Scheuer-, Einreiß-, Weiterreiß-, Knickbruchfestigkeit sowie der Schiebefestigkeit (Widerstandsfähigkeit der Kett- und Schussfäden gegen Verschieben).
Formbeständigkeit	Prüfung der Formveränderungen durch Ermittlung der Elastizität (Rücksprungvermögen), Formbarkeit, Knitterbildung, Knittererholung.
Pillresistenz pills (engl.) = Faserknötchen	Prüfung der Widerstandsfähigkeit gegenüber Knötchen- und Noppenbildung, die durch Reibung an der Textiloberfläche entstehen.
Farbechtheit	Prüfung der Widerstandsfähigkeit von Färbungen und Drucken, z. B. Reib-, Wasser-, Wasch-, Licht-, Wetter-, Meerwasser-, Bügel-, Lösungsmittelechtheit.
Maßhaltigkeit, Krumpfechtheit	Prüfung der Maßveränderungen (Schrumpfung) in Kett- und Schussrichtung durch Einwirkung von Wärme, Feuchtigkeit und Mechanik.

5.2 Handelsbezeichnungen (1)

Handelsbezeichnungen von Stoffen geben Auskunft über ihr Aussehen, ihre Eigenschaften und ihre Verwendung. Allerdings sind sie und die dazugehörigen Stoffmerkmale nicht genormt und daher häufig nicht eindeutig definiert.

Die Beurteilungskriterien für eine Ware beziehen sich auf den Faserstoff, die Garnart, den textilen Flächenaufbau sowie auf die Veredlungsarbeiten. Es lassen sich einerseits optische Merkmale feststellen bezüglich Musterung, Glanz, Oberflächenstruktur, Farbe, andererseits bestimmte Materialeigenschaften ableiten, z.B. bezüglich Fall, Knitterverhalten, Wärmerückhaltevermögen.

Handelsbezeichnungen ergeben sich beispielsweise aus dem Rohstoff (Cheviot), der Garnart (Loop), der Bindung (Fischgrat), der Herstellungsart (Samt), der Veredlung (Moiré), der Verwendung (Futtertaft), dem Ursprungsland oder -ort (Shetland), der Musterung (Carré).

> ## Fachbegriffe für bestimmte Effekte

Mustereffekte

ajour:	durchbrochen, licht
allover:	ganzflächig verteilte Musterung
barré:	Querstreifen, gewebt oder bedruckt
broché:	Musterstellen durch Musterschuss
brodé:	Musterung durch Besticken
carré:	Karomusterung, meistens gewebt
chiné:	verschwommene Musterkonturen durch Kettdruck
découpé:	abgegrenzte Muster durch Abschneiden der Fadenflottungen bei lanzierten Geweben
dégradé:	Farbabtönung mit „harten" Übergängen
dévorant:	spitzenartig durchscheinend durch Wegätzen eines Faserstoffes (Ausbrenner)
façonné:	kleine, freistehende Webmusterung
faux uni:	einfarbig wirkend trotz Verwendung verschieden farbiger Garne
figuré:	größere Bindungsmuster
lancé:	Webmusterung durch zusätzliche Kett- und/oder Schussfäden
mille fleurs:	sehr kleine Allover-Blumenmusterung
mille point:	sehr kleine Allover-Punktmusterung
mille rayé:	sehr feine Längsstreifenwirkung
ombré:	sanft verlaufende Farbschattierungen
paisley:	stilisiertes (vereinfachtes) Blumenmuster mit tropfenähnlicher Kontur
pointillé:	Punktmusterung, meistens bedruckt
quadrillé:	kleine Karomusterung
rayé:	Längsstreifen, gewebt oder bedruckt
travers:	Querstreifen, gewebt oder bedruckt

Glanzeffekte

ciré:	starker Glanz- und Lackeffekt durch Veredlung
glacé:	glänzende, schillernde Oberfläche durch Garn und Bindung
lamé:	metallglänzende Oberfläche durch Garn und Bindung

Struktureffekte

boutonné:	noppige, knotige Garnverdickungen
cloqué:	geschrumpfte Oberfläche mit Hohlblasen
crash:	Knittereffekt, z.B. durch Veredlung
flammé:	an- und abschwellende Garnverdickungen (Titerschwankungen)
frisé:	gekräuselte, feine Schlingenoberfläche
frotté:	noppige, knotige Schlingenoberfläche
gaufré:	eingepresste (geprägte) Musterung
moiré:	wellen-, holzmaserartige Pressmusterung
natté:	flechtartiges Bindungsbild
noppé:	noppige, knotige Garnverdickungen
ondé:	wellenförmige Rippen
perlé:	perlenähnliche Faserknötchen
piqué:	Reliefoberfläche mit Steppcharakter
plissé:	eingewebte bzw. eingepresste Falten
ratiné:	knotiger, lockerer Faserflor
relief:	erhabene, plastische Oberflächenstruktur
structuré:	mustermäßig erhabene Oberfläche
welliné:	wellenförmiger Faserflor

Farbeffekte

bicolor:	dezente Farbtönung durch zwei unterschiedliche Garnfarben
changeant:	verschiedenfarbig schillernd, Kette und Schuss in unterschiedlicher Farbe
imprimé:	Druckmusterung
jaspé:	dezente Farbtönung durch Effektgarne
melange:	farblich verfließende Mehrtonwirkung
mouliné:	kontrastreich gesprenkelte Farbwirkung
multicolor:	vielfarbige, bunte Garneffekte
uni(color):	einfarbig, ungemustert

Die Bezeichnungen werden als **Zusatz** klein geschrieben, z.B. Batist-Satin rayé, als **Handelsbezeichnung** groß geschrieben, z.B. Rayé. Kombinationen sind möglich, z.B. Duchesse changeant façonné.

Auf den nachfolgenden Seiten sind in alphabetischer Reihenfolge die wichtigsten Stoffe abgebildet und beschrieben. Weitere Handelsbezeichnungen können über das Sachwortverzeichnis aufgefunden werden.

5.2 Handelsbezeichnungen (2)

Afghalaine

Mittelfeiner Wollstoff für Kleider und Blusen in Leinwandbindung. Durch paarige Anordnung von S- und Z-gedrehten Garnen erhält er ein leicht perliges Aussehen.

Ajour

franz.:
à jour =
durchbrochen

Sammelbezeichnung für durchbrochene Web- und Maschenwaren. Die hohlsaumähnliche Musterung entsteht meistens durch Bindungstechnik, z.B. Dreherbindung, Aidabindung, Aussparen von Kett- und/oder Schussfäden.

Alcantara

Synthetisches Veloursleder-Imitat aus ultrafeinen Fasern (Mikrofaservlies aus Polyester und Polyurethan). Alcantara ist griffig wie feines Leder, hat jedoch eine geringere Dichte und ist pflegeleicht.

Ätzsamt

Kurzfloriges, weiches Samtgewebe mit dichtem, niedergelegtem Flor auf durchscheinendem Grund. Die Musterung entsteht durch mustergemäßes Wegätzen des Faserflors. Verwendung für Kleider, Blusen, Abendbekleidung.

Ätzspitze

Plastisches, schweres Spitzengewebe. Ein Grundgewebe wird maschinell bestickt, anschließend wird der Stickgrund zerstört.

Ausbrenner

Allgemeinbezeichnung für Gewebe aller Art aus Mischfasergarnen, bei denen ein Faseranteil mustermäßig herausgeätzt wird. Es entstehen dichte Muster auf durchscheinendem Grund.

Barré

franz.:
barré =
Stab, Stange

Bezeichnung für Querstreifenmusterung. Sie kann durch Weben oder Bedrucken entstehen, evtl. plastisch erhaben sein. Die Abbildung zeigt einen **Rips-Satin barré.**

Batist

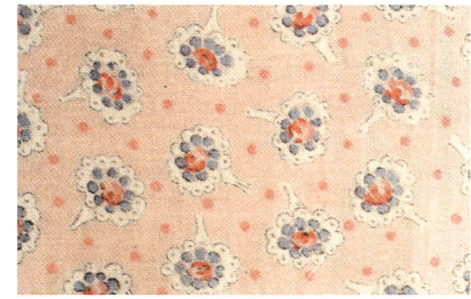

Feines, leinwandbindiges Gewebe aus Baumwolle, Leinen, Wolle oder Baumwolle/Polyester. Verwendung für Kleider, Blusen, Wäsche und Einlagen. „Schweizer Batist" weist eine Lochstickereimusterung auf, die meist bordürenartig angeordnet ist.

Biber

Kräftiges, beidseitig gerautes Baumwollgewebe; sehr voluminöse und weiche Ware für Bettwäsche.

Borkenkrepp

Gewebe mit baumrindenartiger Oberflächenstruktur, die durch Laugieren, Prägen (Gaufrieren) oder seltener durch Verwendung von Kreppgarnen im Schuss erreicht wird. Verwendung für Blusen, Kleider, Hemden.

Bouclé

franz.:
bouclé =
gelockt

Gewebe mit noppiger, knotiger Oberfläche, die durch Schlingenzwirne entsteht. Verwendung als Kleider-, Kostüm- und Mantelstoff.

Bourette

Mattes, noppiges Gewebe aus Bouretteseide in Leinwand- oder Körperbindung. Verwendung in der Damenoberbekleidung und als Dekorationsstoff.

Broché

franz.:
broché =
durchwirkt

Gewebe, das mit einem Figurenschuss gemustert ist. Der zusätzliche Musterfaden bindet nur an der Musterstelle ein und bildet am Musterrand Umkehrschlingen. Verwendung z. B. als Trachtenstoff, Schmuckband oder Borte.

Brokat

Schweres jacquardgemustertes Gewebe, häufig mit Glanzfäden durchsetzt. Es wird für festliche Kleidung und Dekostoffe verwendet.

Canevas

Gröberes Baumwollgewebe in Leinwand- oder Panamabindung, strapazierfähig und fest. Verwendung für Hosen, Sportjacken, Freizeitbekleidung.

Carré

franz.:
carré =
viereckig,
quadratisch

Carreaux

franz.:
carreaux =
Karo

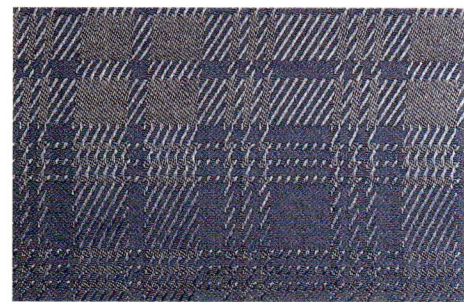

Bezeichnung für dezente Karomusterung, häufig gewebt und Ton-in-Ton gehalten; Kombination von Längs- und Querstreifen. Die Abbildung zeigt einen **Satin carré**.

Changeant

franz.:
changer =
wechseln, ändern

Gewebe, das durch verschiedenfarbige Kett- und Schussfäden ein schillerndes Aussehen erhält. Es besteht meist aus Filamentgarnen und wird als Kleider-, Blusen- und Futterstoff
verwendet.

Charmelaine

franz.:
charme =
Reiz, Zauber
laine = Wolle

Weicher Kammgarnstoff in Atlasbindung mit einer glänzenden und einer matten Gewebeseite. Die Glätte wird durch
Scheren und Pressen erreicht. Verwendung in der Damenoberbekleidung.

Charmeuse

Glatte, querelastische und maschenfeste Kettenwirkware aus
Filamentgarnen in kombinierter Trikot- und Tuchlegung. Man
verwendet sie für Futter, Damenwäsche, Kleider und Blusen.

Chenille

Samtartiges, weiches Gewebe, auch Maschenware, entsteht
durch Einsatz von Chenillegarnen im Schuss. Verwendung für
Pullover, Jacken, Dekostoff, Schals, Mützen.

Cheviot

Strapazierfähiges Streichgarn- oder Kammgarngewebe in
Köperbindung. Verwendung für Anzüge, Kostüme und
Mäntel.

Chiffon (Crêpe Chiffon)

franz.:
chiffon =
Lumpen,
Lappen

Hauchzartes, schleierartiges Gewebe mit Kreppgarnen in
Kette und Schuss, leinwandbindig, oft mit Gaufrage (Prägung). Verwendung für Blusen, Kleider, Tücher und Abendkleidung.

Chiné

franz.:
chiné =
bunt

Gewebe mit unscharfen, verschwommenen Musterkonturen,
die durch Bedrucken der Kette vor dem Weben entstehen.
Meistens aus Filamentgarnen, für Kleider- und Dekostoffe.

Chintz

Stark glänzendes Baumwollgewebe, die Oberfläche wirkt ge-
wachst. Weitgehend schmutzunempfindlich und wasserabweisend durch Imprägnieren und Kalandern. Verwendung für
sportliche Bekleidung und Dekostoffe.

Cloqué

franz.:
cloque =
Blase

Doppelgewebe mit reliefartiger, blasiger Oberseite und einem Kreppuntergewebe. Verwendung in der Damenoberbekleidung.

Cordsamt

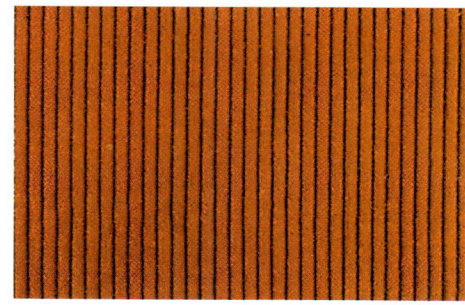

Ein Rippensamt (Schusssamt), meistens aus Baumwolle. Je nach Rippenbreite unterscheidet man verschiedene Arten. Verwendung hauptsächlich für Freizeit- und Berufsbekleidung.

Côtelé

franz.:
côtelé =
gerippt

Gewebe in Hohlschussbindung mit Längsrippen. Leichte Qualitäten werden in der Damenoberbekleidung verwendet, stärkere Qualitäten für Hosen und Dekostoffe.

Crash

engl.:
crash =
Bruch,
Zusammenstoß

Gewebe mit bewegter Oberfläche. Unregelmäßige Fältchen werden in den Stoff gepresst und fixiert. Verwendung für modische Oberbekleidung.

Crêpe de Chine

franz.:
crêper =
kräuseln

Fließender, leichter Seidenstoff in Leinwandbindung mit Kreppgarnen im Schuss und wenig gedrehter Kette. Verwendung für Blusen, Kleider, Tücher.

Crêpe Georgette

Kreppgewebe in Krepp- oder Leinwandbindung, sandig im Griff durch Kreppzwirne in Kette und Schuss; aus Seide, Polyester, Wolle, Baumwolle, Viskose. Verwendung in der Damenoberbekleidung.

Crêpe lavable

franz.:
lavable =
waschecht

Kreppgewebe aus Filamentgarnen in Leinwandbindungen mit Kreppgarnen in der Kette, wenig gedrehtem Schuss. Verwendung für Kleider, Blusen.

Crêpe marocain

Leinwandbindiges Gewebe aus Filamentgarnen mit stark gedrehtem Schuss. Durch Gaufrage kann die Schussrippigkeit verstärkt werden. Verwendung für Kleider und Blusen.

Crêpe Satin

Weichfallender, fließender Stoff in Kettatlasbindung. Stark gedrehte Filamentgarne im Schuss und glatte Filamente in der Kette ergeben eine glänzende und eine matte Gewebeseite. Verwendung für Blusen und Kleider.

Croisé

franz.:
croisé =
gekreuzt

Gewebe in vierbindigem, gleichseitigem Köper mit weichem Griff und Fall. Croisé aus Baumwolle oder Mischungen verwendet man für Hemden und Nachtwäsche. Croisé-Futter wird in der Haka verarbeitet, z. B. als Westen- und Ärmelfutter.

Damassé

Filamentgewebe mit großflächiger Musterung durch Wechsel von Kett- und Schussatlas. Oft changierend. Verwendung für Blusen, Abendbekleidung.

Damast

Gewebe aus hochwertiger, merzerisierter Baumwolle für Bett- und Tischwäsche. Die Musterung wird durch Wechsel von Kett- und Schussatlas erreicht. Bei Verwendung von Filamentgarnen spricht man von Damassé.

Découpé (Lancé découpé)

franz.:
découpé =
abgeschnitten

Durch Lancétechnik gemustertes Gewebe. Die Fadenflottungen sind abgeschnitten. Verwendung für Blusen und Kleider.

Dégradé

franz.:
dégrader =
Farben abtönen

Bezeichnung für eine Farbtönung von Hell zu Dunkel und übergangslos wieder mit Hell beginnend, erreicht z.B. durch Bedrucken oder unterschiedliche Kettfadendichte. Die Abbildung zeigt einen **Georgette rayé dégradé**.

Denim

Strapazierfähiges Baumwollgewebe in Kettköperbindung. Ursprünglich mit garngefärbter, blauer Kette und weißem Schuss (Blue Denim). Für Jeans, Sport-, Freizeit- und Arbeitskleidung.

Donegal

Ein Streichgarngewebe mit fülligen, noppigen Schussgarnen in Leinwandbindung. Kette und Schuss sind in den Farben unterschiedlich. Verwendung für sportliche Anzüge, Kostüme und Mäntel.

Doppelripp

Extrem querelastische Maschenware in abgeleiteter Rechts-Rechts-Bindung (Rippbindung). Verwendung für Bündchen, Unterwäsche, Maschenoberbekleidung.

Double face

engl.:
double =
doppelt,
face =
Gesicht

Allgemeinbezeichnung für beidseitig verwendbare Doppelgewebe mit verschiedenen oder konträren Warenseiten. Verwendung für Jacken, Mäntel, Kleider, Dekostoffe.

Doupion

Französische
Bezeichnung
für Shantung

Leinwandbindiges Seidengewebe mit starken Garnunregelmäßigkeiten durch nicht entbastete Wildseidenfäden. Verwendung für Damenbekleidung, Dekorationen.

Duchesse

franz.:
duchesse =
Herzogin

Sehr dichtes, stark glänzendes Gewebe in Kettatlasbindung aus Filamentgarnen. Verwendung für festliche Kleider und Ausputz, Duchesse-Futter für Jacken und Mäntel.

Duvetine

Schussatlasgewebe aus Baumwolle, das durch Aufrauen und Schmirgeln eine velourslederartige, stumpfe Oberfläche erhält. Verwendung vor allem für Hosen und Jacken.

Drapé

franz.:
drap =
Tuch

Sehr feiner, atlasbindiger Stoff für Gesellschaftsanzüge. In der Kette werden Kammgarne und im Schuss Streichgarne verwendet. Die rechte Seite zeigt eine leichte Strichappretur.

Etamine

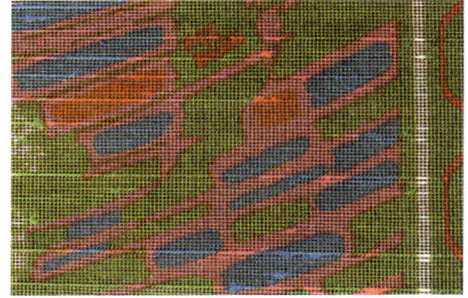

Leichtes, gitterartiges Gewebe in Dreherbindung. Verwendung für Kleider, Blusen, Hemden.

Façonné

franz.:
façonner =
formen,
gestalten

Allgemeinbezeichnung für Stoffe mit kleinen Schaftmustern, meist Atlasflottungen, die sich durch Bindungswechsel von der Grundfläche abheben. Verwendung für Kleider, Blusen und als Futterstoff.

Faille

Geschmeidiges, weiches Rippengewebe in Leinwandbindung. Hohe Kettdichte und dickerer Schuss ergeben die feine Querrippigkeit. Verwendung für Kleider, Kostüme.

Feinripp

Feine, dehnfähige und elastische Maschenware in Rechts-Rechts-Bindung aus Baumwolle, Verwendung für Unterwäsche, Nachtwäsche, Maschenoberbekleidung.

Figuré

franz.:
figuré =
gemustert

Bezeichnung für größere Bindungsmuster in Jacquard- oder Schaftwebtechnik. Die Abbildung zeigt einen **Soielaine-Satin figuré.**

Fil-à-fil

franz.:
fil-à-fil =
Faden an Faden

Gewebe in Doppelköperbindung mit einer treppchenförmigen Kleinmusterung, die durch Wechsel heller und dunkler Kett- und Schussfäden entsteht. Verwendung für Anzüge und Kostüme.

Finette

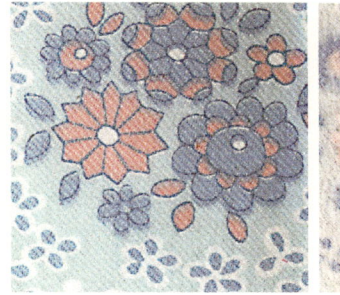

Linksseitig gerauter Baumwollstoff in Köperbindung, oft bedruckt. Verwendung für Nachtwäsche und Hemden.

Fischgrat

Allgemeinbezeichnung für Stoffe mit abgesetzter Spitzköperbindung und oft unterschiedlichen Farben in Kette und Schuss. Verwendung für Kostüme, Anzüge, Mäntel.

Flammé

Effektgewebe mit deutlicher Querstruktur, erreicht durch Flammengarne im Schuss, meist leinwandbindig. Die Abbildung zeigt einen **Flammé bicolor.**

Flanell

Leichte bis mittelschwere Gewebe in Leinwand- oder Köperbindung, oft aus Melangegarnen, ein- oder beidseitig leicht geraut. Baumwollflanell wird für Hemden, Nacht- und Bettwäsche, Wollflanell für Oberbekleidung verwendet.

Flausch

Voluminöses Streichgarngewebe mit langem Strichflor, aus drei bis fünf Fadensystemen hergestellt. Verwendung für Jacken und Mäntel.

Fleece

Weiche Maschenware, ein- oder beidseitig intensiv geraut, aus Polyamid oder Polyester, einfarbig oder bedruckt. Verwendung für Jacken, Pullover, Mützen, Handschuhe, Schals.

Flockprint

engl.:
print =
bedrucken

Die samtartige, plastische Musterung entsteht durch Aufdrucken von Klebemittel und anschließendem Beflocken. Verwendung für Kleider und Blusen.

Foulé

franz.:
fouler =
walken

Sehr feines, weiches Wollgewebe, meist mit Kammgarnkette und Streichgarnschuss. Typisch sind das Aufrauen der rechten Warenseite und das anschließende Walken. Verwendung für elegante Kostüme und Anzüge.

Fresko

Strapazierfähiges Kammgarngewebe in Leinwandbindung. Hartgedrehte, einfarbige oder moulinierte Mehrfachzwirne ergeben einen harten Griff. Verwendung für Herrenanzüge.

Frisé

franz.:
frisé =
gekräuselt

Kleiderstoff aus sehr feinen Schlingenzwirnen, die einen leicht körnigen Griff ergeben. Verwendung für Kleider.

Frotté

franz.:
frotter =
reiben

Gewebe mit Knoten- und Schlingenzwirnen im Schuss, die eine unebene, krause Oberfläche und einen körnigen Griff ergeben. Häufig fälschliche Bezeichnung für Frottierwaren.

Frottier

Voluminöses, weiches Schlingengewebe aus Baumwolle. Die Schlingen entstehen durch eine zusätzliche Schlingenkette beim Weben. Verwendung für Bademäntel, Handtücher, Sport- und Freizeitkleidung.

Futterware

Wirk- oder Strickware mit feiner, glatter Oberseite und voluminöser, meist gerauter linker Warenseite. RL-Grundware mit zusätzlichem Futterfaden. Verwendung für Sweatshirts, Jogginganzüge, Kinderbekleidung.

Gaufré

Leinwandbindiges Gewebe mit reliefartiger Oberflächenprägung durch Ausrüstung. Verwendung in der Damenoberbekleidung.

Glasbatist

Feines, leinwandbindiges Baumwollgewebe, das durch Transparentieren glasartig, durchscheinend, glänzend und steif wirkt. Verwendung für Blusen, Garnituren, Abendbekleidung.

Hahnentritt

Bezeichnung für Stoffe mit einer Musterung, für die kurze diagonale Verlängerungen an den Karoecken typisch sind. Die Muster können buntgewebt (Seite 267), gestrickt oder aufgedruckt sein. Verwendung für Kostüme und Anzüge.

Gabardine

Dichte Gewebe mit ausgeprägtem Steilköpergrat. Die rechte Seite ist durch Scheren und Pressen glatt. Verwendung für Anzüge, Kostüme und Mäntel.

Glacé

franz.:
glacer =
glänzend machen

Wollkammgarngewebe, durch Kahlappretur glatt und gleichmäßig. Keine prägnante Oberflächenstruktur, jedoch glänzende Rückseite. Für Kostüme, Blazer, Anzüge.

Glencheck

engl.:
glen =
kleines Tal;
check =
Karo

Buntgewebe mit Grund- und Überkaros in verschiedener Musterwirkung, Ton in Ton oder farblich markant. Verwendung für Anzüge und Kostüme.

Henkelplüsch

Weiche Maschenware mit zusätzlichem Plüschfaden, der auf einer Seite gleichmäßige Schlingen ergibt. Verwendung für Babywäsche, wärmende Unterwäsche, Socken, Spannbetttücher.

Honanseide

Feinfädiges Wildseidengewebe mit knirschendem Griff. Fadenunregelmäßigkeiten in Kette und Schuss, einfarbig oder bedruckt. Für Kleider, Blusen und Dekostoffe.

Interlock

Feine, sehr dehnfähige doppelflächige Maschenware. Die Bindung ist Rechts-Rechts-gekreuzt. Verwendung für Kleider, Blusen, T-Shirts, Unterwäsche.

Jacquard-gewebe

Gewebe mit formenreicher Musterung. Der Wechsel von Kett- und Schussatlas unterstützt die Musterwirkung, durch verschiedene Garne kann die Musterung hervorgehoben werden. Verwendung für Dekostoffe, Gesellschaftskleidung.

Jacquard-maschen-ware

Vielfältige Muster auf der rechten Seite, die Musterfäden sind links eingebunden, meistens werden Farbgarne verwendet. Verwendung für Maschenoberbekleidung, wie z.B. Sakkos, Röcke, Pullover, Strickjacken.

Jägerleinen

Leinwandbindiges, grün meliertes Gewebe aus Leinen, Halbleinen oder Baumwolle, Verwendung für Anzüge, Kostüme. Wird auch als Schilfleinen bezeichnet.

Javanese

Leinwandbindiges Viskosegewebe mit fließendem Fall, geschmeidig und weich. Kette aus Filamentgarnen, Schuss aus Spinnfasergarnen, dadurch entsteht eine leichte Querrippigkeit.

Käseleinen

Weiches, leichtes Baumwollgewebe in Leinwandbindung mit geringer Kett- und Schussdichte. Verwendung für Kleider, Blusen, Tücher.

Kattun

Eine Baumwollgrundware in Leinwandbindung, mittelfeine Stärke. Verwendung z.B. für Bettwäsche, Schürzen, leichte Sommerbekleidung.

**Kräusel-
krepp**

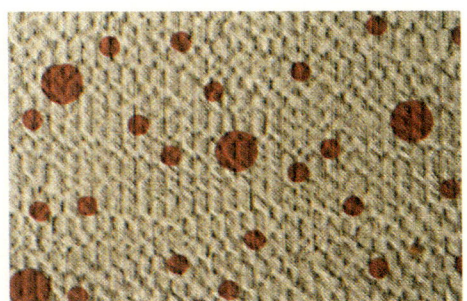

Baumwollgewebe, die durch örtliches Einwirken von Natronlauge ein blasiges Aussehen erhalten. Verwendung für Blusen und Kleider.

**Kreide-
streifen**

Dunkler Wollstoff mit hellen Längsstreifen. Durch leichtes
Rauen werden die Konturen verwischt. Verwendung für
Kostüme, Anzüge.

Kretonne

Gröbere Baumwollware in Leinwandbindung, einfarbig oder
bedruckt. Verwendung für Sommerkleider, Dirndl, Schürzen.

Krimmer

Pelzimitation (Webpelz) mit gelockter Oberfläche. Plüsch mit
hohem Flor, geschlossene oder aufgeschnittene Locken. Verwendung für Mäntel, Jacken, Besätze.

Lamé
franz.:
lame =
Blech

Gewebe mit Metallfäden im Schuss. Dadurch erhält das
Gewebe ein glänzendes, schillerndes Aussehen. Die Kette
besteht aus Seide oder Baumwolle. Verwendung für festliche
Damenoberbekleidung.

Lancé
franz.:
lancer =
werfen

Das Gewebe ist webtechnisch mit einem zusätzlichen Fadensystem in Kett- und/oder Schussrichtung bordürenähnlich gemustert. Verwendung für Kleider, Blusen, Dirndl, Dekostoffe.
Beim Lancé Découpé entstehen abgegrenzte Mustergruppen.

Liberty
engl.: Freiheit

Kleinblumig bedruckte Baumwollgewebe in Leinwandbindung. Feine bis mittlere Qualitäten. Verwendung für Blusen,
Kleider. Liberty ist auch eine Bezeichnung für einen achtbin-
digen Kleider- oder Futtersatin.

Loden

Mittelschwere bis schwere Streichgarngewebe, oft meliert,
mit oder ohne Strichausrüstung. Durch verstärktes Walken
sind sie dicht und strapazierfähig. Verwendung für Mäntel,
Kostüme, Anzüge.

Loop

engl.:
loop =
Schlaufe,
Schlinge

Lockeres, leinwandbindiges Gewebe mit einer Oberfläche die große Schlingen aufweist. Die Schlingenoberfläche entsteht durch Loopzwirne im Schuss. Verwendung für Jacken, Kostüme.

Lüster

Leichtes Kammgarngewebe in Leinwandbindung. Durch Mohair- oder Alpakagarne hat es ein glänzendes Aussehen und ist weitgehend knitterresistent. Verwendung für Sommeranzüge, Schwesterntrachten.

Madras

= Indische Stadt

Feinfädige Baumwollgewebe in Leinwandbindung mit großzügigen Farbkaros ohne hellen Grund. Verwendung für Hemden, Blusen, Kleider.

Marengo

Dunkles Wollgewebe mit 2 % bis 5 % weißem Faseranteil, der den Stoff flusenunempfindlich macht. Verwendung für Anzüge, Mäntel, Kostüme.

Matelassé

franz.:
matelasser =
polstern

Doppelgewebe mit einer großzügig gemusterten und durch Füllschüsse aufgepolsterten rechten Warenseite. Verwendung für Damenmäntel, Abendkleidung, Dekostoffe.

Mille fleurs

franz.:
mille =
tausend;
fleurs =
Blumen

Sehr kleine florale Allover-Musterung (Blumen, Blüten), meistens als Druck. Verwendung für Kleider, Blusen.

Moiré

franz.:
moiré =
Wasserglanz

Die wellenförmige Maserung entsteht durch Pressen zweier übereinandergelegter Querripsgewebe oder durch Prägewalzen. Verwendung für Kleider, Blusen Futter.

Molton

Dichtes, leinwandbindiges Baumwollgewebe, beidseitig stark geraut, schwerer als Biber. Verwendung für Unterlagen, Bügeldecken, Betttücher.

Mousseline, Musselin

Leichter, fließender Kleiderstoff in Leinwandbindung, vornehmlich aus Wollkammgarn, uni oder bedruckt. Verwendung für Blusen, Kleider, Röcke, Tücher.

Mull

Leinwandbindiges, weiches Baumwollgewebe mit sehr loser Einstellung der Kett- und Schussfäden. Verwendung für Blusen, Tücher.

Nadelstreifen

Kammgarngewebe mit feinen, hellen Streifen in Kettrichtung. Verwendung für Kostüme, Anzüge.

Natté
franz.:
natter =
flechten

Poröses Gewebe mit körnigem Aussehen in Aida- oder Panamabindung. Verwendung für Hemden, Blusen, Kleider.

Ombré
franz.:
ombre =
Schatten

Bezeichnung für eine schattierende Farbmusterung. Die Farbtöne gehen sanft ineinander über bzw. stufenlos von Hell zu Dunkel (gewebt oder bedruckt). Die Abbildung zeigt einen **Taft ombré.**

Opalbatist

Baumwollbatist mit weichem Griff und durchscheinend milchigweißem Aussehen. Verwendung für Blusen, Nachtwäsche.

Organdy

Gefärbter, bedruckter oder bestickter Glasbatist. Durch Ausrüstung durchsichtig und steif (Transparentieren). Verwendung für Garnituren, Kleider, Blusen.

Organza

Transparentes, steifes Gewebe aus Filamentgarnen in Leinwandbindung. Verwendung für festliche Kleider und Blusen sowie als Zwischenfutter und leichte Steifeinlage in der DOB.

5.2 Handelsbezeichnungen (15)

Ottoman

Querripsgewebe mit 3 bis 10 Rippen/cm. Verwendung für Mäntel, Jacken, Dekorationsstoff.

Oxford

Hemdenstoff aus Baumwolle in abgeleiteter Leinwandbindung. Die Kettgarne binden paarweise mit einem andersfarbigen Schuss und ergeben so ein kleingewürfeltes Aussehen. Verwendung für Hemden, Blusen.

Panama

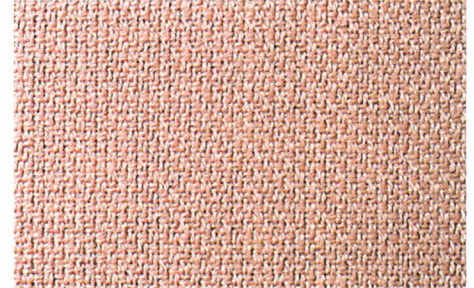

Allgemeinbezeichnung für Stoffe in Panamabindung und mit schachbrettartig gewürfeltem Erscheinungsbild. Aus Baumwolle für Hemden, Sport- und Freizeitkleidung, aus Wolle für Kostüme und Anzüge.

Pannesamt

Stark glänzender Samt aus Filamentgarnen mit niedergepresstem Flor. Verwendung für elegante Damenbekleidung.

Pepita

Gewebe mit kleinen, hell-dunkeln Karos (Blockkaro), die im Gegensatz zu Hahnentritt nicht zackig erscheinen (vgl. Seite 77). Verwendung für Kostüme, Anzüge.

Pikee-Maschenware

Maschenware aus Baumwolle oder in Mischung mit kleiner, reliefartiger Musterung. Ableitung der Grundbindung RL oder RGG. Verwendung für Poloshirts.

Piqué

franz.:
piquer =
steppen,
anpicken

Doppelgewebe aus Baumwolle mit reliefartiger Musterung, die wie gesteppt aussieht. Die rechte Warenseite ist feinfädig und leinwandbindig. Verwendung für sommerliche Damenbekleidung.

Plüsch

Eine Web- oder Maschenware mit sehr hohem Flor, Florhöhe über 3 mm, meist als Polyacryl. Wird als Warmfutter und Pelzimitation verwendet.

Pongé

franz.:
Japon =
Japanseide

Sehr leichtes, feinfädiges Reinseidengewebe in Leinwandbindung, ganz entbastet und nicht beschwert. Verwendung
für Futter, Blusen, Tücher. Pongéfutter ist häufig aus Chemie-
filamenten.

Popeline

Leinwandbindiges Gewebe mit feinen Querrippen, die durch
eine sehr feine, dicht eingestellte Kette und ein gröberes
Schussgarn entstehen. Verwendung je nach Stärke für Hemden, Blusen, Hosen, Jacken, Mäntel.

Quadrillé

franz.:
quadrillé =
kariert

Bezeichnung für eine kleinkarierte, kleingewürfelte Musterung, die durch Weben oder Bedrucken entstehen kann. Die
Abbildung zeigt einen **Satin quadrillé**.

Ratiné

Veloursgewebe mit Oberflächenbehandlung. Der Flor wird
mechanisch zu Knötchen, Locken zusammengedreht. Verwendung für Jacken und Mäntel.

Rayé

franz.:
rayer =
liniieren

Bezeichnung für Längsstreifenmusterung. Sie kann durch
Buntweben, Bindungswechsel, unterschiedliche Kettfadendichte oder Bedrucken erreicht werden. Die Abbildung zeigt
einen **Satin rayé**.

Renforcé

franz.:
renforcer =
verstärken

Baumwollgrundware in mittlerer Stärke in Leinwandbindung, einfarbig oder bedruckt. Verwendung für Blusen, Kleider, Bettwäsche.

Reversible

franz.:
reversible =
umkehrbar

Gewebe mit zwei unterschiedlichen Warenseiten, durch eine
Kettverstärkung oder durch eine hohe Kettdichte erreicht.
Beidseitig verwendbar, z.B. für Kleider, Kostüme.

Rips

Ein Gewebe mit ausgeprägten Rippen, hauptsächlich in
Schussrichtung, aus Wolle, Baumwolle oder Seide. Verwendung für Kleider, Kostüme, Mäntel und Dekostoffe.

Samt

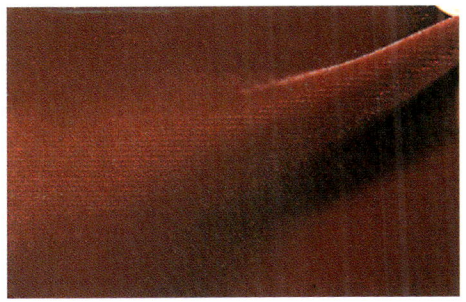

Allgemeinbezeichnung für Florgewebe mit einer Florhöhe bis 3 mm. Der Flor wird durch ein drittes Fadensystem gebildet. Verwendung für elegante Kleidung und Dekorationen.

Sandkrepp

Ein Kleiderstoff in Kreppbindung. Kurze Fadenflottungen ergeben ein unruhiges Oberflächenbild. Verwendung für Kleider, Blusen.

Satin

franz.:
satiné =
seidig, glänzend

Allgemeinbezeichnung für Gewebe in Atlasbindung, mit glatter Oberfläche und geschmeidigem Fall. Verwendung für Kleider und Blusen, Futter und Bettwäsche.

Scherplüsch (Nicki)

Maschenware mit samtartiger Oberfläche. Ein zusätzliches Fadensystem bildet Schlingen, die aufgeschnitten und geschoren werden. Verwendung für Haus- und Freizeitkleidung, Kinderbekleidung.

Schottenkaro

franz.:
Ecossais

Großkarierte Woll- oder Baumwollgewebe in kräftigen Farben, überwiegend in Köperbindung mit Grundkaros in flächiger Wirkung und farbigen Überkaros. Verwendung für Jacken, Röcke, Hosen, Hemden, Kleider.

Seersucker

Ein Baumwollstoff mit borkigen Längsstreifen. Echter Seersucker entsteht durch unterschiedliche Kettspannung, gleiche Effekte lassen sich in der Ausrüstung erreichen. Verwendung für Blusen, Hemden, Kleider.

Serge

Dichtes, köperbindiges Gewebe. Wollserge, leicht geraut oder kahl ausgerüstet, verwendet man für Anzüge und Kostüme. Futterserge aus Viskosefilamenten mit hoher Glätte wird in der Haka zum Abfüttern von Sakkos und Mänteln verwendet.

Shantung

Chinesische
Provinz

Leinwandbindiges Wildseidengewebe mit Grègegarnen in der Kette und einem Schuss mit flammenartigen Unregelmäßigkeiten. Verwendung für Kleider, Blusen, Dekostoffe.

Shetland

Shetlands,
schottische
Inseln

Wollstreichgarngewebe in Gleichgratköperbindung. Aus groben, festen Garnen, oft meliert und mit Stichelhaaren durchsetzt. Verwendung für Kostüme, Anzüge, Mäntel.

Single Jersey

engl.:
Single =
einzeln;
jersey =
Pullover, Trikot

Feine einflächige Maschenware in Rechts-Links-Bindung, meist aus Baumwolle. Verwendung für Hemden, Blusen, Nachtwäsche, T-Shirts.

Soielaine

franz.:
soie =
Seide;
laine =
Wolle

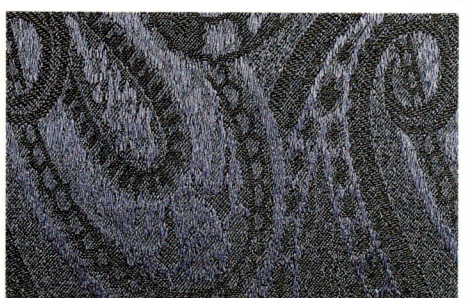

Sehr weiches, fließendes Gewebe mit Filamenten in der Kette und feinen Wollgarnen im Schuss. Verwendung für Blusen, Kleider, Röcke. Die Abbildung zeigt ein Paisley-Muster.

Surah

Surat,
indische
Stadt

Köperbindiges Seidengewebe mit deutlichem Mehrgrat. Verwendung für Blusen, Krawatten, Kleider, Dekorationen.

Taft

Allgemeinbezeichnung für dichtgewebte leinwandbindige Gewebe aus Filamentgarnen, leicht querrippig durch dickeren Schuss und fest bis steif, je nach Material. Verwendung für Futter, Abendbekleidung.

Toile

franz.:
toile =
Leinwand,
Tuch

Weichfließender Seidenstoff in Leinwandbindung. Die Garne sind wenig gedreht und lose eingestellt. Verwendung für Blusen, Kleider, feine Nacht-, Unter- und Bettwäsche.

Travers

franz.:
en travers =
querüber

Bezeichnung für Querstreifenmusterung. Sie kann z.B. durch Buntweben, Bindungswechsel, Prägen oder Bedrucken erreicht werden. Die Abbildung zeigt einen **Toile travers**.

Trikotine

Strapazierfähiger, elastischer Wollstoff in Steilköperbindung. Die rechte Seite zeigt schmale, diagonale Rippen und ist kahlappretiert. Verwendung für Hosen und Uniformen.

Tropical

engl.:
tropical =
tropisch

Kammgarngewebe in Leinwandbindung aus hart gedrehten Zwirnen. Sehr leicht, knitterunempfindlich und luftdurchlässig. Verwendung für Sommeranzüge. Wollstoffe mit diesen Eigenschaften werden auch als „Cool Wool" bezeichnet.

Tuch

Wollgewebe mit mattem Glanz, kurzem Strichflor, stark gewalkt, geraut. Verwendung für Kostüme, Anzüge und Mäntel.

Tüll

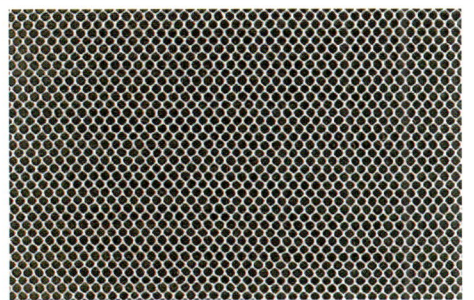

Auf Wirk- oder Bobinetmaschinen hergestellte durchbrochene Ware, meist mit wabenförmiger Struktur, glatt, gemustert oder evtl. bestickt. Verwendung für elegante Blusen und Kleider, Ausputz, Schleier.

Tweed

Streichgarngewebe im Handwebcharakter. Aus groben, melierten, noppigen Garnen, Kette und Schuss sind meist verschiedenartig. Verwendung für Kostüme, Anzüge, Mäntel.

Twill

engl.:
twill =
Köper

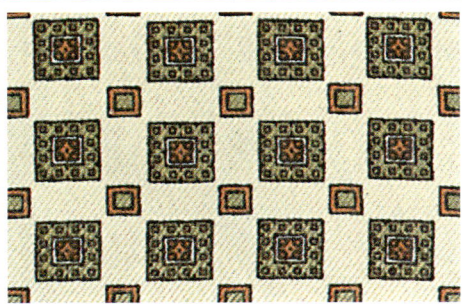

Leichtes, weiches köperbindiges Gewebe, meist bedruckt, häufig aus Filamentgarnen. Verwendung für Kleider, Blusen, Krawatten, Schals.

Twist

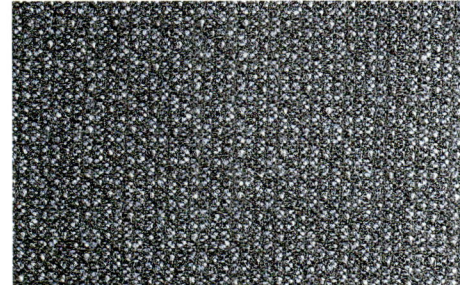

Strapazierfähiges Kammgarngewebe in Köper- oder Leinwandbindung, meist mit mehrfarbigen Zwirnen, die eine gesprenkelte Farboptik ergeben. Verwendung für Hosen, Anzüge.

Velours

franz.:
velours =
Samt

Weicher, gerauter Wollstoff mit dichtem, kurzem Flor (Stehvelours) oder niedergepresstem Strichflor (Strichvelours). Verwendung für Mäntel, Jacken.

Velvet

Bezeichnung für glatte Schusssamtgewebe, meist aus Baumwolle. Kurzer, dichter und gleichmäßiger Faserflor. Verwendung für DOB, HAKA, Deko.

Velveton

Gewebe aus Baumwolle mit veloursartiger Oberfläche. Der kurze Flor entsteht durch Aufrauen und Schmirgeln der rechten Warenseite. Fest und strapazierfähig sowie gut waschbar. Verwendung für Hose, Jacken, Besätze, Möbelbezüge.

Vichy

französische Stadt

Leinwandbindiges Baumwollgewebe mit einem kontrastreichen, zweifarbigen Blockkaro. Verwendung für Hemden, Dirndlkleider, Dekostoffe.

Vogelauge

Kahl ausgerüstetes Kammgarngewebe mit typischer Punktmusterung, erreicht durch verschiedenfarbige Garne in bestimmter Schär- und Schussfolge. Verwendung für Anzüge, Kostüme.

Voile

franz.: voile = Schleier, Vorhang

Gewebe in Leinwandbindung mit hart gedrehten Garnen in Kette und Schuss oder nur in der Kette. Die Ware ist durchscheinend und im Griff rau. Verwendung für Kleider und Blusen.

Waffelpikee

Baumwollgewebe mit waffelähnlichem Aussehen durch quadratisch angeordnete Fadenflottungen. Feine Qualitäten werden für Garnituren und Blusen verwendet, stärkere Qualitäten für Handtücher, Bademäntel.

Web-strickware

Schwere, formbeständige Maschenware, die sich wie eine Webware verarbeiten lässt. Verwendung für Kleider, Kostüme, Hosen, Sakkos.

Whipcord

engl.: whipcord = Peitschenschnur

Kammgarngewebe in Steilgratköperbindung. Die rechte Warenseite zeigt plastische, erhabene Diagonalen und ist kahlappretiert. Verwendung für Hosen, Anzüge.

Zefir

Buntgewebter Batist, z.B. gestreift, evtl. mit kleinen Bindungsmustern durchsetzt. Verwendung für Hemden, Blusen.

5.3.1 Einlagen

Die Einlagen werden auf die linke Seite des Oberstoffes gearbeitet und sorgen in erster Linie dafür, dass die Form des Kleidungsstückes erhalten bleibt. Durch sorgfältige Verarbeitung wie **Pikieren** (Befestigen durch unsichtbares Aufnähen), **Fixieren** (Aufbügeln) und **Unterlegen** wird eine Stabilisierung erreicht. In Verbindung mit **Dressieren** (Formbügeln der Schnittteile) und Dämpfen ist eine Formgebung möglich.

Es gibt eine große Vielfalt von Einlagestoffen, um den unterschiedlichsten **Anforderungen** wie Elastizität, Volumen, Versteifung sowie Formbeständigkeit und Dauerhaftigkeit beim Gebrauch und bei der Pflege gerecht zu werden. Ihre Herstellung kann als Web-, Vlies- oder Kettenwirkware erfolgen. Fast alle Typen werden als Näheinlage oder als Fixiereinlage angeboten. Fixieranlagen mit einer **flächigen Klebebeschichtung** ergeben in der Regel eine steife Verfestigung, eine **punktuelle Klebebeschichtung** führt zu einer weichen Verfestigung.

1: Rosshaareinlage

2: Wolleinlage

Webeinlagen

Haareinlagen (Bild 1) haben durch ihre raue Oberfläche genügend Haftfähigkeit und zeichnen sich durch Querelastizität aus. Sie haben eine Woll- oder Baumwollkette und einen Rosshaar- oder evtl. Kamelhaarschuss. Man verwendet sie und die etwas leichteren **Wolleinlagen (Bild 2)** zur Vorderteilverarbeitung an Sakkos, Mänteln und Outdoor-Jacken aus mittelschweren und schweren Stoffen.

3: Baumwolleinlage

4: Polyquick®

Einlagestoffe aus Baumwolle in verschiedenen Stärken werden hauptsächlich in der DOB eingesetzt. Für besonders weiche Verarbeitung werden sie leicht angeraut **(Bild 3)**.

Versteifungsgewebe sind mehr oder weniger stark appretiert. Steifeinlage aus Baumwolle, z. B. **Bougram (Bild 5)**, verwendet man hauptsächlich für Kragen und Manschetten bei der Hemdenverarbeitung. Leineneinlagen wie **Steif- oder Schneiderleinen** (geleimt) und das ungeleimte **Klötzelleinen (Bild 6)** werden in der Herrenschneiderei verwendet. Eine leichte Steifeinlage für die DOB ist **Organza**.

5: Bougram

6: Klötzelleinen

Webeinlagen haben in der Regel Leinwandbindung und sind dadurch formstabil. Die schmiegsame Einlage **Polyquick (Bild 4)** hat Kreuzköperbindung.

Vlieseinlagen

Vlieseinlagen sind in den verschiedensten Typen erhältlich: von leicht bis schwer, von weich bis steif, von dünn bis voluminös. Mit Kettenwirkfäden verstärkte Vlieseinlagen **(Bild 7)** sind formstabiler, Vlieseinlagen mit gestanzten Schlitzen **(Bild 8)** sind elastisch.

Im Allgemeinen zeichnen sich Vlieseinlagen durch ein niedriges Warengewicht aus.

7: Verstärkte Vlieseinlage

8: Vlieseinlage mit Schlitzen

Kettenwirkware

Charmeuse ist eine glatte und querelastische Einlage in kombinierter Trikot- und Tuchlegung. Sie wird hauptsächlich bei dehnbaren Oberstoffen eingesetzt. **Watteline (Bild 9)**, eine lockere, weiche und linksseitig aufgeraute Einlage in Trikotlegung, wird für Wattierungen und als Zwischenfutter verwendet. **Rascheleinlage**, z. B. in der Bindungsvariante Franse mit Schuss **(Bild 10)**, ist schmiegsam und doch formstabil. Man setzt sie bei Sakkos, Mänteln und Jacken ein.

9: Watteline

10: Rascheleinlage

5.3.2 Futter

Das Futter soll den Gebrauchswert der Kleidungsstücke erhöhen und auch optisch die Qualität steigern. Es sorgt für einen guten Fall des Oberstoffes und schützt ihn vor Schweiß, Reibung und Schmutz. Gefütterte Kleidungsstücke sind formbeständiger, beim An- und Ausziehen gleitfähiger und auch warmhaltender. Durch das Einfüttern wird die Innenverarbeitung abgedeckt, bei dünnem Oberstoff wird ein Durchscheinen vermieden. Futterstoffe dienen auch zur Herstellung nicht sichtbarer Teile am Bekleidungsstück wie Taschenbeutel und Innentaschen, zum Verstürzen von Patten und sonstigen Kleinteilen, in der Herrenschneiderei zur Bund- und Westenverarbeitung.

Anforderungen an Futterstoffe sind gute bekleidungsphysiologische Eigenschaften, Haltbarkeit im Gebrauch, bei der Reinigung und Wäsche. Sie werden gewährleistet durch geeignete Wahl des Faserstoffes, der Bindung, der Fadendichte und der Ausrüstung.

1: Taft imprimé („Trachtenfutter")

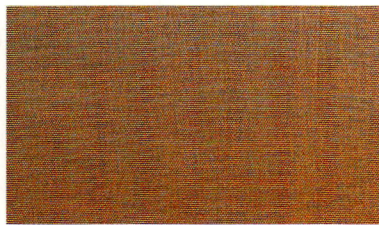

2: Pongé Venezia®

Leibfutter

Das Leibfutter dient zum Abfüttern von Oberbekleidung. Man verwendet Filamentgarne aus Viskose, Polyester, Polyamid, Acetat, Cupro, Seide und Mischungen (z. B. Viskose/Polyamid, Triacetat/Polyamid, Acetat/Cupro).

Taft (Bild 1) und **Pongé (Bild 2)** haben Leinwandbindung, **Serge (Bild 3)** und **Croisé (Bild 4)** Köperbindung, **Duchesse** und **Satin** Atlasbindung.

3: Futterserge

4: Croisé changeant rayé

Ärmelfutter

Für Ärmelfutter sind hellgrundige Streifenmuster beliebt. Sie sind meistens aus Viskose-Filamentgarnen. Es gibt sie als **Taft, Satin (Bild 5)** und **Croisé.**

Westenfutter

Futter für Westenrücken weisen oft Farb- und Bindungsmuster auf wie z. B. **Changeant (Bild 4 und Bild 6)**, und **Façonné (Bild 6)**. Sie sind z. B. aus Viskose oder Seide/Acetat („Halbseide"). Effektvolle Futter dieser Art werden auch zum Abfüttern von Mänteln und Jacken verwendet.

5: Satin-Ärmelfutter

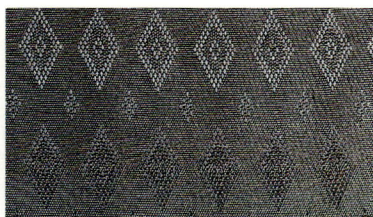

6: Taft changeant façonné

Taschenfutter

Baumwollwaren wie **Moleskin (Bild 7)** in Schussatlasbindung, **Pocketing (Bild 8)** in Leinwandbindung und **Taschentwill** in Köperbindung sind stark appretiert und kalandert. Gewebe aus synthetischen Chemiefasern sind besonders haltbar. **Taschenvelveton** ist aufgeraut und dadurch warmhaltend.

7: Moleskin

8: Pocketing

Kettenwirkfutter

Dehn- und anpassungsfähige Futter können in Kettenwirktechnik hergestellt werden, z. B. **Charmeuse (Bild 9)** aus Polyamid oder Viskose in kombinierter Tuch-/Trikotlegung.

Warmfutter

Zur wärmenden Innenausstattung von Outdoorjacken und Mänteln verwendet man gerne Stoffe aus Baumwolle, Polyacryl, Viskose, Wolle oder Mischungen.

Plaidfutter (Bild 10) ist ein buntgewebter, evtl. gerauter Karostoff. **Plüschfutter** mit einer Florhöhe über 3 mm kann als Web- oder Maschenware hergestellt sein. **Steppfutter** besteht aus zwei oder drei zusammengenähten Stofflagen.

9: Charmeuse

10: Plaidfutter

5.3.3 Bänder und Posamenten[1]

Zur Bekleidungsherstellung sind außer dem Oberstoff entsprechende Zutaten erforderlich. Sie sollten so gewählt werden, dass sie dem Material des Oberstoffes entsprechen, dessen Gebrauchsanforderungen erfüllen und gegebenenfalls einen Artikel wirkungsvoll verzieren.

Die Herstellung von Bändern und Posamenten erfolgt ähnlich der textilen Flächen als Gewebe, Maschenware, Flechtware oder Vlies. Vielfach wirken mehrere Musterungselemente in einem Erzeugnis zusammen, z. B. Material- und Farbkombinationen, Bindungstechnik und Veredlungsarbeiten.

Die Handelsbezeichnungen der Bänder können nach anwendungs- oder bindungstechnischen Gesichtspunkten erfolgen, z. B. Lisierband, Samtband. Zierbänder (z. B. Borten) werden auch den Posamenten zugeordnet.

Bänder

1: Borte

2: Fassonlitzen

3: Gummilitzen

4: Knopflochlitze

5: Paspelbänder

6: Tressen

Name	Merkmale, Eigenschaften, Verwendung
Borte	Allgemeinbezeichnung für ein gemustertes Band aus Baumwolle, Seide, Wolle oder Chemiefasern, Gewebe oder Maschenware.
Fassonlitze	Schmales Bogen- oder Zackenband, ein- oder mehrfarbig, aus Baumwolle oder Chemiefasern. Besatz für Dirndl, Trachten- und Kinderbekleidung.
Gummilitze	Durch Einflechten von Gummifäden oder Elastomeren stark dehnfähiges Band.
Knopflochlitze	Breite Gummilitze mit Knopflochbildung in der Mitte des Bandes.
Lisierband	Leinwandbindiges, 1 cm breites Band aus Baumwolle und Leinen. Zur schneidertechnischen Verarbeitung von Kanten, Revers und Kragen.
Moiréband	Hut- oder Schleifenband mit wellenartiger Maserung, aus Baumwolle, Seide oder Chemiefasern.
Nahtband	Köperbindiges Band aus Baumwolle oder Viskose. Verwendung zur Saumverarbeitung.
Paspelband	Ein Band mit einer schmalen Wulst an der Kante. Aus Baumwolle oder Viskose.
Ripsband	Baumwoll-, Seiden- oder Viskoseband mit ausgeprägten Rippen. Verwendung als Verzierung oder Bundeinlage.
Schrägband	Diagonal geschnittenes Band in verschiedenen Breiten und Materialien, uni oder gemustert, flach oder zur Einfasstechnik vorgefalzt.
Samtband	Aus Baumwolle, Seide oder Viskose, hergestellt wie Samtgewebe, empfindlich in der Verarbeitung.
Stanzband	Einlageband mit vorgestanzten Breiten und Nahtzugaben. Durch die Stanzlinien ist eine rationelle Verarbeitung möglich.
Taftband	Ein Band aus Filamentgarnen, uni oder kariert. Verwendung als Schleifenband.
Tresse	Ein besonders geschmeidiges, gemustertes oder ungemustertes Flechtband. Als Besatz oder zum Einfassen in der Oberbekleidung.

Posamenten

7: Posamenten

Fransen	Bezeichnung für unverwebte Kettfäden an einer schmalen Kante. Aus Viskose, Wolle oder Seide.
Kordeln	Rundgeflechte in verschiedenen Stärken, aus Viskose, Baumwolle, Synthetiks. Verwendung für Bekleidungszubehör, im Heimtextilienbereich und für Sportartikel.
Quasten	Handgefertigte, hochwertige Artikel aus Seide, Viskose. Fransen, Kordeln und Litzen werden kombiniert.
Rosetten	Verzierungsartikel in Form einer offenen Rose, die als Einzelelement angebracht werden.
Soutache	Eine formbare Flachlitze mit zwei Graten, aus Seide oder Viskose. Verwendung für Festkleidung.
Pompons	Büschel aus Wolle, Seide oder Synthetiks, die einzeln oder zusammenhängend als Borte angebracht werden.

[1] Posamenten = schmückende Besatzartikel

Verschlussmittel sind Knöpfe, Haken, Druckknöpfe, Reißverschlüsse usw. Sie können auch zur Verzierung dienen.

Knöpfe

Die Größe der Knöpfe wird nach dem Durchmesser in Millimeter angegeben. Die Knopfformen sind rund, länglich, oval, gewölbt, eckig, kugelig, flach usw. Knöpfe werden durch angeschliffene oder angesetzte Ösen, vertiefte Fadenlöcher oder durch Zwei-, Drei- oder Vierlochbohrungen befestigt.

1: Synthetische Knöpfe

2: Metallknöpfe

3: Lederknöpfe

4: Holzknöpfe

5: Perlmuttknöpfe

6: Hornknöpfe

Der **Polyesterknopf** ist hitze- und reinigungsbeständig, er wird u.a. als Perlmutt- und Hornimitat in allen Bereichen der Bekleidungsindustrie, besonders bei Hemden, Blusen, Wäsche, eingesetzt.

Der **Polyamidknopf** wird in einer großen Farb- und Formenvielfalt angeboten. Es lassen sich alle Naturmaterialien imitieren. Verwendung für DOB, HAKA, Sport- und Freizeitkleidung.

Polyester- und Polyamidknöpfe aus thermoplastischen Kunststoffen decken die Hälfte des Gesamtknopfverbrauches ab.

Der **Metallknopf** aus Messing, Nickel oder Aluminium mit einer gravierten oder gestanzten Oberfläche wird für Blazer, Jeans, Strickwesten und Trachtenbekleidung verwendet.

Leder- oder **Lederimitationsknöpfe** sind empfindlich gegen Feuchtigkeit und wenig scheuerfest. Verwendung finden sie für Leder- und Sportbekleidung sowie für Strickjacken.

Holzknöpfe, aus den verschiedensten Holzarten gefertigt, sind leicht und empfindlich gegen Hitze und Feuchtigkeit. Geeignete Einsatzgebiete sind Strickwaren und sportliche Oberbekleidung.

Der **Perlmuttknopf,** aus der Muschelschale, mit seiner unebenen, schillernden Oberfläche, ist ein wertvoller Schmuckknopf. Er ist hitze- und glanzbeständig und wird im Bereich DOB und Wäsche verwendet.

An Bedeutung verlieren der **Steinnuss-, Horn-, Galalith-, Porzellan-, Plexiglas-, Jett-, Schildpatt-** und **Büffelhornknopf.** Sie werden durch synthetische Materialien ersetzt.

Weitere Verschlussmittel

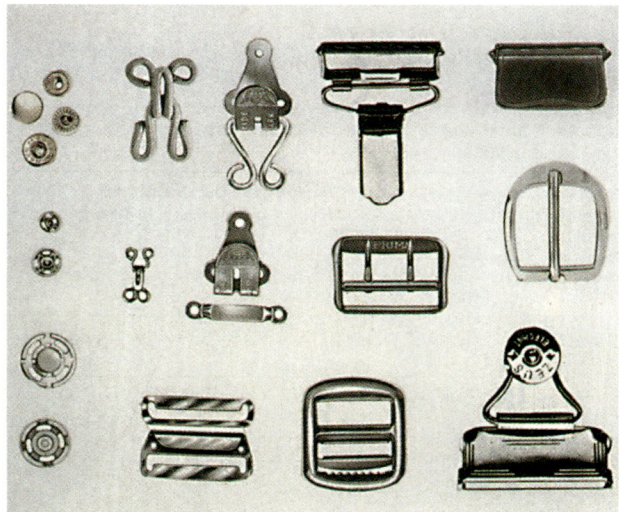

7: Weitere Verschlussmittel

Der **Reißverschluss** ist neben dem Knopf das wichtigste Verschlussmittel. Für leichte und feine Stoffe sind Kunststoffschließketten geeignet. Für Hosen gibt es Reißverschlüsse mit einer Sperre im Schieber. Sportreißverschlüsse sind aus Metall, breit und stabil. Ein- und beidseitig teilbare Reißverschlüsse finden bei Sport- und Freizeitkleidung Verwendung.

Ein **Haftverschluss** mit einem Nylonhakenband und einem Gegenstück mit Nylonschlingen wird als Klettverschluss bezeichnet.

Haken und **Ösen** in verschiedenen Größen und Ausführungen sind Verschlussmittel für Hosen, Röcke, Kleider, Miederwaren.

Druckknöpfe werden aus Metall oder Kunststoff hergestellt und sind in verschiedenen Größen erhältlich. Nähfreidruckknöpfe sind praktisch und rationell.

Schließen und **Schnallen** werden aus Metall, Leder oder Kunststoff gefertigt. Man verwendet sie bei schmalen Kleinteilen wie Hosenträgern, Gürteln, Bündchen.

Eine der ältesten handwerklichen Künste des Menschen ist das Umwandeln von Häuten und Fellen zu Leder. Häute und Felle konnten im Rohzustand nicht verwendet werden, da sie nass schnell faulen und getrocknet brechen. Darum waren die Menschen gezwungen, durch geeignete Gerbstoffe und -verfahren Häute und Felle haltbar zu machen. In den einzelnen Ländern gab es verschiedene Techniken des Gerbens. Dazu gehörte die Konservierung durch Rauch, das Kauen der Häute bei den Eskimos (auch bei Pelzen angewandt), das Gerben durch Fette oder das Haltbarmachen mit Hilfe verschiedener Rindensubstanzen, unter Verwendung von Wasser.

Erst im 19. Jahrhundert wurde die Gerbtechnik verfeinert. Durch die Entwicklung von Gerbextrakten, -techniken und -fässern wurden Fortschritte erzielt. Zu Beginn des 20. Jahrhunderts wurden die ersten synthetischen Gerbstoffe eingesetzt.

Die Rohhaut

Die Häute kommen aus den verschiedensten Gebieten der Welt nach Deutschland.

Für Bekleidungsleder werden hauptsächlich die Häute von Rind, Lamm, Schaf, Ziege, Schwein, Hirsch und Reh verarbeitet. Je nach Herkunft unterscheidet man

- **Zahmhäute,** die von Zuchttieren stammen, die in Herden leben oder aus der Stallhaltung kommen und
- **Wildhäute,** die von frei- oder wildlebenden Tieren aus dem außereuropäischen Raum stammen.

Hautaufbau

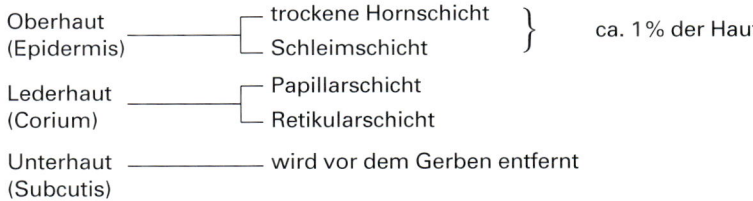

Oberhaut (Epidermis) ———— trockene Hornschicht / Schleimschicht } ca. 1 % der Haut

Lederhaut (Corium) ———— Papillarschicht / Retikularschicht

Unterhaut (Subcutis) ———— wird vor dem Gerben entfernt

Aus dem Hautaufbau ergeben sich folgende Bezeichnungen

- **Narbenseite,** die der äußeren Fellseite beim Tier entspricht. Sie wird auch als Nappaseite bezeichnet und
- **Fleischseite,** an der sich das Unterhautbindegewebe befand. Sie wird als Veloursseite bezeichnet.

Hautqualitäten

An der gespannten Haut kann man die Beschaffenheit eines Felles deutlich machen. Das Zurechtschneiden einer Haut nach den körperbedingten Qualitäten nennt man Crouponieren[1].

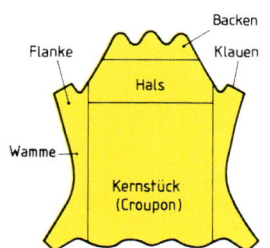

1: Einteilung der Haut

Kernstück (Croupon) beste Qualität

Hals zweitbeste Qualität

Flanke und Wamme drittbeste Qualität

Backen und Klauen viertbeste Qualität

Die Gerberei

Die Ledergewinnung wird in drei Stufen eingeteilt:

- Gerbereivorbereitung, auch Wasserwerkstatt genannt
- Gerbprozess in der eigentlichen Gerberei
- Zurichtung

Die Wasserwerkstatt

2: Einweichen in Fässern

Falls die Felle nicht schon konserviert angeliefert wurden, müssen sie zunächst konserviert werden. Dies kann durch Trocknen oder Salzen geschehen. Danach können die Felle gelagert werden.

Die getrockneten oder gesalzenen Felle werden bei der Verarbeitung zunächst eingeweicht. Dies geschieht in Wasser mit Zusätzen wie Waschmittel, Salze, Bakterien usw. Nach dem Einweichen bewirkt man durch Feuchtigkeit und Wärme eine Haarlockerung und einen Hautaufschluss. Anschließend werden mit Spezialmaschinen an der Oberseite die Haare und an der Unterseite die Fleischreste entfernt. Die so vorbereiteten Häute werden entsprechend ihrer Dicke und Größe gespalten und crouponiert.

Um eine gerbfertige Haut (Blöße) zu erhalten, werden die Häute noch gestrichen, geglättet und ggf. geschrumpft.

[1] Crouponieren = aus einer gegerbten Haut herausschneiden

Der Gerbprozess in der Gerberei

In der Gerberei nimmt die Haut in Gerbfässern **(Bild 1)** aus der Gerbflotte den Gerbstoff auf. Er dringt in die Zwischenräume zwischen den Eiweißfasern ein und wandelt sie in Lederfasern um. Damit ist ein neuer Stoff mit neuen Eigenschaften wie größerer Elastizität und Geschmeidigkeit sowie Wasser- und Fäulnisbeständigkeit entstanden.

Die Gerbung wird nach verschiedenen Methoden vorgenommen:

Pflanzliche Gerbung	Die Gerbstoffe werden aus Rinden, Gerbhölzern, gerbstoffhaltigen Früchten, Gerbblättern und Gerbwurzeln gewonnen.
	Die gegerbten Felle haben eine helle bis dunkel-rotbraune Färbung und lassen sich schlecht in helle Farben färben. Außerdem sind die Leder relativ schwer.
Mineralische Gerbung	Die Gerbung erfolgt meistens mit Chromsalzen (Chromgerbung = 80 % aller Bekleidungsleder). Der Rest wird mit anderen Mineralsalzen, z. B. Aluminiumsalzen, gegerbt. Mineralisch gegerbte Leder haben eine grün-gräuliche Färbung, lassen sich gut färben, sind sehr reißfest, leicht und haben eine gute Lichtechtheit.
Fettgerbung (Sämischgerbung)	Sie ist eine organische, jedoch nicht pflanzliche Gerbung. In der Regel verwendet man Dorschtran. Die Gerbung erfolgt über eine Verbindung von Fettsäure mit Sauerstoff.
	Hauptsächlich werden Wildhäute (Hirsch, Elch) sämisch gegerbt.
Kombinationsgerbung	Die Kombination verschiedener Methoden ist möglich, wird jedoch nicht sehr häufig angewandt.

Die Zurichtung

In der Zurichtung werden die gegerbten Felle in den nachfolgend kurz beschriebenen Arbeitsgängen zu Bekleidungsledern fertiggestellt.

Entwässern	Den gegerbten Ledern wird das Wasser zunächst durch Pressen und anschließend durch stumpfe, mit Filz überzogene Spiralwalzen entzogen.
Trocknen	Weiterer Feuchtigkeitsentzug erfolgt in Trocknungsanlagen durch Warmluft.
Falzen	Das Leder wird auf der Fleischseite abgehobelt und erhält somit eine gleichmäßige Dicke.
Färben	Leder kann nach verschiedenen Methoden gefärbt werden.
	Bei der Fassfärbung werden Anilinfarbstoffe eingesetzt **(Bild 2)**.
	Üblich ist auch die Bürstenfärbung, wobei der Farbstoff nur auf der Narbenseite aufgetragen wird.
	Bei der Spritzfärbung werden Deckfarben und Kollodiumdeckfarben aufgespritzt. Die Spritzfärbung wird häufig zum Ausgleich von Farbabweichungen bei der Fassfärbung angewandt.
Fetten	Die zuvor durch die verschiedenen Arbeitsgänge entzogenen Fette werden wieder zugegeben, um das Leder geschmeidig zu machen.
Trocknen	Die Leder werden in temperaturgeregelten Klimakammern auf einen gleichmäßigen Trockengrad gebracht.
Stollen	Die Hautfasern werden durch Dehnen und Strecken wieder weich und elastisch gemacht.
Abbuffen	Bei Nubukleder wird die Narbenseite angeschliffen und die Fleischseite aufgeraut.
Appretieren	Auf der Narben- oder Fleischseite werden Glanz- und Schutzschichten aufgetragen, um ein schöneres Aussehen und eine größere Geschmeidigkeit zu erhalten.
Glanzstoßen	Mit der Glanzstoßmaschine wird eine Glanzappretur aufgebracht **(Bild 3)**.
Bügeln (Bürsten)	Narbenseitige Leder erhalten eine mattglatte Oberfläche durch Bürsten mit einer Wachsappretur (wichtig bei der Deckfarbenzurichtung).

1: Gerbfässer

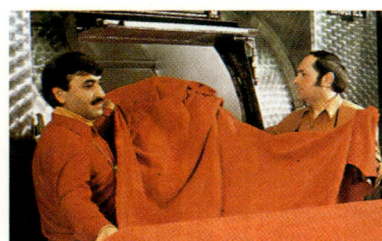

2: Lederfärberei

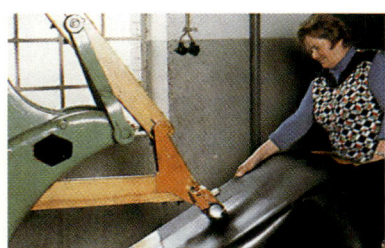

3: Glanzstoßen

6.2 Ledersorten

Jede Tierart liefert ihren eigenen individuellen Hauttyp. Je nach Art des Bewuchses, z. B. Wolle, Haare oder Borsten, entstehen unterschiedliche Porenbilder, d. h. eine feine Lederstruktur (wie beim Lamm) oder eine markante Lederstruktur (wie beim Porc).

Jede Haut hat zwei Seiten. Die äußere Seite, die den Bewuchs trug, ist die Haar- bzw. die Narbenseite. Aus ihr wird das glatte **Nappaleder** gearbeitet. Wird die glatte Nappaseite angeschliffen, so entsteht **Nubuk** mit feinstem Schliff.

Die zweite, dem Tierkörper zugewandte Hautseite ist nach dem Abzug rau. Sie wird zu seidigem, kurzfaserigem **Velours** geschliffen.

Dicke Häute werden gespalten und zwar Rindleder in drei und Kalbleder in zwei Schichten. **Spaltleder** sind von beiden Seiten rau. Sie haben ein hohes Gewicht und einen kräftigen Griff.

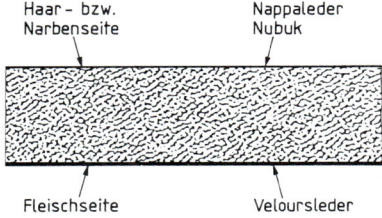

1: Lederquerschnitt

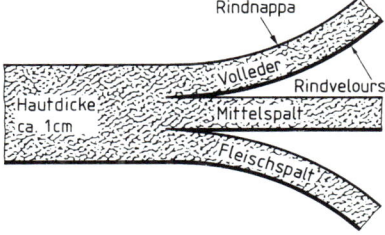

2: Rindleder gespalten

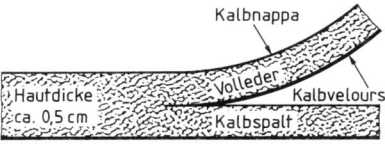

3: Kalbleder gespalten

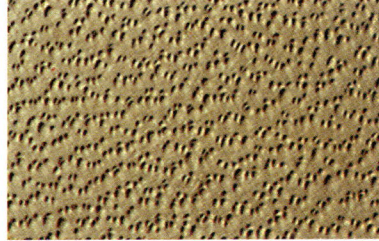

4: Kalbleder[1]

Kalbnappa ist ein sehr hochwertiges Leder, dessen Porenbild über die ganze Fläche fein und gleichmäßig ist.

Kalbvelours ist ein Spitzenleder, bedingt durch den eleganten, seidigen Schliff.

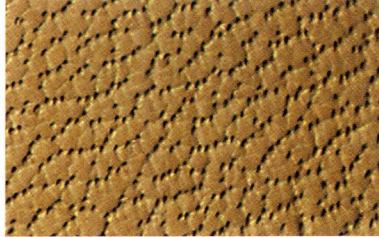

5: Rindleder[1]

Rindnappa ist ein reißfestes, formtreues und sehr strapazierfähiges Leder. Die feinen Hautporen sind regelmäßig angeordnet.

Rindvelours wird für Bekleidungszwecke nicht eingesetzt.

6: Ziegenleder[1]

Ziegennappa mit seinen groben Poren wird nur selten als Bekleidungsleder eingesetzt.

Ziegenvelours bietet einen seidigen Schliff und „softigen" (weichen) Griff, außerdem Formtreue und Eleganz.

7: Lammleder[1]

Lammnappa ist, bedingt durch feinstes Porenbild, geringes Gewicht und weichen Griff, ein edles und elegantes Bekleidungsleder. Im Wammenbereich kann es doppelhäutig und damit runzelig sein.

Lammvelours hat einen kurzen Schliff. Bei Tragebeginn kann sich Schleifstaub absondern.

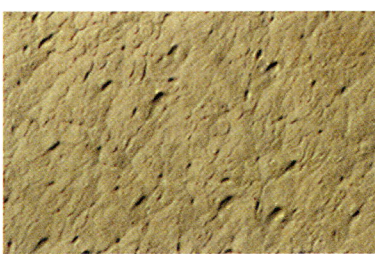

8: Schweinsleder (Porc)[1]

Porc oder Schweinsleder ist ein preiswertes Strapazierleder. Die kräftigen Schweineborsten hinterlassen ein markantes, sportliches Nappabild und eine typische Perforation auf der Veloursseite.

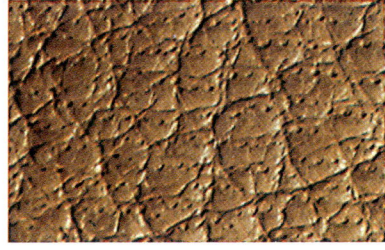

9: Hirschleder (Wildleder)[1]

Hirschnappa, ein echtes Wildleder, zeigt ein rustikales Porenbild mit vielen zusätzlichen Vernarbungen und auch Farbschwankungen.

Der Ausdruck Wildleder wird oft fälschlicherweise für alle Arten von Rauleder verwendet.

[1] vergrößerte Darstellung

6.3 Lederkonfektion

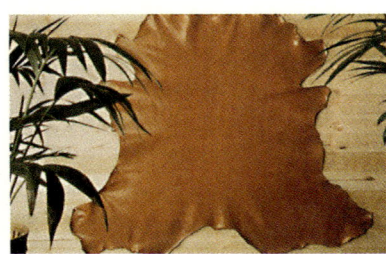

1: Lederhaut

2: Schnitte auf Leder platzieren

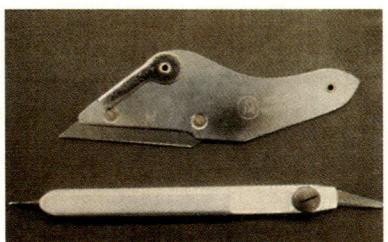

3: Schneidwerkzeuge

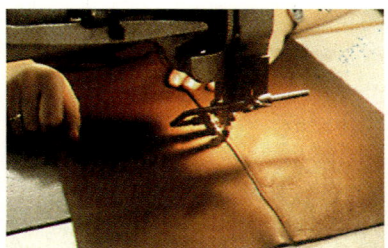

4: Absteppen der Ledernaht

5: Lederbekleidung

Bedingt durch die begrenzte Ledergröße werden zwischen 6 (z. B. für eine Jacke) und 15 (z. B. für einen Mantel) verschiedene Felle zu einem Bekleidungsstück verarbeitet.

Der Flächeninhalt einer Haut wird mit modernen Geräten ausgemessen und mithilfe eines Computers berechnet. Er wird in Quadratfuß angegeben. 1 Quadratfuß = 30,48 cm × 30,48 cm = 929 cm².

Die Konfektionierung individueller Fellgrößen mit zusätzlichen naturbedingten Unregelmäßigkeiten erfordert großes Fachwissen. Wichtig sind rationelle Produktionstechniken, um eine kostengünstige Herstellung zu erreichen.

Die einzelnen Fertigungsabläufe der Lederkonfektion sind:

Sortieren

Die Leder werden nach Farbe, Dicke und Struktur sortiert. 3000 bis 4000 Felle werden im gleichen Farbfass gefärbt. Trotzdem ist es naturbedingt, dass die Farbe vom einzelnen Fell unterschiedlich aufgenommen wird. Die unterschiedlichen Farbnuancen müssen erkannt und zusammensortiert werden. Das Auge des Farbsortierers muss präzise Feinarbeit leisten, denn die verschiedenen Felle eines Lederbekleidungsstückes müssen farblich optimal zusammenpassen.

Zuschnitt

Lederbekleidung kann nicht in rationellen Lagen zugeschnitten werden, wie das bei textilen Stoffen möglich ist. Lederzuschnitt ist ein manuell aufwendiger Einzelzuschnitt mit dem Messer.

Da jedes Leder ein anderes Format bzw. eine andere Form hat, müssen beim Zuschnitt folgende Eigenarten beachtet werden:

- Unterschiedliche Größen
- Hautunregelmäßigkeiten, wie z. B. Vernarbungen, Wammen
- Farbschwankungen, Veloursstrich
- Löcher, Einrisse

Der Lederzuschneider platziert die verschiedenen Teile des Schnittmusters möglichst materialsparend, unter Umgehung aller Hautunregelmäßigkeiten. Mit einem rasiermesserscharfen Messer werden die Lederschnittteile ausgeschnitten.

Fixieren

Kanten, Kragen, Revers usw. werden mit Klebbändern, punktbeschichteten Vliesstoffen oder Geweben verstärkt. Das Fixieren kann mit dem Bügeleisen oder der Fixierpresse erfolgen.

Nähen (Konfektionieren)

Der Lederkonfektion stehen Schnellnäher, Spezialmaschinen, Automaten, Bügelanlagen zur Verfügung, die ein problemloses Verarbeiten aller Lederqualitäten vom Nappa bis zum Pelzvelours ermöglichen. Der Transport des Leders durch die Maschine für die verschiedensten Näharbeitsgänge erfolgt manuell durch die Näherin. Hierbei werden höchste Ansprüche an die Qualität gestellt. Nähte, die aufgetrennt werden müssen, hinterlassen sichtbare Einstichlöcher. Besonders Zierstepplinien müssen auf Anhieb richtig sein. Entscheidend für das saubere und haltbare Nähen von Leder sind die folgenden Bedingungen:

Nadelstärke:	Nm 80 bis Nm 130
Transport:	Alternierender Obertransport, Nadeltransport
Nähfuß:	Rollenfuß, Teflonfuß
Garnstärke:	Nm 50 bis Nm 70

Kleben

Nach dem Nähen werden Nähte, Säume und Belege mit Spezialleim eingestrichen und angepresst. Damit liegen die Nähte flach und Säume und Belege bekommen den nötigen Halt.

6.4 Pelztierarten

Pelze wurden schon immer als wärmende Kleidungsstücke getragen. Pelzwaren werden auch häufig mit der missverständlichen Bezeichnung Rauchwaren versehen. Das Wort Rauch ist hier von mittelhochdeutsch ruoch = rau abgeleitet und soll die raue, haarige Oberfläche charakterisieren. Von Haarhöhe und -dichte ausgehend wird das Haarkleid entweder als rauch oder als flach bezeichnet.

Pelze werden aus Fellen von Pelztieren gewonnen, die z. Zt. zu ca. 8% bis 10% aus der freien Wildbahn und zu ca. 90% aus Zucht und Hege stammen. Der Handel mit Wildtieren unterliegt je nach der Fellart den Bestimmungen des Washingtoner Artenschutzübereinkommens (WA), dem heute freiwillig mehr als 90 Staaten beigetreten sind. Es wird alle zwei Jahre von den Vertragsstaaten überarbeitet. In Anhang I werden die Pelztiere aufgeführt, die einem totalen Handelsverbot unterliegen, in Anhang II sind die Tierarten verzeichnet, die mit einer Ausfuhrbewilligung des exportierenden Landes gehandelt werden dürfen.

Zucht und Handel sind seit einigen Jahren immer wieder Gegenstand heftiger Diskussionen hinsichtlich des Tierschutzes. Darum sollten bei der Überwachung des Artenschutzübereinkommens und bei der Kontrolle der Pelztierzucht höchste Maßstäbe angelegt werden.

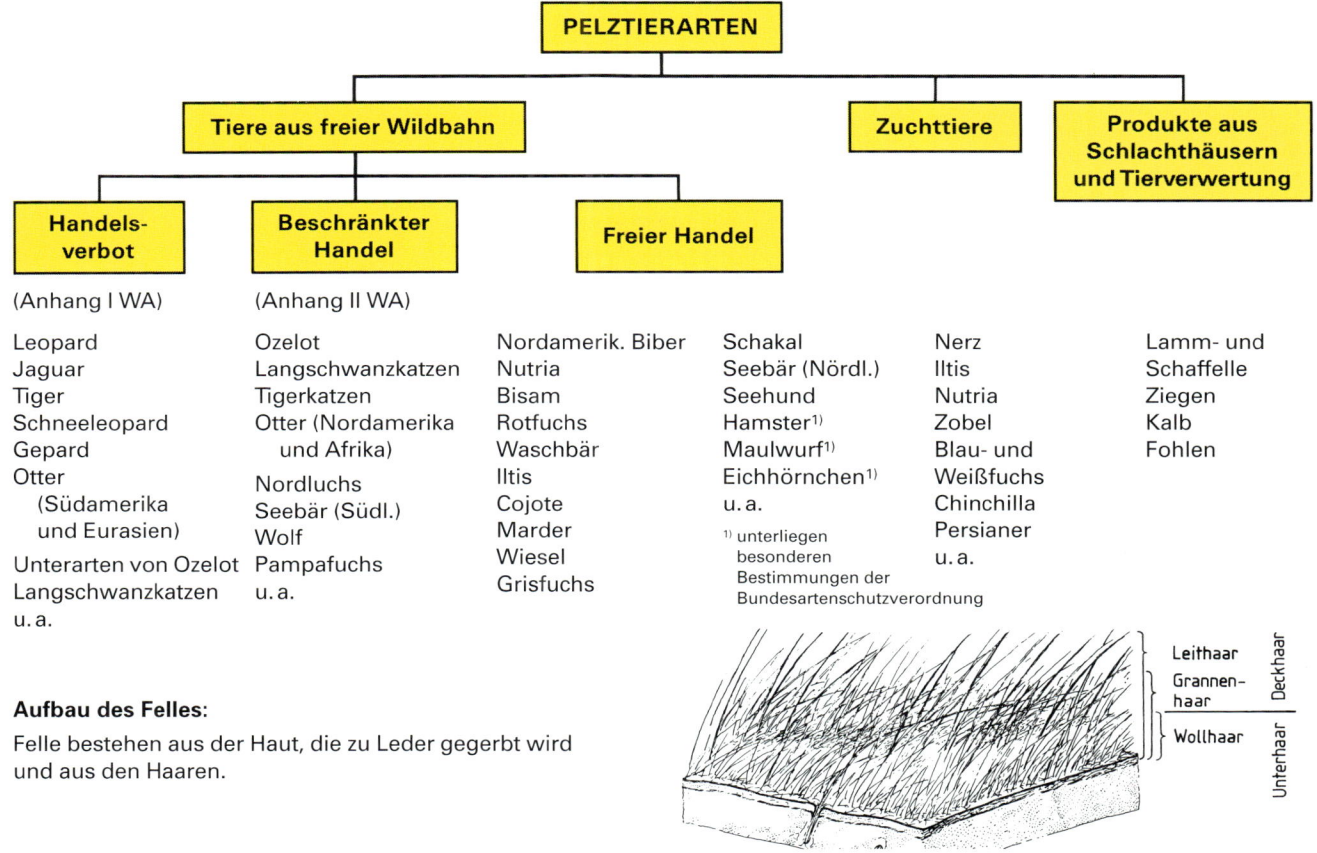

PELZTIERARTEN

Tiere aus freier Wildbahn   **Zuchttiere**   **Produkte aus Schlachthäusern und Tierverwertung**

Handelsverbot   **Beschränkter Handel**   **Freier Handel**

(Anhang I WA)   (Anhang II WA)

Leopard	Ozelot	Nordamerik. Biber	Schakal	Nerz	Lamm- und
Jaguar	Langschwanzkatzen	Nutria	Seebär (Nördl.)	Iltis	Schaffelle
Tiger	Tigerkatzen	Bisam	Seehund	Nutria	Ziegen
Schneeleopard	Otter (Nordamerika	Rotfuchs	Hamster[1]	Zobel	Kalb
Gepard	und Afrika)	Waschbär	Maulwurf[1]	Blau- und	Fohlen
Otter	Nordluchs	Iltis	Eichhörnchen[1]	Weißfuchs	
(Südamerika	Seebär (Südl.)	Cojote	u. a.	Chinchilla	
und Eurasien)	Wolf	Marder		Persianer	
Unterarten von Ozelot	Pampafuchs	Wiesel	[1] unterliegen	u. a.	
Langschwanzkatzen	u. a.	Grisfuchs	besonderen		
u. a.			Bestimmungen der		
			Bundesartenschutzverordnung		

Aufbau des Felles:

Felle bestehen aus der Haut, die zu Leder gegerbt wird und aus den Haaren.

Leithaar ⎤
Grannen- ⎥ Deckhaar
haar ⎦
Wollhaar ⎤ Unterhaar

Je nach Pelztierart und Klimazone können die einzelnen Haarschichten unterschiedlich stark ausgeprägt sein oder ganz fehlen.

1: Geschützte Tierart: Tiger

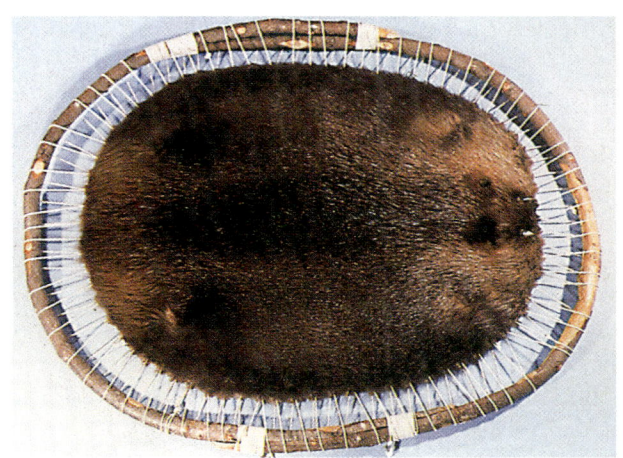

2: Kanadischer Biber (gespannt)

6.5 Pelzzurichtung

Während beim Leder die Felle vor dem Gerben enthaart werden, sollen bei Pelzen die Felle so zugerichtet werden, dass die Lederhaut den Haaren einen guten Halt gewährleistet. Dies wird durch mechanische oder chemische Verfahren in bis zu 140 verschiedenen Arbeitsgängen erreicht, von denen einige wichtige beschrieben werden.

1: Rotfuchs, westlich (links), östlich (rechts)

Weichen (Bild 2)

Die Rohfelle wurden durch Trocknung konserviert und dadurch hart und brüchig. In der Weiche, die ruhend oder bewegt durchgeführt werden kann, nimmt das Fell Feuchtigkeit auf und erhält wieder den Zustand, den es beim Abziehen vom Tier hatte.

Waschen

Stark verschmutzte Felle wie z.B. von Lamm und Schaf und stark fetthaltige Felle werden mit neutralen Waschmitteln gewaschen.

Entfleischen (Bild 3)

Die Felle werden manuell oder maschinell an der Unterseite entfleischt, d.h. das Unterhautbindegewebe wird entfernt, damit bei weiteren Arbeitsgängen die Chemikalien besser eindringen können.

Pickeln

Durch eine Lösung aus Säure und Kochsalz wird das Hautfasergefüge gelockert und der nachfolgende Gerbprozess begünstigt.

Gerben (Konservieren)

Mineralsalze oder synthetische Gerbstoffe wandeln die Haut in Leder um. Die Dosierung muss sehr vorsichtig erfolgen, damit das Hautgefüge möglichst wenig angegriffen wird, um den Haaren weiterhin guten Halt zu bieten.

Fetten

Um eine dauerhafte Elastizität zu erreichen, setzt man dem gegerbten Pelzleder tierische, pflanzliche oder synthetische Fette zu.

Entwässern und Trocknen

Durch Zentrifugieren und Pressen wird zunächst das Wasser entfernt. Auf Trockenböden oder in Trockenapparaturen wird dann die restliche überflüssige Feuchtigkeit entzogen.

Läutern

In langsam sich drehenden Trommeln, die mit trockenen oder feuchten Sägespänen (Buche) gefüllt sind, wird bei gleichzeitiger Zufuhr von Warmluft das überschüssige Fett entzogen und das Haarkleid aufgelockert. Gleichzeitig soll der optimale Feuchtigkeitsgrad erreicht werden.

Dünnschneiden (Bild 4)

Auf der Lederseite werden überflüssige und zu dicke Teile der Lederhaut weggeschnitten.

Strecken (Bild 5)

Die Pelze werden durch Strecken in Längs- und Querrichtung wieder in ihre ursprüngliche Form gebracht.

Anbrachen

Ein abschließender Arbeitsgang, bei dem Beschädigungen ausgebessert werden.

2: Weiche

3: Entfleischen

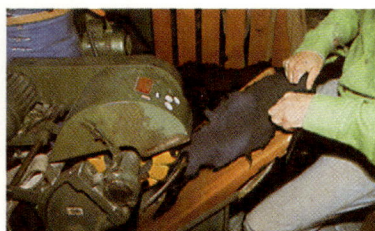

4: Dünnschneiden

5: Strecken

Pelzveredlung

In der Pelzveredlung kann das ursprüngliche Aussehen der zugerichteten Pelze verändert und verbessert werden.

Schönen

Der natürliche Haarton wird aufgehellt.

Färben

Es sind zwar viel Farbtöne färbbar, wegen möglicher Qualitätseinbußen sind jedoch enge Grenzen gesetzt. Helle Töne bedingen ein vorheriges Bleichen, was zu einer Schwächung des Haares führen kann. Die geringe Heißwasserbeständigkeit von Pelzledern (ca. 60 °C) ergibt bei den einsetzbaren Farbstoffen oft nur eine geringe Lichtechtheit. Man kann das Fell auch mit Katzenzeichnungen bedrucken. Dieser Vorgang heißt Schablonieren.

Scheren und Entgrannen

Das Haar wird über die ganze Fläche oder teilweise geschoren oder das Deckhaar wird entfernt (gerupft).

Velours- und Nappalederbearbeitung (Bild 1)

Um beidseitig verwendbare Pelze zu erzeugen, kann durch Nachgerbung und weitere Lederzurichtungsvorgänge der Lederseite von Pelzen eine Nappa- oder Veloursoberfläche verliehen werden.

Bügeln

Auf speziellen Pelzbügelmaschinen mit rotierenden, beheizten Walzen werden Druckstellen beseitigt.

1: Persianer-Nappasierung

Vom Pelzfell zur Pelzbekleidung

Je nach Pelzart sind 25 bis über 45 verschiedene Arbeitsgänge notwendig, um aus den zugerichteten Pelzfellen ein Kleidungsstück zu erstellen. Dabei kann nicht wie von einer textilen Fläche ausgegangen werden, sondern es muss zunächst aus einem Sortiment von relativ kleinen Pelzfellen eine harmonische Fläche gestaltet werden.

Fellauswahl und Schnittmuster (Bild 2)

Zunächst muss je nach Fell- und Verarbeitungsart der Materialverbrauch für jedes Schnittmuster genau berechnet werden. Dann werden die Felle ausgewählt. Bei ungenauer Berechnung können Felle fehlen, und das Kleidungsstück kann nicht fertiggestellt werden oder es bleiben Felle übrig und die Produktion ist unrentabel.

Strecken und Aufschneiden

Falls die Felle nicht schon flach angeliefert wurden, werden sie aufgeschnitten und über die Tischkante gestreckt, damit das Fell flach liegt und seine typische Form erhält. Gegebenenfalls werden die Felle auch in tierspezifische Form geschnitten. Die anfallenden Abfälle, wie Klauen, Schweif usw. können für Ausbesserungsarbeiten und Pelzpatchwork eingesetzt werden.

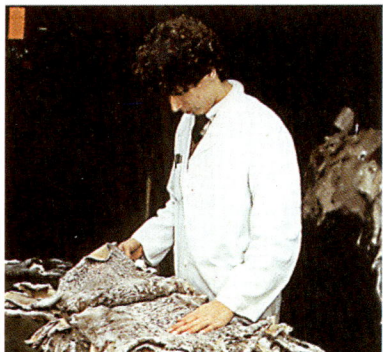

2: Fellauswahl

Anbrachen (Bild 3, Seite 330)

Dies bedeutet, das Fell brauchbar machen. Fehler werden beseitigt und Farbunterschiede, Haarhöhenunterschiede, Fellzeichnungen sowie strukturelle Eigenarten werden auf der Lederseite eingezeichnet.

Sortieren (Bild 3)

Dies ist eine der wichtigsten Tätigkeiten des Kürschners. Durch das Sortieren wird das Gesamtbild eines Pelzbekleidungsstückes im Wesentlichen bestimmt. Hier wird festgelegt, welches Fell an welche Stelle des Schnittmusters kommt. Dazu gibt es keine Patentlösung, sondern es muss mit viel Fingerspitzengefühl und Erfahrung gearbeitet werden. Eine Faustregel lautet: die schönsten Fellteile an die ins Auge fallenden Stellen wie Rücken, Kragen, Vorderkante oder Oberärmel. Kriterien für das Sortieren sind Farbe, Glanz, Haarstruktur und Fellgrößen.

Nach den zuvor beschriebenen Arbeitsgängen müssen die Felle zu Flächen zusammengesetzt werden. Je nach Kleidungsstück, Pelzart und gewünschtem Effekt gibt es dafür verschiedene Herstellungsmöglichkeiten. In unterschiedlichen Schneidetechniken werden die Felle auseinandergeschnitten und dann zusammengenäht.

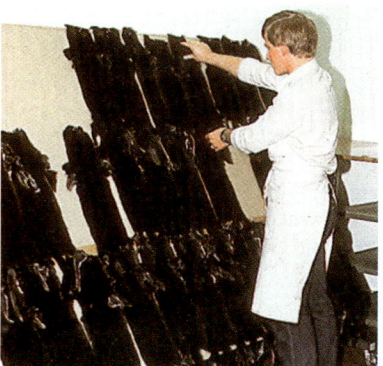

3: Sortieren eines ganzteiligen
   Nerzmantels

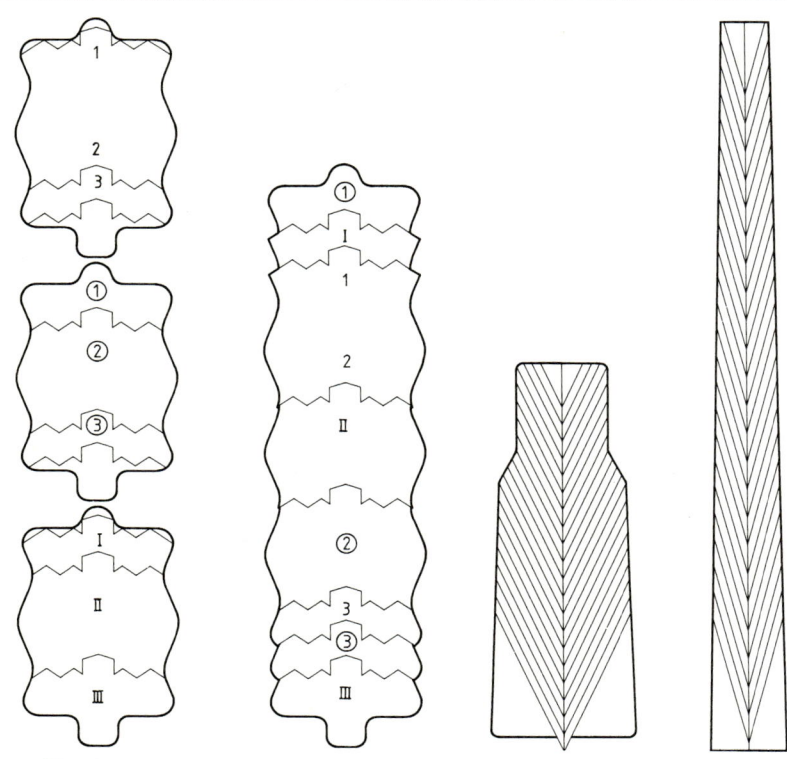

1: Einschneiden am Beispiel Persianer

2: Auslassen am Beispiel Nerz

Schneidetechniken

Bei den verschiedenen Schneidetechniken ist wichtig, dass nur die Lederschicht durchgetrennt wird und das Haar unbeschädigt bleibt. Man schneidet entweder mit dem Kürschnermesser oder einer Schneidemaschine. Man unterscheidet folgende Techniken:

Aufsetzen: Diese Technik wird auch ganzfellige Verarbeitung genannt. Hier werden die Felle in ihrer Größe nicht verändert, sondern in ihrer Naturform in Länge und Breite aneinandergesetzt.

Einschneiden (Bild 1): Mit dieser Technik kann man Felle vergrößern oder verkleinern. Zwei oder mehr zueinander passende Felle werden durch einen gezackten Schnitt, der ein späteres unsichtbares Zusammennähen ermöglicht, in Kopf-, Mittel- und Rumpfbereich (hinterer Bereich) geteilt und danach so zusammengefügt, dass der Charakter eines langgezogenen Felles entsteht, das über eine ganze Mantellänge gehen kann. Die einzelnen langen Teile werden dann seitlich zusammengenäht, und es entsteht die Gesamtfläche eines Mantels.

Auslassen (Bilder 2, 4, 6): Bei dieser Technik sollen aus kurzen, breiten Fellen lange Streifen ohne Quernähte entstehen, die von oben bis unten eine gleichmäßige Fellstruktur aufweisen. Das Auslassen ist eine sehr aufwändige Technik, ergibt jedoch z. B. bei Nerzmänteln eine elegante Linienführung (Bild 3, Seite 141).

In Bild 2 wird ein ca. 50 cm langes Nerzfell V-förmig in schmale Streifen geschnitten, die dann auf der Pelznähmaschine zu einem ca. 120 cm langen Streifen zusammengenäht werden. Die so entstandenen Streifen müssen nochmals sortiert werden, da sich Farbe und Struktur verändert haben können, und erst jetzt festgestellt werden kann, wo im Schnittmuster der einzelne Streifen platziert werden kann. Danach werden die Streifen zusammengenäht und es entsteht eine Fläche.

Umschneiden (Bild 5): Felle mit Unterschieden in Haarstruktur und Farbe werden zum Ausgleich dieser Unterschiede in schmale Streifen geschnitten. Diese Streifen werden durchnummeriert und dann zu zwei oder drei neuen, kleineren Fellen in der Reihenfolge 1, 3, 5 und 2, 4, 6 oder 1, 4, 7; 2, 5, 8 und 3, 6, 9 zusammengenäht.

Galonieren: Bei Fellen mit starker Unterwolle werden Fellstreifen mit Lederstreifen kombiniert, um ein gleichmäßiges Fellbild zu erreichen.

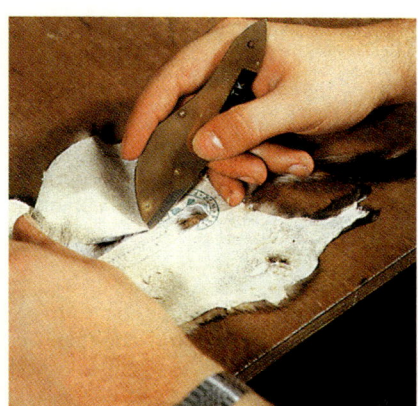

3: Fell reparieren

4: Auslassen an der Pelzmaschine

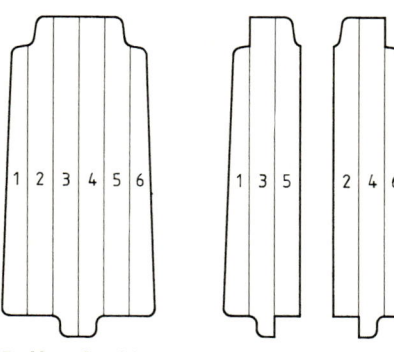

5: Umschneiden

6: Geschnittenes Fell (vorne). Genähter (ausgelassener) Streifen (hinten)

6.7 Vom Pelzfell zur Pelzbekleidung (3)

1: Zwecken

Zwecken

Die fertig zusammengenähten Einzelteile eines Bekleidungsstückes werden auf der Lederseite angefeuchtet und mit Heftklammern auf das auf eine Holzplatte gezeichnete Schnittmuster geheftet **(Bild 1)**. Durch das Anfeuchten sind die Lederhäute mehr oder weniger elastisch und können so in die gewünschte Form gezweckt werden, die dann nach einem ca. zwölfstündigen Trocknen auch nach dem Lösen von der Holzplatte bestehen bleibt. Die Nahterhebungen, besonders bei Auslassarbeiten, werden durch Zweckhölzer mit abgerundeten Kanten oder durch Nahtroller ausgeglichen.

Abgleichen

Nach dem Lösen von der Holzplatte werden die einzelnen Teile nochmals geläutert und dann exakt nach dem Schnittmuster zugeschnitten.

Finish-Arbeiten

Da das Haarkleid bei den bisherigen Arbeitsgängen durch hohe Beanspruchungen mehr oder weniger stark zusammengedrückt sein kann, wird durch Bügeln, Klopfen, Läutern, Einstreichen mit Feuchtigkeit und Kämmen die ursprüngliche Form der Fellseite wieder hergestellt.

2: Mantel zusammensetzen

Zusammenstellen des Kleidungsstückes

Die einzelnen Teile werden zunächst zur Verstärkung pikiert, dann an der Pelznähmaschine zum fertigen Kleidungsstück montiert und schließlich gefüttert.

Gestaltung von Pelzbekleidung im Vergleich zu textiler Bekleidung

Der schnitttechnische Unterschied von Pelzbekleidung und textiler Bekleidung liegt im Wesentlichen in Eigenschaft und Verhaltensweise des Pelzes und der dadurch bedingten andersartigen Arbeitstechnik.

- Ein wesentlicher Unterschied liegt im Nähen des Materials Pelz. Anders als bei Textilien, die mit Nahtzugaben verbunden werden, werden Pelzteile Kante an Kante, ohne jede Nahtzugabe genäht. Aus diesem Grunde müssen alle Eigenarten einer Figur genau vermessen und schnitttechnisch umgesetzt werden, da keine Möglichkeit besteht, durch „herauslassen" oder „wegnehmen" der Nahtzugabe zu korrigieren.

- Pelze haben im Gegensatz zu Textilien keine Dehnungsbereiche, denn ein gedehntes Fell springt nicht in die ursprüngliche Form zurück. Darum wird die Dehnung durch Pikieren (Verstärken mit Stoff) verhindert. Jede Formgebung muss schnitttechnisch gelöst werden, da eine Formänderung durch Dampfbügeln nicht möglich ist. Die Abnäher müssen immer Bezug nehmen auf Fallform, Fellgröße und auf die Platzierung des Felles im Kleidungsstück.

- Der weiche Fall von Textilien ist kaum übertragbar auf Pelze, da innerhalb eines Modells das Naturprodukt Pelz keine gleichmäßige Struktur besitzt (Stärke, Gewicht, Rauche). Bei sehr großen Modellen muss man bei Pelz auch mit dem sich negativ auswirkenden größeren Gewicht rechnen, das von Trägerinnen ungern akzeptiert wird. Auch bedingt eine große Fläche hochwertigen Pelzes einen sehr hohen Preis.

- Durch Bedrucken, Scheren und Patchworktechnik lassen sich ständig neue modische Effekte erzielen.

3: Ausgelassener Nerzmantel

Unter der Proportionslehre versteht man die Lehre von der Teilung von Strecken. Die Proportionslehre ist Grundlage bei der Darstellung des menschlichen Körpers und damit auch bei der Bekleidungsherstellung.

Neben dem Prinzip des Goldenen Schnittes hat sich die Achtelteilung zur Konstruktion des menschlichen Körpers bewährt.

Goldener Schnitt

Mithilfe des Goldenen Schnittes können harmonische Proportionen konstruiert werden. Man teilt eine Strecke so, dass die ungleichen Teile harmonisch zueinander stehen.

Prinzip:

Die kleinere Strecke (a) verhält sich zur größeren Strecke (b) wie die größere Strecke (b) zur gesamten Strecke (a+b).

$$\frac{\overline{BE}}{\overline{AE}} = \frac{\overline{AE}}{\overline{AB}}$$

Konstruktion nach dem Goldenen Schnitt:

1. In Punkt B wird die Senkrechte, $\overline{BC}$ = 1/2 $\overline{AB}$ errichtet.
2. Punkt C wird mit Punkt A verbunden.
3. Die Strecke $\overline{BC}$ wird auf die Gerade $\overline{AC}$ übertragen: $\overline{BC} = \overline{CD}$ = 1/2 $\overline{AB}$.
4. Die Strecke $\overline{AD}$ wird auf die Gerade $\overline{AB}$ übertragen: $\overline{AD} = \overline{AE}$.
5. E teilt die Strecke $\overline{AB}$ im Verhältnis des Goldenen Schnitts.

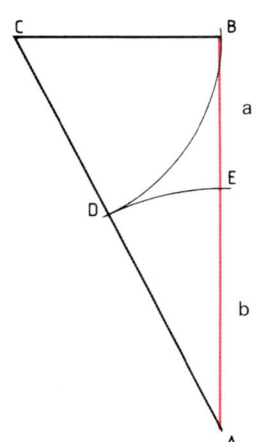

1: Teilung einer Strecke nach dem Goldenen Schnitt

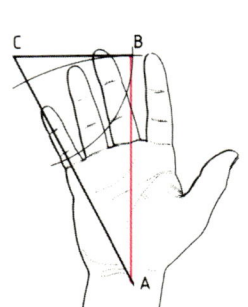

2: Proportionen einer Hand

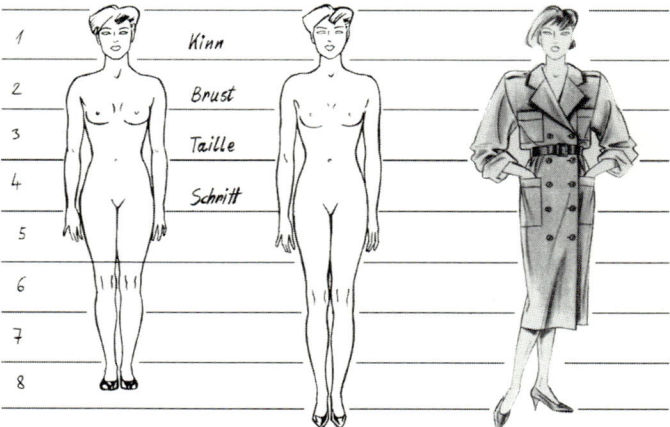

3: Weibliche Proportionsfiguren

4: Ideale Kleidproportionen

Die Achtelteilung

Der menschliche Körper lässt sich in den richtigen Proportionen annähernd genau darstellen, wenn man ihn in acht gleich große Teile aufteilt. Als Grundmaß wird dabei die Kopfhöhe verwendet. Bei Erwachsenen beträgt die durchschnittliche Körpergröße etwa das Siebeneinhalbfache der Kopfhöhe. Bei Modezeichnungen wird sie üblicherweise auf das Acht- bis Achteinhalbfache der Kopfhöhe ausgedehnt; die Verlängerung wird an den Beinen vorgenommen (**Bild 3**).

Abweichungen von der idealen Figur

Jeder Mensch hat eine individuelle Körperform und Körpergröße. Große, kleine, dicke oder untersetzte Figuren entsprechen nicht immer den idealen Proportionen.

Aufgabe der Bekleidungsfertigung ist es, das Kleidungsstück der Körperform und -größe möglichst genau anzupassen. In der modernen Serienfertigung lässt sich dies kostengünstig erreichen, indem man die Kleidungsstücke in verschiedenen Größen fertigt. Bekleidungsgrößen basieren auf Mittelwerten von Reihenmessungen. Bestimmte Maßgruppen werden zusammengefasst und in Tabellen geordnet. Die Größen werden so abgestuft, dass fast jeder Figur eine Größe zugeordnet werden kann.

Größentabellen enthalten Körpermaße, Proportionsmaße und Warenmaße.

Körpermaße werden individuell an vorgegebenen anatomischen Messstrecken ermittelt (z. B. Hüftumfang).

Proportionsmaße werden für die Schnittkonstruktion berechnet (z. B. Rückenbreite = 1/4 Körperhöhe).

Warenmaße sind die Fertigmaße am Kleidungsstück und enthalten Bequemlichkeitszugaben (z. B. Bundweite = Taillenumfang + 1 cm).

Als Normalgröße bezeichnet man die Größe, die der Mehrzahl der Menschen passt. Hiervon abweichende Körperformen werden in andere Größen eingeteilt, z. B. Kurze Größe, Schlanke Größe, Lange Größe.

7.2 Größen der DOB

Das Größensystem der Damenoberbekleidung ist auf den Kenn- oder Schlüsselmaßen **Körperhöhe**, **Hüftumfang** und **Brustumfang** aufgebaut. Von ihnen sind die Größenbezeichnungen abgeleitet. Man unterscheidet bezüglich der Körperhöhe Normale Größen, Kurze Größen und Lange Größen. Diese werden jeweils unterteilt in Normalhüftige, Schmalhüftige und Starkhüftige Größen.

Normalgrößen basieren auf einer Körperhöhe von 168 cm. Die Größennummer ist beispielsweise 38.

Kurze Größen basieren auf 160 cm Körperhöhe und werden mit der halben Normalgrößen-Nummer gekennzeichnet, z. B. 19.

Lange Größen basieren auf 176 cm Körperhöhe und werden mit der doppelten Normalgrößen-Nummer versehen, z. B. 76.

Schmalhüftige Größen unterscheiden sich von den Normalhüftigen Größen durch einen 6 cm kleineren Hüftumfang. Die Größennummer erhält die Vorziffer 0, z. B. 038, 019, 076.

Starkhüftige Größen unterscheiden sich von den Normalhüftigen Größen durch einen 6 cm größeren Hüftumfang. Die Größennummer erhält die Vorziffer 5, z. B. 519, 538, 576.

Größentabellen für normalhüftige kurze, normale und lange Größen[1]

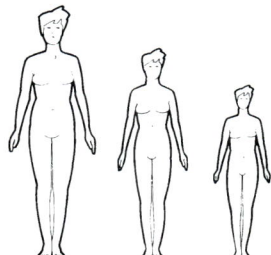

Anteil	Größen-bezeichnung	Körper-höhe	Hüftumfang in cm Brustumfang in cm	86 76	90 80	94 84	97 88	100 92	103 96	106 100	109 104	114 110	119 116	124 122
15%	Kurze Größe normalhüftig	160 cm	Größennummer 16–30	16	17	18	19	20	21	22	23	24	25	26
21%	Normale Größe normalhüftig	168 cm	Größennummer 32–60	32	34	36	38	40	42	44	46	48	50	52
6%	Lange Größe normalhüftig	176 cm	Größennummer 64–120	64	68	72	76	80	84	88	92	96	100	104

Größentabellen für schmalhüftige kurze, normale und lange Größen[1]

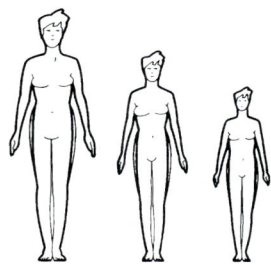

Anteil	Größen-bezeichnung	Körper-höhe	Hüftumfang in cm Brustumfang in cm	88 84	91 88	94 92	97 96	100 100	103 104	108 110	113 116	118 122	123 128
14%	Kurze Größe schmalhüftig	160 cm	Größennummer 016–030	018	019	020	021	022	023	024	025	026	027
17%	Normale Größe schmalhüftig	168 cm	Größennummer 032–060	036	038	040	042	044	046	048	050	052	054
5%	Lange Größe schmalhüftig	176 cm	Größennummer 064–0120	072	076	080	084	088	092	096	0100	0104	0108

Größentabellen für starkhüftige kurze, normale und lange Größen[1]

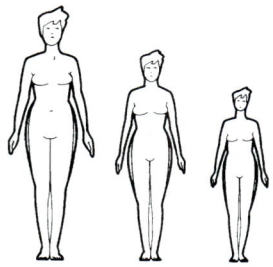

Anteil	Größen-bezeichnung	Körper-höhe	Hüftumfang in cm Brustumfang in cm	100 84	103 88	106 92	109 96	112 100	115 104	120 110	125 116	130 122	135 128
8%	Kurze Größe starkhüftig	160 cm	Größennummer 516–530	518	519	520	521	522	523	524	525	526	527
11%	Normale Größe starkhüftig	168 cm	Größennummer 532–560	536	538	540	542	544	546	548	550	552	554
3%	Lange Größe starkhüftig	176 cm	Größennummer 564–5120	572	576	580	584	588	592	596	5100	5104	5108

[1] Den Größentabellen sind die Reihenmessungen von 1993 zu Grunde gelegt.

7.3 Größen der HAKA

Das Größensystem der Herren- und Knabenoberbekleidung ist auf den Kennmaßen **Brustumfang**, **Bundumfang** und **Körperhöhe** aufgebaut. Man unterscheidet: Normale Größen, Untersetzte Größen, Schlanke Größen, Starke Größen, Sportgrößen, Kurze untersetzte Größen, Bauchgrößen und Kurze Bauchgrößen.

Deutsche Größenbezeichnungen bestehen aus einer Kennzahl, die vom Brustumfang abgeleitet ist.

Beispiel: Brustumfang = 96 cm, Normalgröße 48 (Nummer $\cong$ ½ Brustumfang), Untersetzte Größe 24 (Nummer $\cong$ ¼ Brustumfang)

Europäische Größenbezeichnungen bestehen aus drei Kennzahlen, die sich aus den Kennmaßen ergeben.

Beispiel:

Brustumfang	= 96 cm		48 $\cong$ halber Brustumfang
Bundumfang	= 84 cm	Europagröße $\dfrac{48-6}{174}$	– 6 $\cong$ halbe Differenz von Brust- zu Bundumfang
Körperhöhe	= 174 cm		174 $\cong$ Körperhöhe

▶ Größentabellen der HAKA

1. Normale Männergrößen

Deutsche Größe	44	46	48	50	52	54	56	58
Europagröße	$\frac{44-6}{168}$	$\frac{46-6}{171}$	$\frac{48-6}{174}$	$\frac{50-6}{177}$	$\frac{52-6}{180}$	$\frac{54-6}{182}$	$\frac{56-6}{184}$	$\frac{58-6}{186}$
Körpergröße in cm	168	171	174	177	180	182	184	186
Brustumfang in cm	88	92	96	100	104	108	112	116
Bundumfang in cm	76	80	84	88	92	98	102	108

Bei **Normalgrößen** ist der Bundumfang 12 cm kleiner als der Brustumfang.

2. Untersetzte Größen

Deutsche Größe	22	23	24	25	26	27	28	29
Europagröße	$\frac{44-4}{162}$	$\frac{46-4}{165}$	$\frac{48-4}{168}$	$\frac{50-4}{171}$	$\frac{52-4}{174}$	$\frac{54-4}{176}$	$\frac{56-3}{178}$	$\frac{58-3}{180}$
Körpergröße in cm	162	165	168	171	174	176	178	180
Brustumfang in cm	88	92	96	100	104	108	112	116
Bundumfang in cm	80	84	88	92	96	100	106	110

Bei **Untersetzten Größen** ist der Bundumfang 8 cm kleiner als der Brustumfang; die Körperhöhe ist 6 cm geringer als bei Normalgrößen.

3. Schlanke Größen

Deutsche Größe	90	94	98	102	106	110		
Europagröße	$\frac{44-6}{177}$	$\frac{46-6}{180}$	$\frac{48-6}{183}$	$\frac{50-6}{186}$	$\frac{52-6}{188}$	$\frac{54-6}{190}$		
Körpergröße in cm	177	180	183	186	188	190		
Brustumfang in cm	88	92	96	100	104	108		
Bundumfang in cm	76	80	84	88	92	96		

Bei **Schlanken Größen** ist das Verhältnis Bundumfang zu Brustumfang gleich wie bei den Normalgrößen, die Körperhöhe jedoch um 9 cm größer.

4. Starke Größen

Deutsche Größe	144	146	148	150	152	154	156	
Europagröße	$\frac{44-4}{168}$	$\frac{46-4}{171}$	$\frac{48-4}{174}$	$\frac{50-4}{177}$	$\frac{52-4}{180}$	$\frac{54-3}{182}$	$\frac{56-3}{184}$	

Bei **Starken Größen** ist der Bundumfang 8 cm kleiner als der Brustumfang. Die Körperhöhe ist gleich wie bei den Normalgrößen.

5. Sportgrößen

Deutsche Größe	440	460	480	500	520	540	900	940	980	1020	1060
Europagröße	$\frac{44-8}{168}$	$\frac{46-8}{171}$	$\frac{48-8}{174}$	$\frac{50-8}{177}$	$\frac{52-8}{180}$	$\frac{54-8}{182}$	$\frac{44-8}{180}$	$\frac{46-8}{183}$	$\frac{48-8}{186}$	$\frac{50-8}{188}$	$\frac{52-8}{190}$

Bei **Sportgrößen** ist der Bundumfang 16 cm kleiner als der Brustumfang. Bis zur Größe 540 ist die Körperhöhe wie bei den Normalgrößen, ab Größe 900 12 cm größer.

6. Kurze untersetzte Größen

Deutsche Größe	225	235	245	255	265	275	285	295
Europagröße	$\frac{44-3}{156}$	$\frac{46-3}{159}$	$\frac{48-3}{162}$	$\frac{50-3}{165}$	$\frac{52-3}{168}$	$\frac{54-3}{170}$	$\frac{56-2}{172}$	$\frac{58-2}{174}$

Bei **Kurzen untersetzten Größen** ist der Bundumfang 6 cm kleiner als der Brustumfang, die Körperhöhe ist 12 cm kleiner als bei Normalgrößen.

7. Bauchgrößen

Deutsche Größe	47	49	51	53	55	57	59	
Europagröße	$\frac{46+2}{166}$	$\frac{48+2}{168}$	$\frac{50+2}{170}$	$\frac{52+3}{172}$	$\frac{54+3}{174}$	$\frac{56+4}{176}$	$\frac{58+4}{178}$	

Bei **Bauchgrößen** beträgt der Bundumfang 4 cm, 6 cm und 8 cm mehr als der Brustumfang. Die Körperhöhe ist 6 cm kleiner als bei Normalgrößen und steigt nur um 2 cm.

8. Kurze Bauchgrößen

Deutsche Größe	495	515	535	555	575			
Europagröße	$\frac{48+2}{162}$	$\frac{50+2}{164}$	$\frac{52+3}{166}$	$\frac{54+3}{168}$	$\frac{56+4}{170}$			

Bei **Kurzen Bauchgrößen** beträgt der Bundumfang 4 cm, 6 cm und 8 cm mehr als der Brustumfang. Die Körperhöhe ist 12 cm kleiner als bei Normalgrößen und steigt nur um 2 cm.

7.4 Sonstige Bekleidungsgrößen

Größen für Kinderbekleidung

Die Größenkennzeichnung von Kinderbekleidungsartikeln erfolgt nach dem Kennmaß **Körperhöhe**. Sie beginnt bei 50 cm und wird in Stufen von 6 cm zu 6 cm angegeben, z. B. 50, 56, 62, 68, 74, 80 bis 180.

Man unterteilt Kinderbekleidung in Knaben-, Mädchen- und Kleinkinderbekleidung.

Kleidungsstücke für Kleinkinder sind: Strampelanzüge, Jäckchen, Anoraks, lange Hosen, kurze Höschen, Mäntel, Kleidchen, Kleidungsstücke aus Maschenwaren.

Kleidungsstücke für Mädchen sind: Mäntel, Jacken, Kleider, Blusen, Badebekleidung, Hosen, Shorts, Pullover, Strickjacken, Unterwäsche, Nachtwäsche, Strumpfhosen.

Kleidungsstücke für Knaben sind: Mäntel, Jacken, Hosen, Maschenwaren, Badebekleidung, Unterwäsche, Hemden, Nachtwäsche.

Größen für Herrenhemden

Die Größenbezeichnung für Hemden mit Kragen, bei denen eine gute Passform am Hals wichtig ist, erfolgt nach dem Kennmaß **Halsumfang**.

Durch die Schnittformen normal, tailliert und körpernah werden Figurentypen berücksichtigt.

Schnittform \ Größe		36	37–38	39–40	41–42	43–44	45–46
normal	Brustumfang in cm	108	114	120	128	134	142
	Taillenumfang in cm	96	106	114	124	134	142
tailliert	Brustumfang in cm	104	110	116	124	130	–
	Taillenumfang in cm	92	96	104	114	124	–
körpernah	Brustumfang in cm	98	104	112	120	–	–
	Taillenumfang in cm	84	88	94	104	–	–

Größen für Miederwaren

Kennmaße für Büstenhalter und elastische Corselets sind **Brustumfang, Unterbrustumfang** und **Taillenumfang**. Die in den Tabellen angegebenen Abmessungen gelten für die Körpermaße, nicht für die Warenmaße.

Größenbezeichnung	Unterbrustumfang in cm	klein A	normal B	groß C	sehr groß D	Größenbezeichnung	Unterbrustumfang in cm	klein A	normal B	groß C	sehr groß D	Größenbezeichnung	Unterbrustumfang in cm	klein A	normal B	groß C	sehr groß D
65	63 bis 67	77 bis 79	79 bis 81	81 bis 83	83 bis 85	75	73 bis 77	87 bis 89	89 bis 91	91 bis 93	93 bis 95	85	83 bis 87	97 bis 99	99 bis 101	101 bis 103	103 bis 105
70	68 bis 72	82 bis 84	84 bis 86	86 bis 88	88 bis 90	80	78 bis 82	92 bis 94	94 bis 96	96 bis 98	98 bis 100	90	88 bis 92	102 bis 104	104 bis 106	106 bis 108	108 bis 110

Amerikanische Größen

Das amerikanische Universalgrößensystem mit den Bezeichnungen XS, S, M, L und XL entspricht im Wesentlichen den deutschen Normalgrößen. Es ist aber gröber und kennt nicht so viele Unterteilungen. Das Kleidungsstück erfüllt die Passform im Wesentlichen, d. h. die Ärmel dürfen nicht zu kurz sein, die Schulterpartie darf nicht zu eng sein.

Universalgrößen werden für Blousons, T-Shirts, Hemden, Trainingsanzüge und Sweatshirts verwendet.

US-Universalgrößen für Blousons etc.	XS (extra small)		S (small)		M (medium)		L (large)		XL (extra large)	
Deutsche Männergrößen (Normal)	38	40	42	44	46	48	50	52	54	56
Deutsche Frauengrößen (Normal)	34		36	38	40	42	44	46	48	50
US-Jeansgrößen	26/32	27/32	28/32	29/32	30/34	31/34	32/34	33/34	34/34	35/34	36/34	38/34	40/34

Die amerikanischen Jeansgrößen unterscheiden sich von den deutschen Größen durch die Maßeinheit, in der Anzahl der Kennmaße und in der Größenbezeichnung.

Als Maßeinheit werden „Foot" und „Inches" verwendet. 1 Foot = 12 inches, 1 inch = 2,54 cm. Kennmaße sind Bundumfang, Gesäßumfang und Schrittlänge. Die Größenbezeichnung beinhaltet Bundumfang und Schrittlänge und wird durch zwei Zahlen im Inchmaß angegeben, z. B. 30/34.

Die Summe der unternehmerischen Aktivitäten im Bereich der Marktanalyse, Marktbeobachtung und Verkaufsforschung bezeichnet man als **Marketing**. Aus diesen Informationen wird der Produktionsplan entwickelt und die Produktwerbung setzt ein. Das unternehmerische Ziel ist, bei möglichst geringem Risiko einen möglichst großen Geschäftserfolg zu erwirtschaften.

▷ Zielgruppen

Zielgruppen sind Verbrauchergruppen mit weitgehend gemeinsamen Merkmalen wie z.B. Einstellung zur Mode, Einkaufsverhalten, Kaufstätten, Markenbekanntheit, Markensympathie, Markenbesitz und Qualitätsanspruch an Bekleidung.

Die Bestimmung einer Zielgruppe kann z.B. nach folgenden Gesichtspunkten vorgenommen werden:

Zielgruppe nach Mentalität und Lebensstil		Zielgruppe nach Modegrad und Anspruchsniveau	
DOB	HAKA	DOB	HAKA
Bedürfnislose Antimodische	Trendorientierter Modekonformist	Avantgardistin	Avantgardist
Nonkonfirmistin	Jüngerer stilsicherer Anspruchsvoller	Modebewusste	Youngfashionman
Prestigeorientierte	Ungepflegter Jugendlicher	Jeanstyp	Jeanstyp
Verführbare Distanzierte	Älterer anspruchsvoller Modemuffel	Karrierefrau	Karrieremann
Sparsam biedere Hausfrau	Orientierungsloser	Moderne Frau	Moderner Mann
Gepflegte Konservative	Konventionell-Biederer	Jugendliche Frau	Jugendlicher Mann
Junge Modebegeisterte		Kultivierte Dame	Businessman
		Gepflegte Frau	Korrekter Mann
		Normalverbraucherin	Normalverbraucher
		Billigpreistyp	Billigpreistyp

▷ Genre

Neben der Zielgruppenbestimmung ist das Genre[1] (die Qualitätsstufe) zuständig für die Marktorientierung eines Bekleidungsbetriebes hinsichtlich seiner Kollektionsaussage. Das Genre ist die Zuordnung der Produkte eines Herstellers nach der Gesamtheit der verschiedenartigen Qualitätsmerkmale der Erzeugnisse, wie z.B.

- Güte der Stoffe
- Ausstattung und Aufwand der Innenverarbeitung
- Passform

- modische Aktualität
- Exaktheit der Verarbeitung
- Stückzahl und Größensortimente

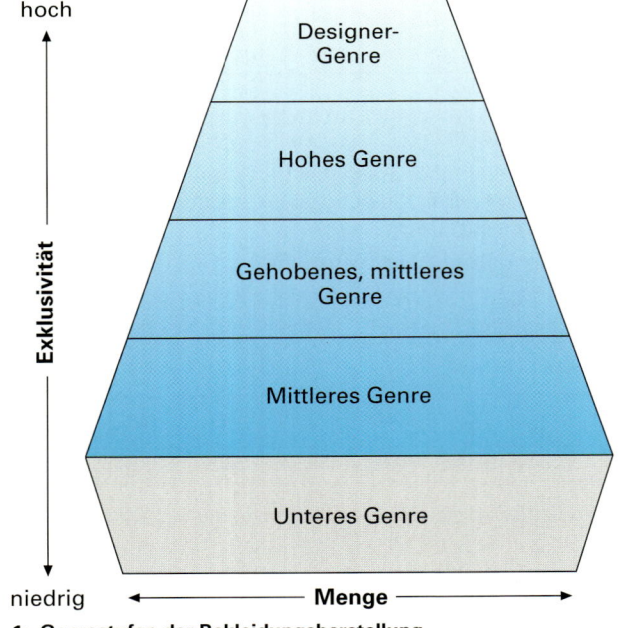

1: Genrestufen der Bekleidungsherstellung

Man unterscheidet folgende Genreabstufungen:

Designermode. Kennzeichen sind Eigennamenlabels, kleine Stückzahlen, exklusivste Materialien, oft mit Eigendessins, modische Extravaganzen, avantgardistisches Design.

Das **hohe Genre** oder **Modellgenre** ist gekennzeichnet durch sehr aufwändige Verarbeitung, exklusive Ausstattung und Detailverarbeitung, Kleinserien, begrenztes Größensortiment, modische Gestaltung.

Das **gehobene, mittlere Genre** verwendet hochwertige Materialien, zeigt ein Optimum an Passform, ist modemutig in der Auswahl der Formen und Farben.

Das **mittlere Genre** hat marktstarke Preislagen, ein umfassendes Größensortiment, aber auch ein eingeschränktes Formenprogramm.

Das **untere Genre**, auch **Konsum-** oder **Stapelgenre** genannt, hat hohe Stückzahlen. Die Stoffqualität und die Verarbeitung sind den Preislagen angepasst. Der Passform wird weniger Bedeutung beigemessen.

[1] Genre = (franz.) Art, Sorte, Gattung

8.2 Kollektionsrahmenplan

Kollektionsrahmenplan

Der **Kollektionsrahmenplan** betrifft alle Unternehmensbereiche, die mit der Erstellung, Anfertigung und dem Vertrieb einer Kollektion befasst sind. Er ist die planerische Grundlage für die zeitliche Durchführung von der Disposition der Mustermaterialien bis zur Präsentation auf den Bekleidungsmessen und dem anschließenden Verkauf. Geschäftsleitung und Produktmanager erstellen in Zusammenarbeit mit der Designabteilung das Kollektionskonzept als Grundlage für die neue Saisonkollektion. Der Kollektionsrahmenplan enthält Informationen für alle Abteilungen, die mittelbar oder unmittelbar mit der Kollektionserstellung beschäftigt sind, z. B.

- **Produktkonzeption:** Gesamtanzahl der Modelle, Modellgruppen, Terminpläne, Produktionsplanung, Lieferthemen
- **Designkonzept:** Kollektionsaussage und individueller Stil, Gestaltungsrichtlinien der Themen
- **Marktorientierung:** Zielgruppen, Preisstufen , Verkaufsplan, Liefertermine
- **Materialkonzept:** Trendthemen, Materialqualitäten, Basis- und Modefarben

Der Kollektionsrahmenplan muss nach den Kollektionsbesprechungen immer wieder aktualisiert und den neuen Gegebenheiten angepasst werden. Ziele sind die Entlastung der Designabteilung von Routinearbeiten, die abteilungsübergreifende Zusammenarbeit von Technik, Einkauf und Produktion zu optimieren, sowie die termingerechte Übergabe der Verkaufskollektion an den Vertrieb sicherzustellen.

1: Lieferthema Classic   **2: Lieferthema Weekend**

Die Kollektion wird inhaltlich saisonal und zielgruppengerecht auf die Bedürfnisse des Handels abgestimmt. Die Sommersaison wie auch die Wintersaison wird in einzelne Segmente aufgeteilt. Diese Lieferprogramme erhalten Themennamen, es wird ihnen ein Lieferabschnitt, zeitnah am Verkaufszeitraum, zugeordnet. Jedes Lieferthema beinhaltet eine Zusammenstellung von Artikeln nach Menge, Farben und eingesetzten Materialien im aktuellen **Modetrend**.

Beispiel Lieferthema Weekend:

Sportives, vielseitiges Freizeitthema für die jugendliche, moderne Frau

- **Formen:** sportliche Röcke mit Detailausstattung, schmale Hosen mit Saumschlitz in lang oder kniekurz, Kurzarmblazer mit aufgesteppten Taschen,
- **Materialien:** Baumwolle, Lyocell, Wollmischungen
- **Farben:** Lindgrün und Apricot kombiniert mit Marine
- **Liefertermin:** ab Mitte März im Handel erhältlich

Innerbetrieblicher Jahresablauf

Sept 2000	Okt	Nov	Dez	Jan 2001	Febr	März	April	Mai	Juni	Juli	Aug	Sept	Okt	Nov	Dez 2001

Winterkollektion 2001/02

Informations-gewinnung | Kollektions-erstellung | Kollektions-vorstellung | Produktion | Auslieferung

Stoffmessen · Bekleidungsmessen · Sofortprogramme So 2001

- Premiere Vision
- Moda In
- Interstoff Frankfurt
- Idea Biella
- Idea Como
- Prato Expo

Frühjahr-/Sommerkollektion 2002

Informations-gewinnung | Kollektions-erstellung | Kollektions-vorstellung | Produktion

Stoffmessen · Bekleidungsmessen · Sofortprogramme W 2001/02

Winterkollektion 2002/03

Informations-gewinnung | Kollektions-erstellung

Stoffmessen

3: Saisonaler Ablauf der Kollektionserstellung

8.3 Kollektionsentwicklung

Eine **Kollektion** ist eine Zusammenfassung von Modellen, die nach modischen Tendenzen und wirtschaftlichen Aspekten zusammengestellt wird. Kreative, kaufmännische und technische Führungskräfte erstellen die Kollektion. Die einzelnen Arbeitsschritte sind zeitlich nacheinander oder parallel nebeneinander ablaufend. Die Dauer des Vorganges ergeben sich durch die angestrebte Qualität (Genre) und die Menge der Kollektionsteile. Computerprogramme werden sowohl für das Design **(Modellentwurf)** als auch für das Produktdatenmanagement eingesetzt.

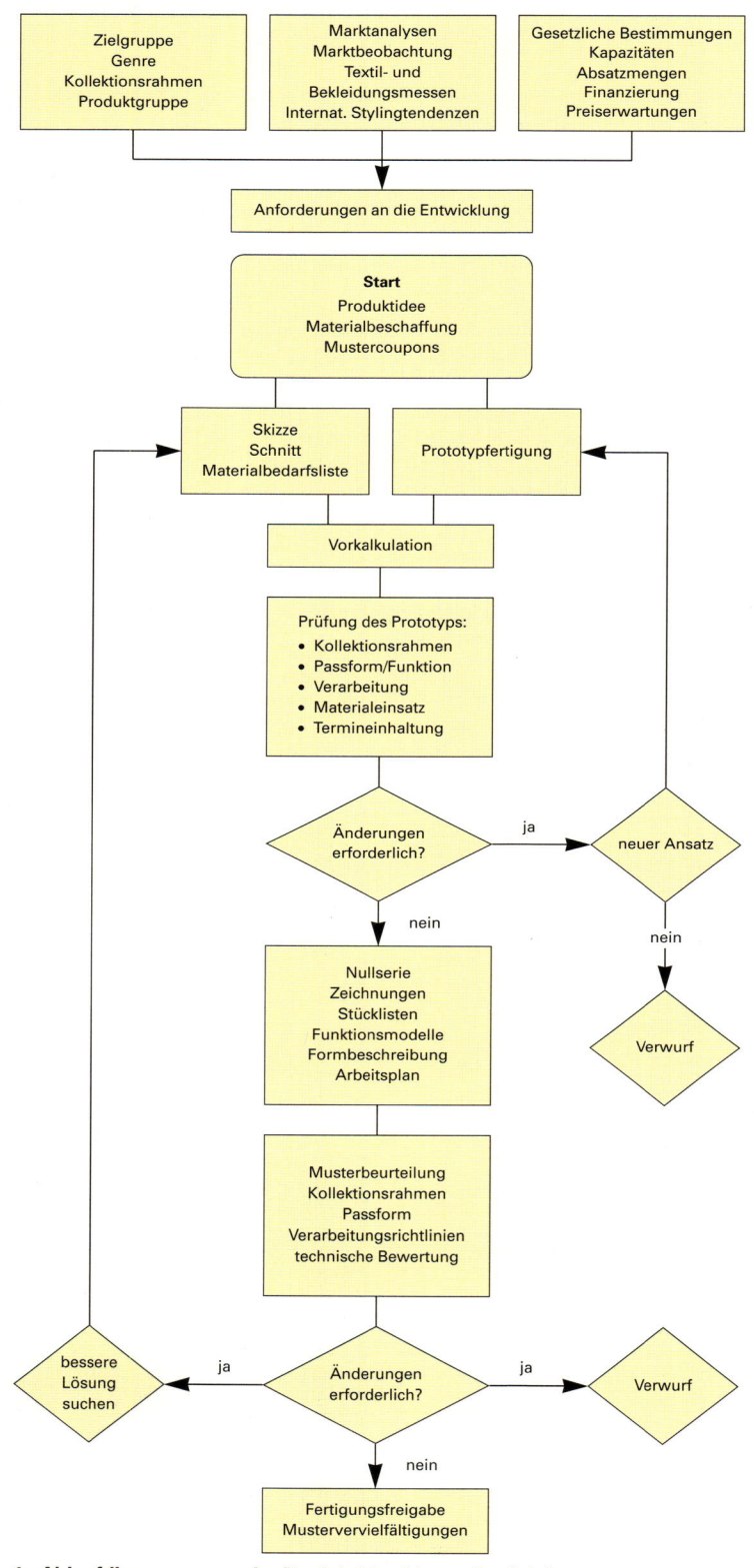

1: Ablaufdiagramm von der Produktidee bis zur Produktion

Grundlage zur Kollektionserstellung ist eine umfassende Informations- und Ideensammlung. Dazu geben Marktanalysen, Textilhersteller, Messebesuche, Haute Couture und Prêt-à-porter richtungsweisende Informationen über Farben, Materialien und Silhouetten. Der **Ideenfindung** dienen außerdem das Zeitgeschehen, historische Vorlagen sowie Fachzeitschriften.

Bei der Auswahl der Ideen stehen die Wünsche der Kunden und die angesprochene Zielgruppe im Vordergrund. **Skizzen** werden angefertigt und mit Angaben zu Material und modischem Styling zu Modellentwürfen ausgearbeitet.

Aus einer Vielzahl von Entwürfen wird in einem **Kollektionsberatungsgespräch** die Zusammenstellung der Kollektion entsprechend dem Kollektionsrahmenplan festgelegt. Für die Erstellung der Kollektion werden **Erstschnitte** gezeichnet und Erstmodelle (Prototypen) gefertigt.

Zur Ermittlung des Angebotspreises wird aus den Materialeinzelkosten und den Fertigungslohnkosten eine **Vorkalkulation** erstellt.

Es erfolgt die **Prüfung der Prototypen** nach Passform, Kollektionsaussage, Verarbeitung und Materialeignung. Die sich während der Umsetzung bei der Schnitterstellung, dem Zuschneiden und der Fertigung ergebenden Verarbeitungserfahrungen werden in betriebsüblichen Formularen eingetragen oder mithilfe von Softwareprogrammen bearbeitet. Entspricht ein Modell nicht den Anforderungen, erfolgt eine Überarbeitung oder es wird verworfen.

Meist erfolgt eine Vorabproduktion von drei Größen je Modell. Dies wird auch **Nullserie** genannt. Diese Teile dienen der Passformüberprüfung und der Produktion nach Auftragseingang als Muster für die Produktion. Die genähten Modelle und die Modellbegleitformulare werden in einer erneuten Kollektionsbesprechung begutachtet und gegebenenfalls so oft zur Korrektur zurückgeleitet, bis das Modell und die Formulare freigegeben werden können.

Zur Produktionsplanung wird für jedes Modell ein **Arbeitsplan** angelegt. Diese fertiggestellte **Erstkollektion** wird mit Mitarbeitern des Verkaufs getestet. Sind die Modelle freigegeben, können alle Unterlagen in die Produktion zur **Kollektionsvervielfältigung** gegeben werden. Für Vertreter, Messen, Öffentlichkeitsarbeit und Ausstellungen wird die Kollektion vervielfältigt.

Vor Beginn der **Produktion** werden von der Fertigungsplanung den betrieblichen Bedingungen angepasste, exakte **Verarbeitungsrichtlinien** ausgearbeitet, die die Forderungen an eine Serienfertigung berücksichtigen.

8.4 Die Mode

Begriffe der Kleidermode

Mit dem Wort **Mode**[1] umschreibt man den Ausdruck des vorherrschenden Zeitgeschmacks einer Gesellschaft, z. B. in Bezug auf eine bestimmte Bekleidungsweise, Lebensgestaltung, Denkweise, Kunstentwicklung.

Im engeren Sinne versteht man unter Mode die sich wandelnde Form der Kleidung, die im Schmuck- und Geltungsbedürfnis des Menschen ihren Ursprung hat und ihm die Möglichkeit bietet, seinen persönlichen Stil hervorzuheben oder seine Stellung in der Gesellschaft bzw. die Zugehörigkeit zu einer Gruppe zu dokumentieren.

Ursprünglich gebrauchte man den Begiff Mode für einen recht kurzlebigen Zeitgeschmack, während die eine längere Zeit herrschende und auf kultureller und künstlerischer Ebene entwickelte Gestaltungsweise mit Stil bezeichnet wurde. Heutzutage sind für die Kennzeichnung der vielfältigen Bekleidungsformen mehrere Begriffe gleichbedeutend üblich wie z. B. **Mode, Stil, Look**[2], **Linie**.

Die einheitliche Kleidung einer bestimmten Gemeinschaft bzw. Gruppe, deren Formen sich wenig verändern, die traditionsgebunden ist und eine Zugehörigkeit zum Ausdruck bringt, wird mit **Tracht** bzw. **Uniform** bezeichnet, z. B. Bauerntracht, Volkstracht, Berufstracht, Ordenstracht.

Entwicklung und Bedeutung der Mode

In früheren Zeiten wurden Macht und Reichtum, Rangunterschiede und Standeszugehörigkeit durch die Kleidung herausgestellt. Oftmals trat die Zweckmäßigkeit in den Hintergrund, prägten Sitte und Moral die Bekleidungsformen. Andererseits konnten ästhetische[3] Vorstellungen verwirklicht oder eine erotische[4] Ausstrahlung erreicht werden.

Bis Mitte des 19. Jhdts. bestimmten der Adel und die Höfe oder das gehobene Bürgertum die Kleidermode **(Feudalmode)**. Danach übernahm die **Haute Couture**[5] die Führungsrolle. Modeschöpfer bzw. Modesalons schufen exklusive[6] Modelle für eine auserwählte Schicht **(Prestigemode)**. Paris war die Metropole für die Damenmode, während sich bei den Herren der englische Stil durchsetzte.

Die Industrialisierung und das Aufkommen der **Konfektion**[7] sowie die Entwicklung der **Chemiefasern** ermöglichten allmählich allen Bevölkerungsschichten die Teilnahme am Modegeschehen. Aber noch in den fünfziger Jahren unseres Jahrhunderts herrschte das Modediktat der Haute Couture, an dem sich auch die Maßschneider und Konfektionäre orientierten. Neben Paris entstanden weitere **Modezentren**. Vor allem die italienische Haute Couture, die Alta Moda, trat in Konkurrenz zur französischen Damenmode bzw. zur englischen Herrenmode.

Als sich in den sechziger Jahren der unkonventionelle[8] Bekleidungsstil durchsetzte und die Kleidung weniger als Statussymbol gesehen wurde, sondern als Mittel zur Selbstdarstellung diente, begann sich auch die Modebranche der veränderten Situation anzupassen. Die Konfektionsmode, das **Prêt-à-porter**[9], rückte in den Vordergrund und berücksichtigte nun auch die Verbraucherwünsche **(Konsummode)**. Der Haute Couture kam die Aufgabe der Weiterentwicklung und Verfeinerung des Prêt-à-porter zu.

Modewechsel

Der Modewechsel beruht auf dem Wunsch nach Veränderung, Abwechslung oder Nachahmung und wird beeinflusst durch die Gesellschaftsstruktur, durch die technische und kulturelle Entwicklung sowie durch politische und wirtschaftliche Vorgänge. Während früher die Kleidermode über einen längeren Zeitraum hinweg beständig blieb, geht der modische Wechsel heute sehr rasch vonstatten.

Modemacher (Couturiers, Designer, Stylisten)[10] lassen sich inspirieren, greifen Trends[11] auf und machen Vorschläge für eine bevorstehende Modesaison. Werden diese Vorschläge von einem großen Teil der Bevölkerung angenommen, sind sie zur Mode geworden. Es gelten keine Modevorschriften mehr, sondern jeder kann seine individuelle Linie finden nach dem Motto: „Erlaubt ist, was gefällt".

In den Zentren der europäischen Mode, vor allem in Paris, Mailand, Rom, München, Düsseldorf, Berlin, werden auf Modemessen internationale **Trendschauen** durchgeführt; Modehäuser, Designer und Konfektionäre präsentieren ihre Modellkollektionen. Diese finden jeweils für die Frühjahr-/Sommer-Saison bzw. Herbst-/Winter-Saison statt und zwar für die Haute-Couture-Mode unmittelbar vor Saisonbeginn, für die Prêt-à-porter-Mode ein halbes Jahr früher.

Die **Kennzeichen (Themen)** für eine Modesaison umfassen die Silhouette[12], Schnittformen und Details[13], Materialien, Farben und Dessins[14] sowie das modische Beiwerk, die Accessoires[15]. Durch die Medien und Publikationen wird die interessierte Öffentlichkeit über das Modegeschehen informiert.

Eine Mode erscheint, setzt sich durch und verschwindet wieder **(Modezyklus)**. Oft erneuert sie sich bzw. orientiert sich an Vergangenem. Bekleidungsformen, die eine Beständigkeit erreichen, bezeichnet man mit klassisch (zeitlos).

Für die Bekleidungsbranche ist jedes Eingehen auf einen Modewechsel mit einem Risiko verbunden, da sich etwas Neues immer erst gegen das Vorherrschende durchsetzen muss. Die richtige Einschätzung des **Modetrends** ist deshalb von entscheidender Bedeutung. Eine gewisse Leitfunktion kann der **Avantgarde**[16] zugesprochen werden, die ausgefallene Neuheiten rasch übernimmt. An ihrem Verhalten kann abgeschätzt werden, wie sich der allgemeine Trend entwickeln wird.

---

[1] Mode (franz.) = Art und Weise, Sitte; [2] Look (engl.) = Aussehen; [3] ästhetisch = geschmackvoll, ausgewogen, ansprechend; [4] erotisch = sinnlich;
[5] Haute Couture (franz.) = Hohe Schneiderkunst; [6] exklusiv = ausschließend; [7] Konfektion = serienmäßige Herstellung von Kleidungsstücken;
[8] konventionell = herkömmlich; [9] prêt-à-porter (franz.) = fertig zum Tragen; [10] Couturier (franz.) = Modeschöpfer; Designer (engl.) = Entwerfer;
Stylist (engl.) = Gestalter; [11] Trend (engl.) = Richtung, Strömung; [12] Silhouette (franz.) = Schattenriss; [12] Detail (franz.) = Einzelheit;
[14] Dessin (franz.) = Muster; [15] Accessoires (franz.) = Zubehör; [16] Avantgarde (franz.) = Vorkämpfer

8.5 Elemente der Gestaltung

Um Kleidung marktgerecht zu gestalten, müssen neben der Mode Gesichtspunkte beachtet werden, die sowohl das Gesamtbild **(Design)** prägen als auch dem Gebrauchswert (z. B. Verwendungszweck, Pflege) entsprechen sollen. Wesentliche Gestaltungselemente sind die Form (das Styling[1]), Ausschmückung, Material, Ausstattung und Verarbeitung.

Form (Styling)

Die modische Linie, Passform und Tragekomfort ergeben sich vor allem durch die Formgestaltung. Diese umfasst z. B.:

- Lage und Verlauf von Längs- und Querteilungen
- Längen- und Weitenverhältnisse
- Taillierung
- Details, z. B. Ärmel, Kragen, Verschluss, Taschen

Durch eine entsprechende **Formgestaltung** werden bestimmte **Silhouetten[2]** erreicht. Man bezeichnet sie mit Buchstaben **(Bild 1 bis 7)**, nach Formen **(Bild 8 bis 11)** oder auch nach Modestilen **(Bild 12, 13)**.

Durch die **Linienführung** (Verlauf der Nähte und Kanten) erreicht man eine bestimmte **Flächenaufteilung (Bild 15 bis 18)**.

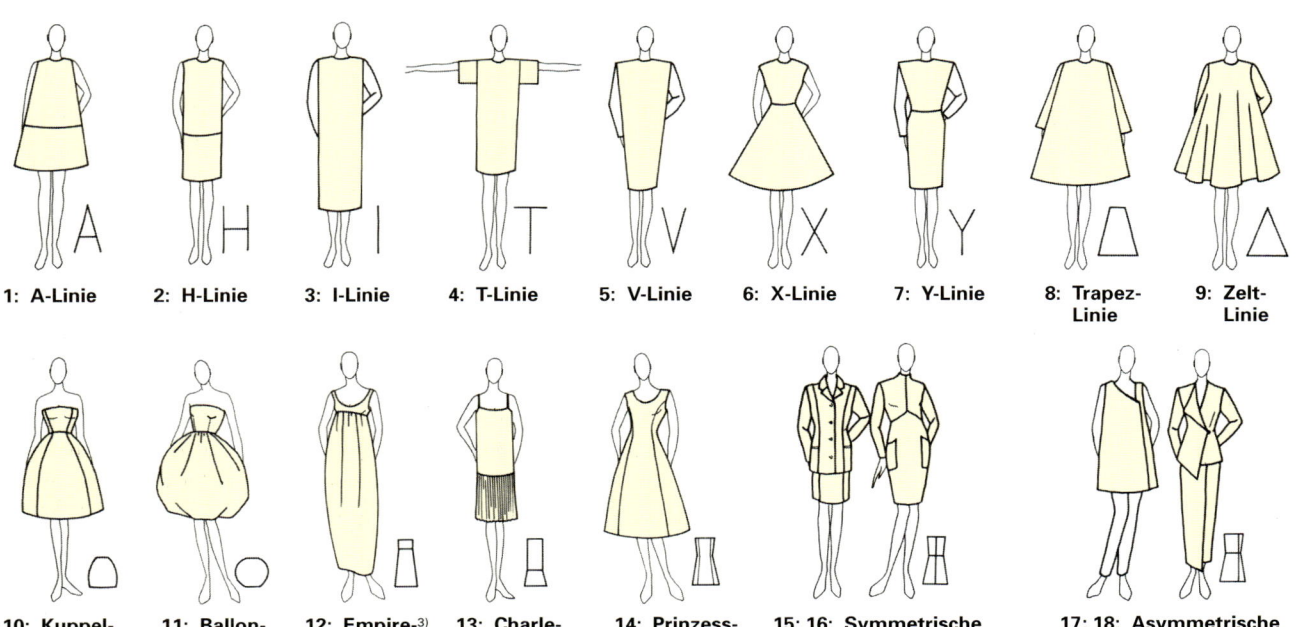

1: A-Linie 2: H-Linie 3: I-Linie 4: T-Linie 5: V-Linie 6: X-Linie 7: Y-Linie 8: Trapez-Linie 9: Zelt-Linie

10: Kuppel-Linie 11: Ballon-Linie 12: Empire-[3]Linie 13: Charle-ston[4]-Linie 14: Prinzess-Linie 15; 16: Symmetrische Flächenaufteilung 17; 18: Asymmetrische Flächenaufteilung

Ausschmückung

Durch die Ausschmückung kann man die **Stilrichtung** eines Kleidungsstückes unterstreichen und beispielsweise eine elegante, sportliche, sachlich-strenge oder romantisch-verspielte Note erreichen.

Ausschmückungsmöglichkeiten sind z. B.:

- Ziersteppereien und Stickereien
- Falten und Biesen
- Rüschen und Volants[5]
- Paspelierungen[6] und Kanteneinfassungen
- Blenden und Bortenbesatz
- Applikationen[7] und Inkrustationen[8]

Material

Das Material beeinflusst weitgehend den **Charakter** eines Bekleidungsstücks und bestimmt auch die **Verwendungsmöglichkeiten.**

Bei der Materialauswahl spielen einerseits optische Gesichtspunkte eine Rolle wie Fall, Farbe, Musterung (Dessin) und Oberflächenstruktur. Andererseits wird man die Trage-, Gebrauchs- und Pflegeeigenschaften beachten, die sich aus dem Faserstoff, der Garnart, dem Flächenaufbau und der Ausrüstung ergeben.

Ausstattung und Verarbeitung

Auch Ausstattung und Verarbeitung beeinflussen im wesentlichen den **Gebrauchswert** bzw. die Funktionalität der Bekleidung. Neben dem Material sind sie auch mitentscheidend für die **Qualitätsstufe** (das **Genre[9]**).

Zur Ausstattung zählt man die Einlagen-Verarbeitung, die Abfütterung sowie die Verschlussmittel.

Der Verarbeitung zugerechnet werden nähtechnische Gesichtspunkte wie Naht- und Versäuberungsqualität, Kantenbefestigung, Sicherung von Tascheneingriffen und Schlitzen.

[1] Styling (engl.) = Formgebung; [2] Silhouette (franz.) = Schattenriss; [3] Empire (franz.) = Kunststil, Französisches Kaiserreich unter Napoleon I.
[4] Charleston = Tanz, beliebt in den 20er Jahren; [5] Volant (franz.) = glockig fallender Besatz; [6] Paspelierung = schmaler Nahtbesatz
[7] Applikation = aufgearbeitete Verzierung; [8] Inkrustation = untergearbeitete Verzierung; [9] Genre (franz.) = Art, Gattung

8.6 Einflüsse auf die Gestaltung

Für die Ausgestaltung der Kleidung, z. B. bei der Festlegung von Schnittform, Details und Material, sind viele Faktoren maßgebend. Es sind dies hauptsächlich die Mode und Stilrichtung, Anlass und Funktion sowie die Trägerpersönlichkeit.

Mode

Die Mode setzt **Akzente**. Kennzeichen des modischen Einflusses sind vor allem:

- Silhouette und Betonungen
- Länge und Weite
- Details und Ausschmückung
- Farbe, Dessin und Struktur des Materials

Stilrichtung

Kleidung ist **Ausdruck der Persönlichkeit**. Man wird sich in ihr nur wohlfühlen, wenn sie den eigenen Vorstellungen entspricht. Die Vielfalt der Stilrichtungen, die in der heutigen Kleidermode nebeneinander bestehen, ermöglicht diesen individuellen Spielraum. Tragegelegenheiten und Wesensart sind ausschlaggebend dafür, welchen Stil man bevorzugt. Stilrichtungen können sein:

- sportlich lässig, leger[1]
- klassisch, zeitlos
- sachlich-streng, maskulin[2]
- konservativ[3], formell[4]
- romantisch-verspielt
- folkloristisch

- sportlich-elegant
- elegant
- feminin[5]
- extravagant[6]
- avantgardistisch[7]
- poppig[8]

1: Legere Freizeitkleidung

2: Feminine Damenmode

3: Sportlich-elegante Herrenmode

4: Junge Mode

5: Wintermode

6: Formeller Gesellschafts- anzug (Cut)

7: Partykleid im Folklorestil

Anlass und Funktion

Je nach **Tragegelegenheit** werden an die Bekleidung unterschiedliche **Anforderungen** gestellt.

Von Sport-, Freizeit- und Berufskleidung erwartet man, dass sie vor allem zweckmäßig (funktionell) ist. Gesellschaftskleidung (Anlassmode) soll sich von der Tageskleidung abheben und elegant bzw. festlich wirken.

Für Sommer-, Winter- und Übergangskleidung sind bekleidungsphysiologische Gesichtspunkte wie Luftaustausch und Isolationsvermögen, Feuchtigkeitsaufnahme und -transport maßgebend (vgl. Seite 240).

Trägerpersönlichkeit

Figur, Alter und Typ bzw. Wesensart lassen insgesamt eine Trägerpersönlichkeit entstehen.

Um eine **harmonische Gesamtwirkung** der Bekleidung zu erreichen, wird man bemüht sein, sie sowohl auf die körperlichen Maßverhältnisse, als auch auf die unterschiedlichen Ansprüche der einzelnen Altersgruppen abzustimmen. Die Maßschneiderei kann auf diese Gegebenheiten individuell eingehen; die Konfektion ist bemüht, sie durch die Differenzierung bestimmter Zielgruppen zu berücksichtigen (vgl. Seite 336).

[1] leger (franz.) = ungezwungen; [2] maskulin = männlich; [3] konservativ = am Alten festhaltend; [4] formell = förmlich; [5] feminin = weiblich
[6] extravagant = überspannt; [7] avantgardistisch = vorkämpferisch; [8] poppig = lustig, bunt

Unterbekleidung

Unterbekleidung hat verschiedene Aufgaben: Sie schützt die Haut vor kratzendem Oberstoff und schützt empfindlichen Oberstoff vor den Ausdünstungen der Haut. Bei kalter Witterung soll sie außerdem wärmen. Verwendet werden Maschenwaren und Gewebe aus Baumwolle, Viskose, Seide, Wolle, Polyamid und Polyester sowie Mischungen dieser Faserstoffe. Bei elastischen Stoffen ist meist Elastan mitverarbeitet. Oft weisen die Maschenstoffe Ajour-Musterungen[1] auf. Bei Damenunterwäsche werden häufig Spitzen verwendet. Elegante Damenunterwäsche und Miederwaren werden als **Dessous**[2] bezeichnet.

Zur Unterbekleidung gehören Unterhosen, Unterhemden, Unterkleider, Bodys und Teddys. Die Grenzen zwischen Unter- und Oberbekleidung verwischen immer stärker. Oberbekleidung im Wäschestil ist aus modischer Bekleidung nicht mehr wegzudenken.

Unterhosen

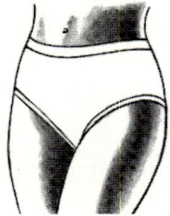 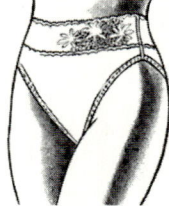 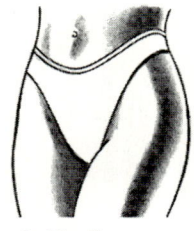 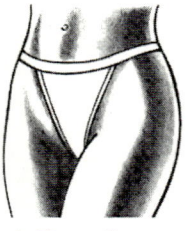 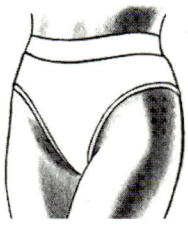 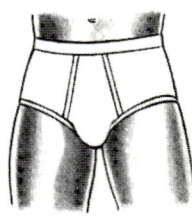

1: Hüftslip **2: Taillenslip** **3: Rioslip** **4: Tangaslip** **5: Jazzpants** **6: Slip mit Eingriff**

Der **Slip**[3] ist eine Unterhose mit abgeschrägtem Beinausschnitt. Die einzelnen Slipformen unterscheiden sich in der Höhe und der Form der Beinausschnitte. Der **Hüftslip** ist hüfthoch, der **Taillenslip** taillenhoch. Der **Rioslip** ist eine modische Slipvariante mit V-förmig vertieftem Bund. Der **Tangaslip** hat eine knapp hüftknochenhohe Schnittform mit ganz schmalen seitlichen Verbindungsstegen, **Stringtangas**[4] sind die knappste Slipform mit einem schmalen Band oder Steg im hinteren Schrittbereich. **Jazzpants** sind Taillenslips mit sehr hohem Beinausschnitt. Sie sind Bestandteil der Gymnastikbekleidung. Für Männer werden auch **Slips mit Eingriff** hergestellt.

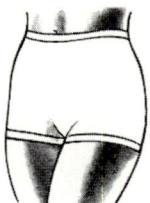 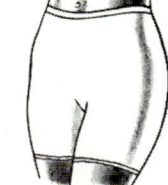 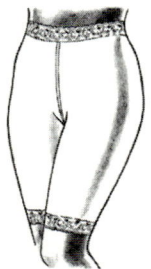

7: Pagenschlüpfer **8:, 9: Längere Schlüpfer**

Schlüpfer sind taillenhohe Unterhosen mit kurzen, halblangen oder langen Beinen. Kurze Schlüpfer mit geraden Beinausschnitten werden auch als **Pagenschlüpfer** bezeichnet. Damenschlüpfer in halblanger und langer Form, als Oberbekleidung getragen, werden als **Leggings**[5] bezeichnet. Wie Slips sind Schlüpfer aus elastischer Maschenware hergestellt.

Herrenschlüpfer in langer Form mit elastischen Beinbündchen nennt man auch **lange Unterhosen.**

10: Leggings **11: Lange Unterhose**

12:, 13: Boxershorts **14:, 15: French Knickers**

Boxershorts[6] sind weiter geschnittene und deshalb bequeme Unterhosen mit kurzen Beinen, überwiegend aus gewebten Stoffen.

French Knickers[7] sind Damenunterhosen mit weit geschnittenen Beinen aus effektvollem, weichem Material, häufig verziert.

[1] à jour (franz.) = durchbrochen [2] dessous (franz.) = darunter [3] slip (engl.) = hineinschlüpfen [4] string (engl.) = Band
[5] Legging (engl.) = Beinling [6] Shorts (engl.) = kurze Hosen [7] French Knickers (engl.) = französische Kniehose

9.1 Unter- und Nachtbekleidung (2)

Unterhemden

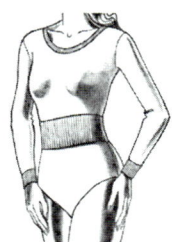

1: Trägerhemd

Die Träger sind angenäht. Aus elegantem Material wird es auch als Top getragen.

2: Achselhemd

Die Träger sind angeschnitten. Herrenhemden sind schlicht gehalten, Damenhemden oft verziert.

3: Armhemd

Diese Hemdenform kann unterschiedlich lange Ärmel aufweisen: Kurzarm-, Halbarm-, Langarmhemd.

4: BH-Hemd

BH-Hemd ist die Bezeichnung für Damenunterhemden mit eingearbeitetem Büstenteil.

5: Bustier

Leibchenartige Corsage, die knapp bis zur Taille reicht. Sie ist oft mit Schnürverschluss oder Zierknöpfen versehen.

6: Hemdrock

Elegantere Formen der Damenunterbekleidung aus feinem Material sind **Unterkleid, Hemdkleid, Hemdrock, Halbrock.**

Bodys

Der **Body-Suit**[1] ist eine einteilige anliegende Kombination aus Oberteil und Hose für Damen.
Der **Long-John** ist ein Unterwäsche-Einteiler für Herren mit Knopfleiste bis zum Schritt.

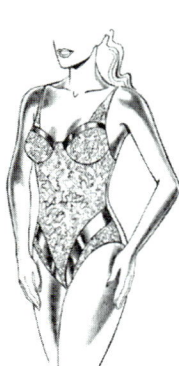

7: Body-Suit   **8: Long-John**

Teddys

Als **Teddy** bezeichnet man eine einteilige Hemd-Slip-Kombination, lose geschnitten, in der Taille gekräuselt.

9:, 10: Teddys

Nachtbekleidung

Nachtbekleidung wird überwiegend aus Maschenware hergestellt. **Nachthemden** und **Schlafanzüge (Pyjamas)** werden nicht nur zum Schlafen, sondern auch in der Wohnung, eventuell mit dem Hausmantel kombiniert, getragen. Deshalb ist die Grenze zwischen Nachtbekleidung und der Fortentwicklung zum **Homedress**[2] fließend.

11: Nachthemd,   12: Sleep-Shirt

Nachthemden gibt es in unterschiedlicher Länge. Die kurze Form wird als Sleep-Shirt bezeichnet.

13: Schlafanzug,   14: Pyjama

Der Schlafanzug besteht aus Schlupf- oder Jackenoberteil (Pyjama) und kurzer oder langer Hose aus gleichem Material.

15: Homedress

Bequeme Hausbekleidung, meist Hose und Oberteil kombiniert.

16: Haus- oder Morgenmantel

Mantel, der über Unter- und Nachtwäsche getragen wird.

[1] Body-Suit (engl.) = Körperanzug   [2] Homedress (engl.) = Hauskleid

9.2 Miederwaren und Badebekleidung

Miederwaren

Miederwaren ist ein Sammelbegriff für alle hauteng getragenen Kleidungsstücke mit formender und stützender Wirkung. Zu den Miederwaren gehören Büstenhalter, Miederhosen, Korsetts, Korseletts und formgebende Badebekleidung. Sie sind meist aus Maschenware (Kettengewirke), seltener aus Gewebe, unter Verwendung elastischer synthetischer Chemiefasern hergestellt. Miederwaren werden überwiegend als Unterbekleidung getragen. Die stützende und formende Wirkung wird durch die Schnittgestaltung und bei Büstenhaltern (BH) zusätzlich durch geformte Büstenschalen erreicht. BH und Slip, die in Material und Verarbeitung aufeinander abgestimmt sind, werden als **Set** bezeichnet.

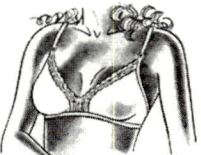

1: Soft-BH

Er hat zur Formgebung keine Einlagen. Die Büstenschalen sind oft durch Warmpressen vorgeformt (gemoldet) und ohne Naht.

2: Formbügel-BH

Ein Formbügel unterhalb der Büstenschalen gibt der Büste Form und Halt, meist wird dies durch den Schnitt unterstützt.

3: Vorderverschluss-BH

Der Verschluss ist hier in der vorderen Mitte angeordnet und nicht wie üblicherweise im Rücken.

4: Trägerloser BH

Bei Abendkleidern wird häufig ein BH ohne Träger benötigt. Auch hier sind die Büstenschalen vorgeformt.

5: Sport-BH

Um der Büste sicheren Halt zu geben, müssen die Schalen die Büste ganz umschließen und die Träger Verstärkungen haben.

6: Still-BH

Zum Stillen kann eine Büstenhalterschale von vorne geöffnet werden.

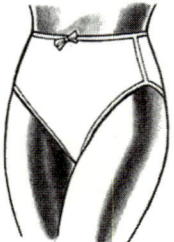

7: Slippanty

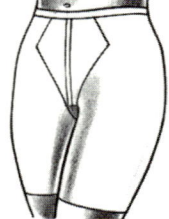

8: Langbeinpanty

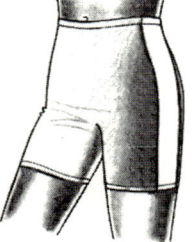

9: Radlerpants

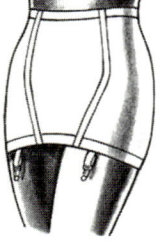

10: Hüfthalter

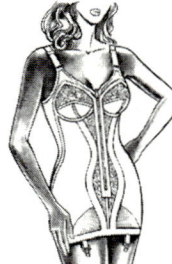

11: Korsett

12: Korselett

Miederhosen, bzw. **Panties**[1], sollen je nach Elastizität und Schnitt Bauch, Hüfte und Oberschenkel stärker oder leichter formen. Ohne Beine werden sie als **Slippanty** oder **Panty-Hose,** mit Beinen als **Langbeinpanty** oder als **Longline-Hose** bezeichnet. **Radlerhosen** oder **Radlerpants** sind enganliegende Hosen. Sie enden etwa handbreit über dem Knie.

[1] Panty (engl.) = Hüfthalterhöschen

Der **Hüfthalter** ist hüft- und taillenformend. Er kann mit Strumpfhaltern versehen sein.

Das **Korsett** ist ein Einteiler aus Hüfthalter und BH.

Als **Korselett** wird eine leichtere und schmiegsamere Form des Korsetts bezeichnet.

Badebekleidung

Für Badebekleidung werden hauptsächlich Kettengewirke aus Polyamid und Elastan verwendet. Musterung und Farbgebung sind modisch bedingt. Der **Badeanzug** ist ein Einteiler, aus kräftigem Material und einem hohen Elastananteil hergestellt. Der **Bikini** ist ein Set aus Oberteil und Hose.

13: Bikini

14: Badeanzug

15: Badehose

16: Badeshorts

9.3 Herrenhemden

Herrenhemden gibt es je nach Anlass, Modetrend und Jahreszeit in vielen verschiedenen Farben, Formen und Materialien als Anzughemden (City-Hemd), Festhemden (Party- und Smokinghemd), Freizeithemden usw. Die wesentlichen Gestaltungsmerkmale sind dabei Vorder- und Rückenansicht, Kragen und Manschetten.

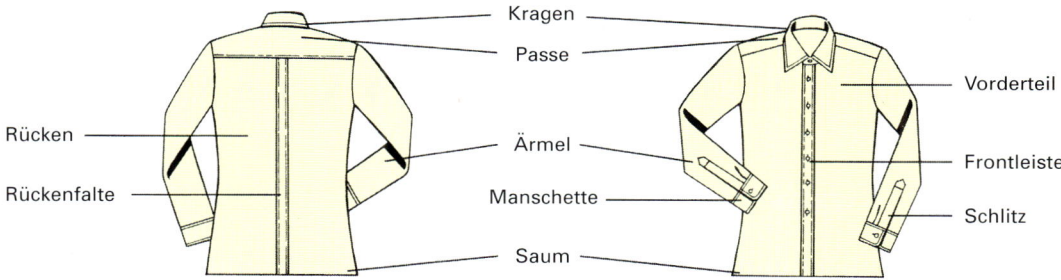

1: Bezeichnung der einzelnen Hemdenteile

Hemden werden vorwiegend aus Webwaren wie z. B. Popeline, Flanell, Batist, Oxford, Madras, Seersucker, Panama, Natté, Vichy usw. hergestellt. Im Freizeitbereich werden daneben auch Maschenwaren wie Interlock, Feinripp, Pikee usw. verwendet. Als Rohstoffe werden vorwiegend Baumwolle oder eine Mischung Baumwolle/Polyester eingesetzt. Daneben gibt es jedoch auch Hemden aus Seide, Leinen, Wolle, Viscose und Polyamid rein oder in den verschiedensten Mischungen.

Der Halsumfang in cm bestimmt die Hemdengröße, wobei für jeweils zwei Halsweiten die Körpermaße gleich sind.
37/38 = S, 39/40 = M, 41/42 = L, 43/44 = XL, 45/46 = XXL (vgl. S. 216)

In der nachfolgenden Tabelle sind, aus einer Vielzahl von Variationsmöglichkeiten, die wesentlichen Merkmale aufgeführt:

Vorderansichten

		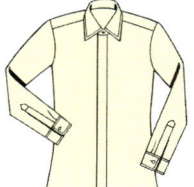		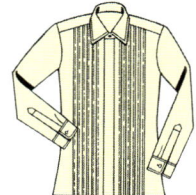	
Einfaches Vorderteil ohne Frontleiste	Vorderteil mit Frontleiste	Verdeckte Knopfleiste	Runder Einsatz	Vorderteil mit Plisseefalten	Herzpasse oder eckige Passe

Rückenansichten

	Manschetten

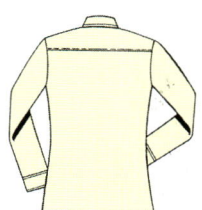			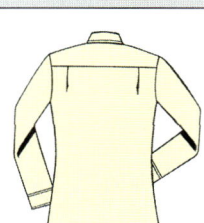		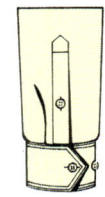	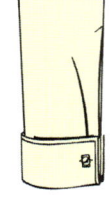
Gerader Rücken	Rücken mit Kellerfalte	Rücken mit Teilungsnähten	Rücken mit eingelegten Falten	Sportmanschette	Pfeilmanschette	Umschlagmanschette

Kragenformen

	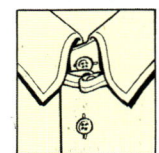	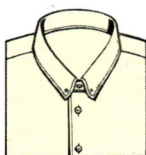		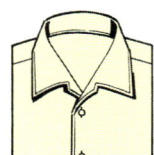	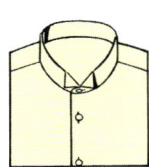
Kentkragen (Klassischer Kragen)	Tab-Kragen (mit Druckknopflasche)	Picadilly-Kragen (mit Klammer oder Nadel)	Button-down-Kragen (mit geknöpfter Kragenspitze)	Lido-Kragen (Auslegekragen)	Klappenkragen (Stehkragen für Frackhemden)

9.4 Kinderbekleidung

Bekleidung für Säuglinge, Kleinkinder und Kinder nimmt auf die speziellen Erfordernisse dieser Altersgruppen Rücksicht. **Anforderungen** sind Bewegungsfreiheit und Tragekomfort, gute Hautverträglichkeit, ausreichende Strapazierfähigkeit und gutes Pflegeverhalten. Als Faserstoffe kommen hauptsächlich Baumwolle und Wollmischungen zum Einsatz. Die Beimischung von Polyester erhöht die Pflegeleichtigkeit und Strapazierfähigkeit. Naturbelassene Textilien und Artikel, die mit dem Öko-Tex-Standard 100 gekennzeichnet sind, finden für „hautnah" getragene Textilien immer mehr Zuspruch.

Bekleidung für Säuglinge und Kleinkinder

| 1: Flügelhemd | 2: Schlupfhemd | 3: Achselhemd | 4: Windelslip | 5: Strampelhose | 6: Strampelanzug |

Zur Erstausstattung gehören z.B. **Flügelhemd** und in gleicher Form das **Bindejäckchen** aus Maschenware. **Schlupfhemden** mit Kurz- oder Langarm haben einen bequemen Halsausschnitt. **Achselhemd** und **Windelslip** sind aus Single-Jersey oder Feinripp, uni oder mit Druckmotiven. **Strampelhose** und **Strampelanzug** sind ärmellos, kurz- oder langärmelig. Sie werden bevorzugt aus Nicki, Henkelplüsch oder Links-Links-Ware hergestellt, aus Feinripp und Single-Jersey sind sie auch als Nachtwäsche geeignet.

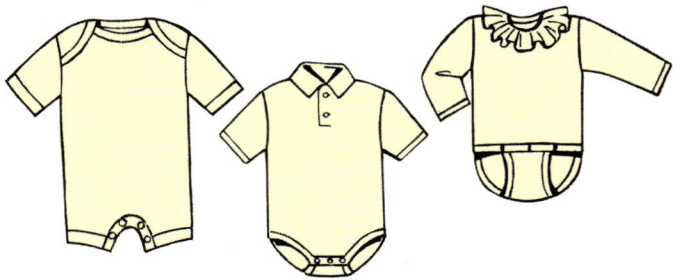

7: Bodys

8: Ausfahrgarnitur

Bodys sind einteilige Hemd-Slipkombinationen, die als Unter- und Oberbekleidung getragen werden. Musterung und Farbgebung sind modisch gestaltet. Der Verschluss im Schritt ist zweckmäßig und funktionell.

Ausfahrgarnituren sind Kombinationen von Jacke, Hose, Mütze und Schuhen, die farblich und mustermäßig aufeinander abgestimmt sind und als Oberbekleidung getragen werden.

Kinderbekleidung

Unter- und Oberbekleidung für Kinder ist weitgehend der Bekleidung für Erwachsene angepasst. Es gibt sie in Größen von 104 bis 182 (Körpergröße im 6er Schritt).

Die Oberbekleidung ist gekennzeichnet durch Funktionalität, freundliche Farben und bequeme Formen.

9: Mädchenbekleidung

10: Kinderbekleidung

9.5 Berufsbekleidung

Berufsbekleidung ist in Material, Funktion, Schnitt und Verarbeitung speziell auf die unterschiedlichsten Anforderungen bestimmter Berufsgruppen ausgerichtet. Sie soll auch bestimmte Berufe kennzeichnen, z. B. Zimmermann, Kellner.

Anforderungen an Berufsbekleidung sind gute Haltbarkeit sowie zweckmäßige und kostengünstige Pflege. Sie werden erreicht durch geeignete Wahl des Faserstoffes sowie durch entsprechende Verarbeitung und Ausstattung. Es werden hauptsächlich Gewebe aus Baumwolle, Leinen, Polyester, Polyamid bzw. Mischungen verwendet.

Spezielle Berufsbekleidung die vor Schmutz schützen soll, wird als **Arbeitsbekleidung** bezeichnet. Funktionelle Gestaltung trägt zur Arbeitserleichterung bei, z. B. Hammerschlaufe, Zollstocktasche.

Arbeitsschutzbekleidung muss zusätzlichen Anforderungen genügen. Sie ist auf das Arbeitsgebiet und den sich daraus ableitenden Sicherheitsbedürfnissen für den Träger abgestimmt. Schutzbekleidung ist daher selten universell einsetzbar und wird funktionsbezogen für die verschiedenen Einsatzgebiete entwickelt.

1: Overall   2: Arbeitsanzug   3: Berufsmantel

4: Arbeitsanzug, Latzhose und Arbeitshemd

5: Hose und Schlupfhemd, Berufsmantel

6: Kasacks

7: Wirtschaftsschürze

8: Schaber

Arbeitsanzüge werden zweiteilig als Jacke und Hose oder einteilig als Overall angefertigt. Man verwendet strapazierfähige köperbindige Gewebe, z. B. Drell, Berufsköper. Typische Details sind:

Verstellbare Verschlüsse, Knieverstärkung, gedoppelte Taschen, die zweckmäßig platziert sind.

Arbeitshosen werden dem Beruf entsprechend gestaltet, z. B. mit Latz, Nierenschutz, Zollstocktasche, Hammerschlaufe. Es kommen verschiedene Gewebe zum Einsatz, z. B. Cord, Köper, Drell.

Arbeitshemden aus Finette und Flanell sind aufgeraut und meist kariert. Glattgewebe wie Popeline, Feingabardine, Panama sind einfarbig.

Arbeitskittel und **Kasacks** werden aus Kattun, Renforcé, Linon, Feingabardine, Satin, Twill gearbeitet. Sie werden in der Regel über anderen Bekleidungsteilen getragen. Die Schnittformen sowie die Details nehmen auf die jeweiligen Erfordernisse des Einsatzbereiches Rücksicht, z. B. als Malerkittel, Ärztekittel.

Arbeitsmäntel in klassischer oder modischer Schnittform haben Frontverschluss, funktionelle Taschen, kurze oder lange Ärmel. Sie werden aus schweren Gabardine- oder Berufsköperqualitäten hergestellt und über anderen Bekleidungsteilen getragen.

Arbeitsschürzen, z. B. aus Kretonne, Kattun, umschließen den ganzen Körper, sind entweder ohne Taillennaht und meist mit einer Knopfreihe geschlossen oder in Wickelform gearbeitet. Die Wirtschafts- und Haushaltsschürze ist mit Latz, Trägern oder Bindebändern versehen. Servier- und Cocktailschürzen sind aus leichterem Material, z. B. Batist, und können mit Rüschen, Biesen und Fältchen verziert sein. Sie haben eine Länge von etwa 30 cm. Als **Schaber** bezeichnet man eine Schürze mit angeschnittenem Latz und einem Nackenband. Er umschließt den ganzen Körper und ist je nach Berufszweig aus Leder, strapazierfähigem Gewebe oder aus beschichtetem Material.

Arbeitswesten aus elegantem Material, z. B. Satin, Jacquard, und in Form der klassischen Herrenweste gearbeitet, werden von Kellnern getragen. Westen aus wärmendem, mehrschichtigem Material sind z. B. für Wald- und Bauarbeiter geeignet.

Die Bezeichnung Rock ist heute üblich für ein taillenabwärts getragenes Kleidungsstück, welches Grundbestandteil der Damen- und Mädchenbekleidung ist.
Mit einer Jacke wird der Rock zum Kostüm ergänzt.

Viele Rockformen unterliegen dem modischen Wandel, manche sind als klassisch bzw. zeitlos anzusehen. Die einzelnen Formen unterscheiden sich hinsichtlich der Länge, der Weite und Silhouette, dem Schnitt und den Details.

1: Rock-längen

supermini[1]	mini	ladymini[2]	mezzo[3]	midi[4]	maxi[5]	fußlang	bodenlang
oberschenkellang	kniefrei	knieumspielt	kniebedeckt	wadenlang	wadenbedeckt	knöchelbedeckt	schuhbedeckt

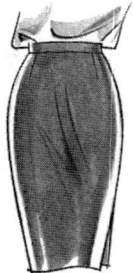 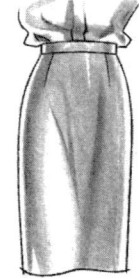    

2: Enger Rock

Beim engen Rock ist die Saumweite geringer als der Hüftumfang.

3: Gerader Rock

Die schmale Silhouette ergibt sich durch gerade verlaufende Seitennähte.

4: Ausgestellter Rock

Bequeme Gehweite erreicht man mit einem ausgestellten Verlauf der Seitennähte.

5: Swingrock[6]

Die hüftnahe Form mit Saumerweiterung erhält man durch entsprechende Längsbahnen.

6: Glockenrock

Bei kreis- oder halbkreisförmigem Zuschnitt entsteht eine beschwingte Saumweite.

7: Weiter Rock

Durch die in der Taille eingezogene Stofffülle ist er mehr oder weniger stark aufbauschend.

8: Bahnenrock

Die symmetrischen Längsbahnen verlaufen zum Saum hin breiter werdend.

9: Kastenrock

Mit markanten Teilungsnähten wirkt ein gerader Rock kastenförmig.

10: Godetrock[7]

Eingesetzte oder angeschnittene Glockenteile lassen den Saum ausschwingen.

11: Stufenrock

Stoffbahnen mit nach unten zunehmender Weite werden aneinandergesetzt

12: Volantrock[8]

Rundgeschnittene Stoffteile werden lose fallend auf einen Rock aufgenäht.

13: Rock mit Saumrüsche

Der gekräuselte Saumbesatz kann gerade oder rund geschnitten werden.

[1] mini = klein; [2] Lady (engl.) = Dame; [3] mezzo (ital.) = mittel, halb; [4] midi (franz.) = mittel; [5] maxi = groß; [6] swing (engl.) = schwingen
[7] Godet (franz.) = falsche Falte; [8] Volant (franz.) = glockiger Schmuckbesatz

14: Sattelrock

Bis etwa in Hüft-
höhe wird ein
glattes Taillenteil
angesetzt.

15: Torsorock[1]

Ein hüftschmaler
Rock erhält ein
tief angesetztes
Glockenteil.

16: Tunika-Rock

Die Tunika, ein
Überrock, ist in der
Regel kürzer und
weiter als der untere
Rock.

17: Ballonrock

Die Rockweite
wird in der Taille
und am Rock-
saum eingezogen
und bauscht auf.

18: Zipfelrock

Asymmetrische
oder zipfelige
Rocksäume wir-
ken elegant oder
folkloristisch.

19: Drapierter Rock

Damenhaft ele-
ganter Rock mit
weicher Falten-
raffung. Hier mit
Wickeleffekt.

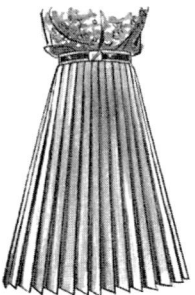

**20: Rundum-
faltenrock**

Die Rockweite
wird durch fort-
laufende Liege-
falten schmal
gehalten.

**21: Sonnen-
plisseerock**

Glockenrock mit
eingepressten
Stehfalten, die
sich zum Saum
hin verbreitern.

22: Schirmfaltenrock

Mäßig weiter
Glockenrock mit
schirmartig auf-
springenden Falten
oder Biesen.

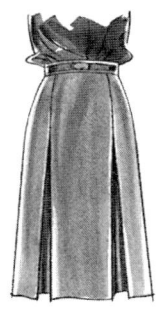

**23: Rock mit
Kellerfalten**

Einzelne Falten
ermöglichen be-
queme Gehweite,
die Silhouette
bleibt schmal.

**24: Rock mit
Faltensaum**

**25: Rock mit
Faltengruppe**

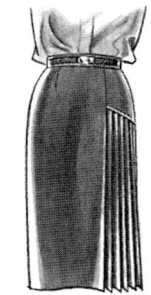

Falten geben Bewegungsfreiheit und
sind außerdem attraktive Details.
Schmale Röcke kann man vielseitig,
z. B. mit einem Faltensaum oder einer
Faltengruppe ausgestalten.

26: Golfrock

Die hohe Mittel-
falte und seitliche
Eingriffstaschen
kennzeichnen
den sportlichen
Golfrock.

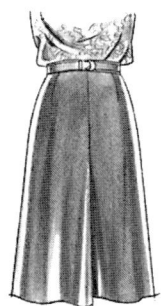

**27: Rock mit
Rollfalte**

Mit ungebügel-
ten Rollfalten
erreicht man eine
weiche, bequeme
Rockform.

28: Wickelrock

Die offenen Ver-
schlusskanten
werden breit über-
einandergeführt und
sind oft nur im Bund
festgehalten.

**29: Schottenrock
(Kilt)**

Charakteristisch
sind einseitige
Liegefalten,
Wickelform und
gedeckte Karo-
musterung.

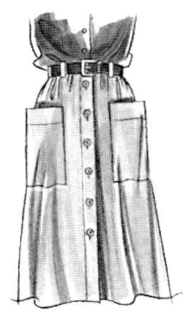

30: Sportrock

Große Taschen
und Knopfleiste
sind typische
Details für einen
sportlichen Rock.

31: Hosenrock

Vorder- und Hin-
terhose passen an
der Schrittnaht
genau aufein-
ander und sind
rockähnlich weit.

[1] Torso (lat.-ital.) = Bruchstück, Rumpf

9.7 Blusen

Die Bluse ist ein weich und locker verarbeitetes Oberbekleidungsstück für Damen und Mädchen und wird zu Röcken und Hosen getragen. Eine Vielzahl von Blusenformen ist für die heutige Mode kennzeichnend.

Die Unterscheidungsmerkmale der einzelnen Formen, z.B. Ausschnitt und Kragen, Länge, Schnitt, Details und Ausschmückung, ergeben zusammen mit dem Material eine bestimmte Stilrichtung.

1: Hemdbluse

Gerader Schnitt, Manschettenärmel und Knopfleiste kennzeichnen den Herrenhemdstil.

2: Reverskragenbluse

Blusen in durchgeknöpfter Form können mit den verschiedensten Kragen- und Ausschnittlösungen gestaltet werden. Die Knopfleiste kann sichtbar oder verdeckt gearbeitet sein.

3: Stehkragenbluse

4: Polobluse[1]

Sportliche Bluse aus Maschen-Stoff mit Auslegekragen und halber Knopfleiste.

5: Schluppenbluse

Die Bänder des Halsabschlusses werden locker geknotet oder zur Schleife gebunden.

6: Schlupfbluse

Ein Schlitz erleichtert bei Blusen in Schlupfform das Anziehen über den Kopf.

7: Long-Bluse[2]

Die sehr lange und lässig-weite Bluse trägt man lose oder gegürtet.

8: Top[3]

Bezeichnung für kleine Oberteile. Vielfach haben sie Trägerform.

9: Kasack[4]

Die lange, gerade Bluse hat häufig Seitenschlitze und wird meistens gegürtet.

10: Blouson-Bluse[5]

Durchgeknöpftes Oberteil mit blusiger Weite und anliegendem Bundabschluss.

11: Schößchenbluse

Oberteil mit einem angesetzten oder angeschnittenen Hüftteil.

12: Wickelbluse

Die Vorderteile werden lose übereinandergeführt und seitlich gehalten.

13: Folklore-Bluse

Kräuselweite an Ausschnitt und Ärmeln, Stickereien und Bordüren sind kennzeichnend.

14: Romantik-Bluse

Spitzeneinsätze, Biesen, Fältchen, Rüschen und Volants wirken romantisch-verspielt.

15: Carmen-Bluse[6]

Charakteristisch für den Carmen-Stil ist das schulterfreie Dekolleté[7] mit Rüschen- oder Volantbesatz.

16: Sportbluse

Brusttaschen, Schulterklappen und Krempelärmel unterstreichen die sportliche Stilrichtung.

17: Jumper[8]

Lässiges Oberteil in Schlupfform mit Bundabschluss, meistens aus Maschenstoff.

18: Shirt-Bluse[9]

Bequeme Schlupfbluse aus leichter Trikotware im Hemdschnitt, ärmellos oder kurzärmelig.

[1] Polo = Pferdesport; [2] long (engl.) = lang; [3] Top (engl.) = Oberteil; [4] Casaque (franz.) = lange Bluse; [5] Blouson (franz.) = Oberteil mit engem Abschluss
[6] Carmen = span. Vorname; [7] Décolleté (franz.) = ausgeschnitten; [8] Jumper (engl.) = Springer; [9] Shirt (engl.) = Hemd

9.8 Kleider

Das Kleid ist wesentlicher Bestandteil der weiblichen Oberbekleidung. In seiner Urform, der Hülle bzw. dem Hemd, wurde es bereits im Altertum getragen.

Im engeren Sinne gebraucht man die Bezeichnung für ein einteiliges Bekleidungsstück, bestehend aus Rumpfteil und angeschnittenem oder angenähtem Rockteil. Bei zweiteiligen Kleidern werden Oberteil und Rock für sich gearbeitet (vgl. Seite 234 „Deux-pièces").

Die einzelnen Kleidformen unterscheiden sich hinsichtlich Weite und Silhouette, Schnitt, Details und Ausschmückung.

1: Etui-Kleid[1]

Es schmiegt sich figurzeichnend um den Körper, ohne ihn einzuengen.

2: Shiftkleid[2]

Kennzeichnend ist der hemdartige, gerade Schnitt ohne Taillierung.

3: Hängerkleid

Lose fallendes Kleid mit ausschwingender Saumweite.

4: Prinzesskleid

Längsteilungsnähte formen das Oberteil körpernah und lassen den Rock ausschwingen.

5: Empirekleid[3]

Charakteristisch für den Empire-Stil ist die hochgerückte Taillennaht.

6: Torsokleid[4]

An ein verlängertes Oberteil wird ein glockiges oder gefälteltes Rockteil angesetzt.

 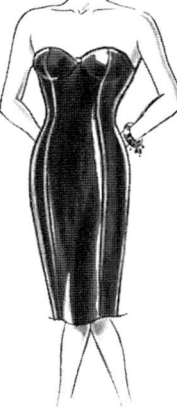 

7: Hemdblusenkleid

Es hat eine lockere Schnittform, Manschettenärmel und Hemdkragen, ist am Oberteil oder durchgehend geknöpft und wird gegürtet.

8: Mantelkleid

In der Regel wird es aus festerem Material gearbeitet, ist immer durchgeknöpft und wird meistens mit einem Gürtel getragen.

9: Corsagenkleid[5]

Das enganliegende, schulterfreie Oberteil wird mit Stäbchen geformt und gestützt, manchmal hat es auch schmale Träger. Die Rockform ist beliebig.

10: Dinnerkleid[6]

Elegantes, wenig dekolletiertes Kleid mit längeren Ärmeln. Man trägt es tagsüber oder auch abends bei kleineren Festlichkeiten.

11: Folklorekleid

Kennzeichnend sind großzügige Weite am Oberteil, Rock und Ärmel, Stickereien, Rüschen und Volants sowie ein Miedergürtel zur Taillenbetonung.

12: Dirndl

Schoßleibchen oder Schnürmieder, Puffärmel, weiter Rock und Schürze sowie Rüschenbesatz sind charakteristisch für das alpenländische Trachtenkleid.

[1] Etui (franz.) = Hülle; [2] Shift (engl.) = Bezeichnung für ein einfaches Hemd; [3] Empire (franz.) = Kaiserreich; [4] Torso (lat.-ital.) = Bruchstück, Rumpf
[5] Corsage (franz.) = Leibchen; [6] Dinner (engl.) = Festmahl, Mittagessen

9.9 Maschenoberbekleidung

Gestrickte oder gewirkte Oberbekleidung ist vor allem aus Gründen der Bequemlichkeit sehr beliebt und aus der Sport- und Freizeitbekleidung nicht mehr wegzudenken.

Durch ihre Isolierfähigkeit ist Maschenware natürlich für wärmende Oberbekleidung besonders gut geeignet. Auch die geringe Knitteranfälligkeit spricht für ihre Verwendung.

1: T-Shirt[1] mit Rundhals

2: T-Shirt mit Knopfleiste

3: T-Shirt mit überschnittenen Schultern

4: Polo-Shirt[2]

5: Sweatshirt[3] mit Rundhals

6: Sweatshirt mit Reißverschluss und Kragen

Die Bezeichnung **T-Shirt** ist heute allgemein bei kragenlosen, legeren Oberteilen aus feiner Trikotware üblich. Die ursprüngliche Unterhemdform hat einen engen Halsabschluss und kurze Ärmel.

Das **Polo-Shirt** ist ein hemd- oder blusenähnliches Oberteil aus leichtem Maschenstoff in Schlupfform. Es hat immer einen Kragen und eine kurze Knopfleiste, kurze oder lange Ärmel mit Bundabschluss.

Ein langärmeliges, wärmendes Shirt mit Bundabschluss nennt man **Sweatshirt**. Oftmals ist die Innenseite angeraut. Es sind verschiedenste Kragen- und Ausschnittlösungen möglich.

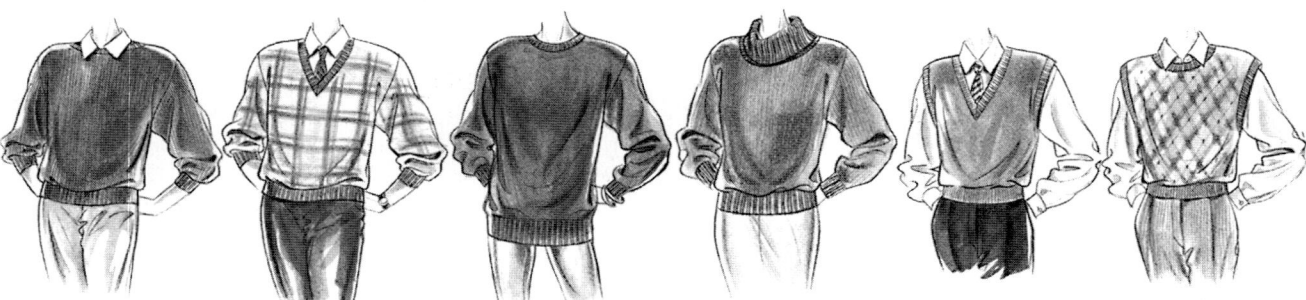

7: Pullover[4] mit U-Boot-Ausschnitt

8: Pullover mit V-Ausschnitt

9: Pullover mit Rundhals-Ausschnitt

10: Sweater[3]

11: Pullunder[4] V-Ausschnitt

12: Pullunder mit Rundhals

Der **Pullover bzw. Pulli** ist ein gewirktes oder gestricktes Oberteil mit Ärmeln und Bundabschluss, das über den Kopf angezogen wird.

Sweater war die frühere Bezeichnung für Pullover. Heute gebraucht man sie noch für gröbere sportliche Oberteile mit Kragen und langen Ärmeln.

Der **Pullunder,** ein ärmelloser Pullover, ist meistens nur taillenlang und wird als Ergänzung zur Bluse bzw. zum Hemd getragen.

13: Strickjacke mit Cardigan[5]-Ausschnitt

14: Strickjacke mit Reißverschluss

15: Strickweste in kurzer Form

16: Strickweste in langer Form

17: Westover[6]

18: Twinset[7]

Strickjacken sind vorne offen und werden mit einem Reißverschluss oder mit Knöpfen geschlossen. Meistens haben sie einen Bundabschluss.

Ärmellose Jacken in langer oder kürzerer Form gelten als **Westen.** Sie können durchgeknöpft oder verschlusslos sein.

Westenähnlicher Pullover in langer Form mit tiefem Ausschnitt.

Kombination von Pullover und Jacke in klassischer Form für Damen.

[1] Shirt (engl.) = Hemd; [2] polo = Pferdesport; [3] Sweat (engl.) = Schweiß; [4] pull (engl.) = ziehen, under (engl.) = unter; [5] Cardigan (engl.) = Wolljacke [6] over (engl.) = über; [7] twin (engl.) = doppelt; Set (engl.) = Garnitur, zusammengehörige Dinge

9.10 Hosen

Das Beinkleid, die Hose, war früher ausschließlich ein Oberbekleidungsstück für männliche Personen. Heute ist sie auch Bestandteil der Damen- und Mädchenbekleidung. Die vielfältigen Hosenformen haben sich vor allem aus den unterschiedlichen Tragegelegenheiten heraus entwickelt und sind mehr oder weniger modeabhängig.

Man unterteilt z. B. nach Länge, Weite und Silhouette, Beinabschluss, Schnitt und Details.

1: Röhrenhose

Enge Hose; die Hosenbeine sind unten deutlich schmäler.

2: Gerade Hose

Hüftschmale Form mit einem geraden Verlauf der Hosenbeine.

3: Ausgestellte Hose

Gesäßenge Hose, bei der die Fußweite größer ist als die Knieweite.

4: Flatterhose

Sie hat einen sehr weiten und geraden Schnitt. **(Slacks[1])**

5: Karottenhose

Gesäßweite Form; die Hosenbeine verengen sich zum Knöchel hin.

6: Keil- oder Steghose

Fußstege halten die keilförmig verlaufenden Hosenbeine straff.

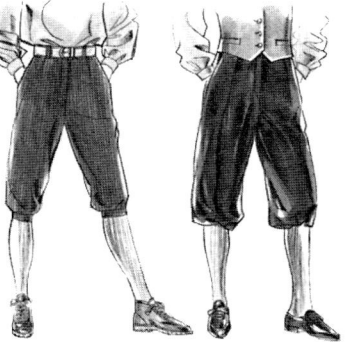
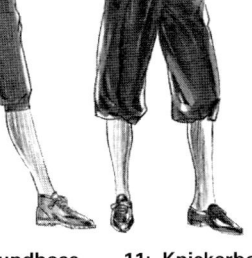

7: Bundfaltenhose

Eingelegte Falten unterhalb des Bundes geben bequeme Weite.

8: Aufschlaghose

Aufschläge (Stulpen oder Umschläge) am Hosensaum wirken sportlich.

9: Jeans

Markante Steppnähte, Nieten und Lederwappen sind kennzeichnend.

10: Kniebundhose

Schmale Hose mit Bundabschluss, der knapp unterhalb der Knie liegt.

11: Knickerbocker

Wadenlange, weite Hose mit Überfall, der den Bundabschluss bedeckt

12: Palazzohose[2]

Sehr lange, weite Hose mit engem Beinabschluss. **(Pluder-, Haremshose)**

13: Shorts

Bezeichnung für kurze Hosen. Hot Pants[4] sind hauteng Damenshorts.

14: Bermuda-Shorts

Die Hosenbeine enden knapp oberhalb der Knie. **(Bermudas)**

15: Caprihose

Sie ist enganliegend und knapp kniebedeckend. **(Piratenhose)**

16: Fischerhose

Dreiviertellange Hose mit bequemer Weite. **(Kulihose[5])**

17: Gauchohose[6]

Sie ist wadenlang, weit geschnitten und wirkt hosenrockähnlich.

18: Sarouelhose[7]

Rockähnlich weit mit tiefer Schrittnaht und engem Beinabschluss.

[1] slack (engl.) = schlaff, lose, locker; [2] Palazzo (ital.) = Palast; [3] short (engl.) = kurz, knapp; [4] Hot Pants (engl.) = heiße Hosen; [5] Kuli = Tagelöhner
[6] Gaucho = südamerikanischer Viehhirt; [7] Sarouel = orientalische Männerhose

9.11 Jacken

Die Jacke ist Bestandteil der Überbekleidung und wird von Damen, Herren und Kindern getragen. Sie ergänzt die Hose zum Anzug und den Rock zum Kostüm.
Die Unterscheidungsmerkmale der einzelnen Formen, wie z.B. Länge, Weite und Silhouette, Schnitt und Details, werden ebenso wie das Material, die Ausstattung und Verarbeitung vom Verwendungszweck und von der Stilrichtung bestimmt.

1: Bolero[1]

Das knappe, offene Jäckchen ist höchstens taillenlang und meistens kragen- und ärmellos.

2: Weste (Gilet[2])

Sie reicht knapp über die Taille, ist tailliert und ärmellos und hat häufig einen Futterrücken.

3: Kurzjacke

Eine kurze, lose Jacke wird gelegentlich auch als Topper-Jacke bzw. **Topper[3]** bezeichnet.

4: Spenzer[4]

Er ist taillenkurz und hat einen körpernahen Schnitt. Die vorderen Kanten sind oft abgeschrägt.

5: Blouson[5] (Lumber[6])

Die kürzere Jacke mit bequemer Weite und Bundabschluss hat meistens Manschettenärmel.

6: Janker

Er hat einen geraden Schnitt, ist häufig kragenlos oder hat einen Stehkragen.

7: Chasuble[7]

Die lange, schmale Damenjacke ist ärmellos und wird ungegürtet getragen.

8: Cardigan-Jacke[8]

Die hüftlange, antaillierte Jacke hat einen kragenlosen, langgezogenen Ausschnitt.

9: Kastenjacke

Lange Jacke in gerader Linienführung mit starker Schulterbetonung.

10: Zeltjacke

Sie wird an den Schultern schmal gehalten, schwingt glockig aus. **(Swingerjacke)**

11: Longblouson[9]

Bei dieser langen Blousonform sitzt der enge Bundabschluss unterhalb der Hüfte.

12: Caban-Jacke[10]

Lange, taillierte Jacke mit breiten Revers, meistens mit zweireihiger Knopffront.

13: Tailleur-Jacke[11]

Zierliche, auf Taille gearbeitete Damenjacke mit klassischer Reversfront.

14: Blazer[12]

Sportlich-elegante Jacke in antaillierter Form, ein- oder zweireihig mit Reverskragen.

15: Hemdjacke

Lose, oft ungefütterte Jacke. Hemdkragen und Manschettenärmel sind typische Details.

16: Safarijacke

Gürteljacke mit großen aufgesetzten Taschen, Falten und Achselklappen.

17: Parka

Voluminöse, lange Wetterjacke mit geräumigen Taschen, Kapuze u. Bandzug an Taille und Saum.

18: Anorak

Die **Windbluse** mit Kapuze und Bundabschluss hat oft Schlupfform oder einen Reißverschluss.

[1] Bolero = span. Tanz;   [2] Gilet (franz.) = Weste, Unterjacke;   [3] Top (engl.) = Oberteil;   [4] Spencer = Engl. Grafengeschlecht
[5] Blouse (franz.) = Bluse, Kittel;   [6] Lumberjack (engl.) = Holzfällerjacke;   [7] Chasuble (franz.) = Messgewand;   [8] Cardigan (engl.) = Wolljacke
[9] long (engl.) = lang;   [10] Caban (franz.) = Regenmantel;   [11] Tailleur (franz.) = Schneider;   [12] Blazer (engl.) = Sportjacke

9.12 Mäntel

Der Mantel dient zur Überbekleidung und ist Bestandteil der Damen-, Herren- und Kinderbekleidung. Er wird länger als eine Jacke und auch fülliger gearbeitet. Je nach Schnittform und Material entstehen unterschiedliche Stilrichtungen, die wiederum für die Tragegelegenheit ausschlaggebend sind. Unterscheidungsmerkmale der einzelnen Formen sind z. B. die Länge, die Weite und Silhouette, der Schnitt und die Details.

1: Hänger

Die Bezeichnung Hänger ist üblich für einen Mantel in gerader oder leicht ausgestellter Schnittform, der lose fällt.

2: Zeltmantel

Die Zelt- oder Windstoßlinie kennzeichnen eine schmal gehaltene Schulterpartie und glockig ausschwingende Saumweite.
(Swingermantel)

3: Blazermantel

Die im Stil eines Herrensakkos gehaltene Mantelform hat einen antaillierten Schnitt, Reverskragen und eine ein- oder zweireihige Knopffront.

4: Redingote[1]

Taillierter Damenmantel mit Reverskragen und Längsteilungsnähten, die eine ausgestellte bis ausschwingende Saumweite ermöglichen.

5: Wickelmantel

Er hat in der Regel bequeme Weite und wird lediglich mit einem Bindegürtel zusammengehalten. Beliebte Details sind Raglanärmel und Schalkragen.

6: Cape[2]

Das Cape ist ein weiter, ärmelloser Umhang mit unterschiedlicher Länge. Die mantelähnliche lange Form hat meistens Durchgriffsöffnungen für die Arme.

7: Trenchcoat[3]

Allwettermantel in loser Schnittform, meistens zweireihig mit breitem Reverskragen. Man trägt ihn gegürtet. Schultersattel, Achselklappen und Ärmelriegel sind typische Details.

8: Sportcoat

Knielanger Wettermantel in kastiger Schnittform mit markanten Steppnähten. Meistens ist er einreihig, oft mit verdecktem Verschluss. Man kann ihn lose oder gegürtet tragen.

9: Dufflecoat[4]

Sportlicher Kurzmantel in Kastenform mit großen, aufgesetzten Taschen, Knebelverschluss und Kapuze.

10: Slipon[5]

Loser Herrenmantel mit Raglanärmeln oder überschnittenen Schultern, oft mit verdeckter Knopfleiste. Kennzeichnend sind der breite Kragen und die kurzen Revers.

11: Ulster

Schwerer, wuchtiger Herrenmantel mit breiter, fallender Reversfasson. Meistens hat er eine zweireihige Knopffront.

12: Paletot

Eleganter, antaillierter Mantel mit sakkoähnlichen steigenden Revers, hauptsächlich in zweireihiger Form. Pattentaschen und Gehschlitz sind weitere Details.

[1] Riding-coat (engl.) = Reitmantel; [2] Cape (engl.) = Umhang; [3] Trenchcoat (engl.) = Schützengrabenmantel
[4] Duffle (engl.) = Stoffbezeichnung; Coat (engl.) = Mantel; [5] slip (engl.) = hineinschlüpfen

Zusammenstellungen von mehreren Kleidungsstücken zu einer Einheit gehören seit Ende des 19. Jhdts. zu einer anspruchsvollen Damengarderobe. Während die klassischen Kombinationen wie Ensemble und Complet früher immer ein Ganzes bildeten und auch überwiegend aus einheitlichem Material bestanden, erlaubt die heutige unkonventionelle[1] Kombinationsmode die Zusammenstellung nach individuellem Geschmack.

Das **Kostüm** besteht aus Rock und Jacke und wird eventuell mit einer Weste ergänzt.

Strenge herrenmäßige Verarbeitung sowie hochwertiges, zeitloses Material kennzeichnen das **Schneiderkostüm** bzw. **Tailleur**[2]. Die Jacke in antaillierter Form mit Reverskragen ist ein oder zweireihig geknöpft, hat Zweinahtärmel und eingearbeitete

1: Schneiderkostüm   2: Chanelkostüm[3]   3: Trachtenkostüm   4: Deux-pièces[4]   5: Hosenanzug

Taschen. Der Rock in schmaler Schnittform ist immer aus dem gleichen Stoff wie die Jacke.

Modische Kostüme weisen in der Regel eine weniger strenge Verarbeitung auf sowie beliebige schnitttechnische Details. Häufig werden Materialkombinationen und Schmuckelemente angewandt. Die Bezeichnungen richten sich meistens nach der Jackenform oder nach der Stilrichtung.

4: Deux-pièces[4]
Bezeichnung für zweiteilige Kleider. Das Jackenkleid besteht aus Rock und weichem Jackenoberteil.

5: Hosenanzug
Die Kombination von Hose u. Jacke bzw. Oberteil ist zum festen Bestandteil der Damengarderobe geworden.

Die Bezeichnung **Coordinates** ist gebräuchlich für Kombinationen, die aus so genannten Partnerstoffen gearbeitet werden.

Partnerstoffe können gleiches Dessin (Muster), jedoch verschiedenes Fasermaterial aufweisen.

Es kann auch das gleiche Dessin in unterschiedlicher Farbe oder Größe vorhanden sein.

Schließlich können Stoffe auch unterschiedlich gemustert, jedoch in gleicher Farbstellung gehalten werden.

6: Coordinates[5]   7: Separates[6]   8: Ensemble[7]   9: Complet[8]   10: Composé[9]

7: Separates[6]
Einzelteile der Kombinationsmode bezeichnet man mit Separates. Sie passen zusammen, werden im Handel jedoch nicht als Ganzes angeboten.

8: Ensemble[7]
Das Ensemble ist eine Zusammenstellung von Kleidungsstücken, die in Stil und Material aufeinander abgestimmt sind und ein Ganzes bilden.

9: Complet[8]
Unter einem Complet versteht man die Zusammenstellung von Rock, Kleid, Kostüm oder Hosenanzug mit einem Mantel oder mit einer langen Jacke.

10: Composé[9]
Bei einem Composé bestehen die Einzelteile aus verschiedenen, jedoch aufeinander abgestimmten Stoffen, die das andere Teil auch noch ausschmücken können.

---

[1] konventionell = herkömmlich;   [2] Tailleur (franz.) = Schneider;   [3] Coco Chanel: französische Modeschöpferin;   [4] deux pièces (franz.) = zwei Stücke
[5] coordinate (engl.) = abstimmen;   [6] separate (engl.) = getrennt;   [7] ensemble (franz.) = zusammen;   [8] complet (franz.) = vollständig
[9] composé (franz.) = zusammengesetzt

9.14 Anzüge

Der Anzug besteht aus **Sakko**[1] und **Hose** und ist hauptsächlich Bestandteil der Herren- und Knabenoberbekleidung. Material, Schnittform und Details werden nach der Tragegelegenheit ausgewählt. Es dominieren zwar die konventionellen Formen, der modische Einfluss ist jedoch auch hier erkennbar.

Der zweiteilige Anzug kann mit einer Weste ergänzt werden zum dreiteiligen Anzug.
Beim kombinierten Anzug, der **Kombination,** bestehen die Einzelteile aus unterschiedlichem Oberstoff, sind jedoch in Farbe, Dessin, Schnitt- und Detailgestaltung aufeinander abgestimmt.

| 1: Einreiher als Einknöpfer | 2: Einreiher als Zweiknöpfer | 3: Einreiher als Dreiknöpfer | 4: Zweireiher mit abfallender Fasson | 5: Zweireiher mit Spitzfasson |

Als **Einreiher** bezeichnet man einen Sakko mit nur einer Verschlussreihe. Er kann als Einknöpfer, Zweiknöpfer oder Dreiknöpfer gearbeitet werden. Die Revers verlaufen meistens in abfallender Form. Je nach Stilrichtung werden die Taschen eingearbeitet oder aufgesetzt. Mit Weste wirkt der Einreiher eleganter.

Beim **Zweireiher** können die zwei Verschlussreihen des Sakkos 1, 2 oder 3 Knopfpaare aufweisen. Es überwiegen die Revers in steigender und gewölbter **Fasson**[2] (Spitzfasson), die Taschen werden immer eingearbeitet. Man trägt den Zweireiher in der Regel geschlossen und wählt diese Form, wenn man besonders korrekt und elegant angezogen sein möchte.

6: Blazer-Kombination[3]

Der sportlich-elegante Sakko ist in der Regel unifarben und hat Metallknöpfe. Ein- und zweireihige Form sind möglich.

7: Konferenzanzug

Der Einreiher mit Weste bzw. Zweireiher hat meistens steigende Revers und ist aus dunkleren, eleganten Stoffen.

8: Sport-Kombination

Man bevorzugt rustikale Stoffe und sportliche Details wie markante Steppnähte, Passen, aufgesetzte Taschen, Rückengurt.

9: Freizeitanzug

Für den Sakko wählt man gerne den Blouson-[4] oder Hemdstil mit Knopfleiste und Bündchenärmel. Häufig ist er ungefüttert.

10: Trachtenanzug

Kennzeichnend für den Trachtenstil sind Stehkragen, kontrastierende Besätze, Stickereien, Applikationen[5], Zierknöpfe.

[1] Sacco (ital.) = Männerjacke;   [2] Fasson = Form, Schnittform;   [3] Blazer (engl.) = Sportjacke;   [4] Blouson (franz.) = Oberteil mit engem Abschluss
[5] Applikation = aufgearbeitete Verzierung

9.15 Gesellschaftskleidung

Unter Gesellschaftskleidung (Anlassmode) versteht man die Damen- und Herrenbekleidung zu bestimmten offiziellen bzw. festlichen Gelegenheiten, wobei zwischen Garderobe für den Tag bzw. für den Abend unterschieden wird.

Neben der klassischen bzw. formellen[1] Bekleidungsweise hat sich die modernere oder unkonventionelle[2] Richtung entwickelt, die weniger streng ist, sich jedoch deutlich von der Alltagsmode abhebt.

Als formeller Tagesanzug gilt der **Stresemann (Bonner Anzug),** bestehend aus einreihigem dunklem Sakko, gestreifter umschlagloser Hose und grauer Weste. Die Krawatte darf dezent gemustert sein.

Die Dame trägt zu offiziellen Anlässen ein elegantes Kostüm oder Deuxpièces.

Der **Cut (Cutaway)** ist der hochoffizielle Tagesanzug. Die Schöße des schwarzen Sakkos verlaufen vom Schließknopf aus bogenförmig nach hinten. Man ergänzt ihn mit einer gestreiften oder dezent karierten Hose, einer grauen Weste und dem silberfarbenen Plastron[5].

1: Stresemann[3]   2: Schößchenkostüm   3: Cut (Cutaway)[4]

4: Brautkleid   5: Spenzerkombination

Als unkonventioneller Hochzeitsanzug ist heute vor allem bei der jüngeren Generation der **Spenzeranzug** bzw. die **Spenzer-Kombination** beliebt. Der taillenkurze Spenzer ist körpernah geschnitten.

Ein moderner Gesellschaftsanzug ist die **Party-Kombination.** Für den Sakko verwendet man effektvolle Materialien, die Revers sind oft seidenbelegt. Farblich passend wählt man die Accessoires.

Je nach Anlass wählt die Dame den Partyanzug, ein Party-, Cocktail- oder Abendkleid.

6: Party-Kombination   7: Party-Overall[6]   8: Smoking[7]   9: Frack   10: Abendkleid

Ein klassischer Abendanzug ist der schwarze **Smoking.** Es kennzeichnen ihn mit Seide belegte Revers in Schalkragen- oder Spitzfasson und seitliche Seidenstreifen (Galons) an der aufschlaglosen Hose. Man trägt ihn mit dem Kummerbund (Schärpenweste) und der schwarzen Smokingschleife.

Die helle Smoking-Jacke, das **Dinner-Jacket**[8], ergänzt man wie den Party-Sakko mit einer dunklen Hose.

Hochoffizieller Abendanzug ist der schwarze **Frack,** dessen rückwärtigen Schöße an der Seitennaht beginnen. Die Vorderteile sind nur taillenlang, die Spitzrevers sind mit Seide belegt, die Hose ist galonbesetzt. Man trägt den Frack offen und ergänzt ihn mit einer weißen Weste, dem Frackhemd mit Eckenkragen und der weißen Frackschleife.

Das große **Abendkleid** der Dame ist immer lang.

---

[1] formell = förmlich;   [2] konventionell = herkömmlich;   [3] Gustav Stresemann: deutscher Außenminister (1923–1929);   [4] cutaway (engl.) = weggeschnitten
[5] Plastron (franz.) = breite Seidenkrawatte;   [6] overall (engl.) = über alles;   [7] smoke (engl.) = rauchen;   [8] Dinner (engl.) = Festmahl; Jacket (engl.) = Jacke

9.16 Sport- und Freizeitbekleidung (1)

Auf der Erde herrschen die unterschiedlichsten Klimabedingungen, z.B. heißes Wüstenklima, feuchtwarmes tropisches Klima, extrem kaltes arktisches Klima. Außerdem beeinflussen Jahreszeiten und Wetterumschwünge die einzelnen Klimazonen.

Um das Wohlbefinden und die Leistungsfähigkeit bei der Sportausübung und Freizeitgestaltung unter den verschiedensten klimatischen Bedingungen zu erhalten, bedarf es einer Kleidung, die sowohl dem Klima als auch den sonstigen Anforderungen entspricht, einer **funktionellen Sport- und Freizeitbekleidung.**

Anforderungen

- **Bekleidungsphysiologische Eignung, Tragekomfort und Hautverträglichkeit**

  Ein gutes Zusammenwirken von Körper, Klima und Bekleidung bei körperlicher Betätigung erreicht man durch den Einsatz geeigneter Faserstoffe und Textilflächen, z.B. Membransysteme, Fleece-Ware, Mikrofasergewebe, Zweischichtware.

- **Bequemlichkeit und Zweckmäßigkeit**

  Ein verbesserter Tragekomfort entsteht, wenn Schnitt und Passform, Verarbeitung und technische Details gut umgesetzt sind, z.B. anatomisch legerer Schnitt, vorgeformte Ellbogen-, Knie- und Sitzpartien, individuelle Anpassung durch Kordelzüge, verstellbare Verschlüsse, Kragen mit integrierter Kapuze, zweckmäßig angeordnete Taschen, Öffnungen zur Be- und Entlüftung.

- **Strapazierfähigkeit und Scheuerfestigkeit**

  Kleidung für extreme Beanspruchung erfordert vor allem erstklassige Material- und Nähqualität. Extra-Besätze, bei Jacken an Schultern und Ellenbogen, bei Hosen am Gesäß und Knie, erhöhen die Strapazierfähigkeit.

- **Formbeständigkeit und Pflegeleichtigkeit**

  Hochwertige Materialien, die nicht filzen und keine Faserknötchen (pills) bilden, behalten Form und Oberflächenbild. Pflegeleicht-Textilien aus synthetischen Chemiefasern ermöglichen eine einfachere, preiswertere und umweltbewusste Wäschepflege.

- **Geringes Gewicht und kleines Packmaß**

- **Problemlose Entsorgung**

  Die Verwendung von sortenreinem Material bei der Herstellung ist Voraussetzung für ein späteres Recycling.

Aufbau und Entwicklung

1: Klima-Bekleidungssystem

Eine „klimatisierende" Bekleidung ist auf den jeweiligen Trageanlass abgestimmt und kann aus mehreren Schichten (Lagen) bestehen, die nach Bedarf kombiniert werden (Zwiebelschalenprinzip). Die Schichten müssen im Material aufeinander abgestimmt sein (vgl. Seite 239 f.).

Durch den Einsatz von Materialien mit technischen Besonderheiten in Kombination mit funktioneller Konstruktion und Ausstattung entstehen neue Generationen von **Spezialkleidung** z.B. für Jogging, Radfahren, Bergwandern, Trecking (Hochgebirgswandern), Expeditionen, Wintersport, Wassersport, Motorsport.

1: Klima-Funktionsunterwäsche

2: Thermowäsche

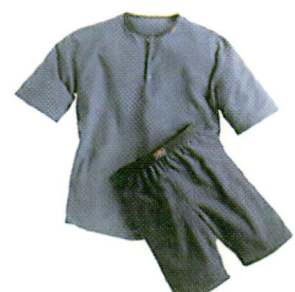

3: Outdoorhemd

4: Poloshirt

5: Jogginghose

6: Sweater

7: Trecking-Jacke

8: Wendeweste

Schicht 1

Sie soll für einen optimalen Feuchtetransport von innen nach außen sorgen, den Körper warm und trocken halten, weich und formstabil sein **(Bild 1 und 2)**.

Geeignete Materialien:

- Einflächige Maschenwaren aus Polyester, Polyamid, Polypropylen (Mikrofasern, Spinnfasern, texturierte Filamente) in Verbindung mit einer zweiten Lage aus saugfähigem Material
- Doppelflächige Maschenwaren (körpernahe Schicht z. B. aus Polyester, Außenschicht z. B. Baumwolle, Modal)
- Zweikomponentengewebe, z. B. Innenseite Polypropylen, Außenseite Zellulosefasern
- Maschenwaren aus Hohlfasern, z. B. aus Polyacryl, Polyester
- Hochelastische Maschenwaren mit Elasto-Beimischung bei hautenger Bekleidung.

Schicht 2

Sie soll durch einen guten Feuchtetransport den Körper angenehm trocken halten, durch Austausch von Körperwärme und Außenluft klimatisieren, leicht, formbeständig und pflegeleicht sein **(Bild 3 bis 5)**.

Geeignete Materialien:

Sie richten sich danach, ob die Textilien direkt auf der Haut oder in Verbindung mit Schicht 1 getragen werden.

- Geraute Maschen- und Webwaren aus Mikrofasern (hauptsächlich Polyester), z. B. Fleece
- Glatte Maschen- und Webwaren aus Polyester, Polyamid oder Mischungen
- Maschen- und Webwaren aus Baumwolle, Modal, Wolle, Seide.

Schicht 3

Sie soll durch Isolation die Körperwärme erhalten und durch Ventilation einen Austausch von Körperwärme und Außenluft ermöglichen **(Bild 6 bis 8)**.

Geeignete Materialien:

- Flauschige Waren aus Mikrofasern (z. B. Fleece), evtl. kombiniert mit glattem Mikrofasergewebe
- Flauschige Maschen- und Webwaren aus Baumwolle, Wolle
- Doppelflächige Maschenwaren (z. B. Innenseite synthetische Chemiefasern, Außenseite Zellulosefasern)
- Drei-Lagen-Fleece mit mikroporöser Membran als „Windstopper".
- Stretch-Fleece bei hautenger Bekleidung (Stretchmaterial auf der Außenseite, glattes Fleece auf der Innenseite)
- Daunen, voluminöse Vliese aus Polypropylen (Thermovliese) oder Polyester als Füllmaterial, kombiniert mit Filamentgewebe, z. B. aus Polyester, Polyamid.

1: Outdoor-Hose

2: Blouson

3: Kniebundhose

4: Schlupfanorak

5: Treckinghose mit Kevlar-Besätzen

6: Trecking-Parka mit Kevlar-Besätzen

7: Expeditionshose

8: Regenanzug

9: Expeditions-Jacke

10: Expeditions-Daunenjacke

Schicht 4

Sie soll gegen Wind und Kälte isolieren, Nässe von außen abhalten und Feuchtigkeit von innen nach außen abgeben, also wasserabweisend, aber luft- und wasserdampfdurchlässig sein. Strapazierfähigkeit, Pflegeleichtigkeit und funktionelle Ausstattung sind weitere Anforderungen **(Bild 1 bis 6)**.

Geeignete Materialien:

- Mikrofasergewebe aus Polyester, Polyamid, mikroporös beschichtet
- Gewebe aus Polyamid, Polyester, hydrophob ausgerüstet
- Imprägnierte Mischgewebe, z. B. aus Polyester/Baumwolle
- Membran-Systeme aus 2 oder 3 Lagen (Liner oder Laminat), evtl. beschichtet
- Gewebe und Maschenwaren aus Polyamid/Aramid
- Gewebe aus Aramid im Bereich des Motorsports
- Besätze z. B. aus Kevlar, hochfestem Polyester

Schicht 5

Sie soll als Schnee-, Sturm- und Regenschutz für extreme Wetterverhältnisse geeignet, daher wasser- und winddicht, aber dampfdurchlässig sein, reiß- und scheuerfest, leicht und geschmeidig sein und eine wasserdichte Verarbeitung aufweisen **(Bild 7 bis 10)**.

Geeignete Materialien:

- Filamentgewebe aus Polyester, Polyamid mit mikroporöser Beschichtung Polyurethan, Silikon usw.

Weniger geeignet für funktionelle Textilien sind Gewebe mit Kompakt-Beschichtungen, die zwar absolut wind- und wasserdicht, aber nicht wasserdampfdurchlässig sind.

Teilweise sind im Handel die einzelnen Schichten schon kombiniert, können jedoch auch separat genützt werden, z. B. Regenjacke mit Fleece-Innenjacke.

Als Ergänzung werden auch **Accessoires** angeboten, z. B.: Mützen, Stirnbänder, Schals, Hals- und Gesichtsmasken.

Geeignete Materialien:

- Mikrofaser-Fleece
- Mikrofasergewebe

Das schmückende Beiwerk, das ein modisches Gesamtbild abrundet, ergänzt und vervollständigt, bezeichnet man mit **Accessoires,** dem französischen Wort für Zubehör. In allen Modeepochen spielte es eine wichtige Rolle und war oft ebenso charakteristisch wie die Silhouette oder die Farbe.

Früher legte man unbedingt Wert darauf, das Zubehör harmonisch auf den Kleidstil abzustimmen. Die heutige Mode erlaubt das Kombinieren unterschiedlichster Stilrichtungen und kontrastierender Elemente. Die Modeindustrie bietet zu jeder Saison für die einzelnen Modethemen passende Accessoires in aktuellen Farben und Materialien an.

Nur wenige Accessoires dienen allein der **Ausschmückung** wie z. B. der Schmuck. Vor allem Schuhe, aber auch Kopfbedeckungen und Handtaschen haben eine bestimmte **Funktion** zu erfüllen. Häufig ist Modisches jedoch nicht unbedingt zweckmäßig. Ein Beispiel dafür sind die Pfennigabsätze.

Accessoires sind heute:

- Kopfbedeckungen
- Tücher, Schals, Krawatten
- Strümpfe und Schuhe
- Handtaschen, Schirme

- Gürtel, Schärpen
- Ansteckblumen
- Modeschmuck
- Brillen, Uhren

1: Accessoires der Damenmode

2: Accessoires der Gesellschaftskleidung für den Herrn

Kopfbedeckungen

Form, Material und Garnitur richten sich nach der Tragegelegenheit bzw. Stilrichtung. Kopfteil und Krempe (Hutrand) können bei Hüten variationsreich geformt werden.

Kappen und Mützen sind meistens unversteift und krempenlos, haben dafür manchmal einen Schirm.

Materialien können sein: Filz, Strohgeflecht, Leder, Pelz, Webstoff, Strickware

Mögliche Garnituren: Bänder, Federn, Schleier, Kordeln, Blumen, Leder- und Filzstreifen

3: Baskenmütze

4: Schleierhut

5: Herrenhutform

6: Chasseur[1]

7: Turban

8: Matelot[2]

[1] Chasseur (franz.) = Jäger; [2] Matelot (franz.) = Matrose

Wenn auch, wie auf der vorherigen Seite erwähnt, die heutige Mode das Kombinieren unterschiedlichster Stilrichtungen und kontrastierender Elemente erlaubt, kommt der Auswahl der Accessoires besondere Bedeutung zu, da sie für den Gesamteindruck von wesentlicher Bedeutung sind.

Ein perfekt abgestimmtes Outfit[1] von Kostüm, Bluse und Kopfbedeckung für die Dame oder Anzug, Hemd und Krawatte für den Herrn kann durch falsche Socken, Strümpfe oder Schuhe zunichte gemacht werden. Darum sollte einer sorgfältigen Auswahl besonderes Augenmerk geschenkt werden.

Krawatten

Wohl das wichtigste Accessoire der Herrenbekleidung ist die Krawatte. Deren Auswahl sollte besondere Bedeutung beigemessen werden, da durch sie das Gesamtoutfit des Herren wesentlich beeinflusst wird. Die heute gebräuchliche Krawatte in Langform kennt man eigentlich erst seit Mitte des 19. Jahrhunderts. Sie hat sich immer mehr durchgesetzt und ist vor dem Querbinder (Fliege) das bedeutendste schmückende Element in der Herrenkleidung.

Krawatten unterscheiden sich in ihrer Breite, die modeabhängig ist, in ihrem Rohstoff, wobei die edelsten Krawatten aus Seide sind, in der Art der Flächenbildung, dabei sind Gewebe am häufigsten anzutreffen und vor allem in ihrem Dessin. Je nach Zeitgeist, Modetrend, Anlass und Vorliebe des Käufers reicht die Palette von seriös-schlicht bis zu plakativen, künstlerisch gestalteten Fantasiemustern.

Tücher und Schals

Tücher sind in der Regel quadratisch. Je nach Verwendung können sie aus Seide, feinen Chemiefasern oder auch aus gröberen Materialien bestehen. Sie werden als Kopf- oder Halstücher benutzt und haben meistens eine Schmuckfunktion. Oft sind sie mit einem auf die Größe abgepassten Druckmuster versehen. Schals sind längliche textile Gebilde aus Strick- oder Webwaren. Sie dienen dem Halsschutz und natürlich dem Schmuck. Sehr häufig werden Schals gemeinsam mit der passenden Kopfbedeckung als Garnitur verwendet.

Handschuhe

Als Bekleidung für die Hände werden Handschuhe getragen. Sie dienen überwiegend als Schutz, haben jedoch seit einigen Jahren wieder mehr Bedeutung als schmückendes Kleidungsstück gewonnen. Man unterscheidet Fäustlinge, die lediglich den Daumen einzeln umschließen, und Fingerhandschuhe, bei denen jeder Finger ausgebildet ist. Als Materialien werden Leder und Strick- und Wirkwaren aus Baumwolle und Wolle verwendet.

Socken und Strümpfe

Socken und Strümpfe sind Fuß- bzw. Beinbekleidung. Sie sollen wärmen, die Feuchtigkeit aufnehmen und den Fuß vor den Gerbchemikalien schützen. Trotzdem darf nicht vergessen werden, dass sie gut zur Bekleidung passen müssen.

Socken sind knöchel- oder wadenlang. Strümpfe haben Knie- oder Beinlänge.

In Deutschland entsprechen die Größenbezeichnungen bei Herrensocken den Schuhgrößen und bei Damenstrümpfen den Konfektionsgrößen. Die Feinheit von Damenstrümpfen und Strumpfhosen wird in Decitex (dtex) oder oft auch nach der alten Bezeichnung in Denier (den) angegeben (vgl. Seite 255 f.).

[1] outfit (engl.) = Kleidung, Kleider, Ensemble

9.18 Tischwäsche und Bettwäsche

1: Tischdekoration

Tischwäsche

Textilien geben unseren Wohnungen Wärme, sie schaffen Geborgenheit und gemütliche Atmosphäre. Durch den Einsatz von **Tischdecken, Servietten, Tischläufern** und **Platzdecken** bieten sich viele Verwandlungsmöglichkeiten an. Verschiedene Anlässe, festliche, fröhliche oder gemütliche Tischrunden, geben Gelegenheit, den Tisch individuell zu decken.

Als Faserrohstoffe kommen hauptsächlich Baumwolle, Leinen und Polyacryl zum Einsatz, als Beimischungen auch Viskose und Polyester, Tischwäsche erhält häufig eine Fleckschutzausrüstung.

Unterlagen für Tischdecken aus Molton oder Polyurethan verhindern das Verrutschen der Tischdecke und schonen die Tischplatte.

Die nachfolgende Tabelle ordnet Tischdeckengrößen den entsprechenden Tischgrößen zu. Wenn der Tisch für festliche Anlässe bedeckt wird, gibt ein großzügiger Überhang der Tafel eine gewisse Eleganz. Für den täglichen Gebrauch empfehlen sich Tischdecken mit wenig Überhang zu Gunsten der Beinfreiheit.

Richtmaße für Tischdecken (Auswahl)

Tischform													
Tischmaß in cm	$\frac{60}{110}$	$\frac{60}{140}$	$\frac{60}{180}$	$\frac{80}{80}+\frac{90}{90}$	$\frac{80}{110}+\frac{90}{120}$	$\frac{80}{140}+\frac{90}{150}$	$\frac{80}{140}+\frac{90}{150}$	$\frac{90}{170}+\frac{90}{180}$	$\frac{120}{180}$	$\varnothing$ 110–120	$\frac{80}{140}+\frac{90}{150}$ oval	$\frac{100}{160}$ oval	$\frac{100}{190}$ oval
Tischdeckenmaße in cm	$\frac{110}{160}$	$\frac{110}{190}$	$\frac{110}{225}$	$\frac{130}{130}$	$\frac{130}{160}$	$\frac{130}{190}$	$\frac{140}{200}$	$\frac{140}{230}$	$\frac{160}{225}$	$+\frac{180}{200}$ $\varnothing$	$\frac{140}{190}$ oval	$\frac{160}{220}$ oval	$\frac{160}{250}+\frac{160}{280}$ oval

2: Bettdekoration

Bettwäsche

Zur Bettwäsche gehören **Betttücher** (Laken), **Bezüge** für Kissen und Deckbetten, **Couverts** und **Überschlaglaken** für Stepp- und Schlafdecken.

Bettwäsche sollte gut pflegbar, strapazierfähig und hautfreundlich sein, deshalb wird sie meistens aus Baumwolle hergestellt. Modal, Polyester und Polyamid werden als Beimischung verwendet.

Bettwäsche wird aus Web- und Maschenware gefertigt. Neben glatter Ware wird auch Schlingen- und geraute Ware angeboten. Glatte gewebte Wäschestoffe sind z. B. Damast, Satin, Renforcé und Seersucker; aufgeraute Gewebe z. B. Flanell und Biber. Maschenwaren sind z. B. Jersey, Interlock und Frottierware.

Die Tabelle informiert über gebräuchliche Maße der Bettwäsche.

Richtmaße für Bettwäsche (Auswahl)

Einsatz	Bettbezüge in cm	Kissenbezüge in cm	Betttücher in cm	Spannbetttücher in cm
Normalbett	135 × 200 155 × 200 135 × 220 155 × 220	80 × 80 80 × 100 60 × 80 50 × 70 40 × 60	150 × 250 150 × 240 150 × 260 180 × 260	90 × 190 100 × 200
Französisches Bett	160 × 200 180 × 200 220 × 200	80 × 80 80 × 100 60 × 80	220 × 250 220 × 260 240 × 260	150 × 200 200 × 200

9.19 Gardinen und Vorhänge

Die Fensterdekoration reguliert das hereinfallende Tageslicht. Sie besteht meistens aus durchsichtigen Gardinen (Stores) und Vorhängen (Übergardinen). Die Dekoration beeinflusst Möblierung und Gestaltung eines Raumes und führt mit den jeweiligen Einrichtungsgegenständen zu einer harmonischen Raumatmosphäre.

1: Einfache Raffgardine

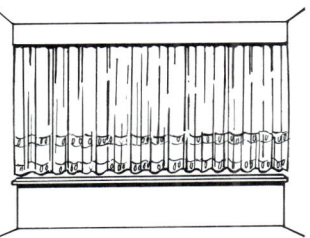

2: Halbstore

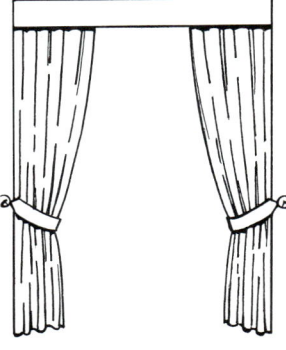

3: Gerader angeraffter Dekoschal

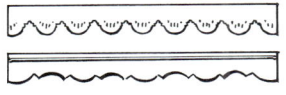

4: Schabracken (querlaufender oberer Vorhangabschluss)

5: Gekräuselter Querbehang

Gardinen

Die Qualität einer Gardine ist von verschiedenen Faktoren abhängig. Vom Faserstoff werden hohe **Lichtbeständigkeit** (kein Vergilben durch Sonnenlichteinstrahlung), **Pflegeleichtigkeit** (problemloses Waschen, kurze Trockenzeit, kein Bügeln), **Form- und Maßstabilität** (kein Einlaufen beim Waschen), verlangt. Deshalb werden fast ausschließlich Garne aus Polyesterfasern, seltener aus Acrylfasern verwendet.

Der überwiegende Teil der Gardinenstoffe wird heute kettengewirkt. Der besondere Vorteil ist eine sehr hohe Formstabilität, eine nahezu unbegrenzte Musterungsvariation und die rationelle Herstellungstechnik.

Bei gewebten Gardinenstoffen, z. B. Voile und Marquisette, die seltener zum Einsatz kommen, muss eine hohe **Schiebefestigkeit** gewährleistet sein.

Durch einen nachträglichen Fertigungsprozess können ungemusterte oder glatte Gardinenstoffe eine Musterung erhalten, z. B. durch Ausbrennen, Bedrucken, Besticken und Beflocken.

Durch geeignete Garne und entsprechende Flächenkonstruktion, kann eine gute **Drapierbarkeit** und ein schöner **Fall** erreicht werden.

6: Fensterdekoration

Vorhänge

Vorhangstoffe werden hauptsächlich aus Polyester, Polyacryl, aber auch aus Baumwolle, Leinen, Viskose und Wildseide hergestellt.

Auch von Vorhangstoffen erwartet man eine hohe **Lichtbeständigkeit**, **Pflegeleichtigkeit** sowie Form- und **Maßstabilität**.

Durch Farbe, Musterung und Struktur werden besondere Stilrichtungen erreicht.

Handelsbezeichnungen für Vorhangstoffe sind z. B. Brokat, Chiné, Chintz, Damast, Jacquard, Lancé, Leinen, Moiré, Samt und Satin.

9.20 Material und Werkzeuge für Handarbeiten

Unter der Vielfalt von Handarbeitstechniken werden **Stricken, Sticken und Häkeln** am häufigsten ausgeführt. Das verwendete Material und die Werkzeuge richten sich nach der Technik und dem Verwendungszweck der Handarbeit. Sie müssen in der Feinheit aufeinander abgestimmt werden.

1: Garne zum Handstricken und Häkeln

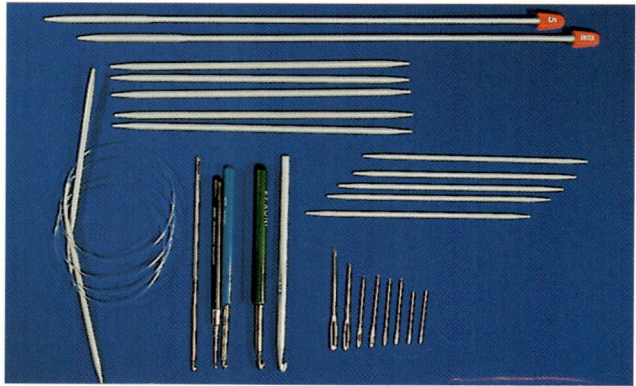

2: Strick-, Stick- und Häkelnadeln

3: Canevas   4: Stramin   5: Aida

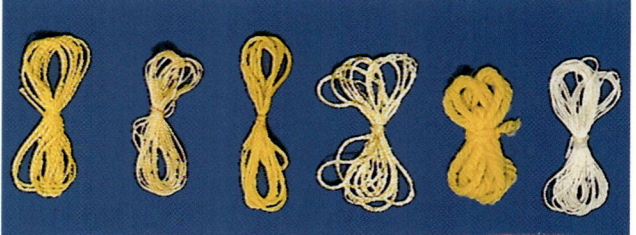

6: Stickgarne

▷ Material und Werkzeuge zum Handstricken

Stricken ist eine Technik zum Herstellen von Maschenwaren mit Stricknadeln und Faden. Als **Strickmaterial** werden sowohl glatte Garne, als auch Effektgarne, aus Baumwolle, Leinen, Viskose, Polyacryl, Wolle, Mohair und Angora verwendet. Als Aufmachung sind Strang oder Knäuel üblich. Die verwendeten **Stricknadeln** sind aus Leichtmetall, Stahl, Kunststoff oder Holz hergestellt. Ihre Nummerierung reicht von 2 (dünn) bis 12 (dick).

Sogenannte **Strumpfstricknadeln** sind 20 cm lang und in der Nummerierung (Stärke) von 2 bis 8 erhältlich.

Jackenstricknadeln sind 25, 30 oder 35 cm lang und in der Nummerierung 2 bis 5 erhältlich.

Kunststoffjackennadeln haben die Länge von 35 cm und sind von 6 bis 12 nummeriert. **Rundstricknadeln** aus Perlonseil mit Aluminiumspitze gibt es in Längen von 40 cm bis 1 m und in der Nummerierung von 2 bis 9.

▷ Material und Werkzeuge zum Häkeln

Häkeln ist eine maschenbildende Technik mit einer Häkelnadel und Faden.

Häkelgarne sind meistens aus Baumwolle, Viskose oder Leinen. Sie werden in Strang- oder Knäuelform angeboten.

Häkelnadeln sind 15 cm lange Hakennadeln aus Metall, Kunststoff oder Holz. Feine Häkelnadeln sind in der Nummerierung von 0,60 bis 1,75, gröbere Häkelnadeln in der Nummerierung von 2 bis 6 erhältlich.

▷ Material und Werkzeuge zum Sticken

Sticken ist eine Nadelarbeit, die mit Garn auf textilem Grund ausgeführt wird.

Als **Stickgrund** werden hauptsächlich lichte Gewebe eingesetzt, die sich gut zum Abzählen der Fäden eignen. Stramin ist ein grobes, leinwandbindiges Baumwollgewebe mit je zwei eng nebeneinanderliegenden Fäden und größeren Zwischenräumen. Ein leinwandbindiges Baumwollgewebe mit gleichmäßig großen Zwischenräumen ist Canevas. Aida, ein Gewebe in Scheindreherbindung, eignet sich besonders für den Kreuzstich.

Stickgarne werden in verschiedenen Feinheiten und unterschiedlichen Faserstoffen, z. B. Baumwolle, Seide, Viskose, Wolle in Strangform angeboten. Perlgarn aus mercerisierter Baumwolle ist stark glänzend. Sticktwist, ein Sechsfachzwirn mit leichter Drehung aus mercerisierter Baumwolle, kann auch geteilt verstickt werden. Stickwolle ist ein dochtartig dickes, weiches Wollgarn.

Sticknadeln sind in der Nummerierung von 18, 20, 22 und 24 erhältlich. Es gibt sie mit oder ohne Spitze. Eine Sticknadel ohne Spitze nennt man auch Straminnadel.

Weitere Techniken zum textilen Gestalten sind Stoff- und Seidenmalerei, Knüpfarbeiten, Batikarbeiten.

Fremdsprachliche Fachbegriffe

Mode war schon immer international. Viele Fachbegriffe, Stilrichtungen, aber auch neue Garne oder Gewebe werden von den Ursprungsländern in der Originalsprache übernommen. Deshalb gibt es heute eine große Anzahl vor allem englischer und französischer Fachbegriffe in der Textil- und Bekleidungstechnik, deren korrekte Aussprache Probleme bereitet. Nachfolgend sind einige wichtige, schwierig auszusprechende Fachbegriffe alphabetisch aufgelistet. Die Aussprache wird anhand der internationalen Lautschrift-Symbole erläutert.

Englische Fachbegriffe
Lautschrift-Symbole (Auswahl)

' Die diesem Zeichen folgende Silbe wird betont.
ː bedeutet, dass der Vokal lang gesprochen wird
[ʌ] kurzes, dunkles a, im Deutschen nicht bekannt
[æ] wie ä in Ähre
[ə] flüchtiges e wie in Gelage
[ɔ] kurzer zwischen a und o liegender Laut

[ʒ] stimmhaftes sch wie J in Journal
[ʃ] stimmloses sch wie in Schnee
[θ] stimmloser Lispellaut, im Deutschen nicht bekannt
[ɫ] stimmhafter Lispellaut, im Deutschen nicht bekannt
[z] stimmhafter Zischlaut, wie in sausen

Blazer ['bleizə]
Breeches ['briːtʃiz]
Cape [keip]
Cardigan ['kaːdigən]
Carrick ['kærik]
Computer [kəm'pjuːtə]
Coordinate [kəu'ɔːdineit]
Crash [kræʃ]
Cutaway ['kʌtəwei]

Designer [di'zainə]
Double Face ['dʌbl feis]
Dufflecoat ['dʌfəlkəut]
Fully fashioned [fuli fæʃnd]
Hot pants [hɔt pænts]
Jacket ['dʒækit]
Jersey ['dʒɔːzi]
Jumper ['dʒʌmpə]
Lady ['leidi]

Look [luk]
Loop [luːp]
Lumber ['lʌmbə],
New Look [njuː luk]
Overall ['əuvər'ɔːl]
Oversize ['əuvəsaiz]
Petticoat ['petikəut]
Punk [pʌnk]
Riding-coat ['raiding kəut]

Sailor [seilə]
Seersucker ['siəsʌkə]
Separate ['seprit]
Shirt [ʃəːt]
Stylist ['stailist]
Sweat [swet]
T-shirt ['tiːʃəːt]
Trenchcoat ['trentʃkəut],
Tweed [twiːd]

Französische Fachbegriffe
Lautschrift-Symbole (Auswahl)

' Die diesem Zeichen folgende Silbe wird betont
ː bedeutet, dass der Vokal lang gesprochen wird
[a] kurzes a wie in Ratte
[ɑ] a wie in Mantel
[ã] kurzes nasaliertes a (im Deutschen nicht bekannt)
[ɛ] ä wie in jäh
[ɛ̃] kurzes nasaliertes ä (im Deutschen nicht bekannt)
[e] e wie in See
[ə] e wie in rette
[ɔ] o wie in Hotel

[ɔ̃] kurzes nasaliertes o (im Deutschen nicht bekannt)
[ø] kurzes ö
[œ] ö wie in öfter
[y] ü wie in amüsieren
[ʃ] sch wie in lauschen
[z] s wie in sausen
[ʒ] sch wie in Genie
[ɲ] n mit Mundstellung j
[u] u wie in Mut
[w] gleitendes u

Accessoires [aksɛ'swaːr]
Afghalaine [af'galɛn]
Ajour [a'ʒuːr]
Art Déco [aːr dekɔ]
Avantgarde [a'vã'gard]
Belle époque [bɛl e'pɔk]
Blouson [blu'zɔ̃]
Bouclé [bu'kle]
Bourette [bu'rɛt]
Broché [brɔ'ʃe]
Caban [ka'bã]
Canotier [kanɔ'tje]
Charmeuse [ʃar'mœs]
Chasseur [ʃa'sœːr]
Changeant [ʃã'ʒã]
Chiffon [ʃi'fɔ̃]
Chiné [ʃi'ne]
Cloqué [klɔ'ke]
Complet [kɔ̃'plɛ]
Composé [kɔ̃po'se]
Corsage [kɔr'saːʒ]
Côtelé [kot'le]
Couturier [kuty'rje]
Croisé [krwa'ze]
Crêpe Georgette [krɛp ʒeɔr'ʒɛt]

Crêpe lavable [krɛp la'vablə]
Crêpe marocain [krɛp marɔ'kɛ̃]
Crêpe de Chine [krɛp də ʃin]
Cul de Paris [ky də pa'ri]
Côtelé [kot'le]
Découpé [deku'pe]
Denier [də'nje]
Dessin [de'sɛ̃]
Detail [de'taj]
Deux-pièces [døpjɛs]
Directoire [direk'twaːr]
Drapé [dra'pe]
Duchesse [dy'ʃɛs]
Duvetine [dyv'tin]
Dékolleté [dekɔl'te] (= décolleté)
Empire [ã'piːr]
Ensemble [ã'sãːblə]
Façonné [fasɔ'ne]
Finette [fi'nɛt]
Foulard [fu'laːr]
Frisé [fri'ze]
Frottee [frɔ'te] (= frotté)

Garçonne [gar'son]
Gaufré [goː'fre]
Genre ['ʒãːrə]
Gilet [ʒi'lɛ]
Godet [gɔ'dɛ]
Jacquard [ʒa'kaːr]
Jaspé [ʒas'pe]
Justaucorps [ʒysto'kɔːr]
Kretonne [krə'tɔn] (= cretonne)
Lamé [la'me]
Lancé [lã'se]
Leger [le'ʒe] (= léger)
Linon [li'nɔ̃]
Matelassé [mat la'se]
Matelot [mat'lo]
Melange [me'lãːʒ]
Moiré [mwa're]
Mouliné [mulɛ-'ne]
Musselin [mus'liːn] (= Mousseline)
Natté [nat'te]
Paletot [pal'to]
Panne [pan]
Piqué [pi'ke]

Plaid [plɛ]
Pompon [pɔ̃'pɔ̃]
Pongé [pɔ̃'ʒe]
Popeline [pɔ'plin]
Prêt-à-porter [prɛt a pɔr'te]
Renaissance [rənɛ'sãːs]
Renforcé [rãfɔr'se]
Reversible [revɛr'siblə]
Rouleaux [ru'lo]
Satin [sa'tɛ̃]
Schappe [ʃap]
Serge [sɛrʒ]
Signet [si'nɛ]
Soielaine [swa'lɛn]
Soutache [su'taʃ]
Surah [sy'ra]
Tailleur [ta'jœːr]
Toile [twal]
Velours [və'luːr]
Vichy [vi'ʃi]
Vigoureux [vigu'rø]
Voile [vwal]
Volant [vɔ'lã]

367

Firmenverzeichnis

Autorinnen und Autoren danken den folgenden Firmen, Verbänden, Verlagen und Museen, die sie bei der Bearbeitung der einzelnen Themen durch Beratungen, Druckschriften, Fotos und Retuschen unterstützt haben.

Adams, Göttingen
AID-Verbraucherdienst
Albi, Strickmaschinenfabrik, Albstadt
Allstar, Fechtartikel, Reutlingen
Ambrosius Heim, Burladingen
Arbeitsgemeinschaft Pflegekennzeichen, Frankfurt a. M.
Arbeitskreis für Arbeitssicherheit
Bayer AG, Chemiefasern, Leverkusen
Becker, Kiel
Berufsgenossenschaft für das Bekleidungsgewerbe, Augsburg
Big Pack GmbH, Bissingen-Teck
Blicker, Wilhelm Blicker GmbH & Co KG, Karlsruhe
Boss, Hugo Boss AG, Herrenmode, Metzingen
Bullmerwerk, Lege- und Zuschneidemaschinen, Mehrstetten
Bundes-Pelzfachschule, Frankfurt a. M.
Busche, Nähmaschinenhandel, Stuttgart
BZE, Springe
Colortags, Mörlenbach
DOB-Verband, Köln
Dr. Karl Kröner Verlag, Stuttgart
DressMaster GmbH & Co KG, Herne
Dürkopp & Adler, Bielefeld
Efka (Frankl & Kirchner), Nähmaschinenmotoren, Schwetzingen
Einhorn, Zeeb & Hornung GmbH & Co, Kirchentellinsfurt
Enka AG, Chemiefasern, Wuppertal
Europäische Seidenkommission, Düsseldorf
Fleischmann, Göttingen
Forschungsinstitut Hohenstein, Bönnigheim
Gardeur Dieter Janssen, GmbH & Co KG, Mönchengladbach
Gebrüder Sulzer AG, Webmaschinenfabrik, Rüti, Schweiz
Gerber Scientific Europe S. A.
Gisbert Hennessen-Verlag, Düsseldorf
Gütermann, Nähgarne, Gutach, Breisgau
HAKA-Verband, Köln
Hacoba-Textilmaschinen, Wuppertal
Hess Naturtextilien
Hodler, Blisingen
Hoffmann, Bügelmaschinen, Köln
Hoechst AG, Chemiefasern, Frankfurt a. M.
IHK Ludwigsburg/Stuttgart
Industrieverband Garne e.V., Frankfurt a. M.
Industrievereinigung Chemiefaser e.V., Frankfurt a. M.
Institut des Deutschen Textileinzelhandels
Institut für Textil- und Verfahrenstechnik, Denkendorf
Internationales Baumwoll-Institut, Frankfurt a. M.
Internationales Woll-Sekretariat, Düsseldorf
Isco Textilwerke Gebrüder Amman GmbH & Co, Stuttgart
Kannengießer, Bügelmaschinen, Vlotho
Kiefer, Hochfrequenz-Fixieranlagen, Freilassing
Knogo, Mainz
Kuris (Krauss & Reichert), Zuschneidegeräte, Fellbach
LDT, Nagold

Lebensmittel-Praxis
Lectra Systèmes, München
Leiber, Lastrup
Leinen-Kontaktbüro, Düsseldorf
Mayer, Strickmaschinenfabrik, Albstadt
Mayer, Wirkmaschinenfabrik, Obertshausen
Medima GmbH, Maulburg
Messe München
Mexx, Eschborn
Meyer, Fixieranlagen, München
Modeland Häusser, Bönningheim
Morat, Strickmaschinenfabrik, Bonlanden
Mustang-Werke (Lossen-Foto, Heidelberg)
Naturana Dölker GmbH & Co., Gomaringen
Oberpaur, Ludwigsburg
Pfaff, Nähmaschinenfabrik, Kaiserslautern
Pieper Concept, Hameln
Pionier, Herford
Piraiki, Patraiki, Van Delden Textil AG, Ochtrup
Ploucquet GmbH & Co., Schutzkleidung, Heidenheim
Prym-Werke, Nähnadelfabrik, Stolberg
Rösch, Gerhard Rösch GmbH, Tübingen
Ruppel, Lauda
Sandt, Stanzanlagen, Pirmasens
Schmetz, Nähnadelfabrik, Herzogenrath
Schütter, Oldenburg
Schweizerischer Pelz-Fachverband, Zürich
Singer, Nähnadelfabrik, Würselen
Soabar, Etikettiermaschinen, Frankenthal
Steinhöfer, Niedernhall
Stoll, Strickmaschinenfabrik, Reutlingen
Strobel, Nähmaschinenfabrik, München
Studio-Werbung Piske, Stuttgart
Suhan, Duisburg
Sussman, Bügelgeräte, Mörfelden-Walldorf
Tempex GmbH, Schutzausrüstungen, Heidenheim
Terrot, Strickmaschinenfabrik, Stuttgart
textilwirtschaft
Trevira Institut, Hoechst AG, Frankfurt a. M.
Unternehmensgruppe Betty Barclay, Gil Bret, Vera Mont, Heidelberg
Veit, Bügelgeräte, Landsberg
Verband der Baden-Württembergischen Textilindustrie e.V.
Verband der Deutschen Lederindustrie e.V., Frankfurt a. M.
Verband der Knopfindustrie, Waldkraiburg
Vereinigte Papierwarenfabriken, Feuchtwangen
Verlag textil-praxis international, Leinfelden-Echterdingen
Vitrashop, Weil am Rhein
Waldtmann, Northeim
Werther International, Werther
Whopi
Winkelmann Euro-Edition, Frankfurt
Wilvorst, Herrenmoden GmbH, Northeim
Wirtschaft und Erziehung
Wöhrl, Nürnberg

Sachwortverzeichnis